麦读
MyRead

走向上的路　追求正义与智慧

民商法原理与实务精讲系列

# 物权法精讲

## 体系解说与实务解答

吴光荣 著

Property Law

Principles and Practice

中国民主法制出版社
全国百佳图书出版单位

# 前　言

## 一

本书是以笔者多年来讲授物权法的授课内容为基础整理而成。写作本书的缘起，笔者在此前出版的《担保法精讲》已作交代。早在《物权法》制定前，笔者就在全国法院讲授物权相关制度。《物权法》通过后，笔者在系统讲授物权法的基础上，于2009年完成了《物权诉讼：原理与实务》一书。此后，笔者参与了物权法司法解释的相关论证工作，原计划在司法解释通过后即对该书进行修订，但因当时《民法典》的编纂已经提上日程，也就想着索性等到《民法典》通过后再实施修订计划。《民法典》通过后，笔者又被安排从事民法典相关司法解释的起草工作，任务相当艰巨，导致这一计划被长期搁置。时至今日，才在友人们的催促下完成此次修订任务。需要说明的是，此次修订的幅度较大，与原书几乎判若两书。究其原因，一是随着理论与实践的发展，笔者对物权法的认识在不断深化，例如对于物权行为理论，本书改采通说观点，以不承认物权行为理论为立场进行论述；二是物权法司法解释通过后，笔者在讲授物权法时，有意将重点放在“不动产登记与不动产权属确认”这一专题上，这也在一定程度上影响了本书的结构（从第四编开始，基本上是围绕这一主题展开讨论）；三是近年来执行异议之诉案件呈井喷之势，加上笔者正在参与企业破产法修订案的起草工作，这些领域都对物权法研究提出了诸多新的研究课题，例如执行异议之诉的裁判标准及其与确权之诉的关系、破产财产的界定等。考虑到《担保法精讲：体系解说与实务解答》已经独立成书，担保物权制度已纳入该书进行讨论，因此本书原则上不涉及担保物权的内容，但这并不意味着本书的内容与担保物权无关。事实上，《担保法精讲》一书仅就担保物权的特殊规则进行了论述，而本书的主要内容是关于物权一般规则的论述，因此，二者相辅相成，应互为参照。

本书区分形式意义上的物权法和实质意义上的物权法。前者特指《中华人民共和国物权法》（以下简称《物权法》），后者则是指包括形式意义上的物权法在内的所有调整物之归属和利用的法律规范。在《物权法》制定前，我国虽然没有形式意义上的物权法，但存在实质意义上的物权法，例如《民法通则》及其司法解释关于所有权以及与所有权有关的其他权利的规定，又如《土地管理法》《城市房地产管理法》《农村土地承包法》《城镇国有土地使用权出让与转让暂行条例》等法律、行政法规关于建设土地使用权、宅基地使用权、土地承包经营权等的规定。《物权法》通过后，不仅形式意义上的物权法更加完备，因相关司法解释的制定以及相关法律（如《土地管理法》《城市房地产管理法》）的修改、相关行政法规（如《不动产登记暂行条例》）的制定，实质意义上的物权法也更加完备。《民法典》施行后，尽管作为形式意义的《物权法》已被废止，但其内容在经过修改后被纳入《民法典》。因此，实质意义上的物权法不仅仍然存在，而且内容更加丰富。为阅读方便，本书用加书名号的"《物权法》"特指形式意义上的物权法，用未加书名号的"物权法"泛指实质意义上的物权法。

本书初稿完成之时，恰逢自然资源部就《不动产登记法（草案）》向社会征求意见。不动产登记本是为配合物权法实施而构建的民事非讼程序，但在我国却长期被作为行政管理的手段，登记机构的不动产登记行为也常常被理解为具体行政行为，从而导致不动产权属争议案件出现大量民事诉讼与行政诉讼相互交叉的现象，给当事人和人民法院都带来了极大的困惑。尽管《物权法》早已明确规定国家对不动产实行统一登记制度（第 10 条第 2 款），但直到 2014 年，国务院才出台《不动产登记暂行条例》，从而结束了过去分头登记的状况。不过，形式上的统一登记并不意味着观念上发生了重大变化，由于《不动产登记暂行条例》在性质上属于国务院制定的行政法规，加上过去的观念根深蒂固，因此今天的不动产登记仍然被认为是一种具体行政行为，具有行政可诉性。此次由行政机关主导起草"不动产登记法"，也多少反映了这一思维上的定势。本书对不动产登记制度在物权法上的性质和地位论述颇多，其背景也在于此。但是,由于物权法仅涉及不动产登记在实体法上的效力,不动产登记的程序规则仍需要独立的不动产登记法予以规定,因此,物权法也被称为实体的不动产登记法,而不动产登记法则被称为程序的不动产登记法。考虑到不动产登记制度的重要性,在"不动产登记法"通过后,笔者还会就不动产登记法作专门论述,从而与本书互为参照。

## 二

从事物权法的研究与教学二十余载,时常有人向笔者询问学习物权法的"诀窍"。为此,我也在多个场合谈过自己学习物权法的一些体会。在我看来,学习物权法最为重要的就是要有辩证思维。下面笔者就谈谈如何运用辩证思维来学习物权法。

先来看物权和占有这一对基本范畴。在我国民法上,物权是法律上对标的物进行支配的地位,而占有则是事实上对标的物进行支配的地位。一个是权利,一个是事实,二者性质虽然不同,但却彼此发生关系。例如,法律对占有进行保护虽然具有独立的价值和意义(参见本书第三编),但也在一定程度上可以实现对物权的保护,因为绝大多数占有是有权占有,且大多是基于物权的占有。对此,也许有人要说,如果占有是以物权作为权源,权利人自可主张物权请求权,而无须动用占有保护制度。此说虽然有一定道理,但却未能看到占有保护制度的优势。首先,相对于物权请求权,占有保护请求权的行使无须当事人举证证明自己是物权人,而仅需当事人举证证明自己是占有人。其次,在占有受到侵害时,占有人除了可行使占有保护请求权,还可以行使自力救济权,即占有防御权和占有物取回权:前者是指对于侵夺或者妨害其占有的行为,占有人可以自己的力量加以防御;后者是指在占有被侵夺后,占有人可以立即排除加害人而取回,或者就地或追踪向加害人取回。当然,相较物权请求权,占有保护制度也有其劣势,例如占有保护并非终局性的保护,因为占有不能对抗本权,即当权利人向无权占有人主张返还原物时,占有人不得以占有对抗本权。总之,物权和占有之间的关系极为复杂,必须有辩证思维才能条分缕析地进行界定。

再来看物权与债权的区分。从《民法典》给物权下的定义以及物权编的情况看,不难发现,我国民法是建立在物权和债权相区分的基础上的。将财产权利区分为物权和债权,有利于清晰地界定当事人之间以及当事人与第三人之间的法律关系,因为物权被界定为绝对权和支配权,而债权则属于相对权和请求权。但是,物权和债权的区分也会带来大量理论和实践问题,例如,学理上是否有必要承认物权行为理论,实践中如何保护登记前的不动产买受人,等等。对于这些长期困扰学界和实务界的问题,笔者的建议是:我们既要看到区分物权和债权的必要性,也要看到物权和债权的区分在我国民法上是相对的,不是绝对的。例如,《民法典》对于依法律行为发生的物权变动,在采形式主义物权变动模式为原则的同时,也在例外情形采取了意思主义物权变动模式,而后者正是以不严格区分物权和债权为背景的。又如,《民法典》规定的预告登记制度,也有意使物权和债权的区分显得不那么绝对。此外,域外发展起来的物权期待权理论,也有助于我们化解物权与债权相区分所带来的缺陷。在此背景下,对于上述理论和实践问题,均可从物权和债权区分的相对性获得解答。

最后来看不动产登记的性质和效力。一方面,不动产登记在物权法上仅仅是不动产物权的公示方式,并非不动产物权本身,因此登记的权利人不一定就是真正的权利人,不动产登记簿的记载自然也不应成为确权的实体依据;另一方面,虽然不动产登记仅仅是一种公示方式,但由于我国民法对于依法律行为发生的物权变动原则上采取的是形式主义物权变动模式,因此法律又赋予不动产登记十分强大的法律效力,如权利推定效力、善意保护效力等。这就是一个事物的两面:我们既不能将不动产登记簿作为确权的实体依据,又因不动产登记具有强大的效力,所以在对不动产权属进行确认时,也不能完全置登记簿的记载于不顾。因此如何平衡好二者的关系,也就时刻考验着我们的辩证思维能力。

当然,运用辩证思维学习物权法并不止于上面所举数例。实际上,物权法的核心思想,就是要在自由和限制之间寻找一种平衡,即法律一方面要通过对物权进行保护来实现个人的自由,另一方面物权的社会化又是一个无法逃避的现实,因此法律对物权的限制也越来越多。如果不能灵活运用辩证思维,自然难以把握物权法的内在精神。值得注意的是，无论是对物权的保护，还是对物权的限制，都是同时通过公法和私法来实现，而区分公法手段和私法手段，在实践中也显得非常重要。例如，征收制度本属公法基于公共利益的需要而对物权进行的限制，但在我国却被广泛运用于解决城市发展所需土地供给问题，从而导致征收制度被异化，也给征收制度的运用带来正当性的质疑。其实，对于城市商业开发所需土地问题，完全可以通过类推适用建筑物区分所有权制度中的多数决制度来解决，而无须借助征收制度。建筑物区分所有权中的多数决制度，本质上是私法对物权进行的限制。如果不能认识私法本身基于物权的社会化也对物权进行了大量限制，就无法正当地解决城市商业开发所需用地问题。

## 三

本书试图兼顾理论性与实务性。列宁曾说："没有革命的理论，就没有革命的行动。"同理，没有理论指导的实践，就是盲目的实践。事实上，狭义上的法学，即所谓法教义学，就是指现行法所赖以构建的理论基础。因此，以法学为专业者，自然要学习法条背后的理论基础。笔者经常对前来国家法官学院培训的法官们讲：你们来参加培训，可能都带着手头难办的案件，希望老师们给你们提供一个好的解决方案，但我想告诉你们的是，授课教师也许可以告诉你解决这个问题的方案，但今后你遇到其他疑难问题怎么办？有没有一个一劳永逸的办法来解决所有可能遇到的疑难问题？当然有，那就是好好学习理论。很多问题之所以成为疑难问题，可能就是因为理论知识欠缺或者方法不对。当然，方法的正确运用也要建立在全面掌握理论知识的基础上。正因如此，笔者在《物权诉讼：原理与实务》一书的序言，就谈到法律人要做到"知其然，且知其所以然"。在多年的法官培训授课中，我一直坚持将实践问题纳入理论体系中进行解决，在系统讲授理论的过程中一并讲授实践问题的解决方案，而不是就事论事，尽可能避免"只见树木，不见森林"。

物权法发展到现在，已经形成非常庞大的理论体系。因此，企图通过一本书穷尽所有的物权法理论，是不现实的。即使如此，本书还是想尽可能完整地展现物权法的理论脉络。为此，本书没有采取一般教科书的写法,也不同于就某个理论问题撰写的专著。之所以没有采取一般教科书的写法,一是因为本书设想的读者是已经具备一定的物权法基础知识的群体,二是因为物权法的本土特色极为鲜明,而一般教科书很难反映我国物权法的主要特点。大家知道,物权法调整的重点是不动产,而我国的基本经济制度决定着作为最重要不动产的土地只能归国家所有或者集体所有,并由此决定我国的用益物权制度不仅承担着实现“物尽其用”的任务,还承担着解决在社会主义国家如何发展市场经济难题的重任,即土地作为生产要素如何进入市场的问题。从民法的角度,一定程度上可以说,用益物权制度在我国实际上承担着所有权制度的部分功能。正因如此,无论是从功能上看,还是从运用范围的广度上看,我国的用益物权制度与西方国家的用益物权制度都不可同日而语。这就对物权法理论提出了更高的要求,因为传统的物权法理论是以所有权为原型构建的,不少理论也是在所有权制度中进行论述,但这显然不符合我国物权法的实际。考虑到担保物权制度已经放到《担保法精讲》一书中进行论述,本书没有过多地强调所有权制度与用益物权制度之间的差异而分别对二者进行论述,而是将笔墨更多地用于讨论物权法的一般原理。也正因如此,本书将相邻关系、建筑区分所有纳入“物权法上的自由与限制”进行论述,在不动产善意取得部分附带论述共有制度的一些内容。需要说明的是,因时间与精力有限,对准物权的研究没有纳入本书;此外,不少问题既涉及物权法,也涉及合同法,如建设用地使用权转让问题,本书仅涉及物权部分,其中的合同问题,计划放到《合同法精讲》中进行讨论。

实践是丰富的,理论之树也常青。在本书付梓之际,中国共产党第二十次全国人民代表大会已圆满闭幕。党的二十大报告在谈到“开辟马克思主义中国化时代化新境界”时指出“实践没有止境,理论创新也没有止境”,同时在方法论上要求“必须坚持问题导向”“必须坚持系统观念”等。在笔者看来,这些重要论述也同样适用于对法学的研究。本书既是以实践问题的解决为导向,同时也想试图构建中国特色的物权法理论,并将其运用于实践问题的系统性解决。当然,这只是笔者的初心,能否实现,则要取决于读者们的感受。最后,祝大家“阅途”愉快!

# 目　录

PART II 第二编

## 物权法上的自由与限制

PART IV 第四编

## 不动产登记的性质与效力

PART Ⅰ 第一编

# 物权法、物权与物

《民法典》施行后，虽然形式意义上的原《物权法》已被废止，但其内容在修改后被纳入《民法典》，因此实质意义的物权法不仅仍然存在，而且内容更加丰富，例如《民法典》在原有用益物权的基础上增设了居住权、土地经营权等权利类型，并对担保物权制度进行了重大改革。就有关物权的一般规则而言，通过对比原《物权法》和《民法典》物权编，也不难发现，原《物权法》关于物和物权概念的规定以及关于物权法定原则的规定被前移至《民法典》总则编。就此而言，实质意义上的物权法并不限于《民法典》物权编，在《民法典》的其他部分，也存在关于物权的规定。除《民法典》外，其他法律、行政法规也有大量涉及物权的规定，最为典型者如《土地管理法》《城市房地产管理法》《不动产登记暂行条例》等。可见，实质意义上的物权法是以《民法典》物权编为“大本营”的一个极为庞大的规范群。需要注意的是，由于物权的本质在于从法律上界定对特定标的物享有支配地位的民事主体，在性质上属支配权和绝对权，因而物权法在“定分止争”的基础上，还肩负着维护第三人的交易安全的重任。

本编分为四讲：第一讲“物权法的功能与定位”，指出物权法不仅要实现定分止争，而且要实现物尽其用，因而必然关注物权变动中的交易安全，尤其是第三人的交易安全，而合同法则主要是保护合同当事人之间的交易安全；第二讲“物权法定原则及其适用”，指出物权法定原则虽然是物权法保护交易安全的必然要求，但当事人的约定违反物权法定原则仅产生不发生物权法上效力的后果，并不当然导致合同无效，且物权法定原则也还存在缓和的趋势；第三讲“物权公示原则及其适用”，指出物权法保护交易安全必然要求对物权及其变动进行公示，但物权公示原则可以通过公示生效主义和公示对抗主义两种立法体例予以落实，进而产生形式主义和意思主义两种不同的物权变动模式，但物权变动模式仅仅适用于基于法律行为发生的物权变动，不适用于非依法律行为发生的物权变动，且占有（交付）作为动产物权的公示方式，存在现实交付和观念交付的区分；第四讲“一物一权原则及其适用”，指出一物一权是物权法定原则和物权公示原则的必然要求，是关于物权客体的基本原则，并结合民法上“物”的类型，就一物一权原则与交易安全的关系、一物一权原则的突破等问题进行详细讲解。

# 第一讲

## 物权法的功能和定位

《民法典》第 205 条规定："本编调整因物的归属和利用产生的民事关系。"这是关于物权法调整对象的规定。依传统民法观念，物权法旨在调整静态财产归属关系，而债权法则着重调整动态财产流转关系，因此维护交易安全应是债权法，尤其是合同法的中心任务。但随着认识的深入，人们越来越发现物权变动及对由此引起的交易安全进行维护也是物权法的一个重要使命。为什么物权法要承担起维护交易安全的功能呢？笔者以为，这一方面是由于物权法在现代社会的价值和功能发生了巨大的变化，因而物权法本身所承载的使命也必须作相应的调整；另一方面则是由于物权本身的特殊性决定物权变动必然引起相应的交易安全问题，而解决这一问题也只能依靠物权法进行必要的制度设计。

### 一、物的归属与物的利用

在传统农耕社会，物质资源缺乏，商品交易简单，财产的价值主要体现在对某些物质资源享有排他性的支配权，大部分情形下法律规定物权的目的是要确定"这件东西是你的，那件东西是我的"。也就是说，当时物权法的功能主要表现为"定分止争"。但是，随着社会经济的发展，尤其是在市场经济条件下，人们对资源配置的要求也不断提高，财产的价值常常不仅体现为归谁所有，而且体现在能多大程度发挥其效用，因此一般认为，现代物权法不仅要实现"定分止争"的功能，而且要达到"物尽其用"的目的；甚至有学者进一步指出，现代物权法已经由"以财产所有为中心"转向"以财产利用为中心"。

当然，物的归属和物的利用是联系在一起的，因为只有先解决物的归属，才能实现对物进行有效的利用。据此，我们将物权分为所有权和定限物权，后者又可分为用益物权和担保物权。所谓用益物权，是指以使用收益为目的,在他人动产和不动产上设定的物权,例如建设用地使用权、农村土地承包经营权、宅基地使用权、居住权以及地役权等;所谓担保物权,是指以担保债权的实现为目的,在他人的财产上设定或存在的以优先受偿为内容的物权,例如抵押权、质权和留置权等。由于所有权可以对标的物进行全面的支配,在具体权能上,包括对标的物进行占有、使用、收益和处分,在支配范围上,既可以支配标的物的使用价值,也可以支配标的物的交换价值,因此被称为完全物权;与此不同,用益物权和担保物权只能对标的物进行某一方面的支配,如用益物权以支配标的物的使用价值为目的,只能就标的物进行占有使用并收益,原则上不能处分标的物(我国的用益物权情况有所不同,容后详述),担保物权以支配标的物的交换价值为目的,原则上不能就标的物进行使用收益,因此二者合称为定限物权。值得注意的是,定限物权的意义并不止于此,在表达对标的物进行有限支配的同时,定限物权这一概念还要表达一层更加重要的含义:作为在他人标的物上设定的物权,是对他人所有权施加的限制,因而得名他物权或者定限物权。也就是说,定限物权设立的目的,就在于限制他人所有权的行使,如果在某一标的物上根据所有权人的意思设定了定限物权,则定限物权的行使就要优先于所有权的行使,因此《民法典》第326条在规定“用益物权人行使权利,应当遵守法律有关保护和合理开发利用资源的规定”的同时,亦规定“所有权人不得干涉用益物权人行使权利”。在我国的司法实践中,一些人看到的常常只是定限物权的第一层意义,没有看到定限物权的第二层意义,导致对定限物权理解不全面,也影响到对用益物权人的保护。当然这是后话,我们将另行讨论。

值得注意的是,权利人在自己的标的物上为他人设定定限物权后,不但自己行使所有权要受到该定限物权的约束和限制,而且由于定限物权具有物权的一般性质和特征,因此该定限物权具有对抗第三人的效力。也就是说,当事人在标的物上设立的这一负担,对任何此外的第三人都要发生法律效力,例如张三将自己的房子抵押给李四,尽管该抵押权的设定只是在张三和李四之间进行,但由于抵押权是一种担保物权,因而具有对抗其他当事人的效力,如果王五就该房屋与张三进行交易,则李四的抵押权就具有对抗王五的效力。

另外，需要说明的是，无论是对物的归属进行界定，还是对物进行有效利用，都会涉及物权变动的问题。例如，当张三主张其对某特定动产或者不动产享有所有权时，自然应当证明其已满足取得该所有权的全部要件。此外，不管是用益物权的设定、担保物权的设定还是以财产进行投资，都会涉及物权变动的问题。物权变动可以分为基于法律行为发生的物权变动与非基于法律行为发生的物权变动。所谓基于法律行为发生的物权变动，是指根据当事人的意思发生的物权变动，主要是指当事人通过合同关系发生物权变动；而非基于法律行为发生的物权变动则主要是指根据法律的直接规定或者某些行政行为（如政府征收）、法院判决或者仲裁裁决以及当事人所进行的事实行为（如自建行为）发生的物权变动。当然，基于法律行为的物权变动是市场经济下的常态，例如通过买卖合同移转标的物所有权以及通过抵押合同或质押合同进行担保物权的设定。因此，现代社会中作为财产权利的物权要发挥其效用和价值，已经越来越离不开根据合同关系所产生的债权，甚至出现一种被称为“物权债权化”的现象。

## 二、物权法与交易安全

在通过交易行为对财产加以利用而引起的物权变动中，由于物权本身的性质和效力，物权变动不仅关系交易双方当事人之间的利益与安全，而且必将直接影响到交易关系之外所谓第三人的交易安全。

物权是否发生变动以及如何发生变动会影响到参与交易的双方当事人之间的交易安全，这一点比较容易理解：物权的本质就是确定财产的归属，标的物归谁所有，就由谁进行支配，由此带来的利益也应归谁享有，例如物权的归属关系到由该物所产生的孳息归谁所有；在标的物发生增值（如房价上涨）或者被征收时，由标的物所产生的利益归谁享有等。因此，物权的变动首先涉及交易双方当事人之间的交易安全。

为什么物权的变动还会对第三人的交易安全产生直接的影响呢？这是因为，与债权相比较，物权在性质上属于支配权和绝对权，这一性质具体表现在法律所赋予物权的排他效力、优先效力、追及效力以及物上请求效力等效力上。表现在对第三人的关系上,用一句更容易理解的话来说,就是“物权具有对抗第三人的效力”。[1] 正是因为物权具有对抗第三人的效力,因此物权是否发生变动以及如何发生变动不仅会影响交易双方当事人之间的利益与安全,而且还关系到第三人的交易安全。以抵押权的设定为例,债权人与抵押人之间设定抵押权的目的就是要使特定债权人的债权“优先受偿”。优先于谁受偿呢?肯定不是优先于抵押人自己受偿,而是优先于抵押人的其他债权人受偿。也就是说,抵押权从一开始就是为对抗“其他债权人”而存在的。既然其他债权人要受到抵押权是否设定的影响,因此其交易安全就应当受到法律的关注和保护。

例如,当张三将作为唯一财产的房屋抵押给甲银行借到第一笔款项后,因经营需要还想借款,于是向乙银行提出借款要求。乙银行在与张三订立借款合同时就会考虑自己所发放的贷款能否如期收回,如果乙银行发现此前张三已经将自己的房屋抵押给甲银行,而且别无其他财产,就会基于交易安全的考虑,拒绝与张三订立借款合同;相反,如果没有发现张三将房屋抵押给他人的事实,就可能会与张三订立借款合同,向张三发放贷款。因此如何维护乙银行的交易安全就成为一个重要课题:我们一方面要赋予物权具有对抗第三人的效力,另一方面也要维护第三人的交易安全,不能让第三人成为当事人意志和利益的牺牲品。

又如,在一物数卖的场合,根据债权的平等性与相容性,出卖人与数个买受人之间订立的买卖合同都可以有效,各买受人都可以获得有效的

---

[1] 物权由于在性质上属于绝对权而具有对抗第三人的效力,这是以物权和债权相区分为理论背景的。我国民法理论学习德国民法和瑞士民法,强调物权和债权的区分,但《民法典》关于物权的定义,并未突出物权的绝对性,而仅谈及物权的支配性,这是因为在一些特殊情形下,《民法典》采取了意思主义物权变动模式,并未赋予所有物权具有对抗第三人的效力。也就是说,我国民法上的物权概念并非整齐划一的物权概念,但这并不妨碍我们在此对物权变动过程中第三人交易安全问题进行讨论,因为:其一,大多数情形下,法律赋予物权具有对抗第三人的效力,因而第三人的交易安全必然成为物权法需要考虑的问题;其二,一些特殊情形下,法律之所以没有赋予物权对抗第三人的效力,也是为保护第三人的交易安全所作的例外规定。也就是说,法律要么赋予物权绝对性,再通过制度设计来解决所引起的第三人交易安全问题,要么不赋予物权以绝对性,从而避免引起第三人交易安全问题。

债权,但根据物权的排他效力和优先效力,最终对标的物享有所有权的主体只能有一个,且法律对该所有权的保护要优先于对债权的保护,因此所有权是否发生变动及如何发生变动不仅对出卖人和买受人极为重要,而且会影响到其他可能或者已经成为买受人的第三人的交易安全,法律对此必须给予高度重视。

## 三、物权法与合同法的分工

如前所述,在通过合同发生物权变动时,物权变动中的交易安全既包含交易当事人之间的交易安全,也包括交易之外第三人的交易安全。应该说,影响交易双方当事人之间交易安全的因素很多,例如合同是否生效、债务人是否具有清偿能力等,由于物权具有确定财产归属的功能,因此交易中的物权归属对当事人之间的利益与安全同样具有重要意义,法律为合理分配交易中的风险,就必须设计科学的物权变动模式以确保当事人在进行物权交易时利益的平衡和交易安全的实现[1];同时,物权的性质和效力决定物权变动会对交易关系之外的第三人发生效力,因而对第三人的交易安全也将产生重要影响,因此法律在设计物权变动模式时还必须考虑如何确保第三人交易安全得以实现。

民法对上述交易安全的保护是通过合同法与物权法的合理分工来实现的。不难看出,交易双方当事人之间的交易安全主要属于合同法应该解决的问题。可以说整部合同法以维护当事人之间的交易安全为中心:合同法不仅对合同的成立与效力、缔约上过失责任、合同的履行、合同的保全、违约责任以及双务合同中的抗辩权等影响交易安全的问题作出细致的规定,而且专门就以移转标的物所有权为目的的合同,如买卖合同、赠与合同中权利的移转和风险负担等问题作了明确规定,以平衡当事人之间的利益和对双方当事人交易安全的保护。物权法对交易安

---

〔1〕 物权是否发生变动关涉当事人之间的交易安全,既与立法是否坚持物权和债权相区分有关,也与合同法上的实际履行原则有着直接关系:如果合同法坚持实际履行原则,债权和物权相区分在当事人之间的意义可能会大打折扣,因为即使受让人享有的只是债权,基于强制履行规则,在可以继续履行的情况下,仍然可以最终获得物权,但如果合同法不坚持实际履行原则,受让人是享有债权还是享有物权,将带来十分显著的差异。

全的保护主要关注对第三人交易安全的保护，这是因为第三人交易安全问题主要是因物权本身的特殊性质与效力引起的，是物权变动中的特有问题，自然应由物权法来加以解决。

由此可见，尽管合同法和物权法都要对交易安全进行保护，但二者的侧重点是不一样的：合同法重在对交易双方当事人之间的交易安全进行保护，而且就所有财产性合同关系中当事人的交易安全提供保护措施；但物权法重在对第三人的交易安全提供保护，且仅关注因物权变动引起的交易安全问题，非因物权变动而发生的交易安全问题不属于物权法调整的对象。例如运输、委托、保管等合同关系不涉及物权变动问题，因而通常不涉及第三人的交易安全，当事人之间的交易安全则主要通过合同法予以解决，但买卖、赠与、互易等交易行为则涉及物权变动问题，须合同法与物权法协力，才能确保双方当事人以及第三人的交易安全。

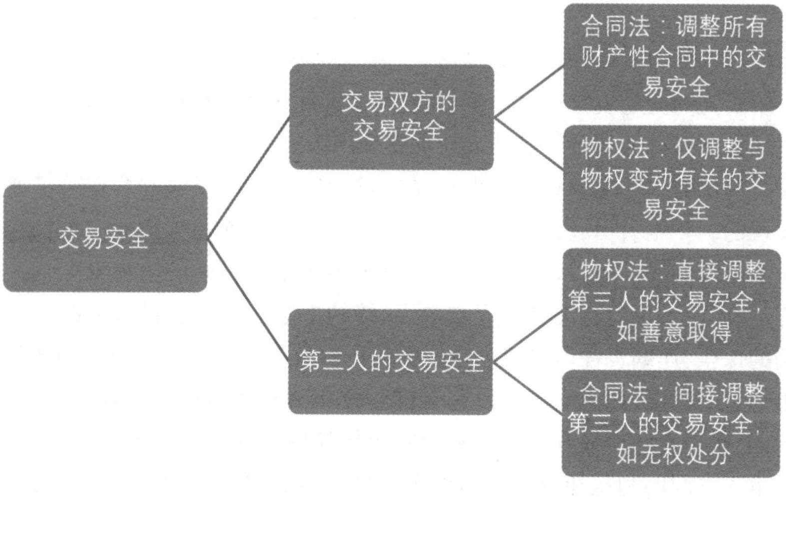

# 第二讲

## 物权法定原则及其适用

物权法的基本原则是物权法制定以及解释适用中应当贯彻的最基本的原则。由于物权变动及由此引起的交易安全问题属物权法的重要范畴,因此物权法对物权变动中交易安全的关注首先就体现在其所坚持的基本原则。其中,物权法定原则被认为是物权法的基本原则之一。《民法典》第116条规定:“物权的种类和内容,由法律规定。”这就是我国民法关于物权法定原则的具体规定。

### 一、物权法定的基本含义

物权法定原则,又称物权法定主义,是指物权的种类和内容由法律规定,当事人不得自由约定。它包括两个方面的含义:(1)物权的种类不得自由创设,即不得创设法律未规定的物权类型,因此又称为“类型强制”,例如在《民法典》施行前,由于原《物权法》没有规定“居住权”,因此当事人不得设定“居住权”这一物权类型;(2)物权的内容不得自由设定,即不得创设与法定物权内容不同的其他内容作为物权的内容,因此又称为“内容固定”,例如当事人不得创设以不移转占有为内容的质权。可见,物权法定原则与合同自由原则形成鲜明的对比,根据合同自由原则,只要不违反法律、行政法规的强行性规定,并且不违反诚实信用原则和公序良俗原则,当事人可以就合同的内容和形式进行自由约定;但根据物权法定原则,当事人不得创设法律规定之外的物权种类,并且不得以约定对法律明确规定的内容进行变更。

何以物权法与合同法所坚持的基本原则有如此大的差别呢?这根源于物权和债权在性质和效力上的不同。《民法典》第114条规定:“物权是权利人依法对特定的物享有直接支配和排他的权利,包括所有权、用益物权和担保物权。”由此可见,物权是一种对世性(绝对性)的权利,而合同所产生的债权则是一种对人性(相对性)的权利。作为相对性的债权仅在当事人之间发生法律效力,一般不对当事人之外的第三人产生法律效力,通常情况下也不会妨害社会中其他不特定主体的行为自由,因此当事人对其权利和义务可以自由作出约定或者安排,只要不违反法律、行政法规的强制性规定以及诚信原则和公序良俗原则;但物权不同,物权具有对世权的性质,权利人之外的其他民事主体均为义务人,负有不得侵犯物权的义务,并且根据物权的排他效力、优先效力、追及效力以及物上请求效力,物权的变动具有产生对抗第三人的效力,因此如果物权可以由当事人自由创设的话,也就意味着当事人可以给社会中其他不特定的主体创设义务,或者给交易关系之外的第三人施加某种负担。这显然不符合民法作为私法的基本精神。

值得注意的是,物权法定原则与权利的登记资格直接相关。以不动产为例,在采物权法定原则的国家,只有法律规定的物权或者法律规定具有物权效力的权利才具有登记资格,才能办理登记手续,而其他类型的民事权利则不具有登记资格,不能办理登记手续,或者即使登记,也不具有登记的效力。在《民法典》施行前,由于我国物权法采物权法定原则,且没有规定“居住权”这一物权类型,因此如果权利人要想为他人设定物权性质的居住权,在当时的法律框架下,将无从实现。例如家庭保姆甲悉心照顾年迈的乙,乙深受感动,想在自己所有的房屋上为甲设定一个居住权,以解决自己去世后甲的住房问题——如果将所有权直接赠与给甲,又恐遭到子女的强烈反对,但如果甲能够取得一个可以对抗包括所有权人在内的任何第三人的物权性质的居住权,则不仅可以达到缓和子女矛盾的目的(毕竟房屋的所有权可以由子女继承),而且还能实现对甲进行保护的目的(乙可能担心自己去世后,子女因与甲之间没有深厚的感情,而以所有权人的身份驱赶甲)。根据原《物权法》的规定,乙和甲之间不能依意思表示创设一个物权性质的居住权,其结果是,双方即使创设这一权利,但由于该权利不具有可登记资格,因而不能对抗第三人。

## 二、物权法定与交易安全

应该说,物权法定原则早在罗马法中就有所体现,但在欧洲封建制度下,这一原则却并没有得到坚持;到近代,各国民法又重新确立起物权法定原则,有的甚至在民法典中有明确规定,如《日本民法典》第175条规定:"物权,除本法及其他法律所定者外,不得创设。"

一般认为,近代各国民法之所以确立物权法定原则,主要有以下几个方面的因素。其一,整理旧物权的需要。在欧洲封建制度下,不但物权(尤其是土地上的权利)种类十分繁杂,内容也各异,导致法律关系极不清楚,严重影响到法律的安定性。其二,实现物尽其用的需要。物权与社会经济有密切的联系,如果允许任意创设物权种类,对所有权设定种种带有物权性质的限制和负担,则会影响对物的利用。以法律明确物权的种类和内容,尽量将切合现实的物权纳入物权法,建立能够满足社会经济关系发展需要的权利种类,有助于物尽其用。其三,维护交易安全的需要。如前所述,由于物权具有绝对性,并且法律赋予物权强大的效力,如果任由当事人约定,就将会对他人的交易安全造成危害。

在《物权法》的制定过程中,对于《物权法》是否仍然坚持物权法定原则存在较大的争议。持肯定意见的学者从物权的性质和效力出发,认为如果不坚持物权法定原则,势必对社会公共利益和第三人的交易安全造成危害;持否定意见学者则认为物权法定原则过于僵化,不利于物尽其用,因为法律规定的物权种类毕竟很有限,每种物权的内容又相对固定,不允许当事人变更,如果坚持物权法定原则,就无法满足人们生产生活的需要,也不符合效率的要求,且从比较法的角度看,许多国家的民事立法和民法理论都在反思物权法定原则的弊端,并采取一定的措施缓和物权法定原则。正是这种学说上的争论,导致立法者在是否坚持物权法定原则问题上摇摆不定,刚开始的草案明确规定了物权法定原则,但中间又曾一度放弃,改采物权自由主义,但最终通过的《物权法》还是回归到物权法定原则上,并于第5条明确规定:"物权的种类和内容,由法律规定。"

在物权法定原则广受争议的背景下,何以我国《物权法》仍要坚持物权法定的原则呢?笔者认为,虽然近代各国民法坚持物权法定原则有多方面的原因，但现在我们制定《物权法》仍然要坚持物权法定原则，其主要目的就在于维护交易的安全。因为物权是市场交易的前提和基础，常常也是当事人进行交易的目的，从表面上看，当事人买卖的对象是具体的标的物，但从法律的角度看，当事人交易的对象实际上是标的物上的权利，尤其是物权，因此如果物权的种类和内容不固定，当事人交易的标的就不确定，其交易安全自然无法得到保障。

例如前些年因公房改制而发生的一些纠纷，如果不懂得运用物权法定原则，就很难予以解决。公房改制过程中，往往是职工缴纳一定数额的价款后，单位将公房出售给本单位的职工，由职工取得房屋的所有权，但在实践中，单位在出售过程中，常常在合同中约定一些条款，如职工不得转让房屋、职工转让房屋时单位有优先购买权、职工离开本单位时应归还房屋等。职工取得房屋所有权后，因生活需要可能会将房屋转让给第三人，或者将房屋抵押给银行进行融资，这时候单位提起诉讼，请求法院宣告职工与第三人之间转让房屋或者将房屋抵押给银行的行为无效，理由是单位与职工已在合同中约定职工不得转让或者处分房屋，或者职工处分房屋的行为侵犯了单位的优先购买权。

根据物权法定原则，能够产生对抗第三人效力的物权必须由法律规定，当事人不能自由创设，因为如果允许当事人在标的物上自由创设可以对抗第三人的物权，则第三人的交易安全必将受到严重影响。在上述这一类型的案件中，如果单位和职工的约定可以具有对抗第三人或者银行的效力，则第三人和银行的交易安全将很难保障，因为谁也不知道在自己所交易的对象上究竟会有多少个权利负担。根据物权法定原则，由于所有权的内容是固定的，包括占有、使用、收益和处分的权能，因此一旦职工取得房屋的所有权，职工就当然可以根据物权法关于所有权的规定行使权利，如对标的物进行占有、使用、收益和处分，将标的物转让给他人或者在标的物上设定抵押权正是权利人处分标的物的一种形式，自然属有权处分，无须经过单位的同意，也无须经征得单位行使优先购买权。第三人也正是基于对物权之种类和内容相对固定的信赖，才与职工订立买卖合同或者抵押合同，其交易安全自然应当受到保护。

《物权法》施行后，由于该法没有规定德国民法上的“先买权”制度，有些同志认为,根据物权法定原则,既然《物权法》没有规定优先权作为一种物权,那么承租人的优先购买权就不再具有物权的效力。笔者认为,这种理解有失妥当,理由是物权法定原则所谓的"法律",并非仅指《物权法》,还包括全国人大及其常委会制定的其他法律,例如《合同法》《民法通则》等。承租人的优先购买权虽然没有在《物权法》上进行规定,但在《民法通则》和《合同法》上都有规定,因此即使认为优先购买权属物权,也不违反物权法定原则。当然,对于优先购买权应区别对待:一类是具有物权效力的优先购买权,由于此类优先购买权具有对抗第三人的效力,因此必须由法律明确规定,故称之为法定的优先购买权;另一类是约定的优先购买权,即此类优先购买权并非法律赋予,而是当事人在合同中约定的优先购买权,此类优先购买权的效力如何呢?我们将在下文进行分析。

## 三、违反物权法定的后果

当事人之间的约定如果违反物权法定的原则,其法律后果如何?是否导致该约定无效呢?答案是否定的。应该说,即使当事人之间的约定违反物权法定原则,也只是不能产生物权的效力,即不能产生对抗第三人的效力,但并不意味着当事人的约定不产生任何法律效力。也就是说,当事人之间的约定即使违反物权法定原则,但只要该约定不违反法律、行政法规的强制性规定以及公序良俗的原则,则该约定在双方当事人之间是可以具有债权法上的效力的。因此一旦某一方当事人没有按照合同的约定行使物权,另一方当事人就可以追究其违约责任,以此平衡当事人之间的利益。

既然当事人之间的约定即使违反物权法定的原则,也并非无效,那么职工和单位在合同中约定的优先购买权虽然因违反物权法定原则不能产生物权的效力,但却可以发生债权法上的效力。也就是说,如果职工未经单位行使优先购买权而将房屋转让,则应当对单位承担违约责任。同理,如果双方在合同中约定当职工离开单位时,须交回房屋,只要这一约定符合法律行为的生效要件,就应在当事人之间发生法律效力,在职工离开单位时,单位有权收回房屋,但在职工已经将该房屋转让给第三人的情况下，由于单位和职工的约定仅具债权法的效力，不能对抗善意第三人，因此单位无权要求否定职工和第三人之间转让合同的效力，而只能要求职工承担违约责任。

正确认识违反物权法定原则的法律后果具有极其重要的意义。这是因为，《物权法》规定的物权种类极其有限，且物权的内容相对固定，无法满足社会经济生活的需要，为克服物权法定主义带来的弊端，承认在标的物上可以设定债权负担，就成为物权法定原则之下实现私法自治的必然途径。例如，无论是原《物权法》还是《民法典》，均没有规定"让与担保"制度，因此当事人如果在合同中有关于让与担保的约定（即当事人不移转占有而将标的物所有权转让给债权人，以担保债权的实现），自然违反物权法定原则；但是，违反物权法定原则，并非导致当事人之间的约定无效，在既不违反法律、行政法规的强制性规定，也不违背公序良俗原则时，当事人之间的约定可以具有债权法上的效力。也就是说，双方约定由债权人取得所有权虽然不具有对抗第三人的效力，但却可以用来对抗担保物的提供人。由此可见，合同法在一定程度上缓解了物权法定原则所带来的僵化。

十几年前发生过一起案件，案情大致如下：张三、李四、王五三家居住于某城镇，各有平房数间，相互邻接。改革开放后，张三最先富裕起来，于是想拆除原来的平房，另起楼房，但李四和王五担心张三的新房子过高而影响其风水和采光，于是就建房问题发生争议，后来通过协商，三家共同签订了一份协议，约定各家今后建房的高度、宽度等。张三便按照三方的协议建房屋。后来，李四将其所有的房屋转让给赵六，赵六购得李四的房屋不久后，也想拆除平房，另起高楼。赵六的建房不仅获得当地建设部门的建设许可和管理部门的规划许可，而且相关部门还派人前来为李四建房放线，但却遭到张三和王五的阻拦，其理由是：赵六所建造的房屋在高度和宽度上均超过以前三家所作的约定。赵六遂起诉要求张三和王五停止侵害。

就本案而言，赵六取得李四的房屋所有权后，便可对房屋行使《物权法》关于所有权而规定的具体权能，包括对房屋进行事实上的处分，因此拆除平房，另起高楼属《物权法》所规定的所有权的内容。为保护第三人的交易安全，尽管在赵六购得李四房屋前，张三、李四和王五就建房问题达成协议，但这份协议因为违反了物权法定原则，缩小或者限制了所有权的内容，因此不具有物权效力，从而不具有对抗赵六的效力。虽然三家订立的协议不具有对抗赵六的效力，但并非不产生任何效力。实际上，只要不违反法律、行政法规的强制性规定，也不违背公序良俗原则，该协议就具有约束张三、李四和王五的效力，一旦李四未能保证赵六在协议范围内建房，就应对张三和王五承担违约责任。

## 四、关于物上的债权负担

前面谈到，当事人可以通过在标的物上设立用益物权和担保物权来发挥物之效用。当然，通过设立定限物权对标的物进行利用，虽然有其优越性，例如定限物权的内容大多基于法律的规定，可以为当事人节省大量交易成本，且定限物权不仅具有对抗第三人的效力，而且有些定限物权（如建设用地使用权）具有较强的可流转性，因此可以作为所有权的一种“衍生产品”，用来扩大交易对象的范围，丰富社会经济生活。但是我们也应看到，根据物权法定原则，物权的种类和内容由法律规定，而法律所规定的定限物权的数量毕竟十分有限，且定限物权的内容大多由法律明确规定，当事人意思自治的空间受到极大的限制，不能适应当事人交易的客观需求。在此情形之下，通过合同自由原则，允许当事人在标的物上设定各种债权性质的负担〔1〕，就成为法律克服物权法定原则之僵化的最佳途径。

---

〔1〕 值得注意的是，从理论上说，债权原则上是对人的，而不是对物的，因此也许有人会认为所谓物上之债权负担的提法不妥当。但笔者认为，债权本质上属对人权，因而债权的发生原则上不以标的物特定化为条件，但不可忽视的是，实践中大量债权是针对特定物的，尤其是一些债权的行使须以占有标的物为前提，因而不可否认，此时的债权既具有对人的性质，也具有物上负担的性质（针对特定标的物）。由此可知，虽然并非任何形式的债权都具有物上负担的性质，但针对特定物发生的债权，则可能具有物上负担的性质。事实上，物上之债权负担问题，亦可从物权具有优先于债权的效力得以看出，例如不少学者赞同《物权法（草案）》（第二次审议稿）第 8 条的规定：“在特定的不动产或者动产上，既有物权也有债权的，优先保护物权。但法律另有规定的除外。”试想，如果不承认特定标的物上亦可存在债权负担，何来物权优先债权的原则（效力）？

### (一)物上之债权负担的意义

当事人通过各种债权契约在特定标的物上设定各种债权负担,在实践中颇为常见,例如当事人经常通过租赁合同、借用合同等在标的物上设定租赁权、借用权等各种债权。与设定用益物权相比较,通过设定物上之债权负担对标的物加以利用的最大优势在于:当事人可以根据合同自由原则,设立不同种类和不同内容的债权负担,以满足社会经济生活的不同需求,例如当事人可以在租赁合同中约定各种合同解除的条件,但在土地承包经营合同中,当事人不能约定合同解除的条件,合同解除的条件是法定的,双方的权利义务也是法定的。这样一来,物上之债权负担就能发挥以下功能。

其一,在对标的物进行利用的过程中,作为克服物权法定主义之局限性的工具。这主要表现在两个方面:一是当事人可以选择债权方式而非物权方式对标的物加以利用,从而避免适用物权法定原则,例如当事人可以不选择设定用益物权,而选择租赁合同对标的物加以利用,从而避免适用物权法定原则;二是在当事人通过设立物权或者转让物权对标的物加以利用时,对该物权在内容上以债权的形式加以变更,或者另外附上债权方面的约定,以满足双方的交易需求,例如尽管物权法没有规定典权,也没有规定优先权,但当事人在转让标的物所有权时,仍然可以在合同中约定,出卖人可以在一定条件下优先买回标的物。对于上述第一个方面,不存在法律适用上的疑难之处,完全按照债权法处理即可;但对于上述第二个方面的问题,虽然当事人之间的约定可能不符合物权法定原则,但这些约定并非当然无效,它们虽然不能产生物权法上的效果,但多数情形下可以产生债权法上的效果。

其二,在基于法律行为发生的物权变动中,作为平衡出让人与受让人之间关系的工具。在基于法律行为发生的物权变动中,根据物权变动与其原因行为相分离的原则,物权是否发生变动不影响原因行为的效力,例如是否已经办理登记,不影响买卖合同的生效,因此在物权发生变动之前,双方所订立的债权合同(即原因行为)可能已经发生法律效力,此时,即使没有发生物权变动,出让人与受让人之间的关系也应当通过该债权合同进行调整,不能随意变更合同或者反悔。也就是说,在物权发生变动之前，当事人之间虽然不存在物权法上的权利和义务，但却可能存在债权性质的负担。

例如，在一些农村地区，可能尚未建立土地登记制度，但如果同一集体组织的当事人之间已经订立了房屋买卖合同，且已将房屋交付使用，或者虽然已经建立起全面的土地登记制度，而当事人基于其自身的原因没有办理过户手续，且房屋已经交付使用，此时，按照物权法的规定，房屋所有权尚不发生移转，但双方之间订立的买卖合同则可能已经生效。由于买受人已经取得有效的债权，买受人占有房屋的行为就是有权占有，而非无权占有，出卖人提出要求买受人返还房屋的请求就不能得到支持，因为此时标的物所有权虽然没有发生变动，但在标的物上已经存在一个债权负担。除非出卖人证明买卖合同不成立、无效或者被撤销，或者合同依法解除，否则不能要求返还房屋，买受人则有权请求出卖人继续履行协助过户的义务，从而最终取得对房屋的所有权。

### （二）物上之债权负担的效力

物上之债权负担虽然具有上述优势，但根据合同相对性的原则，只能在当事人之间发生债权法上的约束，通常不具有对抗第三人的效力，这一点最为典型的表现是在“双重买卖”问题上。例如张三将房屋卖给李四，双方订立了买卖合同，且房屋已交付使用，但未办理过户手续，此后张三又将同一房屋卖给王五。由于张三和李四之间仅订立买卖合同，未办理过户手续，因此所有权不发生移转，但根据物权变动与原因行为相区分的原则，买卖合同的效力不受物权是否发生变动的影响，虽然双方没有办理过户手续，但买卖合同并不因此而无效，故而在当事人之间产生债权债务关系，此即物上之债权负担。在张三因将房屋转让给王五而无法履行与李四之间的买卖合同时，李四基于该债权负担可以向张三主张违约责任；但李四对张三所享有的债权不具有对抗王五的效力。也就是说，即使王五与张三订立合同在后，李四也不得以此要求王五返还财产。但若张三与李四不仅订立了买卖合同，而且办理了过户手续，只是房屋没有交付使用，此后张三再次就该房屋与王五订立买卖合同，并将房屋交给王五占有使用，法律后果就会有所不同。此时，李四已经取得对该房屋的所有权，而王五只是与张三之间订立了买卖合同，仅对张三享有债权，只能对张三主张该债权，而无法对抗李四所取得的所有权，因此当李四向王五主张返还财产时，就应当获得支持（例外情形，参见本书第二十讲）。值得注意的是，此时王五所取得的债权只能向张三主张，而不能向李四主张。也就是说，此时王五取得的债权不具有物上负担的性质，因为它不是标的物所有权人（即李四）根据自己的意思设定的，因而不应受该债权的约束。

在当事人约定变更物权法关于物权的种类或者内容时，上述原则同样适用，例如当事人订立禁止所有权的受让人处分标的物所有权的约定，或者订立所有权的受让人在处分标的物时须经出让人同意（或监督）的约定，其效力如何呢？我国台湾地区有两则判例，其中之一称："所有权之让与人与受让人，于不违反公益之程度，所订禁止受让人处分所有权之特约，故应认为有效。但仅于当事人之间发生债之关系，不能发生物权之效力。"另一判例亦称："某甲将财产分给诸孙，其所立析产证书内虽载有监督之权字样。然将财产给与子孙，移转所有权后，限制其处分，无对抗第三人之效力。"

所有权人依自己的意思在特定标的物上设定债权负担后，自应受其约束，这是私法自治的必然要求。但在实践中，我们经常看到当事人在订立合同后表示反悔，不愿继续履行合同。对此，我们应一分为二地看待：以买卖合同为例，物上之债权负担设定后，当事人自应受其约束，但毕竟债权性质的负担不同于物权性质的负担，债权负担既无对抗第三人的效力，也不能产生受让人对标的物直接支配的后果，因此如果出卖人在订立合同后反悔，应根据具体情形采取继续履行还是使其承担其他违约责任（如损害赔偿）的措施，不能认为债权负担成立后，出卖人就完全丧失对标的物的支配，否则物权和债权的区别将不复存在。当然，如果债权负担成立后，债权人已经现实占有标的物，对其进行事实上的支配，则债权人不仅受到有效债权的保护，而且受到占有制度的保护，从而具有一定的对抗第三人之效力，此时债权人不仅可以基于占有向第三人主张返还财产、排除妨碍或者消除危险的请求，而且可以请求债务人继续履行协助办理过户的义务，以最终取得对标的物的物权。

### (三)物上之债权负担的成立

值得注意的是,物上债权负担的成立,须满足债权合同的成立要件和生效要件,且其存续必须以该债权合同的存续为前提,一旦该债权合同被解除或者归于消灭,物上之债权负担也必然不复存在。关于债权合同的成立要件和生效要件,《民法典》均有明确规定。关于债权合同的成立,主要是看双方是否达成意思表示的合致;而关于债权合同的生效,最为重要的是三条:其一,是否为当事人真实的意思表示,如果意思表示不自由或者有瑕疵,会导致债权合同无效或者被撤销,物上之债权负担自然不能生效;其二,是否违反公序良俗的原则,例如上文提到的当事人订立禁止所有权之受让人处分标的物的约定,关于这一约定是否违反公序良俗,实践中就存在较大的争议,台湾地区的法院最终坚持这一约定不违反公序良俗,因而认定这一约定为有效;其三,是否违反法律、行政法规的强制性规定,一旦当事人之间的约定违反法律、行政法规的强制性规定,将会导致债权合同被认定无效,自无产生物上之债权负担的问题。至于债权合同的解除和消灭,《民法典》也都有相应的规定,法官严格适用这些规定认定债权合同是否存续即可,这里不再赘述。

这里需要指出的是,除前文提到地方政府规章或者所谓的红头文件就小区物业管理进行规定所引起的争议外,司法实践中还经常出现开发商或者物业服务企业在与业主签订商品房买卖合同或者物业管理合同时,约定业主不得擅自封闭阳台或者改变房间设置等内容,业主在取得房屋所有权后,擅自封闭阳台或者改变房间设置,开发商或者物业服务企业以所订合同为依据,起诉到法院要求业主拆除封闭阳台的设施,或者恢复房间设置的原貌。针对此种情形,笔者的意见是,如果双方订立的买卖合同或者物业管理合同是双方(尤其是业主)真实的意思表示,且不违反公序良俗的原则和法律、行政法规的强制性规定,则该协议有效,当事人自应受其约束,此即物上之债权负担,当事人不得擅自反悔。但在实践中,开发商或者物业服务企业往往利用其优势地位,强迫业主签订上述协议,例如有的开发商或者物业服务企业以不签协议,就不交钥匙为条件要求业主签订上述协议,此时就很难认定是业主真实的意思表示。此外,即使认定上述协议有效,而业主又违反了上述约定,到底发生何种法律后果也是值得探讨的问题。笔者认为,如果当事人恢复原状的成本太高,且其封闭阳台或者改变设置的行为并未对整个建筑物或者小区产生很大的负面影响,就不应支持开发商或者物业服务企业恢复原状的诉讼请求,但通过其他违约责任(如损害赔偿)来解决问题。

例如,在“大成物业管理公司与长安新城业主因封闭阳台引起的物业管理纠纷案”中,法院认为,业主作为所购房屋的所有权人,对阳台具有专有所有权,可自主使用。双方所订立的商品房买卖合同是大成开发公司预先拟订、在订立合同时未与对方协商的格式合同,对其中的条款有争议的,应作出不利于提供格式条款一方的解释。原告在合同中没有考虑售房时所签的《商品房买卖合同》中有关阳台状况约定不明的情况而强制不准许“擅自封闭阳台”的约定不合理,该内容无效。鉴于 12 名被告封闭阳台使用的材料及样式统一,并未影响小区内的整体美观、市容环境及其他公共利益,故对原告的诉讼请求不予支持。

此外,实践中存在的另一类疑难问题是,如何认定双方签订的债权合同因违反法律、行政法规的强行性规定而无效。例如甲公司将房屋卖给乙公司,已交付使用,但未办理过户手续,乙公司又将房屋卖给丙公司,同样已交付使用,但未办理过户手续。虽然丙公司已经向乙公司支付全部价款,但乙公司因没有偿还能力而未将全部价款支付给甲公司,甲公司遂起诉丙公司,以行使物权请求权为由要求其返还房屋。这类案件的复杂之处在于判断物上之债权负担是否存在:如果甲公司和乙公司之间的买卖合同以及乙公司和丙公司之间的买卖合同均为有效,且继续存续,则丙公司对该房屋的占有为有权占有,而非无权占有,自可对抗甲公司的本权(所有权),因而甲公司不能行使物权请求权要求丙公司返还房屋(除非甲公司依法解除和乙公司之间的买卖合同),而只能根据合同的相对性向乙公司主张权利,因此如何判断上述两个买卖合同的效力就成为处理此为案件的关键。实践中,判断两个买卖合同的效力的难点在于:买卖合同是否因双方没有办理登记手续而无效或者不生效?这又可以分为两个问题:(1)买卖合同是否因违反法律关于不动产转让应当办理过户登记的要求而无效或者不生效?(2)买卖合同是否因为违反《城市房地产管理法》关于没有取得权属证书的房屋不得转让的规定而无效？关于这两方面的问题，我们将在《合同法精讲》中予以讨论。至于物权请求权的行使问题，涉及物权的民法保护，我们将在本书第三编进行重点分析。

## 五、物权法定原则的缓和

根据物权法定原则，只有法律明确规定为物权的，才能认定为物权，如果法律没有明确规定为物权，就不能认定为物权。也就是说，在当事人之间的约定不符合法定的物权种类和内容时，充其量只能认定为债权债务关系。然而，如果将这种情况一概认定为债权债务关系，再根据合同法调整当事人之间的权利义务，在一些时候仍然达不到当事人所设想的目的，甚至可能导致不公正或者不合理的结果。可见，物权法定原则虽然有利于保护第三人的交易安全，且其局限性在一定程度上可以通过合同法得到了缓解，但物权法定原则还是会带来很多问题，它会导致法律关系过于僵化而不能满足社会经济发展的需求，尤其是我国，法律规定物权种类极其有限，而社会经济却十分复杂，物权法定原则的弊端就会更加明显。

例证之一是关于典权问题。在制定《物权法》的过程中，关于是否规定典权制度存在很大的争议，一些学者强烈建议规定典权这一有中国特色的制度，但遗憾的是，最终通过的《物权法》并未规定典权制度。在《物权法》施行后，如果当事人之间通过协议设立典权，并前往登记机关办理"出典"登记，是否可行？如果严格贯彻物权法定原则，似乎不能认为典权是一种物权，登记机关完全可以拒绝办理"出典"登记。但如此一来，当事人之间有现实的需求该如何办？是不是只能将当事人之间的约定看作是一个附买回条款买卖合同？如果典权人将标的物卖与第三人，出典人显然不能以此对抗第三人，而只能找典权人承担违约责任，其利益显然不能得到全面保护。

例证之二是关于居住权问题。同样，在制定《物权法》的过程中，不少学者建议规定居住权作为一种用益物权，但立法者没有采纳这部分学者的意见。其理由是，如果不动产的所有人通过合同或者遗嘱在不动产上为他人设定居住权，充其量只能产生债权法上的效力，而不能发生物权法上的效力。如此一来,在前文提到例子中,乙通过设定居住权来保障甲之住房需要的目的就无法完全达到,因为乙去世后,如果其子女将房屋所有权转让给第三人,甲所取得的居住权由于无法对抗该第三人,不可避免地将受到损害。当然,《民法典》规定了居住权制度,就可以避免这一问题的发生。

例证之三是公房使用权问题。基于历史原因,我国目前尚存在不少单位将公房分配给职工居住和使用的情况,由此引发的纠纷也不少。公房使用权到底是一种什么样的权利呢?现在还不能说很清楚。但从物权法定原则来看,至少不是一种物权。问题是,这样的一个结论是否合理呢?实际上,在我国,公房使用权的效力在很大程度上比西方国家居住权的效力还要强,例如居住权通常不能继承,但在我国的很多地方,公房使用权作为一种财产权利,不但可以继承,而且在一定条件下还可以转化为所有权。既然《民法典》将居住权作为一种物权对待,我们是否也可以将公房使用权作为一种物权对待?从另一个角度看,在我国,土地实行公有,单位或者个人通过法定途径可以取得土地使用权,物权法既然将土地使用权看作是一种用益物权,为何对于属于单位所有的公房、职工享有的公房使用权就不能作为一种用益物权对待呢?实际上,在《物权法》实施前的在司法实践中,已经有法官创造性地提出公房使用权属于《民法通则》上所说的"与财产所有权有关的财产权",应受到法律的保护。例如在"夏必应诉马兵银"案([2004]庐民二初字第342号)中,被告侵占原告由单位分配使用的储藏室,由此引发纠纷,安徽省庐江县人民法院经审理认为:"本案原、被告系平等主体,双方争议的储藏室所有权虽然属于双方所在单位——盛桥农经中心,但盛桥农经中心已将其所有的储藏室分配给职工使用,其职工对分得的储藏室享有使用权,该使用权是从财产所有权派生出来的他物权,具有民法通则第五章第一节规定的'与财产所有权有关的财产权'法律属性,应受民法保护,被告强行占用该建筑物,属民事侵权行为。依据民法通则第五条、第一百三十四条第一项、第二项之规定,判决:马兵银于判决生效后10日内将上述储藏室腾让给夏必应使用"。

由此可见,严格的物权法定主义会带来很多的问题。正是因为这一点,各国民法纷纷采取措施缓和物权法定原则,以使法律适应社会生活的需要。所采取的措施,大多是承认习惯法也能创设物权。也就是说,所谓物权法定中的“法”,除国家制定的正式法律外,还应包括习惯法。但在我国,根据习惯法来承认新的物权种类,可能只有典权制度;至于公房使用权和居住权的物权地位,显然很难通过习惯法来获得承认。因此,有学者建议,我国民法缓和物权法定主义的途径主要有两个:一是适当扩大物权法定之“法”的范围,将“法”扩大到国务院制定的行政法规,其依据是《立法法》第9条的规定:“本法第八条规定的事项尚未制定法律的,全国人民代表大会及其常务委员会有权作出决定,授权国务院可以根据实际需要,对其中的部分事项先制定行政法规,但是有关犯罪和刑罚、对公民政治权利的剥夺和限制人身自由的强制措施和处罚、司法制度等事项除外。”依此规定,《立法法》并未排除全国人大及其常委会授权国务院制定民事制度方面的法规,因此国务院可以基于此授权,根据现实生活中的需要,通过制定行政法规确认某些权利具有物权的性质。二是有条件承认习惯法创设物权。例如典权制度,考虑到关于典权的实践在很多地区都存在,且早已经为习惯法所承认,因此虽然物权法未将其规定为物权,也还是可以将其按照习惯法作为物权对待。[1] 笔者认为,在《民法总则》实施以前,可以将国家有关公房使用权的政策文件作为处理相关问题的依据,因为《民法通则》第6条规定“民事活动必须遵守法律;法律没有规定的,应当遵守国家政策”。但在《民法总则》实施后,因习惯已被作为正式法源进行规定,且国家政策不再作为法源,故可将政策形成的习惯作为认定公房使用权在性质上属用益物权的依据。

需要说明的是,承认习惯法创设物权,实际上就是赋予该权利具有登记资格,当事人达成设定物权的协议后,仍然需要办理登记手续,只不过此时登记机关不得拒绝,且一旦予以登记,该权利就具有对抗第三人的效力。由此带来的问题是,我们是否可以彻底抛弃物权法定原则,改采物权自由原则,只不过为保护第三人的交易安全,明确规定只有经过

---

〔1〕 参见崔建远:《物权法定主义及物权种类》,载《人民法院报》2005年7月20日。

登记的权利才能具有对抗第三人的效力呢？笔者以为，彻底放弃物权法定原则，改采物权自由原则，从理论上讲，并非全然不可，但如此一来，势必导致不动产登记簿上登记的权利五花八门，甚至可能导致将当事人之间的合同书全部登记在不动产登记簿上，这一方面会过大地增加登记的成本，另一方面也会大大增加交易者的查询成本，最终会出现事与愿违、得不偿失的局面。因此，坚持物权法定原则还是有必要的，但实践中还是应该通过一些途径来缓和物权法定原则，以平衡社会生活需要与对第三人交易安全的保护。如何把握这个“度”呢？笔者以为，物权法定原则缓和的程度与公示制度的发展和完善密切相关，随着电子技术的发展，公示方式必将进一步多样化，物权法定原则也将更加趋于缓和。

# 第三讲

## 物权公示原则及其适用

《民法典》第 208 条规定:“不动产物权的设立、变更、转让和消灭,应当依照法律规定登记。动产物权的设立和转让,应当依照法律规定交付。”这是我国民法关于物权公示原则的规定。需要说明的是,物权公示原则与前文谈到的物权法定原则和后文将要谈到的一物一权原则具有极其重要的联系:物权法定原则与物权公示原则相辅相成,只有法律规定的物权,才具有登记能力,也才能够进行公示,才具有对抗任何第三人的效力;一物一权原则也是能够对物权进行公示前提和基础,之所以要坚持一物一权原则,很大程度上也是为了将物权予以公示。但与物权法定原则和一物一权原则均被规定在《民法典》总则编不同,物权公示原则被规定在《民法典》物权编,这可能是因为物权公示原则与物权变动的关系非常密切,为了不使二者被人为地分割,于是将二者都规定在物权编。所以,谈到物权公示原则,也就不得不谈物权变动的基本理论。

### 一、物权公示的必要性

物权公示原则,是指物权及其变动必须以法定的方式予以公示,能够为外界所获知。我们在第一讲中就谈到,物权法之所以坚持物权公示原则,是由物权本身的性质和效力决定的。物权为绝对权和支配权,具有排他效力、优先效力、追及效力以及物上请求的效力,因此物权的变动不仅会影响当事人之间的交易安全,而且会影响第三人的交易安全。物权公示原则的目的在于保护因物权变动而受到影响的第三人的交易安全。

事实上,并非仅仅物权,但凡民事权利,若法律赋予其变动具有对抗第三人的效力,则该权利必须能够公示且应当予以公示,否则第三人的交易安全将受到极大的威胁,此为绝对权的一般原则,如人身权为绝对权,乃是以人身权具有天然的公示性为前提,知识产权具有对世性,亦是因其可以通过登记予以公示为前提;而正是因为债权一般无法予以公示,社会公众一般无从知晓债权的发生、变更和消灭,所以除非通过特殊途径将债权予以公示,否则法律不会赋予债权以对世的效力:债权原则上不构成侵权行为法调整的对象,债权债务关系的变动亦原则上不发生对抗第三人的效力。

可惜的是,由于立法者有时没有意识到公示之于绝对权的重要意义,从而导致《民法典》施行前的法律在实践中遇到一些难以解决的问题。例如,在《民法典》施行前,原《合同法》虽然规定了所有权保留和融资租赁,但未规定相应的登记制度,导致隐形担保横行,严重影响到第三人的交易安全。此外,在知识产权领域,关于知识产权的转让和许可使用,相关法律在一些涉及权利变动的问题上同样没有规定公示的要求,这造成第三人交易安全受到严重威胁,例如一度引起广泛关注的"老鼠爱大米"著作权转让纠纷案。〔1〕

---

〔1〕 歌手杨臣刚在创作歌曲《老鼠爱大米》后,于2002年7月将其取得的著作权转让给王虎,王虎于2003年4月将该歌曲的著作权转让给北京太格印象文化传播有限公司(以下简称太格印象)。杨臣刚于2002年11月又将同一首歌曲的著作权转让给田传均,此后田传均与广东飞乐影视制品有限公司(以下简称广东飞乐)订立独家许可使用该歌曲著作权的合同,广东飞乐遂通过贵州文化音像出版社(以下简称贵州出版社)制作CD进行销售。2005年,太格印象起诉广东飞乐和贵州出版社,认为二被告侵犯其著作权,应当停止侵权、赔偿损失,并赔礼道歉。北京市海淀区人民法院受理案件后,经过一年多的审理(其间法院进行公告,要求可能存在的其他受让人在指定期间申报权利,但没有其他受让人申报权利),在认定王虎为歌曲《老鼠爱大米》第一受让人的基础上,认为著作权自转让合同生效即发生移转,且著作权属无形财产,故不适用善意取得制度,田传均作为第二受让人,在著作权已转移至王虎的情况下,再无从杨臣刚处获得著作权的可能,因此作出一审判决,认定《老鼠爱大米》的著作权应当归原告太格印象所有。被告广东飞乐不服一审判决,提起上诉。二审期间,杨臣刚拿出一份早于王虎而与案外人肖飞达成的著作权转让合同(内有仲裁条款),并与肖飞在武汉仲裁委就著作权的归属进行仲裁,仲裁裁决认定肖飞对《老鼠爱大米》享有著作权。据此,二审法院以事实认定不清为由,撤销一审法院的判决。此后,肖飞与广东飞乐达成协议,将其享有的著作权转让给广东飞乐,广东飞乐据此在北京市朝阳区人民法院提起诉讼,起诉太格印象侵犯其著作权,朝阳区人民法院认为,飞乐公司主张是通过与肖飞签订《著作权转让合同》而取得该歌曲著作财产权的,而肖飞的权利又是通过其在武汉仲裁案中提交的与杨臣刚于2001年12月23日签订的《版权转让合同》取得的。但在仲裁案件之前,杨臣刚又先后在出具给法院的声明中,以及在《道歉信》中就该歌曲词曲著作财产权的转让情况作出了两种与仲裁不同的意思表示。从杨臣刚的声明、转让行为,以及两者之间的不一致性、意思表示的不确定来看,使得法院对杨臣刚所承诺的转让的意思表示产生不信任,从而无法判断杨臣刚就《老鼠爱大米》一歌所授权利的有效性,亦无法确定飞乐公司享有权利的有效性。遂依据《民法通则》第4条驳回广东飞乐的诉讼请求,其未上诉。本案的结局是,太格印象和广东飞乐各自在网络和传统市场上继续行使权利。关于本案的案情及审理过程的详细情况,请参见宋鱼水:《数次转让版权引发的法律问题与思考》,载《月旦民商法杂志》总第16期。

由此可见,物权公示原则是物权能够受到侵权法全面保护的前提和基础,就物权法而言,物权公示原则对于第三人交易安全的保护亦至为重要,例如抵押权赋予抵押权人享有就抵押物优先于抵押人的其他债权人优先受偿的权利,因此抵押权是否设定、何时设定不仅对抵押权人和抵押人而言意义重大,而且对作为第三人的其他债权人而言亦极为重要,因为一旦抵押权设定,不享有抵押权的其他债权人就必须在抵押权人就抵押物优先受偿之后,才能获得清偿,这在抵押人清偿能力不足时就关系到其他债权人的债权能否获得全部清偿。因此,如果第三人不能从外界通过可查知的方式获知抵押权是否设定,则其交易安全就无法得到保障。可见,物权公示原则在物权法上确实具有极为重要的意义。

## 二、公示与物权的关系

尽管各国民法均以公示作为赋予民事权利具有对抗第三人效力的前提,但就公示与物权的关系而言,却存在两种不同的立法体例。第一种立法体例是将公示作为物权发生变动的生效要件,即所谓公示生效主义。根据公示生效主义,非经公示,物权不能发生变动,故公示是物权发生变动的生效要件,当事人取得、变更乃至消灭物权,都必须先进行公示,即动产为交付,不动产为登记。第二种立法体例则是将公示作为物权具有对抗(善意)第三人效力的要件,即所谓公示对抗主义。根据公示对抗主义,公示与否并不影响物权发生变动,未经公示,物权也能发生变动,但如果物权变动没有进行公示,则即使发生物权变动,该物权也不发生对抗(善意)第三人的效力,只有在进行公示后,该物权才具有对抗(善意)第三人的效力。

以通过买卖合同移转标的物所有权为例,根据公示生效主义,当事人之间订立的买卖合同生效并不直接引起所有权发生移转,要使所有权发生移转,还必须就动产进行交付或者就不动产办理变更登记;而根据公示对抗主义,所有权的移转并不以标的物是否交付或者办理变更登记为要件,当事人之间订立的买卖合同生效就可以发生所有权的移转,只不过如果没有进行公示,买受人所取得的所有权不发生对抗(善意)第三人的效力。

应该说，以上两种立法体例都能够达到保护第三人交易安全的目的，就此而言，并不存在哪种立法体例对、哪种立法体例错的问题，某一国家的民事立法究竟采用哪种立法体例，取决于该国民法是否严格区分物权和债权。如果某一国家的立法者在进行立法之前就有一个优先存在的物权概念和债权概念，认为物权是权利人直接支配标的物而享有其利益，并排除第三人干涉的权利，而债权则仅在当事人之间产生约束力，那么凡是物权就必然具有对抗任何第三人的效力，不存在不具有对抗任何第三人效力的物权概念；相反，债权原则上不具有对抗第三人的效力，因此物权和债权之间严格区分，法律为保护第三人的交易安全，对物权必然采用公示生效主义。但是，如果某一国家的立法者没有一个先验的物权概念和债权概念，并不认为凡是物权就必然具有对抗任何第三人的效力，则立法者就可以选择公示对抗主义，公示仅使已经取得的物权具有对抗任何第三人的效力，而未经公示的物权则不具有对抗（善意）第三人的效力。由于不具有对抗（善意）第三人效力的物权在效力上与债权并非泾渭分明，因此物权和债权之间的区分也就不是很严格。

由于法国民法并未严格区分物权和债权，故采公示对抗主义的立法体例，而德国民法严格区分物权和债权，因此必然采用公示生效主义的立法体例。较有意思的是日本民法，一方面学习德国民法，严格区分物权和债权，另一方面在对待公示与物权的关系问题上，又以公示对抗主义为立法体例，从而造成体系极其混乱，虽然经过几代学者在学理上努力进行协调，但在许多问题上仍然无法自圆其说，对此我们将在后面进行分析。我国民法受德国民法影响较深，坚持物权和债权的严格区分已成为民事立法和民事司法根深蒂固的观念，因此在立法体例上自应选择公示生效主义，否则也会引起体系混乱，日本民法就是前车之鉴。

## 三、两种物权变动模式

上述关于公示与物权之间关系的两种立法体例决定着两种不同的物权变动模式，即意思主义物权变动模式和形式主义物权变动模式。所谓意思主义物权变动模式，是指物权根据当事人的意思即可发生变动，但非经公示，该物权不具有对抗（善意）第三人的效力。以通过买卖合同移转标的物所有权为例,当事人就特定物所订立的买卖合同一旦成立并且生效,物权即可发生变动,动产交付或者不动产办理登记仅为物权具有对抗(善意)第三人效力的要件。可见,意思主义物权变动模式是与公示对抗主义相对应的物权变动模式。也就是说,如果在公示与物权的关系问题上坚持公示对抗主义,那么所采用的物权变动模式就必然是意思主义物权变动模式。

所谓形式主义物权变动模式,是指物权的变动除当事人须达成物权变动的合意外,还须具备一定的形式要件,即动产为交付,不动产为登记。以通过买卖合同移转标的物所有权为例,当事人之间所订立的买卖合同成立并且生效并不当然引起物权变动,物权要发生变动,还须完成交付或者登记这一形式要件。可见,形式主义物权变动模式是与公示生效主义相对应的。也就是说,如果在公示与物权的关系问题上坚持公示生效主义,那么所采用的物权变动模式就必然是形式主义物权变动模式。

如前所述,由于法国民法未明确区分物权和债权,在公示的立法体例上采取的是公示对抗主义,因此所选择的物权变动模式就是意思主义物权变动模式;而德国民法因为严格区分物权和债权,在公示的立法体例上采取的是公示生效主义,因此所选择的物权变动模式必然是形式主义物权变动模式;日本民法虽然区分债权和物权,但在公示的立法体例上采公示对抗主义,因此所选择的物权变动模式也是意思主义物权变动模式。

需要说明的是,不论是意思主义物权变动模式还是形式主义物权变动模式,在通过合同关系发生物权变动时,均须当事人就物权变动达成合意,只不过在意思主义物权变动模式下,由于物权和债权区分并不严格,该物权变动的合意就体现在当事人所订立的买卖合同等合同行为中,尤其是标的物为特定物的情况下,买卖合同生效之时,就是标的物所有权发生移转之时;而在德国民法上,由于债权和物权严格区分,当事人所订立的买卖合同并不当然包含当事人的物权合意,买卖合同原则上仅在当事人之间产生债权债务关系,即出卖人负有将标的物所有权移转给买受人的义务,而买受人负有向出卖人支付价款的义务,至于物权的变动,还须当事人另行达成物权变动的合意,并以外部可查知的方式予以公示,因此当事人所达成的物权合意原则上并不体现在当事人所订立的买卖合同等行为中,而通常以交付标的物或者办理登记的形式表现在外。也就是说,在意思主义物权变动模式之下,当事人的物权合意被买卖合同等行为所吸收,而在形式主义物权变动模式之下,当事人的物权合意则通过作为形式要件的交付或者登记行为表现出来。那种认为意思主义物权变动模式之下仅存在债权合意,不存在物权合意,因而将意思主义称为债权意思主义,同时认为德国民法因为坚持物权变动须当事人达成物权合意,因此称之为物权形式主义的观点是值得商榷的。还有学者甚至据此将瑞士民法及奥地利民法所采用的物权变动模式理解为折中于债权意思主义与物权形式主义之间的所谓债权形式主义,认为在此物权变动模式之下,同样仅存在债权合意,不存在物权合意,只不过在债权合意之外还须完成交付或者登记这一形式要件,才能导致物权发生变动,因此属于折中主义。在依法律行为发生的物权变动中,如果仅需债权合意,而无须物权合意,这在不严格区分债权和物权的法国民法尚有理解的空间——物权合意可以理解为被债权合意包含,但在严格区分债权和物权的瑞士民法和奥地利民法,这种观点无疑会遇到较大的挑战。

在我国,由于立法明确区分物权和债权,因此大多数学者认识到物权变动不可能缺少物权合意。不过,也有不少学者认为,在所谓折中主义物权变动模式之下,自可以将物权合意理解为被债权合同吸收。也就是说,当事人在订立买卖合同时,已经就物权变动达成合意,这类似于意思主义物权变动模式,但与意思主义不同的是,仅有买卖合同,物权尚不发生变动,物权的变动还需完成交付或者登记这一形式要件,这又类似于德国所采用的形式主义物权变动模式,而与德国民法所不同的是,折中主义所谓的交付或者登记行为本身并不包含当事人的物权合意,因为物权合意已被债权合同吸收。关于这个问题,笔者将在后面进行详细分析。

## 四、物权变动的基本结构

虽然我国民法在公示的立法体例上采取公示生效主义，并以形式主义物权变动模式予以贯彻，但值得注意的是，形式主义物权变动模式并非在任何情形下都应予以适用，而是有其适用范围。在下文，我们就以形式主义物权变动模式的适用范围为线索，探讨物权变动的基本结构。

### （一）类型与范围

关于形式主义物权变动模式的适用范围，首先要明确的是：形式主义物权变动模式仅适用于基于法律行为发生的物权变动，而不适用于非基于法律行为发生的物权变动。实际上，所谓形式主义物权变动模式和意思主义物权变动模式，都是针对基于法律行为发生的物权变动而言的，如果是非基于法律行为发生的物权变动，便谈不上形式主义物权变动模式和意思主义物权变动模式的区分问题。

值得注意的是，由于实践中大量纠纷出现于基于法律行为发生的物权变动中，因此给人以非基于法律行为发生的物权变动并不常见的印象，但在现实生活中，非基于法律行为发生的物权变动并非少见。以不动产为例，根据《民法典》的规定，非基于法律行为发生的物权变动主要包括以下几种情形。

其一，根据人民法院、仲裁机构的法律文书或者政府的征收决定发生的物权变动。《民法典》第 229 条规定："因人民法院、仲裁机构的法律文书或者人民政府的征收决定等，导致物权设立、变更、转让或者消灭的，自法律文书或者征收决定等生效时发生效力。"可见，根据人民法院、仲裁机构的法律文书或者政府的征收决定发生的物权变动，不以法定公示方式的完成为要件。例如政府征收张三的房屋，自征收决定生效之时起，房屋的所有权即归国家所有，政府无须办理过户手续。

其二，根据当事人的事实行为而发生的物权变动。《民法典》第 231 条规定："因合法建造、拆除房屋等事实行为设立或者消灭物权的，自事实行为成就时发生效力。"可见，当事人通过事实行为引起的物权变动，自事实行为完成之时即发生效力，而不以法定公示方式的完成为要件，例如张三合法建造一栋房屋，则房屋一旦建造完毕，张三即可取得对房屋的所有权,而不是等到对房屋进行登记后才取得对房屋的所有权。

其三,根据法定继承发生的物权变动。被继承人死亡时,如果没有遗嘱或者遗赠,即发生法定继承,物权自继承开始时发生变动,即遗产自被继承人死亡时移转至法定继承人。值得注意的是,如果继承人依遗嘱继承或者遗赠获得被继承人的遗产,则属于依法律行为发生的物权变动,不属于非基于法律行为发生的物权变动,因为遗嘱和遗赠都是典型的法律行为。但是,无论是遗嘱还是遗赠,都属于死因行为,即遗嘱和遗赠的生效时间为被继承人死亡之时,因此与法定继承引起的物权变动在时间点上相同。正是基于这一点,原《物权法》第 29 条规定:"因继承或者受遗赠取得物权的,自继承或者受遗赠开始时发生效力。"不过,也有人认为,受遗赠取得物权是基于法律行为的物权变动,且并非被继承人死亡时发生物权变动,而是需要等到受遗赠人作出接受遗赠的意思表示才发生物权变动的效力;在发生物权变动前,该财产应属于遗产。《民法典》采纳了这一意见,于第 230 条规定:"因继承取得物权的,自继承开始时发生效力",未再规定遗赠引起物权变动的规则。

其四,根据法律的直接规定而发生的物权变动。在非基于法律行为发生的物权变动中,除了依法院裁判、仲裁文书、政府征收决定以及当事人的事实行为引起的物权变动,还有一类常见的物权变动,即根据法律的直接规定发生的物权变动。根据法律直接规定发生物权变动的情形较多,例如《民法典》第 356 条、第 357 条、第 397 条、第 398 条规定的"地随房走,房随地走"情形,当事人约定的可能只是土地使用权或者房屋所有权的转让或者抵押,但根据上述规定,相对应的房屋所有权或者土地使用权一并转让或者抵押,就是直接根据法律的规定发生的物权变动,旨在实现"房地一致"原则;又如原《民法典》第 807 条规定的法定抵押权,承包人无须发包人与承包人达成设定抵押权的合意,也无须办理抵押登记,直接根据法律的规定即可取得对所建工程的抵押权。此外,依法律特别规定发生物权变动的常见情形,还包括依善意取得制度发生的物权变动。

值得注意的是,在非依法律行为发生的物权变动中,尽管大部分情形下不以公示方式的完成为要件,即标的物是否交付或者登记并不影响物权发生变动，但这并不意味着公示方式的完成可有可无，尤其是在标的物为不动产时，由于法律赋予登记具有强大的法律效力，因此当事人即使取得不动产的所有权，但如不及时办理登记手续，也可能会对其权利产生十分不利的影响，例如法院将本属张三和李四共有但登记在张三名下的房屋判决归李四一人所有，虽然房屋所有权自判决生效之时就转移至李四，但如果没有办理登记，而张三又将房屋卖给不知情的王五，并办理过户手续，则李四已经取得所有权就会面临消灭的危险，因为法律赋予登记具有善意保护的效力；此外，根据《民法典》第 232 条的规定，在非依法律行为发生的不动产物权变动中，不动产的登记虽非物权变动的要件，但不动产是否办理登记，会影响到权利人对标的物的处分。当然，对这些问题，我们将在后面详细探讨。

### （二）原则与例外

关于形式主义物权变动模式的适用范围，第二点需要强调的是：即使是基于法律行为发生的物权变动，形式主义物权变动模式也仅仅是原则，还存在若干例外；在例外的情形下，所适用的物权变动模式是意思主义物权变动模式，而非形式主义物权变动模式。根据《民法典》和相关法律的规定，采用意思主义物权变动模式的情形如下。

其一，动产抵押权与动产浮动抵押权的设定。《民法典》第 403 条规定："以动产抵押的，抵押权自抵押合同生效时设立；未经登记，不得对抗善意第三人。"需要说明的是，这里的动产抵押，既包括就特定动产设定的抵押，也包括动产浮动抵押。关于动产浮动抵押，《民法典》第 396 条规定："企业、个体工商户、农业生产经营者可以将现有的以及将有的生产设备、原材料、半成品、产品抵押，债务人不履行到期债务或者发生当事人约定的实现抵押权的情形，债权人有权就抵押财产确定时的动产优先受偿。"由此可见，《民法典》关于抵押权的设定并非均以登记为生效要件，而是采用区别对待的态度：以不动产设定抵押权，以登记为生效要件，但以动产设定抵押权，则不以办理登记为生效要件，登记仅产生对抗善意第三人的效力。

其二，土地承包经营权的流转。《农村土地承包法》第 38 条规定："土地承包经营权采取互换、转让方式流转，当事人要求登记的，应当向县级以上地方人民政府申请登记。未经登记,不得对抗善意第三人。”《民法典》第 335 条也规定:“土地承包经营权互换、转让的,当事人可以向登记机构申请登记;未经登记,不得对抗善意第三人。”在农村土地承包经营权的流转问题上之所以采登记对抗的意思主义物权变动模式,主要是考虑到当前我国农村土地登记的实际情况不宜采登记生效主义。

其三,物权性土地经营权的设立。《民法典》第 341 条规定:“流转期限为五年以上的土地经营权,自流转合同生效时设立。当事人可以向登记机构申请土地经营权登记;未经登记,不得对抗善意第三人。”《民法典》增设土地经营权,并将其区分为流转期限为 5 年以上的土地经营权和流转期限为 5 年以下的土地经营权,赋予前者具有登记能力,从而使其具有物权性。关于这一问题,我们还将在本书第二编详细讨论。

其四,地役权的设定。《民法典》第 374 条规定:“地役权自地役权合同生效时设立。当事人要求登记的,可以向登记机构申请地役权登记;未经登记,不得对抗善意第三人。”

特别值得注意的是关于航空器、船舶和机动车等特殊动产物权的变动。航空器和船舶虽为动产,但价值较大,且通常以登记为公示手段,因此在法律上又被称为准不动产。对于这些特殊动产的物权变动,国际惯例是采登记对抗主义,我国民法也不例外,如《海商法》第 9 条规定:“船舶所有权的取得、转让和消灭,应当向船舶登记机关登记;未经登记的,不得对抗第三人。”第 13 条规定:“设定船舶抵押权,由抵押权人和抵押人共同向船舶登记机关办理抵押权登记;未经登记的,不得对抗第三人。”又如《民用航空法》第 14 条规定:“民用航空器所有权的取得、转让和消灭,应当向国务院民用航空主管部门登记;未经登记的,不得对抗第三人。”第 16 条规定:“设定民用航空器抵押权,由抵押权人和抵押人共同向国务院民用航空主管部门办理抵押权登记;未经登记的,不得对抗第三人。”此外,原《担保法》及其司法解释也有类似的规定。根据上述规定,我们完全可以得出我国民法对于上述特殊动产采取的也是意思主义物权变动模式。但在原《物权法》通过并实施后,这一理解便不再正确,因为《物权法》第 24 条虽然同样规定“船舶、航空器和机动车等物权的设立、变更、转让和消灭,未经登记,不得对抗善意第三人”,但并不意味着上述财产采取的是意思主义物权变动模式，因为《物权法》在第23条明确规定“动产物权的设立和转让，自交付时发生效力，但法律另有规定的除外”，而船舶、航空器和机动车等虽然被作为特殊动产看待，但本质上仍然是动产，且《物权法》在“动产交付”一节中规定船舶、航空器和机动车等特殊动产的物权变动，不难看出是要求这些财产的物权变动须以交付为要件，而办理登记则是物权具有对抗善意第三人效力的要件。也就是说，对于船舶、航空器和机动车等，《物权法》采取的是双重形式要件：交付是物权发生变动的生效要件，而登记是对抗要件。

从表面上看，与以前的民事立法相比，《物权法》第24条的规定有三点变化：(1)明确“第三人”的范围，即未经登记的物权仅仅不具有对抗善意第三人的效力，因此对恶意的第三人，即使没有登记也具有对抗效力；(2)明确规定机动车与船舶、航空器一样，未经登记，不影响物权变动，但不具有对抗善意第三人的效力；(3)明确船舶、航空器和机动车的物权变动以交付为生效要件，这是因为对《物权法》第24条的理解必须结合《物权法》第23条的规定进行，并且要看到《物权法》关于船舶、航空器和机动车等的物权变动规定于“动产交付”一节，因此从“体系解释”的角度出发，这是当然的结果。但值得注意的是，对《物权法》第24条，还须进行限制解释，因为交付仅为上述特殊动产之所有权移转的生效要件，并非一切物权变动的生效要件，例如以这些特殊动产作为抵押物设定抵押权时，因为抵押权的设定无须交付标的物，不应以交付为生效要件，而应理解为仅采意思主义物权变动模式。

需要说明的是，特殊动产的所有权变动采取双重要件主义是极具中国特色的立法例，且因规则过于复杂，必然导致司法实践面临诸多难题，尤其是在一物多卖等场合下，如何处理当事人之间的权利冲突，就是一个难以处理的问题。对此，《最高人民法院关于审理买卖合同纠纷案件适用法律问题的解释》(2020年修正)［以下简称《买卖合同解释》］第7条规定：“出卖人就同一船舶、航空器、机动车等特殊动产订立多重买卖合同，在买卖合同均有效的情况下，买受人均要求实际履行合同的，应当按照以下情形分别处理：(一)先行受领交付的买受人请求出卖人履行办理所有权转移登记手续等合同义务的，人民法院应予支持；(二)均未受领交付,先行办理所有权转移登记手续的买受人请求出卖人履行交付标的物等合同义务的,人民法院应予支持;(三)均未受领交付,也未办理所有权转移登记手续,依法成立在先合同的买受人请求出卖人履行交付标的物和办理所有权转移登记手续等合同义务的,人民法院应予支持;(四)出卖人将标的物交付给买受人之一,又为其他买受人办理所有权转移登记,已受领交付的买受人请求将标的物所有权登记在自己名下的,人民法院应予支持。"这一规定将先行受领交付作为优先保护继续履行请求权的第一因素,就是因为交付是特殊动产所有权变动的生效要件,而登记仅仅是对抗要件。但如此一来,登记作为特殊动产的公示方式的效力就大打折扣,也不符合国际上将登记作为特殊动产的唯一公示方式的通行做法。以船舶为例,其所有权人经常在船舶正在海上航行时转让其所有权,如果法律规定必须交付才能转让所有权,就会给交易带来诸多不确定性和风险。正因如此,在《民法典》编纂过程中,笔者曾通过最高人民法院几次提出建议,认为应将特殊动产回归到准不动产的定位,即特殊动产在物理上虽然是动产,但在法律规则上应将其看作是不动产,从而采取单一的意思主义物权变动模式。至于具体的处理方案,也很简单,就是应将特殊动产规定在"不动产登记"一节,并明确"未经登记,不得对抗善意第三人",而不应规定在"动产交付"一节。较为可惜的是,《民法典》未采纳上述意见,仍继续沿用了原《物权法》的相关规定。

## 五、现实交付与观念交付

关于形式主义物权变动模式,还有一个值得注意的问题:形式主义物权变动模式在动产交易的场合可以"变通"处理,变通的途径就是承认所谓"观念交付"亦构成"交付"。

在形式主义物权变动模式下,根据公示原则的要求,动产物权的变动须以交付为生效要件。从规范性质上看,这一要求属强行性规定,当事人不得以约定排除适用。如前所述,法律之所以要求动产物权的变动以交付为生效要件,是因为要尽可能使物权归属与公示状态保持一致,从而确保第三人交易安全的实现,因此这里所要求的"交付"本指现实交付，即对标的物现实占有的移转，但是我们也应该看到，如果严格贯彻现实交付，有时不但无法满足当事人之间特定利益安排的需要，例如转让所有权后的一段时间内，让与人尚有占有标的物的需要；有时则会导致交易费用的增加，例如双方订立买卖合同时，如果标的物已经为买受人所占有，双方就没有必要先由买受人返还标的物，再由出卖人将标的物交给买受人。为了解决法律的僵化与社会生活的复杂性和多样性之间的矛盾，法律认可“观念交付”亦能满足物权变动公示原则的要求，以满足当事人之间的利益安排，并节约交易成本。

所谓观念交付，包括简易交付、指示交付（返还请求权的让与）以及占有改定。关于简易交付，《民法典》第226条规定：“动产物权设立和转让前，权利人已经占有该动产的，物权自民事法律行为生效时发生效力。”关于指示交付，《民法典》第227条规定，“动产物权设立和转让前，第三人占有该动产的，负有交付义务的人可以通过转让请求第三人返还原物的权利代替交付”，因此又称为“返还请求权的让与”。关于占有改定，《民法典》第228条规定：“动产物权转让时，当事人又约定由出让人继续占有该动产的，物权自该约定生效时发生效力。”对于简易交付，比较容易理解，这里不再多说。但对于指示交付和占有改定，在理解上颇有难度，需要详细说明一下。

指示交付是通过让与标的物返还请求权来代替标的物的现实交付。一般认为，这里的标的物返还请求权既包括基于物权请求权产生的标的物返还请求权，也包括基于债权请求权产生的标的物返还请求权。前者如对第三人基于租赁、借贷等债之关系而产生的标的物返还请求权；后者如第三人无权占有让与人的标的物，让与人对第三人所享有的标的物返还请求权。实践中，指示交付可以用来解决买卖“运输中的动产”和“委托保管中的动产”：在买卖“运输中的动产”时，因标的物尚由承运人占有，无法进行现实的交付，出卖人就可以将其对承运人享有的标的物返还请求权让与给买受人，以代替交付；同理，在买卖“委托保管中的动产”时，出卖人也无须进行现实交付，而是将其对保管人的标的物返还请求权让与给买受人。此外，在以上述动产设定质权的情况下，也可以采用指示交付的方式完成质权的设定。需要指出的是,在动产物权已经证券化为提单、仓单等有价证券的情况下,则须以证券化的有价证券的交付来代替标的物的交付,因此并无指示交付适用的空间。例如,在承运人已经签发提单的情况下,须以提单的交付代替现实交付;在保管人签发仓单的情况下,须以仓单的交付代替现实交付。当然,如果法律在交付提单或者仓单之外,还要求当事人进行背书、签章等,则只有在完成法律规定的全部要件后,才能发生相应的物权变动;另外,随着提单、仓单的电子化,如果当事人签发的是电子提单或者电子仓单,显然无法以交付提单或者仓单代替标的物的交付,就只能依法办理登记,才能引起相应的物权变动。对此,《最高人民法院关于适用〈中华人民共和国民法典〉有关担保制度的解释》(以下简称《民法典担保制度解释》)第 59 条第 1 款规定:"存货人或者仓单持有人在仓单上以背书记载'质押'字样,并经保管人签章,仓单已经交付质权人的,人民法院应当认定质权自仓单交付质权人时设立。没有权利凭证的仓单,依法可以办理出质登记的,仓单质权自办理出质登记时设立。"

再来看占有改定。占有改定,实际上是当事人通过订立一个合同,将原权利人对标的物的自主占有(以所有的意思进行占有)变更为对标的物的他主占有(不以所有的意思进行占有),以代替标的物的现实交付。例如,出卖人将标的物出卖给买受人,但又需要再继续使用标的物一段时间,于是双方在签订买卖合同的同时,又签订了一个租赁合同,从而使出卖人可以继续使用标的物,但此时出卖人对标的物的占有就不再是自主占有,而是他主占有。

实践中,占有改定可以用来解决融资租赁中的"售后回租"问题:企业因融资需要,将标的物所有权转让给融资租赁经营人(出租人)以获得借款,但仍需占有该标的物组织生产,于是在转让标的物所有权的同时订立一个租赁协议,以实现对标的物的继续占有,而融资租赁经营人(出租人)虽然取得标的物所有权,但却不能直接占有标的物,只是取得对标的物的间接占有,同时,企业虽继续占有标的物,但却不再是以所有人的身份占有标的物,而是以承租人的身份占有标的物,因此称之为"占有改定”。此外,在承认让与担保制度的国家或者地区,占有改定也经常被用于动产让与担保的设定。关于这一点,笔者在《担保法精讲》一书关于让与担保的解读中已经详细进行了说明,此处就不再多说了。

需要说明的是,民法之所以承认观念交付,是出于简便交易的考虑,使动产物权的变动更加便捷,以因应社会经济复杂性和多样性的要求。这是因为形式主义物权变动模式过分关注对交易安全的保护,而在一定程度上忽视交易效率的要求,尤其是在动产物权变动的场合。由于动产种类繁多、交易频繁,如果无条件要求物权变动必须以标的物的现实交付为要件,往往显得过于僵化,不利于当事人意思自治的实现和各种交易形式的需要,也不利于交易效率的提高。为此,物权法借鉴国外立法经验,在现实交付之外,承认观念交付制度。

值得注意的是,《民法通则》(第 72 条)和《合同法》(第 133 条)为解决形式主义物权变动模式的上述弊端,乃是通过“当事人另有约定”这一规定对形式主义进行变通的,例如《合同法》第 133 条规定:“标的物的所有权自标的物交付时起转移,但法律另有规定或者当事人另有约定的除外。”据此,就动产而言,当事人可以在合同中自由约定标的物所有权移转的时间,以满足各种交易的需要,例如当事人可以在合同中约定“标的物所有权自合同生效之时发生移转”。问题是:在《物权法》实施后,如果当事人之间的此类约定是否仍然有效呢?答案显然是否定的。理由是:其一,《物权法》第 23 条仅规定“法律另有规定的除外”,而没有再规定“当事人另有约定的除外”,据此,当事人在是否必须“交付”问题上已经没有意思自治的空间;其二,《民法通则》和《合同法》允许“当事人另有约定”,主要是因为当时没有“观念交付”制度来解决形式主义物权变动模式的弊端,在《物权法》规定观念交付制度后,当事人可以通过观念交付来解决各种交易的需要,而不能通过约定排除交付作为动产物权变动的要件;其三,允许当事人自由约定动产物权变动的时间,会导致体系混乱——在同一标的物上不能同时采取形式主义物权变动模式和意思主义物权变动模式,进而会导致形式主义物权变动模式贯彻不到位,其优越性无法充分发挥,因此这种立法技术不可取,《物权法》不再坚持,应该是科学的。由此,我们也能看到,在当事人通过占有改定完成交付时,必须订立一个以改变占有性质为目的的合同(例如租赁合同、借用合同)来代替标的物的现实交付,如果当事人仅仅在买卖合同中约定“标的物所有权的移转不以交付标的物为要件”或者“标的物所有权自合同生效时即转移至买受人”,不仅不能构成占有改定,而且这一约定也不能发生物权法上效力。

# 第四讲

## 一物一权原则及其适用

所谓一物一权原则，是指物权的客体必须是特定并且独立的“一物”，在标的物的重要成分上不得成立一个独立的物权，同时，一个物权只能存在一个特定标的物上，在多个标的物上原则上应成立多个物权。因此一物一权原则又被称为“物权客体特定原则”，它是关于物权客体的基本原则。《民法典》第 115 条规定：“物包括不动产和动产。法律规定权利作为物权客体的，依照其规定。”可见，在我国民法上，作为物权客体的物，原则上仅指有体物，包括动产和不动产，权利等无形财产仅在特殊情形下才能物权的客体，例如权利质押。之所以将物权法的调整范围严格限制在有体物，是因为调整无形财产（如知识产权）的法律规则与调整有体物的法律规则存在很大差异，很难通过一部法律予以规定。例如，专利权人可以同时许可多人实施该专利技术，但有体物的所有权人则只能在该有体物上设立一个以占有为内容的用益物权或者担保物权。早在《物权法》的制定过程中，就有学者建议不要制定《物权法》，而应制定《财产法》，统一调整有体物和无形财产，但未被立法机关采纳，很大程度上就是因为有体物需要坚持一物一权原则，而无形财产可能无法适用一物一权原则。需要说明的是，有体物并非仅指能够被视觉感知的标的物，也包括能够被其他器官感知的标的物，例如电、气等。

### 一、一物一权原则的含义

一物一权原则的第一个要求是：物权的客体必须是特定物。所谓“特定物”，既可以是客观上独一无二的标的物，也可以是客观上属种类物，但依当事人意思特定化的标的物。前者如一幅名画、一件古董；后者如当事人指定的某一辆自行车。之所以要求物权的客体必须特定，是因为物权属于支配权，权利人可以直接支配标的物并享有其利益，如果客体不特定，就无法进行现实的支配。与此相反，债权的客体无须特定，因为债权并不直接支配标的物，而仅给当事人施加某种负担，使其承担某种给付的义务。当事人可以就某型号的自行车订立一个买卖合同，成立一个债权，但物权的成立及其变动必须针对特定的某辆自行车。

一物一权原则的第二个要求是：物权的客体必须是“独立”的“一物”。言下之意是：物之重要成分之上不得成立独立的物权，在多个标的物上原则上应当成立多个物权。所谓物之重要成分，是指各部分相互结合，非经毁损或者变更其性质，不得分离的部分，如房屋的栋梁、汽车上的油漆等。根据一物一权的要求，在物之重要成分上不得成立独立的物权，这是因为物之重要成分被标的物本身吸收，不构成独立的“一物”，因此不能成为物权的客体，例如尚未与土地分离的林木不得独立成为物权的客体，在尚未与原物分离的孳息之上（如果树上的果实）也不得成立独立的物权。与此相对应，物之非重要成分，如房屋的门窗、汽车上的轮胎等，可以与物发生分离而成为独立的标的物，因此在物之非重要成分上可成立独立的物权。

在一个特定且独立的单一物（如土地）上可以成立一个单独的物权自无疑问，在由单一物作为重要成分的合成物（如房屋）上也可以成立单独的物权，但由单一物聚集而成的集合物（如图书馆）则原则上不能成为一个物权的客体，一个独立的物权只能在各个独立的标的物（每本书）上成立。

需要说明的是，物、动产、不动产、物之重要成分、主物和从物、原物和孳息、单一物、合成物、集合物等都是物权法上的基本概念，对于理解和适用物权法具有极为重要的意义。例如，建筑物虽未封顶，但足以用来防风避雨，可达经济上使用之目的，即可认定形成不动产，其所有权的移转须以登记为要件；反之，如果建筑物尚未达到上述要求，只能认定为动产，所有权的变动仅需交付即可。又如，安装在房屋内的电梯，已与房屋形成不可分离的关系，成为房屋的重要成分，因此不能作为单独所有权的客体，当事人如就房屋达成转让协议，自应包括该电梯在内。

由此可见，物权的客体限于特定且独立的“一物”，这与债权的客体为给付行为，其对象不限于特定物形成鲜明的对比，这一区别根源于物权和债权在性质上的不同。物权作为支配权和绝对权，其支配的范围和对象必须具体明确，因为只有这样，才能得到以下效果：其一，使物权易于发现，而不致妨害负有不得侵犯物权之义务的社会上其他不特定主体的行为自由；其二，使物权法律关系清楚明确，有利于对物权进行保护；其三，使物权变动易于公示，不致造成对交易关系之外第三人的交易安全受到威胁。相反，债权仅使当事人负担给付的义务，并不直接针对并支配标的物，且债权为相对权，一般不给债之关系之外的其他主体施加义务，因此既无须标的物特定，种类物或者未来物上亦得成立债权；也无须标的物为"一物"，在多个标的物上亦得成立一个债权。

## 二、一物一权与交易安全

就司法实务而言，一物一权原则最为重大的价值在于对交易安全的保护，为便于说明，兹举两例如下。

例Ⅰ：某集体经济组织成员甲将其承包的一幅土地的承包经营权转让给本集体经济组织成员乙，但双方约定甲有权收取土地上尚未成熟的树木。乙取得土地承包经营权后，又将其转让给本集体经济组织成员丙。树木成熟后，甲以自己与乙之间早有协议为由向丙提出要求收取土地上树木，遭到丙的拒绝，理由是自己并不知道甲和乙之间有协议，并且自己也正是看中了土地上的树木才受让该土地承包经营权，否则不会受让。双方因而发生纠纷，甲诉至法院，请求判决自己有权收取土地上的树木，该诉讼请求能否得到支持？

例Ⅱ：张三将已怀孕的母牛一头转让给李四，但双方约定张三有权取回母牛所生的小牛。李四取得母牛所有权后，将其转让给王五。母牛在王五处产下一头小牛，于是张三以自己与李四之间已有约定为由向王五提出小牛应归自己所有，遭到王五的拒绝，理由是自己在与李四买卖母牛时并不知道此约定，而且自己正是看中了母牛已有身孕才购买此牛，否则也不会花此价格购买母牛。张三遂诉至法院，请求确认小牛归其所有。张三的诉讼请求能否得到支持？

上述两例均涉及一物一权原则在保护第三人交易安全方面的功能。如前所述，土地上的树木在与土地发生分离之前，为土地之重要成分，不构成独立之“一物”；孳息在与原物发生分离之前，为原物之成分，亦不构成独立之“一物”。因此，就例Ⅰ而言，既然树木尚在土地之上，则土地和树木构成“一物”，在法律上仅有一个所有权，当甲将土地承包经营权转让给乙时，乙亦同时取得收取树木的权利；而当乙将土地承包经营权转让给丙时，丙就取得收取树木的权利。甲因为不再对树木享有任何权利，自然无权向丙方主张收取树木。此时尽管甲存在损失（因为当时将土地承包经营权转让给乙时，正是考虑到可以收回树木，因而交易价格偏低），但此损失无法从丙方得到赔偿，而只能向乙主张，其请求权基础是违约损害赔偿责任，因为甲虽然不对树木享有权利，但根据其与乙之间的协议，甲对乙享有债权，乙违反与甲达成的协议，将土地承包经营权转让给丙，导致甲无法收取树木，就应向甲承担违约责任。

就例Ⅱ而言，由于张三与李四在转让母牛时，小牛尚未出生，因此仅存在一个所有权，李四取得母牛的所有权后，又将其转让给王五，则母牛的所有权归王五，王五便有权收取原物所产生的孳息，而张三由于对母牛已丧失所有权，自然无权向王五主张收取母牛所产生的孳息。当然张三因无法收取孳息的损失，可以通过向李四主张违约责任而获得赔偿，因为张三对标的物虽然不再享有权利，但根据其与李四之间的协议，张三对李四享有债权，李四违反与张三所达成的协议，将母牛的所有权转让给王五，造成张三无法获取孳息，构成违约，自应向张三承担违约责任。

由此可见，一物一权原则发挥着保护第三人交易安全的功能：在例Ⅰ中，相对于甲和乙所达成的协议，丙是甲乙双方交易关系之外的第三人，其在与乙方达成转让土地承包经营权的合意时，必然期待享有收取土地上树木的权利，该交易安全自然应当受到法律的保护，物权法坚持一物一权原则，将土地和树木作为“一物”加以处理，实际上就维护了第三人的这种交易安全；在例Ⅱ中，相对于张三和李四达成的协议，王五是交易关系之外的第三人，其在与李四达成转让母牛所有权的合意时，自然期待享有收取孳息的权利，该交易安全也应受到法律的保护，物权法坚持一物一权原则，在孳息与原物尚未分离之前认定为一物，仅一个所有权，因此随着母牛的所有权移转至王五，王五便获得收取孳息的权利。

在例Ⅱ中，如果母牛在张三或者李四处产下小牛，则情况就不一样：如果小牛在张三处产下，而仅仅是因为小牛必须由母牛供奶喂养而由李四占有，李四在转让母牛所有权时，小牛也随母牛由王五占有，此时，由于孳息在张三处就已经与原物发生分离，就不再是“一物”而是“二物”，在法律上就是两个所有权，而张三与李四仅就母牛所有权的移转达成合意，因此小牛的所有权仍然归张三所有，其仍得行使物上请求权请求王五返还小牛，如果李四与王五未经张三同意将小牛的所有权也转让给王五，那么行为的性质就属无权处分行为，王五的交易安全便只能通过善意取得制度获得保护；如果小牛在李四处产下，而因供奶喂养而由王五占有，此时李四便成为小牛的所有权人，其有权将母牛和小牛的所有权一起移转给王五，张三无权向王五要求返还小牛，但此时李四需根据与张三达成的协议对张三承担违约责任，而如果李四仅就母牛的所有权移转与王五达成合意，则王五不能获得小牛的所有权，而张三根据与李四之间的协议，可以要求李四将小牛的所有权移转给自己。

## 三、一物一权原则之突破

“一物一权原则”是一个古老的民法原则，罗马法时代即已确立，并为近代各国民法所坚持，但至现代，为回应社会经济发展的要求，一物一权原则在现代社会又有所突破，表现在现代民法于特殊情形下亦认可集合物上得成立一个物权，最为典型的是现代各国民法纷纷承认的财团抵押或者浮动抵押制度。

如前所述，一物一权原则要求物权的客体必须为特定且独立的一物，因此多个标的物上存在多个所有权，当事人通过合同关系发生物权变动时，必须就各个特定且独立的标的物分别达成物权变动的合意，在形式主义物权变动模式下，还应当就各个标的物完成其各自的形式要件，以维护当事人之间以及第三人的交易安全。但若毫无例外地坚持这一原则，又可能会造成交易效率的低下，例如某企业因经营需要准备向银行贷款，但又没有价值足够大的不动产作为抵押物，而仅以某一不动产或者其他机器设备单独抵押，银行又不同意，于是就想到用企业的全部财产作为抵押物，但如果彻底贯彻一物一权原则，企业的全部财产属集合物，不能设定一个抵押权，只能设定数个抵押权，而要设定这些抵押权，必须就各个财产达成设定抵押权的合意，并且对必须办理抵押登记的标的物分别办理抵押登记，这样一来，不仅程序极其烦琐，而且交易成本将很高，不利于当事人利用抵押权制度进行融资。因此现代各国民法为简化这种情形下抵押权的设定，纷纷承认财团抵押或者浮动抵押制度。

所谓财团抵押，是指企业现有的全部财产构成一个财团，而于该财团之上设定一个抵押权；所谓浮动抵押，是指以企业现有或者将来取得的所有财产为标的设定一个抵押权。二者的区别在于，前者是以企业现有财产进行抵押，常常需做成一个"财产目录清单"，并到不动产登记机关办理抵押登记，同时为维护当事人之间以及第三人的交易安全，在企业财产发生重大变化时，必须到登记机关办理变更登记，且企业对已经设定抵押的财产不能自由处分；而后者则以企业现有或者将来取得所有财产进行抵押，无须一一列举，仅须到企业登记机关办理相关登记，企业财产即使发生重大变化，也无须到登记机关办理变更登记，抵押权设定后企业所取得新财产，自动成为抵押权的标的物，企业对已经抵押的财产有权自由处分。可见，财团抵押为适应当事人融资的需要，没有完全贯彻一物一权原则，但考虑到企业财产设定抵押对当事人以及其他市场主体都会产生重大影响，因此对交易安全的关注还是较多，仍然没有完全克服效率较低的弊端，而浮动抵押制度正好是为克服财产抵押的这一弊端而进行的制度设计，显然给予交易效率以更多的关注，但因此也会给当事人之间以及第三人的交易安全带来一些问题，例如由于浮动抵押中抵押人在抵押设定后可以自由处分其财产，自然会影响到作为抵押权人的交易安全；浮动抵押不要求当事人就抵押财产进行一一登记，且不要求在企业财产发生重大变化时办理变更登记，自然会影响到与抵押人进行交易的第三人的交易安全。

需要指出的是，尽管一物一权原则存在上述突破，但仍是现代各国物权法坚持的基本原则。值得注意的是，在《物权法》的制定过程中，一些学者指出一物一权原则已经没有坚持的必要，其理由在于随着建筑物区分所有的出现，"一物"之上存在两个以上所有权的情形必然得到承认。笔者认为这种观点值得商榷,“一物”之上不能成立两个以上所有权或者不相容的他物权既是一物一权原则的要求,也是物权排他效力的要求,无论是过去,还是今天,都是不可能突破的。所谓建筑物区分所有权,并非同一标的物上可以存在两个以上的所有权,而是将建筑物区分为若干独立的特定空间,使其各自成为物权的客体,从而在同一建筑物上可以成立多个所有权。在这里,作为物权客体的已经不是整个建筑物本身,而是在构造上和使用上具有独立性的特定空间,因此建筑物区分所有与一物一权原则并不发生冲突,自无突破或者否定的必要。关于这一问题,我们在第二编讨论建筑物区分所有时还将进行详细讨论。这里仅仅指出,一物一权原则在现代社会虽然有所突破,但仍有坚持的必要。

PART Ⅱ 第二编

# 物权法上的自由与限制

《物权法》的制定是我国民事立法进程中的一件大事，在此之前，虽然《民法通则》《担保法》《土地管理法》《农村土地承包法》《城市房地产管理法》等法律中存在不少物权方面的规范，但因为没有形式意义上的物权法，不但与物权相关的规范显得较为凌乱，而且存在大量制度上的空白，如不动产登记制度、建筑物区分所有制度、善意取得制度、占有保护制度等。《物权法》的制定不仅是对已有物权法规范的一次系统整理，而且也填补了许多制度上的空白，其意义可见一斑。尽管如此，在我看来，《物权法》的真正贡献与其说是对物权规范的整理和对相关制度的完善，不如说是对私权观念的一次彻底改造，因此树立正确的物权观念对于《物权法》乃至《民法典》的实施，都具有极其重要的意义（在《物权法》经修改和完善编入《民法典》后，虽然形式意义的《物权法》已经被废止，但实质意义的物权法则更加完备）。总体来看，我们既要培育尊重私权和保护私权的观念，又要看到在现代社会中，包括所有权在内的物权均呈现社会化的趋势，物权的取得和行使都受到法律的诸多限制。我国是社会主义国家，更是如此。这样一来，如何处理物权法上的自由与限制，便成为司法实践中最为头痛的问题之一。

本编分为六讲：第五讲“物权的基本观念及其确立”，从物权的重要性以及宪法对物权的保护谈起，就我国法律对物权的平等保护原则作了重点讲解，指出物权的排他效力不仅旨在排除其他民事主体对物权的侵害，而且旨在排除公权力对物权的侵害；第六讲“所有权的社会化及其表现”，指出随着所有权的日益社会化，现代社会的法律既要对物权进行保护，也要对物权进行限制，而法律对物权的限制，可以通过公法和私法两个途径予以实现；第七讲“征收制度在我国的异化与回归”，指出土地征收旨在解决公共利益的用地需要，但在我国却大多是为了解决城市发展的用地问题，从而造成诸多矛盾，而解决之道，则在回归征收制度本质的同时，通过私法上的集体利益来限制物权，从而为解决城市发展的用地问题提供法律基础；第八讲“公法与私法竞合下的相邻关系”，首先对私法上的相邻关系进行了全面分析，再就公法与私法在相邻关系上的竞合及其处理进行分析，认为私法上的相邻关系具有相对的独立性，二者都是物权社会化的表现；第九讲“建筑物区分所有的规制”，就建筑物区分所有中专有权的认定与行使、共有权的认定与行使、共同管理权的行使等问题进行全面讲解，认为法律对建筑区分所有权的保护虽然是很全面，但也应看到法律对建筑物区分所有权的限制很多，从而大大提高了物权的社会化程度；第十讲“中国特色的用益物权制度”，指出用益物权制度在我国具有双重功能，是物权社会化的典型表现，并就农地三权分置的法律表达、宅基地使用权及其流转、建设用地使用权的取得、地役权合同与地役权的设定、民法典上的居住权等问题进行了全面讨论。

# 第五讲

## 物权的基本观念及其确立

### 一、物权与基本权利

物权,尤其是所有权,是财产权最为重要的组成部分。在我国以往的司法实践中,我们经常看到,法官在审理涉及物权的案件时,判决书上时常会出现如下的表述:“本院认为,公民的合法财产受法律保护,……”在笔者看来,判决书之所以以如此肯定的语气进行表述,一个很重要的原因在于:在很多人看来,公民的合法财产受法律保护是一个毋庸置疑的问题,因为《宪法》第 13 条和《民法典》第 2 条(原《民法通则》第 75 条)都有类似的表述,且物权作为民事权利的一种,自然应当受到法律的保护。但问题是:物权,尤其是所有权,仅仅是一种普通的民事权利吗?如果物权仅仅是一项民事权利,何以《宪法》对此要进行规范?

情况显然不是如此简单,“公民的合法财产受法律保护”这一看似简单的表述蕴含着一个极为重要的物权观念:由于物权(尤其是所有权)与公民的基本权利密切相关,因而对公民合法财产权利的保护是国家尊重和保护人权的一项重要内容。也就是说,我们不能简单地将物权当作是一项民事权利来对待,物权的重要性决定法律对物权的保护不仅是对普通民事权益的保护,而且属于人权保障的范畴。[1] 我们可以试想一下,如果法律不对合法取得的财产进行保护,整个社会将陷入一种弱肉强食的局面,个人之生存都无法保障,更遑论发展人格的自由,因此法律对财产权利的保护乃是实现个人基本权利的保障。

关于物权的这一基本观念,德国联邦宪法法院的判决称:“所有权是一种根本性的基本权,与个人自由的保障具有内在关联性。在基本权的整体结构中,所有权负有双重任务:确保权利人在财产法领域中的自由空间,并因此使其得自我负责地形成其生活。将所有权作为法之建制,有助于确保此项基本权。个人的基本权系以‘所有权’此一法律制度作为基础;若立法者以名实不符的‘所有权’取代私有财产时,则个人基本权将无法获得有效保障。”[2]

由此可见,物权(尤其是所有权)并非仅仅具财产意义,而且具有极为重要的伦理价值,法律对物权的保护,是个人自由的前提,也是个人发展其人格的基础,如果法律对物权保护不力,必将导致个人自由丧失,更谈不上发展其人格,个人尊严亦将丧失殆尽。

## 二、宪法层次的保障

正是因为物权与基本权利密切相关,所以各国对物权(尤其是所有权)的保护并非仅仅通过私法来完成。事实上,对物权(尤其是所有权)的保护,乃是包括《宪法》在内的整个法律体系的重要任务。例如,《德

---

〔1〕《物权法》通过后,全社会掀起一股学习物权法的高潮,不仅各级司法机关全面组织学习和培训(如最高人民法院发文要求各级法院必须组织物权法的学习和培训),中央乃至地方各级党政部门也积极组织进行学习。一些学者甚至一些对物权法没有深刻认识的民商法学者对此很不理解,认为物权法作为一项民事法律规范,物权作为一项普通的民事权利,没有必要将其抬高到如此重要的地步(甚至有人私下抗议说,为什么不如此兴师动众地学习合同法、知识产权法)。笔者以为,物权,尤其是所有权,首先是一项民事权利,但如果将其仅仅作为一项民事权利来看待,是远远不够的。法律对物权的保护,关涉私有财产制度、社会经济秩序、人格伦理发展等重要价值,怎一项民事权利了得?关于物权尤其是所有权的重要性,敬请参阅王泽鉴:《民法物权(一)》,中国政法大学出版社2001年版,第151页以下。

〔2〕德国联邦宪法法院 BVerfGE24,367,389,转引自王泽鉴:《民法物权(一)》,中国政法大学出版社2001年版。

国基本法》第 14 条规定："所有权受保障，其内容由法律决定之……"

我国《宪法》也不例外，不仅于第 12 条规定"社会主义的公共财产神圣不可侵犯。国家保护社会主义的公共财产。禁止任何组织或者个人用任何手段侵占或者破坏国家的和集体的财产"，而且通过 2004 年修正案于第 13 条明确规定"公民的合法的私有财产不受侵犯。国家依照法律规定保护公民的私有财产权和继承权……"一般认为，上述《宪法》修正案强调对私有财产权利的保护，乃是《宪法》第 33 条规定"国家尊重和保障人权"的重要内容。也就是说，《宪法》修正案正是为落实对人权的尊重和保障，而将加强对私有财产权利的保护写入《宪法》的。虽然这一点在今天看来似乎是顺理成章的事情，但在我国却有一个更深层次的背景，并具有极为重要的意义。

长期以来，我国的一些政府官员和多数民众不缺少公权力的观念，甚至认为公权力的行使具有天然的合法性，但缺少尊重和保障私权的基本观念。例如，新中国成立后，曾先后发生两次肆意践踏公民私有财产权利的运动：一次是"大跃进"和"人民公社"运动，另一次就是"文化大革命"。前者以人民公社名义无偿平调社员房屋、禽畜、农具、林木等私有财产，后者大规模侵犯公民的私有财产权利，两者都严重损害到人民群众的生产积极性和党在人民群众中的威信。〔1〕

改革开放后，我国逐渐形成以公有制为主体、多种所有制经济共同发展的基本经济制度，尤其是明确实行社会主义市场经济体制后，对私有财产权利的保护显得格外重要。为此，《宪法》必须从两个方面建立私有财产制度：其一，明确非公有制经济成分的法律地位；其二，强化对私有财产权利的保护。改革开放之初，针对改革开放之前一段时期不承认私有财产制度的现状，1982 年《宪法》于第 11 条规定："在法律规定范围内的城乡劳动者个体经济，是社会主义公有制经济的补充。国家保护

---

〔1〕 参见梁慧星：《制定和实施物权法的若干问题》，载中国法学网。在我看来，一个国家的物权制度是其所有制关系在私法上的表现，过去我们对社会主义的理解有所偏激，以为社会主义社会不应存在私有财产制度，因此自然无须作为私法的物权制度，但在我们承认私有财产制度，尤其是在社会主义国家实行市场经济后，制定《物权法》以保护私有财产就是必然的选择。

个体经济的合法的权利和利益。”此后,针对改革开放后蓬勃发展的私营经济,1988年《宪法》修正案补充规定:“国家允许私营经济在法律规定的范围内存在和发展。私营经济是社会主义公有制经济的补充。国家保护私营经济的合法权利和利益,对私营经济实行引导、监督和管理。”在1993年《宪法》修正案明确规定了“国家实行社会主义市场经济”的基础上,为进一步明确非公有制经济的法律地位,1999年《宪法》修正案明确规定:“在法律规定范围内的个体经济、私营经济等非公有制经济,是社会主义市场经济的重要组成部分”“国家保护个体经济、私营经济的合法的权利和利益。国家对个体经济、私营经济实行引导、监督和管理”。

至此,《宪法》关于非公有制经济的法律地位的规定应当来说已经相当成熟。尽管如此,实践中侵犯公民私有财产权利的事件仍然频繁发生,例如20世纪90年代以来发生“强制拆迁”“圈地热潮”等现象,便是私有财产权利没有受到严格保护的表现。在这一背景下,2004年《宪法》修正案一方面明确非公有制经济的法律地位,规定:“在法律规定范围内的个体经济、私营经济等非公有制经济,是社会主义市场经济的重要组成部分”“国家保护个体经济、私营经济等非公有制经济的合法的权利和利益”。另一方面为进一步强化对私有财产权利的保护,将原《宪法》第13条“国家保护公民的合法的收入、储蓄、房屋和其他合法财产的所有权”“国家依照法律规定保护公民的私有财产的继承权”修改为“公民的合法的私有财产不受侵犯”“国家依照法律规定保护公民的私有财产权和继承权”“国家为了公共利益的需要,可以依照法律规定对公民的私有财产实行征收或者征用并给予补偿”。由此可见,私有财产权受到《宪法》的保护,在我国经历了一个不断发展的过程。

### 三、平等保护的原则

虽然对物权的保护上升到了宪法的层面,但是宪法的规定如何落实到具体的制度上,则是每一个国家都必须面对的问题。根据1982年《宪法》关于社会主义公有财产神圣不可侵犯的规定以及公民合法财产受法律保护的规定,1986年实施的《民法通则》于第73条第2款和第75条第2款分别规定："国家财产神圣不可侵犯，禁止任何组织或者个人侵占、哄抢、私分、截留、破坏""公民的合法财产受法律保护，禁止任何组织或者个人侵占、哄抢、破坏或者非法查封、扣押、冻结、没收"。由于《宪法》和《民法通则》在对待公有财产采取的是"神圣"不可侵犯的态度，却没有将"神圣"用于对私有财产的保护，由此引发物权法制定过程中"区别对待"和"平等保护"之争，而2005年发生的"物权法草案违宪"风波更是发端于此。[1] 一种观点认为，具体的法律制度在落实《宪法》关于财产权利的保护时，应当区分公有财产和私有财产分别予以保护。也就是说，对公有财产应当进行特殊保护，而对私有财产则进行一般保护。另一种观点认为，既然是搞市场经济，一切市场主体的法律地位就应该平等，不能厚此薄彼，尤其是物权法作为私法，更应体现当事人之间平等的法律地位，否则就谈不上搞市场经济，因此物权法对财产权利的保护应该采取"平等保护"的原则，即凡是合法取得的财产，都一体进行保护，不应区分公有还是私有。[2]

最终通过的《物权法》对公私财产权利的保护采取平等保护的原则。就总则部分而言，不仅于第3条明确规定："国家在社会主义初级阶段，坚持公有制为主体、多种所有制经济共同发展的基本经济制度。国家巩固和发展公有制经济，鼓励、支持和引导非公有制经济的发展。国家实行社会主义市场经济，保障一切市场主体的平等法律地位和发展权利。"(《民法典》第206条)，而且于第4条并列式地进行规定："国家、集

---

〔1〕 2005年物权法草案向全社会公布后，北京大学巩献田教授上书全国人大常委会，并于网上发表意见，称公布的物权法草案存在严重"违宪"问题，从而引发"物权法草案违宪"风波。巩教授提出物权法草案违宪的理由主要有三点：其一，物权法草案没有体现对公有财产的特殊保护，严重背离社会主义原则；其二，物权法草案没有采取措施防止国有资产流失，有使非法取得的财产合法化的嫌疑；其三，物权法草案对穷人和富人同等保护，没有体现社会主义的优越性。

〔2〕 应该说，虽然《宪法》和《民法通则》规定公有财产"神圣"不可侵犯，但在民事立法上并未明显区分公有财产和私有财产而采取不同的制度，因此所谓"区别对待"和"平等保护"之争主要涉及观念上的价值取向问题。也就是说，如果采取"区别对待"原则，则一旦发生纠纷，法官可能会因为财产的"出身"不同而赋予不同的法律地位，正如有的学者指出，改革开放以前，不同"出身"的人享有不同的权利和义务，就是"区别对待"的生动写照。参见梁慧星：《物权法草案的几个问题》，载《清华法学》2005年第2期。

体、私人的物权和其他权利人的物权受法律保护,任何单位和个人不得侵犯。”(《民法典》第 207 条)。此外,《物权法》还在“所有权”一编中,根据权利主体就各类财产的保护作了列举式的规定,例如《物权法》第 56 条、第 63 条、第 66 条、第 69 条(《民法典》第 258 条、第 265 条、第 267 条、第 270 条)。

由此可见,《物权法》并未区分公有财产和私有财产而采取不同的保护措施,而是对合法财产进行一体保护,这符合一切市场主体地位平等的原则,也符合民法调整平等主体之间法律关系的规范要旨,自不待言。[1] 但值得注意的是,《物权法》对公私财产进行平等保护,仅仅意味着在私法上,公私财产的地位是平等的,并不意味着公有财产不能受到公法的特别保护。事实上,公法对公私财产保护的力度是有相当大的差别的,例如刑法中的很多罪名就是专门针对侵犯公有财产而言的,不适用于私有财产的保护。就此而言,《物权法》的规定不但没有违反《宪法》的规定,而且还向我们提出一个亟待解决的问题,就是要尽快制定相关法律,如“国有资产管理法”等公法性的规范加强对公有财产的保护。

## 四、物权的排他效力

在坚持平等保护原则的前提下,如何对物权进行全面的保护呢?这首先涉及对物权概念的理解。就比较法的角度看,其他国家的民法典很少给物权下一个明确的定义,但在我国这样一个私权观念欠发达的国家,在《物权法》中给物权下一个明确的定义,则确有其必要性,这一点是有共识的。问题是,如何给物权下一个科学的定义呢?从学理上看,有的学者认为物权系直接支配物之权利,有人认为物权是支配物而享有

---

〔1〕 本质上说,“区别对待”和“平等保护”之争是社会主义制度下“计划经济”与“市场经济”之争的延续。改革开放以来,我们突破了姓“资”和姓“社”的观念禁锢,认识到社会主义与市场经济之间并非对立和冲突的关系,“计划”和“市场”都只是经济手段,可以为资本主义所用,也可以为社会主义所用。在此基础上,我国《宪法》明确规定国家实行社会主义市场经济。在我看来,既然是搞市场经济,那么承认非公有制经济的法律地位,保障私有财产权利就是必然的选择,因而“平等保护”原则也是实行市场经济的必然要求。物权法明确规定“平等保护”原则,无论是对于私有财产权的保护,还是对于进一步解放思想和深化改革,都具有极为重要的意义。

其利益的权利，也有人认为物权是直接支配物而具有排他性的权利，还有人认为物权是直接支配物，享受其利益而具有排他性的权利，更有人认为物权系直接支配物而享有其利益，并具有排他性的绝对权。〔1〕 在《物权法》的制定过程中，关于如何规定物权的概念，也曾产生过争议，例如 2005 年向社会公布的《物权法（草案）》给物权下的定义是："本法所称物权，指权利人直接支配特定的物的权利，包括所有权、用益物权和担保物权。"不难看出，这一定义重点突出了物权对标的物的直接支配，但是没有反映物权的排他性。对此，不少学者提出批评，认为物权的定义必须明确物权的排他性。〔2〕 在部分学者的坚持下，最终通过的《物权法》于第 2 条第 3 款明确规定："本法所称物权，是指权利人依法对特定的物享有直接支配和排他的权利，包括所有权、用益物权和担保物权。"这一规定亦被《民法典》第 114 条第 2 款继受。

为什么物权法必须规定物权的排他效力呢？这得从物权的性质说起。前文谈到，相对于债权，物权在性质上属支配权和绝对权，具有支配性和对世性。所谓物权的支配性，是指权利人对标的物的支配无须以他人意思或行为介入为前提即可实现，如房屋所有权人可以在法律允许的范围内自由地对房屋进行占有、使用、收益或者处分，抵押权人在债务履行期限届满而债务人不能清偿债务时，不经债务人同意即可此拍卖标的物就其价值优先受偿。所谓物权的绝对性或者对世性，是指物权具有对抗任何第三人的效力，即物权可以向除权利人之外的任何人主张，除权利人之外的任何人都是权利人的义务人，都负有不得侵犯物权的义务，它集中体现在物权的排他效力上：物权不仅具有对抗任何交易中的第三人的效力，而且能够排除他人对物权的干涉或者侵害。

值得注意的是，物权的排他效力不仅包含排除其他民事主体对物权的干涉或者侵害，更为重要的是，物权的排他效力还包含排除对公权力的任意干涉或者侵害。关于前者，我们很好理解，其他民事主体侵犯当事人的物权时，应当承担相应的民事责任，权利人也有权要求行为人恢

〔1〕 王泽鉴：《民法物权（一）》，中国政法大学出版社 2001 年版，第 37 页。

〔2〕 梁慧星：《物权法草案的几个问题》，载《清华法学》2005 年第 2 期。

复其对标的物的圆满支配。但对于后者,则是我们经常忽视的一个重要问题。在我国,公权力的行使常常被认为具有天然的合法性,人们很少质疑公权力的合法性,从而导致公权力干涉私权利的事情时有发生。例如前些年发生的一些地方政府以维护公共交通秩序为由,没收当地的"黑摩的",甚至集中销毁,还有的地方政府部门以维护城市公共卫生为由,没收小摊小贩的商品。这些事情发生后,一些传媒甚至把它们作为正面典型进行报道,可见物权观念之匮乏已经到了何种程度。正如一些学者正确地指出,物权具有排他的效力,其中就包含着排除公权力的干涉,只要是合法取得的财产,就应受到法律的保护,公权力非经法定程序和非依法定权限,不能剥夺当事人的合法财产,如果是当事人的行为违法,而没有严重到法律明确规定政府可以剥夺个人财产的地步,政府就不能滥用公权力剥夺个人的合法财产,而只能对当事人的行为施以相应的处罚。也就是说,政府通过具体行政行为限制乃至剥夺当事人的财产时,必须区分是"财产违法"还是"行为违法",如果只是后者,就不能随意没收当事人依法取得的财产,而一旦发生此类情形,当事人自当可以根据物权的排他效力,通过诉讼寻求救济。〔1〕

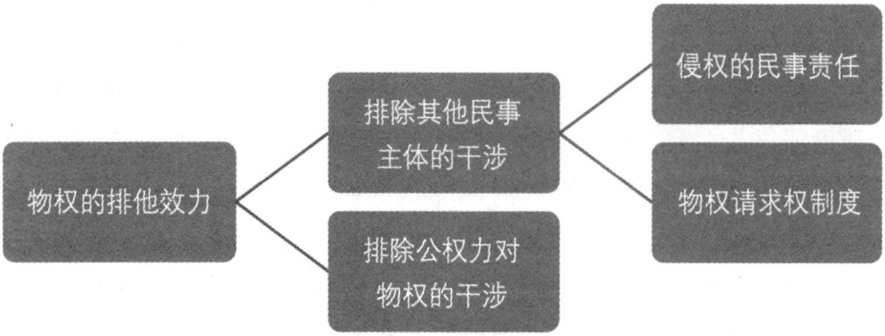


由此可见,物权的排他效力具有极其重要的现实意义。从学理上看,虽然从物权的支配性或者绝对性也可以推导出物权的排他性,但考虑到这一效力具有如此重要的现实意义,更应该在物权的定义中直接体现出来,以便于公民和国家机关树立正确的私权观念,从而使我们意识

〔1〕 梁慧星:《物权法草案的几个问题》,载《清华法学》2005年第2期。

到，物权作为私权，同样具有防止公权力被滥用的功能。[1]《民法典》通过后，在主持中央政治局第二十次集体学习时，习近平总书记在谈到"加强民法典重大意义的宣传教育"时指出："要讲清楚，实施好民法典是坚持以人民为中心、保障人民权益实现和发展的必然要求，是发展社会主义市场经济、巩固社会主义基本经济制度的必然要求，是提高我们党治国理政水平的必然要求。民法典是全面依法治国的重要制度载体，很多规定同有关国家机关直接相关，直接涉及公民和法人的权利义务关系。民法典实施水平和效果，是衡量各级党和国家机关履行为人民服务宗旨的重要尺度。"

尽管物权不仅具有对抗其他民事主体的效力，而且具有对抗公权力的效力，但问题是，如果法律或者行政法规赋予行政机关在一定情形下限制乃至剥夺当事人的财产权利，或者虽无法律或者行政法规的明确规定，但有地方性法规或者地方政府规章，而行政机关据此作出限制乃至剥夺当事人财产权利的具体行政行为时，如何认定其合法性呢？实践中，我们还经常遇到有些地方政府在没有法律或者行政法规明确授权的情况下，甚至没有地方性法规或者地方政府规章的情况下，通过一些会议纪要或者红头文件，限制不特定的当事人的财产权利，对此，又将如何认识其合法性呢？我们在遇到这些文件时，又将如何对待？关于这些问题，我们将在第六讲进行讨论。

---

〔1〕 梁慧星：《靠什么制约公权力的滥用？》，载《时代法学》2004年第3期。

# 第六讲

# 所有权的社会化及其表现

## 一、“所有权负有义务”的理念

我们在第五讲提到，树立尊重物权和保护物权的基本观念对于物权法实施具有极为重要的意义，但这是否意味着法律对物权进行绝对地保护呢？或者说，是否只要是当事人依法取得的财产，权利人就可以为所欲为，享有行使权利的绝对自由呢？近代以来，资本主义国家制定的民法典大多确立私权神圣的观念。也就是说，法律对财产权利的保护是绝对的，不允许对私有财产权利进行限制乃至剥夺。应该说，此种观念是资产阶级反对封建专制和特权的结果，它使对私有财产的保护深入人心，极大地推动了资本主义社会和经济的发展，但也带来了一系列的社会问题，如所有者滥用其地位造成贫富差距过大、环境污染严重等。在这一背景之下，人们开始意识到在现代社会中，随着人与人之间的关系日益紧密，所有权也日益社会化，因此所有权的行使也应承担一定的社会责任，权利人在行使所有权时，必须考虑到对公共利益和他人的合法权益的尊重。正是基于这一点，现代各国民法开始修正所有权绝对这一基本原则，承认所有权的取得和行使应当受到法令的限制，即所有权的取得和行使必须在法律规定的范围内进行。

我国是社会主义国家，更加强调法律对物权的取得和行使进行限制。例如《民法典》第 7 条规定：“民事主体从事民事活动，应当遵循诚信原则，秉持诚实，恪守承诺。”第 132 条规定：“民事主体不得滥用民事权利损害国家利益、社会公共利益或者他人合法权益。”此外，在《民法典》物权编关于所有权的规定中，也强调所有权人对自己的不动产或者动产“依法”享有占有、使用、收益和处分的权利（第 240 条）。如何理解“依法”呢？对此，理论上有两种解释：一种解释认为，“依法”是对物权的外在限制，即物权本身仅指权利，只是因为所有权社会化的结果，法律对该权利进行适当的限制；另一种解释认为，“依法”并非对物权的外在限制，而是内在于物权的义务，即物权本身并非仅指权利，在所有权社会化的情况下，物权本身即承载着义务。[1]

应当说，以上两种解释都有一定的道理，但在笔者看来，第一种解释看到的只是事物的表面，没有看到问题的实质，《民法典》之所以要求所有权的行使要“依法”，不能简单地用“物权的行使应当受到法律的限制”加以说明，其中蕴含一个重大的价值理念，即权利人应当将对公共利益和他人合法权益的尊重作为其行使所有权的一种内在追求，是所有权完成其社会责任的表现，因此将“依法”理解为物权自身所包含的义务，更有利于树立正确的物权观念。当然，我们也应看到，物权的此种内在义务的确是通过法律对物权的外在限制予以实现的，二者是表与里、手段与目的的关系。

正如著名学者王泽鉴先生所说，“自由与限制相伴而行，共同构成所有权的内容”。[2] 总体上来说，法律对所有权的限制可以分为公法上的限制和私法上的限制。我们首先来看公法对所有权的限制。

## 二、物权的公法限制及其审查

### （一）公法对物权的限制及其表现

法律对所有权从公法上进行限制，主要是基于社会公益的需要，其中最为严重的限制当属征收制度。政府基于公共利益的需要而征收私人所有的财产，为各国法制所承认，但由于征收是对所有权的剥夺，关系到私有财产制度的存在，因此受到各国立法的高度关注，我国也不例外。《宪法》第13条第3款规定：“国家为了公共利益的需要，可以依照法律规定对公民的私有财产实行征收或者征用并给予补偿。”然而，自20世纪80年代以来，征收以及因征收而引起的拆迁问题便成为我国广受关注的社会问题。征收和拆迁问题之所以引起如此大的社会反响，是因为

---

〔1〕 参见王泽鉴：《民法物权（一）》，中国政法大学出版社2001年版，第161页以下。
〔2〕 王泽鉴：《民法物权（一）》，中国政法大学出版社2001年版，第156页。

在我国,土地归国家或者集体所有,单位或者个人只能取得使用权,而根据《土地管理法》《城市房地产管理法》等法律,城市房地产开发所需要的建设用地使用权只能在国家所有的土地上设立,如果确需使用集体所有的土地,须先由国家征收后再出让给用地单位。随着城市建设的发展,原属国家所有的土地早已不能满足房地产开发的需要,大量城市房地产开发所需的建设用地使用权只能靠政府征收集体所有的土地来设立,由此导致大规模的政府征收行为。这样一来,如果集体所有的土地已经设定了土地承包经营权等民事权利,则政府对土地的征收就会带来土地承包经营权等民事权利的消灭;如果在土地上已经有建筑物,还可能带来拆迁安置问题。为解决这些问题,《土地管理法》专门规定了政府实施征收行为的法定权限和条件。此外,在城市,也存在重新进行商业开发或者进行旧城改造等一系列用地问题。尽管城市土地归国家所有,但如果在国家所有的土地上已经为有关单位或者个人设定了建设用地使用权,重新进行商业开发或者进行旧城改造等,就需要提前收回建设用地使用权,并征收单位或者个人的房屋所有权,从而带来大规模的城市房屋拆迁问题。事实上,城市房屋拆迁,不过是提前收回建设用地使用权并征收房屋的法律结果,其依据仍然是《宪法》关于征收的规定。

在《物权法》的制定过程中,尽管关于是否规定征收征用制度,以及如何规定征收征用制度是一个较有争议的问题,但多数人认为,由于我国尚未制定专门的"征收征用法",加之私权保护的观念有待加强,而实践中的征收问题以及因征收而引起的拆迁问题又如此突出,因此《物权法》应当更加详细地规定征收征用问题。一般认为,关于征收制度,除了为征收设置严格的审批程序,尚有两个方面的问题应当加以解决:一是关于"公共利益"的界定;二是关于"补偿标准"的确定。最终通过的《物权法》在区分征收和征用的基础上,就政府征收作了如下规定:"为了公共利益的需要,依照法律规定的权限和程序可以征收集体所有的土地和单位、个人的房屋及其他不动产"(第 42 条第 1 款);"因不动产或者动产被征收、征用致使用益物权消灭或者影响用益物权行使的,用益物权人有权依照本法第四十二条、第四十四条的规定获得相应补偿"(第 121 条);"建设用地使用权期间届满前,因公共利益需要提前收回该土地的,应当依照本法第四十二条的规定对该土地上的房屋及其他不动产给予补偿,并退还相应的出让金”(第148条)。然而,《物权法》虽然明确规定政府征收征用必须“依照法律规定的权限和程序”进行,但仅对征收补偿的内容作了较为抽象的规定(第42条),并未明确征收补偿的具体标准,更未对“公共利益”进行明确的限定,这就可能引发激励的争议。例如,《物权法》通过后施行前在重庆发生“最牛‘钉子户’”案件中,法学界的一些专家对此就存在不同的看法。有的学者则认为,如果《物权法》实施,户主吴某可以胜诉,因为房地产开发不属于“公共利益”的范畴〔1〕;也有的学者认为,既然政府已经作出拆迁的决定,且法院已经

〔1〕 据报道,针对“最牛‘钉子户’”被判搬迁一事,中国人民大学法学院副教授朱岩认为,因开发商建设的是商业用房,不属于公共利益范畴,因而如果《物权法》生效,“该‘钉子户’应可胜诉”。朱岩称,《物权法》对于拆迁这个问题新的主要规定就是在第42条,为了公共利益的需要,依照法律规定的权限和程序可以征收集体所有的土地和单位、个人的房屋及其他不动产。征收单位、个人的房屋及其他不动产,应当依法给予拆迁补偿,维护被征收人的合法权益。征收个人住宅的还应该保障被征收人的居住条件。还称,法律赋予任何人的权利都不是绝对的,是受限制的,比如,你无权在大街上裸奔,尽管穿不穿衣服是你的权利。个人在行使物权时,必须要顾及公共利益。朱岩表示,《物权法》强调为了公共利益,但是,这个公共利益如何界定,合法授权以及法律程序,都没说得很详细,这需出台具体的规定来完善。不过,在完善之前,根据目前公众对公共利益的认识,开发商建商业用房,一般来说不属公共利益范畴,所以,若《物权法》已生效,该“钉子户”应可胜诉。

作出裁决，因此只要补偿到位，就应支持拆迁[1]；还有的学者认为，本案的关键在于如何认定补偿是否到位，因此可以考虑通过社会中介机构对拟征收的财产进行价值评估[2]。

需要说明的是，由于当时国务院制定的《城市房屋拆迁管理条例》（以下简称《拆迁条例》）不属于狭义上的法律，在《物权法》实施后，不能作为今后政府拆迁城市房屋的依据，因此全国人大常委会于2007年8月通过修改《城市房地产管理法》，授权国务院就政府征收问题制定相

---

〔1〕 据报道，针对《物权法》实施后，房主能胜诉的观点，中国政法大学副校长马怀德予以否定。马怀德说，《物权法》没有规定所有拆迁都是为了公共利益，商业利益的拆迁开发也是允许的。同时，以维护公共利益为由才能进行拆除也是不现实的。从目前的现实来看，并不是所有的拆迁都是出于公共利益的，"过去、今天、未来，所有拆迁也不可能都出于公共利益"。马怀德还表示，《物权法》不是一部禁止拆迁的法，它所禁止的是非法拆迁、违法拆迁、侵害百姓合法权益的拆迁行为。其作用是在城市房屋拆迁和房屋所有权人、使用权人合法权益之间建立解决纠纷的规则。"拆迁行为符合这个规则，该拆的还得拆，不能拆的还是不能拆"，因此，即使是商业拆迁，只要程序合法，得到了有关行政部门的审批，还是应该得到保护。马怀德认为，解决这个问题的关键是为了，在拆迁过程中能否在开发商与房屋所有人之间达成共识，在保证商业利益和保证拆迁户的财产权利之间找到平衡点。如果没有达成，还要按照《城市房屋拆迁管理条例》进行裁决。"吴女士可以按照法律程序提起申诉，但申诉不影响拆迁的执行。"江平教授对此亦持相似看法，但理由与马怀德教授不同。江平教授表示，吴苹一家拒绝拆迁的理由是不涉及公共利益，但这条理由不能成立，"他说不是公共利益就不是了?!"江平教授认为，如果补偿合理，就应该拆迁。如果当事人认为补偿不合理，应该到法院进行诉讼。所以，江平教授的观点很明确：如果吴苹一家自己不把房子拆掉，支持强制拆迁，"法院已经下达了裁定，就要按照（法院的裁定）执行"。

〔2〕 据报道，中国青年政治学院副教授周泽认为，拆迁虽然具有一定的公共利益色彩，但拆迁中对被拆迁人的补偿，归根结底还是一个平等主体之间的财产关系问题，必须遵循自愿、公平、等价有偿、诚实信用原则。国家权力介入以补偿为对价的拆迁具有正当性。从维护公共利益角度，国家权力介入拆迁这样一种以补偿为对价的民事活动，无疑具有其正当性。但维护公共利益不能成为损害公民合法权利的根据。强制拆迁也必须以对被拆迁人予以合理补偿为前提。对于被拆迁者来说，服从公共利益只意味着在合理补偿的情况下，同意拆迁，交换利益，而不意味着需要牺牲自己的利益。认为补偿不合理而抗争是可贵的维权意识。吴苹一家认为补偿不合理，坚决与开发商抗争，这是一种可贵的维权意识。但对补偿是否合理，开发商可能会有不同的看法。因此，对于拆迁补偿，需要有一个客观的、公正的评估，否则就可能出现拆迁人与被拆迁人之间你说合理他说不合理的局面。在双方就补偿难以达成一致的情况下，可考虑由双方共同选择权威的第三方进行评估。在这起拆迁案中值得注意的是，在被拆迁人不同意拆迁的情况下，拆迁人将被拆迁人的房产相邻房产全部拆掉，断路、断水、断电，这种做法在某种意义上已经构成了对被拆迁人相邻权的侵犯。

关规定,以满足政府征收必须"依照法律规定的权限和程序"进行的要求。也就是说,《物权法》实施后,政府征收仍然在按《土地管理法》《拆迁条例》的规定进行,只不过征收补偿须结合《物权法》的规定办理。这样一来,即使在《物权法》施行后,政府因城市房地产开发需要而对集体土地或者私人所有的房屋进行征收时,重庆"最牛'钉子户'"之类的案件仍不可避免地会发生,因为征收人和被征收人、拆迁人与被拆迁人不但对于征收补偿的标准会发生争议,而且有可能对何为"公共利益"有不一致的理解。为解决这个问题,经过反复研究和论证,国务院于2011年制定了《国有土地上房屋征收与补偿条例》。关于这一行政法规的进步与局限,我们将在第七讲专门进行分析。这里需要说明的是,《民法典》对于征收制度亦极为重视,不仅于总则编第117条规定"为了公共利益的需要,依照法律规定的权限和程序征收、征用不动产或者动产的,应当给予公平、合理的补偿",而且在物权编第243条规定:"为了公共利益的需要,依照法律规定的权限和程序可以征收集体所有的土地和组织、个人的房屋以及其他不动产。征收集体所有的土地,应当依法及时足额支付土地补偿费、安置补助费以及农村村民住宅、其他地上附着物和青苗等的补偿费用,并安排被征地农民的社会保障费用,保障被征地农民的生活,维护被征地农民的合法权益。征收组织、个人的房屋以及其他不动产,应当依法给予征收补偿,维护被征收人的合法权益;征收个人住宅的,还应当保障被征收人的居住条件。任何组织或者个人不得贪污、挪用、私分、截留、拖欠征收补偿费等费用。"可见,在原《物权法》的基础上,《民法典》进一步强调了对被征收人合法权益的保护,但重点是解决对被征收人的补偿和安置问题,而对于何谓"公共利益",仍没有给出明确的规定。

当然,公法对物权的限制不仅表现为政府的征收行为,而且还表现在其他很多方面,例如《农村土地承包法》关于土地承包经营权流转的限制、《土地管理法》关于宅基地使用权流转的限制、《城市房地产管理法》关于城市房地产转让的限制等。应予指出的是,由于征收是对物权最为严重的限制乃至剥夺,因此不同于法律对物权的其他限制。征收征用须以补偿为条件,而对物权的其他限制则可能没有补偿的问题。如此一来,区分征收征用与对物权的其他限制就成为非常重要的理论与实务问题。我国台湾地区司法实务采特别牺牲理论,如其司法部门认为:"主管机关依法行使公权力致人民之财产遭受损失,若逾其社会责任所应忍受之范围,形成个人之特别牺牲者,应予合理补偿。主管机关对于既成道路或都市计划道路用地,在依法征收或架构以前埋设地下设施物妨碍土地权利人对其权利之行使,致生损失,形成其个人特别之牺牲,自应享有相当补偿之权利。"可见,当公法行为的实施严重限制到物权的行使时,即使未以征收为名,也应对权利受到限制的当事人给予合理补偿。

## (二)公法限制的审查

在现代社会,公法对物权的限制越来越多,由此带来如下两个问题:其一,公法是否在任何情况下都能对物权作出限制?其二,是不是所有的政府文件都能对物权进行限制?

我们在第五讲谈到,物权与《宪法》保障的基本权利直接相关,并指出一旦立法者以名实不符的"所有权"代替私有财产权,则个人基本权将无法获得有效的保障。为了防止出现名实不符的"所有权",我们在承认所有权受到限制的同时,须确立如下两项原则。[1]

第一,法律保留原则。所谓法律保留原则,是指对物权的限制只能通过法律加以规定。由于对物权的限制涉及基本权利的保障和私有财产制度的存在,因此这里所称"法律",应仅指狭义上的法律,即全国人大及其常委会制定的法律,不包括国务院制定的行政法规。但也应当看到,根据《立法法》的规定,在特殊情况下,全国人大及其常委会可依法就特定事项授权国务院进行立法,因此授权立法不违反法律保留原则,此为其一;其二,法律对物权的限制,常常是比较概括和抽象,因而一些属于细节性的、技术性的问题,可以交由行政机关以行政法规、行政规章等形式加以规定,以便于法律的实施,因此行政机关为实施法律而发布行政法规、行政规章等,如果符合法律的目的,也不违反法律保留原则。

第二,比例原则。所谓比例原则,是指对物权的限制与立法者想要

---

〔1〕 参见王泽鉴:《物权法上的自由与限制》,载梁慧星主编:《民商法论丛》(第19卷),金桥文化出版(香港)有限公司2001年版,第274页。

达到的目的须成比例，具体来说，包括：(1)对物权行使的限制须有助于达到立法目的(妥当性原则)；(2)在所有能够达成立法目的的手段中，须选择最少侵害的方法(尽可能最小侵害原则)；(3)对物权行使的限制和公共利益之间，应有合理的比例，不得过度(狭义的比例原则)，应依利益衡量的方式加以认定。

为了落实以上两项原则，一些国家或者地区通过合宪性审查以及行政诉讼两项机制将法律对物权的限制控制在合理的范围内。合宪性审查，又称违宪审查，是指由专门机关对立法机关所制定的法律进行审查，看法律的规定是否符合《宪法》规定的目的：如果符合《宪法》规定的目的，则有效；反之，则无效。通过违宪审查制度，可以防止立法者通过制定法律任意限制当事人的财产权利，避免出现名实不符的“所有权”，导致基本权利无从获得保障。行政诉讼的目的则在于通过司法程序对行政机关的行政行为进行合法性审查，防止行政机关滥用公权力，超越法律对物权实施具体行政行为或者抽象行政行为，限制乃至剥夺当事人的财产权利。因此，只有符合法律规定的具体行政行为或者抽象行政行为，才能被认定为有效；否则，即不发生法律效力，行政相对人自然不应受其拘束。

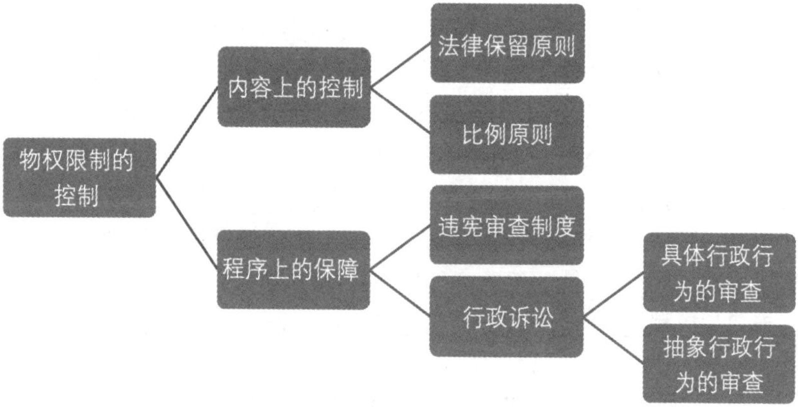


我国目前尚未建立全面的违宪审查制度，行政诉讼审查的范围也受到极大的限制。如此一来，即使立法机关制定的法律或者行政机关制定

的各种规范性文件违反“法律保留原则”和“比例原则”对物权进行限制，在没有发生规范冲突的情况下，当事人无法通过法定程序请求有关部门对这些限制进行审查，因此“法律保留原则”和“比例原则”有时难以落到实处。[1] 当然，全国人大及其常委会制定的法律由于经过民主程序，因此即使对物权进行限制，通常也不会存在太大的问题。不过，国务院制定的行政法规，地方各级人大制定的地方性法规，国务院各部委以及地方人民政府制定的规章，甚至是各种会议纪要乃至红头文件，也可能出现对物权进行限制的规定。这些规范性文件是否符合《宪法》规定的目的和精神，如果既不能通过违宪审查程序加以认定，也无法通过行政诉讼由司法机关加以认定，就可能导致当事人的财产权利在受到法律的限制外，还要受到地方立法机关乃至各级行政机关的限制。

在我看来，尽管当事人很难直接就各种规范性文件的效力提出质疑，人民法院原则上也不享有审查抽象行政行为的职权，但这并不意味着在民事诉讼中，法官在对物权的保护问题上丝毫不能有所作为。所谓“有所作为”，并非指法官可以在民事诉讼中对各种规范性文件的效力进行认定，而是指一旦发现地方性法规或者部门规章、地方政府规章乃至地方政府的会议纪要、红头文件所作出的规定超越《宪法》和法律对物权进行限制，就不能以这些规范性文件作为处理民事争议的依据。

以前面提到的小区业主擅自封闭阳台问题问题为例，一些地方的人大常委会或者地方政府出台相关文件，规定小区业主不得擅自封闭阳台，物业服务企业据此提起诉讼，要求小区业主拆除封闭阳台的设施，是否可以获得法院的支持呢？这里就涉及地方性法规或者地方政府的抽象行政行为对业主的物权进行限制的问题。由于我国法院无权审查地方性法规，原则上也不享有对地方政府的抽象行政行为进行审查的权力，因此不能直接认定该规定的效力，但却可以根据其内容是否符合法律规定，从而决定在民事案件中是否参照适用。在决定是否参照适用

---

[1] 在发生规范冲突的情况下，自然应根据《立法法》第 103 条的规定，依上位法优先于下位法的规则进行处理。但在实践中，大量发生的却是不存在规范冲突的情形，即上位法对此并无明确规定，但下位法却有明确的规定，如此一来，就很难根据上位法优先于下位法的规则进行处理。

时,应考虑前面谈到的比例原则,进行利益衡量,如果业主封闭阳台造成的后果对整个小区的形象造成重大损害,而该业主封闭阳台给他自己带来的利益却并不大,应认定上述限制符合比例原则,可以参照适用;但如果业主封闭阳台可以给自己带来较大的利益(如防止盗窃发生),而给小区之形象的损害并不严重,则上述限制不符合比例原则,自不应加以参照适用。在我看来,如果大量情形应属于后者,就不应一律加以禁止。

## 三、物权的私法限制及其表现

物权除了要受到公法的限制,还要受到私法的限制。如果说公法对物权的限制是基于国家利益或者公共利益的需要,那么对物权进行私法上的限制,则主要是基于保护他人合法权益的需要。也就是说,为保护他人合法的权益,必须将物权的行使控制在一定的范围,否则就会出现损人而利己甚至损人不利己的行为。对物权的私法限制,主要表现在以下几个方面。

### (一)诚实信用原则

诚实信用原则是民法的一项基本原则,《民法典》第 7 条规定:“民事主体从事民事活动,应当遵循诚信原则,秉持诚实,恪守承诺。”诚实信用原则要求权利的行使须以诚实信用的方式进行,物权的行使也不例外。例如张三将房屋出租给李四居住,租赁期限届满后,李四继续居住该房屋,张三亦称暂时不需使用房屋,正值李四装修房屋准备结婚时,张三突然通知李四要求收回房屋。本案中,表面上看张三是在行使所有权,但深入分析后,就会发现张三的行为违反了诚实信用的原则,不应得到支持。

在民法上,诚实信用原则素有“帝王条款”之称,可见其地位之崇高。因此在司法实践中,法官一旦发现当事人的行为违反诚实信用原则,即使其主张或抗辩表面上符合有关法律的规定,也不应支持其主张或者抗辩。改革开放以来,整个社会一度出现道德水准下降和诚信危机,这一方面与精神文明建设直接相关,但在一定程度上与我们的司法审判也有一定的关联,因为诚实信用原则作为道德规范的法律化,本应发挥维持社会基本道德水准的功能,但一些法官却没有运用诚实信用原则的意识,或者说,没有充分利用诚实信用原则来维护一个基本诚信的市场。一些严重违反诚实信用原则的行为,如若干年前曾大量发生的“皮包公司”案件以及证券市场违规操作案件,受害者起诉到法院,法院常常不是以法律没有明确规定为由不予受理,就是以法律没有明确规定或者损失难以计算为由驳回原告的诉讼请求。这样一来,一些背信弃义者就可能在司法的庇护下为所欲为,或者将法律玩弄于股掌之间,整个社会的诚信机制如何能够建立?因此,笔者认为,在目前的形势下,强化诚实信用原则势在必行。当然,诚实信用原则作为一般条款,如果运用不好,极有可能发生“向一般条款逃避”之问题,从而使法官享有过大的自由裁量权。为避免“向一般条款逃避”,防止法官滥用诚实信用原则,学说上有必要对诚实信用原则作类型化的分析,以明确诚实信用原则的适用条件和范围,并通过程序规则(如上诉审)对法官的行为进行监督。关于这些问题,因不属本书的讨论范围,因而从略。

(二)权利不得滥用

从本质上看,权利不得滥用是诚信原则的具体运用。《民法典》第132条规定:“民事主体不得滥用民事权利损害国家利益、社会公共利益或者他人合法权益。”可见,所谓权利不得滥用,是指权利的行使不得以损害他人为主要目的,物权的行使也不例外。例如张三和李四是前后邻居,张三住前屋,李四住后屋,双方因生活琐事发生矛盾,张三遂于屋后建一高大围墙,妨碍李四的视野。本案中,张三并无修建高大围墙的需要,只是为报复李四而修建围墙,系以损害他人为主要目的的行为,构成权利滥用。判断权利滥用的标准在于权利行使是否以损害他人为主要目的,此时就有一个利益衡量问题,即对权利人行使权利所取得的利益与他人因此受到的损失进行比较考量,看二者是否存在比例,如果权利人行使权利只是为了实现一个微不足道的利益或者根本就不存在要实现的利益,但却以损害他人一个相对较大的利益为代价,就可能构成权利滥用。

(三)自卫行为

自卫行为主要是指正当防卫、紧急避险以及自助行为等。《民法典》第 181 条规定："因正当防卫造成损害的，不承担民事责任。正当防卫超过必要的限度，造成不应有的损害的，正当防卫人应当承担适当的民事责任。"《民法典》第 182 条规定："因紧急避险造成损害的，由引起险情发生的人承担民事责任。危险由自然原因引起的，紧急避险人不承担民事责任，可以给予适当补偿。紧急避险采取措施不当或者超过必要的限度，造成不应有的损害的，紧急避险人应当承担适当的民事责任。"《民法典》第 183 条规定："因保护他人民事权益使自己受到损害的，由侵权人承担民事责任，受益人可以给予适当补偿。没有侵权人、侵权人逃逸或者无力承担民事责任，受害人请求补偿的，受益人应当给予适当补偿。"《民法典》第 184 条规定："因自愿实施紧急救助行为造成受助人损害的，救助人不承担民事责任。"可见，在发生自卫行为的情况下，民法亦会对物权加以限制。例如张三持木棍对李四进行殴打，面对张三的加害行为，李四为保护自己的合法权益不受侵犯，夺取张三的木棍进行反击（正当防卫）；甲遇动物的突然袭击，顺手夺取乙的木棍迎击动物（紧急避险）；A 住宿 B 旅馆，A 未支付住宿费用即打算离开旅馆，B 旅馆工作人员发现后，即扣留 A 的行李，要求 A 支付完全部费用后方可离开（自助行为）。在行为人构成自卫行为的情况下，标的物的权利人不得以主张或者行使权利为由，阻止行为人实施自卫行为，因而自卫行为构成对物权的私法限制。

总之，私法本身对物权也存在诸多限制。除了上述原则性的限制，还有较为具体的限制，例如民法对相邻关系的规定就是私法上对物权最为典型的限制。从使用他人不动产的当事人的角度看，民法关于相邻关系的规定是对物权的扩张，但是从被利用的相邻不动产的权利人的角度看，则是对物权的限制。相邻关系对物权的限制，既可能是对物权积极权能的限制，通常情况下表现为权利人的不作为义务，如《民法典》第 294 条"不动产权利人不得违反国家规定弃置固体废物，排放大气污染物、水污染物、土壤污染物、噪声、光辐射、电磁波辐射等有害物质"的规定，也可能是对物权消极权能的限制，通常情形下表现为权利人的容忍义务，如《民法典》第 291 条"不动产权利人对相邻权利人因通行等必须利用其土地的，应当提供必要的便利"（《物权法》第 87 条）的规定。

前文谈到小区业主是否有权封闭阳台时,我们提到地方人大常委会制定的地方性法规或者地方政府制定的规章或者其他规范性文件如果不符合比例原则,就不能作为法院判决的依据,但这并不意味着业主就有权封闭阳台,因为在公法对物权进行限制之外,尚有私法对物权进行限制,尤其是相邻关系对物权进行的限制。如果业主封闭阳台,给相邻的其他业主造成重大影响,例如一楼的业主封闭阳台,可能会给二楼的业主造成安全隐患(如盗贼可能通过封闭阳台的设施轻易潜入二楼),则根据私法上的相邻关系,一楼的业主同样不能封闭阳台。

值得注意的是,在建筑物区分所有的情况下,由于各区分所有的业主之间的关系更加紧密,因此不仅物权法关于相邻关系的规定,在建筑物区分所有的情况下有其适用的广阔空间,而且为协调业主之间的和平共处,物权法进一步对建筑物区分所有之权限及其限制作出了明确的规定。也就是说,业主的建筑物区分所有权不仅要受到相邻关系的限制,还要受到物权法关于建筑物区分所有之规定的限制。可见,就私法对物权尤其是所有权的限制而言,大体可以分为三个层次:第一个层次是《民法典》总则编对物权的限制,如诚实信用原则、权利不得滥用原则及自卫行为等对物权的限制;第二个层次是以物权法为主的《民法典》分则编对物权的限制,如相邻关系对所有权的限制;第三个层次是民事特别法对物权的限制,例如我国台湾地区没有将建筑物区分所有规定在"民法"中,而是单独制定"公寓大厦管理条例"对建筑物区分所有问题进行规制。

# 第七讲

## 征收制度在我国的异化与回归

尽管对物权的限制既可通过公法实现，也可通过私法实现，但在具体问题上，究竟是应该通过公法还是私法来实现，就要考虑限制的目的究竟是什么。例如，第六讲提到的征收制度，是基于公共利益需要对物权的限制，但如果运用于解决城市商业性开发的用地需求，自然会带来相应的问题。为此，在经过反复论证并经两次公开征求意见后，备受关注的《国有土地上房屋征收与补偿条例》终于在 2011 年 1 月 19 日得以由国务院第 141 次常务会议审议通过。如果采用广义的法律概念，那么这一条例应是新中国立法史上第一部明确冠以“征收”之名的法律，其意义自然非同寻常，因为它意味着我国法律对私有财产权利的保护将更加完备。然而，当我们仔细审视这一条例的制定时，却不难发现，虽然以保护私人财产权利为重要任务的《物权法》早在 2007 年 3 月 16 日即已由第十届全国人民代表大会第五次会议通过，并且 2007 年 8 月 30 日第十届全国人大常委会第二十九次会议审议并通过的《全国人民代表大会常务委员会关于修改〈中华人民共和国城市房地产管理法〉的决定》即已授权国务院就征收国有土地上单位、个人的房屋与拆迁补偿制定行政法规，但这一条例却迟至 2011 年才得以通过。《国有土地上房屋征收与补偿条例》“难产”的个中缘由究竟何在？它的通过是否意味着因征收引起的问题已全面得到解决？这一条例在实践中是否可以并且如何能够得到全面落实？在笔者看来，即使是在《国有土地上房屋征收与补偿条例》通过之后，这些问题也仍然是必须尽快予以回答的问题。

### 一、征收的本质及其在我国的发展

征收，是指国家基于公共利益的需要而运用公权力强行取得私人所有的财产。尽管征收意味着国家运用公权力强行剥夺私人所有的财产，从而有违私有财产不可侵犯及国家保障私有财产的《宪法》精神，但由于政府实施征收是基于公共利益的需要，具有正当性，因而与税收制度一样，得到现代各国法律的认可，被认为是公权力对私有财产权利的合理限制。[1] 当然，与税收制度不同的是，征收系国家个别性地牺牲私人利益以实现公共利益，立法者无法对政府的每次征收行为进行事先规制，因而只能在强调征收必须基于公共利益的同时，为政府实施征收设定较为严格的程序，同时，被征收者因征收所受到的损失理应由全体纳税人共同承担。因此，为公平起见，各国在承认国家有权实施征收的同时，亦规定政府征收权的行使须以公平补偿为前提。[2] 可见，征收本质上为国家对私有财产的强制购买，是对私有财产所有人意思自治的限制，因而必须慎重对待。[3] 此外，更应值得注意的是，征收仅仅是国家取得私人所有的财产的方式之一，国家除了运用公权力通过征收、税收、罚没、国有化等措施取得私人所有的财产，还可以作为民事主体参与市场交易，从而在双方自愿的基础上通过民事协议取得私人所有的财产。据此，不仅国家为了实现对房地产市场进行宏观调控而设立的土地储备制度不能正当化征收制度（这是因为国家完全可以以民事主体的身份实现这一目的，而无须动用征收制度），而且国家在因公共利益而需要取得私人所有的财产时，也应先通过双方自愿协商的方式进行，只有在协商无法实现目的时，才能动用征收制度，因为“征收的种类和范围是为了公共利益而不可避免的，并且没有其他较为温和的手段”。[4]

---

〔1〕 梁慧星：《谈〈宪法〉修正案对征收和征用的规定》，载《浙江学刊》2004年第4期；赵万一、叶艳：《从公权与私权关系的角度解读国家征收征用制度》，载《华东政法学院学报》2007年第2期。

〔2〕 例如，《德国基本法》第14条第3款规定：“剥夺所有权只有为公共福利的目的才能被允许。”《法国人权宣言》第17条规定：“财产是神圣不可侵犯的权利，除非为合法议定的公共利益显然必要时，并在公平和预先赔偿的条件下，任何人的财产不得剥夺。”同时，《法国民法典》第545条亦规定：“任何人不得被强制转让其所有权，但因公用并在事前受公正补偿时，不在此限。”《美国宪法》第5条修正案规定：“未经正常法律程序不得剥夺人的生命、自由或财产；凡私有财产，非有正当补偿，不得收为公用。”《美国宪法》第14条修正案则进一步要求州政府依据正当法律程序取得私有财产并保证不得拒绝法律对公民的平等保护。

〔3〕 王轶：《民法视野中的房屋征收》，载《法制日报》2011年1月29日，第6版。

〔4〕 [德]曼费雷德·沃尔夫：《物权法》，吴越、李大雪译，法律出版社2004年版，第43页。

从我国《宪法》与法律关于征收的规定来看,征收制度在我国经历了不平凡的发展过程。早在 1950 年 6 月 28 日由中央人民政府颁布《土地改革法》中,就有涉及土地征收的规定,但主要是指废除地主阶级封建剥削的土地所有制而采取的革命行为,与现在使用的“征收”概念并不一致。由政务院于 1950 年 9 月 16 日颁布的《关于铁路留用土地办法的几点解释》第 4 条规定:“征用公地,无须发价,如所征土地系土地改革法第三条但书内学校、孤儿院、养老院、医院所依靠该土地收入维持费用者,应通过地方政府发给地价。”由政务院于 1950 年 11 月 21 日颁布的《城市郊区土地改革条例》第 14 条规定:“国家为市政建设及其他需要征用私人所有的农业土地时,须给予适当地价,或以相等之国有土地调换之。对于耕种该土地的农民也应给予适当的安置,并对其在该项土地上的生产投资(如凿井、植树等)及其他损失,予公平合理的补偿。”由政务院于 1953 年 12 月 5 日发布的《关于国家建设征用土地办法》第 2 条规定:“凡兴建国防工程、厂矿、铁路、交通、水利工程、市政建设及其他经济、文化建设等所需用之土地,均依本办法征用之。”该办法是新中国第一部比较完整的土地征用法。在此基础上,我国 1954 年《宪法》第 13 条规定:“国家为了公共利益的需要,可以依照法律规定的条件,对城乡土地和其他生产资料实行征购、征用或者收归国有。”可见,在新中国成立后的初期,由于国家对生产资料实行多种所有制并存的经济体制,因而征收的对象主要是私人所有的土地等生产资料。但值得注意的是,1954 年《宪法》并未使用“征收”的概念,而是采用“征购、征用或者收归国有”的表述。从这一时期所使用的法律概念的具体内涵来看,《宪法》和法律所称“征用”似应理解为包括征收,针对的是土地等生产资料,而“征购”虽然也是国家强制性地购买私人财产,但似应理解为针对动产,而“收归国有”则似应理解为国家实行国有化的途径。

随着我国社会主义改造的完成,虽然生产资料的私有制度在我国被消灭,但由于生产资料的公有制被区分为社会主义全民所有制与社会主义劳动群众集体所有制,因此征收制度在一定程度上仍有存在的意义。为适应农村土地从农民个人所有转变为集体所有这一变化,国务院对 1953 年制定《关于国家建设征用土地办法》进行了修订,于 1958 年 1 月

6 日公布施行。在此基础上,1975 年《宪法》对于征收制度亦作了明确规定。与 1954 年《宪法》相同的是,1975 年《宪法》也未使用“征收”的概念,而继续采用“征购、征用或者收归国有”的表述,不过,与 1954 年《宪法》不同,1975 年《宪法》没有规定必须基于“公共利益”的需要这一条件,而是规定“国家可以依照法律规定的条件,对城乡土地和其他生产资料实行征购、征用或者收归国有”(1975 年《宪法》第 6 条第 3 款)。这一规定在 1978 年《宪法》中得到坚持,但同时将“征购、征用或者收归国有”的对象限定于土地,明确规定“国家可以依照法律规定的条件,对土地实行征购、征用或者收归国有”(1978 年《宪法》第 6 条第 3 款)。

1982 年《宪法》是国家实行改革开放政策后制定的一部《宪法》,也是现行《宪法》,它明确规定“国家为了公共利益的需要,可以依照法律规定对土地实行征用”(1982 年《宪法》第 10 条第 3 款)。可见,1982 年《宪法》不再采取“征购、征用或者收归国有”的表述,而仅使用“征用”的概念,并明确规定“征用”必须基于公共利益的需要。在此基础上,1982 年 5 月 14 日由国务院公布施行的《国家建设征用土地条例》第一次比较系统地提出集体土地征用的概念,首次规定征用补偿主要包括土地补偿费、青苗及地上附着物补偿费、安置补助费,同时还规定了劳动力安置和农转非制度。显然,“征用”的表述系沿用以往《宪法》与法律规定的结果,应解释为包括征收,因为根据 1982 年《宪法》制定的 1986 年《土地管理法》在规定“国家为了公共利益的需要,可以依法对集体所有的土地实行征用”的同时,明确规定“国家建设所征用的集体所有的土地,所有权属于国家,用地单位只有使用权”,并就征用的程序及补偿问题作了较为简单的规定。当然,考虑到征收与征用制度存在实质性的差异,且实践中因征收补偿带来的各种矛盾与问题,2004 年的《宪法修正案》将 1982 年《宪法》的上述规定修改为:“国家为了公共利益的需要,可以依照法律规定对土地实行征收或者征用并给予补偿。”据此,2004 年关于土地管理法的修正案亦将《土地管理法》的相关规定修改为“国家为了公共利益的需要,可以依法对土地实行征收或者征用并给予补偿”,并对征收的程序以及补偿问题作了进一步的完善。此外,考虑到征收制度关系到对私有财产制度尤其是物权的保护,加上实践中因征收引起的矛盾日益突出,因此2007年制定的《物权法》对征收制度亦作了一般性的规定:“为了公共利益的需要,依照法律规定的权限和程序可以征收集体所有的土地和单位、个人的房屋及其他不动产。征收集体所有的土地,应当依法足额支付土地补偿费、安置补助费、地上附着物和青苗的补偿费等费用,安排被征地农民的社会保障费用,保障被征地农民的生活,维护被征地农民的合法权益。征收单位、个人的房屋及其他不动产,应当依法给予拆迁补偿,维护被征收人的合法权益;征收个人住宅的,还应当保障被征收人的居住条件。任何单位和个人不得贪污、挪用、私分、截留、拖欠征收补偿费等费用。”(第42条)此外,《物权法》还规定:“承包地被征收的,土地承包经营权人有权依照本法第四十二条第二款的规定获得相应补偿。”(第132条)“建设用地使用权期间届满前,因公共利益需要提前收回该土地的,应当依照本法第四十二条的规定对该土地上的房屋及其他不动产给予补偿,并退还相应的出让金。”(第148条)根据《宪法》与《物权法》关于征收制度的规定,2007年8月30日由十届全国人大常委会专门修正的《城市房地产管理法》第6条规定:“为了公共利益的需要,国家可以征收国有土地上单位和个人的房屋,并依法给予拆迁补偿,维护被征收人的合法权益;征收个人住宅的,还应当保障被征收人的居住条件。具体办法由国务院规定。”

《民法典》在继受原《物权法》相关规定的基础上,进一步强化对被征收人的救济和保护,明确要对征收“农村村民住宅”进行补偿(第243条)。纵观我国《宪法》与法律关于征收的规定,我国的征收制度呈现以下几个方面的特点:(1)我国的征收制度经历了从征收与征用的混用到将二者明确予以区分的发展过程,法律概念的使用显得更加精确与科学[1];(2)征收制度的确立以及征收制度的运用与生产资料所有制尤其是土地制度有着极其密切的联系,同时也与国家的经济发展息息相关:在承认生产资料私有制的经济体制下,征收制度存在的空间较大,反

〔1〕 关于征收与征用之间的区别,参见费安玲《对不动产征收的私法思考》,载《政法论坛》2003年第1期;关于征收与征用的关系以及“征用”概念在美国法上的适用情况,可进一步参见刘向民:《对征收与征用的一个辨析》,载《环球法律评论》2008年第6期。

之,征收制度存在的空间就较小,而在将土地区分为城市国有和农村集体所有的情况下,城市化的发展水平也就决定着征收制度的运用空间,城市化进程越快,运用征收制度的空间就越大,反之,则越效;(3)征收制度的适用对象最开始主要是以土地为主的生产资料,随后发展到单位、个人的房屋以及其他不动产,这与我国采取房地分离的立法体例不无关系,因为在将土地与房屋作为不同的客体予以对待时,征收的对象自然不仅包括土地所有权,而且包括土地上的房屋所有权〔1〕;(4)关于征收是否必须基于公共利益的需要,在我国经历过反复,但最终得以坚持,体现了国家保护私有财产的决心;(5)我国的《宪法》与法律不仅十分重视征收的程序要求,而且十分重视对被征收人的补偿与安置,体现了对被征收人合法权益的保障,符合征收制度的本旨。

## 二、征收制度在我国的异化及其表现

所谓异化,是指事物违反其本质属性而变得名不符实〔2〕。如前所

---

〔1〕 是否有必要对土地上的房屋进行征收是一个值得探讨的法律问题,因为,即使采取房地分离的立法体例,房屋与土地是两种不同的不动产,但房屋始终不能离开土地而存在,因此我国法律虽然采房地分离的立法技术,但也一再强调"房随地走"与"地随房走"的立法政策。据此,只要土地被征收,根据"房随地走"的政策,房屋的所有权自然应归国家所有,并无进一步征收的必要。问题较为突出的是城市房屋问题,由于城市土地归国家所有,似乎不能成为征收的对象,因此征收的对象好像仅限于房屋。我国《物权法》似乎也是考虑到这一点,才将征收的对象扩展至房屋,并规定国家基于公共利益的需要可以提前收回城市国有土地使用权,未采"征收"的概念,似乎采取的是"地随房走"的政策。但笔者认为,土地相对于房屋应处于更加重要的地位,且由于建设用地使用权在我国发挥着替代所有权的功能,因此,将"征收"的对象扩展到建设用地使用权,不仅更加符合事物的本质,而且更有利于对权利人的保护。如此一来,即使对城市房屋拆迁,也只需征收建设用地使用权。我国现行法将征收的对象指向房屋,再根据"地随房走"的政策"提前收回建设用地使用权"的做法,在笔者看来,既掩盖了事物的本质,也不利于对权利人的保护,有避重就轻的嫌疑。关于建设用地使用权提前收回应征收之规定的观点,还可参见王利明:《〈物权法〉的实施与征收征用制度的完善》,载《法学杂志》2008年第4期。

〔2〕 《新华字典》对"异化"一词的解释是:(1)同类事物演变成不同类的;(2)哲学用语,指将自己拥有的东西转化成同自己对立的东西。《现代汉语词典》对"异化"一词的解释是:(1)相似或相同的事物逐渐变得不相似或不相同;(2)哲学上指把自己的素质或力量转化为跟自己对立、支配自己的东西;(3)语音学上指连发几个相似或相同的音,其中一个变得和其他的音不相似或不相同。

述,征收系政府基于公共利益的需要而取得私有财产的制度。根据这一定位,政府实施征收只能基于公益,而不能基于私益。就此而言,征收应被理解为国家取得财产的一项极为特殊的制度,而不能成为被广泛运用的一般性制度,否则,私有财产的保护就是一句空话。但在我国,改革开放以来,随着社会经济的发展,工业化和城市化不断升级,不但原有国有土地远远无法满足城市建设的需要,就是在已有的国有土地上,也面临着旧城改造、危房重建的巨大压力。在此背景下,如何化解城市高速发展与土地资源短缺之间的矛盾就成为困扰政府的一个亟须解决的问题。由于我国法律为落实耕地保护等政策,已明确规定建设用地使用权一般只能设定于城市国有土地之上,农村集体所有的土地原则上不得设定建设用地使用权,因此,当城市国有土地不能满足城市发展的需要而必须利用本属农村集体所有的土地时,就只能先对农村集体所有的土地进行征收,然后再根据需要在国有的土地上设定建设用地使用权。[1] 如此一来,原本用来满足公共利益需要而设计的征收制度,在我国就被异化为用来解决城市发展所需用地问题的主要途径,因为在现行法律框架下,当城市原有国有土地不能满足城市发展的需求时,不仅政府为发展国防、交通等公共事业所需用地必须通过征收制度来解决,而且城市房地产开发等商业目的所需用地问题也要通过征收制度予以解决。尽管商业性的城市房地产开发亦属于城市建设和国民经济发展的一部分,有利于城市化和工业化的实现,但在市场经济条件下,城市房地产开发本身的营利性决定其用地需求似应通过市场规则由当事人自己以协商的方式予以解决,政府不应过度介入其中。

同样的情况亦发生于原城市国有土地已设定建设用地使用权的场合。本来,在国有土地已设定建设用地使用权的情况下,根据我国《物权法》的规定,国家只有基于公共利益的需要才能提前收回建设用地使用权,并对相应的建筑物进行征收。然而,在改革开放后的相当一段时间

---

〔1〕 2004年《土地管理法》第43条规定:“任何单位和个人进行建设,需要使用土地的,必须依法申请使用国有土地……前款所称依法使用的国有土地包括国家所有的土地和国家征用的原属于农民集体所有的土地。”

内,政府提前收回建设用地使用权并征收私人所有的房屋等建筑物并非仅仅是因为要满足发展国防、交通等公共事业的需要,而是为了满足城市高速发展所带来的大量用地需求,其中就包括大量商业性房地产开发的用地需求。这一点早已鲜明地体现于国务院原来制定的《拆迁条例》之中。

由于城市高速发展带来大规模用地需求,不仅需要政府通过征收集体土地予以解决,而且需要政府提前收回已设定的建设用地使用权,并在重新规划的基础上通过另行设定建设用地使用权来予以解决,而提前收回已设定的建设用地使用权,就必然涉及对城市房屋的拆迁。因此,为了解决因提前收回建设用地使用权而引起的城市房屋拆迁问题,国务院早在 1991 年即出台了相关的行政法规,并在 2001 年对其作了进一步的修订,这就是《拆迁条例》。根据 2001 年《拆迁条例》,无论是公益性的用地,还是经营性的用地,在政府对城市作出规划并将建设用地使用权再次出让给所谓建设单位时,建设单位即可申请对规划范围内的建筑物实施拆迁。只要建设单位的申请一经获得批准,建设单位即成为拆迁人,可就拆迁补偿和安置等事宜与被拆迁人进行协商,以达成拆迁补偿安置协议。如双方无法达成拆迁补偿协议,则经当事人申请,即可由政府有关部门对此进行裁决,并由房屋所在地的市、县级人民政府责令有关部门强制拆迁,或者由房屋拆迁管理部门依法申请人民法院强制拆迁。

尽管国务院制定的《拆迁条例》并未明确建设单位实施拆迁的法律基础是否为征收,但由于在整个拆迁过程中,处处体现了政府强制力的存在,且尽管被拆迁人可就房屋拆迁补偿安置问题与拆迁人进行协商,却并无太多讨价还价的空间,因此,多数学者认为,城市房屋拆迁在法律性质上应理解为政府征收〔1〕。关于这一定性,从 2007 年十届全国人大常委会授权国务院就城市房屋拆迁问题制定有关征收的行政法规以及

〔1〕 严格说来,“拆迁”一词乃日常用语,而非法律用语。此处说拆迁的性质是政府征收,实际上应理解为拆迁的法律基础是政府征收,即拆迁是政府征收在事实上的效果。参见王利明:《〈物权法〉的实施与征收征用制度的完善》,载《法学杂志》2008 年第 4 期;王树平:《城市房屋拆迁行为法律属性的分析》,载《求实》2006 年第 1 期。

国务院为取代原《拆迁条例》而制定《国有土地上房屋征收与补偿条例》等情况来看,应该说也早已获得了立法者的认可。然而,如果仔细分析,我们却不难发现,原《拆迁条例》规定的城市房屋拆迁制度与我国《宪法》和法律规定的征收制度之间又存在诸多不相匹配的地方。首先,在征收法律关系中,法律主体是征收人与被征收人,前者为作出征收决定的政府,后者为私有财产的所有者,但在拆迁过程中,当事人成了作为建设单位的拆迁人与作为私有财产所有者的被拆迁人,政府则作为批准者和裁决者而存在。其次,征收的前提是基于公共利益的需要,但在原《拆迁条例》中,尽管《拆迁条例》的制定者在拆迁对象上区分了公共事业用房与非公共事业用房[1],但对于实施拆迁的目的,却并无相应的限制性规定,而仅仅列举了建设单位申请拆迁许可的条件[2]。再次,在征收过程中,被征收人并无事先与征收人就征收补偿安置进行协商的机会,而只能于事后就政府的征收决定与征收补偿提起行政复议或者行政诉讼,但在拆迁过程中,一方面,《拆迁条例》并未赋予被拆迁人就拆迁决定提起行政复议或者行政诉讼的权利;另一方面,该条例却又赋予拆迁人与拆迁人就拆迁补偿进行协商的机会,只不过在无法达成协议时,当事人可以申请政府有关部门对拆迁补偿进行裁决,如果当事人对政府作出的裁决不服,可以提起行政诉讼。最后,在征收制度中,因征收引起的补偿和安置问题由政府解决,政府是责任主体,而在拆迁过程中,因拆迁引起的补偿和安置问题则由作为拆迁人的建设单位来完成,政府变成了裁判者。

由此可见,尽管拆迁制度因其行政强制性而被认为在性质上属于政府征收,但在具体制度的设计上,却远远偏离了征收制度。也就是说,拆

---

〔1〕 例如原《城市房屋拆迁管理条例》第 25 条规定第 2 款:“拆迁非公益事业房屋的附属物,不作产权调换,由拆迁人给予货币补偿。”第 26 条规定:“拆迁公益事业用房的,拆迁人应当依照有关法律、法规的规定和城市规划的要求予以重建,或者给予货币补偿。”可见,《城市房屋拆迁管理条例》的制定者并非没有区分公益事业与非公益事业的基本观念。

〔2〕 原《城市房屋拆迁管理条例》第 7 条第 1 款规定:“申请领取房屋拆迁许可证的,应当向房屋所在地的市、县人民政府房屋拆迁管理部门提交下列资料:(一)建设项目批准文件;(二)建设用地规划许可证;(三)国有土地使用权批准文件;(四)拆迁计划和拆迁方案;(五)办理存款业务的金融机构出具的拆迁补偿安置资金证明。”

迁制度的存在已深刻说明征收制度在我国被异化了。这种异化首先表现为政府在拆迁中的职能发生了重大偏离,进而导致本可由政府运用公权力解决的问题需要由拆迁人与被拆迁人协商完成,既增加了双方的谈判成本,也使得被拆迁人的合法权益无法获得应有的保障,同时,由于开发商作为拆迁人加入拆迁过程中,导致本来非常明确的法律关系变得模糊不清,给法律适用造成极大的困难,例如拆迁补偿协议究竟是何种性质的协议,难以认定;此外,开发商在拆迁中究竟处于何种法律地位,亦难以判断。[1]

## 三、征收制度被异化带来的问题及应对之策

古语云:“名不正,则言不顺;言不顺,则事不成。”正是由于征收制度被异化为解决城市建设所需用地问题,被委以不能承受之重,因而必然难以在实践中得到认可,实施起来更是困难重重。以国务院 1991 年制定并于 2001 年修订的《拆迁制度》为例,自该条例实施以来,便引起社会的强烈反响,拆迁人的暴力拆迁与被拆迁人的反暴力拆迁早已成为社会的热点问题[2],“钉子户”成为中国社会一道独特的风景线,其结果是公益性的用地需求往往因“钉子户”的存在而迟迟得不到解决[3],而非公益性的用地则往往因拆迁人强行拔掉“钉子户”而引起人民群众的强烈不满,尤其是 2004 年《宪法修正案》和《物权法》就征收制度作出明确规定后,因拆迁引起的问题更加突出,拆迁制度的合宪性更是受到普

---

〔1〕 参见崔建远:《论房屋拆迁制度的重建》,载《人民法院报》2007 年 6 月 6 日,第 6 版;张向东:《城市房屋拆迁法律性质之定位》,载《现代法学》2009 年第 5 期。

〔2〕 例如,辽宁抚顺在 4 年内发生过 2 起拆迁血案,惊现悲剧“轮回”:2006 年 8 月 13 日,被拆迁户李春文的儿子、24 岁的李玉亮被一群逼迁者打死;2010 年 4 月 8 日,黎明特钢厂的 36 岁杨义刺死拆迁者、抚顺高湾区指挥拆迁的建委主任王广良。参见占才强:《抚顺拆迁血案“轮回”》,载《南方都市报》2010 年 4 月 14 日。

〔3〕 例如,广州地铁六号线的施工因一家“最牛租户”拒绝拆迁,导致工程严重滞后,损失在 1200 万元以上。这个租住面积 60.45 平方米的“最牛租户”,要求补偿高达 330 万元才肯搬走,每平方米要价达 5.5 万元,而政府则提供了一次性补偿 10 万元和异地续租两个方案,双方无法达成协议。相关信息,可参见《信息时报》2009 年 9 月 10 日的报道。

遍质疑[1]。为什么会出现这种情况呢？究其根源，就是因为拆迁制度虽然建立在征收的基础之上，但却并未完全按照征收制度进行设计，从而导致拆迁补偿往往过低且常常不到位、拆迁安置无法得到落实等一系列问题，更加重要的是，人们对于非以公益为目的的拆迁表示不满，认为商业性的城市房地产开发用地不应由政府通过征收性的拆迁行为来解决，而应通过市场规则，由业主与开发商通过自愿协商来解决。以引起社会广泛关注的重庆"最牛'钉子户'"一案为例，拆迁人与被拆迁人之间争议的焦点主要有两个：一是拆迁补偿款过低；二是拆迁并非基于公共利益的需要。[2] 尽管该案最终以调解的方式结案，但留给我们很多的思考，因为关于拆迁补偿款是否过低的问题也许可以通过价值评估等方式予以解决，但关于拆迁是否必须基于公共利益以及如何界定公共利益则是一个让人难以面对的现实问题。如果将拆迁在性质上理解为征

---

[1] 2003 年 7 月，杭州市机械工业学校退休教师刘进成发起、金奎喜律师等 116 人联名上书全国人大，要求对《拆迁条例》进行"违宪"审查；2006 年 12 月，北京市才良律师事务所党支部书记王令，以拆迁法律专业律师的名义实名给时任总理温家宝写信，直言"我国现有的拆迁制度存有较多较大的缺陷，是引发拆迁矛盾的重要原因"；2009 年 12 月，北大 5 名学者（姜明安、沈岿、王锡锌、钱明星和陈端洪）联名上书全国人大常委会，建议对《拆迁条例》进行违宪审查，他们认为，《拆迁条例》至少在三个方面存在"违宪"嫌疑：其一，依据《宪法》和法律，补偿是征收合法有效的构成要件，应当在房屋拆迁之前完成，而条例却将本应在征收阶段完成的补偿问题延至拆迁阶段解决；其二，依据《宪法》和法律，征收、补偿主体应该是国家，征收补偿法律关系应该是行政法律关系，而条例却将补偿主体定位为拆迁人，将拆迁补偿关系界定为民事法律关系；其三，依据《宪法》和法律，对单位、个人房屋进行拆迁，必须先依法对房屋进行征收，而条例却授权房屋拆迁管理部门在没有依法征收的前提下就可给予拆迁人拆迁许可。参见张睿：《五教授上书：〈拆迁条例〉大过〈物权法〉吗？》，载《时代周报》2009 年第 57 期。

[2] 2004 年 10 月，重庆智润置业有限公司、重庆南隆房地产开发有限公司根据获得的房屋拆迁许可对九龙坡区杨家坪鹤兴路片区启动拆迁工程。2006 年 9 月，其他拆迁户都接受了安置方案，只有一家坚决不搬，户主是杨武，妻子叫吴苹，夫妻俩在此开了家火锅店，他们坚决拒绝拆迁的态度使他们成了开发商眼中的"钉子户"。在本案中，业主杨武、吴苹夫妇坚持原地同朝向同面积现房安置，并补足差价，而开发商则表示难以接受；此外，本案所涉及的旧城改造项目既包括环道、轻轨、公交换乘站等市政设施建设用地，也包括办公、商用、住宅综合建设用地，因而拆迁本身是否是基于公共利益的需要亦成为双方争执的焦点。参见徐海燕：《公共利益与拆迁补偿：从重庆最牛"钉子户"案看〈物权法〉第 42 条的解释》，载《法学评论》2007 年第 4 期。

收,则拆迁就必须基于公共利益的需要,对此应无疑问。然而如此一来,商业性的城市房地产开发用地是否能够通过拆迁制度来解决,就会成为问题。如果将城市房地产开发所需用地问题完全排除在征收制度的适用范围之外,而采取由开发商与业主一一协商的方式来解决,无疑会极大地增加开发商的交易成本和不确定性,不利于日益高速的城市化和工业化进程,且会影响政府按计划实施旧城改造或危房重建工程。为此,有一种意见认为,公共利益是一个不确定的概念,在不同的国家和不同的历史发展阶段有不同的内涵与外延,在我国城市高速发展的现阶段,不宜将城市房地产开发的用地需求一概排除在公共利益之外〔1〕,尤其是政府实施的旧城改造、危房重建等工程,也应认为是公共利益的需要而适用征收制度〔2〕。另一种意见认为,虽然不能仅仅因为土地用于房地产开发就否定拆迁行为的公益性,但对于公共利益的判断也不能完全由政府一方说了算,还应保护被拆迁人的参与权与知情权,否则"公共利益"就可能被滥用〔3〕,尤其是政府实施的旧城改造和危房重建引起的拆迁是否基于公共利益的需要,也应当由规划范围内的全体被拆迁人共同决定,其方式可以是民主表决〔4〕。

显然,上述第一种意见旨在将城市房地产开发的用地需求尽可能通过征收制度予以解决,以缓和由开发商与被拆迁人一对一协商带来的高成本与高风险对城市发展造成的不利影响。但是,这一意见也存在如下局限:尽管这一意见试图尽可能将城市房地产开发的用地需求纳入征收制度的适用范围,但显然不能完全解决城市化和工业化高速发展带来的用地需求,因为公共利益的概念虽然具有不确定性,但如果将所有城市房地产开发的用地需求都看作是公共利益的需要,则显然不符合人们关于公共利益的基本观念,无疑是指鹿为马,无以服人,重庆"最牛'钉子

〔1〕 参见王利明:《论征收制度中的公共利益》,载《政法论坛》2009年第2期。

〔2〕 参见彭于艳:《旧城拆迁涉及公共利益须由政府实施》,载《法制日报》2007年4月2日,第1版。

〔3〕 参见王士如、郭倩:《城市拆迁中公众参与机制的功能与立法建议——对"新〈条例〉"制定困境的思考》,载《行政法学研究》2010年第2期。

〔4〕 参见姜明安:《酒仙桥危改:不妨多一些民主形式》,载《人权》2007年第5期。

户'"案就是最好的例证;而如果这一意见只是将部分房地产开发项目纳入公共利益而适用征收制度,那么公益性的房地产开发与非公益的房地产开发之间的界限究竟在哪里呢?我们是否仍然要面对关于公共利益的界定问题?〔1〕 而且,如此一来,无法纳入公共利益的商业性房地产开发的用地问题究竟应如何解决,这一意见并未能给出有说服力的答案。〔2〕

第二种意见并未从实体上界定公共利益的含义,而是从保护被拆迁人的参与权与知情权的角度出发,认为对于拆迁是否基于公共利益的需要进行判断也应有规划范围内被拆迁户的参与。此种意见在实际中亦有所实践,例如北京市朝阳区在酒仙桥的危房改造项目上就曾试验通过民主表决方式解决拆迁争议,引起社会的广泛关注。〔3〕 不过,尽管这一观点在理论上和实践中都有支持者,但是,这一观点和做法也引起极大的争议,例如有人就认为,多数业主同意拆迁是否意味着拆迁本身必然

---

〔1〕 早在《物权法》的起草过程中,关于"公共利益"的界定就是一个极具争议的问题:部分学者认为,为防止政府滥用征收制度侵害公民的财产权益,应采用列举的方式严格限定"公共利益"的范围,参见梁慧星主编:《中国物权法草案建议稿条文、说明、理由与参考立法例》,社会科学文献出版社2000年版,第191—192页;但也有学者认为,由于公共利益的概念具有宽泛性,公共利益的具有发展性,公共利益的内涵具有不确定性,公共利益的层次具有复杂性,因此,《物权法》不应对公共利益作出明确的界定,参见王利明:《物权法草案中征收征用制度的完善》,载《中国法学》2005年第6期。

〔2〕 尽管将拆迁区分公益性拆迁与商业性拆迁早已成为人们的共识,但却很少有人专门研究商业性拆迁究竟应如何落实的问题,而这一问题既是导致征收制度在我国被异化的原因,也是制约征收制度回归其本来面目的主要障碍。关于这一点,容后详述。

〔3〕 2003年酒仙桥地区被列入北京市危旧房改造范围;2005年10月,朝阳区政府发布《酒仙桥地区危旧房改造拆迁补偿安置实施细则》,规定最低货币补偿标准是9.9万元;2006年9月,该地区半数居民签订《回迁安置房预定书》;2007年5月,酒仙桥街道办事处组织《酒仙桥危改区居民意见调查》,问卷涉及危改政策、危改进程、危改拆迁补偿等方面;2007年5月,项目实施单位公布《酒仙桥危改工作补充意见(草案)》,规定在第一批次外迁奖励标准2300元每平方米的基础上,增加外迁安家奖励费2000元每平方米,此外对低保户在拆迁公告明确的搬迁期限内按期搬家的,给予每户3万元补助;2007年6月,为实施同步拆迁方案,项目开发商北京电控阳光房地产开发有限公司组织被拆迁人对拆迁方案进行民主表决,超过一半的居民投了赞成票,在总数3711张票中,同意票2451张、不同意票1228张、无效票32张,另有弃权票1762张。尽管如此,由于反对拆迁方案的人数较多,拆迁工作仍然陷入僵局。参见刘金松:《北京酒仙桥"民主票决拆迁"》,载《决策》2007年第7期。

属于公共利益。答案是否定的,且通过民主表决方式决定个人财产权利的处理,其合理性与合法性均值得怀疑。例如在北京酒仙桥的试验中,就有不少民众提出如下疑问:“我的邻居怎么能决定我的房子拆不拆呢?”〔1〕

无疑,上述两种意见均旨在缓和拆迁制度带来的问题。在制定《国有土地上房屋征收与补偿条例》的过程中,起草者在第一次征求意见稿中同时采取了上述两种观点和做法:一方面,第一次征求意见稿在规定征收必须基于公共利益的同时,对公共利益的范围作了较为宽泛的界定,将可能涉及城市房地产开发的“为改善低收入住房困难家庭居住条件,由政府组织实施的廉租住房、经济适用住房等建设的需要”和“为改善城市居民居住条件,由政府组织实施的危旧房改造的需要”都列为“公共利益”;另一方面,第一次征求意见稿明确规定,因“危旧房改造”需要征收房屋的,须满足一个90%及两个2/3:征收前须进行民意征询,经90%以上被征收人同意,政府方可作出房屋征收决定;危旧房改造补偿方案在批准前还应当征得2/3以上被征收人的同意;危旧房改造的补偿协议,在签约期限内签约率达到2/3以上的,方可生效。可见,该条例

〔1〕 参见杨涛:《“民主投票决定拆迁”纯属伪命题》,载《人大研究》2007年第10期;胡锦光、王锴:《我国城市房屋拆迁中的若干法律问题——以北京酒仙桥拆迁案为例》,载《法学》2007年第8期。

的起草者已经意识到第一征求意见稿对“公共利益”的界定过于宽泛[1],并试图在程序上通过引入被征收人的参与并设计相应的民主表决机制来缓和由此带来的问题和矛盾。但是,第一次征求意见稿关于一个90%和两个2/3的规定,由于没有相应的法律及理论依据,遭到部分民众的质疑,已如上述;同时,即使是赞成这一做法的民众,对上述规定也表达出不同的看法,例如在征求意见过程中,有人认为危旧房改造征求意见程序应更加明确,如旧房的标准、对危房和旧房应区别对待等;此外,90%的比例应明确是按户数还是按产权面积计算;还有意见提出,只有全体被征收人同意才可以改造,也有意见提出90%的比例太高,建议改为多数或者2/3、4/5同意[2]。

为了更加清楚地说明公共利益这一概念的不确定性,并试图据此最大限度解决城市发展带来的用地需求,在随后的第二次征求意见稿中,起草者对于公共利益的判断采取了“概括加列举”的方式,即一方面将

---

〔1〕 关于这一点,在《国有土地上房屋征收与补偿条例(第一次征求意见稿)》向社会公布后,即有意见批评该草案规定的“公共利益”过于宽泛。对此,国务院法制办在《关于〈国有土地上房屋征收与补偿条例(第二次公开征求意见稿)〉的说明》中答复道:“按照《宪法》、物权法、土地管理法和城市房地产管理法的规定,征收城市房屋和农村土地房屋,应当基于‘公共利益’需要,但对‘公共利益’的范围,没有具体规定。我们在对条例和《土地管理法(修订草案)》进行统筹研究的基础上经与各方面反复论证认为,公共利益的内涵与外延,在不同国家和地区的不同发展阶段,是不同的。公共利益的界定,必须考虑我国的国情。在我国经济社会发展的现阶段,工业化、城镇化是经济社会发展、国家现代化的必然趋势,符合最广大人民群众的根本利益,是公共利益的重要方面;遏制房价过快上涨势头、稳定房价,满足人民群众的基本住房需求,也是公共利益的重要方面。在社会主义市场经济条件下,建立公共服务供给的社会和市场参与机制是必然趋势,不能以是否采用市场化的运作模式作为界定公共利益的标准。不能因医院、学校、供水、供电、供气、污水和垃圾处理、铁路、公交等收费就否认这些项目的公共利益属性。保障性安居工程建设和旧城区改建,与广大城镇居民生活、工作密切相关,这些项目的实施既改善了城镇居民居住、工作条件,又改善了城市环境,提升了城市功能,也属于公共利益的一个方面。实现科学发展、节约合理利用土地、严格保护耕地,要通过国民经济和社会发展规划、土地利用总体规划、城乡规划和专项规划,加以调控。只要对被征收人按照房地产市场价格给予公平补偿,公共利益和被征收人的利益就不会对立,而是可以统一的。”

〔2〕 参见国务院法制办《关于〈国有土地上房屋征收与补偿条例(第二次公开征求意见稿)〉的说明》。

"保障国家安全、促进国民经济和社会发展等"界定为公共利益的需要，以凸显公共利益的广泛性，另一方面对公共利益进行了列举性的规定。鉴于第一次征求意见稿关于危旧房改造的程序规定引发的争议如此之大，在随后公布的第二次征求意见稿中，起草者放弃了上述第二种观点和做法，即删除了上述一个90%和两个2/3的规定，仅在区分危房改造与旧城改建的基础上，规定保障性安居工程建设和旧城区改建应当纳入市、县级国民经济和社会发展年度计划，经市、县级人民代表大会审议通过。最终通过的《国有土地上房屋征收与补偿条例》坚持了这一思路。

## 四、征收制度的回归及其面临的障碍

无疑，《国有土地上房屋征收与补偿条例》在使被异化为拆迁制度的征收制度回归到名实相符的状态迈出了重要的一步，因为《国有土地上房屋征收与补偿条例》不但明确了拆迁的基础是征收，取消了"拆迁""拆迁人""被拆迁人"等这些法律性质不明确的表述，代之以"征收""征收人""被征收人"等各国通用的法律术语，而且它还再次明确征收必须基于公共利益的需要，并规定被征收人可以对政府作出的征收决定提起行政复议与行政诉讼、征收补偿由作为征收人的政府来完成等。但尽管如此，在笔者看来，《国有土地上房屋征收与补偿条例》在使征收制度回归其本来面目方面，仍然具有如下局限。

首先，《国有土地上房屋征收与补偿条例》的适用范围有限，仅适用于城市国有土地上的房屋征收，而不适用于国家对农村集体所有的土地的征收，而后者正是矛盾更加集中的领域。正因为如此，在制定《国有土地上房屋征收与补偿条例》的过程中，就有学者建议，征收制度应统一由国家制定"征收征用法"来解决。[1] 但是，由于修订后的《城市房地产管理法》仅授权国务院就城市房屋征收问题制定行政法规，因此关于农村集体土地的征收问题，还有待通过《土地管理法》的修订来解决。

---

〔1〕 例如学者姜明安教授在接受《京华时报》的采访时认为，目前发生在集体土地上的征地拆迁问题占到整个拆迁问题的八九成，因此解决这方面的问题更加重要，他希望《国有土地上房屋征收与补偿条例》的制定与《土地管理法》的修改同步进行。对此，可参见《京华时报》2010年12月17日的报道。

其次,尽管《国有土地上房屋征收与补偿条例》对公共利益的范围作了列举性的规定(第 8 条),从而限制了征收制度的适用范围,但是《国有土地上房屋征收与补偿条例》在公共利益的界定上却采取了过于宽松的态度,不但将“由政府组织实施的保障性安居工程建设的需要”列为公共利益,而且还将“由政府依照城乡规划法有关规定组织实施的对危房集中、基础设施落后等地段进行旧城区改建的需要”作为公共利益予以明确规定。究其原因,如前所述,自然还是城市化与工业化带来大量用地的压力迫使《国有土地上房屋征收与补偿条例》的制定者不得不试图尽可能通过扩大解释公共利益而将部分房地产开发项目纳入征收的适用范围。然而,如此一来,在地方政府面临城市化和工业化的压力以及巨大经济利益诱惑的背景下,不免让很多人担心政府会广泛运用这些条款任意扩大征收的范围,从而使《国有土地上房屋征收与补偿条例》在消除原拆迁条例之弊病方面的所有努力都化为乌有。

由此可见,《国有土地上房屋征收与补偿条例》的制定只是在城市房屋征收方面有利于征收制度回归其本质,征收制度的全面回归还需要立法者就包括农村集体所有的土地在内的所有征收问题作出统一规定。此外,还应看到,无论是农村集体土地的征收,还是城市房屋的征收,如果不能正确界定公益性用地与非公益性用地,并将征收制度的适用严格限制于解决公益性用地,则征收制度仍有被异化的危险。也就是说,区分公益性用地与经营性用地仍然是我们不能回避的问题。事实上,早在中国共产党第十七届三中全会通过的《中共中央关于推进农村改革发展若干重大问题的决议》中,中央即已提出:“改革征地制度,严格界定公益性和经营性建设用地,逐步缩小征地范围,完善征地补偿机制。”可见,区分公益性用地与非公益性用地,并将征收制度的适用范围局限于公益性用地早已成为一种普遍性共识。问题是,如何才能落实这一共识呢?在笔者看来,区分公益性用地与非公益性用地并非我国独有的难题,但这一难题在其他国家并非制度性的难题,而更多是个案性的难题,而在我国,征收制度面临的是制度性的难题,即城市化与工业化的高速发展使得非公益性用地需求急剧膨胀,而现有制度却无法有效解决这一问题,以致征收制度被异化为用来解决城市发展所需用地问题。因此,笔者认为,只有有效地解决好非公益性用地问题,才能将征收制度落到实处,并回归其本来面目,因为如果非公益性的用地需求不能有效得到解决,城市化和工业化的压力以及巨大的经济利益诱惑必将迫使地方政府滥用征收制度解决非公益性的用地需求。

究竟应如何解决非公益性的用地需求呢?对此,《国有土地上房屋征收与补偿条例》的起草者在关于第一次征求意见稿的说明中特别指出:“非因公共利益的需要实施的拆迁,应当符合城乡规划、土地利用总体规划,并依法办理有关审批手续,由建设单位编制具体实施方案,报经房屋征收部门批准后,按照自愿、公平的原则订立拆迁补偿协议。建设单位、受委托实施拆迁的单位不得采取中断供水、供热、供气、供电等方式或者以暴力、胁迫以及其他非法手段实施拆迁。”〔1〕可见,《国有土地上房屋征收与补偿条例》的起草者认为,非公益性的用地不能通过征收制度来解决,而只能由建设单位与业主在平等自愿的原则上通过订立拆迁补偿协议来解决。也就是说,因非公益性的用地而发生的拆迁属于平等主体之间的民事法律关系,不同于征收引起的行政法律关系,因而应由私法予以规制,不属于征收制度的适用范围。〔2〕笔者赞同这一定性,但却对《国有土地上房屋征收与补偿条例》的起草者所提出的方案表示质疑。因为如果非公益性的用地需求只能通过市场机制由开发商与业主通过一一协商的方式予以解决,在城市化和工业化如此高速发展的现阶段,显然远远无法满足高度城市化和工业化带来的巨大用地需求,在这种背景下,刚刚走上回归之途的征收制度就有可能再次被异化为用来解决城市发展所需用地的工具。问题是,除了上述方案,是否还存在用于解决非公益性用地的其他方案呢?

## 五、征收制度的原始回归,真的可能吗?

如前所述,笔者并不否认当事人可以通过一对一协商的方式来解决

---

〔1〕参见国务院法制办《关于〈国有土地上房屋征收与补偿条例(第一次征求意见稿)〉的说明》。

〔2〕有人将这种方式引起的拆迁称为“协议拆迁”,以区别于征收引起的强制拆迁。参见王轶:《协议拆迁不宜由拆迁条例规范》,载《新京报》2008年9月27日。

非公益性的用地需求，只不过认为这种方式运用于农村集体所有的土地尚可，而运用于城市国有的土地则较为艰难，因为农村集体经济组织作为一个民事主体，可以在村民自治的前提下，与建设单位进行谈判，进而就在农村集体所有的土地上设立建设用地使用权达成协议（当然，其前提是法律允许在农村集体所有的土地上设立建设用地使用权，且建设单位已经获得用地许可），但在城市国有土地上，如果建设单位想要获得规划范围内的建设用地使用权，就必须与每个业主一一协商，从而达成拆迁补偿协议。这在城市化和工业化发展较为平缓的时期，可能不会带来太大的问题，但在城市化和工业化高速发展的时期，就可能会影响城市化和工业化的进程——如前所述，这一方式一是可能造成建设单位的缔约成本过高，二是可能造成建设单位的缔约风险过高。这可能也是立法者最为担心的问题。当然，即使立法者有此担心，是否意味着在城市化和工业化高速发展的现阶段，我们必须任意解释"公共利益"而将部分明显属于商业性房地产开发的用地需求也纳入征收制度的适用范围呢？笔者对此持否定意见，因为目前征收与拆迁中之所以出现如此多的矛盾与问题，根源就在于政府在非公益性的用地方面介入过深，以致人们对征收与拆迁制度的合宪性提出质疑，如果过分宽泛地解释"公共利益"而将部分商业性房地产开发的用地需求也纳入征收制度的适用范围，则无异于"饮鸩止渴"。

问题在于，除了上述两种方案，是否还有其他途径解决现阶段城市化和工业化引起的巨大用地需求呢？答案应该是肯定的。如前所述，只要法律允许农村集体所有的土地可以设定建设用地使用权，开发商与农村集体经济组织之间就在农村集体所有的土地设定建设用地使用权并达成协议。对建筑物进行拆迁之所以不会发生重大障碍，是因为村民集体可以作为一个整体根据自治章程对开发商提出的补偿方案进行民主表决，无须开发商单个与村民进行协商，从而降低了成本，也降低了风险，而这种方式之所以无法运用于城市国有土地，是因为城市国有土地上的房屋归各个业主所有，开发商只能单个与业主协商并订立补偿协议，从而造成高成本与高风险。但是，如果立法者将规划范围内的业主规定为一个"集体"的成员，由他们对开发商提出的补偿方案进行民主表决，以决定是否达成协议，则城市国有土地上的房地产开发用地需求是否也能通过上述方式得到解决呢？如前所述，这一方案不仅在个别地方已有所实践，并且一度被《城市国有土地上房屋征收与补偿条例》的起草者所采用。可惜的是，上述努力都没有成功，原因也许在于我们似乎无法找到这一方案存在的理论根据。但在笔者看来，这一方案之所以受到质疑并遭到否定，是因为无论是个别性的实践，还是《城市国有土地上房屋征收与补偿条例》的起草者，都将规划范围内全体业主的民主表决作为判断拆迁是否属于"公共利益"的途径，并以此论证征收的正当性。这一思路显然是经不起推敲的，因为即使规划范围内全体业主同意拆迁，也无法说明拆迁就必然属于"公共利益"的需要。那么，规划范围内全体业主的民主表决能够说明什么呢？笔者认为，规划范围内全体业主的民主表决不能说明拆迁是否属于"公共利益"，但却能够说明拆迁是否符合大家的整体利益，即所谓"集体利益"。在广州发生的猎德"钉子户"案中，法院正是基于"集体利益"而判决开发商有权请求法院强制拆除"钉子户"的房屋。〔1〕在终审判决书中，法院认为，猎德的"钉子户"影响了村集体利益和其他村民的合法权益；其土地归集体所有，村里有权收回，由于土地上的房子和土地不可分割，房子也应该一并交付拆除；至于补偿，则按村里股东大会通过的补偿方案规定的标准进行补偿。对于这一判决，有学者提出批评，认为集体利益并非"公共利益"，因而不足以正当化法院的强制拆迁，且民主表决程序也不能用来解决拆迁争

---

〔1〕猎德村是广州市城区中的"城中村"。早在20世纪末，随着广州市城区建设的东扩，猎德村周边已经城市化。1997年4月，天河区开始撤村改制工作；2002年11月14日，天河区政府同意猎德村撤村改制，猎德村经济开发公司由此成立。2007年5月和7月，猎德村经济开发公司两次召开股东代表大会，就城中村改造涉及的《拆迁补偿安置方案》进行表决，最终以98.6%的高得票率予以通过。由于还有少数村民对《拆迁补偿安置方案》表示反对，不同意拆迁，因此猎德村经济开发公司将他们告上法院，认为被告拒不同意签订拆迁补偿协议影响了猎德村整体拆迁计划的进行，增大了拆迁成本，侵害了全村整体利益，要求被告立即清空案涉房屋交由其拆除，同时表示将按安置方案给予相应补偿。关于猎德"钉子户"案的基本情况，可参见《广州日报》2007年12月8日报道。

议。[1] 笔者认为,“集体利益”并不必然是“公共利益”,因而不能作为政府动用征收制度的理由,这一点显然是毋庸置疑的。但问题是,强制拆迁是否必须以征收为基础呢?也就是说,除了以征收作为强制拆迁的基础,是否还存在其他制度作为强制拆迁的基础呢?这就涉及法律对私有财产权的限制问题。如前所述,征收制度是公权力对私权利的合理限制,故必须以“公共利益”的需要为前提,但是,对私有财产权的限制,除了公法的限制,还有私法上的限制,最为典型者如相邻关系对私有财产权的限制、建筑物区分所有制度对私有财产权的限制等。以建筑物区分所有权制度对私有财产权利的限制为例,最为严厉者莫过于特定情形下的“强制迁离”制度,例如我国台湾地区“公寓大厦管理条例”第22条规定:“Ⅰ住户有下列情形之一者,由管理负责人或管理委员会促请其改善,于三个月内仍未改善者,管理负责人或管理委员会得依区分所有权人会议之决议,诉请法院强制其迁离:一 积欠依本条例规定应分担之费用,经强制执行后再度积欠金额达其区分所有权总价百分之一者。二 违反本条例规定经依第四十九条第一项第一款至第四款规定处以罚锾后,仍不改善或续犯者。三 其他违反法令或规约情节重大者。Ⅱ 前项之住户如为区分所有权人时,管理负责人或管理委员会得依区分所有权人会议之决议,诉请法院命区分所有权人出让其区分所有权及其基地所有权应有部分;于判决确定后三个月内不自行出让并完成移转登记手续者,管理负责人或管理委员会得声请法院拍卖之。Ⅲ 前项拍卖所得,除其他法律另有规定外,于积欠本条例应分担之费用,其受偿顺序与第一顺位抵押权相同。”[2]我国《物权法》虽然没有类似规定,但也多处体现“集体利益”对私有财产权的限制,例如《物权法》第77条规定:“业主不得违反法律、法规以及管理规约,将住宅改变为经营性用房。业主将住宅改变为经营性用房的,除遵守法律、法规以及管理规约外,应当经有利害关系的业主同意。”尤其值得注意的是,在“建筑物区分所有权”一章

---

〔1〕 周安平:《集体利益的名义何以正当——评广州猎德“钉子户”案》,载《法学论坛》2009年第1期。

〔2〕 德国法上的类似制度,参见白江:《德国住宅楼管理制度之研究及启示》,载《中外法学》2008年第2期。

中,《物权法》第 76 条规定“改建、重建建筑物及其附属设施”,在“经专有部分占建筑物总面积三分之二以上的业主且占总人数三分之二以上的业主同意”的情况下即可进行,并非一定要取得全体业主的同意。《民法典》第 279 继受了原《物权法》第 77 条,但《民法典》第 278 条对原《物权法》第 76 条进行了重大修改,明确规定“改建、重建建筑物及其附属设施”“改变共有部分的用途或者利用共有部分从事经营活动”,仅需“由专有部分面积占比三分之二以上的业主且人数占比三分之二以上的业主参与表决”,再“经参与表决专有部分面积四分之三以上的业主且参与表决人数四分之三以上的业主同意”即可。这就为通过决议解决集体利益与个人利益之间的冲突提供了更加切实可行的途径。

综上所述,笔者认为,“集体利益”正是私法对私有财产权进行限制的重要理由,只不过在不同的民族和不同的历史阶段,私法因集体利益而对私有财产权进行限制的程度有所不同而已。例如,李宜琛先生指出:“罗马法之所有权为个人主义的概念,以一物一权主义为原则。凡一物皆应属于个人私有,任其独为排他的支配。反之,日耳曼法之所有权则有团体主义的色彩,其对物之支配皆由家族、亲族、村落等团体生活;且有各种共用制度,相互连结。”[1]可见,罗马法以个人利益为中心,故“集体利益”对私有财产权的限制较少,但是,日耳曼法的团体主义色彩较浓,因而“集体利益”对私有财产权的限制就较多[2]。及至近代,由于法国法大多制定于资本主义发展的初级阶段,个人主义色彩较浓,因此个人利益受集体利益限制的情形较少;而德国法则大多制定于资本主义发展的成熟阶段,团体主义色彩较浓,个人利益受集体利益限制的情形则较多,两国在对待法人制度上的不同态度就是明证。[3] 在我国,“集体利益”不仅被作为区别于“社会公共利益”的一种利益形态受到立

---

〔1〕 李宜琛:《日耳曼法概说》,中国政法大学出版社 2003 年版,第 69 页。

〔2〕 在日耳曼法上,土地的使用、收益权能属于特定村落的各个居民,而土地的管理、处分权能则属于各个居民的集合体村落;封地的使用、收益等经济权能属于臣下,封地的管理、处分权能则属于领主。参见马俊驹、余延满:《民法原论》(上),法律出版社 1998 年版,第 355 页。

〔3〕 叶林:《私法权利的转型——一个团体法视角的观察》,载《法学家》2010 年第 4 期。

法者的肯定,而且还对私有财产权构成重大影响,农村集体土地所有制就是典型。同理,笔者认为,在城市化和工业化高速发展的现阶段,即使在城市国有土地上,通过“集体利益”适当限制私有财产权利,并非完全不可以接受,因为我国要在短短的数十年走完西方国家几百年走过的城市化和工业化道路,个人利益不作出任何牺牲显然是不现实的,而城市土地统一归国家所有的土地所有制度,也为国家通过规划等方式以“集体利益”限制私有财产权利提供了法律基础,并进而可以实现城市和农村在土地利用制度上的对接。

当然,以所谓“集体利益”来限制私人的财产权利,也要有所控制,否则就可能导致“多数人的暴政”,即多数人以牺牲少数人的利益为代价而获得不当的利益。为了防止此类事件的发生,一方面,在如何判断是否符合“集体利益”问题上,要根据“集体利益”对私人财产权利的限制程度来设计相应的表决比例,例如,由于拆迁对私有财产权利的限制较大,因此应采用绝对多数决的方式来判断是否应为“集体利益”及其是否允许“集体利益”对个人利益进行限制,如4/5,甚至90%;另一方面,即使采取绝对多数决来判断“集体利益”,也要给予少数不同意者以适当救济,例如允许不同意者通过评估来确定其利益是否在实质上受到损害,如果个别不同意者的合法权益确实受到损害,则应当采取特别措施对其进行补偿,例如由开发商向其支付额外补偿金,或者由其他同意者共同向其支付额外补偿金〔1〕。

## 六、未来的立法任务

如前所述,《国有土地上房屋征收与补偿条例》的通过和实施,已使被拆迁制度异化的征收制度迈上回归之途,但征收制度是否能够彻底实现回归,则取决于我们是否能够有效解决非公共利益引起的用地需求。为此,笔者认为,立法者在《国有土地上房屋征收与补偿条例》通过之

〔1〕 对不同意者进行救济源于民主制度本身的缺陷,这也是美国在制定《宪法》时,反联邦党人极力要求通过权利法案,以保障公民权利不受民主制度伤害的根本原因。参见[美]麦迪逊:《美国制宪会议记录辩论》,尹宣译,辽宁教育出版社2003年版,第27—28页。

后,仍有以下工作需要完成。

第一,尽快修订《土地管理法》,明确建设用地使用权亦可设立于农村集体所有的土地上。[1] 如前所述,征地运动之所以如此大规模的在我国发生,与我国的土地利用制度息息相关,因此,如果不改革现行的建设用地制度,则征收制度的彻底回归将永无可能。只有允许建设用地使用权亦可设立于农村集体所有的土地上,才能将征收制度限制在为了公共利益的需要的范围之内。当然,为保护耕地及平衡地方财政收支,一旦改革现行的建设用地使用权制度,就应进一步强化政府对土地交易的监管(包括规划与审批等),并完善相应的税费制度,以缓解改革带来的压力[2]。

第二,进一步完善《村民委员会组织法》并加紧制定《农村集体经济组织法》,就农村集体土地设定建设用地使用权带来的相关问题做出明确规定,防止因非公益性用地引起的拆迁带来损害村民合法利益的问题。目前,村民自治的全面实现还存在许多制度性的障碍,而一旦法律允许在农村集体所有的土地上设立建设用地使用权,就需要强化对村民合法利益的保护,以防止少数村干部等打着集体的名义侵害村民的合法利益,同时,对于在村民自治中持不同意见的少数村民,也要提供必要的救济途径,以防止"多数人暴政"的出现。2023 年 1 月,《农村集体经济组织法(草案)》已向社会公开征求意见。可见,该法的制定已经提上日程。

第三,制定专门法律调整因旧城改建与城市危房改造等非公益性用地带来的拆迁问题。《国有土地上房屋征收与补偿条例》虽然将"由政府依照城乡规划法有关规定组织实施的对危房集中、基础设施落后等地

---

[1] 《民法典》第 361 条规定:"集体所有的土地作为建设用地的,应当依照土地管理的法律规定办理。"因此,立法者仅需通过修改《土地管理法》等法律,即可完成对建设用地制度的改革。

[2] 有人认为,目前征收制度难以实现回归的原因在于地方政府在征地过程中存在巨大的利益关系,如果将征收制度严格限制在公共利益的范围,则地方政府的财政将出现重大危机。笔者认为,地方政府将财政收入系于征地带来的收益,本身就值得检讨,且如果确立起相应的资源利用税(费)等制度,则即使将征收制度严格限制在公共利益的范围,也不致于对地方政府的财政产生过度的影响。

段进行旧城区改建的需要”规定为“公共利益”而适用征收制度，但是，为了防止政府过于广泛地运用这一规定而使征收制度异化为原来的拆迁制度，应严格限制这一条文的适用。为此，立法者不仅必须制定规则细化“由政府依照城乡规划法有关规定组织实施的对危房集中、基础设施落后等地段进行旧城区改建”，而且必须单独制定相应的法律调整因“集体利益”对私人财产权利的限制而引起的拆迁问题，从根本上解决非公益性用地需求。从性质上说，因集体利益对私有财产权利的限制而引起的拆迁属于私法的范畴，因而不能通过“征收征用法”的制定予以解决，但由于现行私法并未对此类情况予以明确规定，因此需单独制定法律予以规范，其内容大致如下。

一是政府作出旧城改建或者危房改造等决定的条件和程序。在我国，政府不仅是公权力的载体，也是国家所有权的代表。一方面，政府作为公权力的载体，不仅有权根据公共利益的需要依照《城乡规划法》有关规定组织实施的对危房集中、基础设施落后等地段进行旧城区改建，而且有权对城市发展进行规划，并对城市中存在的危房进行认定，从而作出限期整改的决定等；另一方面，政府作为国家所有权的代表，在出让建设用地使用权的同时，亦有权要求建设用地使用权人对土地进行合理利用。据此，笔者认为，除了基于公共利益需要而由政府组织实施的旧城区改建，其他危房改造和旧城改建项目均须政府同时以公权力的载体和国家所有权的代表的双重身份来作出决定，但必须满足相应的条件并严格遵守相应的程序。

二是规划范围内全体业主形成“集体”的方式与运作。在非基于公共利益的情况下，一旦政府作出旧城改建或者危房改造等决定，则规划范围内的业主即可根据法律的规定自动成为特定“集体”的成员。该“集体”的使命在于对涉及旧城改建或者危房改造的事项进行表决，例如对是否通过开发商进行旧城改建或者危房改造、以何种方式与开发商进行合作以及开发商提出的拆迁补偿方案是否合理等问题进行表决。

三是业主参与表决的程序与表决规则。为了实现在达成“集体”的意志的同时，最大限度地保护各个业主的合法权益，必须对业主参与表决的程序和表决规则进行科学的设计和细致的规定。

四是建设单位拆迁补偿安置方案的形成与审批。如果规划范围内的全体业主根据民主表决的规则达成将现有国有土地上的房屋出卖给开发商来实施危房改造或旧城改建,则有必要对开发商(即建设单位)提出的拆迁补偿安置方案进行规范,并加强政府对拆迁补偿安置方案的审批,以防止拆迁补偿过低或者不到位、拆迁安置无法落实等情况的发生。

五是对少数持不同意见者的救济措施。首先是赋予少数持不同意见者寻求司法救济的渠道,即少数持不同意见者对经民主表决形成的决议,根据具体情形,有权提起无效之诉和撤销之诉;其次是要赋予少数持不同意见者申请对其房屋进行评估的权利,并建立少数不同意者的利益确实受到侵害时给予特别补偿的制度。

总之,征收制度关系私有财产制度的存废,如果被异化的征收制度不能实现彻底回归,私有财产制度将名存实亡,《宪法》规定的"国家尊重和保障人权"也将成为一句空话,其结果必然是社会矛盾的不断升级,对此,立法者不可不察。本讲意在告知立法者应进一步认清所处的时代和任务,并运用多种法律手段调和社会经济发展与个人权益保护之间的紧张对立关系,为进一步推进和谐社会的建立提供更加全面的法治保障。

值得注意的是,2019 年修正的《土地管理法》第 45 条将"在土地利用总体规划确定的城镇建设用地范围内,经省级以上人民政府批准由县级以上地方人民政府组织实施的成片开发建设需要用地"作为基于公共利益可以实施征收的一种具体情形。尽管该条第 2 款此种情形下的征收不仅"应当符合国民经济和社会发展规划、土地利用总体规划、城乡规划和专项规划""应当纳入国民经济和社会发展年度计划",而且"应当符合国务院自然资源主管部门规定的标准",但在这一规定的形成过程仍然存在激烈的争议[1]。有学者认为,成片开发征收条款既在一定程度上缩小原有的征地范围,又避免断崖式缩小对一些地方经济发展造成过于激烈的冲击,其在一定程度上充当了“改革缓冲带”的作用,体现了渐进式改革路径下我国征地制度变革的阶段性、过渡性安排[2]。笔者认为,与其将“成片开发”的用地需求交由公法上的征收制度解决,不如采取私法上的相关制度来解决。也正是如此,2020年自然资源部制定的《土地征收成片开发标准(试行)》第4条规定:“土地征收成片开发方案应当充分征求成片开发范围内农村集体经济组织和农民的意见,并经集体经济组织成员的村民会议三分之二以上成员或者三分之二以上村民代表同意。未经集体经济组织的村民会议三分之二以上成员或者三分之二以上村民代表同意,不得申请土地征收成片开发。”在笔者看来,之所以经集体经济组织成员的村民会议三分之二以上成员或者三分之二以上村民代表同意就可以“成片开发”,主要原因是“集体利益”可以用来限制个人利益,而非只能通过“公共利益”限制个人利益。当然,私法对物权的限制并不排斥公法可能同时对物权进行限制,因此,即使经集体经济组织成员的村民会议三分之二以上成员或者三分之二以上村民代表同意,也仍然要满足“应当符合国民经济和社会发展规划、土地利用总体规划、城乡规划和专项规划”“应当纳入国民经济和社会发展年度计划”“应当符合国务院自然资源主管部门规定的标准”等要件。

---

〔1〕 2017年5月23日国土资源部发布的《土地管理法(修正案)》(征求意见稿)将“在土地利用总体规划确定的城市建设用地范围内,由政府为实施城市规划而进行开发建设的需要”纳入征收的适用范围。2018年5月司法部向社会公开的征求意见稿在坚持这一思路的基础上,将“城市建设用地范围内”进一步扩展为“城镇建设用地范围内”。这一草案公布后,受到了理论界的激烈批评。2018年12月,第十三届全国人大常委会初次审议的《土地管理法(修正案)》(草案)遂将该规定修改为“由政府在土地利用总体规划确定的城镇建设用地范围内组织实施成片开发建设需要用地的”。

〔2〕 参见宋志红:《论成片开发征收中的农民集体同意权》,载《东方法学》2023年第2期。

# 第八讲

## 公法与私法竞合下的相邻关系

前文谈到物权不但要受到公法的限制,还要受到私法的限制。在不动产相邻关系中,这种双重限制得到了鲜明的体现。

### 一、相邻关系的法律本质

关于相邻关系的性质,理论界有不同的观点。一种观点认为,物权法关于相邻关系的规定实际上就是赋予不动产权利人一种新的物权,即相邻权,如果相邻的不动产权利人侵犯了这种权利,就应承担侵权的民事责任。另一种观点认为,相邻关系的本质并非赋予不动产的权利人一种新的物权,而是对相邻不动产物权的一种限制,例如甲与乙为相邻不动产的权利人,相邻关系不但是对甲之物权的限制,也是对乙之物权的限制,表现在甲行使所有权时,乙负有一定限度的容忍义务,而在乙行使所有权时,甲亦负有一定限度的容忍义务。前一种观点显然是误解了相邻关系的本质,物权法关于物权的种类中并没有相邻权这种物权,而且通过侵权的民事责任制度对相邻关系进行调整,也很难让人接受,因为侵权民事责任的承担以行为人有过错为要件,且应适用诉讼时效的规定,这些都对不动产相邻关系的保护极为不利。

例如,在“刘学东、王有财与东风县工业局所属电机公司”案中,一栋三层的建筑物为某外贸公司和东风县工业局所属电机公司共同出资建造,一楼归机电公司所有、二楼和三楼归外贸公司所有,后外贸公司将产权转让给刘学东,刘学东再将其转让给王有财。王有财取得二楼和三楼的产权后,因机电公司在一楼室内楼道堆放商品,感觉不便,于是在室外自行搭建楼梯间,用于上下楼。6 年后,该楼梯间被当地政府有关部门认定是违章建筑,并予以拆除。王有财跟机电公司协商改走原室内楼道,遭到机电公司的拒绝,理由是王有财及其家人从一楼上下楼,会占用一楼很大部分的使用面积,因而严重影响其营业。1998 年 7 月,刘学东向东丰县人民法院提起诉讼,将机电公司告上法庭,要求取得楼梯通行权。同年 9 月,东丰县人民法院认为原告刘学东于 1992 年从第三人东丰县外贸公司购得楼房后,于同年 9 月与被告东丰县机电公司达成新的协议,即在被告楼后西面建一室外楼梯,该楼梯原告行走至今,此期间原告并未提出异议。现原告要求在室内楼梯通行的请求已超过诉讼时效,其请求不能支持,驳回原告刘学东的诉讼请求。刘不服,向辽源市中级人民法院提起上诉。同年 11 月,辽源市中级人民法院经审理认定,刘学东已取得了二、三层的专用权,同时也享有一层楼梯的互有权,双方对建筑物的互有部分应共同使用、所有。东丰县人民法院判决不妥,应予纠正。遂依法撤销一审判决,判决刘享有一楼室内楼梯通行权。机电公司对二审判决不服,遂向辽源市中级人民法院提出申诉。1999 年 2 月,辽源市中级人民法院裁定维持二审判决。机电公司还是不服,向吉林省高级人民法院申请再审。同年 4 月,吉林省高级人民法院认为,双方争议的一层室内楼梯共用问题产生已久,本案第三人外贸公司未按县政府曾协调的意见搭建室外楼梯,且又未征得联建另一方即机电公司的意见,便擅自将部分联建办公楼转卖给他人作民用住宅,违反了法律规定和社会公共利益,且在转卖时未将此纠纷告知买受人,隐瞒了重大瑕疵,应由外贸公司承担引起纠纷的主要责任;刘学东取得该房屋后,既未向房屋出售方主张应享有一层室内楼梯的互有权,也未向机电公司主张享有一层室内楼梯的通行权,现在主张已超过我国法律规定的诉讼时效。故依法撤销辽源市中级人民法院的二审判决,维持东丰县人民法院的判决,判决刘学东自行在原址修建室外楼梯通行[吉林省高级人民法院判决书(1999)民再字第 2 号]。根据这份判决,王有财向有关部门提出了在原址重建室外楼梯的申请,却遭到了拒绝,原因是要在这里修建一座合格的室外楼梯,就要占用消防通道。

本案和我们在第七讲谈到的案件具有相似性,不同的是,前文所谈到的案件仅涉及对共有楼道的使用,但在本案中,不仅涉及对共有楼道的使用,而且还涉及对一楼专有部分的利用。关于对共有楼道的利用问题,主要涉及物权请求权的行使,对此我们在前文已经讨论,这里从略。

至于对一楼专有部分的利用,则涉及相邻关系中的通行问题。如果将相邻关系的本质理解为一种独立的权利,然后通过侵权法对该权利进行保护,则必然会导致和吉林省高级人民法院再审判决相同的结果,致使二楼和三楼的利用变得无从谈起,但若将相邻关系的本质理解为对所有权的限制,即一楼所有者对于原告的通行负有容忍的义务,只要标的物不毁损灭失,则该限制就当然存在,而不应受到诉讼时效的制约。

显然,原《物权法》和《民法典》均在所有权这一部分中规定相邻关系问题,这本身就意味着相邻关系是对所有权的一种限制。但《物权法》的规定也有逻辑上的问题:《物权法》将相邻关系规定于所有权一编,是否意味着只有不动产所有权才受到相邻关系的限制呢?其实不然,在我国现有的不动产制度下,由于土地所有权归国家或者集体所有,单位或者个人只能通过法定途径取得使用权,因此大量发生的不仅是所有权之间的相邻关系,还有大量用益物权之间的相邻关系,尤其是农村土地承包经营权、建设用地使用权和宅基地使用权之间的相邻关系。既然如此,为什么要在所有权部分规定相邻关系呢?据笔者推测,可能是受德国民法的影响,因为在德国民法典中,相邻关系是规定在所有权中的,是对所有权的限制。但是我们的立法者没有看到,在德国物权总则部分的内容非常简单,不但没有关于物权概念和效力的规定,而且即使有关于物权的民法保护,尤其是物权请求权,也规定在关于"所有权"的章节中,即所谓的"基于所有权的请求权",而"物权请求权"的概念则是通过理论概括而得出,并适用到其他类型的物权中的,因此作为对物权的限制,相邻关系也规定在所有权中,再通过"准用"或者类推适用运用到其他类型的不动产物权中。但我国《物权法》的规定不同,我国《物权法》总则部分的内容比较丰满,不仅有关于物权概念和效力的规定,而且关于物权的民法保护就规定在总则部分,按照正常的逻辑,应该将相邻关系也规定在总则部分才对。这样一来,不仅符合逻辑上的要求,也更符合我国不动产制度和相邻关系的现实状况。当然,即使我国《物权法》将相邻关系规定于"所有权"一章,法官在适用法律时,也须"准用"或者类推适用于其他不动产物权的相邻纠纷,而不能拘泥于不动产所有权的相邻纠纷,否则其适用范围会大打折扣,也会影响到对相关纠纷的解决。

更有意思的是,无论是原《物权法》还是《民法典》,均将相邻关系规定在“业主的建筑物区分所有权”一章之后、“共有”一章之前,让人实在摸不着头脑:难道共有状态下就没有相邻关系问题?此外,在“业主的建筑物区分所有”中,不仅存在专有权问题,也存在共有权问题,为什么不将“共有”规定在“建筑物区分所有”之前呢?最后,“建筑物区分所有”之所以比较复杂,不仅是其中的产权界定比较困难,而且很大程度是因为其中相邻关系问题比较多,既然如此,何不将相邻关系置于“建筑物区分所有”之前,让人们对相邻关系先有个了解,再讨论建筑物区分所有中的相邻关系的特殊情形呢?如此看来,《物权法》在立体编排方面的确问题不少,符合逻辑的安排应该是将相邻关系规定于总则“物权的保护”之后(或者之中),作为对权利人行使物权的法定限制,而在所有权部分,应将“共有”规定于“建筑物区分所有”之前。即使仍将相邻关系仍规定于所有权部分,笔者以为,也应先规定“共有”,再规定“相邻关系”,最后规定“建筑物区分所有”。

## 二、相邻关系的基本内容

如前所说,相邻关系的本质是对物权的一种私法限制。按照这一性质,相邻关系不仅表现为对物权积极权能的限制,而且也表现为对物权消极权能的限制。对物权积极权能的限制,主要是指不动产的权利人在特定情形下不得实施一定的行为。也就是说,权利人对标的物进行直接支配要受到相邻关系的限制,不得随意对标的物行使占有、使用、收益或者处分的权能;对物权消极权能的限制,主要是指不动产权利人在特定情形下对相邻不动产权利人妨害其权利行使的行为负有一种容忍的义务。也就是说,尽管相邻不动产权利人的行为已经构成对其权利行使的妨害或者干涉,但因为法律规定相邻不动产权利人负有一定限度的容忍义务,因此在此限度内不得主张物权请求权要求对方排除妨害或者消除危险。

综观《物权法》关于相邻关系的规定,相邻关系对物权的积极限制主要表现在:(1)规定不动产权利人不得为一定行为,例如《民法典》第

293 条规定："建造建筑物，不得违反国家有关工程建设标准，不得妨碍相邻建筑物的通风、采光和日照。"又如《民法典》第 294 条规定："不动产权利人不得违反国家规定弃置固体废物，排放大气污染物、水污染物、土壤污染物、噪声、光辐射、电磁波辐射等有害物质。"(2)规定不动产权利人虽然可以从事一定的行为，但应防范相邻不动产遭到损害，例如《民法典》第 295 条规定："不动产权利人挖掘土地、建造建筑物、铺设管线以及安装设备等，不得危及相邻不动产的安全。"

相邻关系对物权的消极限制主要表现在：(1)规定不动产权利人须为相邻不动产权利人利用其不动产提高必要的便利，例如《民法典》第 291 条规定："不动产权利人对相邻权利人因通行等必须利用其土地的，应当提供必要的便利。"又如《民法典》第 292 条规定："不动产权利人因建造、修缮建筑物以及铺设电线、电缆、水管、暖气和燃气管线等必须利用相邻土地、建筑物的，该土地、建筑物的权利人应当提供必要的便利。"(2)规定不动产权利人须容忍相邻不动产权利人的某些行为，但如果有损害，则可以请求赔偿，例如《民法典》第 296 条规定："不动产权利人因用水、排水、通行、铺设管线等利用相邻不动产的，应当尽量避免对相邻的不动产权利人造成损害。"

值得注意的是，相邻关系虽为对物权的限制，但此种限制并非没有限度，而如何把握这个"度"，正是司法实践中较为头痛的问题。一般认为，由于相邻关系是对物权的法定限制，因此不宜对物权限制过多，否则就会过犹不及，因为法律之所以要通过相邻关系限制不动产物权，就是要使相邻不动产都发挥正常的效用，从而使整个社会资源的利用效率最大化，如果对物权限制过多，就会妨害到权利人对标的物的利用，导致总体利用效率的低下，出现得不偿失的局面。此外，还应看到，如果在相邻关系对物权进行限制的基础上，当事人还有进一步限制相邻不动产物权的需要，完全可以通过设定地役权来解决。例如相邻关系中关于相邻不动产权利人通行的规定可以满足权利人对相邻不动产一般生活、生产上通行的需要，但如果权利人为经营需要，在一般生活、生产通行之外，还需要在相邻不动产上树立广告牌，用于指示顾客前往自己的不动产进行消费，或者将原来的人行道改成汽车道，就必须与相邻不动产的权利人通过订立合同,以设定地役权的方式来解决。地役权的设定以订立合同的形式进行,体现了私法自治的精神,即使对物权的限制较大,妨害到相邻不动产权利人对标的物的利用,但由于是双方在理性基础上作出的选择,一般不会到影响资源的有效利用。

需要说明的是,相邻关系和地役权在内容上有相同之处,且都能起到对物权进行限制的作用,但在法律性质上,二者迥然不同。其一,相邻关系为私法对物权的限制,而地役权则为一种独立的物权(定限物权)。因此相邻关系为法定的对物权的限制,既不以登记为生效要件,也不以登记为对抗要件,而地役权则不同,必须根据当事人之间的约定才能发生,且根据我国《民法典》的规定,非经登记不具有对抗善意第三人的效力。其二,相邻关系为对不动产物权最基本的限制,因此程度较低,而地役权则根据当事人的需要进行设定,因而通常对物权进行限制的程度较高。其三,相邻关系仅存在相邻不动产权利人之间,非相邻的不动产权利人之间存在相邻关系问题,但地役权的设定则不必以不动产相邻为前提,不相邻的不动产权利人也可以设定地役权。

## 三、相邻关系的处理原则

《民法典》根据已有的立法经验和司法经验,并借鉴比较法上的资源,对几种典型相邻关系的处理作了规定,如相邻用水和排水关系的处理、邻地通行和利用关系的处理以及邻地损害之防免关系的处理。但是应该看到,关于上述相邻关系的处理,原《物权法》的规定都比较概括,可操作性并不强,而且由于实际生活中发生的相邻关系纠纷,情形日益复杂,现有规范远远不能满足相邻关系处理的需要。在这一背景下,一旦发生相邻关系纠纷,就需要法官根据具体案情,在上述规范之外,依诚实信用原则、权利不得滥用原则、公序良俗原则以及当地习惯作出判决。正是因为如此,原《物权法》不仅重申了原《民法通则》关于权利人处理相邻关系的原则,即“不动产的相邻权利人应当按照有利生产、方便生活、团结互助、公平合理的原则,正确处理相邻关系”(《民法典》第288条),而且明确规定了处理相邻关系纠纷的依据,指出相邻关系纠纷的处理,“法律、法规对处理相邻关系有规定的,依照其规定;法律、法规没有规定的,可以按照当地习惯”(《民法典》第289条)。此外,在处理相邻关系时,还有三个原则需要注意。

其一,优势利益原则。通过相邻关系对不动产物权进行限制必须考虑双方利益的平衡,不能顾此失彼,得不偿失,此即所谓的“优势利益原则”,它表现在以下两个方面。(1)在相邻用水和排水关系以及邻地通行和利用关系中,应比较一方自相邻关系中所获得的利益和对方因此而失去的利益,看是否存在“优势利益”,只有获得的利益大于失去的利益,才能说明对物权限制的正当性。如张三所承包的土地远离公路,绕行至公路的费用很高,以致土地没有利用的价值,但若通行于李四所承包的土地,则费用较小,给李四造成的损失也很小,就可以认定张三对李四所承包的土地有“通行”的权利,李四负有容忍的义务;相反,如果张三绕行费用不高,但给李四造成的损失却很大,就不应认定张三对李四所承包的土地享有“通行”的权利,李四亦没有容忍的义务。(2)在邻地损害之防免关系中,尤其是在不可量物(如噪音、光、电磁波等)入侵的情况下,应考量所造成的损害是否“重大”,以致超过相邻不动产权利人所应容忍的范围。如果权利人获益较大,且侵害并不严重,造成的损害并非“重大”,则相邻不动产权利人负有容忍的义务,如白天偶尔弹奏钢琴;但如果权利人获益不大,但侵害严重,造成的损害“重大”,则相邻不动产权利人就不应负有容忍的义务,如“夜半歌声”导致相邻不动产权利人无法休息。

其二,最小损害原则。根据相邻关系,即使不动产权利人有权利用相邻不动产进行用水、排水、通行、铺设管道等,也应以给相邻不动产权利人最小损失的方法进行利用,此即“最小损害原则”。相邻关系为对相邻不动产物权的私法限制,常常会给相邻不动产的权利人带来一定损害,根据诚实信用原则,当事人在行使权利时,应采取适当的方法和措施,尽可能不给相邻不动产权利人造成损害,如果损害无法避免,也应选择最能降低损失的方法和措施利用相邻不动产。因此,《民法典》第296条规定:“不动产权利人因用水、排水、通行、铺设管线等利用相邻不动产的,应当尽量避免对相邻的不动产权利人造成损害。”

其三,损害填补原则。即使不动产权利人行使权利的方法得当,而且采取了最有利于避免损失发生的措施，但仍有损失发生时，对相邻不动产权利人受到的损失，有必要根据公平合理的原则进行补偿，此即所谓损失补偿关系；此外，当事人如采取适当方法或者措施，本可避免某项损失的发生，但却因采取的方法和措施不当，给相邻不动产权利人造成更加严重的损失，当事人即应承担赔偿损失的责任，此即损害赔偿关系。二者合称为“损害填补原则”，例如《物权法》第 92 条后段称“造成损害的，应当给予赔偿”，实际应包括上述两种情形：一为损失补偿关系；另一为损害赔偿关系。例如某开发商分期开发商品房，第一期房屋销售完毕后，才进入第二期开发，开发完后，要求从第一期开发的房屋接进自来水管，但第一期房产的业主不同意，于是发生争议。笔者以为，如果开发商只能从第一期房屋接进自来水管，或者虽有其他接入的途径，但费用过于巨大，根据相邻关系，自可从第一期房屋接进自来水管，只不过如果给第一期房产的业主造成损失，开发商应当予以填补。

## 四、相邻关系的规范性质

一个值得进一步探讨的问题是，《民法典》关于相邻关系的规定在规范性质上到底是强行性规定还是任意性规定。也就是说，关于相邻关系的规定是否可以由当事人通过合同约定排除其适用。例如，根据《民法典》关于相邻关系的规定，张三有权通行于李四之不动产的权利，现张三和李四约定，张三不得通行于李四的不动产，而由李四对张三进行补偿，试问双方订立的合同是否具有法律效力？

关于相邻关系的规范性质，理论上存在不同的意见。一种观点认为，相邻关系的规定属强行性规定，当事人不得排除其适用，因此上述张三和李四的约定应认定为无效；另一种观点认为，相邻关系的规定属任意性规定，当事人可以通过约定排除其适用，只有在当事人没有约定时，才适用相邻关系的规定。笔者认为，认定私法规范属于强行性规范还是任意性规范的根据，在于该规范是否涉及公共利益：如果该规范涉及公益，就不能简单地认定私法规范均属于任意性规范；但如果认为该规范仅仅是对当事人之间利益关系的调整，则原则上应认定为任意性规范，可由当事人通过约定排除其适用。《民法典》关于相邻关系的规定，虽然多少涉及公益，但一般只是间接涉及，主要的还是对相邻不动产当事人之间利益的调整，因此应认为属于任意性规范。此外，依民法通说，相邻不动产的当事人可以在《物权法》关于相邻关系规定的基础上，通过设定地役权来改变双方的权利义务状态。例如在上述情形下，张三可以通过与李四设立张三不得通行于李四之不动产的地役权，达到阻碍张三通行于该不动产的目的。又如甲欲盖高楼，但影响到邻居乙的采光，按照《物权法》关于相邻关系的规定，乙可以请求甲停止侵害，但如果甲和乙达成协议，设定地役权使乙放弃该请求权，则法律并无干涉的必要。以此观之，从法律的经济分析角度看，相邻关系只是就相邻不动产当事人之间的权利义务做一个界定，从而为双方达成交易提供一个基础，以节省交易成本，因为一旦权利义务关系明确，双方就可以通过协议使双方的利益都最大化，立法的目的也就已经达到。例如，假设甲在原地盖高楼获得的收益是 5000 元，乙因采光受到影响而进行迁移所引起的费用是 2500 元，则双方即可通过协议，由甲在 2500—5000 元之间对乙进行补偿，从而使双方的效用都达到最大化，法律自无干涉的必要。当然，如果甲盖高楼可能造成乙之房屋倒塌，乙则为获得甲的补偿甘愿冒房屋倒塌而伤及其性命的危险，因而与甲达成补偿协议，此时就不宜承认该协议的效力。但此种情形完全可以按违反公序良俗来认定该补偿协议无效，而不必将相邻关系的规定认定为强行性规定，再以违反强行规定来否认该协议的效力。

## 五、公法与私法在相邻关系上的竞合

《物权法》关于相邻关系的规定主要是基于相邻不动产当事人之间的私益而进行的调整，整体上看，与公共利益没有直接关系，例如广播音乐的声音太大导致邻居无法休息，直接影响的是相邻不动产权利人的权益，一般不涉及公共利益。但随着相邻关系复杂程度的提高，不少相邻关系也可能会直接涉及公共利益，如空气和水的污染问题，影响的不仅是个别的相邻不动产权利人，而且影响到公众，因此公法也要对一部分相邻关系进行调整，如此就产生了公法和私法在相邻关系上的竞合。

实践中经常发生的另一个问题是：甲欲盖高楼，已经得到政府建设部门和规划部分的行政许可,持有建设许可证和规划许可证,但相邻不动产权利人乙认为甲的高楼会影响其采光,于是请求甲停止施工。乙的请求能否获得支持?这里涉及对不动产相邻关系进行公法调整和私法调整时的协调问题。

公法和私法对相邻关系的调整相辅相成:一方面,在不动产权利人行使权利侵害到公众利益的情况下,基于"搭便车"的心理,私人常常没有积极性去主张权利,同时因费用巨大、举证困难,也会导致私人在解决此类相邻纠纷时的难度加大,因此我们离不开公法对相邻关系的调整;另一方面,公法上相邻关系的实现也离不开私法对相邻关系的调整,因为私人通过主张私法上的相邻关系,对公法上相邻关系的实现也有很大帮助,任何问题的解决都依赖公权力的行使是不现实的。

原则上,公法与私法对相邻关系的调整是各自独立的:公法调整的是因公权力的行使而发生的法律关系;私法调整的是平等主体之间的权利义务关系。在不动产权利人行使权利损害到公共利益时,如果行政机关的具体行政行为不合法或者怠于履行法定职责,不仅行政相对人可以提起行政诉讼,作为利益相关人的相邻不动产权利人对行政机关的具体行政行为也可以提起诉讼,尤其是对不履行法定职责的行政机关,相邻不动产权利人还可以直接向行政机关提出申请,要求其尽快履行法定职责,此即所谓"公法上的请求权";在仅涉及私人利益的情况下,相邻关系的权利人可以自行通过民事诉讼解决双方的争议,此即所谓"私法上的请求权"。一般情形下,公法对相邻关系的调整并不排斥私法上的请求权。也就是说,私法上的请求权具有独立性,即使当事人的行为已经得到行政机关的许可,也不意味着当事人不能行使私法上的请求权,原因在于:其一,行政机关作出行政许可,主要是基于当事人的行为是否危害到公共利益而进行的判断,因而并不意味着经过行政机关批准的行为就不对其他任何特定个人的利益构成侵害;其二,如果当事人在获得行政许可的情况下,可以不承担私法上的责任,就意味着行政决定代替了司法判决,显然违反司法最终裁决的原则。

在以往的司法实践中,一些法院在处理此类相邻关系案件时,通常要求原告先提起行政诉讼,撤销行政机关的许可,如果原告在行政诉讼中胜诉,则支持原告在民事诉讼的诉讼请求;如果原告在行政诉讼中败诉,则驳回原告在民事诉讼中的诉讼请求。这种处理问题的方式,常常导致原告在私法上的相邻关系无法实现,因为根据私法上相邻关系的独立性,即使相邻不动产的权利人没有通过行政诉讼撤销行政机关的行政许可,也不意味着不能主张私法上的请求权。例如甲已获得行政许可建筑房屋,但在开始施工时,相邻不动产的权利人乙发现甲的施工行为导致自己的地面发生分裂,严重威胁到自己房屋的安全,于是要求甲停止施工,在此情形下,就应支持乙在私法上的请求,即使甲已获得公法上的许可。可惜的是,《民法典》继受原《物权法》的规定,在一定程度上混淆了公法和私法对相邻关系调整的独立性,甚至在某些情形下,明确规定以违反公法规范为前提来判断私法请求权是否成立,例如根据《民法典》的规定,"建造建筑物,不得违反国家有关工程建设标准,不得妨碍相邻建筑物的通风、采光和日照"(第 293 条),"不动产权利人不得违反国家规定弃置固体废物,排放大气污染物、水污染物、土壤污染物、噪声、光辐射、电磁波辐射等有害物质"(第 294 条)。

值得注意的是,在特殊情况下,私法上请求权也可能会在一定程度上受到公法上相邻关系的影响,尤其是行使方式上的限制。例如甲盖高楼的行为已经得到获得行政许可,乙是否可以以采光受到影响为由要求甲停止施工呢?相邻不动产权利人的这种不作为请求权通常很难获得支持,只能要求甲采取经济上可行的保护措施,或者对因此产生的损害承担赔偿的责任。之所以要限制私法上请求权的行使方式,其一是因为行政机关在作出行政许可时,通常已经考虑到相邻不动产权利人受侵害或者妨害的程度,在侵害或者妨害程度不够大的情况下,不能对物权的限制太大,这是前述优势利益原则的必然要求;其二是因为适当限制私法上请求权的行使方式,可以使当事人信赖行政机关的许可,进行建设施工,而不必担心私人提出请求权导致工程建设中断,有利于树立政府行政的公信力。

# 第九讲

## 建筑物区分所有的规制

前文在谈到法律对所有权的限制时,曾提到在建筑物区分所有情形下,法律对权利的限制较多,不但法律关于相邻关系的规定要全面适用或者类推适用于建筑物区分所有之情形,而且《民法典》特设专章对建筑物区分所有进行调整,究其原因,在于建筑物区分所有中,不动产权利人之间的关系更加密切,相互之间的影响较大,法律不但要顾及个别业主的合法权益,也要考虑全体业主的整体利益,此外,建筑物区分所有中,还会面临共有权的行使以及建筑物的管理、维修等一系列问题。当然,我们也应看到,法律对权利进行限制的前提,是对权利进行清楚地界定,并对其行使提供全面且合理的保护机制。根据《民法典》第 271 条的规定,业主的建筑物区分所有权包含三个方面的内容:专有权、共有权以及管理权,下文将分别论述建筑区分所有中上述三种权利的范围、行使及其限制。

不过,在具体讨论业主的建筑物区分所有权之前,有必要先对建筑物区分所有权中的"业主"进行界定。实践中,关于如何认定"业主",意见不一:有的认为,应以是否登记为建筑物区分所有权人为标准来界定"业主";也有的认为,应以是否实际使用房屋为标准来界定业主。对此,《最高人民法院关于审理建筑物区分所有权纠纷案件适用法律若干问题的解释》(以下简称《建筑物区分所有权解释》)(法释〔2020〕17 号)第 1 条规定:"依法登记取得或者依据民法典第二百二十九条至第二百三十一条规定取得建筑物专有部分所有权的人,应当认定为民法典第二编第六章所称的业主。基于与建设单位之间的商品房买卖民事法律行为,已经合法占有建筑物专有部分,但尚未依法办理所有权登记的人,可以认定为民法典第二编第六章所称的业主。"之所以如此界定"业主",理由是:"根据物权法第九条、第二十八条等规定,司法解释确定依法登记取得或者依据生效法律文书、继承或者受遗赠,以及合法建造房屋等事实行为取得专有部分所有权的人,应当认定为业主。这是界定业主身份的一般规则。但在现实生活中,基于与建设单位之间的商品房买卖民事法律行为,房屋买受人在已经合法占有使用专有部分的情况下,仍未依法办理所有权登记的情形大量存在。在此情况下,如果仅以是否已经依法登记取得所有权作为界定业主身份的标准,将与现实生活产生冲突,并有可能对前述人群应当享有的权利造成损害。这部分人对共有部分的利用以及共同管理权的行使需求更为强烈,与其他业主之间的联系程度也更为直接和紧密,因此有必要对其'业主身份'问题进行特别规定。为了更好地维护业主自治秩序和建筑物区分所有权法律关系的和谐稳定,根据物权法等法律规定精神,司法解释对这种情形下的业主身份认定问题作出特别规定,即可以认定其为物权法第六章所称的业主。这样的规定既可以有效地统一司法评价标准,也符合物权法的规定精神,适应现实生活。同时,还可以引导这部分人及时办理物权登记。"[1]

## 一、专有权的内容及其限制

《民法典》第272条规定:"业主对其建筑物专有部分享有占有、使用、收益和处分的权利。业主行使权利不得危及建筑物的安全,不得损害其他业主的合法权益。"本条是关于业主专有权的规定,关于此一条的理解,须注意以下几个方面的问题。

### (一)专有权的性质和范围

专有权的内容包括对专有部分享有占有、使用、收益和处分的权利,以此观之,法律赋予业主对专有部分享有所有权的全部权能。根据《民法典》第272条的规定,业主的专有权存在于专有部分之上。所谓专有部分,依民法通说,是指在构造上及使用上具有独立性的建筑物部分。强调专有部分在构造上及使用上的独立性,是由物权作为支配权和绝对权的性质决定的,因为只有在构造上具有独立性,才能对其进行排他性

〔1〕《最高人民法院民一庭负责人就建筑物区分所有权、物业服务司法解释答记者问》,载《人民法院报》2009年5月25日,第4版。

的支配,也只有在使用上具有独立性,才有成为独立的物权客体的必要。

专有部分的认定,关系到哪些建筑物部分可以成为专有权的客体,因此具有较大的实践意义。至于如何判断构造上及使用上具有独立性,物权法没有明确,但学理上通常认为,所谓构造上的独立性,是指建筑构造上与其他建筑物部分有隔离的设备,通常情形下是分隔墙,其材料可以是钢筋水泥或者三合板等;所谓使用上的独立性,是指该建筑物部分具有满足社会经济生活的机能,通常以能否单独使用及有无独立的经济效用作为判断标准。综合这些因素,对于专有部分,应以区分的明确性、间接性、通行直接性以及专用设备的存在而共用设备的不存在等因素进行认定,因此住宅、店铺、事务所等有四周墙壁或者三合板等隔离,可不经过相邻部分而直接经由共同的走廊、楼梯或者电梯与外界相通的建筑物部分,都可以成为建筑物区分所有中的专有部分,从而成为专有权的客体。建筑物的地下层,如果具有构造上及使用上的独立性,亦可通过编列建号,使之成为专有权的客体,如地下停车位或停车库。

传统民法坚持一物一权之原则,即一个特定且独立的标的物之上只能存在一个所有权,同时所有权只能存在于一个特定且独立的标的物之上,因此又称为物权客体特定原则。但在建筑物区分所有的情况下,在同一个建筑物上形成了多个具有所有权性质的专有权,因此不少人认为建筑物区分所有是对一物一权原则的突破,这也许是物权法没有明确规定一物一权原则的重要原因之一。但笔者以为,建筑物区分所有并未突破一物一权原则,而是一物一权原则在现代社会的运用。其一,建筑物区分所有以构造上及使用上具有独立性的建筑物部分作为专有权的客体,本身就说明建筑物区分所有没有违反物权客体特定且独立的原则;其二,从表面上看,只有整个建筑物才是一个特定且独立的标的物,但在法律上,只要在构造上及使用上具有独立性,即可成为物权的客体,因此对一物一权原则中的"一物"进行判断时,不能仅从物理事实出发,而必须考虑到法律调整的特殊目的,这也正是法律的独特魅力所在。

值得注意的是,《建筑物区分所有权解释》第 2 条规定:"建筑区划内符合下列条件的房屋,以及车位、摊位等特定空间,应当认定为民法典第二编第六章所称的专有部分:(一)具有构造上的独立性,能够明确区分;(二)具有利用上的独立性,可以排他使用;(三)能够登记成为特定业主所有权的客体。规划上专属于特定房屋,且建设单位销售时已经根据规划列入该特定房屋买卖合同中的露台等,应当认定为前款所称的专有部分的组成部分。本条第一款所称房屋,包括整栋建筑物。”据此,在判断专有部分时,不仅要考察该特定空间在构造上的独立性和使用上的独立性,还要考察该特定空间是否能够实际上登记成为特定业主所有权的客体,如果不能够登记为特定所有权的客体,则既不能满足公示的要求,也不能满足支配性的要求,因而不能认为是专有部分,而只能认定为共有部分。也就是说,开发商不能将其作为专有部分出售给特定业主。但是对于露台,如果规划上专属于特定房屋,且建设单位销售时已经根据规划列入该特定房屋买卖合同,则应当认定为专有部分的组成部分,而不是共有部分。此外,考虑到别墅区的建筑物区分所有,是以独立的一栋房屋为专有部分,为使物权法的相关规定能够适用于此种情形,司法解释强调指出,建筑物区分所有中的房屋,也包括整栋建筑物。

(二)关于专有部分的边界

专有部分的边界,决定专有权行使的范围,因此具有极为重要的意义。关于如何判断专有部分的边界,物权法并未加以规定,但学理上则讨论甚多,大致说来,有以下几种学说。(1)壁心说,即以壁心作为认定专有部分的边界,该说虽有一定道理,但却将本属于共有部分的墙壁规定为业主单独所有,有失妥当。(2)空间说,即认为专有部分是由地板、天花板和墙壁围成的空间,该说的缺点是在确认专有部分时找不到物质实体作为界限。(3)最后粉刷表层说,即专有权的界限在最后粉刷表层,因此又称为墙面说,该学说旨在克服空间说和壁心说的缺陷,但也存在不全面之处,例如在对外关系上,如买卖、保险或者税金缴纳问题上,是否也必须按照最后粉刷层来计算呢?(4)壁心说兼采最后粉刷表层说,即认为专有部分的范围应依内部关系及外部关系的不同而定:在区分所有人相互之间对建筑物进行维持、管理等关系上,专有部分仅包括墙壁、天花板、地板等境界部分表层所粉刷之部分;在外部关系,如买卖、保险或者税金的缴纳上,专有部分按照墙壁、天花板、地板等境界部分的中心线进行确认。由于第四种观点比较妥当地处理了建筑物区分所有中的内外部关系,并且兼顾了各区分所有权人的利益,因而成为目前的通说。

需要说明的是,业主越过边界行使权利不但构成对共有权的利用,甚至可能对其他业主的专有权构成侵犯,从而构成侵权行为,须承担侵权的民事责任。实践中,经常遇到业主在进行室内装修时挖墙建橱或者安装一些设备,此时,就要考虑到专有部分的边界,因为业主只能对专有部分享有专有权,最后粉刷表层以内的墙壁属共有部分,而非专有部分,因此业主不能像行使专有权一样对共有的墙壁行使排他性的占有、使用和收益。

(三)专有权的行使及其限制

《民法典》第272条既规定了专有权的内容,即对专有部分进行占有、使用、收益和处分的权能,也规定了对专有权的一般限制,即“业主行使权利不得危及建筑物的安全,不得损害其他业主的合法权益”。

值得注意的是,法律对专有权的限制,并非仅仅体现在“业主的建筑物区分所有权”一章中,我们在前文已经谈到,物权法关于相邻关系的规则也应当适用或者类推适用于建筑物区分所有的情形,并且,由于建筑物区分所有中不动产权利人之间的关系更加紧密,相互之间的影响更大,因此相邻关系显得更加重要,也更加复杂,法官应善于运用相邻关系规则化解相邻业主之间发生的矛盾。例如,在业主甲必须经过业主乙的房间修缮其排水管时,业主乙应当提供必要的方便,此种邻地通行的规则适用或者类推适用(类推适用主要是指业主与业主之间不相邻的情形,如一楼和三楼),在建筑物区分所有的情况下就经常发生;此外,在防止“不可量物”入侵以及日照、通风、采光等方面,相邻关系规则也有大量适用或类推适用的余地,此处不再赘述。

《民法典》第286条第2款规定:“业主大会或者业主委员会,对任意弃置垃圾、排放污染物或者噪声、违反规定饲养动物、违章搭建、侵占通道、拒付物业费等损害他人合法权益的行为,有权依照法律、法规以及管理规约,请求行为人停止侵害、排除妨碍、消除危险、恢复原状、赔偿损失。”实践中,建筑物区分所有中的相邻关系纠纷,主要有两类:其一,区分所有权人在专有部分进行室内装修、破墙开门、拆墙通房、挖墙建橱、卫浴设备移位、改变房屋用途、封闭阳台、安装防盗窗、在天井搭建天棚或其他构筑物,造成相邻方房屋结构受损、屋面渗漏水、安全存在隐患等;其二,区分所有权人在共用部分堆放物品、安置鞋箱、安装防盗铁门、搭置雨篷、搭建鸽棚或其他构筑物、损坏承重墙、安装脱排油烟机、淋浴器管道和空调室外机,影响相邻方通行、采光、房屋质量、生活环境等。就第一类纠纷而言,主要是损害到相邻业主的合法权益,因此应由受到损害的相邻业主提起诉讼,主张权利;就第二类纠纷而言,受到损害的不仅是相邻业主的合法权益,而且是整个小区全体业主或者部分业主的合法权益,此时不但受到损害的业主可以提起诉讼,而且根据物权法的上述规定,业主大会或者业主委员会也有权提起诉讼,甚至物权服务公司根据物业管理合同的约定,也应有权利和义务提起诉讼。

《民法典》第 272 条对专有权的限制,是权利不得滥用原则在物权法上的体现,在实践中具有极其重要的意义。如果相邻关系规则对专有权的限制主要体现的是相邻业主之间的容忍义务,那么《民法典》第 272 条的规范目的在于,防止业主滥用权利,侵害其他业主的合法利益。

例如,在“顾然地(美国国籍)与上海巨星物业有限公司案”中,业主顾然地购买一个占地面积 8.8 平方米、上口面积 9.75 平方米的浴缸(自重 362.8 公斤,可放水 4160.5 公斤)打算安装于其所购买的商品房中,巨星公司以浴缸的安放未经安全测定为由不予准许,并制止了顾然地吊装安放该浴缸的行为。顾诉诸法院,要求判令巨星公司排除妨碍,并赔偿相应损失。一审法院判决驳回了顾然地的诉讼请求。顾然地不服原判,提起上诉,认为自己只是“安放”浴缸,并不是“安放并使用”浴缸。二审法院审理后认为,我国保护在境内的外国人的合法权益及合法财产的所有权,同时在我国境内的外国人也要自觉遵守我国《宪法》和法律规定,在权利的行使过程中不得损害社会、集体和他人的合法权益。上海市建筑科学研究院鉴定结论证实三和花园 4 号楼 29E 室跃层安装巨型浴缸后楼盖的安全性不足,对大楼的局部结构安全性及正常使用均会产生较大影响。顾然地安装系争浴缸的行为妨碍了其他业主的正常生活,其上诉提出仅安放系争浴缸并不使用,既与浴缸的通常用途和使用功能不符,也有悖于一般常理,不予采信。据此驳回上诉,维持原判。

此外,针对实践中"住改商"引起的大量纠纷,《民法典》第 279 条规定:"业主不得违反法律、法规以及管理规约,将住宅改变为经营性用房。业主将住宅改变为经营性用房的,除遵守法律、法规以及管理规约外,应当经有利害关系的业主一致同意。"据此,《建筑物区分所有权解释》第 10 条规定:"业主将住宅改变为经营性用房,未依据民法典第二百七十九条的规定经有利害关系的业主一致同意,有利害关系的业主请求排除妨害、消除危险、恢复原状或者赔偿损失的,人民法院应予支持。将住宅改变为经营性用房的业主以多数有利害关系的业主同意其行为进行抗辩的,人民法院不予支持。"由此可见,业主"住改商"的行为必须经过有利害关系的全体业主的同意,不能实行多数决,如果业主违反规定进行"住改商",则每个有利害关系的业主都可以提出排除妨害、消除危险、恢复原状或者赔偿损失的请求。

需要指出的是,在《物权法》制定前,我国法律对"住改商"没有禁止或者限制的规定,因而大量发生的"住改商"问题一直是困扰法院民事审判的一个疑难问题。单从鼓励经济发展的角度看,业主"住改商"从事经营活动,可以大量节约其经营成本,似无限制的必要,但是应该看到,此种鼓励经济发展的方式是以牺牲其他业主的居住安宁为代价的。物权法不是将"住改商"问题理解为个别业主的经营自由,而是理解为全体业主的意思自治(管理规约),并对有利害关系的业主进行特别保护(有利害关系的业主同意),从立法政策上看,值得赞同。由此也能看出,我国的民事立法正在逐渐走出改革开放以来片面追求经济发展的立法政策,开始更多地关注民生问题。按照《民法典》第 279 条的规定,"住改商"行为的合法性需要满足两个条件:一是遵守法律、法规以及管理规约;二是应当经有利害关系的业主同意。未经有利害关系的业主同意,其行为仍不具备合法性。例如,在"张一诉郑中伟、中国联合网络通信有限公司武汉市分公司建筑物区分所有权纠纷"案中,裁判摘要指出:在审理建筑物区分所有权案件时,即使业主对房屋的使用没有给其他区分所有权人造成噪音、污水、异味等影响,只要房屋的用途发生改变,由专供个人、家庭日常生活居住使用改变为商业、工业、旅游、办公等经营性活动,即可认定该行为影响了业主的安宁生活,属于将住宅改变为经营性用房,应依照《物权法》第77条关于业主改变住宅用途的规定处理。房屋使用人将住宅改变为经营性用房的,应承担与业主相同的法定义务,除遵守法律、法规和管理规约外,还应当经有利害关系的业主同意。[1]

《物权法》施行后,在实践中有做法是按照多数决来确定有利害关系业主的意见。这既没有法律依据,也违反了《民法典》第279条的立法目的,针对这种情况,《建筑物区分所有权解释》司法解释特别规定,将住宅改变为经营性用房的业主以多数有利害关系的业主同意其行为为由进行抗辩的,不予支持。司法解释综合考虑"住改商"纠纷的实际情况,将有利害关系业主的范围原则上确定为在本栋建筑物之内,该范围基本上有效涵盖了与"住改商"行为有利害关系的业主,在审判实务中也比较容易掌握和操作。此外,实践中确实有可能出现建筑区划内本栋建筑物之外的业主也与"住改商"行为存在利害关系的情况,但这部分业主的范围难以统一划定,为防止利害关系业主范围的无限制泛化,司法解释另外规定,其应证明利害关系的存在。[2] 当然,上述物权法的规定在司法实践中仍然存在如何适用的问题,例如怎么确定"有利害关系的业主"就是一个实践性很强的课题。对此,《建筑物区分所有权解释》第11条规定:"业主将住宅改变为经营性用房,本栋建筑物内的其他业主,应当认定为民法典第二百七十九条所称'有利害关系的业主'。建筑区划内,本栋建筑物之外的业主,主张与自己有利害关系的,应证明其房屋价值、生活质量受到或者可能受到不利影响。"由此可见,司法解释对于"有利害关系的业主",系采两分法:对于本栋建筑物内的其他业主,为当然的"有利害关系的业主",对于本栋建筑物之外的业主,则只有举证证明其房屋价值、生活质量受到或者可能受到不利影响,才能被认为是"有利害关系的业主"。

---

[1] 《张一诉郑中伟、中国联合网络通信有限公司武汉市分公司建筑物区分所有权纠纷案》,载《最高人民法院公报》2014年第11期。

[2] 参见《最高人民法院民一庭负责人就建筑物区分所有权、物业服务司法解释答记者问》,载《人民法院报》2009年5月25日,第4版。

## 二、共有权的范围及其限制

《民法典》第 273 条规定："业主对建筑物专有部分以外的共有部分，享有权利，承担义务；不得以放弃权利为由不履行义务。业主转让建筑物内的住宅、经营性用房，其对共有部分享有的共有和共同管理的权利一并转让。"本条是《民法典》关于共有权的行使及其限制的规定，对其理解和适用，须注意以下几个问题。

### （一）关于业主共有权的性质

关于业主共有权的性质，《民法典》没有明确，但民法通说认为业主共有为按份共有，且《民法典》第 308 条规定："共有人对共有的不动产或者动产没有约定为按份共有或者共同共有，或者约定不明确的，除共有人具有家庭关系等外，视为按份共有。"因此业主的共有权应属按份共有无疑。至于各业主所享有的份额，《民法典》第 309 条规定："按份共有人对共有的不动产或者动产享有的份额，没有约定或者约定不明确的，按照出资额确定；不能确定出资额的，视为等额享有。"考虑到建筑物区分所有中专有权的主导性，因此共有权的份额应按专有部分的大小进行分配为宜。值得注意的是，建筑物区分所有中的共有虽为按份共有，但却具有相当大的特殊性：首先，建筑物区分所有中的共有份额不得进行分割；其次，相对于建筑物区分所有中的专有权，建筑物区分所有中的共有权处于从属地位，不得单独进行转让；最后，建筑物区分所有中的共有随专有权的转让而转让。正是因为建筑物区分所有中的共有具有上述特点，一些学者将其称为"互有"，以使其与一般共有区别开来。

需要说明的是，在建筑物区分所有中，就专有权和共有权的关系而言，专有权处于主导地位，共有权从属于专有权而存在，但这并不是意味着共有权没有独立地位。专有权支配的是建筑物区分所有中的专有部分，共有权支配的是建筑物区分所有中的共有部分，二者共同构成建筑物区分所有权人（业主）支配的客体范围。业主行使专有权，离不开对共有部分的支配和利用，且正是因为共有部分和共有权的存在，才将建筑物区分所有权人联系起来，从而客观上形成对共同管理权的需求。因此，如果将专有权看作是建筑物区分所有中的"独立性因素"，那么共有权是建筑物区分所有中的“共同性因素”。

(二)关于共有部分的范围

业主共有权的客体是建筑物的共有部分,因此共有部分的认定关系到业主共有权行使的范围。依民法通说,共有部分可以分为法定的共有部分和约定的共有部分,前者是指不得独立使用而成为专有部分的共有部分,又称为当然共有部分;后者则是指某些专有部分通过约定而成为共有部分。

《民法典》第 274 条规定:“建筑区划内的道路,属于业主共有,但属于城镇公共道路的除外。建筑区划内的绿地,属于业主共有,但属于城镇公共绿地或者明示属于个人的除外。建筑区划内的其他公共场所、公用设施和物业服务用房,属于业主共有”;《民法典》第 275 条规定:“建筑区划内,规划用于停放汽车的车位、车库的归属,由当事人通过出售、附赠或者出租等方式约定。占用业主共有的道路或者其他场地用于停放汽车的车位,属于业主共有”。可见,绿地、道路、物业服务用房等原则上属于业主共有,只有绿地仅在例外情形下才属于业主专有权的客体;关于车位和车库,物权法分为三个层次进行规范:(1)占用业主共有的道路或者其他场地用于停放汽车的车位,属于业主共有;(2)建筑区划内,规划用于停放汽车的车位、车库,除非通过约定属于业主共有,否则应理解为属于开发商所有,开发商可以通过出售、附赠或者出租等方式提供给业主;(3)建筑区划内,规划用于停放汽车的车位、车库应当首先满足业主的需要。

一般说来,共有部分的范围应该包括以下四个方面:第一,建筑物的基本构造部分,包括支柱、屋顶、外墙等属于主体构造的部分,应归全体业主共有;第二,共用部分及附属物,包括楼梯、消防设施、走廊、水塔、自来水管道、暖气管道,还有仅为部分区分所有权人共有的部分,如层楼楼板、间壁墙等;第三,建筑物占用的地基的使用权,归全体业主共有(实际上是共有使用权,但为简便,称为共有);第四,区分所有建筑物小区的绿地、道路、共有设施、公益活动场所等,还有水电、照明、消防、安保等配套设施以及物业管理用房。《民法典》仅就上述第四个方面中的若干财产进行了规定,没有就前三个方面作任何规定,可能是考虑到前三个方面基本不存在争议，当然地属于共有部分（法定共有部分）。例如，在“徐州西苑艺君花园（一期）业主委员会诉徐州中川房地产开发有限公司物业管理用房所有权确认纠纷”案中，裁判摘要指出：“业主委员会依照《物权法》第七十五条第一款规定处理，具有一定目的、名称、组织机构与场所，管理相应财务，是《民事诉讼法》第四十九条第一款规定的其他组织。业主委员会依据业主共同或者业主大会决议，在授权范围内，以业主委员会名义从事法律行为，具备诉讼主体资格。物业管理用房依规划定点建造，为区分所有权建筑物管理人进行管理维护业务必须的场所，依照《物权法》第七十二条第一款的规定，为业主共有。在建筑物竣工验收交付后，物业管理用房的分割、转移、调整或者重新配置，应当由全体业主或者业主大会决定。”〔1〕

为使共有部分的范围更加清楚和全面，司法解释对法定共有部分进行了规范，同时，因共有部分很难通过列举的方法予以穷尽，按照“非特定权利人所有即为业主共有”的思路，司法解释还专门作出了兜底性的规定，满足下列两个条件的应当认定为共有部分：（1）不属于业主专有部分；（2）不属于市政公用部分或者其他权利人所有。据此，《建筑物区分所有权解释》第3条规定：“除法律、行政法规规定的共有部分外，建筑区划内的以下部分，也应当认定为民法典第二编第六章所称的共有部分：（一）建筑物的基础、承重结构、外墙、屋顶等基本结构部分，通道、楼梯、大堂等公共通行部分，消防、公共照明等附属设施、设备，避难层、设备层或者设备间等结构部分；（二）其他不属于业主专有部分，也不属于市政公用部分或者其他权利人所有的场所及设施等。建筑区划内的土地，依法由业主共同享有建设用地使用权，但属于业主专有的整栋建筑物的规划占地或者城镇公共道路、绿地占地除外。”

在“宜兴市新街街道海德名园业主委员会诉宜兴市恒兴置业有限公司、南京紫竹物业管理股份有限公司宜兴分公司物权确认纠纷财产损害赔偿纠纷”案中，裁判摘要指出：“开发商与小区业主对开发商在小区内建造的房屋发生权属争议时，应由开发商承担举证责任。如开发商无充

---

〔1〕 载《最高人民法院公报》2014年第6期。

分证据证明该房屋系其所有,且其已将该房屋建设成本分摊到出售给业主的商品房中,则该房屋应当属于小区全体业主所有。开发商在没有明确取得业主同意的情况下,自行占有使用该房屋,不能视为业主默示同意由开发商无偿使用,应认定开发商构成侵权。业主参照自该房屋应当移交时起的使用费向开发商主张赔偿责任的,人民法院应予支持。"〔1〕

在《物权法》制定之前以及制定的过程中,关于绿地、车库和车位的权属,争议极为激烈。《物权法》虽然为这场争论画上了句号,但《物权法》的上述规定仍然面临适用上的问题,例如:(1)如何认定"明示属于个人"的绿地?(2)如何落实"建筑区划内,规划用于停放汽车的车位、车库应当首先满足业主的需要"?(3)如何理解《物权法》第74条第3款"占用业主共有的道路或者其他场地用于停放汽车的车位,属于业主共有"的规定?此外,实践中还存在一些有争议的问题,由于《物权法》没有进行规范,权属仍然不甚明确,例如近年来引发诉讼的防空设施的权属问题。

关于第一个问题,即如何认定"明示属于个人",司法解释没有作出明确的规定,依笔者之见,只有规划为特定业主所有,且开发商在销售时明确说明该绿地为特定业主所有时,才能认定"明示属于个人"的绿地。

对于第二个问题,即何谓"应当首先满足业主的需要",2009年《建筑物区分所有权解释》第5条规定:"建设单位按照配置比例将车位、车库,以出售、附赠或者出租等方式处分给业主的,应当认定其行为符合《物权法》第74条第1款有关'应当首先满足业主的需要'的规定。前款所称配置比例是指规划确定的建筑区划内规划用于停放汽车的车位、车库与房屋套数的比例。"这意味着,如果建设单位已经按照规划确定的建筑区划内规划用于停放汽车的车位、车库与专有部分的比例,将车位、车库以出售、附赠或者出租等方式处分给业主的,应当认定其行为已符合《物权法》第74条第1款有关"应当首先满足业主的需要"的规定。其原因在于,规划确定的配置比例具有法定性和确定性,业主在购买专有部分的时候对此也是明知的。只要业主已经按照配置比例购置或者

---

〔1〕 载《最高人民法院公报》2018年第9期。

租赁到车位、车库,就应当认为其需要已经得到了“首先满足”。否则,将有可能出现特定业主对车位、车库提出过度主张。[1]

关于第三个问题,2009年《建筑物区分所有权解释》第6条规定:“建筑区划内在规划用于停放汽车的车位之外,占用业主共有道路或者其他场地增设的车位,应当认定为物权法第七十四条第三款所称的车位。”由此可见,只有非规划用于停放汽车,而由建设单位占有业主共有道路或则其他场地增设的车位,才是属于业主共有的车位;关于建筑区内的防控设施到底属于专有部分,还是属于共有部分,司法解释没有明确,笔者认为,根据上述司法解释第3条第1款第1项的规定,只要该防控设施不能被认定为市政公用设施,就应认定为业主共有。《民法典》施行后,上述司法解释也都保留下来了。

### (三)关于共有部分的维修问题

共有部分的维修是建筑物区分所有中的一项重要内容,也是极易引发争议的一个问题,主要涉及如下几个方面:(1)维修资金的筹集与使用;(2)维修决定的作出;(3)维修资金的归属;(4)维修费用的承担。

关于维修资金的筹集和使用,原《物权法》第76条第1款规定:“下列事项由业主共同决定:……;(五)筹集和使用建筑物及其附属设施的维修资金;(六)改建、重建建筑物及其附属设施;……”关于维修决定的作出,原《物权法》第76条第2款规定:“决定前款第五项和第六项规定的事项,应当经专有部分占建筑物总面积三分之二以上的业主且占总人数三分之二以上的业主同意……”实践中,由于上述两个“三分之二”系以全体业主及全部面积为基数进行计算,导致很难同时满足。为此,《民法典》第278条第1款规定:“下列事项由业主共同决定:……(六)筹集建筑物及其附属设施的维修资金;(七)改建、重建建筑物及其附属设施;(八)改变共有部分的用途或者利用共有部分从事经营活动……”第2款规定:“业主共同决定事项,应当由专有部分面积占比三分之二以上的业主且人数占比三分之二以上的业主参与表决。决定前款第六项至

---

〔1〕《最高人民法院民一庭负责人就建筑物区分所有权、物业服务司法解释答记者问》,载《人民法院报》2009年5月25日,第4版。

第八项规定的事项,应当经参与表决专有部分面积四分之三以上的业主且参与表决人数四分之三以上的业主同意。决定前款其他事项,应当经参与表决专有部分面积过半数的业主且参与表决人数过半数的业主同意。”

关于维修资金的归属和使用,原《物权法》第 79 条规定:“建筑物及其附属设施的维修资金,属于业主共有。经业主共同决定,可以用于电梯、水箱等共有部分的维修。维修资金的筹集、使用情况应当公布。”考虑到实践中维修资金的使用极为不便,尤其是紧急情形下,如果都要由业主共同决定,就可能严重影响业主的生活。为此,《民法典》第 281 条将上述规定修改为:“建筑物及其附属设施的维修资金,属于业主共有。经业主共同决定,可以用于电梯、屋顶、外墙、无障碍设施等共有部分的维修、更新和改造。建筑物及其附属设施的维修资金的筹集、使用情况应当定期公布。紧急情况下需要维修建筑物及其附属设施的,业主大会或者业主委员会可以依法申请使用建筑物及其附属设施的维修资金。”关于维修费用的承担,原《物权法》第 80 条规定:“建筑物及其附属设施的费用分摊、收益分配等事项,有约定的,按照约定;没有约定或者约定不明确的,按照业主专有部分占建筑物总面积的比例确定。”《民法典》第 283 条基本保留了这一规定。

对于业主共同决定的作出,无论是原《物权法》还是《民法典》,均采取的是“面积”和“人数”双重控制,但对于如何计算“面积”和“人数”,也都未设具体规则。对此,《建筑物区分所有权解释》第 8 条规定:“民法典第二百七十八条第二款和第二百八十三条规定的专有部分面积可以按照不动产登记簿记载的面积计算;尚未进行物权登记的,暂按测绘机构的实测面积计算;尚未进行实测的,暂按房屋买卖合同记载的面积计算。”第 9 条规定:“民法典第二百七十八条第二款规定的业主人数可以按照专有部分的数量计算,一个专有部分按一人计算。但建设单位尚未出售和虽已出售但尚未交付的部分,以及同一买受人拥有一个以上专有部分的,按一人计算。”之所以如此规定,是因为“不动产登记实践中,各地对专有部分面积依何种标准记载并不统一,但在同一建筑区划内则是相同的,所以司法解释仅笼统表述为‘面积’。如果已经依法登记的,按照不动产登记簿记载的面积计算;尚未进行物权登记的,暂按测绘机构的实测面积计算;尚未进行实测的,暂按房屋买卖合同记载的面积计算。专有部分面积确定后,建筑物总面积则应以按照同一标准计算的专有部分面积的总和计算。业主人数原则上应当按照专有部分的数量计算。但在一人(包括建设单位)拥有数个专有部分的情况中,如果同时复计人数将导致该人双重优势。因此,司法解释特别规定,建设单位尚未出售和虽已出售但尚未交付的部分,以及同一买受人拥有一个以上专有部分的,按一人计算。该规定并不会对这类权利人行使管理权造成影响,因为其专有部分面积在建筑物总面积中的比例未被改变"[1]。

此外,值得注意的是,维修费用的承担,是业主在对共有部分享有权利时应负担的主要义务,根据《物权法》第72条的规定,业主不得以不行使权利为由不履行义务,因此维修费用等义务的承担具有强制性,只要成为区分所有权人(业主),就应履行上述义务,业主不得以没有实际居住为由,拒绝承担维修费用。

无论是原《物权法》还是《民法典》,都没有区分全体业主共有和部分业主共有,这无疑是立法上的一个缺陷。所谓全体业主共有,俗称"大公",是指归全体区分所有权人所有的共有部分,如小区大门、配电室、机械房等;所谓部分业主共有,俗称"小公",是指仅归部分区分所有权人所有的共有部分,如某层的电梯间、走廊等。区分二者的意义,在于维修费用和其他负担的承担。如果是全体业主共有部分产生的维修费用和其他负担,则由全体业主承担;而如果是部分业主共有部分产生的维修费用和其他负担,则应由该部分业主承担。当然,虽然物权法并未作出上述区分,在解释上也应如此理解,方能实现公平公正。此外,《民法典》第283条仅规定一般情形下维修费用的承担问题,特殊情形下,如该维修费用是可归责于某一区分所有权人而发生时,自应由该区分所有权人承担该维修费用,而不能适用《民法典》第283条的规定。因此,对《民法典》第283条的规定应作限缩性的解释,方能适应具体情形的

---

〔1〕《最高人民法院民一庭负责人就建筑物区分所有权、物业服务司法解释答记者问》,载《人民法院报》2009年5月25日,第4版。

处理。

(四)共有权的行使及其限制

物权法没有规定业主共有权的行使问题,对此,应理解为业主共有权的行使适用所有权中关于“共有”的相关规则。但值得注意的是,业主的共有权毕竟是区分所有中的共有权,仍存在相当大的特殊性。下文分三个方面进行叙述。

首先,关于对共有部分的占有和使用。业主对共有部分的占有和使用,应依共有部分设置的目的即通常使用方法进行,否则业主委员会或业主大会有权予以制止,请求排除妨害、消除危险,并可以就造成的损害要求赔偿。至于占有和使用的方式,则按共有部分的性质确定,有的可以是共同占有使用,如同乘电梯或共同在庭院散步;有的可以是轮流占有使用,如轮流使用棋牌室、会客室等设施。此外,《建筑物区分所有权解释》第 4 条明确规定:“业主基于对住宅、经营性用房等专有部分特定使用功能的合理需要,无偿利用屋顶以及与其专有部分相对应的外墙面等共有部分的,不应认定为侵权。但违反法律、法规、管理规约,不得损害他人合法权益的除外。”由此可见,业主是否有权占有和使用某特定的共有部分,还要结合专有部分特定使用功能的合理需要来进行认定,但不得违反法律、法规、管理规约,损害他人的合法权益。

其次,关于共有部分的收益。共有部分的收益,主要是收取因共有部分产生的法定孳息和天然孳息。共有部分产生的法定孳息,如出租房顶设置广告产生的租金;共有部分产生的天然孳息,如庭院果树结出的果实。关于收益的分配,在有约定的情形下,按照约定;在没有约定的情形下,应按专有部分的比例进行。在《物权法》实施前的实践中,常常发生开发商或者物业服务企业擅自占有、处分业主共有部分、改变其使用功能或者进行经营性活动,并将共有部分的收益据为己有的情形。为此,《物权法》第 80 条在规定管理费用分摊的同时,也明确规定了收益的分配:“建筑物及其附属设施的费用分摊、收益分配等事项,有约定的,按照约定;没有约定或者约定不明确的,按照业主专有部分占建筑物总面积的比例确定。”但实际上,由于对建筑物及其附属设施的管理由物业服务企业进行,因此无论是费用分摊,还是收益分配,都须通过物业服务企业进行，因此是否可以考虑将收益折抵费用，而无须进行分配？对此，存在不同的观点。《建筑物区分所有权解释》第 14 条规定："建设单位、物业服务企业或者其他管理人等擅自占用、处分业主共有部分、改变其使用功能或者进行经营性活动，权利人请求排除妨害、恢复原状、确认处分行为无效或者赔偿损失的，人民法院应予支持。属于前款所称擅自进行经营性活动的情形，权利人请求建设单位、物业服务企业或者其他管理人等将扣除合理成本之后的收益用于补充专项维修资金或者业主共同决定的其他用途的，人民法院应予支持。行为人对成本的支出及其合理性承担举证责任。"对此，《民法典》第 282 条亦明确规定："建设单位、物业服务企业或者其他管理人等利用业主的共有部分产生的收入，在扣除合理成本之后，属于业主共有。"

最后，关于共有部分的处分。处分包括事实上的处分和法律上的处分，对于事实上的处分，如共有部分的拆除、改建或重建，应由专有部分面积占比 2/3 以上的业主且人数占比 2/3 以上的业主参与表决，再经参与表决专有部分面积 3/4 以上的业主且参与表决人数 3/4 以上的业主同意(《民法典》第 278 条第 2 款)。关于业主共有权在法律上的处分，须注意三点。(1)如前所述，共有权随专有权的转让而转让。专有权是建筑物区分所有中的主导性权利，专有权一旦转让，共有权自然须随之转让。(2)在将建筑物区分所有权进行抵押等处分时，编有建号的公共设施，视为专有部分(抵押物)的从物，为抵押权效力之所及。(3)经业主同意，在共有部分之上设定专用权，也属于对共有部分在法律上的处分。

需要指出的是，在共有部分上为特定业主设定专用权，在实践中经常发生，例如根据《民法典》第 275 条第 2 款的规定，占用业主共有的道路或者其他场地用于停放汽车的车位，属于业主共有，但在实践中，常常为发挥物之效用，满足不同的需要，而将共有的车位交给某特定业主使用，此即在共有部分之上设定专用权。又如楼顶平台的使用、外墙悬挂广告牌等。在共有部分上设定专用权的途径主要有两个：(1)通过管理规约设定；(2)通过业主大会决议设定。至于开发商是否可以在销售商品房时通过销售合同在共有部分上为特定业主或者第三人设定专用权，是实践中面临的重大疑难问题。笔者认为,对于共有部分,开发商无权作出上述约定,以免损害业主的利益;在共有部分上为特定业主设定专用权,属于关于共有权的处分,应由业主共同决定。对此,容后详述。

## 三、管理权的行使及其限制

“管理”是建筑物区分所有中的一项重要内容,据此而产生的业主的共同管理权,也是建筑物区分所有权中的一个重要方面。关于共同管理权的行使及其限制,有以下几个方面的理论与实践问题需要澄清。

### (一)关于管理权的性质

所谓业主的共同管理权,是指业主作为成员参与管理的权利,本质上应属“成员权”的范畴。尽管业主的共同管理权在本质上属于成员权,但我国民法并未强制性要求业主必须组成业主大会,在不设业主大会的情形下,应由业主直接参与建筑物区分所有中的管理,而在设业主大会的情形下,业主只能以成员的身份通过业主大会参与建筑物区分所有中的管理,因此我国物权法没有采用“成员权”的提法,而是采用管理权的概念。但即使是在不设立业主大会,并在不选举业主委员会的情形下,业主直接参与重大事项的管理仍需通过决议的形式进行(见《民法典》第 278 条),其本质仍属成员权。

“管理权”的提法很容易让人误解为业主在任何情形下都可以以个人的名义就建筑物的管理问题对他人提起诉讼,其实不然。根据《民法典》第 286 条的规定,仅在业主自己的合法权益受到侵害时,才能以个人名义提起诉讼。也就是说,如果不是针对特定业主的侵害行为,业主只能通过业主大会或者业主委员会行使管理权,或者以决议的形式行使管理权,因此业主的管理权其实就是参与管理的“成员权”,故称之为“共同管理权”。

### (二)关于管理的范围

建筑物区分所有中的管理,包括对“物”的管理和对“人”的管理,前者是指对建筑物及其附属设施的管理,而后者则是指对住户的管理,即通过规范住户的行为,以维护公共安全、公共安宁以及公共卫生。建筑物区分所有中的管理在我国被称为“物业管理”,在一定程度上忽视了对人的管理,这一点从我国法律(包括《民法典》和《物业管理条例》)都未对“住户”进行规范即能看出来。

所谓“住户”,既可能是区分所有权人(业主),也有可能是承租人或者经区分所有权人同意的第三人,例如经业主同意在共有部分为第三人设定专用权,则该第三人就成为“住户”。在实践中,往往是住户的行为影响到小区的公共安全、公共安宁和公共卫生,因此有必要以住户的行为作为规范的对象。不过,《民法典》第286条虽未明确规定为对“住户”行为的调整,但在解释上应作如此理解,方能全面。对此,《建筑物区分所有权解释》第16条规定:“建筑物区分所有权纠纷涉及专有部分的承租人、借用人等物业使用人的,参照本解释处理。专有部分的承租人、借用人等物业使用人,根据法律、法规、管理规约、业主大会或者业主委员会依法作出的决定,以及其与业主的约定,享有相应权利,承担相应义务。”此外,《最高人民法院关于审理物业服务纠纷案件适用法律若干问题的解释》(以下简称《物业服务解释》)第4条亦规定:“因物业的承租人、借用人或者其他物业使用人实施违反物业服务合同,以及法律、法规或者管理规约的行为引起的物业服务纠纷,人民法院可以参照关于业主的规定处理。”按照司法解释起草者的意见,之所以如此规定,是因为在实践中,物业服务纠纷常常会涉及房屋的承租人、借用人等物业使用人。该物业使用人虽然不是业主,但其居住生活在物业服务区域内,也应当受到物业服务合同、法律、法规以及管理规约的约束。从这个意义上说,司法解释对物业服务纠纷的规定,应当同样适用于因非业主的物业使用人实施违反物业服务合同、法律、法规或者管理规约的行为引起的物业服务纠纷案件的处理。[1]

关于“物”的管理,除前文已经谈到的共有部分的维修和共有部分的处分外,还有其他方面的管理问题,如建筑物的维护和保存行为、共有部分用途的改变、利用共有部分从事经营性活动等。根据《民法典》第

---

〔1〕《最高人民法院民一庭负责人就建筑物区分所有权、物业服务司法解释答记者问》,载《人民法院报》2009年5月25日,第4版。

278 条的规定,对于共有和共同管理权的重大事项,必须以业主共同决定的方式行使,至于其他事项,按照管理规约进行即可。所谓“重大事项”,除建筑物和共有部分的维修、改建、重建外,《建筑物区分所有权解释》第 7 条规定:“处分共有部分,以及业主大会依法决定或者管理规约依法确定应由业主共同决定的事项,应当认定为民法典第二百七十八条第一款第(九)项规定的有关共有和共同管理权利的‘其他重大事项’。”

关于“人”的管理,《民法典》第 286 条规定:“业主应当遵守法律、法规以及管理规约,相关行为应当符合节约资源、保护生态环境的要求。对于物业服务企业或者其他管理人执行政府依法实施的应急处置措施和其他管理措施,业主应当依法予以配合。业主大会或者业主委员会,对任意弃置垃圾、排放污染物或者噪声、违反规定饲养动物、违章搭建、侵占通道、拒付物业费等损害他人合法权益的行为,有权依照法律、法规以及管理规约,请求行为人停止侵害、排除妨碍、消除危险、恢复原状、赔偿损失。业主或者其他行为人拒不履行相关义务的,有关当事人可以向有关行政主管部门报告或者投诉,有关行政主管部门应当依法处理。”由此可见,除了业主对于侵害自己合法权益的行为可以以自己的名义提起诉讼,对于损害他人合法权益的行为,业主大会和业主委员会亦有权以自己的名义提起诉讼。至于何谓“损害他人合法权益的行为”,《建筑物区分所有权解释》第 15 条规定:“业主或者其他行为人违反法律、法规、国家相关强制性标准、管理规约,或者违反业主大会、业主委员会依法作出的决定,实施下列行为的,可以认定为民法典第二百八十六条第二款所称的其他‘损害他人合法权益的行为’:(一)损害房屋承重结构,损害或者违章使用电力、燃气、消防设施,在建筑物内放置危险、放射性物品等危及建筑物安全或者妨碍建筑物正常使用;(二)违反规定破坏、改变建筑物外墙面的形状、颜色等损害建筑物外观;(三)违反规定进行房屋装饰装修;(四)违章加建、改建,侵占、挖掘公共通道、道路、场地或者其他共有部分。”

值得注意的是,无论是对“物”的管理,还是对“人”的管理,业主既可以通过业主大会和业主委员会自行进行管理,也可以通过业主大会和业主委员会选聘物业服务企业或者其他管理人进行管理。但在实践中,很多业主认为,物业服务企业没有权利就业主相关妨害物业服务秩序的行为提起诉讼。对此,《物业服务解释》第1条规定:“业主违反物业服务合同或者法律、法规、管理规约,实施妨碍物业服务与管理的行为,物业服务人请求业主承担停止侵害、排除妨碍、恢复原状等相应民事责任的,人民法院应予支持。”其理由是:物业服务企业与业主之间的委托关系具有一定的特殊性,其中很重要的一个方面就是全体业主将维护物业服务区域秩序的管理权交给物业服务企业。该权利行使的主要途径是对业主实施“人”的管理。业主实施妨害物业服务与管理的行为,既有可能是违反物业服务合同的违约行为,也可能是一种侵权行为。赋予物业服务企业以相应诉权,并未超出其对“人”管理权的行使边界,而且可以及时有效地制止不法行为。实际上,在实践中,其他业主往往都是要求物业服务企业去制止妨害、侵害行为,而不愿自己亲力亲为。基于以上考虑,司法解释规定,对于业主违反物业服务合同或者法律、法规、管理规约,实施妨害物业服务与管理的行为,物业服务企业请求业主承担恢复原状、停止侵害、排除妨害等相应民事责任的,人民法院应予支持。[1]

### (三)关于管理组织

业主参与管理,应当形成一定的管理组织,对此,《民法典》第277条第1款中规定:“业主可以设立业主大会,选举业主委员会。”关于业主大会和业主委员会的法律性质,我国民法未设明确的规定,但学理上讨论甚多。就业主委员会而言,虽属业主大会的执行机构,在法律性质上属无权利能力的社团,但具有当事人资格,能够代表全体业主应诉,其具体权利和义务由全体业主承担。至于业主大会,从逻辑上看,本属全体业主讨论问题和进行决议的会议形式,而非组织,似无赋予其法律地位的必要,但由于《民法典》规定可以不设业主委员会,此时的权利义务须由业主大会行使和承担,因此业主大会也应理解为无权利能力的社团,具有当事人的资格。

---

〔1〕《最高人民法院民一庭负责人就建筑物区分所有权、物业服务司法解释答记者问》,载《人民法院报》2009年5月25日,第4版。

原《物权法》通过前,关于业主委员会的法律性质及诉讼主体资格,是争议较为激烈的一个问题。对此,原《物权法(草案)》曾一度规定,对因侵害业主共同权益以及物业服务企业或者其他管理人违反合同发生的争议,业主会议或者业主委员会经2/3以上业主同意,可以自己的名义提起诉讼、申请仲裁,但最后提请十届全国人大五次会议审议时删除了这一规定。一种观点认为,由于业主委员会作为业主大会的执行机关,没有自己的财产,且法律没有明确规定其法律地位,因此不应承认其具有当事人资格。相反观点则认为,无论从比较法的角度看,还是从现实的需要看,都有承认业主大会和业主委员会的诉讼主体资格必要。《物权法》通过后,很多人认为《物权法》没有明确规定业主大会或者业主委员会的诉讼主体资格,因此应理解为业主大会以及业主委员会都没有诉讼主体资格,但笔者认为,不能如此简单地进行推论,因为《物权法》虽然没有明确规定业主大会和业主委员会的法律地位,但却从实体上对其赋予了相应的权利(《物权法》第83条),既然享有实体法的权利,自然必须具有当事人资格,尤其是原告资格,否则权利如何享有,又如何实现?此外,《物权法》第78条规定,业主大会或者业主委员会的决议损害业主合法权益时,业主可以请求撤销该决议。如果业主大会或者业主委员会不能作为被告,又如何通过诉讼的方式撤销其决议呢?可见,业主大会和业主委员会的诉讼地位问题,在《物权法》通过后,应该不再成为问题。至于业主委员会没有自己独立的财产,并不能成为其享有当事人资格的障碍,因为作为无权利能力的社团,只是在诉讼中代表全体业主的利益,最后承担责任的还是全体业主,责任主体和诉讼主体分离的现象在民事诉讼中并非少见,例如起有字号的合伙,民事诉讼法赋予其当事人资格,但最后承担责任的还是具体的合伙人。因此,2009年《物业服务解释》一方面于第2条规定"符合下列情形之一,业主委员会或者业主请求确认合同或者合同相关条款无效的,人民法院应予支持:(一)物业服务企业将物业服务区域内的全部物业服务业务一并委托他人而签订的委托合同;(二)物业服务合同中免除物业服务企业责任、加重业主委员会或者业主责任、排除业主委员会或者业主主要权利的条款。前款所称物业服务合同包括前期物业服务合同";于第8条第

1款规定“业主大会按照物权法第七十六条规定的程序作出解聘物业服务企业的决定后,业主委员会请求解除物业服务合同的,人民法院应予支持”;于第10条第1款规定“物业服务合同的权利义务终止后,业主委员会请求物业服务企业退出物业服务区域、移交物业服务用房和相关设施,以及物业服务所必需的相关资料和由其代管的专项维修资金的,人民法院应予支持”,以确认业主委员会的诉讼主体地位。但是,另一方面又于第8条第2款规定“物业服务企业向业主委员会提出物业费主张的,人民法院应当告知其向拖欠物业费的业主另行主张权利”,以明确业主委员会不具有承担实体法上责任的能力。需要说明的是,尽管《民法典》施行后,因《民法典》增设了物业服务合同作为一种新的有名合同,最高人民法院对原《物业服务解释》进行了清理,删除了上述规定。但这并不意味着上述规定与《民法典》相冲突或者相矛盾,而仅仅是因为这些规定的精神已经体现在《民法典》中,司法解释无须再作规定。

### (四)关于管理规约

管理规约在性质上属于自治法。具体表现在:其一,管理规约在不违反法律、行政法规的强行性规定时,应具有优先适用的效力;其二,管理规约通过后,对未参与表决的业主或者虽然参与表决,但对某些事项持不同意见的业主同样发生法律效力;其三,不仅对现有业主发生法律效力,而且对未来的区分所有权继受人发生法律拘束力。

管理规约在建筑物区分所有中处于极为重要的作用,《民法典》亦多处提到管理规约,例如《民法典》第279条规定:“业主不得违反法律、法规以及管理规约,将住宅改变为经营性用房。业主将住宅改变为经营性用房的,除遵守法律、法规以及管理规约外,应当经有利害关系的业主一致同意。”第286条第1款规定:“业主应当遵守法律、法规以及管理规约,相关行为应当符合节约资源、保护生态环境的要求。对于物业服务企业或者其他管理人执行政府依法实施的应急处置措施和其他管理措施,业主应当依法予以配合。”考虑到实际生活中,管理规约往往由开发商或者物业服务企业事先制定,因而常常不利于业主,为此,《民法典》第278条规定:“下列事项由业主共同决定:……(二)制定和修改管理规约……”

## （五）关于管理方式

《民法典》第284条规定："业主可以自行管理建筑物及其附属设施，也可以委托物业服务企业或者其他管理人管理。对建设单位聘请的物业服务企业或者其他管理人，业主有权依法更换。"第285条规定："物业服务企业或者其他管理人根据业主的委托，依照本法第三编有关物业服务合同的规定管理建筑区划内的建筑物及其附属设施，接受业主的监督，并及时答复业主对物业服务情况提出的询问。物业服务企业或者其他管理人应当执行政府依法实施的应急处置措施和其他管理措施，积极配合开展相关工作。"由此可见，物业服务企业或者其他管理人是接受业主的委托对建筑物及其附属设施进行管理，因此其权利和义务均应来自设立该委托的委托合同。

根据《民法典》第278条的规定，选聘和解聘物业服务企业或者其他管理人由全体业主共同决定，应当由专有部分面积占比2/3以上的业主且人数占比2/3以上的业主参与表决，须经参与表决专有部分面积过半数的业主且参与表决人数过半数的业主同意。针对实践中大量存在业主共同决定解雇物业服务企业或者其他管理人，但后者却以各种理由拒绝移交物业服务用房和相关设施，并以存在物业服务关系为由，请求业主支付物业服务合同权利义务终止后的物业费等问题，2009年《物业服务解释》第10条规定："物业服务合同的权利义务终止后，业主委员会请求物业服务企业退出物业服务区域、移交物业服务用房和相关设施，以及物业服务所必需的相关资料和由其代管的专项维修资金的，人民法院应予支持。物业服务企业拒绝退出、移交，并以存在事实上的物业服务关系为由，请求业主支付物业服务合同权利义务终止后的物业费的，人民法院不予支持。"其理由是："实践中，在物业服务合同权利义务终止后，因物业服务企业拒绝退出而引发的纠纷不在少数。司法解释明确规定，在物业服务合同权利义务终止后，物业服务企业应当退出物业服务区域、移交物业服务用房和相关设施，以及物业服务所必需的相关资料和由其代管的专项维修资金。如果物业服务企业拒绝退出，并以存在事实物业服务关系为由，请求业主支付物业服务合同权利义务终止后的物业费的，法院不予支持。物业服务合同权利义务终止的情形，主要包括合同终止、解除、期限届满且未续期等。”[1]对此,《民法典》第 949 条规定:“物业服务合同终止的,原物业服务人应当在约定期限或者合理期限内退出物业服务区域,将物业服务用房、相关设施、物业服务所必需的相关资料等交还给业主委员会、决定自行管理的业主或者其指定的人,配合新物业服务人做好交接工作,并如实告知物业的使用和管理状况。原物业服务人违反前款规定的,不得请求业主支付物业服务合同终止后的物业费;造成业主损失的,应当赔偿损失。”可见,《民法典》已经吸收了司法解释的成果。据此,最高人民法院在清理司法解释的过程中,也就删除了原《物业服务解释》第 10 条的规定。

物业服务企业或者其他管理者参与物业管理的核心是提供管理这一“服务”。在《物权法》制定前的实践中,物业服务企业常常以管理者自居,缺少服务者的意识,《物权法》首次将物业管理企业更名为物业服务企业,旨在提高其服务者的意识。物业服务企业参与物业管理,是受全体业主的委托,本应完全按照双方所签订的委托合同认定双方的权利和义务,但考虑到物业管理涉及的问题较为复杂,涉及的人数较多,且已成为我国社会中一个重大民生问题,《物业管理条例》对于双方的权利和义务多有强行性的规定,因此当事人之间的委托合同不得违反《物业管理条例》的相关规定。

此外,需要注意的是,在委托物业服务企业或者其他管理人进行管理的情况下,由于物业服务合同一般由业主委员会与物业服务企业订立,因此实践中一些业主以其不是合同当事人为由拒绝履行相关义务。对此,2009 年《物业服务解释》第 1 条规定:“建设单位依法与物业服务企业签订的前期物业服务合同,以及业主委员会与业主大会依法选聘的物业服务企业签订的物业服务合同,对业主具有约束力。业主以其并非合同当事人为由提出抗辩的,人民法院不予支持。”之所以如此规定,是因为司法解释的制定者认为:“业主虽然不是物业服务合同(包括前期物业服务合同)形式上的签订者,但其是物业服务合同项下权利义务的

---

[1] 《最高人民法院民一庭负责人就建筑物区分所有权、物业服务司法解释答记者问》,载《人民法院报》2009 年 5 月 25 日,第 4 版。

一方实际享有者和承担者，从这个角度看，物业服务企业是和业主而不是与业主委员会建立的物业服务法律关系；此外，不仅是物业服务合同，前期物业服务合同也存在这个问题，根据《物业管理条例》的相关规定，在业主、业主大会选聘物业服务企业之前，建设单位可以通过招投标或者经行政主管部门批准采用协议方式选聘物业服务企业，签订前期物业服务合同。只要前期物业服务合同合法有效，其对业主即应具有约束力。物权法第七十六条规定，选聘物业服务企业应当由业主共同决定。业主委员会根据《物业管理条例》的相关规定，与业主大会依法选聘的物业服务企业签订的物业服务合同，是业主自治权行使的结果，全体业主都应遵守。"〔1〕对此，《民法典》第939条规定："建设单位依法与物业服务人订立的前期物业服务合同，以及业主委员会与业主大会依法选聘的物业服务人订立的物业服务合同，对业主具有法律约束力。"可见，《民法典》已吸收了司法解释的成果。

至于物业服务合同的内容，原《物业服务解释》第3条规定："物业服务企业不履行或者不完全履行物业服务合同约定的或者法律、法规规定以及相关行业规范确定的维修、养护、管理和维护义务，业主请求物业服务企业承担继续履行、采取补救措施或者赔偿损失等违约责任的，人民法院应予支持。物业服务企业公开作出的服务承诺及制定的服务细则，应当认定为物业服务合同的组成部分。"这是因为，"在实践中，很多物业服务合同约定内容并不十分详细，而对物业服务管理行为的规范很多是通过法律、法规规定或者相关行业规范来进行的。除此以外，物业服务企业公开作出的服务承诺及制定的服务细则，往往对业主作出选聘决定具有重要作用。为更好维护业主权益，司法解释依据合同默示条款理论，合理扩充了物业服务企业应承担义务的依据范围，即不仅限于物业服务合同中的明示条款，法律、法规规定、相关行业规范，以及物业服务企业公开作出的服务承诺及制定的服务细则也是确定物业服务企业应尽义务的依据。根据《物业管理条例》第2条规定，物业服务企业应当

〔1〕《最高人民法院民一庭负责人就建筑物区分所有权、物业服务司法解释答记者问》，载《人民法院报》2009年5月25日，第4版。

承担的义务主要是对房屋及配套的设施设备和相关场地进行维修、养护、管理,维护相关区域内的环境卫生和秩序,就其义务量而言,司法解释对物业服务企业应尽义务所做的规定并不会额外增加物业服务企业的义务"〔1〕。正因如此,《民法典》第938条第2款规定:"物业服务人公开作出的有利于业主的服务承诺,为物业服务合同的组成部分。"考虑到《民法典》已经就此作出规定,最高人民法院在清理原《物业服务解释》时,删除了上述第3条的规定。

此外,针对实践中存在的物业服务企业或者其他管理将全部物业服务业务一并委托他人办理的情形,以及物业服务合同通常以格式合同方式订立的情形,原《物业服务解释》第2条规定:"符合下列情形之一,业主委员会或者业主请求确认合同或者合同相关条款无效的,人民法院应予支持:(一)物业服务企业将物业服务区域内的全部物业服务业务一并委托他人而签订的委托合同;(二)物业服务合同中免除物业服务企业责任、加重业主委员会或者业主责任、排除业主委员会或者业主主要权利的条款。前款所称物业服务合同包括前期物业服务合同。"对此,《民法典》第941条规定:"物业服务人将物业服务区域内的部分专项服务事项委托给专业性服务组织或者其他第三人的,应当就该部分专项服务事项向业主负责。物业服务人不得将其应当提供的全部物业服务转委托给第三人,或者将全部物业服务支解后分别转委托给第三人。"考虑到《民法典》已经就此作出规定,最高人民法院在清理原《物业服务解释》时,删除了上述第2条的规定。

### (六)关于管理费用

关于管理费用的承担与缴纳,可以在管理规约中进行规定,也可以业主大会决议的形式进行规定。业主承担并缴纳管理费用,是其应当履行的义务,但在实践中经常发生业主拒缴或者延期缴纳管理费的问题。对此,《民法典》第286条规定,当发生此种情形时,业主大会或者业主委员会有权依照法律、法规以及管理规约,请求业主履行义务,甚至赔偿

---

〔1〕《最高人民法院民一庭负责人就建筑物区分所有权、物业服务司法解释答记者问》,载《人民法院报》2009年5月25日,第4版。

损失。

实践中争议较大的问题是：区分所有权的继受人（受让人）是否有义务清偿让与人所积欠的管理费用？对此，日本《有关建筑物区分所有等之法律》第 54 条规定："区分所有人的特定继受人，就其继受前所生管理组合法人的债务，亦负与该区分所有人依前条所定应负责任相同的责任。"由此可见，在日本法上，似应理解为区分所有权的继受人（受让人）有义务清偿让与人所积欠的管理费用。[1] 我国民法对此没有规定，亦应采否定说为宜，因为业主享有权利，同时应履行其义务，因此业主个人所积欠的物业管理费属于其个人债务，并不当然随所有权转移至所有权的继受人，除非经债权人同意，当事人达成债务承担的协议。

在委托物业服务企业或者其他管理人管理的情形下，物业服务费的收取应当根据物业服务合同约定进行办理：一方面，物业服务企业或者其他管理人根据合同，有权收取物业费；另一方面，业主也有缴纳物业费的义务。针对实践中物业服务企业或者其他管理人擅自提高物业费的问题，《物业服务解释》第 2 条规定："物业服务人违反物业服务合同约定或者法律、法规、部门规章规定，擅自扩大收费范围、提高收费标准或者重复收费，业主以违规收费为由提出抗辩的，人民法院应予支持。业主请求物业服务人退还其已经收取的违规费用的，人民法院应予支持。"

针对一些业主提出不需要有关物业服务或者因出国等没有享受物业服务而拒绝缴费的问题，原《物业服务解释》第 6 条规定："经书面催交，业主无正当理由拒绝交纳或者在催告的合理期限内仍未交纳物业费，物业服务企业请求业主支付物业费的，人民法院应予支持。物业服务企业已经按照合同约定以及相关规定提供服务，业主仅以未享受或者无需接受相关物业服务为抗辩理由的，人民法院不予支持。"其理由：是"业主委员会根据《物业管理条例》的规定，与业主大会依法选聘的物业服务企业签订的物业服务合同，是业主自治权行使的结果，全体业主都应遵守。实践中，在物业服务企业已经按照约定以及规定全面履行了相应义务的情况下，有的业主以未享受物业服务企业已经提供的服务（比

---

〔1〕 王泽鉴：《民法物权（一）》，中国政法大学出版社 2001 年版，第 264—265 页。

如业主提出其因出国而未享受服务）或者无需接受相关物业服务（比如低楼层业主提出其从未乘坐电梯等）提出抗辩。选聘物业服务企业是业主共同作出的决定，只要物业服务企业按照合同约定提供了相关服务，则物业费的交纳义务对全体业主而言都是均等的。否则，物业服务关系的稳定性和确定性将会被彻底打破。除非管理规约或者物业服务合同等有另外的规定或者约定，业主以前述理由所提的抗辩属于权利滥用，有损业主自治机制和物业服务秩序，所以不应得到支持。”〔1〕对此，《民法典》第944条规定：“业主应当按照约定向物业服务人支付物业费。物业服务人已经按照约定和有关规定提供服务的，业主不得以未接受或者无需接受相关物业服务为由拒绝支付物业费。业主违反约定逾期不支付物业费的，物业服务人可以催告其在合理期限内支付；合理期限届满仍不支付的，物业服务人可以提起诉讼或者申请仲裁。物业服务人不得采取停止供电、供水、供热、供燃气等方式催交物业费。”考虑到《民法典》已经就此作出规定，最高人民法院在清理原《物业服务解释》时，删除了上述第6条的规定。

此外，实践中常常出现业主将房屋出租或者借用给他人，双方约定由承租人或者借用人等物业使用人承担物业费，但承租人或者借用人等物业使用人拖欠甚至拒交物业费的问题。对此，原《物业服务解释》第7条规定：“业主与物业的承租人、借用人或者其他物业使用人约定由物业使用人交纳物业费，物业服务企业请求业主承担连带责任的，人民法院应予支持。”由此可见，司法解释既赋予物业服务企业直接向承租人或者借用人等物业使用人主张物业费的权利，也赋予物业服务企业直接向业主主张物业费的权利，这对保护物业服务企业的合法权益，甚为周到。不过，这一规定也涉嫌违反合同相对性，在《民法典》施行后，最高人民法院在清理司法解释时，便将这一规定删除了。

针对物业服务合同解除后，物业服务企业提出其尚有物业费被拖欠的问题，原《物业服务解释》第8条规定：“业主大会按照物权法第七十

---

〔1〕《最高人民法院民一庭负责人就建筑物区分所有权、物业服务司法解释答记者问》，载《人民法院报》2009年5月25日，第4版。

六条规定的程序作出解聘物业服务企业的决定后，业主委员会请求解除物业服务合同的，人民法院应予支持。物业服务企业向业主委员会提出物业费主张的，人民法院应当告知其向拖欠物业费的业主另行主张权利。”原《物业服务解释》第9条规定：“物业服务合同的权利义务终止后，业主请求物业服务企业退还已经预收，但尚未提供物业服务期间的物业费的，人民法院应予支持。物业服务企业请求业主支付拖欠的物业费的，按照本解释第六条规定处理。”上述规定的理由是：“物权法第七十六条规定，业主大会有权决定解聘物业服务企业。按照业主大会决定，业主委员会代表业主，应有请求解除物业服务合同的权利。业主委员会虽为物业服务合同的一方当事人，但其既不是欠费人又没有责任财产，所以如果确实存在拖欠物业费的情形，物业服务企业可以在合同解除后，向拖欠物业费的业主提起诉讼。对此，司法解释明确规定，如果物业服务企业在解除物业服务合同的诉讼中，提出要求业主委员会支付拖欠的物业费的请求，法院应当告知其向拖欠物业费的业主另行主张权利。”[1]《民法典》施行后，考虑到《民法典》第944条已就物业费的支付作出明确规定，最高人民法院在清理司法解释时，删除了上述第8条的规定，但保留了第9条（条文序号变为第3条）。

### （七）关于业主的知情权

业主行使管理权的前提，是对所需决议的事项有基本的了解，但在实践中，由于相关资料掌握建设单位、业主大会、业主委员会或者物业服务企业手里，业主对此可能并不知情。为保护业主的知情权，《建筑物区分所有权解释》第13条规定：“业主请求公布、查阅下列应当向业主公开的情况和资料的，人民法院应予支持：（一）建筑物及其附属设施的维修资金的筹集、使用情况；（二）管理规约、业主大会议事规则，以及业主大会或者业主委员会的决定及会议记录；（三）物业服务合同、共有部分的使用和收益情况；（四）建筑区划内规划用于停放汽车的车位、车库的处分情况；（五）其他应当向业主公开的情况和资料。”此外，《民法典》第

---

〔1〕《最高人民法院民一庭负责人就建筑物区分所有权、物业服务司法解释答记者问》，载《人民法院报》2009年5月25日，第4版。

943 条也规定："物业服务人应当定期将服务的事项、负责人员、质量要求、收费项目、收费标准、履行情况，以及维修资金使用情况、业主共有部分的经营与收益情况等以合理方式向业主公开并向业主大会、业主委员会报告。"

在"夏浩鹏等人诉上海市闸北区精文城市家园小区业主委员会业主知情权纠纷"案中，裁判摘要指出："业主知情权是指业主了解建筑区划内涉及业主共有权以及共同管理权相关事项的权利。根据最高人民法院《关于审理建筑物区分所有权纠纷案件具体应用法律若干问题的解释》第十三条的规定，业主请求公布、查阅建筑物及其附属设施的维修基金使用、业委会的决定及会议记录、共有部分的收益、物业服务合同等情况和资料的，人民法院应予支持。司法解释对于业主知情权的范围作出了明确的规定，业主以合理的方式行使知情权，应当受到法律保护。"[1]

### （八）业主自治的司法审查

《民法典》第 280 条规定："业主大会或者业主委员会的决定，对业主具有法律约束力。业主大会或者业主委员会作出的决定侵害业主合法权益的，受侵害的业主可以请求人民法院予以撤销。"可见，在建筑物区分所有中的管理问题上，《民法典》在贯彻业主自治原则的同时，还通过司法途径进行适当干预，这对于防止多数业主滥用其地位损害少数业主的合法权益确有其必要。

需要说明的是，在农村实行村民自治的原则，在城市实行业主自治的原则，是我国民法贯彻私法自治原则的具体表现，但由于我国情况比较特殊，许多村民和业主没有自治的意识，也没有自治的能力，更无参与公众事务决策的积极性，导致在实践中村民自治和业主自治难以实施，这也是导致目前物业管理纠纷不断的重要社会根源，因此提高业主的自治能力和意识，应是未来化解此类矛盾的出路。《民法典》第 280 条第 2 款对业主撤销权作出了规定，但业主撤销权的行使还涉及一些具体问题需要明确。比如，业主大会、业主委员会违反法定程序作出的决定，业主能否申请撤销，以及业主撤销权的行使应否有一个时间限制等。对此，

---

〔1〕 载《最高人民法院公报》2011 年第 11 期。

《建筑物区分所有权解释》第12条规定："业主以业主大会或者业主委员会作出的决定侵害其合法权益或者违反了法律规定的程序为由，依据民法典第二百八十条第二款的规定请求人民法院撤销该决定的，应当在知道或者应当知道业主大会或者业主委员会作出决定之日起一年内行使。"其理由是："根据物权法第七十六条的立法精神，司法解释将物权法第七十八条第二款规定的'业主合法权益'解释为：不仅包括侵害业主的实体权利，也包括作出决定的程序违反法律规定。业主撤销权作为一种形成权，应当受到除斥期间的限制，本条参照合同法有关债权人撤销权的规定，将其确定为自知道或者应当知道业主大会或者业主委员会作出决定之日起一年之内。如此规定，既可以督促受侵害的业主及时行使权利，也有利于尽量维护业主共同生活秩序的稳定。因该除斥期间的起算点为'在知道或者应当知道业主大会或者业主委员会作出决定之日起'，所以也不会对业主合法权益保护带来不利影响。"〔1〕

〔1〕《最高人民法院民一庭负责人就建筑物区分所有权、物业服务司法解释答记者问》，载《人民法院报》2009年5月25日，第4版。

# 第十讲

# 中国特色的用益物权制度

前文我们谈到法律(包括公法和私法)对所有权进行的限制,也谈到了物权的社会化问题。事实上,物权的社会化在我国不仅是一种现象,更是一种本质,原因很简单:我国是社会主义国家,坚持社会主义公有制为主体、多种所有制经济共同发展的基本经济制度,土地作为重要的生产资料,在我国只能归国家或者集体所有,单位或者个人不能享有所有权。但是,在经济运行机制上,我国又要发展社会主义市场经济,要发挥市场在资源配置上的决定性作用。如此一来,在法律上就会面临如何在社会主义国家发展市场经济的难题,即包括土地在内的各种生产要素如何进入市场的问题。经过几十年的改革开放,我们找到了一条中国特色社会主义道路,实现了社会主义制度与市场经济的有机结合。就土地资源而言,我们在城镇推行建设用地使用权制度,在农村发展土地承包经营权、宅基地使用权等制度,在坚持社会主义公有制的前提下,允许土地资源作为生产要素进入市场,充分调动了各方面的积极性,为推动经济高质量发展奠定了基础。为保障建设用地使用权人、土地承包经营权人、宅基地使用权人的交易安全和合理预期,《物权法》将建设用地使用权、土地承包经营权、宅基地使用权与地役权作为用益物权予以规定。《民法典》还进一步规定了土地经营权、居住权等用益物权。在笔者看来,只有在对中国特色的用益物权制度进行全面了解后,才能对物权的社会化有更加深刻的认识。

## 一、用益物权制度的双重功能

如前所述,用益物权是以使用收益为目的而设立的定限物权,它最为直接地体现物权法"物尽其用"的精神,因此备受各国民法的重视。但更加重要的是,由于用益物权制度可以解决"所有"和"利用"相分离的问题,因此用益物权制度在我国具有不同寻常的意义。我国是社会主义国家,土地以及大部分自然资源归国家所有或者集体所有,在计划经济时代,国家和集体通过设立相应的经济组织来实现对这些资源的开发和利用,但在市场经济条件下,不能再由国家和集体通过计划的手段来解决土地和大部分自然资源的利用,而要将土地和大部分自然资源交给市场主体进行开发和利用。不过,在法律上,国家和集体仍然是土地和自然资源所有者,这就需要实行“所有”和“利用”相分离政策,而用益物权制度正是解决这一问题的最佳方案。改革开放以来,我国成功地运用了建设用地使用权、土地承包经营权、宅基地使用权等制度来解决土地的利用问题,但这些权利在民法上的地位到底如何,则是一个备受争议的问题。经过充分地讨论和分析,2007 年制定的《物权法》在借鉴传统民法用益物权制度的基础上,将上述权利规定为用益物权,旨在通过借助传统民法的机制达到在市场经济条件下实现公有制的目的。

由此可见,用益物权制度在我国不仅要解决“物尽其用”问题,而且担负着如何在市场经济条件下实现公有制的重任,这也正是我国物权法乃至整个民法的最大特色。也正因为我国的用益物权制度具有此双重功能,我国的用益物权在制度设计上必然不同于传统民法关于用益物权的制度设计:传统民法的用益物权制度是在土地等自然资源能够为私人所有的基础上设计的,故物权法只需考虑如何更加全面地促进“物尽其用”而已。在我国,设计用益物权制度的一个前提条件,就是土地等自然资源不能由私人所有。在这种情况下,用益物权就不仅仅是一个如何促进“物尽其用”的问题,而是只能通过用益物权制度来解决土地等自然资源的利用问题,因此在我国,用益物权制度的适用范围之广,其意义之重大,恐怕是任何一个资本主义社会所不能想象的。

当然,也许有人怀疑用益物权在此方面的意义,认为通过债权制度(如租赁关系)也能解决“物尽其用”乃至“所有”和“利用”相分离的问题,而不一定必须通过用益物权制度来实现。这里涉及用益物权与租赁权等债权的区别和联系。的确,通过租赁关系等债权制度也能在一定程度上解决标的物的利用问题,但是租赁权在本质上属于债权,即使现代民法为加强对承租人的保护,使租赁权具有某些物权的特征,例如通过

"买卖不破租赁"和承租人的"优先购买权"赋予租赁权一定程度上对抗第三人的效力，但租赁权和用益物权还是存在一定的差异，例如原则上租赁权不具有可转让性，但我国的用益物权（如建设用地使用权）原则上具有可转让性，除非法律另有限制性的规定。此外，在期限和法定性上，租赁权和用益物权也存在相当大的区别，用益物权的存续期限一般较为固定，且较租赁权更长，有利于用益人对标的物的长期投资和利用，也有利于权利的转让，在解除条件上，法律常常为保护用益人的利益严格限制合同的解除条件。[1] 正是因为租赁权与用益物权之间存在较大的区别，虽然各国民法通过将租赁权物权化来提高对承租人的保护，但用益物权制度依然是各国民法上的一项重要制度。在下文我们就以土地承包经营权的法律性质为例来分析具有中国特色的用益物权制度的功能。

## 二、土地承包经营权与土地经营权

### （一）土地承包经营权制度的发展

在我国，根据法律的规定，农村的土地属集体所有。改革开放后，根据党和国家的政策，在农村实行家庭联产承包责任制和统分结合的双层管理机制，《宪法》与《民法通则》等相关法律对此亦予以确认，单就这一点而言，我国在财产利用制度上就与以私有制为基础的资本主义国家存在显著不同。在西方国家，标的物的利用是根据权利人的意愿进行的，法律不会强行要求实行承包经营制度，但我国是社会主义国家，既要维

---

〔1〕 也有不少学者认为租赁权本质上就是物权。笔者认为，对于租赁权，应区分传统民法上的租赁权和现代民法上的租赁权。传统民法上的租赁权是典型的债权，因此承租人的法律地位十分不牢固，出租人和承租人之间的权利义务也完全取决于租赁合同的约定，从而导致出租人常常滥用其优势地位订立有利于自己的租赁合同。也正是基于这一点，在对标的物进行利用时，尽管传统民法提供了用益物权制度，但由于用益物权法定性较强，相对而言，对权利人不利，因此权利人就尽可能采取租赁合同来实现对标的物的利用，而不采取用益物权制度。但租赁权的广泛运用又带来大量严重的社会问题，在此情况下，现代各国民法纷纷采取措施加强对承租人的保护，从而使租赁权呈现出物权的特征，与用益物权之间的区别也越来越小，但即使如此，将租赁权认定为债权，从而使其区别于用益物权仍然是各国民法的通行做法。

护土地等自然资源的公有性质，又要实行市场经济、提高社会生产力，实行承包经营就是一条可行的途径。改革开放以来，通过承包经营的方式，农村的生产力得到解放，农民的生活得到普遍改善，但在实践中，也存在一些问题，最为突出的就是一些作为发包人的集体组织任意撕毁承包合同，随意调整土地承包方案乃至收回土地，导致承包人的合法权益得不到应有的保障。究其原因，在于人们对土地承包经营权的法律性质一直存在比较模糊的认识。

关于土地承包经营权在民法上的地位，《民法通则》在“财产所有权和与财产所有权有关的财产权”一节中于第 81 条第 3 款中明确规定：“公民、集体依法对集体所有的或者国家所有由集体使用森林、山岭、草原、荒地、滩涂、水面的承包经营权，受法律保护。”虽然《民法通则》没有采用“物权”的概念，但通说认为所谓“财产所有权和与财产所有权有关的财产权”就是指“物权”，因此根据上述规定，似乎可以认为《民法通则》已将土地承包经营权定性为物权的一种。但问题是，《民法通则》于第 81 条紧接着规定：“承包双方的权利和义务，依照法律由承包合同规定。”根据这一规定，既然双方的权利义务完全由承包合同规定，似乎又只能认定土地承包经营权在本质上是债权。由此导致学界对土地承包经营权的性质争论不断：一种意见认为土地承包经营权是债权，也有一种意见认为土地承包经营权是物权，还有一种意见认为土地承包经营权兼具物权和债权双重性质。

从 1999 年发布的《最高人民法院关于审理农业承包合同纠纷案件若干问题的规定（试行）》来看，似采债权说的观点，因为该司法解释在第 23 条规定：“承包合同的当事人在合同中对可能发生引起合同变更的事项作出约定的，人民法院在审理农业承包合同纠纷案件时，可从其约定。”第 24 条亦规定：“有下列情形之一，当事人请求终止承包合同的，人民法院应当允许：（一）承包合同中约定的终止或者解除合同的条件成就的……（三）因一方不履行承包合同约定的义务，致使承包合同无法继续履行的……（六）承包方随意改变土地用途，经发包方劝阻无效的。”上述司法解释严格贯彻《民法通则》关于“承包双方的权利和义务，依照法律由承包合同规定”的规定，显然是把土地承包经营权作为一种因合同而产生的债权来看待，而未将其看作是一种法定性较强的物权。

正是因为将土地承包权作为一种债权来对待，导致实践中出现如下问题：其一，发包人利用其优势地位约定多种解除或者变更合同的条款，一旦条件成就，发包人即可行使约定的解除权或者变更权解除或者变更承包合同；其二，发包人以各种借口收回承包地或者在承包期限内对承包地进行调整，导致承包人的权利无法得到切实的保障。

2003 年《农村土地承包法》为改变上述情形，从以下几个方面加强对承包方的保护，使土地承包经营权具有极强的物权效力。

(1)严格禁止非法变更或解除承包合同。《农村土地承包法》不仅在第 14 条明确将"维护承包方的土地承包经营权，不得非法变更、解除承包合同"作为发包的一项义务，而且于第 24 条和第 25 条规定"承包合同生效后，发包方不得因承办人或者负责人的变动而变更或者解除，也不得因集体经济组织的分立或者合并而变更或者解除""国家机关及其工作人员不得利用职权干涉农村土地承包或者变更、解除承包合同"。此外，针对实践中存在的种种问题，第 35 条特别规定："承包期内，发包方不得单方面解除承包合同，不得假借少数服从多数强迫承包方放弃或者变更土地承包经营权，不得以划分'口粮田'和'责任田'等为由收回承包地搞招标承包，不得将承包地收回抵顶欠款。"

(2)严格限制任意收回或者调整承包地。《农村土地承包法》第 26 条规定"承包期内，发包方不得收回承包地"，承包期内，只有在"承包方全家迁入设区的市，转为非农业户口"时，发包人才可以收回承包地，但如果承包方对其在承包地上投入而提高土地生产能力，有权获得相应的补偿。此外，第 27 条规定，"承包期内，发包方不得调整承包地"，在承包期内，只有"因自然灾害严重毁损承包地等特殊情形"，才能"对个别农户之间承包的耕地和草地需要适当调整的"，但"必须经本集体经济组织成员的村民会议三分之二以上成员或者三分之二以上村民代表的同意，并报乡(镇)人民政府和县级人民政府农业等行政主管部门批准"，且"承包合同中约定不得调整的，按照其约定"。此为，针对"出嫁女"权益保护问题，该法第 30 条规定："承包期内，妇女结婚，在新居住地未取得承包地的，发包方不得收回其原承包地；妇女离婚或者丧偶，仍在原居住地生活或者不在原居住地生活但在新居住地未取得承包地的,发包方不得收回其原承包地。"

(3)强化土地承包经营权的可流转性。《农村土地承包法》第 32 条规定:"通过家庭承包取得的土地承包经营权可以依法采取转包、出租、互换、转让或者其他方式流转。"第 34 条规定:"土地承包经营权流转的主体是承包方。承包方有权依法自主决定土地承包经营权是否流转和流转的方式。"当然,如前所述,考虑到土地是农民的衣食之源,生存之本,为避免引起社会的不稳定,《农村土地承包法》规定以家庭承包方式取得土地承包经营权的,在转让时须经发包人同意,但这并非对土地承包经营权可转让性的否定。

为进一步贯彻落实《农村土地承包法》的规定,进一步强化对土地承包权的保护,最高人民法院于 2005 年发布了《最高人民法院关于审理涉及农村土地承包纠纷案件适用法律问题的解释》(法释〔2005〕6 号)。一方面,该司法解释回答了《农村土地承包法》相关规定在私法上的效力,如该解释第 5 条规定:"承包合同中有关收回、调整承包地的约定违反农村土地承包法第二十六条、第二十七条、第三十条、第三十五条规定的,应当认定该约定无效。"第 12 条第 2 款规定:"发包方阻碍承包方依法流转土地承包经营权,承包方请求排除妨碍、赔偿损失的,应予支持。"另一方面,司法解释针对司法实践中的一些疑难问题,作出了对承包人有利的解释,如该解释第 7 条规定:"承包合同约定或者土地承包经营权证等证书记载的承包期限短于农村土地承包法规定的期限,承包方请求延长的,应予支持。"第 13 条规定:"承包方未经发包方同意,采取转让方式流转其土地承包经营权的,转让合同无效。但发包方无法定理由不同意或者拖延表态的除外。"

值得注意的是,2003 年《农村土地承包法》和 2005 年最高人民法院的司法解释虽然强化了对土地承包经营权的保护,但却并未明确其法律性质,从而致使司法实践仍然面临不少疑惑。《物权法》在吸收以往的立法经验和司法经验的基础上,将土地承包经营权作为用益物权的一种加以规定,虽然在具体内容上并无任何进一步的突破,但在观念革新上的贡献则不容忽视。[1] 因为一旦将土地承包经营权定性为用益物权，则民法关于物权尤其是用益物权的理论和制度就可以适用到土地承包经营权上，这对承包人的合法权益的保护无疑具有极其重要的作用。

但也应看到，我国的用益物权制度与传统民法上的用益物权制度存在相当大的差异，不但其功能不同于传统民法中的用益物权（已如前述），而且其效力也不同于传统民法中的用益物权。例如传统民法中的用益物权都有最长期限（虽然日本民法上的永佃权在理论上没有期限，但在实践中已经废止），但在我国的用益物权制度中，有些用益物权并没有期限限制，或者在事实上没有期限限制，如住宅建设用地使用权和宅基地使用权就不存在期限问题；而以家庭承包方式取得土地承包经营权虽然法律规定有期限，但只要国家的土地承包政策不发生变化，权利人的集体成员身份不丧失，该权利在事实上也是无期限的，因为一轮承包结束后，又会有新一轮承包，只要当事人资格尚在，就可以继续承包。又如用益物权的法定性，虽然传统民法中的用益物权，除役权外，其内容大都也是法定，但这些权利的取得仍然是双方当事人合意结果，并非法定的结果，反观我国物权法上的用益物权，以家庭承包方式取得土地承包经营权和依法取得的宅基地使用权，在很大程度上却是法定的结果，而非意定的产物：虽然当事人也要订立诸如土地承包经营合同等合同，但只要具有集体组织成员的身份，集体组织就必须无条件地将土地发包给

---

[1] 整体上来说，虽然《物权法》对用益物权进行了系统化的整理，并且规定了“地役权”这一以往民法没有规定的制度，但在笔者看来，《物权法》关于用益物权的规定仍然存在一定的问题。理由是：相对于已有的规范，《物权法》关于建设用地使用权、土地承包经营权的规定过于简单，且未充分考虑到我国的特殊情况，例如建设用地使用权的初始取得可以通过划拨和出让的方式，但不同方式取得的建设用地使用权在效力上却存在较大的差异。同样，土地承包经营权可以通过家庭承包方式和其他方式取得，但二者在内容上也存在诸多不同，对此，原有的立法和司法解释都给予了相当程度的关注，但《物权法》在简单重复原有立法和司法解释的同时，却进一步淡化了他们之间的差异，从而给司法实践带来诸多的问题。

其成员，并按照法定的标准为其设定宅基地使用权。[1] 在这里，并不存在愿意与否的问题，集体组织必须按照法律进行发包或者为其成员设定宅基地使用权，集体作为所有权人的地位早已名不副实（只是到了土地被征收时，集体作为所有权人突然又“蹦”了出来）。

由此可见，我国民法上的用益物权确实与传统民法上的用益物权相去甚远，不可同日而语，尤其是基于一定身份关系发生用益物权，如以家庭承包的方式取得的土地承包经营权和宅基地使用权，是农民的生存之

〔1〕 由此也常常引发征地补偿款分配的纠纷问题：随着社会的发展，城市化和工业化进程的加速，城市边郊大片农村集体所有的土地被征收，农村集体经济组织与其成员之间就土地补偿款的分配问题发生争议的情形大量存在。与其他涉农纠纷相比，此类纠纷往往涉及农民的根本利益，双方的矛盾激烈且难以化解，争执的重点往往是农村集体经济组织成员资格的确定，这是因为目前我国的法律法规仅仅提到农村集体经济组织，但对其成员资格的认定却没有明确的规定，《最高人民法院关于审理涉及农村土地承包纠纷案件适用法律问题的解释》第24条也只是规定发包方可以依照法律规定的民主程序决定在本集体经济组织内部分配已经收到的土地补偿费。征地补偿安置方案确定已经具有本集体经济组织成员资格的人，请求发包方支付相应份额的，应予支持，而对于如何确认集体经济组织成员资格没有明确规定，从而给司法实践带来很大的困难。更为突出的是，实践中发生的所谓“外嫁女”“空挂户”以及“两头踩”等现象，使得集体经济组织成员资格的认定问题更是难上加难。对此，实践中存在两种看法：一是具备农村集体经济组织户口的就为农村集体经济组织的成员，就应当分得土地补偿费；二是不能仅凭农村集体组织经济户口来认定其是否具有成员资格，还要根据其是否享有土地承包经营权来认定农村集体经济组织的成员资格。对此，最高人民法院原审判委员会委员、原民一庭庭长纪敏在2007年4月召开的在全国民事审判工作座谈会上谈道：“农村集体经济组织成员的确定标准是一个老大难问题，也是一个需要通过立法或法律解释解决的问题。最高法院曾就此问题向全国人大常委会提交了建议作出法律解释的报告。但由于这是一个十分复杂的问题，所以目前还没有结论。从实践情况看，大量涉农纠纷之所以难以处理，其根源就在于集体经济组织成员资格的确定没有一个统一和可操作的标准。我认为，应当从我国农村集体经济组织所具有的自然共同体特征出发，以成员权理论为依据，以形成较为固定的生产、生活关系，并依法登记所在地常住户口作为判断取得和丧失集体经济组织成员资格形式要件，以是否需要本集体经济组织农村土地为基本生活保障为实质要件，综合考虑农村富余劳动力向城市转移的大趋势以及农村土地对未丧失集体经济组织成员资格的人所具有的唯一且有力的基本生活保障功能，对一些特殊情形作出特别规定。通过对集体经济组织成员资格取得、丧失的规定和建立在特殊性规定基础上的相互衔接，划定成员资格的保有期间，并确立资格取得的唯一性原则。按照这个思路，我提出一些具体意见供大家在审判实践中研究参考：出生时，父母双方或者一方是本集体经济组织成员或者因为婚姻、收养以及国防建设或者其他政策性迁入等原因，在集体经济组织所在

本、生活之源，因此在对待其可转让性问题上，一直存在激烈的争议。

《农村土地承包法》对于以家庭承包方式取得的土地承包经营权的转让，之所以设有限制性的规定，是因为立法者担心过于自由的可转让性，可能导致出现大量失地的农民，既不利于对农民的生存和生活保障，也不利于社会稳定，但如果将土地承包经营权管得过于严格，又可能阻碍农村经济的发展，毕竟农民最有价值的财产，就是所承包的土地，且如果限制土地承包经营权的转让，也不利于农村经济发展的规模化。在这一背景下，中共十七届三中全会审议通过的《中共中央关于推进农村改革发展若干重大问题的决定》提出：赋予农民更加充分而有保障的土地承包经营权，现有土地承包关系要保持稳定并长久不变；按照依法自愿

---

接上注

地生产、生活并依法登记了常住户口的人，应当认定其具有该集体经济组织成员资格。因死亡或者取得其他集体经济组织成员资格、设区的市非农业户口、非设区的市的城镇非农业户口，且纳入国家公务员序列或者城镇企业职工社会保障体系，被注销或者迁出本集体经济组织所在地常住户口的人，应当认定其丧失该集体经济组织成员资格。因外出经商、务工等原因，脱离常住户口所在地集体经济组织生产、生活的人，在丧失集体经济组织成员资格之前，应当认定其仍然具有成员资格。因学习、服义务兵或初级士官兵役等原因注销、迁出常住户口的人，在丧失集体经济组织成员资格之前，应当认定其仍然具有成员资格。除基于前述的出生等三种情况取得集体经济组织成员资格的人以外，自登记常住户口时起，未在户口所在地生产、生活或者不以承包经营该集体经济组织农村土地为基本生活保障的人，应当认定其不具有成员资格。如果婚姻关系发生在持农业户口和非农业户口人员之间的，在丧失集体经济组织成员资格之前，应当认定持农业户口一方具有户口所在地集体经济组织成员资格。至于农嫁农人员成员资格的确定，我认为，如果已进入本集体经济组织的农户实际生产、生活，即使常住户口尚未迁入本集体经济组织所在地，也应当认定其具有本集体经济组织成员资格，从进入本集体经济组织的农户时起，其原集体经济组织成员资格丧失。除此以外，目前全国部分地方实行了户籍制度改革，取消了农业户口，同时社会保障体制改革也在稳步推进。这些情况对我们研究这个问题非常重要，大家要格外注意。总之，合理界定农村集体经济组织成员资格对广大农民基本权利的保护至关重要，如果要认定资格丧失，应当慎之又慎。”

考虑到上述问题的复杂性，《八民纪要》中规定：“审理土地补偿费分配纠纷时，要在现行法律规定框架内，综合考虑当事人生产生活状况、户口登记状况以及农村土地对农民的基本生活保障功能等因素认定相关权利主体。要以当事人是否获得其他替代性基本生活保障为重要考量因素，慎重认定其权利主体资格的丧失，注重依法保护妇女、儿童以及农民工等群体的合法权益。”

有偿原则，允许农民以转包、出租、互换、转让、股份合作等形式流转土地承包经营权，发展多种形式的适度规模经营。至于这一“决定”如何落实，尚需修改相关法律。

## （二）土地经营权的类型与性质

农村土地承包经营权虽然解决了集体所有的土地如何交由农村土地承包经营户进行利用的问题，但是，由于土地承包经营权的取得通常需要具备一定的资格和条件，原则上只有本集体经济组织的成员才能取得土地承包经营权，除“四荒”土地外，不属于本集体经济组织的其他民事主体，往往不能取得土地承包经营权。如此一来，就严重限制了农村土地的充分利用。尽管《农村土地承包法》等为土地承包经营权的流转预留了空间，但土地承包经营权的流转因关系到农村稳定和农民的基本生活保障而始终未能全面放开。为此，国务院于 2016 年颁布《关于农村土地所有权承包权经营权分置办法的意见》，将农村土地产权区分为所有权、土地承包权和土地经营权，在严格限制土地承包经营权流转的同时，允许土地承包经营者在承包的土地上为他人再次设定土地经营权。这一意见的出台具有非常重要的意义，是继家庭联产承包责任制后农村改革的又一重大制度创新。党的十九大报告也提出，巩固和完善农村基本经营制度，深化农村土地制度改革，完善承包地“三权分置”制度。此后，中央发布的《关于实施乡村振兴战略的意见》再次强调，完善农村承包地“三权分置”制度，在依法保护集体土地所有权和农户承包权前提下，平等保护土地经营权。

为贯彻落实中央提出的“三权分置”改革，《民法典》在“土地承包经营权”一章中增设“土地经营权”的规定，明确“土地承包经营权人可以自主决定依法采取出租、入股或者其他方式向他人流转土地经营权”（第 339 条）；“通过招标、拍卖、公开协商等方式承包农村土地，经依法登记取得权属证书的，可以依法采取出租、入股、抵押或者其他方式流转土地经营权”（第 342 条）；“土地经营权人有权在合同约定的期限内占有农村土地，自主开展农业生产经营并取得收益”（第 340 条）。

关于土地经营权的性质，理论界有不同的意见：有的认为这一权利并非独立的一种用益物权，而是一种通过合同创设的债权；有的则认为这一权利是一种独立的用益物权。笔者认为,土地经营权的性质比较复杂,需区分情形进行讨论。《民法典》第341条规定:“流转期限为五年以上的土地经营权,自流转合同生效时设立。当事人可以向登记机构申请土地经营权登记;未经登记,不得对抗善意第三人。”据此,土地经营权可以分为五年期以上的土地经营权和五年期以下的土地经营权。对于五年期以上的土地经营权,因可以申请办理土地经营权登记,且登记后的土地经营权具有对抗善意第三人的效力,故应认为属于独立的一种用益物权。但是,五年期以下的土地经营权因无法申请办理土地经营权的登记,无法具有对抗善意第三人的效力,故仅在当事人之间发生效力,应认为其属于债权。

## 三、宅基地使用权及其流转

对于宅基地使用权,同样面临是否开禁其可转让性的问题。目前,不少城市附近的农村,农民在宅基地上盖好房子卖给不具有成员身份的城市人,由此引发的纠纷越来越多。从理论上讲,农民盖好的房子,其所有权归农民,因此农民享有占有、使用、收益和处分的权能,自然有权将房子卖给他人。但是,虽然我国对于不动产采房地分离主义,房屋和土地分别为不同的不动产,但是房屋所有权的取得,必须要有一定的“地权”作为基础,否则就是“空中楼阁”,不可能存在。[1] 因此农民在处分其房屋所有权的同时,也就处分了宅基地使用权。而对于宅基地使用权的可转让性,我国法律一直持谨慎的态度,例如《土地管理法》第62条第5款规定:“农村村民出卖、出租住房后,再申请宅基地的,不予批准。”与此同时,国家发布的一系列规定更是严格限制宅基地使用权转让或者抵押,如国家土地管理局于1995年发布的《农村集体土地使用权抵押登记的若干规定》以及1997年发布的《关于土地使用权抵押登记有关问题的通知》都明确规定宅基地使用权不得抵押;国务院办公厅于1999年发布的《关于加强土地转让管理严禁炒卖土地的通知》于第2条中规定:“农民的住宅不得向城市居民出售,也不得批准城市居民占用农民集体土地

---

〔1〕 关于房地关系,详见本书第二十一讲的相关论述。

建住宅,有关部门不得为违法建造和购买的住宅发放土地使用证和房产证。”在《物权法》的制定过程中,就是否允许宅基地使用权的转让,曾发生激烈的争议,但《物权法》并未就此表态。通过后的《物权法》于第 153 条规定:“宅基地使用权的取得、行使和转让,适用土地管理法等法律和国家有关规定。”根据这一规定,在《土地管理法》和国家有关规定得到修改之前,我国法律显然不允许宅基地使用权的转让。对此,《最高人民法院印发〈关于为推进农村改革发展提供司法保障和法律服务的若干意见〉的通知》(法发〔2008〕36 号)亦指出:“宅基地使用权承载着广大农民居者有其屋的社会功能,是农村土地管理制度的重要内容。对违反法律、行政法规以及相关国家政策的宅基地转让行为,以及其他变相导致农民丧失宅基地使用权的行为,应当依法确认无效。”

笔者认为,虽然现行法律未明确规定当事人就所谓“小产权房”达成的买卖合同应被认定无效,但根据《土地管理法》等法律,我国坚持“一户一宅”的原则,受让人取得宅基地使用权须满足法定的条件,否则受让人就不能取得房屋所有权和宅基地使用权。就此而言,在受让人不具备取得宅基地使用权的条件时,其所订立的“小产权房”买卖合同也应被认定无效。也就是说,认定合同无效的依据并非国务院发布的规范性文件,而是《土地管理法》等关于“一户一宅”的规定。当然,无论是《物权法》还是《民法典》,虽然都没有就宅基地使用权的可转让性表态,但也都为宅基地使用权制度的改革预留了空间,以待时机成熟,通过修改《土地管理法》和国家有关规定,即可就宅基地使用权之转让问题进行改革。此外,值得注意的是,尽管法律层面并未完全放开宅基地使用权的转让,但一些地方已经开始进行了试点。对于试点地区,也要另当别论。例如,《第八次全国法院民事商事审判工作会议(民事部分)纪要》(以下简称《八民纪要》)第 19 条就规定:“在国家确定的宅基地制度改革试点地区,可以按照国家政策及相关指导意见处理宅基地使用权因抵押担保、转让而产生的纠纷。在非试点地区,农民将其宅基地上的房屋出售给本集体经济组织以外的个人,该房屋买卖合同认定为无效。合同无效后,买受人请求返还购房款及其利息,以及请求赔偿翻建或者改建成本的,应当综合考虑当事人过错等因素予以确定。”

## 四、建设用地使用权的取得

### （一）建设用地使用权的类型

自 1990 年 5 月 19 日国务院发布《城镇国有土地使用权出让和转让暂行条例》到 2020 年 11 月 29 日国务院发布《关于修改和废止部分行政法规的决定》（国务院令第 732 号）对该暂行条例进行修订，这部重要的行政法规已经施行了 30 年有余且仍然有效，其间不仅经历了原《物权法》的颁布和实施，也经历了《民法典》的编纂，可见其重要性。

在城镇施行国有土地使用权出让与转让，是改革开放的重大举措，也是土地资源进入市场的重要途径。不过，需要说明的是，建设用地使用权的取得，除了在一级市场通过出让方式取得和在二级市场通过转让方式取得，还可以通过划拨方式的方式取得。此外，无论是根据原《物权法》还是《民法典》，在农村集体所有的土地上，都可以依据《土地管理法》设立建设用地使用权。由于在农村集体所有的土地上设立建设用地使用权涉及耕地保护等诸多问题，《土地管理法》不仅设置了严格的审批制度，而且在用途方面，也有诸多管理要求，因此直到今天，此类建设用地使用权并未完全放开。针对实践中一些农村集体经济组织未经批准而与投资方利用农村集体所有的土地合作开发房屋引起的纠纷，《八民纪要》第 20 条规定："在涉及农村宅基地或农村集体经营性建设用地的民事纠纷案件中，当事人主张利润分配等合同权利的，应提供政府部门关于土地利用规划、建设用地计划及优先满足集体建设用地等要求的审批文件或者证明。未提供上述手续或者虽提供了上述手续，但在一审法庭辩论终结前土地性质仍未变更为国有土地的，所涉及的相关合同应按无效处理。"

通过划拨方式取得的建设用地使用权，因当事人取得建设用地使用权须具备特定的资格和条件，且无须支付对价，所以，以划拨方式取得的建设用地使用权是不能简单通过转让的方式由其他民事主体取得的，而是必须经过有批准权的人民政府批准。对此，2005 年制定的《最高人民法院关于审理涉及国有土地使用权合同纠纷案件适用法律问题的解释》（以下简称《国有土地使用权解释》）第 11 条规定："土地使用权人未经有批准权的人民政府批准,与受让方订立合同转让划拨土地使用权的,应当认定合同无效。但起诉前经有批准权的人民政府批准办理土地使用权出让手续的,应当认定合同有效。”不过,从实践的情况看,由于划拨用地使用权可以变更为出让土地使用权再转让,有批准权的政府也可以先收回划拨用地使用权,再划拨给其他民事主体,因此上述司法解释第12条规定:“土地使用权人与受让方订立合同转让划拨土地使用权,起诉前经有批准权的人民政府同意转让,并由受让方办理土地使用权出让手续的,土地使用权人与受让方订立的合同可以按照补偿性质的合同处理。”第13条规定:“土地使用权人与受让方订立合同转让划拨土地使用权,起诉前经有批准权的人民政府决定不办理土地使用权出让手续,并将该划拨土地使用权直接划拨给受让方使用的,土地使用权人与受让方订立的合同可以按照补偿性质的合同处理。”可见,所谓“批准”,其实是有批准权的人民政府收回土地使用权后,再以划拨或者出让的方式为其他民事主体设定建设用地使用权。此时,考虑到原划拨用地使用权人丧失了土地使用权,且划拨用地上可能还有其建设的房屋等建筑物,司法解释将当事人之间的划拨用地使用权转让合同界定为补偿性质的合同,也就不难理解了。

需要说明的是,《民法典》通过后,最高人民法院在清理司法解释时,删除了上述司法解释第11条,但保留了上述司法解释第12、13条。之所以删除第11条,应该有两个原因:一是《民法典》第502条已经就未经批准的合同效力问题作出明确规定,即须经批准的合同在获得批准前为未生效合同,而非无效合同;二是从实践的情况看,在划拨用地使用权的转让中,有批准权的人民政府究竟是对合同的批准,还是对土地使用权变动的批准,亦存在争议。笔者认为,由于司法解释已经就划拨用地使用权转让的性质作出明确规定,且在清理司法解释已经删除第11条的规定,故应认为是否批准不再影响合同的效力。此外,关于划拨用地使用权的抵押问题,《民法典担保制度解释》已经作出明确规定,此处不赘。

### (二)建设用地使用权出让合同

关于建设用地使用权出让合同的性质,理论界与实务界均存在较为激烈的争议:一种观点认为,该合同是民事合同;另一种观点认为,该合同是行政协议。从2005年制定的《国有土地使用权解释》明确将出让合同纠纷作为民事案件审理的规定来看,似乎是将建设用地使用权出让合同理解为民事合同。但是,自从2014年修改的《行政诉讼法》增加了行政协议这一具体行政行为后,将建设用地使用权出让合同理解为行政协议的声音开始占据上风。不过,《最高人民法院关于审理行政协议案件若干问题的规定》仅规定“矿业权等国有自然资源使用权出让协议”属于行政协议,未明确规定建设用地使用权出让合同是否属于行政协议,因此,这一争议直到现在也没有定论。

需要说明的是,将建设用地使用权出让合同理解为民事合同还是行政协议,不仅关系到相关纠纷究竟是通过民事审判解决还是通过行政复议、行政诉讼来解决,还涉及当事人尤其是作为出让人的人民政府是否享有行政优益权等实体权利,因而具有重大理论和实践上的意义。不过,也有人认为,将建设用地使用权出让合同理解为行政协议而非民事主体,不仅仅是为了使人民政府获得行政优益权等实体权利,更重要的是可以通过行政诉讼对人民政府是否依法行政进行审查来保护相对人的合法权益。这一观点看似有一定道理,但从实践的角度看,通过行政诉讼来保障相对人的合法权益,并未显得较之民事诉讼更加有力。尤其是,人民法院在行政诉讼中即使发现人民政府的具体行政行为不合法,在涉及赔偿责任时,也可能会受到诸多的限制,从而较之民事诉讼,可能对相对人更加不利。此外,一旦将建设用地使用权出让合同界定为行政协议而非民事合同,就还可能导致当事人之间关于仲裁的约定失去效力。

正如界定建设用地使用权出让合同的性质,既要对行政协议有较为清晰的认识,也需要对人民政府在出让合同中扮演的角色有深入的分析。《最高人民法院关于审理行政协议案件若干问题的规定》第1条规定:“行政机关为了实现行政管理或者公共服务目标,与公民、法人或者其他组织协商订立的具有行政法上权利义务内容的协议,属于行政诉讼法第十二条第一款第十一项规定的行政协议。”可见,行政协议是为了实现行政管理或者公共服务目标而与行政相对人签订的协议。以征收补偿协议为例,征收是政府实施公共利益的需要而采取的具体行政行为,本来无须就补偿问题与被征收人签订协议,但考虑到强制征收容易引起纠纷,也不利于公共服务目标的达成,于是现代行政法强调政府通过与相对人签订行政协议来实现上述目的。问题是,在国家所有的土地上设定建设用地使用权,政府究竟是为了实现行政管理或者公共服务目标呢,还是要使国家所有的土地资源得到充分的利用呢?在一些人看来,使国家所有的土地资源获得充分的利用与政府实现行政管理或者公共服务目标是一致的,因此,建设用地使用权出让合同应该被界定为行政协议。笔者认为,这一观点是错误的。在绝大多数情况下,民事主体为追逐自身利益的最大化所签订的合同也都对社会有益,有利于增进社会的公共福利,至少会带来税收上的好处,但我们不能因此认为当事人是为了公共利益进行交易。同理,政府通过签订建设用地使用权出让合同将土地资源交给民事主体开发利用,虽然有益于增进社会公共福利,但不能因此认为政府是为了行政管理或者公共服务目标而从事交易。通过签订建设用地使用权出让合同,在国有的土地上为民事主体设定建设用地使用权,是政府代表国家行使土地所有权的一种方式,这与其他民事主体在自己所有的标的物上为他人设定用益物权并不实质区别。也就是说,此时人民政府是在代表国家行使土地所有权,而非行使行政管理权。由于《民法典》已经明确将国家机关作为特别法人进行了规定,人民政府在订立建设用地使用权出让合同时,自应是作为民事主体而非行政机关。否则,《民法典》将其作为特别法人予以规定的意义就会大打折扣。进言之,尽管人民政府既是行政法上的行政机关,也是民法上的特别法人,但在设定建设用地使用权这一问题上,不能认为人民政府是在行使行政管理职权,而是在代表国家行使所有权。

当然,由于土地等自然资源对一个国家来说,具有极为重要的意义,因此,国家必然要对土地等自然资源的利用进行严格的管理。在设定建设用地使用权的过程中,人民政府并非仅仅代表国家来行使所有权,也要作为管理者对民事主体的行为进行管理。例如,《土地管理法》第 38 条规定:“禁止任何单位和个人闲置、荒芜耕地。已经办理审批手续的非农业建设占用耕地,一年内不用而又可以耕种并收获的,应当由原耕种该幅耕地的集体或者个人恢复耕种,也可以由用地单位组织耕种;一年以上未动工建设的,应当按照省、自治区、直辖市的规定缴纳闲置费;连续二年未使用的,经原批准机关批准,由县级以上人民政府无偿收回用地单位的土地使用权;该幅土地原为农民集体所有的,应当交由原农村集体经济组织恢复耕种。在城市规划区范围内,以出让方式取得土地使用权进行房地产开发的闲置土地,依照《中华人民共和国城市房地产管理法》的有关规定办理。”显然,这一规定是针对闲置土地采取的管理措施。人民政府据此作出的行为,自然是行政管理行为。建设用地使用权人对该具体行政行为不服,自然可以提起行政诉讼。除此之外,《土地管理法》还就征收、提起收回建设用地使用权作出了规定,并就建设用地使用权人的其他行为作出了管理规定。人民政府据此作出的行政处罚,都应看作是行使行政管理权的行为。

总之,尽管建设用地使用权出让合同是民事合同,因此发生的纠纷应属民事争议,但这并不意味着所有与建设用地使用权有关的纠纷都是民事纠纷,如果政府部门因行使行政职权而与建设用地使用权人发生争议,那么还是要通过行政诉讼来解决。那种非此即彼、或有或无的思维,显然无法应对如此复杂的问题。

## 五、地役权与地役权合同

### (一)地役权的地位

传统民法上的地役权,是指为提高需役地的利用效率,而在供役地上创设的用益物权。由于地役权的内容大多由当事人根据实际需要自由约定,因此地役权制度在一定程度上成为克服物权法定原则之弊端的重要手段,特别是近代以来不少欧陆国家将地役权制度广泛运用于营业竞争限制等领域,使得地役权制度的地位和功能更加显著,以致被称为地役权制度的第二春。[1] 我国物权法将地役权作为一项重要的用益物权予以规定,自然是为了回应实践的需要,但由于我国的国情不同,使得

---

〔1〕 王泽鉴:《民法物权(二)》,中国政法大学出版社 2001 年版,第 77 页。Baetge, Wettbewerbs-beschränke Diensbarkeiten in Europa, ein rechtsvergleichender Überlick, RabelsZ 59(1995), S. 649.

地役权制度在我国民法上处于更加重要的地位，这也是我国地役权制度的第一个特殊性。

我国民法上的用益物权制度，除地役权外，虽然还有建设用地使用权、土地承包经营权以及宅基地使用权，但由于我国对于土地采取社会主义公有制，土地所有权归国家或者集体所有，单位或者个人只能通过法定途径取得使用权，因此无论是建设用地使用权，还是宅基地使用权和土地承包经营权，尽管也发挥着物尽其用的功能，但更为重要的是，它们是为克服社会主义公有制与市场经济之间的矛盾而不得不采取的法律形式〔1〕，在很大程度上不是当事人愿不愿意选择的问题，而是不得不选择的问题，当事人不存在太大的选择空间。例如房地产开发商为在土地上建筑房屋并对房屋享有所有权，只能依法定程序取得建设用地使用权，而不能通过取得土地所有权来解决用地问题；相反，在实行土地私有制的国家或者地区，土地所有权本身就可以在很大程度上解决当事人的用地问题，当事人需要建筑房屋或者对土地进行其他方面的利用，首先可以选择的方式就是取得土地所有权，只有在取得土地所有权的成本过高或者与收益不成比例时，才会考虑通过用益物权制度来解决问题。由此可见，在这些国家或者地区，用益物权制度建立在土地私有制基础上，完全是为达到物尽其用的目的而进行的制度设计，而我国民法上的建设用地使用权、宅基地使用权以及土地承包经营权则是在社会主义公有制的背景下发展市场经济的产物，主要是所有权制度在土地公有制条件下的替代物，在一定程度上发挥着所有权制度应当发挥的功能，其性质与

---

〔1〕 我国用益物权中的土地承包经营权是农村集体土地改革的产物，建设用地使用权则是城镇国有土地改革的产物，二者都是在为解放生产力、发展社会主义市场经济的大背景下提出并日益法治化。至于农村宅基地使用权，看似与社会主义市场经济并无直接关系，且其转让受到严格限制，但如果将其放在整个改革开放的进程中进行考察，仍不难发现宅基地使用权也是市场化进程中逐步承认私人财产权利的产物。

其说是用益物权,不如说是类似所有权的他物权。[1] 在这一背景下,虽然我国物权法赋予建设用地使用权等用益物权十分强大的功能和效力(例如建设用地使用权可依法转让或者继承),以达到实现对土地进行充分利用的目的,但由于通过转让取得建设用地使用权的成本较高,加上其内容过于僵化,因此仍有进一步通过用益物权制度对不动产进行利用的需求,此时地役权就成为十分重要的制度选择。

与其他用益物权制度不同,我国物权法上的地役权制度并不是为克服土地公有制和市场经济之间的矛盾而进行的制度设计,而是在这一矛盾已经通过其他用益物权制度予以化解的前提下,为进一步发挥物尽其用的原则而进行的制度设计,这一点与其他国家或者地区民法上的地役权制度相同;所不同的是,如前所述,其他国家或者地区的用益物权制度都是建立在土地私有的基础上,主要是为实现物尽其用的目的而进行的制度设计,且种类较多(例如德国民法典规定的用益物权,除地上权作为类似所有权的物权而存在外,还有用益权、地役权、限制的人役权乃至实物负担),当事人可以选择的空间较大,但在我国物权法上,由于建设用地使用权、宅基地使用权和土地承包经营权的主要功能在于化解土地公有制与市场经济之间的矛盾,且与地役权相对应的用益权、人役权等其他用益物权制度又付之阙如,因此真正用来解决对"他人"不动产进行实际利用问题的用益物权,就只剩下地役权制度。就此而言,地役权制度在我国物权法上必然处于极其重要的地位,不仅要发挥传统民法之地

---

〔1〕 在德国民法上,地上权由于其特殊的功能和效力,被看作类似所有权的他物权,以区别于用益权、地役权、限制的人役权及实物负担等纯粹以他人标的物之利用为目的的用益物权。相形之下,我国用益物权之中的建设用地使用权、土地承包经营权和宅基地使用权在内容和效力上更加接近所有权,将其界定为类似所有权的他物权,似乎更加接近这些权利的本质。

役权制度的功能,还要在一定程度上部分实现其他用益物权的功能。[1]

当然,物权法上对他人不动产的利用,除作为用益物权的地役权外,还有相邻关系制度。与相邻关系相比,地役权制度具有如下优势:相邻关系只是对不动产物权较低程度的限制,且仅存在于相邻的不动产权利人之间,常常无法满足当事人之间的客观需求,而地役权则不同,双方协商的余地很大,且并不要求双方的不动产必须处于相邻状态,因此适用范围广泛。但尽管如此,地役权的适用范围也并非没有任何限制,从各国民法的规定来看,为使地役权区别于其他用益物权尤其是用益权和人役权,法律规定地役权必须从属于需役地而存在,此即地役权的从属性。考虑到我国物权法没有规定用益权以及使用权、居住权等人役权,地役权承载的使命更多,发挥作用的空间也更大,因此究竟应如何理解我国物权法上地役权的从属性,便成为问题。此外,与相邻关系直接根据法律的规定对他人的不动产进行利用不同,地役权的取得须由当事人以法律行为的方式进行,即地役权的取得须双方达成有效的地役权合同,从而引发地役权和地役权合同之间的关系问题。此外,对他人标的物的利用,还可以通过债权而非物权的途径实现,例如租赁、使用借贷等,因此地役权与租赁权等债权之间关系也应成为我们关注的问题。

### (二)地役权的客体

地役权制度在我国的第二个特殊性,与地役权的客体有关。如前所述,由于我国实行土地的社会主义公有制,其所有权归国家或者集体所有,单位或者个人只能依法定程序取得使用权,因此用益物权在社会生活中发挥着十分重要的功能。就地役权而言,传统民法上的地役权大多由供役地的不动产所有权人与需役地的所有权人设定,但在我国,大量存在的则是由供役地的用益物权人(建设用地使用权人、宅基地使用权

---

〔1〕 关于这一点,类似我国台湾地区的用益物权制度。我国台湾地区的用益物权制度虽然建立在土地私有的基础上,并设有地上权、永佃权、地役权和典权这四种具体的用益物权,但由于没有规定用益权、人役权等其他用益物权,地役权制度负载的功能,较之欧陆国家更大,因此早在20世纪末,便有学者提出重构役权制度,尤其是地役权制度,以使物尽其用的原则得以充分实现。参见苏永钦:《走入新世纪的私法自治》,中国政法大学出版社2002年版,第245页以下。

人和土地承包经营权人）与需役地权利人设定的地役权。如此一来，地役权的客体究竟是作为权利的用益物权，还是不动产本身，就是一个较有争议的问题。一种观点认为，在地役权由建设用地使用权人等用益物权人设定的情形下，地役权的客体应理解为建设用地使用权等用益物权，而非不动产本身。[1] 笔者以为，在地役权由建设用地使用权人等用益物权人设定的情形下，将地役权的客体理解为建设用地使用权等用益物权，而非不动产本身，不符合物权的性质尤其是用益物权的性质，因而是错误的。

依我国物权法的规定以及学说的见解，物权在性质上为支配权，因此其客体原则上为动产和不动产，权利仅在法律规定的情形下才能作为物权的客体。用益物权作为一种以对标的物进行实际利用为目的的他物权，是对标的物之使用价值的支配，其客体为"物"，而非"权利"，应无疑问，否则就会招致如下质疑：地役权究竟是对人进行支配，还是对物进行支配呢？因为依通说，权利的实质是法律关系，存在于人与人之间，一旦对"权利"进行现实支配，就可能推论出对人进行支配的结论，这显然与基本法理严重冲突。进一步推论，如果将地役权的客体理解为作为权利的用益物权，那么，在不动产所有权人设定地役权的情形下，是否地役权的客体就是"所有权"呢？难道地役权人行使权利的行为就是在行使所有权？至于之所以法律在特殊情形下允许权利可以作为物权的客体（如权利质权，此外在我国还存在以建设用地使用权等用益物权作为客体的抵押权等），是因为担保物权虽属于物权，具有支配性，但权利人并非对标的物本身进行现实支配，而是对其价值进行支配，本质上是一种变价权，但这种情形显然不存在于用益物权，因此权利不能成为用益物权的客体。[2]

依笔者之见，在建设用地使用权人等用益物权人设定地役权的情形

---

[1] 王利明、尹飞、程啸：《中国物权法教程》，人民法院出版社 2007 年版，第 401 页。

[2] 这与我国《物权法》第 117 条关于用益物权之客体的规定相一致。但值得注意的是，德国民法上的用益权权利可以为客体，属于较有特色的制度，但权利作为用益权的客体，并非意味着用益权人对作为客体的权利进行现实支配和利用，而是对权利所代表的价值进行支配和利用。

下,应理解为建设用地使用权人等用益物权人以不动产为客体为他人设立地役权,不应理解为建设用地使用权人等用益物权人以作为权利的用益物权为他人设定地役权。问题是,何以建设用地使用权人等用益物权人可以直接以不动产为客体为他人设定地役权呢?这样一来,是否会导致建设用地使用权人等用益物权人在不动产上设定的地役权成为约束该不动产所有权人的负担呢?笔者以为,这种担心完全没有必要。从应然的角度看,如前所述,建设用地使用权等用益物权的主要功能是克服土地公有制与市场经济之间的矛盾,使土地资源进入市场,但在此基础之上,尚有进一步发挥物之效用的需求,即建设用地使用权人等用益物权人为使土地资源发挥最大效用,也有进一步通过设立地役权对不动产加以利用的需求;从实然的角度看,由于我国物权法上的用益物权,除地役权外,其功能主要在于化解土地公有制与市场经济之间的矛盾,在法律性质上类似所有权,在内容上都含有一定程度的处分权能,例如建设用地使用权不仅可以转让还可以继承,因此可将设定地役权看作是建设用地使用权等用益物权的一项法定内容,例如《民法典》第 377 条即已明确规定建设用地使用权人和土地承包经营权人可以设定地役权,只不过,为防止建设用地使用权和土地承包经营权设定的地役权构成对土地所有权人的负担,该条同时规定地役权的期限由双方约定,但不得超过建设用地使用权和土地承包经营权的剩余期限。[1]

由此可见,将地役权的客体理解为用益物权的观点,虽然在一定程度上认识到我国用益物权制度的特殊性,但却完全忽视了地役权作为物权的共性尤其是作为用益物权的性质和功能,以致在对地役权的客体进行解读时出现谬误,实在令人惋惜。在笔者看来,地役权客体在我国物权法上的特殊性,虽与土地公有制不无关系,却直接导源于我国民法所采取的房地分离原则。由于我国对于土地等自然资源采社会主义公有

---

〔1〕《物权法》第 161 条仅规定建设用地使用权使用人和土地承包经营权人可以设立地役权,并未规定宅基地使用权人是否可以设立地役权。笔者以为,这是因为前两者都是有期限的用益物权,而后者实际上是无期限的用益物权,而本条的立法意图,在于突出前两者设定的地役权不得超过建设用地使用权和土地承包经营权的剩余期限,因此没有将宅基地使用权人设定地役权的情形纳入,但这并不意味着宅基地使用权人不可以设定地役权。

制,但对于房屋等建筑物则允许私人所有,因此在对待土地与房屋等建筑物的关系上,我国民法借鉴日本民法,采取的是房地分离的原则,即房屋等建筑物作为独立的物权客体而存在。这一点与欧陆国家有所不同,在欧陆国家,实行土地吸收建筑物的原则,建筑物被认为是土地的成分,而不是独立的物权客体。与欧陆国家的地役权原则上仅存在于土地之上不同[1],我国物权法上的地役权不仅可以独立存在于土地之上,而且还可以独立存在于房屋等建筑物之上。也就是说,在房地分离原则之下,地役权不仅涉及土地与土地之间的利用关系,而且涉及土地与房屋等建筑物之间的利用关系以及房屋等建筑物与房屋等建筑物之间的利用关系,其具体类型应包括:(1)A 地对 B 地的地役权;(2)A 地对 B 建筑物的地役权;(3)B 地对 A 地的地役权;(4)B 地对 A 建筑物的地役权;(5)A 建筑物对 B 建筑物的地役权;(6)B 建筑物对 A 建筑物的地役权。[2] 在这一背景下,我国民法继续使用"地役权""需役地"和"供役地"等传统民法上的概念,似乎已经不合时宜,而应改称为"不动产役权""需役不动产"和"供役不动产"等,才更合适。当然,如果考虑到用语习惯,在明确地役权之客体并不限于土地的前提下,仍采传统称谓,似也并无不可,本书从之。

(三)地役权的设定

我国民法关于地役权制度的第三个特殊性,涉及地役权和地役权合同之间的关系。一方面,我国民法受德国、瑞士民法的影响深远,严格区分物权和债权,因此在物权变动模式问题上,我国物权法在多数情形下采取形式主义物权变动模式,将引起物权发生变动的原因行为(如买卖合同)和物权本身的变动区分开来,规定仅有原因行为并不当然导致物权发生变动,登记是不动产物权发生变动的生效要件;另一方面,对于地役权的设定,我国物权法采取的却是意思主义物权变动模式,地役权仅

---

〔1〕 需要注意的是,尽管西方欧陆国家的地役权以土地为客体,但由于房屋等建筑物作为土地的成分而存在,因此地役权仍可以直接设定在房屋等建筑物之上,尤其是随着住宅所有权的承认,具有独立地位的住宅亦成为地役权的客体而存在。

〔2〕 参见苏永钦:《走入新世纪的私法自治》,中国政法大学出版社 2002 年版,第 245 页以下。

依当事人之间的地役权合同即可成立,登记不过是地役权具有对抗善意第三人效力的要件,而非地役权的生效要件。如此一来,如何理解地役权和地役权合同之间的关系,就成为法律适用中的重点问题。

在采形式主义物权变动模式的国家和地区,例如德国和我国台湾地区,严格区分物权和债权,物权在性质上为支配权和绝对权,债权则属请求权和相对权,因此地役权和地役权合同也是两个不同的法律概念,前者是指物权变动,后者则是指引起物权变动的原因行为。在这些国家的民法理论上,设定地役权的行为属于物权行为,因为它直接导致地役权的产生,而订立地役权合同的行为则是债权行为,因为它只是在当事人之间产生进一步设定地役权的负担,并不直接引起地役权的产生。根据所谓物权行为的独立性,地役权与地役权合同各自独立而存在,地役权合同的订立并不当然引起地役权的设定,地役权的设定在地役权合同之外,还须双方办理登记手续;而根据所谓物权行为无因性理论,物权变动不受原因行为效力的影响,因此地役权的存续与地役权合同并无直接关系,即使地役权合同无效、不成立或者被撤销、被解除,只要设定地役权的物权行为(登记行为)本身有效,则地役权就将继续存在,当事人要使地役权归于消灭,必须通过独立的物权行为(注销登记)来进行。

在采意思主义物权变动模式的国家和地区,如法国、日本,地役权和地役权合同是直接同一的,即地役权的设定和地役权合同生效的结果是同时发生的,地役权合同订立并生效,就意味着地役权已经设定,办理登记不过是已经设定的地役权是否具有对抗效力的要件。可见,在采意思主义物权变动模式的国家,并不严格区分物权和债权,例如没有办理登记的地役权,虽然也是物权,但由于不具有对抗效力,因此和租赁权等债权之间的区隔就不是很清楚。〔1〕不仅如此,在这些国家和地区,地役权和地役权合同之间的关系就变得极为紧密,地役权的命运完全依赖于地役权合同,即使在地役权已经登记的情形下,只要地役权合同被认定无效、不成立或者被撤销、被解除,则地役权也将不复存在,自始不发生或者归于消灭,当事人办理注销登记不过是地役权消灭后的法定义务。

---

〔1〕[日]近江幸治:《民法讲义Ⅱ·物权法》,王茵译,北京大学出版社2006年版,第205页。

如前所述,我国的物权法对于地役权的设定,系在严格区分物权和债权的大背景下,采意思主义物权变动模式,登记不过是地役权具有对抗效力的要件,而非生效要件。如此一来,地役权和地役权合同之间的关系便变得错综复杂:一方面,物权法肯定地役权和地役权合同之间的不同,前者为物权,后者为引起物权变动的原因行为,这与采形式主义物权变动模式的国家相同;另一方面,在地役权和地役权合同之间的联系上,物权法将地役权的命运完全系于地役权合同,地役权合同生效,即意味着地役权已经设定,这又与采形式主义物权变动模式的国家不同。正是由于地役权和地役权合同之间存在这种复杂关系,立法者在对我国物权法关于地役权进行制度设计时,没有完全以德国关于地役权的规定和理论为参照,而主要以日本和法国关于地役权的规定和理论为借鉴,例如在处理地役权是否因地役权合同的解除而消灭时,《民法典》刻意将地役权和地役权合同联系在一起,于第 384 条规定:“地役权人有下列情形之一的,供役地权利人有权解除地役权合同,地役权消灭:(一)违反法律规定或者合同约定,滥用地役权;(二)有偿利用供役地,约定的付款期限届满后在合理期限内经两次催告未支付费用。”此外,从《民法典》第 385 条的规定来看,办理注销登记并非地役权消灭的条件,只是地役权消灭后的法定义务。

由此可见,在对我国物权法上的地役权制度进行理解和适用时,不宜固守物权和债权严格区分的基本法理,而应更加灵活地看待二者之间的关系,例如在对待地役权和债权性质的租赁权或使用权之间的关系上,不能简单适用民法关于物权优先于债权的理论,而应区分已登记的地役权和未登记的地役权而异其效果:只有经过登记的地役权,才具有完整物权的性质、具有优先于债权的效力,而没有经过登记的地役权,由于不具有对抗善意第三人的效力,因此在性质上与一般债权并无重大区别,不具有优先于普通债权的效力。也就是说,地役权制度在我国民法上具有双重属性:物权性地役权和债权性地役权——前者具有物权的全部效力,而后者则不仅具有物权的全部效力——这或许是物权法没有规定物权优先于债权的根本原因。更为重要的是,地役权的双重属性为地役权制度在我国民法上发挥更加重大的功能奠定了基础,因为当事人既可以设定债权性的地役权，也可以设定物权性的地役权，以用来满足不同的实际需要，并可降低设定地役权的成本。但与此同时，我们也应看到，正是因为地役权的双重属性，可能导致对地役权的理解和适用发生困难，因为在深受德国民法和我国台湾地区“民法”影响的大陆地区，在对地役权之从属性和对抗效力进行理解和适用时，往往以严格区分物权和债权为理论背景，但在采取意思主义物权变动模式的情形下，由于物权和债权之间的区分并不明确，因此如何理解地役权的从属性和对抗效力，成为一个值得研究的问题。

（四）关于公益性役权

《民法典》第373条第1款规定：“设立地役权，当事人应当采取书面形式订立地役权合同。”由此可见，我国民法上的地役权仅指当事人为需役地的便宜而通过订立地役权合同而设定的地役权，属于所谓“私益性役权”，即为私人享有的需役地的便宜而设立地役权。与之相对立的是“公益性役权”，它是为了公共利益的需要而强加于地产的一种负担，大多无须当事人订立地役权合同，而依法律的规定即可直接产生，且无须真正的需役地，因为这种地役权不是为了某一特定土地的利益，而是为了总体利益。由于确定总体利益的要求以及衡量应当为此作出的牺牲程度属于公法应当考虑的问题，因此公益性役权属于行政法范畴，而不属于民法范畴，例如《法国民法典》第650条对“为公共便益或者市镇行政区的便益而确立的役权”作出如下规定：“一切与这种役权有关的事项，由法律或者特别规章确定之。”这就指明了要按照行政法的规定处理一切与这种役权有关的事项。[1]

公益性役权具有极为重要的意义，例如在法国，主要的公益性役权包括：(1)路政役权，即为了方便人们通行而对私人所有权进行限制的公益性役权；(2)城市规划性质的役权，即为了实现城市规划目的而强制设置的各种役权，如为了将来铺建绿地而要求在城市的一定位置保留一定的土地；(3)为实施公共工程，临时占用土地的役权；(4)因存在矿

---

〔1〕［法］弗朗索瓦·泰雷、菲利普·森勒尔：《法国财产法》，罗结珍译，中国法制出版社2008年版，第421—422页。

泉水源、矿泉工程或机构而引起的役权；(5)为送水送电而设置的役权，例如在私人土地上铺设通气管道的役权以及为输送石油产品而安装管道的役权等。[1] 从这些具体的公益性役权不难归纳出公益性役权与私益性役权的不同之处在于：其一，公益性役权不要求真正的需役地存在，役权的受益人通常为公法人（如地方行政部门或者公共机构）或者公共事业的租让经营人（如铁路的租让经营人）；其二，公益性地役权在标的上具有多样性，供役地的所有人不仅负担不妨碍役权行使的义务，有时也负有积极作为的义务，如实施某些工程[2]；其三，公益性役权大多依法律的规定而产生，通常无须当事人之间订立协议，且除非法律另有明确规定，则一般存在赔偿或者补偿问题。[3]

我国民法虽然没有关于公益性役权的规定，但并不意味着公益性役权不存在或者不重要。事实上，我国《城乡规划法》等法律和行政法规中，存在大量关于公益性役权的规定，例如该法第35条规定："城乡规划确定的铁路、公路、港口、机场、道路、绿地、输配电设施及输电线路走廊、通信设施、广播电视设施、管道设施、河道、水库、水源地、自然保护区、防汛通道、消防通道、核电站、垃圾填埋场及焚烧厂、污水处理厂和公共服务设施的用地以及其他需要依法保护的用地，禁止擅自改变用途。"此外，目前实践中仍然大量存在国家因铺设电网、设置输气管道等引起的用地问题。不过，我们之前只知道对私人财产权存在公法上的限制，却

---

[1] [法]弗朗索瓦·泰雷、菲利普·森勒尔：《法国财产法》，罗结珍译，中国法制出版社2008年版，第422—426页。

[2] 私益性役权，例如地役权，其内容通常不包含积极的作为义务，充其量存在附随性的维持义务，如维持必要设施以便地役权人行使权利。之所以如此，是因为地役权为物权，本质在于对物进行支配，而不能支配人的行为。法谚"于作为不成立役权"（servitus in faciendo consistere nequit）即表明这一立场。

[3] 公益性役权原则上不引起赔偿或者补偿问题的理由在于：其一，就法律规定来看，公益性役权不属于征收和征用，在法律没有特别规定的情形下，自无获得补偿的问题；其二，公益性役权的发生大多是由于与公共工程相邻，公共工程既可能给当事人带来损失，也可能给其带来利益，既然当事人在获利的情形下无须支付报酬，那么为什么在公共工程给其带来损失时须对其进行补偿呢？因此公益性役权属于"一切财产都会面临的机会"，不论这种机会是好还是坏。参见[法]弗朗索瓦·泰雷、菲利普·森勒尔：《法国财产法》，罗结珍译，中国法制出版社2008年版，第430页。

不知道公益性役权即是公法对私人财产权进行限制的途径之一，更不知道自觉运用公益性役权制度来解决实践中的大量用地问题，例如《物权法》实施之前，虽然可以通过设定建设用地使用权来解决铺设电网、设置输气管道等的用地问题，但成本太高不说，也严重影响到对土地的其他利用；《物权法》实施之后，虽然可以通过作为私益性役权的地役权制度来解决上述用地问题，但又面临着需要订立地役权合同、存在需役地等方方面面的难题，而通过公益性役权制度来解决用地问题，则可兼顾私益和公益，既无须真正需役地的存在，又无须订立地役权合同，在法律规定给予补偿情形下，通过给予补偿来平衡双方的利益即可。

与公益性役权不同，私益性役权发端于罗马私法，旨在为私益而利用他人标的物，为民法之用益物权的一种。近代大陆法系各国在继受罗马法上役权制度的同时，也设计出不同的役权制度，例如德国民法上的私益性役权包括地役权、用益权和限制的人役权。较有特色的是东亚国家和地区关于役权制度的规定，以日本民法为例，仅规定了地役权，而没有规定用益权和人役权等其他役权制度，我国台湾地区受其影响，也仅规定了地役权。在《物权法》制定过程中，不少学者建议《物权法》应规定用益权和作为人役权的居住权，但最终通过的《物权法》并未采纳这些建议，仅就地役权制度进行了规定。《民法典》则进一步规定了居住权。

## 六、《民法典》上的居住权

与地役权不同，居住权是一种人役权。所谓人役权，是为特定人的利益而设定的用益物权。在《物权法》的制定过程中，有学者主张实践中存在如下一种现实需求：房屋的所有权想为特定的主体（如保姆）设定一个用益物权，该用益物权能够对抗包括所有权人在内的其他主体，但该权利不能继承、不能转让，只能由特定主体享有，一旦期限届满或者权利主体去世，则该权利消灭。但是，也有学者认为，人役权是封建社会的产物，尤其是欧洲的封建时期，由于女人的法律地位不高，当丈夫去世时，因对丈夫的财产没有继承权，就面临着无家可归的风险，因此，丈夫在生前为妻子设定居住权就成为一种较为合理的解决方案；但是，在现代社会中，妇女地位普遍提高，已经不存在需要通过设定居住权要解决的问题，至于个别需求问题（如为保姆设定居住权），似乎也无须动用一个制度来解决。正是因为对居住权的现实需求存在较大争议，《物权法》未规定居住权这一制度。

不过，尽管仍然存在需求上的争议，但《民法典》还是明确规定了居住权制度。根据《民法典》第 366 条的规定，居住权人有权按照合同约定，对他人的住宅享有占有、使用的用益物权，以满足生活居住的需要。此外，《民法典》还规定："居住权无偿设立，但是当事人另有约定的除外。设立居住权的，应当向登记机构申请居住权登记。居住权自登记时设立。"（第 368 条）"居住权不得转让、继承。设立居住权的住宅不得出租，但是当事人另有约定的除外。"（第 369 条）"居住权期限届满或者居住权人死亡的，居住权消灭。居住权消灭的，应当及时办理注销登记。"（第 370 条）可见，我国民法上的居住权就是一种典型的人役权。

需要注意的是，根据《民法典》第 367 条、第 371 条的规定，居住权既可通过订立居住权合同设立，也可以通过遗嘱的方式设立。问题是，居住权是否可以通过人民法院以裁判的方式设立？例如，在婚姻家庭纠纷案件中，为避免出现无家可归的问题，人民法院能否通过裁判的方式为没有住房的当事人设立一个居住权？笔者认为，在当事人面临生活需求时，人民法院虽然可以通过裁判的方式来明确一方当事人对另一方当事人所有的房屋有使用的权利，但是否有必要将这一权利界定为居住权，则不无疑问，毕竟《民法典》规定的居住权，是一种用益物权，其效力是很强大的，而婚姻家庭纠纷中当事人面临的生活需求往往是临时性的需求，无须借助居住权制度来解决。从实践的情况看，居住权对于解决"以房养老"等问题可以提供法律上的支持。例如，有些老人可以将房屋转让给养老公司，从而获得养老资金，但转让前，可以在房屋上为自己设定一个居住权，从而解决有生之年生活用房的需求问题。

PART Ⅲ 第三编

# 物权与占有的民法保护

我们在上一编谈到确立尊重私权的基本观念及其重要性，同时也指出物权尤其是所有权在现代社会日益社会化，因而要受到来自法律的诸多限制。与此相对应，现代各国的法制虽然一方面加强对物权尤其是所有权的限制，但另一方面对于物权尤其是所有权的保护也已构建起系统而全面的制度。二者相辅相成，共同构筑现代社会的物权制度。〔1〕物权法作为私法，主要是解决物权的民法保护问题。应当注意的是，在我国民法上占有虽然仅仅是事实，不是权利，但物权法也要承担保护占有的重任。

本编分为四讲：第十一讲“物权与占有的关系”，认为物权与占有是物权法的两个基本范畴，二者之间存在辩证关系，对物权的保护可以间接实现对占有保护，对占有的保护也可以间接实现对物权的保护，并据此对动产的善意取得制度进行全面分析；第十二讲“物权的民法保护体系”，提出对物权的民法保护既要通过债法如侵权责任法、不当得利制度等实现，也要通过物权法确立物权请求权来实现，且占有保护请求权也在一定程度上具有保护物权的功能；第十三讲“占有的保护及其实践运用”，指出占有虽然是事实，而非权利，但法律为维护社会和平秩序，必然对占有进行保护，且从实践的情况看，如何正确运用法律对占有进行保护，仍存在严重不足；第十四讲“物权诉讼的请求权基础”，指出物权诉讼的请求基础规范较多，且存在竞合的可能，但在讨论竞合之前，要严格区分请求权的竞合和请求权的聚合，不能错把请求权的聚合当成请求权的竞合，且在发生请求权竞合时，法官应通过释明帮助当事人实现权利。

---

〔1〕著名学者王泽鉴先生认为：“关于所有权的发展，必须作全面的观察，即所有权的限制固日益增加，但对所有权的保护亦已建立合理必要的制度。”（见《民法物权（一）》，中国政法大学出版社2001年版，第163页）

# 第十一讲

# 物权与占有的关系

## 一、占有的性质与占有的功能

### (一)占有的性质

在我国民法上,占有是指当事人对标的物在事实上的控制状态,因而它仅仅是一个事实,而非民事权利。[1] 不过,占有在物权法上具有极为重要的地位,因为物权和占有共同构成物权法的一对基本范畴:前者是指当事人对标的物在法律上的支配状态;后者则是指当事人对标的物在事实上的支配状态。当然,一般情形下,对标的物在法律上的支配状态和事实上的支配状态是一致的,但二者发生的分离情况也并不少见,例如标的物的权利人将标的物交给他人保管或者权利人遗失了标的物,都可能导致标的物在法律上的支配状态和事实上的支配状态发生分离。基于此,民法将占有分为有权占有和无权占有:前者是指当事人对标的物的占有是基于一定的民事权利,因而也被称为有权源的占有;后者则是指当事人的标的物的占有没有权源的。通常情况下,物权是当事人占有标的物的权源,例如所有权人对标的物的占有,就是以所有权为权源。但也应看到,有些物权不包含占有的内容,因而不能成为占有的权源,如抵押权。此外,有些债权包含占有的内容,因而也可以为当事人占有标的物提供权源,例如租赁合同产生的债权就可以作为承租人占有标的物的权源。占有背后的权利,也被称为本权。

---

〔1〕 关于占有的性质,各国民法有不同的立场:有的国家或者地区认为占有是权利,也有的国家或者地区认为占有是事实。我国民法受德国民法、瑞士民法的影响较大,认为占有仅仅是事实而非权利。

## (二)占有制度的功能

占有虽然只是事实,不是权利,但占有在民法上具有十分重要的功能。一般认为,占有在民法上具有以下三大功能。

一是保护功能,即任何人不得以私力改变占有的现状。这是因为,占有虽然只是对标的物在事实上的支配状态,但如果当事人以私力改变这种支配状态,就会破坏社会的和平秩序。也就是说,即使当事人认为自己是真正的权利人,而占有人的占有是没有权源的无权占有,也应通过法定的途径主张权利,而不能以私力改变占有状态。关于这个问题,我们还将在后面详细讨论。

二是继续功能,即法律维护占有人对其占有物继续使用的利益。例如,在承认取得时效制度的国家或者地区,占有人以所有的意思和平公然占有他人的动产达到一定的期间,即可取得其于占有物上行使的权利。我国民法虽然没有规定取得时效,但对于不以登记为公示方式的动产或者虽以登记作为公示方式但未办理登记的动产,因物权人请求无权占有人返还原物的请求权可因诉讼时效的经过而消灭,就会使得无权占有人仍可以继续占有使用标的物。关于这个问题,我们在后面也将详细讨论。

三是公示功能,即占有具有表彰本权的功能。需要指出的是,在标的物为不动产的情况下,占有的公示功能已经被不动产登记簿取代;在标的物为特殊动产(机动车、航空器或者船舶)的情况下,占有的公示功能也已部分被相应的登记制度取代。在标的物为一般动产的情况下,基于占有的公示功能,占有被赋予三种效力:其一,权利移转效力,即动产物权的变动以标的物的交付为生效要件;其二,权利推定效力,即占有人在其占有物上行使某种权利,推定其享有该权利;其三,善意保护效力,即如果占有人将标的物转让给他人,则无论该占有人是否有处分权,善意受让人都可以取得所转让的物权。关于占有的权利移转效力,我们在第三讲谈到物权公示原则时,已经讲到交付在动产物权变动中的地位。事实上,交付就是指占有的移转。至于占有的权利推定效力,也很好理解:在绝大多数情形下,占有背后是有本权的,因此,根据民事诉讼中高度盖然性的证明标准,即可推定占有人的占有是有权占有。当然,既然有权占有的状态是推定出来的，自然也就可以被推翻：如果他人有足够充分的证据证明自己是真正的权利人且占有人无权占有标的物，则不能再认定占有人的占有是有权占有。关于占有的善意保护效力，涉及动产的善意取得，我们接下来就要详细讨论。需要说明的是，尽管占有具有公示功能，但法律是否赋予占有以公信力，则是另一个值得研究的问题。也正因如此，本书未采用一般教科书常用的所谓“公示公信原则”，而仅提及“公示原则”。

### （三）占有与本权的关系

在讨论动产的善意取得之前，还有一个问题值得注意：占有与本权的关系。尽管占有和本权的性质不同，但二者之间具有极为重要的关系。

首先，对占有的保护也可以间接保护占有背后的本权，这是因为占有背后大多有本权的存在，但证明本权的存在较之证明占有的事实可能更加艰难，法律通过对占有进行保护，实际上也可以起到保护本权的作用。

其次，占有可以强化本权的效力。尤其在本权是债权的情况下，如果该债权包含占有的内容且债权人现实占有标的物，则对该债权的保护通常要强于其他不以占有为内容或者没有实际占有标的物的债权。例如，在承租人占有租赁物的情况下，法律为保护承租人的利益，规定买卖不破租赁，从而使得租赁权具有部分物权的效力。又如，在一房多卖的情形下，如果各买受人均未取得物权，则是否交付房屋将成为决定买受人能否优先获得保护的考量因素。关于这一点，我们将在第五编详细讨论。这里需要指出的是，虽然占有可以强化本权，但在占有与本权发生分离的情况下，因法律为了维护交易秩序，赋予占有以善意保护的效力，从而也可能导致本权的丧失。

最后，本权也可以强化占有的效力。例如，张三占有的标的物被李四侵夺，如果张三是无权占有，则张三是否可依不当得利或者侵权行为向李四主张损害赔偿请求权，存在争议；但是，如果张三是有权占有，则张三依不当得利或者侵权行为向李四主张损害赔偿请求权，自应获得支持。

## 二、动产的善意取得

### (一)动产的善意取得的理论基础

从比较法的角度看,关于动产善意取得制度的法理基础,尽管存在时效取得说、法律特别规定说、占有效力说、法律赋权说以及权利外观说等诸多学说[1],但在坚持物权和债权严格区分的国家或者地区,由于物权具有绝对性,因而在立法上采取公示原则,将一定公示方式的完成作为物权变动的生效要件,因此通说将善意取得制度的理论基础归结为占有之公信力,认为占有作为动产物权的公示手段,是动产物权的外观,法律赋予此种权利外观以公信力,以达到对善意受让人的保护,使其能够终局地获得权利。[2] 当然,将占有公信力(权利外观)作为动产善意取得制度的法理基础,也有不同的意见,这主要是占有效力说。该说认为动产善意取得并非基于对占有作为公示方式的信赖,而是基于对作为事实的占有的信赖,善意取得不过是受让人善意占有标的物所产生的法律效力。[3] 上述两种观点中,究竟何种观点更接近动产善意取得的本质呢?笔者以为,物权变动的公示原则只是为占有彰显本权提供了可能性,却不能保证占有状态与权利归属相一致。或者说,公示原则的意义在于使物权的变动为外界所知晓,以免第三人遭受不测,但并不能由此得出第三人可以根据占有来认定权利归属,从而对其信赖予以保护。理由如下。

其一,占有作为公示方式,会与标的物的利用发生冲突,因而只能用来反映简单的法律关系,不能反映日益复杂的法律关系。动产物权以占有为公示手段,而对标的物使用价值的利用常常也以占有标的物为前

---

〔1〕 杨与龄:《民法物权》,五南图书出版公司1985年版,第87—89页。

〔2〕 参见谢在全:《民法物权论》,第56页以下。

〔3〕 黄佑倡先生持此观点,参见梁慧星主编:《中国物权法研究》,法律出版社1998年版,第487—488页;对此,苏永钦先生亦表示赞同,参见苏永钦:《动产善意取得若干问题》,载氏著:《私法自治中的经济理性》,中国人民大学出版社2004年版。在立法上,瑞士民法和我国台湾地区的民法均采该说,参见史尚宽:《物权法论》,中国政法大学出版社2000年版,第123页。

提,如此一来,在权利人对标的物通过租赁、借用等法律关系进行利用时,占有和权利就会发生分离,导致公示状态无法反映权利归属,尤其是现代社会中,对标的物进行充分利用的需求不断增大,这种不一致性也会不断扩大,因而占有只能作为简单的公示手段而存在,不能用来反映复杂的权利义务关系,占有既不能反映某一权利是债权还是物权,也不能同时反映多个权利和义务关系。

其二,交付和占有概念的发展导致占有和本权之间发生分离的可能性越来越大。为简化交易,降低交易成本,物权法在现实交付之外,还承认所谓观念交付。观念交付,尤其是其中的占有改定和指示交付,虽然能够产生物权变动的效果,但却无法改变对标的物的占有状态,因而导致占有不能彰显权利的变动。此外,民法为保护权利人和占有人的利益,在直接占有之外,还将占有的概念扩展到包括间接占有、占有辅助以及继承占有在内的许多情形。应该说,交付和占有概念的发展一定程度上缓解了社会需要与法律规范之间的矛盾,但同时也带来了作为公示手段的占有本身出现观念化,使得占有自身越来越抽象,因此占有作为公示方式反映同样观念化的权利就显得越来越捉襟见肘。

此外,还应看到,即使是公示原则本身,在物权法中的贯彻也并非十分彻底,例如在动产让与担保和所有权保留的情形下,物权变动的公示原则被打破,导致占有状态不能反映物权变动。事实上,如果考虑到法国、日本等以意思主义为物权变动模式的国家,动产物权的变动并不以交付为生效要件,占有状态和权利归属分离的情况会更加突出,而其法律亦承认动产的善意取得制度,那么,我们无论如何也不可能得出善意取得制度是占有公信力之表现的结论。对此,有学者正确地指出:“以法律行为发生的动产物权变动,虽以交付为要件,且交付一旦完成,受让人即可占有物,并由此形成权利与占有的表里如一局面;但是,须注意的是,交付只是动产物权继受取得的要件,而非物权存在的要件,交付甫一完成,物权即可脱离任何客观形式——包括对物的直接占有——抽象地存在。这一结论的实践意义是,为了发挥物的效用,动产物权人可以租赁、借用、保管等形式将物移转于他人占有。因此,即使撇开观念交付所造成的权利与物的分离问题不谈,就是现实交付之结果,占有背后存在着本权,充其量只是一种盖然性判断”“物权变动的公示原则,虽于一定程度上有助于物权的现象化,但从根本上看,公示原则旨在克服物权之绝对性对第三人的不利影响,无法解决权利主观性所造成的物与本权分离的深层问题。”〔1〕

占有不能完全彰显本权,之所以仍然有人坚持将上述权利外观理论作为动产善意取得的基础,据笔者的推测,可能是混淆占有之权利推定效力和占有之善意保护效力的结果。根据占有的权利推定效力,以所有人的意思占有标的物的占有人被推定为所有权人。也就是说,即使占有状态与权利归属不一致,法律也推定占有人就是真正的权利人,除非提出异议者拿出足够充分的证据推翻这一推定。据此,有人认为,既然占有人被推定为权利人,那么法律还是可以赋予占有作为权利的外观以公信力来对善意受让人进行保护。〔2〕 笔者认为,占有的权利推定效力主要适用于占有人和真正权利人就动产归属发生的确权诉讼,主要用来解决举证责任分配问题,以避免占有人在确权诉讼中处于被动,但并不意味着作为第三人的善意受让人可以据此信赖占有是权利的外观。因此权利推定效力和善意取得效力是占有的不同效力体现,二者并非因与果的关系。

正是由于占有作为公示手段存在先天不足,不能完全彰显权利,相反,在一系列法律制度的配合下,不动产登记簿则可以基本表征不动产上的权利状态,因此法律可以赋予不动产登记簿以绝对的公信力来保护善意受让人,却不能赋予占有以绝对的公信力,而必须构建一个专门的法律制度,即善意取得制度,来解决善意受让人的信赖保护问题。这是传统民法认为善意取得制度不适用于不动产,而仅适用于动产的理论背景。〔3〕 问题是,如果基础或者本质相同,只是程度上差异,能不能将不动产登记簿的公信力和善意取得制度做相同的处理呢?笔者认为,不动产登记簿的公信力与善意取得制度之间在法律构造上的区别并非仅仅

---

〔1〕 参见朱广新:《不动产交易适用善意取得制度的限度》,载《法学研究》2009年第4期。

〔2〕 参见孙宪忠:《物权法基本范畴及主要制度的反思(下)》,载《中国法学》1999年第6期。

〔3〕 参见朱广新:《不动产交易适用善意取得制度的限度》,载《法学研究》2009年第4期。

因为不动产登记簿表征权利的概率高,而占有表征权利的概率低。也就是说,不仅仅是公示表征权利的程度不同,而且还因为这种程度上的差异导致二者的法理基础出现不同:动产善意取得的基础是占有的效力,即法律赋予占有以善意取得的法律效力,而不动产善意取得的基础则是公示之效力,即法律赋予不动产登记簿以公信力。也许有人要问,占有的效力和公示的效力究竟有何区别?占有不也是物权的公示方式吗?其实不然。占有确实是动产物权的公示方式,但同时,占有作为一种事实状态,亦受到法律的保护,善意取得制度是以作为事实的占有受到法律保护为理论基础,而不是以作为公示手段的占有被赋予表征本权的效力为理论基础,因为如果是信赖作为公示手段的占有,那么信赖的对象是占有能够表征本权,即信赖占有人有权处分标的物,而如果法律保护这种信赖,那么占有人对标的物的处分就应当被认定为有权处分,而非无权处分;但如果不是信赖作为公示手段的占有,而是信赖作为事实的占有,则信赖的对象仅仅是取得占有这一客观事实本身,并不是对占有表征本权的信赖,因此在占有人没有处分权的情形下,不能被认定为有权处分。

### (二)动产善意取得的正当化依据

既然占有不能彰显本权,善意受让人信赖的基础就不可能是作为公示方式的占有,因而善意取得制度只能从占有本身的法律效力中寻找根据。但是,占有效力说虽然为善意取得制度提供了逻辑上的依据,却不能正当化善意取得,因为占有本身只是作为一种事实而存在,何以法律却赋予占有以善意取得的效力,在发生占有人无权处分的情形下,宁愿牺牲原权利人的利益,也要保护善意受让人的交易安全呢?因此,动产的善意取得与其说是一个法律逻辑问题,毋宁说是一个价值判断问题。[1]

作为大陆法系民法主要渊源的罗马法并无善意取得制度的相关规定,而是通过"无论何人不得以大于其所有之权利给与他人"的原则强

---

〔1〕 相同观点,参见苏永钦:《动产善意取得若干问题》,载氏著:《私法自治中的经济理性》,中国人民大学出版社 2004 年版。

调对所有权的保护,并赋予物权以追及力予以实现,法谚“物在呼唤主人”即表明罗马法的这一立场。通说认为,善意取得制度源于日耳曼法的“以手护手”规则。根据这一规则,将自己的动产交付给他人者,仅能向该他人请求返还,若其将动产让与第三人,也只能向让与人主张损害赔偿,不能请求第三人返还原物。后世民法在继受罗马法,强调对所有权保护的同时,却继受日耳曼法的这一规则建立了善意取得制度。[1]根据善意取得制度,在动产物权变动中,即使让与人并不享有处分权,却以所有权之移转或其他物权之设定为目的进行交易,如果受让人善意受让占有,则即时取得该所有权或其他物权。由此可见,善意取得制度乃是以牺牲原所有权人的利益为代价,确保善意受让人交易安全得以实现。

立法何以牺牲原权利人的利益而保护第三人的交易安全?其正当性依据何在?以所有权的善意取得为例,所有权为《宪法》第13条所保障的私有财产权,而依善意取得制度,当对所有权的保护与对交易安全的保护发生冲突时,却毅然放弃对所有权的保护,选择保护交易安全,如此安排,显然需要有足够的理由予以正当化,否则就有“违宪”的嫌疑。对此,有学者以经济分析方法为手段,对善意取得予以正当化:一方面,从鼓励交易的立场看,如果绝对贯彻所有权保护原则,交易活动必然受到影响,因为如果不对买受人的合理信赖予以保护,则将人人自危,交易很难进行;另一方面,从交易成本的角度看,如果没有善意取得制度,则受让人为确保权利的取得就不得不投入相当的征信成本,以调查让与人是否有处分权,而原权利人只需尽相当的注意,即可以避免自己所有的财产被他人处分,两者比较,显然后者成本较低,因此承认善意取得制

---

〔1〕 尽管善意取得制度与日耳曼法确有其渊源,但在法律结构与意义上却大异其趣:日耳曼法的“以手护手”原则,系采取限制所有权追及力的法律结构,究其原因,一方面在于占有丧失后的所有权效力减弱,另一方面在于Gewere的作用,因为在日耳曼法上,占有为权利之外衣,占有人并非完全无权利处分标的物;而善意取得制度则采取使受让人取得所有权的法律结构,以保护受让人的交易安全,因此更具积极意义。参见谢在全:《民法物权论》,中国政法大学出版社1999年版,第219页。

度,有利于促进交易安全和经济效率。[1] 也有学者以价值分析方法为手段,使善意取得合理化:法律之所以舍弃原所有权人的利益而保护受让人的交易安全,是因为交易安全代表的是一种秩序价值,关系着市场中所有潜在交易者的利益,是社会利益(整体利益)的体现;而原所有权人代表的不过是根据所有权而应实现的公正价值,仅关乎个人利益。因此,对原所有权人利益的伤害被认为仅仅是对个别利益的伤害,而对善意受让人利益的伤害却因其被认定为是对交易安全即交易整体秩序的伤害,基于“不公正胜于无秩序”的价值考量,整体利益(即秩序)的保护应当重要于个别利益(即个别权利)的保护,因此法律必须承认善意取得制度。[2]

经济分析和价值分析均在论证善意取得制度的功能和价值,但无法说明罗马法上不承认的制度,何以现代多数国家民法予以承认。对此,运用社会分析方法才能找到答案。应该说,善意取得制度是市场经济条件下的必然产物,其存在的主要原因在于现代社会中交易的连续性。正如恩格斯所言,罗马法是简单商品经济的典型代表,在简单商品经济条件下,交易活动较少,且交易的目的一般是满足自己生产和生活的需要,因此,很少发生出卖他人之物的情形,即使偶尔发生,也不会影响整个社会的交易秩序,因此不足以要求牺牲原所有权人的利益来保护受让人的交易安全;但在近现代市场经济条件下,交易活动普遍存在,且大量交易的目的是继续从事交易,如中间商从事交易的目的就是通过转售商品获得盈利,因此交易具有连续性的特点,这种情况下,让与人是否取得标的物的处分权将受到此前所订立的合同是否有效等方方面面的影响,因此出卖他人之物的情形常有发生。如果对受让人科以征信义务,既不现实,成本也很高,且如果不对其交易安全进行保障,必将害及交易的广泛

[1] 王泽鉴:《民法物权(二)》,中国政法大学出版社 2001 年版,第 248 页;谢在全:《民法物权论》,中国政法大学出版社 1999 年版,第 220 页。

[2] 尹田:《论“不公正胜于无秩序”》,载梁慧星主编:《民商法论丛》(第 19 卷),金桥文化出版(香港)有限公司 2001 年版。

开展,阻碍社会经济的发展。[1] 因此,在市场经济条件下,由于受让人的交易安全直接与市场秩序相联系,是社会整体利益的体现,从而必然要求牺牲原所有权人的利益对其进行保护。[2]

综上所述,动产善意取得的理论基础在于利益衡量,而非占有之公信力的结果,因为占有不能完全彰显本权,自无作为信赖基础的可能,但是社会生活中,人们又不得不经常面对真正权利人与善意受让人之间的利益冲突,为了构建社会经济秩序,立法者必须以牺牲一个利益为代价而对另一个利益进行保护,动产善意取得正是这种权衡的结果。

### (三)动产善意取得的适用范围

由于立法规定善意取得制度对受让人的交易安全进行保护,系以牺牲原所有权人的利益为代价,因此并非当然具有正当性,而是因应现代社会经济的需求而作出的权衡之策,既不意味着立法者对该制度的广泛运用持鼓励和放任态度,也不意味着法律对此就毫无作为。由于善意取得制度的适用以无权处分的发生为前提,因此从立法政策上看,为尽量避免该制度的运用,就必须尽量避免无权处分的发生,以控制原所有权人与善意受让人交易安全发生冲突的可能性,最低限度出现法律适用上的权衡,因为毕竟善意取得制度的运用是对原所有权人的一种伤害,法律应尽量予以避免;又由于善意取得制度的适用以牺牲原所有权人的利益为代价,因此从立法政策上看,应将善意取得制度的适用严格限制在与市场秩序相关的范围内,以避免无畏牺牲原所有权人的利益。对于前者,主要通过设计优良的物权变动模式予以实现;从比较法的角度看,各国立法对善意取得制度进行最大的限制,是区分占有委托物和占有脱离

---

〔1〕 [德]鲍尔、施蒂尔纳:《德国物权法》,张双根译,法律出版社 2004 年版,第 64 页;[美]迈克尔·D. 贝勒斯:《法律的原则——一个规范的分析》,张文显等译,中国大百科全书出版社 1996 年版,第 121 页。

〔2〕 在普通法系,尽管传统规则也是“不能将大于自己的权利让与他人”,但保护善意购买人已成为现代法律的一项原则,以限制所有权的追及力。以美国为例,《美国统一商法典》不仅保护买卖合同中善意受让人的交易安全(U. C. C. 2-403),而且保护担保物权设定中的交易安全(U. C. C. 9-307)。参见[美]迈克尔·D. 贝勒斯:《法律的原则——一个规范的分析》,张文显等译,中国大百科全书出版社 1996 年版,第 119 页。

物而分别确定是否适用善意取得:前者可适用善意取得制度;后者则原则上不适用善意取得制度,仅在例外情形下,即通过法定程序(拍卖)或者法定场所(公开市场)取得,才能适用善意取得制度。[1]

何以立法区分占有委托物和占有脱离物而分别确定是否适用善意取得制度?学者多以占有脱离物为非基于权利人的意思丧失占有,因此不应由其承担标的物被无权处分的危险作为这一立法政策的依据[2];也有学者指出,善意取得制度将占有脱离物排除在适用范围之外,可以抑制销赃行为,有利于弘扬社会精神文明,具有道德宣示的功能。[3] 笔者认为,仅仅从危险负担或道德宣示并不能论证立法区分占有委托物和占有脱离物的必要性,因为善意取得制度的主要功能并非在于分配危险或宣示道德。[4] 如前所述,善意取得制度的规范意旨在于当原所有权人的利益与善意受让人的交易安全发生冲突时,牺牲原所有权人的利益以维护善意受让人的交易安全。因此,"交易安全"才是善意取得制度所追求的价值目标。但我们也应看到,立法以牺牲原所有权人的利益为代价所保护的"交易安全"应当是正常交易下的安全,而不是非正常交易下的安全,因为只有正常交易下的安全才与社会秩序(社会利益)取得实质性的联系,从而成为善意取得制度正当性的依据,而非正常交易的安全并非社会常态,常常仅关乎个体利益,不足以正当化善意取得制度,以牺牲原所有权人的利益为代价对其进行保护。在占有脱离物场合

---

〔1〕 并非所有国家的民法都采取这一立场,据学者归纳,在是否采用善意取得制度问题上,各国立法大致存在两种立场:一是"极端法"立场,即完全否定此制度的采用(以北欧地区的挪威和丹麦为代表),以及完全肯定此制度的采用(以1942年《意大利民法典》为代表);二是"中间法"立场,即在善意取得的适用范围上,区分占有委托物与占有脱离物,占有脱离物原则上不适用善意取得,占有委托物则原则上得适用善意取得(如德国、法国、日本、奥地利、瑞士等绝大多数国家)。参见梁慧星、陈华彬:《物权法》,法律出版社1997年版,第183页。我国民法通说系采"中间法"立场。

〔2〕 [德]M. 沃尔夫:《物权法》,吴越、李大雪译,法律出版社2004年版,第253页。

〔3〕 王轶:《物权变动论》,中国人民大学出版社2001年版,第283页;孙鹏:《物权公示论——以物权变动为中心》,法律出版社2004年版,第370页。

〔4〕 例如,危险分配以及道德宣誓理论无法解释在标的物为占有脱离物的场合,但若受让人通过拍卖或者公共市场上获得时,某些国家的民法(如德国民法)规定亦可以适用善意取得制度。

下,如果买卖双方私下买卖标的物,当然不属于社会交易的常态,其交易安全不足以影响整个社会的交易秩序,自然不属于善意取得制度的适用范围[1]。但是,如果受让人通过拍卖程序或者在公开市场上购得标的物,则即使标的物为占有脱离物,拍卖程序或公开市场本身即足以证明该交易的正常性,受让人的交易安全自然应当受到保护,自应属善意取得制度的适应范围。不过,为平衡对原所有权人的保护和对交易安全的保护,也有不少国家或者地区民法规定原所有权人可在偿还受让人所支付价金时请求恢复其物。[2] 此外,对于金钱或者无记名证券,考虑到其流通性的要求,即便是占有脱离物,多数国家规定也应适用善意取得制度。[3]

善意取得制度仅对正常交易中的善意受让人进行保护的思考模式也可以论证我国民法何以将善意取得制度的适用范围限制在有偿的交易,而不适用于无偿的交易。道理很简单,有偿的交易才是市场经济条件下的正常交易形态,而无偿的交易并非社会交易的常态,不足以要求牺牲原所有权人的利益对受让人的交易安全进行保护。当然,除区分占有委托物和占有脱离物、有偿交易和无偿交易而分别确认适用善意取得制度外,立法为限制善意取得制度的适用范围,还设有相当严格的构成要件,受让人只有满足全部构成要件,才能依善意取得制度取得物权,否则根据民法关于无权处分的规定,在让与人不能事后取得处分权或者得到权利人追认时,让与人的处分行为无效,物权并不发生变动。

从《民法典》第312条的规定看,我国民法显然区分占有委托物和占有脱离物而分别确定适用善意取得制度。例如《民法典》第312条就遗失物的返还问题作了如下规定:"所有权人或者其他权利人有权追回遗

---

〔1〕 以赃物为例,正如有学者指出,赃物作为标的物在交易总量中的比例很小,将其排除在善意取得制度之外,不至于影响正常的交易秩序。参见王轶:《物权变动论》,中国人民大学出版社2001年版,第283页。

〔2〕 在采中间法立场的国家中,一些国家的民法(如《德国民法典》第935条第2项)对通过公开拍卖方式取得的占有脱离物不承认原所有权人的回复请求权;但还有一些国家则承认原所有权人在向受让人支付价金后的回复请求权,如《法国民法典》第2280条;《瑞士民法典》第934条第2项;《日本民法典》第194条。

〔3〕 见《德国民法典》第935条第2项;《瑞士民法典》第935条。

失物。该遗失物通过转让被他人占有的,权利人有权向无处分权人请求损害赔偿,或者自知道或者应当知道受让人之日起二年内向受让人请求返还原物;但是,受让人通过拍卖或者向具有经营资格的经营者购得该遗失物的,权利人请求返还原物时应当支付受让人所付的费用。权利人向受让人支付所付费用后,有权向无处分权人追偿。”可见,《民法典》不仅规定了善意取得制度的例外,还规定了善意取得制度例外的例外:对于遗失物,所有权人自知道或者应当知道受让人之日起 2 年内可以向受让人请求返还原物,从而构成善意取得制度的例外,且在此例外情形下,如果受让人是通过拍卖或者向具有经营资格的经营者购得该遗失物,则权利人请求返还原物时应当支付受让人所付的费用;所有权人自知道或者应当知道受让人之日起超过 2 年的,仍可适用善意取得制度,从而构成善意取得制度例外的例外。

值得注意的是,《民法典》第 312 条仅对遗失物的善意取得问题进行了规定,未规定赃物是否适用善意取得制度。对此,实践中存在争议。一种观点认为,对于赃物,应采取“一追到底”的政策,因此,不能适用善意取得制度;另一种观点则认为,善意取得制度旨在维护正常的交易秩序,即使标的物为盗赃物,也可能成为正常交易的对象,此时也应保护受让人正常的交易安全。《最高人民法院关于刑事裁判涉财产部分执行的若干规定》第 11 条规定:“被执行人将刑事裁判认定为赃款赃物的涉案财物用于清偿债务、转让或者设置其他权利负担,具有下列情形之一的,人民法院应予追缴:(一)第三人明知是涉案财物而接受的;(二)第三人无偿或者以明显低于市场的价格取得涉案财物的;(三)第三人通过非法债务清偿或者违法犯罪活动取得涉案财物的;(四)第三人通过其他恶意方式取得涉案财物的。第三人善意取得涉案财物的,执行程序中不予追缴。作为原所有人的被害人对该涉案财物主张权利的,人民法院应当告知其通过诉讼程序处理。”可见,对于赃物,上述司法解释并未一概采取“一追到底”的政策。需要说明的是,该条第 2 款最后一句规定“作为原所有人的被害人对该涉案财物主张权利的,人民法院应当告知其通过诉讼程序处理”并不意味着原权利人有权通过诉讼程序追回标的物。如此规定的原因是:由于在执行程序中,对第三人是否善意进行的认定并未经审判程序进行确认，因此，如果当事人认为第三人不构成善意，则可以通过提起民事诉讼来进行解决。也就是说，如果民事诉讼的结果是认定第三人不构成善意，则原权利人仍可通过诉讼程序追回标的物；如果民事诉讼的结果是认定第三人构成善意，则原权利人不能通过诉讼程序追回标的物。当然，依据类似事物应类似处理的类推适用规则，赃物也应采取与遗失物相同的处理思路，即权利人自知道或者应当知道受让人之日起 2 年内向受让人请求返还原物；但是，受让人通过拍卖或者向具有经营资格的经营者购得该遗失物的，权利人请求返还原物时应当支付受让人所付的费用。

值得注意的是，《最高人民法院、最高人民检察院关于办理诈骗刑事案件具体应用法律若干问题的解释》（法释〔2011〕7 号）第 10 条规定："行为人已将诈骗财物用于清偿债务或者转让给他人，具有下列情形之一的，应当依法追缴：（一）对方明知是诈骗财物而收取的；（二）对方无偿取得诈骗财物的；（三）对方以明显低于市场的价格取得诈骗财物的；（四）对方取得诈骗财物系源于非法债务或者违法犯罪活动的。他人善意取得诈骗财物的，不予追缴。"可见，该司法解释从实体的角度对善意取得作了明确规定。根据这一规定，诈骗财产也可以适用善意取得制度，且不受 2 年的限制。但是，对于其他赃物能否适用善意取得，则存在不同的意见：一种意见认为，诈骗财产适用善意取得是因为被欺诈方也有过错，不能将风险转嫁给无辜的受让人，但其他赃物不能适用善意取得；另一种意见则认为，其他赃物也应类推适用诈骗财产善意取得的规定。笔者倾向于第二种观点。

### （四）观念交付与动产善意取得

适用善意取得制度须以动产已经交付为要件，但随着占有概念的扩张及观念化，民法上的交付除现实交付外，尚有所谓观念交付，包括简易交付、指示交付和占有改定，那么，作为善意取得制度构成要件的交付是否也应包括观念交付在内？对此，理论上有人持肯定态度〔1〕；也有人认

〔1〕 谢在全：《民法物权论》，中国政法大学出版社 1999 年版，第 226 页；梁慧星、陈华彬编著：《物权法》，法律出版社 1997 年版，第 187 页。

为应区分情况进行讨论,不可一概而论。[1] 笔者认为善意取得制度中的交付是否应包括观念交付取决于观念交付的功能以及交付在善意取得制度中的意义。

观念交付存在的理由,是出于简便交易的考虑,使动产物权的移转更加便捷,以因应社会经济复杂性的要求。[2] 因为在形式主义物权变动模式下,根据公示原则的要求,动产物权的变动须以交付为生效要件,这一规定属强行性规定,当事人不得以约定排除适用。[3] 尽管以交付为生效要件有利于物权归属与公示状态的一致,从而确保第三人交易安全的实现,但是如果彻底贯彻现实交付,就无法满足当事人之间的利益安排(如合同订立并转移所有权后的一段时间内,出卖人尚有占有标的物的必要),有时还会导致交易费用的无畏增加(如合同订立时标的物已经为买受人所占有,双方就无进一步先转移占有的必要)。为解决法律强制性规定的僵化与社会生活复杂性之间的矛盾,法律认可观念交付亦能满足物权变动公示原则的要求,以满足当事人之间的利益安排,并节约交易成本。[4]

物权变动以交付为要件,是物权变动公示原则的要求,善意取得制度属物权变动的一种情形,也应以交付为要件。就此而言,善意取得制度中的交付似应认为不仅包括现实交付,也应包括观念交付。但交付在

---

〔1〕 陈自强:《"民法"第948条动产善意取得之检讨》,载苏永钦主编:《民法物权争议问题研究》,清华大学出版社2004年版。

〔2〕 史尚宽:《物权法论》,中国政法大学出版社2000年版,第38页;谢在全:《民法物权论》,中国政法大学出版社1999年,第100页。

〔3〕 立法通过观念交付严格贯彻物权形式主义,或者原则上采取形式主义,例外采取意思主义,均能使法律因应社会经济的复杂性(参见孙鹏:《物权公示论——以物权变动为中心》,法律出版社2004年版,第227页)。但我国《民法典》一方面规定,动产物权的变动以交付为生效要件,并承认观念交付亦为交付的种类,说明我国采取的是严格的形式主义物权变动模式;另一方面又规定当事人另有约定的,可以不以交付为要件,显然又是以形式主义为原则,以意思主义为例外的物权变动模式。如此双重设置,必然造成体系上的混乱。

〔4〕 尽管法律认可观念交付为交付,能够满足物权变动公示原则的要求,但观念交付作为交付所发挥的公示作用,则受到广泛的质疑。参见田士永:《物权行为理论研究》,中国政法大学出版社2002年版,第188页;孙鹏:《物权公示论——以物权变动为中心》,法律出版社2004年版,第227页。

善意取得制度中的意义并不止于此。[1] 通过善意取得制度的物权变动不同于一般的物权变动,不仅要解决物权变动中的公示问题,更为重要的是要平衡原权利人保护与受让人交易安全的保护,以调和财产的静态安全和动态安全。因此,交付在善意取得制度中的意义便不可与其在一般物权变动中的意义同日而语。就动产物权变动而言,法律认可观念交付亦能满足物权变动的公示要求,只是解决物权变动公示问题,而观念交付能否平衡对原权利人的保护与受让人交易安全的保护,则不无疑问。

我们首先讨论简易交付。如前所述,善意取得制度所保护者系基于对占有的信赖所产生的交易安全,是占有公信力的具体应用。在简易交付的场合,尽管受让人在合同订立时就已经受让占有,但其占有既可通过让与人取得,也可以通过让与人之外的其他人取得。在受让人通过让与人受让占有的情况下,由于现实交付前标的物为让与人所占有,因此其信赖让与人占有而产生的交易安全应受到法律的保护,故可构成善意取得制度所谓之“交付”;但在第三人通过让与人之外的其他人取得占有时,由于转移占有前标的物并非由让与人占有,受让人无从信赖让与人为权利人,如果此时对受让人进行保护,将会导致所有权保护与交易安全的保护失去平衡。因此,《德国民法典》第 932 条规定,在简易交付的情况下,只有受让人自让与人处取得占有时,方可适用善意取得制度。我国台湾地区“民法”尽管没有明文规定,但通说亦采此种看法。[2]

其次讨论指示交付(返还请求权的让与)。当事人以让与返还请求权作为交付方式时,只有在受让人自第三人处取得实际占有时,方可适

---

[1] 善意取得制度以受让人取得占有为要件并非仅为形式主义物权变动模式的要求,而是各国立法的通例。至于何以必须以交付为要件,与各国对善意取得制度法理基础的认识不无关系。例如,如果认为善意取得制度乃占有效力的体现,则受让人必须有占有的事实,才能受到占有效力的保护(参见钱明星:《物权法原理》,北京大学出版社 1994 年版,第 210 页)。在形式主义物权变动模式下,善意取得制度以交付为要件既是物权变动公示原则的要求,也是交付在善意取得制度中所具有的特殊意义的要求,参见[德]M. 沃尔夫:《物权法》,吴越、李大雪译,法律出版社 2004 年版,第 254 页。

[2] 史尚宽:《物权法论》,中国政法大学出版社 2000 年版,第 561 页;王泽鉴:《民法物权(二)》,中国政法大学出版社 2001 年版,第 262 页。

用善意取得制度,此为《德国民法典》第934条第2项之规定,我国台湾地区“民法”通说虽不赞成以受让人取得直接占有为要件,但也有学者指出,在指示交付的情形下,受让人并非信赖让与人之占有,而是信赖让与人之所有权主张,因善意取得制度的立法本意在于保护受让人信赖占有作为权利外观所产生的交易安全,并非保护信赖让与人的所有权主张而产生的交易安全,让与人仅有所有权主张不构成善意取得制度所保护之信赖。因此,为平衡所有权保护与交易安全的保护,应认为善意取得制度的交付虽不以让与人直接占有为条件,但只有在受让人取得直接占有时,方可依善意取得制度取得物权。〔1〕这一意见值得赞同。

最有争议的当属占有改定能否构成善意取得制度之“交付”。〔2〕对此,《德国民法典》于第933条规定,依占有改定进行交付,只有当受让人取得直接占有时,方可适用善意取得制度。也就是说,占有改定本身并不构成善意取得制度所要求的“交付”。其立法理由为,学说上认为受让人与真正所有人对无权让与人有同样的信赖,不能厚此薄彼,必须在受让人受让动产的直接占有时,才能完全排除让与人的占有,其占有地位终局稳固,始能获得物权保护。与此相反,深受德国民法影响的瑞士民法与我国台湾地区“民法”在这一点上并未追随德国民法,不仅民法对此未设规定,而且通说认为不必以受让人取得直接占有为要件,占有改定本身即足以使善意受让人取得动产物权。〔3〕不过这一观点,已经受到广泛质疑,例如王泽鉴教授指出,让与人无权处分并依占有改定交付受让人后,又对同一标的物进行处分,并同样以占有改定的方式交付给第二个受让人,或者双重买卖中,第一买受人依占有改定接受交付后,出卖人又将标的物以占有改定出卖给第二个买受人。在这两种情形下,如果承认善意取得制度的适用,则将导致不合理:在第一种情形下,第二受让人会获得较第一受让人更优先的保护;在第二种情形下,从所

〔1〕陈自强:《“民法”第948条动产善意取得之检讨》,载苏永钦主编:《民法物权争议问题研究》,清华大学出版社2004年版。

〔2〕王轶:《物权变动论》,中国人民大学出版社2001年版,第266页。

〔3〕参见史尚宽:《物权法论》,中国政法大学出版社2000年版,第561页;谢在全:《民法物权论》,中国政法大学出版社1999年版,第229页。

有权人处取得所有权的第一受让人反倒不如从无权处分人取得所有权的第二受让人。[1] 在日本,占有改定与即时取得一度成为争论的焦点,判例在此问题上亦动摇不定,后来便确定采否定说,即否认占有改定时善意取得制度适用的可能性。[2] 笔者以为,上述立法及学说否认占有改定时善意取得制度的适用,其原因主要有二:其一,占有改定作为交付的方式,其公示作用并不彻底,如果承认占有改定时的善意取得,则可能诱发更多的无权处分,导致问题的复杂性;其二,在占有改定时,让与人仍直接占有标的物,如果原权利人请求让与人(无权处分人)返还标的物,法律并无充分理由不予支持,如果承认占有改定时的善意取得,将出现法律适用上的两难处境。[3]

综上所述,观念交付的功能在于简便交易,其解决交易双方当事人之间因物权变动带来的公示问题尚可,但在无权处分的情况下,法律不仅要处理当事人之间因物权变动带来的公示问题,而且必须兼顾对原权利人的保护与善意受让人交易安全的保护,作为善意取得制度构成要件的交付既要发挥公示作用,也要起到平衡保护的作用,而观念交付因其自身的局限性无法满足上述要求,因此,立法或学说必然要通过改造观念交付的条件以限制善意取得制度的适用范围。《民法典》虽然未对此作出明确规定,但在解释上,也应该采取相同的思路。

### (五)动产善意取得的类推适用

尽管动产善意取得制度为多数国家所采纳,但善意取得制度在各国立法中的体例并不一致,有的将其规定于时效制度(如法国),有的将其

---

〔1〕 王泽鉴:《民法物权(二)》,中国政法大学出版社 2001 年版,第 264 页。

〔2〕 关于日本民法学界对此问题的讨论,参见肖厚国:《物权变动研究》,法律出版社 2002 年版,第 377 页;刘得宽:《占有改定与即时取得》,载氏著:《民法诸问题与新展望》,中国政法大学出版社 2002 年版。

〔3〕 我国台湾地区"民法"中物权相关规定修正案指出,依占有改定受让时,于受现实交付前,不受善意取得之保护。其立法理由称,因让与人仍直接占有动产,除外观上不足发生动产物权变动之公示作用外,原权利人若对之有所请求时,仍负有返还动产之义务,实不宜使之有善意受让效力之适用,故于受现实交付前,不生善意受让之效力,始足以保护当事人权益及维护交易安全。转引自王泽鉴:《民法物权(二)》,中国政法大学出版社 2001 年版,第 265 页。

规定为占有权的效力(如日本),也有将其规定为动产所有权的取得方式(如德国),还有的则分别于动产所有权的取得方式和占有制度加以规定(如瑞士)。将善意取得制度规定于时效制度或者占有制度,其适用于全部动产物权的取得自无疑问,但若仅将其规定为动产所有权的取得方式,则动产所有权之外的其他动产物权是否可适用善意取得制度就不无疑问。对此,通说认为其他动产物权应有类推适用善意取得制度之余地。但是否所有其他动产物权均有类推适用善意取得制度之可能?其中,动产质权适用善意取得制度为各国民法或通说所承认,但对于留置权或者动产抵押权是否可类推适用善意取得制度,则有较大的争议。[1] 就我国而言,由于《民法典》第 311 条第 3 款明确规定"当事人善意取得其他物权的,参照适用前两款规定",动产的善意取得自然包括动产质权乃至留置权的善意取得。[2] 需要说明的是,我国民法尚承认动产抵押权,且依据《民法典》第 403 条的规定,设定动产抵押权,可以办理抵押登记,也可以不办理抵押登记,抵押权自抵押合同生效时取得,但非经登记不得对抗善意第三人。由此可见,在抵押人将不属于自己的动产用于抵押的情形下,由于动产抵押物不以登记为公示方式,故抵押权人不能通过登记制度获悉抵押物的权利归属,而只能依占有的公示状态推定抵押人享有处分权,因此也应受到占有公信力的保护,自应参照适用善意取得制度。

更有争议的是物权之外的其他权利包括权利质权能否适用善意取得制度。前者以债权让与为典型,后者以存单质押为典型。一般而言,债权为相对权,无须公示,也难以公示,因此无从适用善意取得制度。但是随着社会经济的发展,债权作为财产权的一种,其流通性日益增强,尤

---

〔1〕 苏永钦:《动产善意取得若干问题》,载氏著:《私法自治中的经济理性》,中国人民大学出版社 2004 年版;王轶:《物权变动论》,中国人民大学出版社 2001 年版,第 300 页。

〔2〕 《担保法解释》第 84 条规定:"出质人以其不具有所有权但合法占有的动产出质的,不知出质人无处分权的质权人行使质权后,因此给动产所有人造成损失的,由出质人承担赔偿责任。"第 108 条规定:"债权人合法占有债务人交付的动产时,不知债务人无处分该动产的权利,债权人可以按照担保法第八十二条的规定行使留置权。"尽管该司法解释在《民法典》施行后已被废止,但这两个条文与《民法典》并不冲突,仍可作为裁判说理的依据。

其是证券化的债权。在债权让与的情形下,如果让与人并不享有该债权,而是将属于他人之债权加以处分,受让人是否可依善意取得制度获得救济,不无疑问。笔者认为,善意取得制度是为保护因对占有的信赖所产生的交易安全,由于债权并不以占有为公示方式,因此原则上债权让与中受让人不能依善意取得制度获得保护,但如果该债权已经证券化,并且属于无记名证券,就应将该证券化债权视为动产,将对作为债权凭证的证券的占有视为对债权的占有,具有一定的公信力,为保护受让人的交易安全,可类推适用善意取得制度。如甲将其拥有的乙公司无记名债券寄存于丙处,被丙私自卖给丁,丁不知情,则丁可通过善意取得制度取得对乙公司的债权。但如果是非证券化的债权,或者为记名债券,为保护原权利人的利益,即使受让人为善意,也不应适用善意取得制度。当然,不适用善意取得制度并不意味着其交易安全得不到其他制度的保护。如甲、乙原系夫妻,离婚后,甲与某房地产开发公司订立房屋买卖合同购买房屋一套,交款以后,该公司向其交付了一份购房凭据,凭据上除载明已交付的房款数额外,还规定可凭此凭证领取该房钥匙并可到房地产管理部门办理产权登记手续。乙私自取走该凭证,并将该凭证转让给第三人丙,丙不知甲、乙已离婚,对载有甲姓名的凭据未表示怀疑。后甲起诉要求法院认定乙和丙之间转让凭据的行为无效。由于本案中的购房凭据上记载有甲的名字,系记名证券,丙不得以不知该债权系甲之债权为由主张善意,自然不能适用善意取得制度;但如果丙有理由相信乙有权代理甲出售该购房凭据,即可依表见代理规则认定乙和丙之间的债权让与合同有效,并直接约束甲,从而使丙取得对房地产开发公司的债权。[1]

在以债权设质的情形下,若出质人系以他人之债权出质,且事后未取得该债权或者未获得追认时,债权人能否取得债权质权,不无疑问。司法实践中,常见的是未经他人同意以其存单质押于银行进行贷款。如

---

〔1〕 有学者认为如果系乙私自将该购房凭据出售于丙,将构成无权处分,可类推善意取得制度对丙进行保护,参见王利明:《债权的善意取得及表见代理》,载王利明主编:《中国民法案例与学理研究:债权篇》,法律出版社 2003 年版。笔者以为,在非证券化或记名债券的场合,为保护原权利人的利益,应否定受让人适用善意取得制度。

甲未经乙同意将乙寄存的存单质押于银行获得贷款,银行可否以不知乙不同意为由主张善意取得该质权。如前所述,为平衡对原权利人的保护与受让人交易安全的保护,在存单为无记名的情况下,应将存单视为动产,可类推适用善意取得制度;在存单为记名的情况下,即使银行不知乙不同意,也不应认为银行系善意,从而适用善意取得制度。

值得注意的是,所有权以外的他物权种类繁多,情况极其复杂,善意取得制度虽能类推适用,但并非当然适用,应区分情况,本着兼顾原权利人的保护与交易安全的保护之原则,妥当处理。[1] 此外,担保物权为担保主债权的实现而存在,其转让只能随同所担保的债权一并转让,因此,前述担保物权的善意取得仅指担保物权的设定,而不包括担保物权的转让。[2]

### (六)动产善意取得中的合同效力

在原《物权法》的制定过程中,关于善意取得制度中的合同效力问题,是一个备受关注的问题[3]。例如,原《物权法(草案)》第一次至第五次审议稿均将"转让合同有效"作为善意取得制度的构成要件之一,但自第六次审议稿到最后通过的原《物权法》又将此要件取消(第106条),因而给法律适用留下诸多疑问:善意取得制度中的合同效力到底如何?立法者最终将"转让合同有效"这一构成要件删除是否意味着善意取得制度的适用不再以"转让合同有效"为前提?值得注意的是,尽管《物权法》未就转让合同的效力问题作出明确规定,但《最高人民法院关于适用〈中华人民共和国物权法〉若干问题的解释(一)》[以下简称《物权法司法解释(一)》]第21条规定:"具有下列情形之一,受让人主张根据物权法第一百零六条规定取得所有权的,不予支持:(一)转让合同因

---

〔1〕 关于善意取得制度的类推适用,另可参见苏永钦:《动产善意取得若干问题》,载氏著:《私法自治中的经济理性》,中国人民大学出版社2004年版。

〔2〕 参见王轶:《物权变动论》,中国人民大学出版社2001年,第305页。

〔3〕 学界关于这一问题的讨论,可参见梁慧星:《对物权法草案(征求意见稿)的不同意见及建议》,载《河南省政法管理干部学院学报》2006年第1期;崔建远:《出卖他人之物合同的效力设计——善意取得构成要件的立法论》,载《河北法学》2006年第3期;王胜明:《物权法制定过程中的几个重要问题》,载《法学杂志》2006年第1期。

违反合同法第五十二条规定被认定无效;(二)转让合同因受让人存在欺诈、胁迫或者乘人之危等法定事由被撤销。"《民法典物权编解释(一)》保留了这一规定,于第20条规定:"具有下列情形之一,受让人主张依据民法典第三百一十一条规定取得所有权的,不予支持:(一)转让合同被认定无效;(二)转让合同被撤销。"可见,根据这一解释,善意取得仍须以转让合同有效为前提。

对于适用善意取得制度的这一前提条件,有人可能会发出如下质疑:既然转让合同有效,在动产已经交付给受让人的情况下,受让人根据该转让合同加上交付即可取得被转让的物权,何须再通过善意取得制度取得该物权?这就涉及无权处分所订合同效力的问题,因为善意取得的适用前提就是出卖人构成无权处分。原《合同法》第51条规定无权处分所订合同为效力待定的合同。在当时的司法实践中,这一规定被广泛适用于当事人所订立的买卖合同,导致大量买卖合同因出卖人无权处分被认定无效。这一做法的结果是,受让人的交易安全无法获得应有的保障,尤其是在标的物还没有交付或受让人不符合善意取得制度的其他条件时,受让人既无法取得标的物所有权,也因买卖合同被认定无效,故不能向出卖人主张违约责任。为解决这一问题,2012年《买卖合同解释》第3条规定:"当事人一方以出卖人在缔约时对标的物没有所有权或者处分权为由主张合同无效的,人民法院不予支持。出卖人因未取得所有权或者处分权致使标的物所有权不能转移,买受人要求出卖人承担违约责任或者要求解除合同并主张损害赔偿的,人民法院应予支持。"据此,即使受让人不能依据善意取得制度取得标的物的所有权,也可基于有效的买卖合同向出卖人主张违约责任。《民法典》吸收了这一成果,于第597条规定:"因出卖人未取得处分权致使标的物所有权不能转移的,买受人可以解除合同并请求出卖人承担违约责任。法律、行政法规禁止或者限制转让的标的物,依照其规定。"也正因为《民法典》第597条已经就无权处分所订合同效力问题作出明确规定,《民法典》通过后,最高人民法院在清理《买卖合同解释》时,遂将上述第3条予以删除。

需要指出的是,尽管《民法典》第597条已就无权处分所订买卖合同的效力作出规定,但因该规定仅适用于买卖合同,故其他无权处分订立的合同(如抵押合同、质押合同等)仍须类推该规定。此外,无权处分订立的买卖合同虽然不因无权处分而无效,但并不意味着受让人可直接依据有效的买卖合同加交付即可取得标的物的所有权。道理很简单:处分权虽然不影响买卖合同的效力,却可能影响物权变动的效力。也就是说,买卖合同有效以及动产交付是买受人取得动产所有权的必要条件,但却并非充分条件。在出卖人无权处分的情况下,即使买卖合同有效,动产也已交付,买受人也不能直接依据买卖合同加交付取得动产所有权,而必须依据善意取得制度。在买受人不符合善意取得的条件下,即使买卖合同有效,也已交付动产,受让人也不能取得动产的所有权。

当然,《民法典物权编解释(一)》将转让合同有效作为善意取得制度适用的前提,不仅是为了与《民法典》第 597 条的规定保持一致,而且是为了明确另一个同样重要的问题,即受让人的"善意"只能补足出卖人处分权的欠缺,并不能解决买卖合同的其他效力瑕疵。如果买卖合同因存在其他效力瑕疵而被撤销或者无效,则即使买受人在交易时善意,也不构成善意取得。就此而言,《民法典物权编解释(一)》的这一规定具有如下意义:一是明确我国民法对于物权的变动,采取的是要因原则,即物权的变动必须要有合法有效的原因行为;二是我国民法对于物权的变动,没有采取物权行为理论,因为根据物权行为理论,买卖合同仅仅是当事人之间发生债权债务关系的债权行为,而物权的变动还需当事人完成以交付或者登记为形式要件的物权行为,这就导致所谓"转让合同"可能被认定为物权合同而非债权合同。显然,在物权行为理论的背景下,即使债权合同不因出卖人无权处分而无效,物权行为也会因出卖人无权处分而无效。既然《民法典物权编解释(一)》仅仅简单地将"转让合同"有效作为善意取得的适用前提,也就意味着最高人民法院并无承认物权行为理论的想法。关于这一问题,我们还将在第四编继续讨论。

## 三、占有人与回复请求人之间的关系

在当事人对标的物的占有是有权占有的情况下,即使是占有人并非标的物的所有权人,所有权人也应忍受标的物被他人占有的事实,不能行使物权请求权要求返还标的物。关于这一点,我们在前文已经谈到。

也正因如此,《民法典》第 458 条规定:"基于合同关系等产生的占有,有关不动产或者动产的使用、收益、违约责任等,按照合同约定;合同没有约定或者约定不明确的,依照有关法律规定。"但是,如果当事人对标的物的占有是无权占有,因占有不能对抗本权,故权利人可以请求占有人返还标的物。但问题是,在权利人请求占有人返还标的物的同时,如何处理占有人对标的物的使用所产生的收益?如果标的物毁损灭失,占有人是否应当予以赔偿?就占有人对标的物支出的费用,占有人能否向权利人求偿?法律对这些问题的回答,共同构成占有人与回复请求人之间的关系,是物权法上的一个重点。但在讨论占有人与回复请求人之间的关系前,有必要先将无权占有区分为善意占有和恶意占有:前者是指占有人不知道也不应当知道自己是无权占有;后者是指占有人知道或者应当知道自己是无权占有。

(一)占有物的使用收益

区分善意占有和恶意占有对于处理占有人与回复请求人之间的关系具有极为重要的法律意义。例如,对于占有的使用收益和占有人就占有物支付的费用问题,《民法典》第 460 条规定:"不动产或者动产被占有人占有的,权利人可以请求返还原物及其孳息;但是,应当支付善意占有人因维护该不动产或者动产支出的必要费用。"据此,在占有人构成无权占有的情况下,无论占有人是善意占有还是恶意占有,权利人都可要求占有人返还标的物以及因占有标的物而获得的孳息,但只有在占有人构成善意占有的情况下,占有人才能要求权利人在请求占有人返还标的物及孳息时支付因维护标的物支出的必要费用。值得注意的是,孳息包括法定孳息和自然孳息。问题是,占有人就标的物的使用所带来的收益是否均属于孳息呢?笔者认为,答案应该是否定的。例如原《最高人民法院关于贯彻执行〈中华人民共和国民法通则〉若干问题的意见(试行)》(以下简称《民通意见》)第 131 条就不当得利的返还范围作了如下规定:"返还的不当利益,应当包括原物和原物所生的孳息。利用不当得利所取得的其他利益,扣除劳务管理费用后,应当予以收缴。"可见,除了孳息,还可能存在利用不当得利所取得的其他利益。此外,《最高人民法院关于适用〈中华人民共和国民法典〉婚姻家庭编的解释(一)》[以下简称《民法典婚姻家庭编解释(一)》]第26条亦规定:“夫妻一方个人财产在婚后产生的收益,除孳息和自然增值外,应认定为夫妻共同财产。”显然,依据本条的规定,收益不仅包括孳息与自然增值,还可能包括其他的收益,例如投资设立企业并参与管理产生的收益。而且,该条将孳息和自然增值并列规定,可以有效解决孳息认定困难问题,例如股权产生的分红:如果是没有参与企业经营所产生的分红,可以认为是自然增值;如果是参与企业经营所产生的分红,就不能认定为自然增值。如此说来,《民法典》第460条仅规定返还原物及其孳息,未提及自然增值,在实践中可能会引起争议。笔者建议对《民法典》第460条规定的孳息作广义解释,即包括孳息和自然增值,但应仅指实际产生的孳息和自然增值。

由于占有人对标的物使用而产生的收益,并不限于孳息和自然增值,因此,对于其他收益究竟应如何处理,也是一个亟须解决的问题。由于《民法典》继受原《民法总则》,未再规定人民法院在民事诉讼中可以收缴非法所得,加上《民通意见》已经被废止,故不能再依据《民通意见》第131条的规定进行处理。关于这一问题,《民法典》物权编虽然未作明确规定,但在合同编不当得利一章中,《民法典》第986条规定:“得利人不知道且不应当知道取得的利益没有法律根据,取得的利益已经不存在的,不承担返还该利益的义务。”第987条规定:“得利人知道或者应当知道取得的利益没有法律根据的,受损失的人可以请求得利人返还其取得的利益并依法赔偿损失。”据此,对于其他收益,似应区分占有人是善意占有还是恶意占有而做不同处理:在占有人是善意占有的情形下,权利人虽然可以要求占有人返还该收益,但在该利益丧失时,善意占有人不负赔偿责任;在占有人是恶意占有的情形下,权利人不仅有权要求占有人返还该利益,且在该利益灭失时,恶意占有人应承担赔偿责任。不过,《民法典》对占有人与回复请求人之间的关系作出特别规定,目的是要更加公平地处理二者的关系,在善意占有的情况下,占有人是否仍有返还其他利益的义务,其实不无疑问。自比较法的情况看,多数国家或者地区均规定善意占有无须返还其他收益。我国民法似也应采取相同的立场。

### (二)对占有物支出费用的偿还

再来看占有人所支出的费用问题。从比较法的情况看,一般将占有人支出的费用分为必要费用、有益费用和奢侈费用:所谓必要费用,是指因保存或者管理占有物通常必要的费用,如简用修缮费、饲养费、税款、物业管理费、汽车定期保养费等;所谓有益费用,是指因利用或者改良占有物且增加其价值而产生的费用,例如将木窗改为铝门窗,将汽车门窗由手摇改为电动等;所谓奢侈费用,是指占有人为快乐或者便利而支出的费用,如为汽车更换颜色。通说认为,善意占有人不仅可要求权利人偿还必要费用,还可在现存价值的范围内要求权利人返还有益费用;恶意占有人则只能请求权利人返还必要费用。[1]《民法典》第460条虽然仅规定善意占有人可以请求偿还为维护标的物所支出的必要费用,但值得注意的是,无论是善意占有人还是恶意占有人,在构成无因管理的情形下,自可以根据无因管理制度主张权利。

《民法典》第979条规定:"管理人没有法定的或者约定的义务,为避免他人利益受损失而管理他人事务的,可以请求受益人偿还因管理事务而支出的必要费用;管理人因管理事务受到损失的,可以请求受益人给予适当补偿。管理事务不符合受益人真实意思的,管理人不享有前款规定的权利;但是,受益人的真实意思违反法律或者违背公序良俗的除外。"第980条规定:"管理人管理事务不属于前条规定的情形,但是受益人享有管理利益的,受益人应当在其获得的利益范围内向管理人承担前条第一款规定的义务。"可见,无论占有人是善意占有还是恶意占有,只要其管理行为符合受益人的真实意思,就可以请求权利人返还因管理事务而支出的必要费用,并可要求权利人补偿因管理而产生的损失。对于所支出的有益费用,善意占有人也可请求享有管理利益的权利人在获得利益范围内偿还其支出的费用。

### (三)占有物毁损灭失的赔偿责任

《民法典》第459条规定:"占有人因使用占有的不动产或者动产,

---

[1] 参见王泽鉴:《民法物权(二)》,中国政法大学出版社2001年版,第327—332页。

致使该不动产或者动产受到损害的，恶意占有人应当承担赔偿责任。”据此，只有恶意占有人才需要对标的物的毁损灭失承担赔偿责任，且无论恶意占有人对于标的物毁损灭失是否存在过错，都应承担赔偿责任。但是，需要指出的是，在标的物毁损灭失的情形下，占有人还可能构成侵权行为，从而应承担侵权责任，因此，无论占有人是善意占有还是恶意占有，权利人都还可以根据《民法典》侵权责任编向占有人主张权利。

此外，《民法典》第 461 条规定：“占有的不动产或者动产毁损、灭失，该不动产或者动产的权利人请求赔偿的，占有人应当将因毁损、灭失取得的保险金、赔偿金或者补偿金等返还给权利人；权利人的损害未得到足够弥补的，恶意占有人还应当赔偿损失。”可见，无论占有人是善意占有还是恶意占有，也不管其对于占有物的毁损灭失是否存在过错，占有人都应将因毁损、灭失取得的保险金、赔偿金或者补偿金等返还给权利人。当然，除非善意占有人构成侵权行为，否则只有在占有人为恶意占有的情况下，对于未得到弥补的损失，才必须承担赔偿责任。

## 四、占有状态的推定与变更

由于善意占有和恶意占有的区分在法律上具有重大意义，因此实践中如何认定占有状态对于当事人的利益影响巨大。在承认取得时效的国家或者地区，由于取得时效的适用以占有人持续、自主、善意、和平、公然占有为条件，故对占有状态的认定更具重要性。根据民事证据规则，原则上主张某种事实存在的当事人，须对该事实的存在承担证明责任。但是，由于自主占有、善意占有、和平占有、公然占有为社会普遍情形，因此，依据“高度盖然性”的证明标准，法律应当对占有的状态进行推定，而无须要求占有人举证证明自己属于自主、善意、和平、公然占有。不过，此种占有状态的推定并不具有终局意义，如果其他当事人有证据推翻这一推定，则人民法院应当作出相反的认定。此外，对于持续占有的事实，也不要求占有人就整个期间的占有情况提供证据，而仅需就前后两端提供证据，即可推定占有人在整个期间均持续占有。同理，在其他当事人有证据予以推翻时，也应作出相反的认定。

值得注意的是，尽管占有状态可以推定，但并非一经推定，就不会发生占有状态的变化。实际上,占有状态可能会随一定法律事实的发生而出现变更。例如,在租赁期限届满后,出租人请求承租人返还财产,但承租人拒绝返还租赁物,就会导致承租人的有权占有变更为无权占有。此外,自主占有可能变更为他主占有,前面谈到的占有改定就是典型;他主占有也可能变更为自主占有,例如他主占有人对使其占有的人表示所有的意思,则自该意思表示时,变更为自主占有。

就占有人与回复请求人之间的关系而言,即使推定占有人的占有为善意占有,但如果法院已经判决善意占有人返还原物及其孳息,则自起诉状副本送达占有人时起,占有人的占有就会变更为恶意占有,从而自此时开始适用有关恶意占有的规定,其目的是要保护回复请求人的利益。需要指出的是,此种关于恶意占有的拟制,不能被推翻。

# 第十二讲

## 物权的民法保护体系

当事人起诉到法院关于物权方面的案件,不少是权利人的权利受到侵害而有所损失,权利人起诉的目的通常是要求加害人停止侵害并赔偿损失;或者虽然加害人没有造成权利人损失,但权利人对标的物进行支配却因加害人的行为受到妨害或者可能受到妨害,权利人起诉的目的是要求加害人排除妨害或者防止妨害的发生,以恢复对标的物的支配的圆满状态。这就涉及物权的民法保护体系,尤其是物权法关于物权民法保护的制度设计。

### 一、问题的提出及其背景

我们在第二编中提到:物权,尤其是所有权,作为一项重要的财产权利,不仅是市场交易的前提和基础、是所有制关系在私法上的表现,而且对于人格的发展具有极其重要的意义,因此各国或者地区的法律对物权保护的力度一般都很大,不仅通过私法规范对物权进行保护,还构建起完整的公法体系对物权进行保护。

在我国,物权的公法保护体系已基本建立起来:《宪法》不但明确规定公有财产神圣不可侵犯,而且规定合法的私有财产不可侵犯;《刑法》(尤其是分则部分第五章)专门就侵犯财产方面的犯罪进行了规定,旨在通过刑罚的手段达到对公私财产进行保护;行政方面的法律,如《治安管理处罚法》《行政处罚法》也在一定程度上实现了对公私财产的保护;经济方面的法律,如《土地管理法》《城市房地产管理法》等,则对土地等不动产或者其他自然资源进行专门保护,如《土地管理法》规定对集体土地的征收必须经过法定的程序,并在法定权限之下才能进行。

我国制定《物权法》的目的之一当然是要强化对物权的保护,尤其是要强化对物权的私法保护。应该说,这本是一个毋庸置疑的问题,但在《物权法》的制定过程中，对于是否应由《物权法》专门规定物权的民法保护却又是一个争议很大的问题。为什么一个看似简单的问题却成为争议如此之大的问题呢？这涉及对物权进行民法保护的制度设计问题，即民法应当通过何种制度设计以实现对物权进行全面而彻底的保护。

我们首先看传统民法关于物权的民法保护体系。[1] 以德国民法为例，对物权的保护可以分为债权法上的保护和物权法上的保护，前者包括侵权责任和不当得利两项制度对物权进行保护，后者则包括物权请求权制度和占有保护制度。[2] 为利于观察，图示如下：

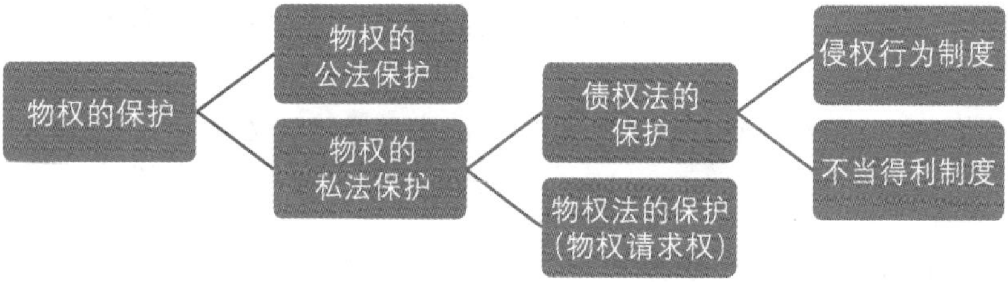


〔1〕 本书在一些地方有“传统民法”的表述，因此有必要对其进行界定，以便于读者理解。在当前的民法学界，大家比较熟悉的提法是“近代民法”和“现代民法”的区分，例如梁慧星教授在《从近代民法到现代民法》一文中指出：“所谓近代民法，指经过17、18世纪的发展，于19世纪欧洲各国编纂民法典而获得定型化的，一整套民法概念、原则、制度、理论和思想的体系。在范围上包括德、法、瑞、奥、日本及旧中国民法等大陆法系民法，并且包括英美法系民法”；“所谓现代民法是指近代民法在20世纪的延续和发展，可以说是现代社会的近代民法。现代民法，是在近代民法的法律结构基础之上，对近代民法的原理、原则进行修正、发展的结果。”笔者以为，大陆法系的民法系以罗马法为基础发展而来，至近代而得以定型化，得名“近代民法”，其中最为杰出的代表当属法国民法典和德国民法典，及至现代，这些法典经修正，并经判例和学说的发展，遂称“现代民法”。但相对于我国目前的民事立法而言，无论是古代罗马法，还是以法国民法典和德国民法典为代表近代民法，抑或是西方近代民法经修正后的现代民法，都只能作为“传统”而存在，因为这些法律在我国都不具有直接法源的效力，虽然可以作为我国民法学习和借鉴的重要素材，但只有经过我们自己的“加工”后，才能创建属于我们自己的民法。同时，我国学习西方民法已百年有余，至今仍在我国台湾地区适用的“民法”，就是学习德国、瑞士民法的结果，但改革开放以来，我国大陆地区致力于发展引领世界潮流的“现代民法”，我国台湾地区的经验，也只是我们总结和学习的一部分，因此本书谈到的“传统民法”，主要是以德国民法、瑞士民法以及我国台湾地区“民法”为代表的大陆法系民法。

〔2〕 王泽鉴：《民法物权（一）》，中国政法大学出版社2001年版，第64页以下。

我们先分析物权请求权与侵权责任制度之间的关系。从上图可知，对物权进行保护是侵权责任制度的一项重要任务，因为侵权法的保护对象主要就是绝对权，而物权作为一项重要的绝对权自然应受到侵权法的保护。但何以传统民法在侵权行为制度之外，还要设立专门的物权请求权制度对物权进行保护呢？原因在于，根据传统民法理论，侵权行为引起的是债权债务关系，这种债权债务关系主要以损害赔偿为内容，因此不仅须以“损害”的发生为前提，而且原则上须以行为人主观上有过错为要件。但在实际生活中，且不说权利受到侵害或者妨害并非行为人过错行为的结果，即使权利受到侵害或者妨害与行为人的过错有关，也可能会发生以下三种情形：其一，行为人张三将标的物毁损或者灭失，权利人李四已经没有恢复对标的物进行支配的可能或者即使有可能，但已经没有价值，由此导致李四存在损失，例如张三故意侵夺李四的标的物，造成标的物毁损或者灭失；其二，张三无权占有李四标的物，但并未给标的物造成损害，也没有给李四造成其他财产损失，李四只是希望恢复对标的物进行支配，例如张三和李四订立的买卖合同被认定无效，或者被撤销；其三，张三无权占有标的物，一方面给李四造成损失，另一方面李四又有恢复对标的物进行支配的需求，例如张三长期霸占李四的机器，造成李四经营上出现亏损，李四不仅可以要求张三返还机器，而且可以要求张三赔偿损失。

在第一种情形下，固然可以通过侵权责任制度对李四进行救济，法院判决张三赔偿李四所受到的损失即可；在第三种情况下，李四所受到的损失也可基于侵权责任要求张三予以赔偿。但是，在第二种情形以及第三种情形中李四要求张三返还原物的请求是否能依侵权责任制度予以救济，则不无疑问，因为按照传统民法的思路，侵权责任制度以损害赔偿为主要内容，如果原物的返还没有转化成一般的损害赔偿，便不能依侵权责任制度获得救济。这正是传统民法于侵权责任制度之外在物权法上单独设置物权请求权制度的原因。

事实上，在现实生活中，还存在以下两种情形：第一，行为人对标的物并未造成损害，但对权利人支配标的物构成妨害，如甲将自己的车停放在乙的车库，虽然对乙利用车库构成妨害，但并未给乙带来损害；第二，行为人不但没有对标的物造成损害，而且未对权利人支配标的物构成现实的妨害，但有造成妨害发生的危险，如甲常年外出打工，家里房屋年久失修，摇摇欲坠，就会对邻居乙的房屋构成威胁。这两种情形与前述张三无权占有李四的标的物具有类似性，都是权利人对标的物进行支配的圆满状态遭到破坏，且权利人有恢复对标的物进行圆满支配的需要，而这种需要在很大程度上却不能通过侵权责任制度予以解决。

## 二、物权请求权的性质与内容

物权请求权，即基于物权产生的请求权，在法律性质上属于物权的消极效力。我们知道，物权在性质上属支配权，因此其效力通常表现为积极的权能，如所有权，其效力主要表现为对标的物进行占有、使用、收益和处分。但权利人在对标的物进行支配的过程中，可能会遇到来自他人各种各样的侵害、妨害或者干涉，为此，法律必须赋予物权排除他人干涉的权能，才能确保权利人对标的物的支配圆满状态。也就是说，对于他人侵害物权所造成的损失，权利人自可基于侵权责任制度获得救济，但在损失得到赔偿之外，权利人如有恢复对标的物进行圆满支配的需要时，则法律必须赋予权利人以某种请求权的效力，使权利人在损失得到赔偿的基础上，能够随时恢复对标的物的支配圆满状态。此种请求权，就是物权请求权。由于通常情形下物权请求权并不表现出来，只有在权利人对标的物支配圆满状态遭到破坏时，权利人才有行使的需要，因此物权请求权被称为物权的消极效力，以与其积极效力相对应。由此可见，物权请求权旨在恢复权利人对标的物的支配圆满状态。依民法通说，它又包括以下三项具体的请求权。

其一，原物返还请求权，即标的物在被他人无权占有时，权利人为恢复对标的物的支配，可以请求无权占有人返还原物。如对于前述张三侵占李四标的物的情形，不管是否存在损失，只要标的物还存在，而李四又有恢复对标的物进行支配的需要，即可行使此种请求权，达到保护物权的目的。

其二，排除妨害请求权。在侵害人的行为对权利人行使权利构成妨害时，权利人可以请求侵害人排除妨害，以恢复对标的物的支配的圆满状态。如前述甲将其车辆停放于乙的车库,对乙支配自己的车库造成妨害,则乙即可请求甲排除妨害。

其三,消除危险请求权。虽然行为人的行为并未对权利人行使权利构成现实的妨害,但有妨害的危险发生时,法律亦赋予权利人请求行为防止危险发生的请求权。如甲的房屋有倒塌的危险时,邻居乙即可请求甲对房屋进行维修,以防止房屋倒塌。

由此可见,物权请求权上述三个方面的内容对于物权的民法保护而言,是非常重要的。可以这么说,物权请求权是物权的防御体系,一旦物权遇到来自他人的侵害或者干涉,权利人即可凭借物权请求权达到恢复对标的物进行圆满支配的目的,倘若物权没有物权请求权作为保障,必将陷入不能自保之境地,亦不能完成保障基本权利得以实现的重任。

## 三、确立物权请求权的必要性

如上所述,由于侵权责任制度对物权进行保护存在局限性,因而设立物权请求权制度确有其必要性,但是在制定《物权法》的过程中,还是有学者坚持《物权法》没有必要专门规定物权的民法保护问题。在他们看来,《物权法》没有必要确立物权请求权制度,其理由主要是:《民法通则》已经对传统民法上的侵权行为制度进行改造,从而构建起侵权的民事责任制度,通过该制度,即可解决物权的民法保护问题,未来在制定民法典时,亦可将民事责任制度这一具有中国特色的制度予以坚持,以独立的一编加以规定,从而解决物权的民法保护问题,因此《物权法》没有必要再就物权的民法保护画蛇添足。

为什么这部分学者认为《民法通则》规定的侵权的民事责任制度能够圆满地解决物权的民法保护问题呢?因为在他们看来,根据《民法通则》第 134 条的规定,承担侵权民事责任的方式并不仅限于损害赔偿,还包括停止侵害、消除危险、返还原物甚至恢复原状等。这些承担民事责任的方式,既可单独适用,也可合并适用,因此当物权受到侵害、妨害或者有妨害的危险发生时,权利人不仅可以要求侵害人赔偿损失,还可以要求侵害人承担停止侵害、消除危险、返还原物甚至恢复原状的民事责任。这样一来,前述物权请求权的内容已经为侵权的民事责任制度所概括,因此没有另行设立物权请求权制度的必要。这一点既是改造传统侵权行为制度的结果,也是民事责任制度的优势所在。[1]

问题是,侵权的民事责任制度是否真的能够对物权提供全面的保护呢?如果侵权的民事责任制度的确能够全面解决物权的民法保护问题,那么《物权法》自然没有规定物权请求权制度的必要,但如果情况不是这样,则需慎重对待物权请求权制度。为此,不少学者从理论上论证了侵权的民事责任制度不足以解决物权的全面保护问题,因此物权法必须回归传统民法,承认物权请求权。[2] 最终通过的《物权法》采纳了这部分学者的意见,于总则部分第三章规定了"物权的保护",其主要内容就是确立物权请求权制度,同时进一步重申侵权的民事责任制度在物权保护方面的意义。笔者也赞成这一观点,认为侵权的民事责任制度不能完成对物权的全面保护,《物权法》有承认物权请求权制度的必要,因为侵权的民事责任和物权请求权在性质上各异,前者产生的是债权债务关系,后者则是物权本身的法律效力,因而二者在构成要件和行使方式上就可能显著不同,为全面保护权利人的利益,不能仅仅依赖侵权的民事责任来完成物权的民法保护问题。

笔者的这一认识主要源于对一个既判案件的反思。若干年前,曾发生一起在当时看来是十分疑难的案件,案情大致如下。甲乙两人同住一栋两层的楼房,一楼归甲所有,二楼归乙所有,甲、乙二人因生活琐事发生矛盾,甲便故意在通往二楼的楼梯间堆放杂物,妨害乙上下楼,乙虽然觉得上下楼不便,但却没有向甲提出意见,而是在墙体之外自行搭建一楼梯间,从此便使用自建的楼梯间上下楼。甲见乙使用自建的楼道上下

---

〔1〕 这一方案的提出以北京大学魏振瀛教授为代表,其主要观点体现在《论债与责任的融合与分离》(《中国法学》1998 年第 1 期)、《论民法典中的民事责任体系》(《中外法学》2001 年第 3 期)以及《论请求权的性质与体系》(《中外法学》2003 年第 4 期)等文章中。

〔2〕 在《物权法》制定过程中,不少学者撰文呼吁规定物权请求权,其中以清华大学崔建远教授为代表的学者针对通过侵权的民事责任制度对物权进行救济所存在的不足,系统论述了物权法规定物权请求权的必要性,崔建远先生的主要观点体现在《绝对权请求权或侵权责任方式》(《法学》2002 年第 11 期)、《债法总则与中国民法典的制定》(《清华大学学报(哲学社会科学版)》2003 年第 4 期)、《物权救济模式的选择及其依据》(《吉林大学社会科学学报》2005 年第 1 期)等文章中。

楼,便索性将原来的楼梯间封死。几年过后,乙自建的楼梯间被当地政府有关部门认定为违章建筑,强制其拆除。乙遂要求甲将原有楼道予以疏通,甲拒绝疏通。于是乙将甲告到法院,在法庭上,甲以乙的诉讼请求已过诉讼时效为由进行抗辩。经法庭调查取证,发现在这几年中,乙的确没有以任何形式向甲主张过权利。此时,主审这一案件的法官觉得很难就本案作出裁判,原因很简单,如果严格适用法律,必然要驳回原告的诉讼请求,但这样一来,又很难让人心安,因为如果判决原告败诉,则归乙所有的第二层房屋就会变成空中楼阁,无法进行利用,这既不符合物尽其用的原则,也不符合公平正义的观念;而如果判决原告胜诉,被告一旦提起上诉,二审法院的法官一旦发现没有适用《民法通则》关于诉讼时效的规定,自己所作出的判决就有被改判的风险,就可能被认为是一个错案。最终,主审法官不敢冒判决被改判的风险,从而判决原告败诉,但他还是觉得这样做有点于心不忍,认为肯定是法律有问题,但却没能发现问题之所在。笔者认为,如果仅仅从《民法通则》的规定来看,这个案件的判决是没有问题的,因为尽管《民法通则》通过侵权的民事责任制度对传统侵权行为制度进行了改造,但从理论上看,侵权引起的民事责任仍然属于债权债务关系,因此应当适用诉讼时效的规定。问题在什么地方呢?问题就在于仅仅通过侵权的民事责任制度无法对物权提供全面的保护,如果我们承认物权请求权制度,则情况就会发生很大的变化。本案中,乙完全可以行使物权请求权中的排除妨害请求权达到恢复对原楼梯间的支配圆满状态。

不仅如此,前文谈到,侵权责任的构成原则上应以行为人有过错为要件,仅在法律规定不以过错为要件时,才无须行为人主观上没有过错,而此种例外情形仅发生在行为人的行为或者控制的物品有特殊危险的场合。在行为人造成权利人损失,权利人请求行为人承担损害赔偿责任的情况下,在责任构成上要求行为人主观上有过错或者要求行为人的行为、控制的物品存在特殊危险当然具有正当性。但是,在标的物被他人无权占有或者权利人对标的物的支配受到妨碍或者有妨碍发生的危险时,如果权利人只是想恢复其对标的物的支配圆满状态,仍要求行为人必须有主观过错或者其行为、控制的物品具有危险性,就不再具有正当性了。例如,张三自己不小心将衣服落在乘坐的出租车上,现在请求出租车司机李四返还该衣服,以恢复对衣服的支配圆满状态,自然不应以李四是否有过错为要件。此外,在行为人的行为对权利人行使权利构成妨碍或者有妨碍发生的危险时,权利人有恢复对标的物支配圆满状态的需要,且不应以行为人是否有过错为条件。就此而言,只有赋予权利人以物权请求权,才能实现对物权的全面保护。

值得注意的是,2009 年制定的《侵权责任法》对侵权责任的承担方式作了明确规定。《侵权责任法》第 15 条规定:“承担侵权责任的方式主要有:(一)停止侵害;(二)排除妨碍;(三)消除危险;(四)返还财产;(五)恢复原状;(六)赔偿损失;(七)赔礼道歉;(八)消除影响、恢复名誉。以上承担侵权责任的方式,可以单独适用,也可以合并适用。”原《侵权责任法》通过后,对于各种侵权责任的承担方式是否都应适用诉讼时效的规定产生了重大争议。一种观点认为,为了使原《侵权责任法》更加全面地保护包括物权在内的民事权益,应认为该法第 15 条规定的停止侵害、排除妨碍、消除危险、返还财产在适用时既不应以行为人有过错为要件,也不应适用诉讼时效。虽然此种观点的出发点是好的,但是可能造成侵权法内部体系的分裂,因为从原《侵权责任法》第 15 条并不能得出上述结论,且如此一来,必然导致一部分侵权责任的承担须以行为人有过错为要件,且必须适用诉讼时效,而另一部分侵权责任的承担则无须行为人有过错,且不应适用诉讼时效。《民法典》侵权责任编虽然未再规定侵权责任的承担方式,但仍在损害赔偿之外,规定“侵权行为危及他人人身、财产安全的,被侵权人有权请求侵权人承担停止侵害、排除妨碍、消除危险等侵权责任”(第 1167 条)。笔者认为,在行为人的行为危及他人人身、财产安全时,赋予权利人绝对权请求权即可实现对权利人的救济,本无须在侵权责任编再规定停止侵害、排除妨碍、消除危险等侵权责任。侵权责任编之所以将上述民事责任规定为侵权责任,无非是为了突出侵权责任法在预防损失发生方面的功能。就此而言,可以将行为人应当承担的停止侵害、排除妨碍、消除危险等民事责任理解为“侵权法上的责任”,但不应理解为“侵权责任”,因为这些责任的承担不应以行为人主观上有过错为要件,且不应适用诉讼时效。关于这一问题,笔者将在后续将要撰写的《侵权法精讲》中详细分析,此处不再赘述。

## 四、物权请求权与诉讼时效

当然,物权请求权作为请求权的一种,是否应当适用诉讼时效的规定,也是争议较大的一个问题。对这一问题的回答,首先涉及对物权请求权的法律性质。如前所述,如果将物权请求权定性为物权的效力,则只要物权存在,物权请求权就必然存在,而依民法通说,物权是不会因诉讼时效的经过而消灭的,道理很简单,只要标的物尚客观存在,物权就一定会存在,不会因为诉讼时效的经过而消灭。但问题并非如此简单,虽然民法通说认为物权请求权在性质上为物权的效力,但还是有部分学者对此持不同的意见,认为既然物权的性质是支配权和绝对权,那么物权请求权就不是物权的效力,因为请求权与支配权是一对相互对立的概念,且既然同属请求权,就应当适用诉讼时效的规定,因为诉讼时效的适用对象就是请求权;还有部分学者则进一步认为,既然物权请求权是请求权的一种,其性质就应该是债权,就应适用诉讼时效的规定。另有部分学者认为,虽然物权请求权在性质上是物权的效力,但对于物权请求权是否适用诉讼时效的规定,应该区别对待:排除妨害请求权和消除危险请求权不应适用诉讼时效的规定,因为这两项请求权为保全物权而存在,如果使其适用诉讼时效的规定,将会导致物权名存实亡,且物权受到妨害或者危险常常呈现连续状态,因此难以界定诉讼时效的起算点;但返还原物请求权则不同,返还原物的过程是一个给付标的物的过程,类似于债权,如果不适用诉讼时效的规定,就可能破坏已经就标的物发生的大量民事关系,因此返还原物请求权应适用诉讼时效的规定。

笔者以为,物权虽然在性质上属于绝对权和支配权,但并不意味着不能发生请求权的效力,二者并不存在对立关系。事实上,虽然物权为绝对权,义务人是除权利之外不特定的第三人,但一旦就物权发生纠纷,则必然要具体化到特定的当事人之间,因此包括物权纠纷在内的所有民事纠纷,都必然要以请求权作为诉讼请求的基础(这也是我们以请求权基础作为案例分析方法的一个理论基础)。也就是说,凡是民事权利,无论是绝对权还是相对权,都会发生请求权的效力,只有这样,当这种权利遇到侵害或者妨害时,才能维持其自身的存在,只不过有些权利(如债权),其内容主要表现为请求权的效力,而有些权利(如物权),其内容则主要表现为支配权的效力,请求权则仅具防御的功能,因此理论上我们说债权是请求权,物权是支配权,但我们应该看到,债权除请求权的效力,还有其他的效力,如受领的效力、执行的效力等;物权除了支配权的效力外,还有请求权的效力。因此将物权请求权定性为物权的效力,并不存在理论上的障碍,此为其一。

其二,虽然物权请求权与债权请求权同属于请求权,但并非所有请求权都应适用诉讼时效的规定,因产生物权请求权的基础是物权,故物权请求权必然具有其特殊性。物权请求权中的排除妨害请求权和消除危险请求权是为保全物权而存在的,因此又被称为保全请求权,如果使其适用诉讼时效的规定,必然会导致物权名存实亡,这一点体现在前述甲堵塞楼梯间妨害乙上下楼的案件中表现得尤为明显,因为如果乙要求甲排除妨害的请求权因诉讼时效的经过而消灭,则结果还将与适用《民法通则》一样,导致乙所拥有的二楼成为空中楼阁。由此可见,物权请求权中的排除妨害请求权和消除危险请求权不应当适用诉讼时效的规定,这一点不仅理论界争议不大,就是从比较法的角度看,也不难发现,以德国民法为代表的大陆法系国家在此问题上都比较一致。正是因为这一点,在物权法制定过程中,物权法草案曾一度明确规定:“权利人请求排除妨害或者消除危险,不适用诉讼时效。”

让人难以琢磨的是,返还原物的请求权是否应该适用诉讼时效的规定?根据物权请求权的性质,似乎也应得出返还原物请求权亦不应适用诉讼时效的规定,但是,对此持相反观点的学者不在少数,他们的理由也很充分:返还原物请求权类似于债权,加上我国民法尚未规定取得时效制度,如果不适用诉讼时效的规定,必然导致基于该标的物发生的法律关系长期处于不确定状态,这对交易安全极为不利,例如张三的标的物被李四无权占有,张三长期没有主张权利,李四遂将标的物出卖给知情者王五。综观其他国家的民事立法和民法理论,在对待返还原物请求权是否适用诉讼时效问题上,也并非一概予以否定,例如德国民法就是以区分登记的标的物和不登记的标的物来判断是否适用诉讼时效:权利人就已登记的标的物要求返还原物时,不适用诉讼时效的规定;而就没有登记的标的物请求返还时,则适用诉讼时效的规定。正是因为理论上争议较大,加上比较法上情况亦较为复杂,因此在原《物权法》的制定过程中,立法者在返还原物请求权是否适用诉讼时效问题上,便有些举棋不定,在《物权法》的历次草案中都没有明确规定返还原物请求权是否适用诉讼时效。

更让人感到疑惑的是,最终通过的《物权法》不仅没有规定返还原物请求权是否适用诉讼时效,而且将之前草案中曾一度规定的排除妨害请求权和消除危险请求权不适用诉讼时效的规定也一并删除了。由此给人留下了想象的空间:是不是立法者认为所有的物权请求权都应适用诉讼时效的规定?在《物权法》通过后的全国法院系统物权法培训班上,就有不少参加培训的法官向笔者提出这一疑问:《物权法》并没有明确物权请求权不适用诉讼时效,且《民法通则》也没有为此留下缺口,因此物权请求权是不是也应适用诉讼时效的规定?笔者给出的答复是:《物权法》没有明确规定物权请求权不适用诉讼时效,并不意味着立法者认为物权请求权也应适用诉讼时效,尤其是排除妨害请求权和消除危险请求权,无论如何不能适用诉讼时效的规定,否则物权的保护就将成为空话,对此,理论上并无太大争议,比较法上也有充分的证据;立法者之所以最终将此两项请求权不适用诉讼时效的规定删除,据笔者推测,可能是因为如果仅仅规定这两项请求权不适用诉讼时效,却对返还原物请求权不作规定,就会给人留下更大的想象空间,即是否立法者认为返还原物请求权应当适用诉讼时效的规定呢?因为物权请求权的内容共有三个方面,如果立法仅规定其中两个方面不适用诉讼时效的规定,就会有人很自然地推论出另一个方面应当适用诉讼时效的规定。为避免出现此种立法者不愿看到的猜测,最终立法者便索性将排除妨害请求权和消除危险请求权不适用诉讼时效的规定也删掉了,以便将来条件成熟,在编纂《民法典》或制定《民法总则》时再统一在时效制度中进行规定。

果然,在制定《民法总则》的过程中,这一问题再次被提出来。通过后的《民法总则》第196条规定:“下列请求权不适用诉讼时效的规定:(一)请求停止侵害、排除妨碍、消除危险;(二)不动产物权和登记的动产物权的权利人请求返还财产;(三)请求支付抚养费、赡养费或者扶养费;(四)依法不适用诉讼时效的其他请求权。”可见,《民法总则》对于保全性的停止侵害、排除妨碍、消除危险的规定,无论是基于物权请求权,还是基于侵权责任法,都规定不应适用诉讼时效。但是,对于返还原物请求权,则区分情况予以对待:如果是不动产物权和登记的动产物权的权利人请求返还财产,不适用诉讼时效的规定;如果是未登记的动产物权的权利人(包括不以登记为公示方式的动产物权和虽以登记为公示方式但未办理登记的动产物权)或者基于其他债权请求权请求返还财产,则应适用诉讼时效的规定。

## 五、物权请求权的行使条件

前文谈到,物权请求权制度较之于侵权责任制度的第一个优势,就是物权请求权原则上不适用诉讼时效的规定,而无论是传统的侵权责任制度,还是《民法通则》所规定的侵权的民事责任制度,都因属于债的范畴而必然适用诉讼时效的规定。接下来我们来看物权请求权的另一个优势。

前文谈到,权利人依侵权责任制度或者侵权的民事责任制度获得救济,原则上必须举证证明加害人主观上有过错,除非法律明确规定不以加害人主观上有过错为要件。但在现实生活中,不但证明行为人主观上有过错难度很大,甚至在一些情形下,行为人主观上并没有过错,但在客观上却产生了无权占有他人标的物的结果或者对他人行使物权构成妨害或有妨害的危险,此时通过侵权责任制度很难获得救济,但由于物权请求权旨在恢复权利人对标的物的支配圆满状态,因此只要证明自己是标的物的权利人,且客观上存在对标的物的圆满支配状态遭到破坏之事实或者危险,权利人就可行使物权请求权,而不必以行为人主观上有过错为要件。

为充分说明这一点,兹举一例:甲村和乙村是相邻的两个村庄,两村交界处的一块土地在当地政府部门进行登记造册时进行了重复登记。

也就是说,这块地既被登记为甲村所有,又被登记为乙村所有,但由于当时是块荒地,两个村都没有开发利用,因此双方都不知道该块土地被重复登记。随着土地资源越来越紧张,甲村开始利用这块地,在这块土地上建设了一些设施。乙村得知后,认为该地属自己所有,甲村无权开发,便要求甲村恢复原状,从而引发争议。当地人民政府确权的结果,是这块土地归乙村所有。甲村虽然对确权结果没有异议,但认为自己在建设这些设施的时候,主观上并无过错,因此不但不应承担恢复原状的责任,而且应对所建设施享有所有权。甲村的抗辩是否应当得到支持呢?如果从《民法通则》的角度看,答案似乎是肯定的,因为判决甲村承担侵权之民事责任的前提是甲村主观上存在过错,但在本案中,甲村确实没有过错。但是,如果乙村行使的是物权请求权,就无须再以甲村主观上有过错为要件,这样更有利于对乙村之土地所有权进行保护。类似的情况也可能发生在买卖过程中标的物交付后,但买卖合同被认定无效,出卖人请求返还原物的情形,或者租赁合同被认定无效,出租人请求返还财产的情形。在这些情形下,无权占有人主观上也许并不存在过错,但权利人却有恢复对标的物支配圆满状态的需求,通过物权请求权制度,就能避免侵权责任制度或者侵权的民事责任制度所存在和可能存在的局限性,对权利人提供更加全面的保护。

前文谈到,传统民法对物权的保护,除侵权责任制度和物权请求权外,还有不当得利制度和占有保护制度。也许有人主张,在行为人没有过错而占有他人标的物的情况下,权利人完全可以基于不当得利制度获得救济,物权请求权仍然没有承认的必要。当然,就不当得利制度的规范意旨而言,在于使违反法律秩序的利益关系恢复到正常状态,因此也具有对物权进行保护的作用。根据《民法典》第985条的规定,除为履行道德义务进行的给付、债务到期之前的清偿以及明知无给付义务而进行的债务清偿三种情况外,得利人没有法律根据取得不当利益的,受损失的人可以请求得利人返还取得的利益。在行为人没有过错而占有他人标的物的情况下,客观上的利益状态与法律规定的应然秩序相违背,就有调整的必要,因此也有人认为,根据不当得利制度,权利人即可获得相应的救济,自无行使物权请求权的必要。笔者认为,尽管不当得利制度可以起到保护物权的作用,在上述情形下,权利人的确可以根据不当得利制度获得救济,但也应看到,不当得利制度仍然不能彻底解决侵权责任制度存在的不足,仍然需要物权请求权制度加以补强,究其原因,主要有以下两个。

其一,依民法通说,基于不当得利发生的返还请求权仍然是债权请求权,因此也应适用诉讼时效的规定。也就是说,如果权利人根据不当得利制度寻求救济,则一旦诉讼时效经过,权利人的主张便不能获得法院的支持。相反,如果权利人行使的是物权请求权,就可以避免适用诉讼时效。以张三将标的物转让给李四为例,假设双方订立买卖合同并将标的物交付给李四后,发现双方订立的买卖合同无效,如果张三依不当得利请求权要求李四返还标的物,可能会因诉讼时效的经过而无法实现自己的权利,但若行使物权请求权,则另当别论。关于物权请求权中的标的物返还请求权是否适用诉讼时效,理论界尚有争议,物权法也未表明态度,如前所述,笔者的意见是,在《民法通则》所规定的诉讼时效制度改变前,不宜将诉讼时效适用于标的物返还请求权。

其二,因为不当得利返还请求权属于债权,所以一旦被告被宣告破产,则根据不当得利制度寻求救济的权利人就只能作为普通债权人参与到破产财产的分配中去,而无优先于其他债权人获得清偿的机会。但如果权利人行使的是物权请求权,就可以根据破产法上的取回权和别除权获得救济,这对权利人来说十分有利,也符合公平公正的观念。例如甲公司将机器设备卖给乙公司,机器已经交付,但货款尚未支付,此时发现双方所订立的买卖合同属无效合同,而乙公司又被宣告破产,如果甲公司只能作为普通债权人参与破产清算,将对其十分不利,也不公平,而如果行使破产法上的取回权,就可直接取回所出售的机器,以维护自身利益。物权请求权制度正是破产法上取回权和别除权的制度基础。由此可见,对物权的民法保护仅仅在债权法层面是无法彻底解决的,我们必须回归到传统民法理论,在物权法中确立专门的物权保护制度,以全面建立起对物权的民法保护体系。

此外,还应看到,通过不当得利制度对物权进行保护较之通过物权请求权制度对物权进行保护还会面临其他方面的困难,例如举证责任的问题。如前所述,通过物权请求权对物权进行保护,仅须证明物权的存在以及客观上权利人对标的物进行支配的圆满状态遭到破坏的事实或危险即可,但如果当事人通过不当得利制度寻求救济,则不但要证明自己所受的损失和对方所获得的利益,还要证明二者之间存在因果关系以及一方获得利益没有合法的原因,因此举证责任相对较重。在实践中,一般而言,证明自己的损失较为容易,但证明对方获得的利益却很难。前些年曾发生一起案件,案情大致如下:出租人将房屋出租给承租人从事桑拿洗浴经营,合同订立后,承租人即按照经营要求进行装修,但事后租赁合同被认定无效,因此双方互相返还财产,但承租人主张自己已经花费很多钱财用于装修房屋,房屋返还给出租人后,出租人获得不当利益,根据《民法通则》关于不当得利的规定,应当予以返还。出租人则提出抗辩认为,自己并无经营桑拿洗浴的想法和计划,因此并未获得利益,相反,房屋的装修对自己而言,不仅不是一个利益,还是一个负担,自己没有请求承租人恢复原状,已经是很仁厚了。可见,基于不当得利的请求权在行使的过程中确实会遇到很多困难。

## 六、物权的民法保护体系

值得注意的是,占有保护请求权虽然保护的是占有,但也可以在一定程度上间接保护物权,尤其是当权利人无法证明自己对标的物享有物权,但却可以证明自己对标的物进行占有的情况下,运用占有保护请求权,也可以间接实现对物权的保护。就此而言,我国民法对物权的民法保护与传统民法基本相同,分为债权法上的保护和物权法上的保护,所不同的是,我国民法创设侵权的民事责任制度代替传统民法所采取的侵权责任制度对物权进行保护,因此,对物权的民法保护,我国民法是通过侵权的民事责任制度、不当得利制度、物权请求权制度以及占有保护制度共同完成的。需要说明的是,上述四种制度虽然都能起到对物权进行保护的作用,但各个制度在构成要件、举证责任、法律效果乃至适用范围等方面仍然存在差别,各有其优劣。为便于观察,特制作表 1 如下。

**表1　侵权责任制度、不当得利制度、物权请求权制度、占有保护请求权制度的利弊区分**

| | 有利之处 | 不利之处 |
| --- | --- | --- |
| 侵权责任制度 | 用于解决侵害物权所引起的损害赔偿问题 | 属债的范畴，须适用诉讼时效的规定；构成要件较为严格，一般须行为人主观上有过错。 |
| 不当得利制度 | 不以行为人主观上有过错为要件 | 适用诉讼时效的规定；属于债权，不能优先受到保护；举证责任较重 |
| 物权请求权制度 | 性质上是物权的效力，不适用诉讼时效，不以侵害人主观上有过错为要件 | 以享有物权为前提，因此往往须以确权为前置程序 |
| 占有保护请求权制度 | 仅须证明占有的事实，无须证明有占有标的物的权利，无权占有人亦可享有 | 不能对抗本权的行使；仅对占有进行暂时性保护；占有物返还请求权只有一年的保护期限 |

# 第十三讲

## 占有的保护及其实践运用

虽然较之侵权行为制度和不当得利制度,物权请求权具有不可替代的价值和优势,但也应看到,物权请求权的行使须以物权的享有为前提,因此在对权属关系存在争议,而当事人又不能立即证明自己享有物权的情况下,物权请求权的行使就会遇到困难。为此,物权法也对占有提供保护。

### 一、占有保护的必要性

一般认为,民法对占有的保护,也可以分为物权法上的保护和债权法上的保护:前者包括占有的自力救济权及占有保护请求权;后者则包括不当得利和侵权损害赔偿请求权。[1] 关于占有能否成为不当得利的客体或者作为侵权行为的对象,《民法典》虽无明确规定,但由于占有作为一种利益,是不争的事实。既然如此,占有可依不当得利获得保护,自然没有问题。至于占有能否得到侵权责任法的救济,因《民法典》对于侵权责任编的保护对象并不限于民事权利,也包括合法权益,自然也应持肯定观点。当然,《民法典》第 462 条第 1 款中也已明确规定:"因侵占或者妨害造成损害的,占有人有权依法请求损害赔偿。"这里的"依法",当然包括依据《民法典》侵权责任编。关于这一点,笔者还将在《侵权法精讲》中详细讨论。这里主要讨论物权法对占有的保护。

前文谈到,占有为当事人对标的物在事实上的管领状态,是事实而非权利,然而何以物权法却专门规定占有保护制度对占有进行保护呢?正常情况下,法律保护的应该是权利,而不应该是事实,因此这的确是一个令很多人感到疑惑的问题。在笔者看来,物权法之所以对占有这种事

---

[1] 参见王泽鉴:《民法物权(二)》,中国政法大学出版社 2001 年版,第 338—339 页。

实进行保护,主要是基于以下两个方面的原因。

其一,为维护社会的和平秩序,防止暴力(私力救济)的发生。占有虽为事实,但却意味着社会中人和人之间对物在事实上进行支配的秩序,如果不对其进行保护,必将导致大量暴力事件(私力救济)的发生,破坏物之占有的和平秩序。例如张三获得一个古董,被李四知悉,李四认为张三占有该古董属于无权占有,假如法律不对占有进行保护,李四就可能会认为张三对该古董的占有系"不义之财,人人得而取之",于是凭借武力从张三处夺走该古董,王五认为李四对古董的占有也是"不义之财",而且认为自己能打过李四,于是从又李四处抢走古董,赵六又从王五处抢走古董……,从而引起一系列的暴力事件或者私力救济事件,破坏社会的和平秩序。为避免这种情况的发生,法律规定占有保护制度,无论是无权占有人还是有权占有人均可基于占有的事实主张占有保护请求权,以维护现有的占有状态或者使原来的占有状态得以恢复。即使他人认为占有人属于无权占有,自己才是真正的权利人,也只能通过合法的途径主张权利(如通过主张物权请求权要求返还原物),而不能凭借私力乃至暴力剥夺占有人对标的物的占有以实现自己的权利。

其二,可以间接地保护包括物权在内的本权。在一个正常的社会中,大量存在的应该是有权占有,只有在极少数情形下,才可能出现无权占有。也就是说,通常情况下,占有标的物的人,对标的物是享有某种权利的,至于享有的是何种权利,不能一概而论,可能是物权,也可能是债权,如租赁权,但大多数情况下是物权。因此,在当事人对标的物的占有受到侵害、妨害或者妨害的危险时,法律赋予占有人以恢复对标的物占有的请求权,也就在一定程度上间接地保护了占有背后的本权,尤其是物权。

## 二、占有人的自力救济权

所谓占有人的自力救济权,包括占有防御权和占有物取回权:前者是指占有人对于侵夺或者妨碍占有的行为,可以采取私力救济的方式防御;后者是指在占有物被侵夺后,不动产的占有人可即时排除加害人而取回标的物,动产的占有人则可以就地或者追踪向加害人取回标的物。

无论是原《物权法》还是《民法典》，对于占有的自力救济权都没有作出明确规定，但这并不意味我国民法不承认占有人的自力救济权。

（一）占有防御权

《民法典》第 181 条规定："因正当防卫造成损害的，不承担民事责任。正当防卫超过必要的限度，造成不应有的损害的，正当防卫人应当承担适当的民事责任。"据此，在占有受到侵害时，占有人可以采取正当防卫的措施予以防御。也就是说，占有防御权可以看作是正当防卫制度在占有保护上的特殊表现。需要说明的是，运用正当防卫制度对占有进行保护，要求加害人对占有的侵害必须是现实存在的，如果已经过去，则占有人不能采取正当防卫的措施，因此，一般认为，只有直接占有人才能采取正当防卫措施，间接占有人不能采取正当防卫措施。另外，根据《民法典》第 181 条第 2 款的规定，占有人采取的措施应当与加害人的行为相适应，如果超出正当防卫的必要限度，给加害人造成不应有的损失，占有人也应当承担适当的民事责任。当然，如果占有人误认为占有受到侵害并采取防卫措施，则构成"假想防卫"，在占有人有过错时，应就对方的损失承担赔偿责任。

（二）占有取回权

《民法典》第 1177 条规定："合法权益受到侵害，情况紧迫且不能及时获得国家机关保护，不立即采取措施将使其合法权益受到难以弥补的损害的，受害人可以在保护自己合法权益的必要范围内采取扣留侵权人的财物等合理措施；但是，应当立即请求有关国家机关处理。受害人采取的措施不当造成他人损害的，应当承担侵权责任。"这是关于自力救济的规定。笔者认为，根据这一规定，在占有受到侵害时，如果情况紧迫且不能及时获得国家机关保护，不立即采取措施将使其合法权益受到难以弥补的损害，就可以在占有物被侵夺时采取必要措施取回标的物。例如，在自己占有的房屋被他人强行侵夺的情形下，即时召集亲友排除加害人并取回对房屋的占有；在自己占有动产被他人侵夺时，可以就地或者追踪地向加害人追回。所谓"就地"，是指加害人未离开占有人事实上支配能及的空间范围；所谓"追踪"，是指加害人虽然已经离开占有人事实上支配所能及的空间范围,但还处于被占有人追踪的状态。

## 三、占有保护请求权

占有人的自力救济权要求占有人必须在侵害占有的行为发生时行使,一旦侵害行为已经结束,就无法行使占有人的自力救济权,但占有人还可以行使占有保护请求权对占有进行保护。此外,间接占有人通常无法行使自力救济权,但可以行使占有保护请求权。

法律赋予占有人以占有保护请求权,其目的在于使遭到破坏的占有状态能尽快恢复,因此占有保护请求权的内容类似于物权请求权的内容。根据《物权法》第 245 条第 1 款的规定,占有保护请求权包含以下三项具体的请求权:其一,占有物返还请求权,即占有被侵夺后,占有人请求返还标的物的权利;其二,占有妨害排除请求权,对于他人妨害占有的行为,占有人有请求排除妨害的权利;其三,占有妨害防止请求权,即占有出现被妨害的危险时,占有人有请求防止危险发生的权利。

虽然占有保护请求权在内容上与物权请求权相似,但在行使和功能上却与物权请求权存在相当大的差异。物权请求权的行使,以对标的物享有物权为前提,因此权属确认常常成为行使物权请求权的前置程序,但占有保护请求权的行使,则无须证明有占有的权利,仅须证明占有的事实,因此即使无权占有人亦可以主张占有保护请求权,就此而言,占有保护请求权较之物权请求权,具有举证责任更加简单的优势。然而也应该看到,通过占有保护制度对物权进行保护虽然可以免去确权这一艰难问题,但存在以下几个方面的局限。

其一,占有保护请求权仅仅是对占有事实的保护,而非对占有背后之权利的确认,因此只能解决对标的物占有状态的暂时性保护,不能从终局上解决对标的物的占有和支配问题,在占有人恢复对标的物的占有后,一旦对方证明占有人是无权占有,自己才是真正的权利人,从而向占有人主张物权请求权,则占有人就不得再以占有的事实予以对抗。也就是说,无权占有是不能对抗本权的。例如张三拾得李四的遗失物,尽管属于无权占有,但也应受到占有保护请求权的保护,包括李四在内的任何第三人均不能以私力侵夺或者妨害张三对标的物的占有,但如果李四行使物权请求权要求张三返还标的物，则张三不得以占有保护请求权予以抗辩。

其二，占有保护请求权由于只是对占有状态的暂时性保护，因此占有物一旦被侵夺，而占有人又没有及时请求返还，则法律就没有予以保护的必要，当事人只能在确权的基础上，根据实际的权属关系通过行使物权请求权来恢复对标的物的占有。但是，考虑到占有保护请求权中的排除妨害请求权和消除危险请求权是为保全占有而存在的请求权，类似物权请求权中的排除妨害请求权和消除危险请求权之于物权，因此不应有保护期限的限制。正是基于这一点，我国《物权法》第 462 条第 2 款规定，“占有人返还原物的请求权，自侵占发生之日起一年内未行使的，该请求权消灭”。

其三，占有保护请求权的行使以占有标的物为前提，在权利人没有占有标的物或者已经丧失占有的情况下，当事人不能基于占有保护请求权获得救济，而只能通过物权请求权寻求保护，因此其适用范围相对而言颇为有限。例如抵押权人由于对标的物没有进行占有，因此不能通过占有保护请求权获得保护。

## 四、占有保护的实践运用

### （一）基本案情

2016 年 7 月 22 日中央电视台一套《今日说法》栏目播出了一期名为“谁是潘志心”的节目。该节目讲述的是一起案件的审理，该案件的基本情况是：一位自称名字叫潘志心的老太太声称自己受到侄子、侄媳的欺负，说他（她）们强行收了自己的麦子、占了自己的地，甚至还砸破了自己的房子。侄子、侄媳则说，叔叔孟庆武早在 1986 年时就经人介绍娶过一个婶婶，而那个婶婶才是真正的潘志心，这个原本叫张凤芹的老太太，借着原来的婶婶潘志心走失、下落不明的契机，拿着她自己的照片，用潘志心的名字和信息，办理了身份证，顶替了原来的婶婶和叔叔孟庆武生活在一起，因此无权继承孟庆武的遗产。

为了避免两家冲突扩大，在镇司法所调解下，2015 年 9 月 21 日，老太太和侄子一家达成了土地调解协议，由侄子一家给付给老太太 1000

元麦收补偿款,并确认孟庆武家土地证书上所登记土地面积的一半归她所有。

虽然有了这个协议,但是自始至终都没有执行。对此,老太太认为,孟家人真正看上的,并不是这点地,而是它背后的一大笔钱,因为孟庆武和潘志心承包的土地已经被规划为新建机场用地,补偿款在每亩 3 万元左右,再加上房子也能补偿 2 万多元,所以孟家侄子是看上了这些钱,才极力要把自己赶走的。

2015 年 11 月 10 日,潘老太太一纸诉状,将老孟的侄子孟凡龙、侄媳陈美芳告上法庭,要求解除双方在 2015 年签订的土地调解协议,返还老孟和她承包的两亩多土地。2016 年 5 月 10 日,江苏省徐州市铜山区人民法院开庭审理了本案。庭审中,双方就原告与孟庆武的妻子潘志心是否为同一人、她能否享有农村土地承包经营权证中涉及的土地权利这一焦点问题,展开了激烈的争论。鉴于双方没有调解的余地,经过实地走访,结合法庭调查及双方提交的证据,2016 年 5 月 25 日,江苏省徐州市铜山区人民法院对本案作出了民事裁定。

### (二)审理结果

法院查明:本案原告潘志心,原名张凤芹,其与孟庆武妻子潘志心并非同一人,来到本地与孟庆武共同生活后,以原潘志心身份信息办理了身份证件,并以潘志心名义在当地生活。

法院认为:因原告与原潘志心并非同一人,故虽原告姓名为潘志心,但不能由此获得原潘志心基于当地农村集体经济组织成员享有的农村土地承包经营权等权利,该权利的享有人应为孟庆武妻子潘志心,而非本案原告。

法院裁定:依照《民事诉讼法》之相关规定,驳回原告潘志心的起诉。

审理此案的法官指出,全国统一实行土地承包责任制的时间是在 1994 年,当时的孟庆武和原潘志心分得了登记面积的土地,虽然 2008 年 5 月国家统一确权下发土地证时,和孟庆武生活在一起的是本案的原告,并且她持有了土地登记证书,但该证书是以 1994 年原始的土地登记册为准的。问题是,原来的潘志心已经走失多年、杳无音信。如今孟庆武也已经去世，那么，这本土地证上登记的土地，应该由谁来享有权利呢？主审法官解释说，原来的潘志心，没有经过法律程序宣告死亡，或者宣告失踪，因此从法律意义上讲，原来的潘志心仍然存在。本案的原告潘志心，她即使获得了潘志心的身份信息，但不能据此认定她享有原来潘志心享有的所有权益。如果真的潘志心以后出现，或是有其他的法律关系产生的情况下，权益可能会产生新的变化。

(三)简要评论

笔者认为，本案的裁判看似于法有据，实则极不公平，因为简单驳回原告的起诉，势必助长被告的嚣张气焰，使其误认为自己有权霸占孟庆武死后留下的土地和房屋。此外，原告在失去土地和房屋后如何生活，也未引起法官的高度重视。在节目中，中央财经大学方志平教授在认同法院判决的基础上指出，原告可以依据《社会救助法》向政府寻求帮助。笔者认为，原告虽然可以依据《社会救助法》向政府寻求救济，但这不意味着本案的处理是公平的。

先来看程序问题。从法院认定的事实看，原告确非孟庆武原来的妻子潘志心。问题是，即使原告不是作为孟庆武妻子的潘志心，是否意味着原告没有诉权呢？原告提出的诉讼请求是解除镇司法所主持达成的调解协议，并请求被告返还两亩多地。本案所涉调解协议是原告与被告签订的协议，被告也是从原告处获得对两亩多地的占有，何以原告没有诉权？也就是说，原告并非是以作为孟庆武妻子的潘志心起诉被告，而是以作为调解协议的当事人的“潘志心”起诉被告，且诉请是解除自己与被告签订的调解协议并收回相应的土地，怎么就没有诉权呢？更何况被告在签订调解协议时，也已明知原告并非孟庆武原来的妻子潘志心。可见，法院以原告并非孟庆武原来的妻子潘志心为由直接驳回原告的起诉，从程序的角度看，并无充分理由。

再来看实体问题。从本案主审法官的解释可以看出，法官驳回原告的起诉还有一个原因，就是认为原告并非本案所涉土地的权利人，真正的权利人应是孟庆武原来的妻子潘志心。可是，虽然原告并非案涉土地的权利人，难道被告就是真正的权利人？显然也不是。既然都不是权利人，又何以要简单驳回原告的起诉？实际上，虽然原告是以自己是权利人的身份提起诉讼，而法院并未确认其作为权利人的身份，但并不意味其诉讼请求在实体法上没有权利作为基础。根据物权法的规定，除了权利人可依物权请求权请求返还原物，占有人亦可依占有保护请求权请求返还原物。本案涉及的正是占有保护请求权的行使。

在我国民法上，占有只是一种事实，并非权利。法律之所以要保护占有这种事实，主要原因是为了维护社会的和平秩序，防止暴力和私力救济的发生。例如张三认为李四占有某标的物是无权占有，便认为“不义之财，人人得而取之”，因此打败了李四，将标的物从李四处夺了过来。根据物权法理论，且不说李四是否为无权占有且张三是否为真正权利人需要经过法院认定，即使李四是无权占有，而张三是真正的权利人，张三也要通过行使物权请求权才能恢复对标的物的占有，而不能通过暴力或者私力救济的方式获得对标的物的占有，否则，整个社会的和平秩序就无法获得保障。因此，一旦发生占有人对标的物的占有被他人剥夺的情形，法律不问占有人是有权占有还是无权占有，都赋予占有人请求行为人返还原物的权利，以恢复占有人对标的物的占有。

在本案中，即使认为原告并非真正的权利人，但原告与孟庆武存在同居关系是不争的事实，因此在孟庆武死后，原告取得对案涉土地的占有，亦为不争的事实。且不说被告虽为孟庆武的侄子、侄媳，但根据当时的法律，其并不属于继承人，亦不能取得对案涉土地的权利，即使被告对案涉土地享有权利，也应通过行使物权请求权取得对案涉土地的占有。如果被告以暴力方式取得对土地的占有，原告自然可以请求被告返还原物，重新获得对案涉土地的占有。问题是，如果原告并非真正权利人，她与被告达成调解协议并将案涉土地交给被告占有，在被告未履行调解协议的情形下，原告是否有权解除调解协议并请求返还原物呢？笔者认为，即使原告并非真正权利人，其所签订的调解协议也并非当然无效，在被告拒绝履行调解协议且构成根本违约的情形下，原告自然有权请求解除调解协议并请求返还原物，因为原告虽然无权将案涉土地的权利转让给被告，但被告取得对案涉土地的占有，系基于当事人所达成的调解协议。

法院判决被告将案涉土地返还给原告是否意味着原告就是案涉土地的权利人呢？当然不是。权利是权利，占有是占有。法院判决被告返还原物的目的只是要恢复当事人对标的物占有的现状,以恢复社会的和平秩序。此种现状应维持到何时呢?根据“占有不能对抗本权”的规则,在真正权利人出现并向占有人主张权利之时,原告就应将案涉土地返还给真正权利人。在本案中,虽然孟庆武原来的妻子潘志心生死不明,但未经法定程序宣告其死亡,故理论上她还是真正的权利人。当然,利益相关人(如村集体经济组织)也可以在申请宣告其死亡的基础上向原告主张权利,请求原告返还财产。如果如此,则原告不能以其是占有人为由予以抗辩,而只能寻求政府的社会救济。

当然,在本案中,也有一种观点认为,由于原告是以真正权利人的身份提起诉讼,行使的物权请求权,而非行使占有保护请求权,法院既然认为她不是真正权利人,自然可以驳回其诉讼请求。笔者认为,如果法院认定原告确非真正权利人,而原告又是以真正权利人的身份提起诉讼,法院能否直接驳回原告的诉讼请求(而非驳回起诉),也值得检讨。因为当事人可能不懂法律,如果仅仅因为当事人选择的法律不能支持其诉讼请求而驳回其诉讼请求,显然无法实现“案结事了”的目的。更好的做法,应该是贯彻“我给你事实,你给我法律”的民事诉讼理念,由法官来寻找可以支持原告诉讼请求的法律,并据此作出判决。

## 五、占有的取得与消灭

无论是占有人的自力救济权,还是占有保护请求权,其行使都必须以当事人占有标的物为前提,因此占有的取得与消灭就成为一个重要问题。需要指出的是,占有不同于持有。所谓持有,是指当事人虽然事实上控制着标的物,但并无控制标的物的意思。由此可见,要构成法律上的占有,必须满足客观和主观两个要素,即体素和心素。如果仅有体素,没有心素,就仅仅是持有,而不是占有。也正因如此,在占有辅助的情形下,由于直接控制标的物的当事人是基于为他人控制标的物的意思对标的物进行控制,并无自己控制标的物的意思,因而不构成占有。相应地,通过占有辅助人控制标的物的当事人才构成占有,而且是直接占有,而非间接占有——所谓直接占有,就是指当事人直接对标的物进行事实上的管领和控制;而所谓间接占有,则是当事人基于一定的法律关系,对直接占有人享有请求返还标的物的权利,进而对标的物进行事实上的管领和控制。例如,所有权人将标的物出租给承租人,承租人就成为直接占有人,而所有权人可在租赁期限届满后请求承租人返还标的物,因而成为间接占有人。可见,直接占有的取得和间接占有的取得或者消灭存在一定的差异。

一般认为,直接占有的取得可以分为原始取得和继受取得:前者是指不基于他人的占有而新取得对标的物的占有,如猎兽、捕鱼、拾得遗失物等;后者则是基于既存的占有而取得占有,又可进一步分为占有的移转取得(如现实交付)和占有的概括承受(如占有的继承)。直接占有的消灭,是指占有人丧失对物在事实上的管领力。直接占有的消灭既可能是基于占有人的意思(如抛弃占有物或者将标的物交付买受人),也可能并非基于占有人的意思(如标的物被盗或者遗失)。当然,标的物的灭失,也是直接占有消灭的原因之一。

间接占有仅存在继受取得,可分为两种具体情况:一是创设取得,即基于他人的占有而创设间接占有,如所有权人将标的物出租给他人,就是将直接占有让与给他人,同时为自己创设了间接占有;二是移转取得,例如间接占有人可以通过指示交付,将其间接占有让与给他人(出租人将租赁物转让给他人时,如果采用指示交付,就是将间接占有转让给该他人)。实践中,直接占有人丧失占有、直接占有人表示不承认间接占有或者间接占有人的返还请求权消灭,均可能导致间接占有的消灭。

需要指出的是,实践中,通过代理人或者占有辅助人取得占有亦不鲜见。例如甲委托乙向丙买受房屋,并授予代理权,丙将房屋交付给乙,即应视为甲取得占有;甲雇佣乙帮忙捕鱼,则乙为甲的占有辅助人,对乙所捕之鱼的占有主体应为甲,而非乙。此外,在承认取得时效的国家或者地区,还存在占有的合并和占有的分离:前者是指继承或者受让人可主张自己的占有与前占有人的占有合并计算;后者则是指继承或者受让人可主张将自己的占有与前占有人的占有分离,而仅主张自己的占有。显然,占有的合并有利于占有人主张时效取得。占有的分离,则主要因占有合并可能导致占有人继受前占有的瑕疵,为保护占有人的利益,允许其仅主张自己的占有。

# 第十四讲

## 物权诉讼的请求权基础

在物权诉讼中,当事人提起的往往只是具体的诉讼请求,如张三提起诉讼,请求法院判决李四返还原物或者恢复原状。法院是否支持原告的诉讼请求呢?这就要看张三的诉讼请求是否有实体法上的请求权作为基础。如果张三举证证明其诉讼请求满足实体法上的某项请求权,而该项请求权的内容又包括返还标的物或者恢复原状,那么张三的诉讼请求就应当得到支持;相反,如果张三的诉讼请求不满足实体法上的请求权,或者虽然满足某项实体法上的请求权,但该项请求权的内容不包括返还标的物或者恢复原状,那么张三的诉讼请求就应当被驳回。这就涉及物权诉讼中的请求权基础问题。

### 一、请求权基础理论

所谓请求权基础,是指支持一方当事人向他方当事人提出某项请求的法律规范。通过判断当事人所提出的诉讼请求是否具有请求权基础来裁判案件,是法律思维在民商事审判中的具体表现。所谓法律思维,是指以合法性判断为内容的思维方式,与以善恶判断为内容的道德思维、以成本与收益判断为内容的经济思维以及以利弊判断为内容的政治思维不同,法律思维关注的是行为的合法性,因此判断的标准是:出现某一法律后果所需要的要件是否已经得到满足。一般认为,法律思维中合法性的判断应当以权利义务关系分析为线索,如果将法律思维运用于民商事审判,不难得出,民商事审判的过程,就是一个检索当事人所提起的诉讼请求是否具有请求权基础的过程。更具体地说,就是判断法律所规定之请求权的构成要件是否具备,该请求权是否存续或者是否发生变更,该请求权是否具有可执行性的过程。[1]

如前所述,对物权的保护,传统民法是以物权请求权、占有保护请求权、侵权损害赔偿请求权和不当得利制度为请求权基础予以实现的;在《物权法》制定之前,我国民法没有建立物权请求权制度,也无关于占有保护的规定,而是通过改造传统侵权行为制度而以侵权的民事责任制度作为保护物权的主要制度,辅之以不当得利制度,因此对物权的保护并不全面。《物权法》实施以后,对物权进行保护的请求权基础有:物权请求权、占有保护请求权、侵权民事责任请求权和不当得利请求权。因此,在物权诉讼中,判断当事人的诉讼请求是否能够得到支持,就必须判断上述请求权基础是否存在,也就是要判断上述请求权的构成要件是否具备、请求权是否存续、请求权是否具有可执行性。

当然,由于上述请求权的内容并不完全相同,当事人提出的具体诉讼请求并非只要满足上述任何一个请求权基础就能得到法院的支持,具体的诉讼请求必须有具有该项内容的请求权作为基础,才能获得法院的支持。例如,如果张三的诉讼请求是赔偿损失,就只能以侵权的民事责任制度作为请求权基础,而不能通过其他请求权实现损害赔偿的诉讼请求;但与此不同,如果张三提起诉讼主张的是排除妨害,则只要能够满足侵权民事责任制度、物权请求权、占有保护请求权中的任何一项即可。为便于观察,现将当事人的诉讼请求与相对应的请求权基础制作表格如下。

---

〔1〕 法律思维的有关理论问题,请参见郑成良:《论法治理念与法律思维》,载《吉林大学社会科学学报》2000年第4期。关于法律思维在民法中的运用,参见王泽鉴:《法律思维与民法实例——请求权基础理论体系》,中国政法大学出版社2001年版。

表 2　当事人的诉讼请求与相应的请求权基础

| 诉讼请求 | 请求权基础 |
| --- | --- |
| 返还标的物 | 物权请求权(《民法典》第 235 条、第 460 条)；<br>占有保护请求权(《民法典》第 462 条)<br>基于不当得利产生的请求权(《民法典》第 985 条) |
| 停止侵害或者排除妨害或者消除危险 | 基于侵权民事责任发生的请求权(《民法典》第 1167 条)；<br>物权请求权(《民法典》第 236 条)；<br>占有保护请求权(《民法典》第 462 条) |
| 损害赔偿 | 基于侵权民事责任发生的请求权(《民法典》第 238 条、第 1165 条、第 1166 条) |
| 修理、重作、更换或者恢复原状 | 基于侵权民事责任发生的请求权(《民法典》第 179 条、第 237 条) |

## 二、请求权的聚合

在物权受到侵害时，当事人提起的诉讼请求可能有两项以上的内容，例如张三的东西被李四侵占，且被李四损坏，此时张三一方面要求李四赔偿所受到的损失，另一方面要求李四返还标的物，以恢复自己对标的物的支配圆满状态。如果当事人提起的诉讼请求包含两项以上的内容，且该两项以上的内容以不同的请求权作为基础时，就可能会发生请求权聚合的问题。

所谓请求权的聚合，是指在同一案件中，原告提出两项以上的诉讼请求，且不同的诉讼请求有不同的请求权作为基础，从而导致在一个案件中运用多个请求权基础的情形。在上述案件中，张三提出请求李四赔偿损失的请求权是侵权的民事责任所产生的请求权，该请求权的基础是《民法典》第 238 条的规定，即"侵害物权，造成权利人损害的，权利人可以请求损害赔偿，也可以请求承担其他民事责任"以及《民法典》第 1165 条第 1 款关于"行为人因过错侵害他人民事权益造成损害的，应当承担侵权责任”的规定、第 1166 条关于“行为人造成他人民事权益损害,不论行为人有无过错,法律规定应当承担侵权责任的,依照其规定”的规定;而要求李四返还标的物的诉讼请求则可能是基于物权请求权,请求权基础是《民法典》第 235 条,即“无权占有不动产或者动产的,权利人可以请求返还原物”的规定,或者是基于占有保护请求权,其基础是《民法典》第 462 条第 1 款前段“占有的不动产或者动产被侵占的,占有人有权请求返还原物”的规定。这样一来,在同一案件中,法官可能至少要运用两种以上的请求权作为基础来判断张三的诉讼请求是否能够获得支持。

关于物权诉讼中请求权聚合问题,《民法典》有明确的规定,此即《民法典》第 239 条的规定:“本章规定的物权保护方式,可以单独适用,也可以根据权利被侵害的情形合并适用。”由此可见,我国民法允许在同一案件中同时运用两种以上的请求权对物权进行保护。

值得注意的是,物权诉讼中,虽然物权的民法保护方式有侵权的民事责任制度、不当得利制度、物权请求权制度和占有保护制度,但并非当事人提出的任何诉讼请求均可以分别基于上述四种制度进行判断。由于基于侵权民事责任发生的请求权、不当得利请求权、物权请求权以及占有保护请求权的内容均不完全相同,因此只有在当事人的诉讼请求符合该请求权的内容时,才能运用该请求权判断其诉讼请求是否能够得到支持。例如在上述四种请求权中,只有基于侵权的民事责任发生的请求权才包含损害赔偿的内容,其他三项请求权并不包含损害赔偿的内容,尤其是物权请求权和占有保护请求权,以返还标的物、排除妨害以及消除危险的内容,不包括损害赔偿的内容,因此一旦当事人提出损害赔偿的诉讼请求,就应运用侵权的民事责任制度对物权进行保护,将《民法典》第 238 条、第 1165 条、第 1166 条作为当事人提出主张的请求权基础,而不能运用物权请求权制度对损害赔偿问题进行处理。也就是说,《民法典》第 235 条、第 236 条均不能作为因对物权造成损害而引起的损害赔偿的请求权基础,而只能作为要求返还标的物、排除妨害或者消除危险的请求权基础。

这样一来,我们可以看到,由于损害赔偿问题只能基于侵权的民事责任制度来主张,但返还标的物的诉讼请求则可基于物权请求权、占有保护请求权或者不当得利请求权进行主张，因此判断张三的诉讼请求是否能够获得支持，就应分别进行：关于损害赔偿问题要看李四的行为是否满足侵权民事责任的构成要件；关于返还标的物的请求，则要看是否满足包含返还原物之内容的请求权的构成要件。根据《民法典》第1165条、第1166条的规定，除非法律有特别规定，一般情形当事人承担侵权民事责任的前提是其主观上有过错。如果以物权请求权作为原物返还的请求权基础，则根据《民法典》第235条的规定，权利人要求无权占有人返还标的物无须以无权占有人主观上有过错为条件，仅需证明自己是真正权利人即可。同样，如果以占有保护请求权作为返还原物的请求权基础，根据《民法典》第462条的规定，仅需证明占有被他人侵夺之事实，亦无须证明行为人主观上有过错，但在以不当得利请求权作为返还原物的请求权基础时，则需证明对方对占有的取得无合法的原因。如果李四无权占有张三的东西并无过错，损坏张三的东西也无过错，则张三要求返还标的物的诉讼请求应该获得支持，但要求赔偿损失的诉讼请求则可能被驳回——这也是实践中损害赔偿的诉讼请求常常难以获得支持的主要原因。

## 三、请求权的竞合

前文我们谈到，如果当事人主张的是返还原物的请求权，则该请求权的基础可能有以下几种：侵权的民事责任、物权请求权、占有保护请求权或者不当得利请求权，此即所谓请求权竞合。如果当事人提出的某项诉讼请求同时有几项实体法上的请求权作为基础，就会发生请求权竞合问题。请求权竞合与请求权聚合不同，前者是指同一诉讼请求有不同的请求权作为基础，后者则是指不同的诉讼请求以不同的请求权作为基础。

由于不同的请求权可能会包含相同的内容，因此请求权竞合时常发生。在物权诉讼中，就标的物返还这样一个诉讼请求而言，不仅可依据物权请求权进行主张，此时请求权基础就是《民法典》第235条，即“无权占有不动产或者动产的，权利人可以请求返还原物”；也可以依据占有保护请求权进行主张，此时的请求权基础就是《民法典》第462条，即

“占有的不动产或者动产被侵占的,占有人有权请求返还原物;……”;还可以基于侵权的民事责任制度进行主张,此时的请求权基础是《民法典》第238条,即“侵害物权,造成权利人损害的,权利人可以依法请求损害赔偿,也可以依法请求承担其他民事责任”或者《民法典》第1165条、第1166条。当然,最后还可以基于不当得利请求权进行主张,此时的请求权基础就是《民法典》第985条,即“得利人没有法律根据取得不当利益的,受损失的人可以请求得利人返还取得的利益,但是有下列情形之一的除外:(一)为履行道德义务进行的给付;(二)债务到期之前的清偿;(三)明知无给付义务而进行的债务清偿”。同样,在物权诉讼中,如果当事人提出的是停止侵害、排除危险、消除危险等诉讼请求,也会发生请求权的竞合,当事人既可根据物权请求权和占有保护请求权提出,也可以基于侵权的民事责任制度提出,因为这三项请求权均包含停止侵害、排除危险、消除危险等内容。

唯一感到困惑的是,《民法典》第237条规定:“造成不动产或者动产毁损的,权利人可以请求修理、重作、更换或者恢复原状。”这里的请求修理、重作、更换或者恢复原状,到底是物权请求权,还是侵权的民事责任,抑或是一种独创的新请求权?如果将其界定为物权请求权,则权利人主张此类请求权就不应以行为人主观上有过错为要件,也不应适用诉讼时效的规定;如果将其界定为侵权的民事责任,则权利人主张此类请求原则上必须以行为人主观上有过错为要件,且应适用诉讼时效的规定;而如果是独创的一种新请求权制度,则如何适用该项请求权,不无疑问。

由于传统民法理论中的物权请求权并不包括修理、重作、更换或者恢复原状等内容,且这些内容作为民事责任的承担方式,已经规定在《民法典》第179条第1款中,因此从表面上看,当事人提出的这类诉讼请求似乎应理解为是基于侵权的民事责任。但如此理解又将与《民法典》第238条发生冲突,因为《民法典》第238条已经明确规定:“侵害物权,造成权利人损害的,权利人可以依法请求损害赔偿,也可以依法请求承担其他民事责任。”这里虽然没有明确“其他民事责任”到底何指,但在理解上自然应包含原《民法通则》所规定的“修理、重作、更换或者恢复原状”等民事责任,因此如果是基于侵权的民事责任,完全没有必要单列这一条。

笔者认为,修理、重作、更换或者恢复原状作为民事责任的承担方式,本质上属于损害赔偿的替代,因为根据《民法典》第 237 条的规定,权利人请求加害人承担这些民事责任的前提是加害人的行为对标的物造成损坏,只不过一般情况下,有损害发生时,由加害人承担损害赔偿的责任即可,因此一般意义上的损害赔偿主要是指金钱赔偿,但在实际生活中,虽然行为人侵害物权造成标的物损坏,但如果可以通过修理、重作、更换或者恢复原状等措施使权利人的利益得到保障,同样能够达到保护物权的目的,因此立法者作出上述规定的目的,是在强调“修理、重作、更换或者恢复原状”作为民事责任的承担方式,可以用于物权的保护,并非独创一种新的请求权,更非将这些民事责任的承担方式包含于物权请求权的内容。据此,笔者认为,权利人请求加害人承担“修理、重作、更换或者恢复原状”的民事责任,除法律明确规定不以过错为要件外,原则上应以加害人主观上有过错为要件,且应适用诉讼时效的规定。

此外,在占有人与回复请求人之间的权利义务中,还涉及占有物使用收益的处理、占有物毁损灭失的赔偿责任以及因占有物支出的必要费用的偿还问题。关于这些问题,前面已经详细讨论。这里需要指出的是,对于上述问题,《民法典》物权编的占有分编有所涉及,同时这些问题也涉及不当得利、侵权责任以及无因管理等制度的适用,因而也存在请求权竞合问题。在发生请求权竞合时,也应允许当事人选择对自己有利的请求权基础。

## 四、法官的释明

在发生请求权竞合的情况下,当事人可以自由选择不同的请求权作为提出诉讼请求的权利基础,这是我国民法对待请求权竞合的基本态度。在物权诉讼中,由于对物权进行的民法保护是通过物权请求权、占有保护制度、不当得利制度以及侵权的民事责任制度来共同完成的,不同的制度在构成要件、举证责任、是否适用诉讼时效等方面均存在差异,因此当事人选择不同的制度作为请求权基础,诉讼的结果也会有所不同。一般来说,如果当事人请求停止侵害、排除妨害、消除危险,行使物权请求权较之行使基于侵权的民事责任所产生的请求权更加有利,但在难以证明自己对标的物享有物权的情况下,可以优先考虑行使占有保护请求权,因为行使占有保护请求权的条件最为宽松。不过,占有保护请求权只能解决对占有状态的暂时性保护,因而具有一定的局限性。

司法实践中,经常会遇到当事人因选择请求权基础不当而遭遇败诉的情况,尤其在物权诉讼中,由于不同的诉讼请求所对应的请求权基础可能并不一样,还会存在当事人因不会选择诉讼请求而导致败诉的情形,例如张三的财产被李四侵占,如果张三仅主张损害赔偿的诉讼请求,就只能基于侵权的民事责任获得救济,此时张三的举证责任就会相对较重,权利受保护的期限也相对较短,但如果张三所主张的诉讼请求是返还财产,或者在损害赔偿之外,还有返还财产的诉讼请求,则返还财产的诉讼请求还可以基于物权请求权或者占有保护请求权、不当得利返还请求权,张三的举证责任就会相对较轻,权利受保护的期限也相对较长。考虑到目前国人的法律意识仍有待提高,因经济发展不平衡而对法律服务进行消费的能力也存在差异等实际情况以及民法主要作为裁判规范而非行为规范的本质,笔者认为,在发生请求权竞合而当事人又不能妥当选择诉讼请求或者请求权基础时,法官有义务对当事人进行释明,以体现“我给你事实,你给我法律”的先进民事诉讼理念。

所谓法官释明,是指在当事人对法律的规定不熟悉而影响到其权利主张时,法官有义务向当事人进行解释说明,以便于当事人更好地维护其权益。在发生请求权竞合的情况下,考虑到请求权基础的选择对当事人的权利保护极为重要,而当事人又很难了解法律对物权保护的具体规定,此时就有进行法官释明的必要。但是需要注意的有两点。其一,法官释明不是代替当事人作出选择。法官释明只是对法律的规定进行解释说明,当事人应当在理解法律的基础上自行选择请求权基础并承担由此带来的风险。其二,法官释明不能影响司法的中立性。实践中一些法官以法官释明为借口引导当事人进行诉讼主张和抗辩,违反司法的中立原则,影响司法权威和司法公正。

在物权诉讼中,法官的释明主要表现在两个方面。一是对当事人诉讼请求的释明。在因原告所提出的诉讼请求不合理而可能招致败诉时，法官应告知当事人是否变更诉讼请求，例如原告提出的诉讼请求是损害赔偿，法官经过审理，发现损害赔偿必须以侵权的民事责任（《民法典》第 1165 条、第 1166 条）为基础，这就要求以加害人主观上有过错为要件，但在本案中，很难认定被告主观上有过错，而如果原告提出的是返还原物或者停止侵害等，就可以选择物权请求权（《民法典》第 235 条、第 236 条）为基础，不以行为人主观上有过错为要件，更可能会获得法院的支持，此时法官就应告知原告是否变更诉讼请求，只有在原告选择不变更诉讼请求的情况下，才能依法驳回其诉讼请求。

二是对请求权基础的释明。在因当事人选择请求权不当而可能招致败诉的情况下，法官应告知当事人变更请求权基础，只有在当事人不予变更时，才能依法作出判决。在这里，值得注意的一个问题是，请求权的选择到底应该是法官的任务，还是当事人的义务？一般情况下，当事人只是向法院提出诉讼请求，至于该诉讼请求是否存在权利基础，存在哪些权利基础，都应是法官的任务，而不应苛求当事人自己寻找并选择适当的请求权，因为只有在对法律非常熟悉的情况下，当事人才能作出最有利于自己的选择，而这一点在目前的社会情况下很难做到，因此应由法官选择最有利于当事人的请求权作为诉讼请求的基础。但在有些情况下，法官也很难判断选择哪一请求权最有利于当事人，此时就应告知当事人选择不同请求权所存在的风险，由当事人自行选择。

值得注意的是，2020 年实施的新《最高人民法院关于民事诉讼证据的若干规定》第 53 条规定："诉讼过程中，当事人主张的法律关系性质或者民事行为效力与人民法院根据案件事实作出的认定不一致的，人民法院应当将法律关系性质或者民事行为效力作为焦点问题进行审理。但法律关系性质对裁判理由及结果没有影响，或者有关问题已经当事人充分辩论的除外。存在前款情形，当事人根据法庭审理情况变更诉讼请求的，人民法院应当准许并可以根据案件的具体情况重新指定举证期限。"在物权诉讼中，如果当事人主张的法律关系与人民法院根据案件事实作出的认定不一致时，也应按照上述规定处理。此时，就可以不再进行法官释明。

PART IV 第四编

# 不动产登记的性质与效力

第三编谈到，占有的公示功能在不动产领域已经为不动产登记制度所取代。由此决定不动产登记在性质上属于不动产物权的公示方式。但是，由于我国的不动产登记制度经历了从行政管理手段到物权公示方式的变迁，实践中对不动产登记的法律性质仍多存误解，以致在物权纠纷案件的审理中，常常出现形形色色的意见分歧。这些意见分歧，有的是实体层面的，也有不少是程序层面的。本编主要从实体法的角度分析不动产登记的性质与效力，第六编将重点从程序法的角度讨论不动产登记制度的相关问题。这里需要说明的有两点：

其一，物权法规定不动产登记制度的目的是要落实物权公示原则（详见第一编），因此，从实体法的角度讨论不动产登记，必然要涉及不动产物权变动问题。对于物权变动问题，虽然我们在第一编讨论物权公示原则时已经全面讲解，但是大量问题没有充分展开，尤其是不动产物权变动中的疑难问题较多，仍有充分讨论的必要。本编先讨论物权变动的一般规则，第五编还将讨论不动产物权变动规则的具体运用。

其二，尽管不动产登记在物权法上仅仅是不动产物权的公示方式，并非不动产物权本身，但是物权法却赋予不动产登记十分强大的法律效力，以至于我们在对不动产权属进行确认时，又不得不重视不动产登记簿的记载。此种辩证思维，必须贯彻到整个物权法的学习和运用中。关于这一点，笔者在本书前言已作交代，此处不赘。

本编分为四讲：第十五讲“不动产登记是确权的实体依据吗”，指出不动产登记簿的变动与不动产物权的变动并非始终同步，因此不动产物权确认的实体依据应为不动产物权变动规则，而非不动产登记；第十六讲“不动产登记的权利移转效力及其适用”，指出不动产登记的权利移转效力仅适用于形式主义物权变动模式，并认为不宜承认物权行为理论，但应确立区分原则和要因原则；第十七讲“不动产登记的权利推定效力及其适用”，重点讨论民法典赋予不动产登记权利推定效力的必要性和正当性；第十八讲“不动产登记的善意保护效力及其适用”，重点讨论不动产善意取得的理论基础及其实践运用。

# 第十五讲

## 不动产登记是确权的实体依据吗?

### 一、不动产权属确认的两个难题

《民法典物权编解释(一)》的核心内容是不动产登记与不动产权属确认。之所以要围绕这一主题制定司法解释,原因有两个:一是考虑到不动产是《民法典》物权编(原《物权法》)重点调整的对象,而不动产的权属确认也广泛存在于司法实践——有的当事人提出的诉讼请求本身就包括请求人民法院确认某不动产的权属,也有的当事人提出的诉讼请求虽然不是请求人民法院确认不动产的权属,但却与不动产权属确认密切相关,甚至当事人的诉讼请求是否能够得到人民法院的支持,也必须以确权作为基础或者前提。例如在大量离婚案件,有的当事人请求分割夫妻共有的财产,就必须以该财产属于夫妻共同财产为前提;又如在继承案件中,当事人主张对某一财产有继承权,也要以该财产属于遗产为前提;此外,在执行或者破产程序中,标的物是否属于被执行人的财产或者破产财产,也常常成为争议的焦点。二是当前关于不动产权属争议案件的审理,无论从实体上看还是从程序上看,都面临着极其复杂的局面,而这种复杂局面的出现,在一定程度上都与不动产登记制度有着密切的联系。

先来看实体方面的问题,即人民法院究竟应当依据何种实体规则来确认不动产的归属。在不动产权属争议纠纷案件中,往往会有一方当事人持有不动产权属证书。由于《民法典》第 217 条(原《物权法》第 17 条)明确将不动产权属证书界定为不动产登记簿的副本,且具有证明的效力,因此持有不动产权属证书的当事人就会拿出权属证书,用以证明自己被登记在不动产登记簿上,并进而主张人民法院应依据《民法典》第 216 条(原《物权法》第 16 条)关于"不动产登记簿是物权归属和内容的根据”的规定来确认权属。此外,《最高人民法院关于人民法院办理执行异议和复议案件若干问题的规定》(以下简称《执行异议和复议规定》)第25条亦规定:“对案外人的异议,人民法院应当按照下列标准判断其是否系权利人:(一)已登记的不动产,按照不动产登记簿判断;未登记的建筑物、构筑物及其附属设施,按照土地使用权登记簿、建设工程规划许可、施工许可等相关证据判断……”据此,在大量执行异议或者执行异议之诉案件中,亦有不少当事人主张人民法院应当根据不动产登记簿的记载来确认不动产的权属。

问题是,不动产登记簿的记载是否就是人民法院进行权属确认的实体依据呢?显然,如果人民法院仅仅依据不动产登记簿的记载进行确权,就可能会导致民事审判失去应有的功能和价值,因为在大量权属争议案件中,当事人之所以提起民事诉讼,就是因为自己没有被作为权利人登记在不动产登记簿上,此时如果人民法院仅仅以不动产登记簿的记载进行确权,自然无法实现当事人提起民事诉讼的目的,也无法实质性地解决纠纷。更为重要的是,如果按照这一思路,还可能带来难以解决的程序问题。

一般说来,不动产权属争议属于典型的民事纠纷,自应通过民事诉讼来解决。但是,在当事人发生权属争议的情况下,如果人民法院直接依据不动产登记簿的记载进行确权,就可能引发大量的民事与行政交叉案件:当事人为了避免在民事诉讼中处于不利地位,就会对登记机构给对方当事人颁发的权属证书提出异议,甚至认为登记机构的登记发证行为不合法,进而提起行政诉讼,以撤销对方当事人持有的权属证书。显然,当事人提起行政诉讼,无非就是为了确权。问题是,这两种诉讼由于审理的对象不同,适用的法律也不同,很难避免判决之间的矛盾。例如,民事判决认定持有权属证书的当事人就是真正的权利人,但行政判决则认定登记机构的登记发证行为确实违法,因而撤销了登记机构的登记发证行为。或者反过来,民事判决认定持有权属证书的当事人不是真正的权利人,但行政判决又认定登记机构的登记发证行为不违法,驳回了当事人请求撤销登记发证行为的诉讼请求。这样一来,当事人就可能会拿着行政判决去否定民事判决,或者拿着民事判决去否定行政判决,从而造成不少案件久拖不决。

可见,正是由于不动产登记制度的存在,造成不动产权属确认在实体和程序方面都面临极为复杂的局面。当然,在解决程序问题之前,先必须解决实体问题,即人民法院确认不动产权属的实体依据究竟是不是不动产登记簿的记载？如果不是,那么不动产权属确认的实体规则是什么？此外,如果不动产登记簿不是确权的实体规则,那么《民法典》第216条(原《物权法》第16条)关于"不动产登记簿是物权归属和内容的依据"的规定又如何理解？

## 二、什么是权属确认的实体依据？

《最高人民法院关于适用〈中华人民共和国民法典〉物权编的解释(一)》[以下简称《民法典物权编解释(一)》]第2条规定:"当事人有证据证明不动产登记簿的记载与真实权利状态不符、其为该不动产物权的真实权利人,请求确认其享有物权的,应予支持。"显然,根据这一规定,在当事人因不动产权属发生争议时,人民法院不能简单依据不动产登记簿的记载来确认不动产物权的归属,而应根据真实的权利状态来确认不动产权属。言下之意即是,不动产登记簿的记载并非人民法院对不动产权属进行认定的实体依据。

问题是,既然不动产登记簿的记载不是确权的实体依据,那么不动产权属确认的实体依据是什么？也就是说,什么叫"有证据证明不动产登记簿的记载与真实权利状态不符"？当事人究竟应如何举证(拿什么证据,证明什么事情,证明到何种程度),人民法院才能认定"不动产登记簿的记载与真实权利状态不符、其为该不动产物权的真实权利人"？可见,《民法典物权编司法解释(一)》的这一条文仅仅告诉我们不能简单依据不动产登记簿确权,却未告诉我们真实的权利状态究竟应如何确认。也就是说,这一条文的意义仅仅是破除以往司法实践中存在的错误观念,明确不动产登记簿不是确权的实体依据,从而避免对《民法典》第216条发生误解,但却未能明确规定不动产权属确认的实体依据究竟是什么。

那么,不动产权属确认的实体规则究竟是什么呢？答案其实很简单:确权的实体规则是法律关于物权变动的规定。不动产权属确认的实体规则自然是不动产物权变动的规则,因为所谓物权变动,就是指物权的得丧变更,只有发生不动产物权变动,当事人据此已经取得物权,才能请求人民法院确认其享有物权。也就是说,根据《民法典物权编解释(一)》第2条的规定,如果根据物权变动规则确权的结果与不动产登记簿的记载不一致,就不能再依据不动产登记簿的记载来确权,而只能依据不动产物权变动的规则来确权。这也是物权变动规则在《民法典》物权编中具有极为重要地位的根本原因。

问题是,根据不动产物权变动规则进行权属确认和依据不动产登记簿的记载进行权属确认是否存在冲突呢?在司法实践中,有一种观点认为,由于《民法典》第209条(原《物权法》第9条)不仅规定不动产物权变动须办理登记,而且明确规定"未经登记,不发生效力",因此不动产物权变动都应该通过不动产登记簿体现出来;在此背景下,依据不动产登记簿的记载进行权属确认,也就是根据不动产物权变动规则进行权属确认,二者在结果上应是一致的。显然,在同时满足以下两个条件的情况时,不动产物权的变动与不动产登记簿的变动就是完全同步的,根据不动产登记簿的记载确认权属与根据不动产物权变动规则确认权属也是一致的:其一,所有的不动产物权变动都必须在不动产登记簿上进行登记;其二,所有在不动产登记簿上进行登记的物权变动都是合法有效的物权变动。这两个条件是否同时具备,既涉及不动产物权变动的基本结构,也涉及形式主义物权变动模式的理解与适用。

## 三、不动产登记与不动产物权的变动

为了便于人们掌握物权变动规则,学理和立法将物权的变动区分为基于法律行为发生的物权变动和非基于法律行为发生的物权变动。所谓基于法律行为发生的物权变动,是指基于当事人的意思表示发生的物权变动。说得更加通俗一些,主要是指通过交易关系发生的物权变动,例如买卖、赠与、互易等。所谓非基于法律行为发生的物权变动,则主要是指因交易关系之外的原因引起的物权变动,例如根据人民法院的法律文书、政府的征收决定发生的物权变动或者根据某种事实行为(如建造、拆除房屋的行为）以及某项法律的特别规定（如《民法典》第 807 条）发生的物权变动。为什么学理和立法要区分基于法律行为发生的物权变动和非基于法律行为发生的物权变动呢？这是因为，凡是对于依法律行为发生的物权变动，无论是基于何种法律行为，世界各国或者地区大多采取较为统一的物权变动规则，这被称为物权变动模式，而对于非依法律行为发生的物权变动，则无法构建统一的物权变动规则，引起物权发生变动原因不同，物权变动的规则也不一样。可见，所谓物权变动模式，仅仅是针对基于法律行为发生的物权变动而言的，并不是说所有物权变动都有统一的模式。

前面已经谈到，在大陆法系国家或者地区，一般将物权变动模式区分为形式主义物权变动模式和意思主义物权变动模式。以德国、瑞士为代表的国家或者地区，采取的是形式主义物权变动模式，而以法国、日本为代表的国家或者地区，采取的则是意思主义物权变动模式。所谓形式主义物权变动模式，顾名思义，就是物权的变动不仅需要当事人达成物权变动的合意，而且需要当事人完成法定的形式要件，即动产为交付、不动产为登记；所谓意思主义物权变动模式，顾名思义，则是指物权的变动仅仅需要当事人达成物权变动的合意，不需要当事人完成其他形式要件。显然，根据形式主义物权变动模式，不动产登记是不动产物权变动的生效要件，即“未经登记，不发生效力”。可见，从《民法典》第 209 条（原《物权法》第 9 条）的规定来看，对于依法律行为发生的不动产物权变动，我国原则上采取的是形式主义物权变动模式。但需要注意的是，在例外情形下，例如对于农村土地承包经营权、土地经营权和地役权的变动，《民法典》采取的却是意思主义物权变动模式。也正因为如此，我国的物权变动模式也被称为多元混合模式。

在采形式主义物权变动模式的情形下，由于法律要求不动产物权变动以办理登记为生效要件，属于“强制登记”，因此物权的变动必然都要体现于不动产登记簿中。但是，在采意思主义物权变动模式的情形下，由于登记并非不动产物权变动的生效要件，属于“自愿登记”，因此物权的变动也就可能并不体现在不动产登记簿中，从而出现物权已经发生变动但未登记于不动产登记簿的情形。

更多物权已经发生变动但未登记于不动产登记簿的情形出现在非依法律行为发生的不动产物权变动。前文谈到,非依法律行为发生的物权变动没有统一的规则,引起物权发生变动的原因不同,物权变动规则也不同。不过,虽然非依法律行为发生的物权变动没有统一的规则,但并不意味着没有共同的特征。例如,所有非依法律行为发生的不动产物权变动都有一个共同的特征,即物权变动本身不以登记为生效要件,只有在处分该物权时,才需要办理登记。此外,因继承发生的物权变动既包括基于法定继承发生的物权变动,也包括基于遗嘱继承发生的物权变动,前者是非依法律行为发生的物权变动,后者则是基于法律行为发生的物权变动。但是,无论是因法定继承还是遗嘱继承发生的不动产物权变动,物权都是自被继承人死亡之时发生变动,登记也不都是物权变动的生效要件。也就是说,无论是非依法律行为发生的不动产物权变动,还是因继承发生的不动产物权变动,都可能出现物权已经变动,但未通过不动产登记簿反映出来。当然,当事人在非依法律行为取得不动产物权或者因继承取得不动产物权后,也可能会尽快办理登记,但此种登记并非当事人取得物权的生效要件,因而也被称为“宣示登记”。

总之,通过对不动产物权变动的基本结构进行考察,不难看出不动产物权的变动与不动产登记簿的变动并非始终是一致的,在采意思主义物权变动模式的情形下或者因继承、非依法律行为发生的不动产物权变动中,都可能发生物权已经变动,但不动产登记簿却没有反映出来的情况。正因如此,上述情形也可称为“登记簿之外的物权变动”。

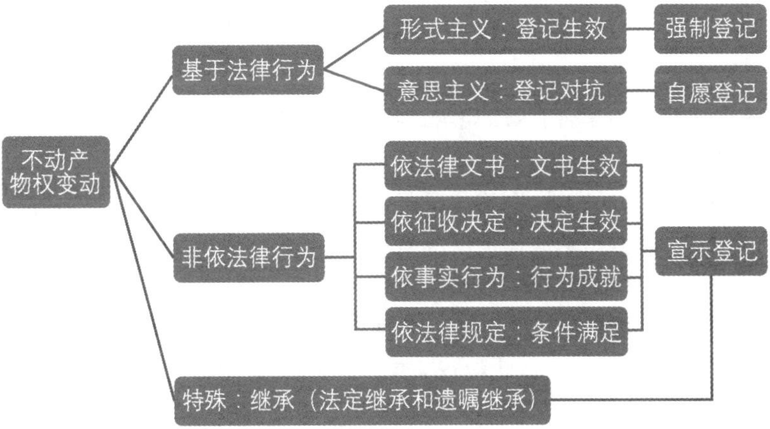


## 四、登记与权属不一致的另一种情形

在采形式主义物权变动模式的情形下，由于不动产物权的变动须以登记为生效要件，因而必然都会在不动产登记簿上体现出来。那么，在采形式主义物权变动模式的情形下，不动产登记簿的变动与不动产物权的变动是否就是始终同步的呢？也不一定。我们来举一个例子：张三将房屋卖给李四，不仅签订了房屋买卖合同，而且也已经完成过户手续，但事后张三起诉李四，请求人民法院认定双方签订的买卖合同因违反法律、行政法规的强制性规定而无效或者以自己被欺诈或被胁迫为由请求撤销该买卖合同。人民法院经审理作出终审判决，认定双方的买卖合同无效或者撤销该买卖合同。但问题是，在人民法院作出上述判决时，房屋不仅由李四占有使用，而且仍登记在李四的名下，此时该房屋究竟归张三所有呢，还是归李四所有呢？对此，在不同的国家或者地区，可能存在不同的答案。

在承认物权行为理论的国家或者地区，例如德国，将当事人交付动产或者办理不动产登记的行为理解为一个独立于买卖合同的法律行为，认为当事人订立的买卖合同仅在当事人之间产生债权债务关系，不直接发生物权变动的效力，因而在法律性质上属债权行为；物权的变动是以交付或者登记为表现形式的物权行为进行作用的结果，与作为债权行为的买卖合同的效力无关,即使买卖合同无效或者被撤销,也不影响物权变动的效力。可见,根据物权行为理论,物权行为不仅独立于债权行为而存在(物权行为独立性),而且物权的变动系物权行为独立作用的结果,不受债权行为是否有效的影响(物权行为无因性)。因此,在上述案件中,即使房屋买卖合同被认定无效或者被撤销,但只要当事人办理过户登记的行为合法有效,则物权已经发生变动,李四就是该房屋的所有权人。当然,李四虽然取得房屋的所有权,但取得房屋所有权的原因行为被认定无效或者被撤销,因而构成不当得利,张三自可基于不当得利请求权请求李四腾退房屋,并协助办理变更登记。

我国民法通说不承认物权行为理论,一个最为重要的原因就是认为物权行为无因性对出卖人不公平:一旦买受人陷入破产或者标的物被买受人的其他债权人申请人民法院强制执行,则出卖人的不当得利请求权就可能无法实现或者无法完全得到实现,因为不当得利请求权在性质上属于债权请求权,不仅要适用诉讼时效的规定,而且不具有排除强制执行或者抵御破产的效力。也正是在此背景下,尽管我国民法理论也强调物权的变动与其原因行为应当区分开来,即买卖合同作为原因行为仅在当事人之间发生债权债务关系,不直接引起物权变动,因而买卖合同本身不应以登记作为生效要件,也不应以出卖人对标的物享有处分权为生效要件,只有物权的变动才需要以登记为生效要件,才需要出卖人对标的物享有处分权,但是,我国民法理论并不认为物权的变动仅仅是交付或者登记这一法律事实作用的结果,而是认为在形式主义物权变动模式下,一个合法有效的物权变动不仅要交付标的物或者办理登记,还必须要有一个合法有效的原因。这被称为“要因原则”。

可见,根据要因原则,一旦买卖合同被认定无效或者被撤销,则即使当事人已经办理了过户登记手续,物权变动也将被认定无效。例如,在上述案例中,尽管李四已经被登记为所有权人,但由于买卖合同被认定无效或者被撤销,物权变动也被认定无效,因此所有权人仍然是张三。在李四陷入破产或者标的物被李四的其他债务人申请强制执行时,张三即可通过行使物权请求权来维护自己的合法权益。也就是说,在李四陷入破产时,张三可行使破产取回权请求李四返还财产;在李四的其他债权人申请人民法院对房屋强制执行时，张三有权排除对该房屋的强制执行。此外，依据《民法典》第196条的规定，张三的物权请求权原则上也不应适用诉讼时效。更为重要的是，由于房屋的所有权仍然归属张三，因此在法院作出生效判决后，张三即可依据《民法典》第220条第1款的规定请求不动产登记机构办理更正登记，而非变更登记。

总之，在不承认物权行为理论的背景下，我国民法理论对于物权的变动采取的是要因原则。这就要求人民法院在对权属进行审查时，应对取得物权的原因进行全面审查，而不能简单依据不动产登记簿的记载进行确权。在基于法律行为发生的物权变动中，如果作为原因行为的买卖合同、抵押合同或者质押合同被认定无效，即使当事人已经完成物权变动所需要的公示方式，也应认定物权未发生变动。此时，就会出现登记与权属不一致的另一种情形：体现在不动产登记簿的物权变动并非合法有效的物权变动。

## 五、不动产登记的性质与效力

前文谈到，如果同时满足两个条件，即所有的不动产物权变动都体现于不动产登记簿且体现于不动产登记簿的物权变动都是合法有效的物权变动，则不动产登记簿的变动与不动产物权的变动就是同步的，人民法院依据不动产登记簿的记载进行确权也就是根据不动产物权变动规则确权。但是，根据《民法典》的相关规定，并非所有的不动产物权变动都体现于不动产登记簿中，且体现于不动产登记簿中的物权变动也并非都是合法有效的物权变动，因此，不动产登记簿的变动与物权的变动就可能出现不同步，人民法院自然不能简单地依据不动产登记簿的记载来确认权属，而应根据不动产物权的变动规则来确认权属。由此可见，《民法典》规定的不动产登记在法律性质上仅仅是不动产物权的公示方式，并非不动产物权本身。也就是说，登记既可能与权属是一致的，也可能是不一致的。这也正是《民法典物权编解释（一）》第2条的理论基础。

问题是，既然不动产登记簿并非确权的实体依据，为何《民法典》第216条中又明确规定"不动产登记簿是物权归属和内容的依据"呢？究竟是立法出现了纰漏，还是这一规定另有深意，并非要求人民法院简单依据不动产登记簿来确认权属？答案显然是后者。一般认为，《民法典》第 216 条是关于不动产登记之权利推定效力与善意保护效力的规定。不动产登记的权利推定效力意味着在当事人之间发生权属争议时，人民法院应推定不动产登记簿记载的权利人为真正的权利人，从而将证明不动产物权变动所需要求是否满足的证明责任分配给对不动产登记簿的记载持有异议的对方当事人。一旦负有证明责任的当事人无法证明物权变动所需要件均已满足，则人民法院只能依据不动产登记簿来确认权属。可见，尽管不动产登记簿并非不动产权属确认的实体依据，但在程序法尤其是证明责任分配问题上具有极其重要的意义，以至于人民法院在对不动产权属进行确认时，虽然不能简单地依据不动产登记簿进行确权，但也不能忽视不动产登记簿的记载。这就是物权法上的辩证思维：既不能过分绝对化不动产登记的效力，也不能忽视不动产登记在权属认定中的意义。就此而言，《民法典》第 216 条的表述显然存在不够严谨之处，正确的表述应该是“除有相反证据推翻的外，不动产登记簿是物权归属和内容的依据”。这里所谓“相反证据”，自然是指证明不动产物权变动的证据。也就是说，如果对不动产登记簿的记载持有异议的当事人举证证明不动产登记簿的记载与真实的权利状态不一致，人民法院就不能再依据不动产登记簿的记载进行确权，而应根据不动产物权变动规则进行确权。

《民法典》第 216 条之所以出现表述上的瑕疵也可以理解为它不仅想表达不动产登记的权利推定效力，而且想表达不动产登记的善意保护效力，即不动产登记的公信力。前面谈到，所谓不动产登记的公信力，是指即使不动产登记簿的记载与真实的权利状态不一致，也应保护因相信不动产登记簿而与登记的权利人进行交易的善意受让人的交易安全。可见，不动产登记的公信力是不动产善意取得的理论基础：只有法律赋予不动产登记以公信力，受让人才能通过善意取得制度取得不动产物权。由此也可以看出，虽然不动产登记仅仅是不动产物权的公示方式，而非不动产物权本身，但一旦登记出现错误，就可能导致实体权利的灭失。

总之，虽然不动产登记仅仅是不动产物权的公示方式，但《民法典》

却赋予不动产登记非常强大的法律效力,以至于人民法院在进行权属确认时,不能不看不动产登记簿的记载。值得注意的是,《民法典》之所以能够赋予不动产登记以权利推定效力与善意保护效力(公信力),是因为《民法典》对于基于法律行为发生的不动产物权变动,原则上采取的是形式主义物权变动模式,从而使得不动产登记簿的记载虽然不能始终与不动产物权保持一致,但亦可在最大限度维持不动产登记簿的准确率。也就是说,虽然不动产登记仅仅是公示方式,不是权属本身,且登记与权属不一致的情形不能完全消除,但从实践的情况看,由于形式主义物权变动模式赋予不动产登记具有权利移转的效力,要求基于法律行为发生的不动产物权变动必须体现于不动产登记簿,因此不动产登记簿在绝大多数情况下是能够正确反映权属的,只是在极少数情形下,才会出现登记与权属不一致。这正是《民法典》赋予不动产登记具有权利推定效力和善意保护效力的正当性基础。在下文,我们将先从形式主义物权变动模式的理解与适用谈起,深入了解一下不动产登记的权利移转效力,再讨论不动产登记的权利推定效力和善意保护效力(公信力)。

## 六、"事实物权"概念之批判

在讨论不动产登记的权利移转效力前,笔者想先讨论一个似是而非的概念——"事实物权"。由于不动产登记在性质上仅仅是不动产物权的公示方式,并非物权本身,这就可能存在登记的权利人并非真正权利人,而真正权利人没有被登记的情形。为此,有学者提出,为保护真正的权利人,在不动产登记与真实权利不一致的情况下,应当将登记的物权称为"法律物权",而将真正权利人享有的物权称为"事实物权"。根据笔者的总结,部分学者笔下的"事实物权",主要有三类:一是在非依法律行为取得物权的场合,当事人在办理登记前享有的权利,例如因建造房屋等事实行为取得的物权或者根据法院的法律文书取得物权等;二是在当事人或者登记机构的原因导致登记发生错误的情况下,真正权利人享有的物权;三是在没有建立不动产登记制度的情况下(如部分农村地区),无法获得登记的物权。笔者认为,上述各种情形下的"事实物权",都是法律所承认和保护的物权,并非所谓"事实物权",而所谓的"法律物权",则根本就不是物权,冠之以“法律物权”的称谓,必然导致实践发生混乱。

“事实物权”概念的提出,部分原因是有些同志对形式主义物权变动模式的适用范围存在认识上的不足,例如前述第一种情形,属于非依法律行为发生的物权变动,本就被排除在形式主义物权变动之外,因为所谓形式主义物权变动模式和意思主义物权变动模式,都是针对基于法律行为的物权变动而言的;又如前述第二种情形,《民法典》已采取意思主义物权变动模式来缓和不动产登记的效力,在意思主义物权变动模式下,即使没有办理登记,也不影响当事人取得物权,而仅仅是导致该物权不具有对抗善意第三人的效力。

当然,“事实物权”这一概念的提出,还可能是想解决形式主义物权变动模式存在的僵化以及由此带来的不公平问题。在形式主义物权变动模式下,不动产登记被赋予权利移转效力,即“未经登记,不发生效力”。这就意味着,即使买受人已经支付了全部价款且已经占有使用房屋,但如果未办理过户手续,则买受人仍然无法取得物权,无法获得物权法的保护。这就可能给买受人带来巨大的风险,例如在买受人尚未办理过户手续时,出卖人的其他债权人可能会请求人民法院对买卖合同的标的物进行强制执行。在一些学者的观念中,只有标的物已经属于买受人所有,买受人提出的执行异议才能获得支持,而如果买受人因未办理过户手续而意欲取得房屋所有权,其提出的执行异议就无法获得支持。基于此,有学者提出“事实物权”的概念,认为买受人虽然不享有法律物权,但享有“事实物权”,且基于这一所谓“事实物权”,即可请求排除强制执行。笔者认为,形式主义物权变动模式确有其缺陷,且需要补救,但不能因为形式主义物权变动模式有缺陷,就创造一些似是而非的概念,将登记前买受人的地位确认为“事实物权”,进而完全架空形式主义物权变动模式。本书将在第七编重点讨论形式主义物权变动模式的缺陷及其补救的问题。这里仅仅想指出,即使形式主义物权变动模式存在缺陷,也不能采取“事实物权”这一概念来进行补救,否则,必然引起体系混乱,让法律人无所适从,因为事实就是事实、物权就是物权,物权必然是权利人在法律上对标的物进行支配的权利,只有占有才是当事人对标的物进行支配的事实状态,根本就不存在“事实物权”概念。此外,根据

《民事诉讼法》及相关司法解释的规定，能够排除强制执行的民事权益并不限于物权，一些特殊的“债权”也具有排除强制执行的效力。即使是为了保障登记前不动产买受人的交易安全，也完全可以通过其他途径来解决，而不能生造出来一个“事实物权”的概念。关于这一点，我们将在后面详细讨论，此处不赘。

# 第十六讲

# 不动产登记的权利移转效力及其适用

## 一、形式主义物权变动模式的私法意义

前文谈到，基于法律行为发生的物权变动有一个统一的规则，被称为物权变动模式，而物权变动模式又可以分为形式主义物权变动模式和意思主义物权变动模式。对于不动产物权变动，我国民法原则上采取的是形式主义物权变动模式，仅在例外情形下采取意思主义物权变动模式。在形式主义物权变动模式下，不动产登记被赋予权利转转效力，此即《民法典》第209条（原《物权法》第9条）规定的“未经登记，不发生效力”。对此，一种较为流行的观点认为，法律之所以规定不动产物权变动“未经登记，不发生效力”，是因为国家对于不动产物权的变动要进行适度的干预或者管理。言下之意就是，法律将不动产登记作为不动产物权变动的生效要件，是因为国家对不动产有进行管理的需要。这一观点的产生有其历史背景：在《物权法》通过之前，我国民法欠缺关于不动产登记的规定，法律关于登记的规定也主要存在于管理性的公法（如《土地管理法》《城市房地产管理法》），因此，不动产登记被看作是政府管理不动产及其交易的手段。值得注意的是，这一观念一经产生，便根深蒂固，即使自《物权法》通过并实施以来，我国已在私法上确立了不动产登记制度，但一些人在解读《物权法》的相关规定时，也仍然受到上述观念的影响，认为《物权法》关于不动产登记的规定是公法渗透到私法的表现，进而认为《物权法》将不动产登记作为不动产物权变动的生效要件，是为了满足政府管理的需要。

显然，上述观念与《物权法》设立不动产登记制度的意旨不符。从民法基本原理看，不动产登记仅仅是不动产物权的公示方式，《物权法》之所以原则上采形式主义物权变动模式，将登记作为不动产物权变动的

生效要件,主要原因是《物权法》第2条第3款中明确将物权界定为“权利人依法对特定的物享有直接支配和排他的权利”。既然物权是排他性的权利,那么物权必然具有对抗第三人的效力。也就是说,物权既是一种支配权,也是一种对世权。既然如此,物权的变动不仅在引起物权发生变动的当事人之间具有意义,而且对第三人具有重要影响。举一个简单的例子:抵押人将不动产抵押给债权人,交易的双方是抵押人与债权人,但债权人取得抵押权的目的,显然并非仅仅针对抵押人,更主要的是要针对抵押人的其他债权人,以确保抵押权人对抵押人的特定财产优先于其他债权人优先受偿。可见,抵押权的设立,从一开始就是针对第三人的。在此背景下,法律自然应对第三人的交易安全进行保护。如何进行保护?就是要将抵押权设立的情况通过一定的方式公示出来让第三人知悉,以便他决定是否再与抵押人进行交易。例如张三将房屋抵押给银行后,再向李四借款。此时就应该让李四知悉张三已经将房屋抵押给银行的事实,然而再决定是否借款给张三。如果李四不知道张三已经抵押了房屋,贸然借款给了张三,而银行对张三的房屋又享有优先受偿权,那么李四的交易安全自然无法获得有效的保障。为了防止物权的排他效力对第三人交易安全造成影响,《物权法》不仅确立了物权公示原则,即物权的变动必须以法定的方式予以公示(即动产为交付,不动产为登记),而且将公示作为不动产物权变动的生效要件,明确规定“未经登记,不发生效力”。

问题是,在采意思主义物权变动模式的国家或者地区,是不是就不考虑第三人交易安全的保护呢?也不是,只不过保护第三人的思路不同而已。在意思主义物权变动模式下,登记虽然不是不动产物权变动的生效要件,但却是不动产物权变动的对抗要件,即“未经登记,不得对抗(善意)第三人”。也就是说,虽然不动产物权的变动无须办理登记,但如果没有办理登记,即使受让人已经取得物权,该物权也不具有对抗善意第三人的效力,从而达到保护第三人交易安全的目的。既然意思主义物权变动模式与形式主义物权变动模式都要解决第三人交易安全的保护,那么为什么有的国家或者地区选择形式主义物权变动模式,有的国家或者地区则选择意思主义物权变动模式呢?在我看来,一个国家或者地区究竟是选择形式主义物权变动模式还是意思主义物权变动模式，主要取决于该国或者地区是否在观念上要严格区分物权和债权：如果观念上要严格区分物权和债权，则凡是物权都应具有对抗第三人的效力，这就要求其将不动产登记作为物权变动的生效要件；相反，如果观念上不严格区分物权和债权，就可以选择意思主义物权变动模式，因为在意思主义物权变动模式下，虽然登记并不影响受让人取得物权，但会影响已经取得的物权是否享有对抗善意第三人的效力，从而导致有些物权不具有对抗善意第三人的效力，而此种不具对抗效力的物权与债权之间的区分，显然是模糊的。

总之，对交易安全的保护是民法的一项基本任务，只不过不同的法律对交易安全进行保护的侧重点不同而已：《民法典》合同编重点保护交易当事人之间的交易安全；《民法典》物权编则重点保护第三人的交易安全。尽管形式主义物权变动模式与意思主义物权变动模式都可以解决第三人交易权的保护问题，但由于我国民法明确规定物权是权利人直接支配标的物并排他的权利［《民法典》第 114 条（原《物权法》第 2 条）］，因而从观念上区分了物权和债权，这就决定了在物权变动模式的选择上，必然要选择形式主义物权变动模式来贯彻物权与债权的区分。那种将《民法典》关于不动产登记的规定理解为公法渗透到私法的表现或者将不动产登记理解为国家对不动产交易进行管理的观点，都是极端错误的。道理很简单：如果法律将不动产登记作为不动产物权变动的生效要件是为了满足国家管理的需要，那么法律将交付作为动产物权变动的生效要件是不是也是为了满足国家管理的需要？此外，如果此种观点成立，那么在采意思主义物权变动模式的国家或地区，不动产登记并非不动产物权变动的生效要件，是否办理登记，由当事人自行决定，难道这些国家或者地区就不需要对不动产及其交易进行管理？

显然，我们既不能将动产交付理解为一种管理行为，也不能因意思主义物权变动模式未将登记作为不动产物权变动的生效要件就认为采此种物权变动模式的国家或地区无须对不动产及其交易进行管理。同样是不动产登记，显然不能认为它在意思主义物权变动模式下是公示方式，而在形式主义物权变动模式下就是管理手段。当然，不可否认，形式主义物权变动模式较之于意思主义物权变动模式更能确保不动产登记簿的准确性，因此，形式主义物权变动模式较之于意思主义物权变动模式更有利于国家对不动产及其交易进行管理（有关管理机关经查询不动产登记簿，大致可以获知特定不动产的权利人），很多管理措施也可以通过登记这一环节予以贯彻（如税收征管、房屋限购都可通过登记这一环节予以实现）。但是，我们应该看到，即使是将不动产登记作为不动产物权变动的生效要件，也不意味着不动产登记本身就是国家对不动产交易进行的管理，它只是为相关管理提供了一个基本信息或者切入点而已。从比较法的角度看，一个国家或者地区究竟采取形式主义物权变动模式还是意思主义物权变动模式，虽然也要考虑哪个物权变动模式更有利于实现国家管理的需要，但主要的理由并不在于此，而在于这一国家或地区在观念上是否要明确区分物权和债权。

## 二、物权行为理论及其批判

在形式主义物权变动模式下，物权的变动不仅需当事人达成物权变动的合意，而且需要履行法定的公示方式。问题是，当事人达成的物权变动合意以何种形式存在呢？对此，理论界有两种不同的理解：一种观点认为，以通过买卖移转标的物所有权为例，当事人之间签订的买卖合同仅仅包含当事人达成的债权合意，物权的变动还需要当事人另行达成物权变动的合意，且此种物权合意就体现在当事人践行的交付或者登记行为之中，因此交付或者登记本身也是法律行为，即物权行为；另一种观点则认为，当事人之间签订的买卖合同本身就包含当事人达成的物权变动合意，因此，交付或者登记只不过是履行买卖合同的事实行为，而非独立于买卖合同的另一个法律行为。正是因为对形式主义物权变动模式存在上述两种不同的理解，我国民法通说将形式主义物权变动模式进一步区分为物权形式主义物权变动模式和债权形式主义物权变动模式，并认为我国民法采取的债权形式主义物权变动模式。显然，物权形式主义物权变动模式与债权形式主义物权变动模式的区别在于：前者承认所谓物权行为理论，而后者则不承认所谓物权行为理论。

一般认为，物权行为理论是德国法学家萨维尼提出的一项重要理论。据王泽鉴教授介绍,萨维尼在《现代罗马法体系》一书中写道:“私法上的契约,以各种制度或形态出现,甚为繁杂。首先是基于债之关系而成立之债权契约,其次是物权契约,并有广泛适用。交付(Tradition)具有一切契约之特征,是一个真正的契约,一方面包括占有之现实交付,他方面包括移转所有权之意思表示。此项物权契约常被忽视,例如在买卖契约,一般人只想到债权契约,但却忘记 Tradition 之中亦包含一项与买卖契约完全分离,以移转所有权为目的之物权契约。”〔1〕在这里,虽然萨维尼没有直接使用物权行为的概念,而是使用的“物权契约”,但物权行为的概念已经呼之欲出。后世民法经过发展,提出了系统的物权行为理论,即物权行为的独立性和无因性:物权行为独立性,是指当事人达成物权合意独立于当事人达成债权合意而存在,因此交付或者登记本身是一个独立的法律行为;物权行为无因性,则是指物权的变动系物权行为独立作用的结果,与债权行为是否有效没有关系,即使债权行为被认定无效或者被撤销,也不影响物权变动的效力。

当然,物权行为理论一经提出,也遭到不少学者的批评和反对。例如,德国学者基尔克就认为,物权行为理论人为地将一个交易切割为两个独立的法律行为,这与老百姓的观念格格不入,是法律对生活的“强奸”;我国学者梁慧星教授认为,物权行为理论的最大缺陷是物权行为的无因性可能导致对出卖人不公平,因为在买卖合同等债权行为被认定无效或者被撤销时,出卖人只能依据不当得利请求买受人返还财产,而无法依据物权请求权要求买受人返还财产。此外,也有学者提出,物权行为无因性将债权行为的效力排除在对物权变动有效性的影响之外,虽然可以对因相信不动产登记簿的记载而与登记权利人进行交易的善意受让人的交易安全进行保护,但在法律已经规定善意取得制度的情形下,物权行为理论尤其是物权行为无因性的价值已经大打折扣,即使不承认物权行为理论,也可通过善意取得制度对受让人的交易安全进行保护。

我们认为,是否承认物权行为理论,既是一个解释选择问题,也是一

〔1〕 转引自王泽鉴:《民法学说与判例研究》(第一册),中国政法大学出版社 1998 年版,第 283 页。

个政策选择问题。在明确区分物权与债权的情形下,基于法律行为发生的物权变动自然需要当事人达成物权变动的合意,且该合意不同于当事人旨在发生债权债务关系的合意。就此而言,物权合意是客观存在的。但是,对于这一客观存在的物权合意,究竟是将它理解为包含在当事人达成的买卖合同中,还是认为买卖合同仅包含当事人旨在发生债权债务关系的合意,物权变动的合意须通过交付或者登记体现出来,则属于解释选择问题。也就是说,我们既可认为买卖合同已经包含引起物权变动的合意,也可以认为买卖合同没有包含这一合意,只有到当事人进行动产交付或者不动产登记时,才形成物权变动的合意。问题是,我们究竟应选择哪一个解释路径呢?这就是一个政策选择问题,即究竟是将物权合意与交付或者登记结合在一起更好,还是认为买卖合同已经包含物权合意更好。显然,如果要严格贯彻物权和债权的区分,则需要将物权合意与债权合意区分开来,再将物权合意与交付或者登记结合并使之成为一个独立的法律行为,如此不仅能使法律关系更加清晰,而且也能有效化解无权处分带来的现实问题。相反,如果认为买卖合同不仅包含当事人发生债权关系的合意,也包含当事人引发物权变动的合意,则不仅法律关系不够清晰,无权处分问题也很难得到较好的处理。

在出卖人无权处分的情况下,如果认为买卖合同仅包含当事人发生债权债务关系的合意,买卖合同也就仅具有引起债权债务关系的效力,自然不应以出卖人对标的物享有处分权为生效要件。只有在当事人进行动产交付或者不动产登记时,由于当事人已经达成物权变动的合意,交付或者登记行为也旨在引起物权的变动,因此以交付或者登记为表现形式的物权行为就必须以出卖人对标的物享有处分权为生效要件。在出卖人对标的物不享有处分权且事后又没有获得权利人的追认或者事后取得处分权时,物权行为将被认定无效,即使形式上完成了交付或者登记,物权也将不发生变动。此时买受人要主张取得物权,就只能通过善意取得制度。可见,如果承认物权行为独立于债权行为,无权处分问题就能获得较为完美的处理:既可通过买卖合同的效力不受出卖人无权处分的影响来保护买受人的交易安全,在出卖人因无权处分无法履行合同时使其承担违约责任,又可通过物权行为以出卖人对标的物享有处分权为生效要件来保护真正权利人的利益,在出卖人事后没有获得权利人追认或者取得处分权时,认定物权变动无效,此时即应通过善意取得制度来保护善意受让人的交易安全,从而平衡对真正权利人的保护和对善意受让人的保护。

相反,如果不承认物权行为独立于债权行为,则必然认为买卖合同已经包含当事人引发物权变动的合意。问题是,在出卖人无权处分的情况下,如果事后没有获得真正权利人追认,出卖人事后也没有取得对标的物的处分权,那么买卖合同究竟是有效还是无效呢?显然,如果认为买卖合同有效且标的物一经交付或者登记,受让人即可取得标的物所有权,则善意取得制度也就没有存在的必要,真正权利人的利益也就无法获得应有的保障。但是,如果认为买卖合同无效,买受人的交易安全就无法获得应有的保护,因为此时买受人不能依据有效的买卖合同请求出卖人承担违约责任,而只能请求出卖人承担缔约过失责任。

基于上述原因,德国也有一些学者认为,虽然在通过善意取得制度保护善意受让人的交易安全后,物权行为无因性已无太大的价值且可能给出卖人带来不公平,但将物权行为独立于债权行为却可以带来很多好处,因此,对于物权行为理论,可以仅承认物权行为独立性,而不承认物权行为无因性。这就涉及物权行为独立性与无因性的关系:如果认为只要承认物权行为独立于债权行为,即应认为物权的变动系物权行为单独引起,与作为原因行为的债权行为的效力没有关系,则承认物权行为独立性,就必要承认其无因性;但是,如果认为物权行为虽然独立于债权行为而存在,但物权的变动并非仅仅是物权行为单独作用的结果,而是必须与债权行为结合在一起,才能引起物权发生变动,则承认物权行为独立性并不必然要求同时承认物权行为无因性。著名法学家王泽鉴教授最初亦从立法论的角度反对接受德国的物权行为理论,但在对我国台湾地区“民法”进行解释时,考虑到物权行为独立性可以合理解释现行法的诸多规定,遂主张全面继受物权行为理论,包括物权行为独立性和无因性。另一位著名法学家苏永钦教授则认为物权行为独立性与物权行为无因性是两个不同的问题,前者是交易阶段化的产物,后者则是一个政策选择问题,因此承认物权行为独立性是必然的选择,但这并不意味着必须承认物权行为无因性。

当然，在已经确立动产和不动产善意取得制度的背景下，究竟还有没有承认物权行为无因性的必要，确实是一个值得探讨的问题。从表面上看，在当事人无权处分的情况下，善意取得制度已经解决了善意相对人的交易安全问题，似无承认物权行为无因性的必要。但是，不动产善意取得的法理基础是不动产登记的公信力，而不动产登记之所以具有公信力，其前提则是不动产登记簿具有极高的准确率（容后详述）。为了维持不动产登记簿的高正确率，又似应坚持物权行为无因性，因为如果物权的变动不仅受到物权行为是否有效的影响，而且受到债权行为是否有效的影响，则不动产登记簿的准确率将会严重下降。因此，德国民法之所以在规定动产善意取得制度和不动产登记公信力的基础上仍然承认物权行为无因性，并非没有原因。

## 三、债权形式主义的提出及其理解

对于上述物权行为理论，我国大陆地区学者普遍表示反对，认为我国民法不宜采用，理由如下：其一，物权行为理论将一个真实的交易关系人为地割裂为债权行为与物权行为，是学者凭空想象的产物，不符合生活实际，是法律对生活的"强奸"；其二，根据物权行为的无因性，由于物权的变动不受债权行为有无效力的影响，因此在债权行为无效或者被撤销后，出卖人只能依不当得利向买受人主张返还，而不当得利请求权在性质上属债权，既要受到诉讼时效的限制，而且在买受人陷入破产的情况下，出卖人只能通过参与破产财产的分配来实现，这对出卖人极其不利；其三，德国民法采用物权行为理论的初衷是通过切断原因行为（债权行为）有无效力对物权变动的影响，从而保护从买受人处取得标的物的第三人的交易安全，但在我国民法已经建立动产和不动产善意取得制度的背景下，就完全没有采用这一理论的必要了。

正是由于我国民法通说不赞同德国法上的物权行为理论，因此，在对我国民法所采取的形式主义物权变动模式进行解读时，多数学者认为，尽管在形式主义物权变动模式下，物权的变动须当事人在原因行为之外践行法定的公示方式，但无须当事人在买卖合同等原因行为之外另行达成物权变动的合意。也就是说,交付或者登记仅仅是当事人履行买卖合同等原因行为的事实行为,而非法律行为。为了区别于以承认物权行为理论为特征的形式主义物权变动模式,我国学者将此种物权变动模式称为债权形式主义物权变动模式,甚至有的学者认为奥地利民法即采取了此种物权变动模式。

近年来,随着理论研究的深入,一些中青年学者开始反思我国民法通说所采取的立场。在他们看来,在明确区分物权与债权的背景下,所谓债权形式主义物权变动模式不仅存在逻辑上的缺陷,也与实际生活不符。从逻辑上讲,在明确区分物权和债权的背景下,物权法律关系与债权法律关系是完全不同的法律关系,其成立自然需要不同的法律事实,债权行为只能引发债权债务关系,只有物权行为才能引发物权变动,这是再明白不过的道理。相反,且不说大陆法系是否真有国家或者地区采取所谓债权形式主义物权变动模式尚需进一步研究,即使存在此种物权变动模式,从逻辑的角度看,也存在问题,因为所谓债权形式主义意味着当事人的债权意思结合交付或者登记即可引起物权变动,但债权意思如何能引起物权发生变动,这在明确区分债权与物权的背景下是无法理解的。

至于实际生活中是否存在物权行为的问题,则涉及物权行为是否客观存在的问题。在他们看来,物权行为并非虚构的法学概念,而是对现实生活的法律抽象。例如,在当事人订立买卖合同后而未交付标的物(动产)之时,无论是出卖人还是买受人都知道此时标的物仍归出卖人所有,但是,一旦出卖人将标的物交付给买受人,双方就都知道所有权已经发生了移转。可见,动产的交付并不仅仅是一个当事人履行买卖合同的事实行为,而是一个包含当事人移转标的物所有权的意思的法律行为。动产交付如此,不动产登记更是如此,因为在办理登记的过程中,必须由当事人向登记机关提交申请。该登记申请,无疑是当事人移转物权之意思表示的体现。

在对债权形式主义物权变动模式进行反思的基础上,也有学者指出,我国民法通说对于德国法上的物权行为理论也并没有进行全面而正确的诠释。例如,通说将物权行为独立性与物权行为无因性捆绑在一起,认为物权行为理论的价值是物权行为无因性,物权行为独立性是为物权行为无因性提供基础,自身并无重要价值。也正因为如此,通说对物权行为理论的批判,也集中针对物权行为无因性,甚至认为只要否定了物权行为无因性的价值,就等于否定了全部物权行为理论。对此,反对者认为,物权行为独立性与物权行为无因性是不同立法政策的产物,否定了物权行为无因性的价值,并不等于否定了物权行为独立性的价值。在他们看来,当前民法通说对物权行为理论的批判针对的主要是物权行为无因性,而与物权行为独立性无关。在承认物权行为独立性的基础上,如果认为物权行为无因性存在缺陷,也可以另辟蹊径,将物权行为的效力与债权行为的效力挂钩,改采"要因原则",即物权的变动需要有合法有效的原因行为(债权行为),当原因行为无效或者被撤销时,物权行为也将被认定无效。这样一来,就不仅可以满足前述物权行为客观存在和制度逻辑的需要,也可以避免物权行为无因性所带来的问题。

笔者认为,暂且不谈物权行为理论的继受问题,"债权形式主义物权变动模式"的提法本身确实很容易引起误会,因为这一提法很容易让人误认为当事人之间的"债权"合意可以引起"物权"的变动,这在明确区分物权和债权的背景下自然是难以理解的。在笔者看来,我国民法通说之所以不承认物权行为理论,主要原因还是绝大多数学者没有认识到物权行为独立性的价值。相反,反对者之所以对通说提出批判,也主要是考虑到物权行为独立性本身具有重要的意义。两种观点之间的分歧,集中体现在如何理解我国民法所规定的区分原则:一种观点(通说)认为,我国物权法上的区分原则,是指物权变动与原因行为相区分;另一种观点(有力说)则认为,我国物权法上的区分原则不仅是指物权变动与原因行为相区分,而且还指物权行为与债权行为相区分。究竟何种观点更加符合我国现行法的规定?或者说,在我国现行法上,究竟是否有承认物权行为独立性的必要?

## 四、区分原则在我国民法上的确立与适用

事实上,无论是否赞同物权行为独立性,都不否认在形式主义物权变动模式下应区分物权变动与原因行为,即交付或者登记仅仅是物权变

动的生效要件,而非买卖合同、担保合同等原因行为的生效要件。道理很简单:法律之所以要求当事人交付标的物或者办理登记,是因为物权具有对抗第三人的效力,故其变动需以当事人完成法定公示方式为要件,而买卖合同、担保合同等原因行为仅仅在合同当事人之间发生债权债务关系,自身并不能直接引起物权发生变动,故无须以交付或者登记为生效要件。

(一)区分原则的确立过程

尽管区分物权变动与其原因行为是形式主义物权变动模式的应有之义,但这一区分原则的确立却经历了相当长的过程。在《物权法》通过并实施以前,我国民法并无关于不动产登记的全面规定,关于不动产登记的规定主要存在于《土地管理法》《城市房地产管理法》等管理性的公法中。例如2004年《土地管理法》第12条规定:"依法改变土地权属和用途的,应当办理土地变更登记手续。"《房地产管理法》第60条规定:"……房地产转让或者变更时,应当向县级以上地方人民政府房产管理部门申请房产变更登记,并凭变更后的房屋所有权证书向同级人民政府土地管理部门申请土地使用权变更登记……"由于这些法律并没有规定当事人订立不动产买卖合同后未办理变更登记的法律后果,因此在当事人未依法办理登记的情况下,当时的司法实践常常以合同不具备法定形式要件为由认定买卖合同不成立或者以买卖合同违反法律的强制性规定为由认定买卖合同无效。例如1990年2月最高人民法院在致黑龙江省高级人民法院《关于公产房屋的买卖及买卖协议签订后一方可否翻悔问题的复函》中就认为"签订房屋买卖协议后,提出解除买卖协议,未办理产权转移登记手续,应认为该民事法律行为依法尚未成立,一方反悔是允许的。"1995年12月27日最高人民法院发布的《关于审理房地产管理法施行前房地产开发经营案件若干问题的解答》(以下简称"解答")第14条也规定:"土地使用者就同一土地使用权分别与几方签订土地使用权转让合同,均未办理土地使用权变更登记手续的,一般应认定各合同无效……"显然,司法实践中之所以出现如此规定,就是因为最高人民法院误将买卖合同等同于所有权移转,从而将不动产登记理解为买卖合同的成立要件或者生效要件。

当然,不仅当时的司法实践如此,当时的立法也是如此,例如 1995 年生效的《担保法》就混淆了抵押合同与抵押权,误将抵押登记作为抵押合同的生效要件。《担保法》第 41 条规定:“当事人以本法第四十二条规定的财产抵押的,应当办理抵押物登记,抵押合同自登记之日起生效。”据此,上述“解答”第 15 条规定:“土地使用者未办理土地使用权抵押登记手续,将土地使用权进行抵押的,应当认定抵押合同无效。”这样一来,在当事人仅订立抵押合同而未办理抵押登记时,债权人既不能取得抵押权,也无法获得有效合同的保护。例如,在抵押人拒绝办理抵押登记的情况下,债权人无法根据抵押合同请求抵押人承担违约责任,且即使在能够办理抵押登记的情况下,债权人也无法根据抵押合同请求抵押人协助办理抵押登记以取得抵押权。这显然对债权人的交易安全构成了极大的威胁,也不符合诚实信用原则的要求。为了解决这一问题,原《担保法解释》第 56 条第 2 款规定:“法律规定登记生效的抵押合同签订后,抵押人违背诚实信用原则拒绝办理抵押登记致使债权人受到损失的,抵押人应当承担赔偿责任。”需要指出的是,此处所谓赔偿责任,既非担保责任,也非违约责任,而是缔约过失责任。债权人就受到损失要求抵押人负赔偿责任,不仅需证明抵押人的行为违反诚实信用原则,而且赔偿范围限于信赖利益的损失。更加重要的是,即使在能够办理抵押登记的情况下,由于债权人不能根据抵押合同请求抵押人继续履行合同以取得抵押权,致使其债权没有担保物权的担保,从而无法就该特定财产优先受偿。由此可见,尽管《担保法解释》在努力化解因立法缺陷而带来的问题,但是并不完整。

我国民法明确规定区分原则是从《合同法解释(一)》开始的。针对司法实践中一些法院因错误适用《合同法》第 44 条第 2 款而将不动产登记作为买卖合同之生效要件的情况,该司法解释第 9 条第 1 款明确规定:“依照合同法第四十四条第二款的规定,法律、行政法规规定合同应当办理批准手续,或者办理批准、登记等手续才生效,在一审法庭辩论终结前当事人仍未办理批准手续的,或者仍未办理批准、登记等手续的,人民法院应当认定该合同未生效;法律、行政法规规定合同应当办理登记手续,但未规定登记后生效的,当事人未办理登记手续不影响合同的效力,合同标的所有权及其他物权不能转移。"可见,根据该司法解释,将登记作为买卖合同等原因行为的生效要件,必须以法律、行政法规明确规定合同须经登记才生效为前提,否则,登记就是物权变动的生效要件,而非买卖合同等原因行为的生效要件,当事人没有办理登记手续,仅仅导致物权不发生变动,而不影响买卖合同等原因行为的效力。

尽管该司法解释仅仅针对《合同法》第 44 条第 2 款的适用,而未言及人民法院是否可以依据《合同法》第 52 条第 5 项的规定,以当事人的行为违反法律、行政法规的强制性规定为由认定买卖合同无效,但是,考虑到《合同法》第 44 条第 2 款已经将登记作为合同的特别生效要件,在当事人未办理登记时,人民法院自不能再根据《合同法》第 52 条第 5 项认定合同无效(关于这一点,后文还将详细讨论)。也就是说,上述司法解释实际上已经确立了物权变动与其原因行为区分的原则。

不过,虽然《合同法解释(一)》已经确立了区分原则,从而解决了相当一部分问题,但《担保法》第 41 条所存在的问题,则无法通过该司法解释化解,原因是该条明确规定了抵押合同自登记时生效。因此,为了全面解决立法和实践中存在的问题,《物权法》第 15 条进一步规定:"当事人之间订立有关设立、变更、转让和消灭不动产物权的合同,除法律另有规定或者合同另有约定外,自合同成立时生效;未办理物权登记的,不影响合同效力。"显然,该条实际上废除了《担保法》第 41 条。至此,我国民法全面确立了物权变动与其原因行为的区分原则。

### (二)区分原则与无权处分

但是,也有学者认为,不能将区分原则仅仅理解为物权变动与其原因行为的区分,还应进一步理解为物权行为与债权行为的区分或者处分行为与负担行为的区分,因为区分原则不仅要解决不动产登记在不动产物权变动中的法律地位问题,还要解决出卖人欠缺处分权的法律后果问题。

前文谈到,德国民法强调物权行为独立于债权行为的一个重要的意义在于利用二者在成立要件或者生效要件的不同来解决交易的阶段化问题。例如将出卖人对标的物享有处分权作为物权行为的生效要件而非债权行为的生效要件,既可以解决出卖人无权处分情形下对真正权利人的保护问题,又可以避免将处分权作为买卖合同等债权行为的生效要件而导致对买受人交易安全保护不力的问题。正因为如此,物权行为也被认为是处分行为,而债权行为则被认为是负担行为:处分行为旨在处分标的物以引起物权变动,而负担行为则仅在当事人之间形成以给付义务为内容的债权债务关系。

在出卖人无权处分的情形下,为保护真正权利人的利益,《合同法》第 51 条亦明确规定当事人所订立的合同只有经权利人追认或者无处分权的人订立合同后取得处分权时,该合同才有效。在过去的司法实践中,由于我国民法通说不承认物权行为理论,因此不少法院在审理诸如夫妻一方擅自出卖共有财产等案件时,常常依据这一条文认定当事人所订立的买卖合同无效。其结果是,虽然真正权利人的利益获得了保护,但却殃及买受人的交易安全,因为买卖合同一旦被认定无效,则买受人在不满足善意取得的情况下,只能向出卖人主张缔约过失责任,而无法主张违约责任。显然,无论是从比较法的角度看还是从我国现行法的规定看,取得处分权并将标的物所有权移转至买受人应是出卖人在订立买卖合同后的一项义务而非买卖合同的生效要件,因此,上述以出卖人欠缺处分权为由认定买卖合同的做法被有的学者批评为"错把义务当成抗辩"。为此,2012 年《买卖合同解释》第 3 条规定:"当事人一方以出卖人在缔约时对标的物没有所有权或者处分权为由主张合同无效的,人民法院不予支持。出卖人因未取得所有权或者处分权致使标的物所有权不能转移,买受人要求出卖人承担违约责任或者要求解除合同并主张损害赔偿的,人民法院应予支持。"

尽管上述司法解释的规定有利于解决实践中存在的问题,但也引发了新的问题:《买卖合同解释》第 3 条与《合同法》第 51 条之间究竟是何种关系?从表面上看,这两条的规定似乎是矛盾的。因此,一种较为流行的观点认为,《买卖合同解释》第 3 条实际上已经废除了《合同法》第 51 条。但是,也有一种观点认为,这两个条文并不矛盾,因为二者的适用对象不同:前者适用于买卖合同等债权行为,而后者则适用于旨在引起物权变动的物权行为。显然,后一种观点以承认物权行为独立性为基础。有人据此认为,我国民法上的区分原则不仅指物权变动与其原因行为相区分，应进一步区分为物权行为与债权行为，将处分权作为物权行为的生效要件而非债权行为的生效要件，进而将《买卖合同解释》第3条适用于买卖合同等债权行为，而将《合同法》第51条适用于物权行为，否则，就无法解释《合同法》与《买卖合同解释》的相关规定。

值得注意的是，编纂完成的《民法典》不仅删除了原《合同法》第51条，而且在《民法典》合同编的"买卖合同"中明确规定："因出卖人未取得处分权致使标的物所有权不能转移的，买受人可以解除合同并请求出卖人承担违约责任。"（第597条第1款）据此，最高人民法院在清理相关司法解释时，亦删除了《买卖合同解释》第3条。这是否意味无权处分规则被废除了呢？笔者认为，虽然《民法典》删除了原《合同法》第51条，但这并不意味无权处分规则被废除，因为无权处分规则旨在保护真正权利人的利益，如果废除，我们又如何保护无权处分情形下的真正权利人呢？此外，善意取得制度以出让人无权处分为前提，如果无权处分规则被废除，则善意取得制度也将失去存在的依据。也正因如此，虽然《合同法》第51条被删除，但这仅仅意味着出卖人无处分权不影响买卖合同的效力，但并不意味着处分权的有无不影响物权的变动。关于这一点，自《民法典》关于善意取得的规定即可获得答案，因为根据《民法典》第311条的规定，善意取得的适用前提是行为人无权处分，如果无权处分不影响物权变动，则受让人自可直接根据有效的买卖合同从出卖人处取得物权，又何须善意取得制度呢？《民法典》规定善意取得制度，自然是因为无权处分虽然不影响买卖合同的效力，但会影响到物权的变动。

笔者认为，如果承认物权行为独立于债权行为而存在，进而将区分原则发展到物权行为与债权行为相区分，确实有利于解释《民法典》（原《合同法》与《买卖合同解释》）的相关规定，进而明确处分权的有无虽然不影响买卖合同的效力，但将影响物权的变动。相反，如果断然拒绝物权行为理论，反对物权行为独立于债权行为，就应拿出让人信服的理论来合理解释《民法典》（原《合同法》和《买卖合同解释》）的相关规定，进而明确处分权的有无虽然不影响买卖合同的效力，但将影响物权的变动。可惜的是，我国民法通说虽然强烈反对物权行为理论，但对于我国现行法在适用中遇到的问题，却至今无法提供令人信服的解决方案。这就难免会让人质疑通说的立场究竟是否正确。

(三)债权形式主义的理解

在笔者看来,既然物权行为独立性是交易阶段化的产物,那么,如果不承认物权行为独立于债权行为,就应通过其他途径来解决交易阶段化的问题。为此,笔者曾撰文指出,在不承认物权行为理论而无法通过区分物权行为与债权行为来解决交易阶段化的背景下,一种可能的解决方案是在合同效力制度上"下功夫",将买卖合同的效力区分为履行效力和移转效力,以回应交易阶段化的需求。大致思路是:如果不承认物权行为独立于债权行为,则买卖合同不仅包含当事人发生债权债务关系的效果意思,也包含了当事人发生物权变动的效果意思。前者产生的是买卖合同在出卖人与买受人之间的履行效力,后者产生的则是买卖合同移转标的物所有权的移转效力。值得注意的是,虽然买卖合同发生履行效力仅需当事人意思表示一致为要件,但买卖合同发生移转效力则不仅还须满足其他条件,例如标的物的交付或者登记以及出卖人对标的物享有处分权。也就是说,原《合同法》第 51 条规定的"合同有效",应仅指买卖合同所产生的移转效力,而不包括买卖合同所产生的履行效力。现在,虽然《民法典》删除了原《合同法》第 51 条,但也不意味着在出卖人无权处分的情况下,买卖合同可以同时发生履行效力和移转效力,而应理解为此时买卖合同仅发生履行效力,买卖合同的移转效力则处于待定状态,在出卖人没有取得处分权或者事后得到权利人追认时,应认为该移转效力不发生,因此,即使当事人已经进行动产交付或者不动产登记,也不能认为受让人可以根据买卖合同取得物权,而只能在满足善意取得制度的情形下,认定受让人善意取得物权。

需要指出的是,由于在基于法律行为发生的物权变动中,物权的变动必须以当事人达成物权变动的合意在要件,因此,如果我们不承认物权行为独立性,就要将当事人移转标的物所有权的意思包含到买卖合同中,那么买卖合同就不能简单理解为一个仅发生债权债务关系的行为,而且也应是一个具有引起物权变动效力的行为,只不过这个移转效力的实际发生除了当事人的合意,还需具备其他要件。就此而言,当我们讨论买卖合同的效力时,就应区分究竟是何种效力。也正因为如此,在出卖人无权处分的情况下,即使我们依《民法典》第597条认定买卖合同有效,也仅仅是指买卖合同的履行效力已经实际发生,并不意味着买卖合同的移转效力也已经实际发生。进一步而言,即使是买卖合同有效(履行效力),且当事人已经办理登记手续,也不一定就发生了物权变动,因为买卖合同有效(履行效力)和登记,仅仅是不动产物权变动的必要条件,而非充分条件,除了买卖合同有效(履行效力)和登记,物权变动的发生还须出卖人对标的物享有处分权。这就印证了前面提出的一个观点:即使在形式主义物权变动模式下,物权的变动与不动产登记簿的记载之间也仍然有不一致的可能,即当事人已经办理了登记,但物权变动可能没有发生。当然,如果以物权行为独立性来解释我国现行法,结论也是一样:根据区分原则,引起物权变动的物权行为须以出卖人享有处分权为生效要件,因此,即使作为债权行为的买卖合同有效且当事人已经办理登记,也并不意味着物权已经发生了变动。

此外,需要说明的还有,上述思路如果成立,则意味着虽然我国民法明确区分物权与债权,但这一区分并不严格,而是相对的,因为买卖合同可以同时包含着发生债权债务关系的合意和引起物权发生变动的合意。当然,这一点也很好理解:如果我们要严格贯彻物权与债权的区分,就应承认物权行为独立于债权行为而存在,而不能承认意思主义物权变动模式,因为在意思主义物权变动模式之下,必然会出现不具有对抗效力的物权,它与债权之间的区分当然是模糊的。尽管《民法典》仅仅是在少数情形下规定了意思主义物权变动模式,但这也足以证明《民法典》虽然明确区分了物权和债权,但这一区分显然不是严格的,而是相对的。就此而言,我们在对形式主义物权变动模式进行理解时,自然也就不一定非要承认物权行为独立性。

## 五、要因原则在我国民法上的表现与适用

### (一)要因原则与无因原则

在谈到形式主义物权变动模式的适用时,还有一个需要回答的问题:当作为原因行为的买卖合同、抵押合同等被认定无效或者被撤销时,物权变动是否会受到影响?例如,当事人订立了房屋买卖合同并办理了

登记,但事后经法院认定,双方订立的买卖合同无效,请问此时房屋所有权究竟归谁所有?这就涉及原因行为对物权变动的影响。

在承认物权行为理论的国家或地区,关于债权行为与物权行为之间的关系,理论界有不同的观点:一种观点认为,既然物权行为是直接引起物权变动的法律事实,那么,只要物权行为有效,物权即可发生变动,自然与作为原因行为的债权行为无关,因此,只要承认物权行为独立性,就必须承认物权行为无因性,将原因行为是否有效排除在影响物权变动的因素之外;另一种观点则认为,一个法律行为是否需要原因以及原因行为是否影响该法律行为的效力,都是立法政策的产物,且物权行为独立性与物权行为无因性各有其不同的价值,前者有利于对现行法作出合理解释,后者则重在保护交易安全,但在法律已经确立动产和不动产善意取得制度的背景下,也可以仅承认物权行为独立性而不承认物权行为无因性。显然,前一观点主要是受德国民法的影响而提出,而后一观点,则主要是考虑到我国的实际需要而提出。

由于我国民法通说并不赞同物权行为理论,自然也就谈不上讨论物权行为与债权行为的关系问题,因此,对于究竟应采上述第一种观点还是第二观点,争论起来似乎已经不合时宜。不过,虽然我们在理论上可以回避物权行为及其与债权行为的关系,但实践中的问题还是要解决。例如,关于买卖合同被认定无效或者被撤销时物权变动究竟是否还有效的问题,因涉及当事人的利益甚大,无论在理论上是否承认物权行为独立性,都是不能回避的。如果认为买卖合同无效或者被撤销会影响到物权变动的效力,则出卖人仍可主张物权请求权;如果认为买卖合同无效或者被撤销不影响物权变动的效力。则出卖人只能依据不当得利请求权来保护自己合法权益。

### (二)要因原则的理论基础

在笔者看来,如果我们不承认物权行为理论,则当事人之间引起物权变动的合意就要被吸收到买卖合同之中。也就是说,买卖合同既负有引发债权债务关系的任务,也是物权发生变动的引擎。正因为如此,笔者认为,如果我们不承认物权行为理论,就应区分买卖合同的履行效力和移转效力,前者的实际发生以当事人达成引发债权债务关系的合意为要件，而后者的实际发生则不仅需要当事人达成物权变动的合意，而且需出卖人对标的物享有处分权并践行法定的公示方式。依照笔者提出的方案，尽管买卖合同可以同时具有履行效力和移转效力，但由于此两种效力统一于买卖合同，因此，在买卖合同被认定无效的情况下，不仅买卖合同不发生履行效力，也不可能发生移转效力（实际上，即使是在采物权行为无因性的德国，也要通过“行为一体化”“共同瑕疵”等理论来限制物权行为无因性，即如果债权行为与物权行为构成一体或者瑕疵同时存在于债权行为与物权行为，则债权行为无效也将导致物权行为无效）。在此背景下，即使当事人已经办理登记，也不能引起物权发生变动。也就是说，在不承认物权行为理论的情况下，物权的变动必须要有合法有效的原因。因此，在买卖合同被认定无效后者被撤销时，即使当事人已经办理过户手续，也不能发生有效的物权变动。就此而言，依笔者之见，无论是否承认物权行为理论，物权的变动都需要合法有效的原因行为。也就是说，我国民法要坚持“要因原则”，从而与物权行为无因性所坚持的“无因原则”形成鲜明对比。

需要说明的是，无论是《民法典》之前的民事法律还是《民法典》本身，都并无关于要因原则的明确规定，但由于我国民法通说不承认物权行为理论，且对物权行为理论的批判主要是针对物权行为无因性，因此我国民法理论显然是认为物权的变动需要合法有效的原因行为。在原因行为被认为无效或者被撤销时，即使当事人已经办理登记或者已经交付标的物，也应认为物权变动无效。

### （三）要因原则的实践意义

此外，值得注意的是，在《物权法》通过并实施后，无论是原建设部制定的《房屋登记办法》还是国土资源部制定的《土地登记办法》，甚至是国务院制定的《不动产登记暂行条例》，均要求当事人在申请不动产登记时，应向登记机关提交引起物权发生变动的相关合同，如买卖合同、抵押合同等。显然，此种规定与采物权行为无因性的国家或者地区有所不同，因为一般认为，德国民法之所以坚持物权行为无因性，一个重要的原因是想排除登记机构对原因行为进行审查，以避免登记机构借此机会过分介入当事人的私生活（据说德国民法典制定前的普鲁士民法要求登记机关对引起物权变动的原因行为进行实质审查,导致登记机关常常以此为由肆意干涉当事人的私生活)。也就是说,在采物权行为无因性的国家或者地区,由于引起物权变动的是物权行为,而与作为原因行为的债权行为无关,因此当事人提交登记申请时,自然无须提交作为原因行为的买卖合同、抵押合同等,登记机关也无须审查买卖合同、抵押合同。

当然,我国的不动产登记制度要求当事人提交引起物权变动的相关合同,并不意味着我国的不动产登记机构须对引起物权变动的原因行为进行全面的实质审查(关于这一点,容后详述),但这也反映了我国民法是非常重视原因行为的。从实践的情况看,我国采取的似乎也是要因原则。例如,山东省建设厅关于印发《山东省实施〈房屋登记办法〉细则》的通知第 43 条规定:“房屋权利变动原因被人民法院、仲裁委员会判决、裁决、确认、撤销、无效、解除等,相关权利人申请有关登记的,应按更正登记的有关规定办理。”[1] 据此,在原因行为被认定无效或者撤销时,出卖人即可直接依更正登记制度将错误的登记恢复到正确的状态。言下之意即是,如果原因行为被认定无效或者被撤销,则即使当事人已经办理过户登记,物权变动也无效,此时登记簿出现错误,出卖人可依物权请求权要求办理更正登记。不过,上述规定将作为原因被解除也规定在内,似乎有点不合适,因为即使原因行为被解除,也并不意味着物权没有发生变动。也就是说,在买卖合同被解除的情况下,当事人之间应是恢复原状或是折价补偿的债权债务关系,而非更正登记的问题。此外,《民法典物权编解释(一)》第 20 条将转让合同因违反法律、行政法规的强制性规定而被认定无效和转让合同因受让人存在欺诈、胁迫或者乘人之危等法定事由被撤销作为当事人不能主张善意取得的情形,似乎也印证了我国民法采取的是要因原则。

---

〔1〕 此为网络上该文件的原文表述,似乎在语言和文法上都有所不通,似应表述为“房屋权利变动原因被人民法院、仲裁委员会判决、裁决确认无效、撤销、解除等,相关权利人申请有关登记的,应按更正登记的有关规定办理”。不仅如此,该条将原因行为被确认无效或者被撤销与原因行为被解除放在一起,也有不妥,因为根据要因原则,原因行为被认定无效或者被撤销,物权变动即应被认定无效,但原因行为被解除,并不影响已经发生的物权变动,仅在当事人之间产生以清算为内容的债权债务关系。

总之,我国民法系将原因行为合法有效作为物权变动的要件,在原因行为无效或者被撤销时,物权变动也将被认定无效。这一结论也回应了前文提出的观点:即使在形式主义物权变动模式下,根据要因原则,尽管当事人已经办理登记,也不意味着物权一定发生了变动。就此而言,要因原则的存在会给法院和当事人都带来重要影响:就人民法院而言,在不动产权属争议案件中,应对物权的变动进行全面的实质审查,即不仅要审查当事人是否已经办理登记,也要审查原因行为究竟是否有效;同时,要因原则的存在也为当事人请求确认权属提供了一个重要途径——在实践中,不少当事人就是通过先请求人民法院确认原因行为无效或者请求撤销原因行为来否定物权变动,从而实现确权的目的。

# 第十七讲

## 不动产登记的权利推定效力及其适用

### 一、不动产权属证书的性质与效力

前文谈到，不动产权属确认的实体规则是法律关于不动产物权变动的规定，而非不动产登记簿的记载。究其原因，在于不动产登记仅仅是不动产物权的公示方式，并非不动产物权本身，且根据《民法典》的规定，不动产物权的变动与不动产登记簿的变动并非始终同步：即使不考虑登记机关的过错（如登记人员误将张三的房屋登记到李四的名下）以及当事人自己的原因（如父母买的房屋冒名登记在子女或者他人名下），《民法典》本身也可能导致已经发生的不动产物权变动并未反映到不动产登记簿中（意思主义物权变动模式与非基于法律行为或者因继承发生的不动产物权变动）或者当事人虽已办理登记但物权并未发生变动（要因原则）两种情形。

问题是，既然不动产登记簿的记载并非确权的实体依据，何以《民法典》第 216 条第 1 款（原《物权法》第 16 条第 1 款）明确规定"不动产登记簿是物权归属和内容的根据"呢？此外，如果不动产登记簿的记载不是不动产权属确认的实体依据，这是否意味着不动产登记簿的记载对于不动产权属确认不具有任何意义？在笔者看来，要回答这些问题，先得从不动产权属证书的法律性质谈起，因为只有结合《民法典》第 217 条（原《物权法》第 17 条），才能对《民法典》第 216 条（原《物权法》第 16 条）作出正确的理解。

《民法典》第 217 条规定："不动产权属证书是权利人享有该不动产物权的证明。不动产权属证书记载的事项，应当与不动产登记簿一致；记载不一致的，除有证据证明不动产登记簿确有错误外，以不动产登记簿为准。"显然，该条规定了不动产权属证书的法律性质及其与不动产登记簿的关系：第一句明确规定了不动产权属证书在法律性质上是一个证据，具有证明的效力；第二句则旨在明确不动产权属证书系登记机构根据不动产登记簿的记载制作和颁发的一个副本，因此应当与不动产登记簿一致，不一致时，除有相反证据推翻外，应以不动产登记簿为准。据此可以推知，既然作为副本的不动产权属证书“是权利人享有该不动产物权的证明”，则作为正本的不动产登记簿自然也应具有相同的功能，也可以用来作为“权利人享有该不动产物权的证明”。

问题是，既然不动产登记簿仅仅是一份证据，何以《民法典》第 216 条要规定“不动产登记簿是物权归属和内容的根据”呢？难道是立法者写错了？笔者认为，《民法典》之所以如此规定，目的是要赋予不动产登记簿这一证据强大的证明力。强大到什么程度呢？强大到具有权利推定的效力。也就是说，在发生权属争议的情况下，被登记在不动产登记簿上的权利人将被推定为真正的权利人。尽管此种法律上的推定并非不可推翻，但如果其他当事人拿不出证据来证明自己才是真正的权利人，从而推翻不动产登记簿的记载，人民法院就应根据不动产登记簿的记载进行确权。当然，如果其他当事人拿出证据证明自己才是真正的权利人，从而推翻了不动产登记簿的记载，自然就不能再根据不动产登记簿来确权。从这个意义上说，《民法典》第 216 条在立法目的上虽然是想规定不动产登记的权利推定效力，但在表述上存在一定的问题，至少不够全面，因而容易引起误解。更为全面的表述应该是：“除有相反证据推翻外，不动产登记簿是物权归属和内容的根据。”

当然，《民法典》第 216 条在表述上的缺陷已经通过《民法典物权编解释（一）》第 2 条予以弥补。《民法典物权编解释（一）》第 2 条规定：“当事人有证据证明不动产登记簿的记载与真实权利状态不符、其为该不动产物权的真实权利人，请求确认其享有物权的，应予支持。”据此，只要当事人有证据证明不动产登记簿的记载与真实的权利状态不符，就应根据真实的权利状态确权，而不能再根据不动产登记簿的记载确权。问题是，当事人需要拿什么证据、证明什么事、证明到何种程度，人民法院才能认定不动产登记簿的记载与真实的权利状态不符呢？显然，真实的权利状态需要根据不动产物权变动规则来进行认定，因此，当事人只有通过举证证明不动产物权变动的结果与不动产登记簿的记载不一致，才能证明真实的权利关系，进而推翻不动产登记的记载。也就是说，所谓“当事人有证据证明”，是指当事人有证据证明根据物权变动规则，自己才是真正的权利人，因此当事人必须围绕物权变动规则所需的要件事实进行举证。

## 二、作为证明责任的规范的权利推定

接下来要回答的是：既然真实的权利状态是根据不动产物权变动规则进行确认，那为什么法律还要赋予不动产登记以权利推定的效力呢？显然，法律之所以要赋予不动产登记具有权利推定的效力，乃是因为不动产权属确认的实体规则虽然是法律关于不动产物权变动的规定，但人民法院在解决权属争议时，首先必须进行证明责任的分配，即由谁来证明案涉不动产发生物权变动的要件事实。例如张三和李四就某房屋发生权属争议，究竟是该由张三证明其已取得该房屋的要件事实，还是该由李四来证明其已取得该房屋的要件事实呢？这个问题极为重要，因为根据《最高人民法院关于适用〈中华人民共和国民事诉讼法〉的解释》（以下简称《民事诉讼法解释》）第 90 条第 2 款的规定，被分配证明责任的当事人如果不能完成举证，就要承担败诉的不利后果。也就是说，如果张三被要求举证证明根据不动产物权变动规则，其是真正的权利人，而张三未能完成举证，则人民法院就应判决张三败诉，李四胜诉。相反，如果法官将证明物权变动的举证责任分配给李四，李四也会面临类似的困境。当然，也许有人说“谁主张谁举证”，但问题是，诉讼中张三和李四可能都主张自己是房屋的所有权人，难道都应承担证明责任？此外，如果张三和李四都无法证明物权变动所需的要件事实，法官又将如何处理呢？

上述问题并非空穴来风。笔者参与过一起再审申请案件的审理：一审原告某甲系归国华侨，起诉请求确认一审被告某乙居住使用的房屋归其所有，理由是该房产系其父亲出资购买，现其父已经去世，自己是唯一继承人；某乙则提出抗辩，认为该房屋系自己家的祖产。法院经审理，发现某甲与某乙系堂兄弟，某甲在起诉时持有该房屋的产权证，但除了产权证，没有任何其他证据，而某乙为了证明该房屋是其祖产，找了一些左邻右舍来作证，除此之外，也没有其他证据。最后，法院认为某甲和某乙都没有拿出充分证据证明房屋归其所有，于是作出判决：驳回原告的诉讼请求，驳回被告的诉讼请求，本案讼争房屋交该市房管局代管。

显然，这一判决不仅在程序上有缺陷，而且在实体上也有问题。从程序的角度看，该案仅有原告提起诉讼，被告并未进行反诉，但判决书的判项却不仅驳回原告的诉讼请求，也驳回被告的诉讼请求，而被告仅仅是提出了抗辩，并未提出诉讼请求。从实体的角度看，这一判决也与当时《物权法》的相关规定不符：根据《物权法》第 17 条的规定，某甲持有权属证书，则除非有证据不动产登记簿的记载与权属证书不符，否则意味着权属证书与不动产登记簿的记载一致，其被登记在不动产登记簿上；再根据《物权法》第 16 条，除非某乙拿出证据证明其通过物权变动规则已经取得标的物所有权，否则不动产登记簿具有权利推定的效力，人民法院自应依据不动产登记簿的记载来确认权属，而不能简单地将讼争房屋交由房管局代管。当然，由于法律赋予不动产登记簿具有权利推定效力旨在对证明责任进行分配，因此，即使是人民法院依据《物权法》第 16 条作出确权判决，也仅仅是根据证明责任分配规范作出的判决，而非依据实体法上不动产物权变动规则作出的判决。言下之意即是，如果人民法院依据《物权法》第 16 条作出确权判决，既不影响败诉一方当事人在判决后通过获得新证据而申请再审（例如在上述案例中，如某乙在法院将房屋确权给某甲后获得新证据，且该新证据足以推翻登记簿的记载，则可以申请再审），也不影响对不动产登记簿有异议的其他当事人另行提起确权诉讼。

可见，不动产物权变动规则仅仅是为权属争议的解决提供了实体上的规则，但从程序的角度看，法官仍然面临如何分配证明责任的问题。《民法典》第 216 条就是为了解决这一问题而作的规定。根据该条规定，在当事人发生权属争议时，人民法院应首先推定不动产登记簿记载的权利人就是真正的权利人，进而将证明责任分配给对不动产登记簿的记载提出异议的当事人。也就是说，无论谁是原告、谁是被告，凡是对不动产登记簿的记载提出异议的当事人，都应拿出证据证明物权变动所需的要件事实,进而推翻了不动产登记簿的记载,否则,人民法院就应根据不动产登记簿的记载来确权。

## 三、权利推定效力的正当性及其维护

行文至此,还有一个问题需要解决:不动产登记仅仅是不动产物权的公示方式,何以《民法典》能够赋予这一公示方式具有如此强大的效力呢？也就是说,法律赋予不动产登记具有权利推定效力的正当性何在？笔者认为,法律赋予不动产登记簿具有权利推定效力的正当性在于:在我国民法上,不动产登记虽然仅仅是不动产物权的公示方式,并非不动产物权本身,但实践证明,不动产登记与不动产权属在绝大多数情形下是一致的,二者不一致的情形相对较少,因此不动产登记簿具有高度的准确率。《民事诉讼法解释》第108条第1款规定:“对负有举证证明责任的当事人提供的证据,人民法院经审查并结合相关事实,确信待证事实的存在具有高度可能性的,应当认定该事实存在。”可见,民事诉讼的证明标准是高度可能性或者高度盖然性。一般认为,所谓高度可能性或者高度盖然性,是指事实存在的可能性超过75%(也有人认为事实存在的可能性要超过80%才能构成高度可能性)。依据生活经验,不动产登记与不动产物权虽然存在不一致的可能,但这种可能性在实践中并不大,因此不动产登记簿准确率通常都在90%以上。如此高的准确率显然已经远远超过高度盖然性的标准,法律自然可以赋予不动产登记具有权利推定的效力。也就是说,人民法院在确认权属时,在对登记持有异议的当事人不能举证证明登记存在错误的情形下,人民法院自应将争议的不动产推定为登记的权利人所有。

那么,是什么因素确保不动产登记簿的高度准确率呢？首先,这源于我国民法对于基于法律行为发生的物权变动所采取的物权变动模式,即原则上采取的是形式主义物权变动模式,仅在例外情形下采取意思主义物权变动模式。虽然形式主义物权变动模式不能完全保证登记与权属始终一致,但却使得在基于法律行为发生的物权变动中,登记与权属在绝大多数情形下是一致的,因为“未经登记,不发生效力”(《民法典》第209条第1款),当事人为了取得物权,必然要先办理登记。其次,尽管在意思主义物权变动模式下，登记并非物权变动的生效要件，但当事人基于对抗第三人的需要，也会积极办理登记，从而使登记与权属保持一致。最后，在非基于法律行为发生的不动产物权变动中，尽管登记既不是物权变动的生效要件，也不是物权变动的对抗要件，但登记与否可能会影响到权利人的权利能否获得全面的保护，因此权利人也有一定的积极性去办理登记，从而使登记与权属保持一致。

值得注意的是，为尽可能维持不动产登记簿的高度准确率，除了通过形式主义物权变动模式要求基于法律行为发生的物权变动必须以登记为生效要件，对于非依法律行为发生物权变动，一些国家或者地区还会从公法的角度要求当事人在取得物权后尽快办理登记，否则，就可能遭受公法的制裁。例如，根据德国《土地登记法》的规定，当事人应当在物权变动后一定时间内办理登记，否则即会遭到行政处罚。此外，前文也谈到，在对于形式主义物权变动模式进行理解时，德国民法还通过物权行为无因性来切断原因行为无效或者被撤销对物权变动的影响，认为即使买卖合同、抵押合同等原因行为无效，但只要以登记为表现形式的物权行为本身有效，则物权变动就应被认定有效，从而在一定程度上防止了不动产登记与实际权属出现不一致。我国民法不承认物权行为理论，自然也不承认物权行为无因性，因此，在基于法律行为发生的物权变动中，原因行为是否有效，也必然要影响到物权的变动，此即前文谈到的“要因原则”。根据要因原则，即使当事人根据形式主义物权变动模式的要求已经登记，也不意味着物权变动必然有效，因此登记与权属不一致的情况还是存在的。当然，由于实践中原因行为无效或者被撤销的情形较少，由此带来的登记与权属不一致也不多，不动产登记簿的准确率还是有保障的。此外，无论是《土地管理法》还是《城市房地产管理法》，均从公法的角度明确要求土地权属或者房地产权属发生变更时，当事人应当办理登记。对此，笔者的理解是，这些规定针对的并非是基于法律行为发生的不动产物权变动，因为基于法律行为发生的不动产物权变动，登记是权利人取得物权的生效要件，无须作为公法的《土地管理法》或者《城市房地产管理法》再作规定。《土地管理法》《城市房地产管理法》的这些规定，主要是针对非依法律行为发生的不动产物权变动、因继承发生的不动产物权变动等而言的,因为在这些物权变动中,登记并非是物权变动的生效要件,因此需要由公法强制当事人在物权发生变动后及时办理登记,以维护不动产登记簿的高准确率。

## 四、权利推定效力与公信力的区别

需要说明的是,法律尽可能维持不动产登记簿的高准确率,既是为法律赋予不动产登记具有权利推定效力提供正当性基础,也是为法律赋予不动产登记具有公信力提供正当性基础,因为在登记与权属不一致的情形下,如果赋予不动产登记具有公信力,进而保护因信赖不动产登记而与登记权利人进行交易的善意受让人,必然导致真正权利人的权利丧失,这同样需要有正当性基础。如果实践中登记与权属不一致的情形普遍存在,而法律又赋予不动产登记具有公信力,就会大面积出现以牺牲真正权利人的利益为代价来保护善意受让人的交易安全,其正当性就会面临广泛的质疑,因为如果登记与权属不一致的情形大范围存在,受让人是否能够信赖不动产登记簿的记载进而与登记的权利人进行交易,就不无检讨的必要,毕竟通过法律对所有权进行保护,乃是《宪法》明文规定的国家职责。如果法律动辄以牺牲真正权利人的所有权对受让人的交易安全进行保护,首先就会面临合宪性的审查。只有在登记与权属高度一致的情形下,赋予不动产登记以公信力,才能正当化以牺牲真正权利人的利益为代价来保护善意受让人的交易安全。这一点,通过对比采意思主义物权变动模式的国家或者地区,也可看出差别。在采意思主义物权变动模式的国家或者地区,由于登记并非物权变动的生效要件,因此法律通常仅赋予不动产登记以对抗效力,而不能赋予不动产登记以公信力。二者之间的差异在于:在将登记作为生效要件的情形下,相对人可仅因对登记簿的信赖而与登记权利人进行交易,但在将登记作为对抗要件的情形下,相对人则不能仅因对登记簿的信赖而与登记权利人进行交易。

前文谈到,《民法典》第 216 条(原《物权法》第 16 条)不仅想表达不动产登记的权利推定效力,还想表达不动产登记的善意保护效力,即不动产公信力。也正因如此,《民法典》第 216 条在表述上极易引起误解,即不少人可能误认为不动产登记簿是确权的实体依据。事实上，根据该条的规定，不动产登记首先具有权利推定的效力，但该推定并非不可推翻，在相对人有证据证明不动产登记簿的记载与真实的权利状态不一致时，仍应根据真实的权利人状态确权，而不能依据不动产登记簿的记载确权。至于不动产登记的善意保护效力（公信力），则仅指相对于因信赖不动产登记簿的记载而与登记的权利人进行交易的第三人，不动产登记簿记载的权利人被认为是真正的权利人，但并非所有情形下，不动产登记簿记载的权利人都应被认定为真正的权利人。也就是说，不动产登记的权利推定效力与不动产登记的公信力各有不同的适用范围：前者适用于发生权属争议的当事人之间，不涉及善意受让人的保护；后者适用于对因相信不动产登记而与登记权利人进行交易的第三人进行保护。

自《物权法》实施以来，由于该法第 16 条在表述上未能区分不动产登记的权利推定效力和不动产登记的公信力，再加上部分学者囫囵吞枣，简单地将该法第 16 条概括为“不动产登记的权利正确性推定”，导致实践中不少人错误地运用所谓“外观主义”来解决当事人之间的权属争议，不分青红皂白地一概以不动产登记簿的记载作为确认权属的依据。为此，2019 年《全国民商事审判工作会议纪要》（以下简称《九民纪要》）特别指出：“外观主义系民商法上的学理概括，并非现行法律规定的原则，现行法律只是规定了体现外观主义的具体规则，如《物权法》第一百零六条规定的善意取得，《合同法》第四十九条、《民法总则》第一百七十二条规定的表见代理，《合同法》第五十条规定的越权代表，审判实务中应当依据有关具体法律规则进行判断，类推适用亦应当以法律规则设定的情形、条件为基础。从现行法律规则看，外观主义是为保护交易安全设置的例外规定，一般适用于因合理信赖权利外观或意思表示外观的交易行为。实际权利人与名义权利人的关系，应注重财产的实质归属，而不单纯地取决于公示外观。总之，审判实务中要准确把握外观主义的适用边界，避免泛化和滥用。”具体到不动产登记的效力，根据这一表述，外观主义只能运用于解决善意受让人交易安全的保护，在案件不涉及善意受让人而仅限于当事人就标的物发生权属争议时，不能适用外观主义，而只能适用不动产登记的权利推定效力。关于这一点，我们将在第八编中详细予以讨论。

值得注意的是，尽管外观主义只能用于解决善意受让人交易安全的保护，不能适用于解决当事人之间的权属争议，但由于不动产登记被赋予权利推定效力，因此，在当事人就不动产权属发生争议时，如果对登记簿的记载持有异议的当事人无法举证证明真实的权利状态与登记簿的记载不一致，人民法院也应根据不动产登记簿的记载来确认物权，这就可能导致出现所谓"外观主义"类似的结果。但即使根据外观主义得到的结果和根据不动产登记的权利推定效力得出的结果相同，也应严格区分不动产登记的权利推定效力与不动产登记的公信力，否则就可能在实际问题的处理上张冠李戴，无法服人。其中最为典型者，当属借名购房的物权归属认定。如果简单地以所谓外观主义来确认权属，则将推翻《民法典》为不动产确权所确立的全部规则，自然很难令人信服。相反，只有将借名购房问题放到《民法典》的背景下全面审查物权归属，才能获得一个较为令人信服的结论。关于这一问题，后文还将详细予以讨论。

## 五、权利推定效力在强制执行中的运用

在强制执行中，执行法院需要查控被执行人的财产。一方面，如果申请执行人认为存在应当被查控而未被查控的财产，有权提供财产线索请求执行法院查控该财产；另一方面，如果案外人认为存在不应当被查控而被查控的财产，也应有权提出异议。也就是说，执行法院往往是在财产权属没有被最终被确认前，就需要对"可能"属于被执行人的财产采取执行措施。问题是，执行法院应如何确定某一特定财产"可能"属于被执行人呢？

《执行异议和复议规定》第25条规定："对案外人的异议，人民法院应当按照下列标准判断其是否系权利人：(一)已登记的不动产，按照不动产登记簿判断；未登记的建筑物、构筑物及其附属设施，按照土地使用权登记簿、建设工程规划许可、施工许可等相关证据判断；(二)已登记的机动车、船舶、航空器等特定动产，按照相关管理部门的登记判断；未登记的特定动产和其他动产，按照实际占有情况判断；(三)银行存款和

存管在金融机构的有价证券,按照金融机构和登记结算机构登记的账户名称判断;有价证券由具备合法经营资质的托管机构名义持有的,按照该机构登记的实际出资人账户名称判断;(四)股权按照工商行政管理机关的登记和企业信用信息公示系统公示的信息判断;(五)其他财产和权利,有登记的,按照登记机构的登记判断;无登记的,按照合同等证明财产权属或者权利人的证据判断。案外人依据另案生效法律文书提出排除执行异议,该法律文书认定的执行标的权利人与依照前款规定得出的判断不一致的,依照本规定第二十六条规定处理。"实践中,不少人将这一规定作为确权的实体依据,认为在确权之诉或者执行异议(之诉)中,人民法院都应根据不动产登记簿的记载来确认不动产权属。显然,这一认识是错误的。笔者认为,上述规定既是执行法官采取查控措施的依据,也是案外人提出执行异议,还是执行法院对执行异议作出裁定的依据,但不是确权之诉或者执行异议之诉的裁判依据。也就是说,该条所称"已登记的不动产,按照不动产登记簿判断",仅仅是在执行法院在执行标的物的权属未被最终确认前,先根据不动产登记簿的记载对案外人提出的异议进行裁定。如果案外人对此裁定不服,还可提起执行异议之诉;申请执行人对此裁定不服,也可再提起执行异议之诉。也正因如此,很多人认为执行异议是形式审查,而执行异议之诉是实质审查。在笔者看来,执行异议因审查期限较短,为提高效率,仅仅根据不动产登记簿的记载来确认权属是可以的,但这并不意味着执行异议就是形式审查,执行异议之诉才是实质审查,因为执行法院根据不动产登记簿的记载确权不动产物权的归属,是因为《民法典》第 216 条赋予不动产登记以权利推定效力,具有正当性,此为其一;其二,《执行异议和复议规定》于第 25 条规定依据不动产登记簿的记载确认权属,还大量规定了实质审查的标准,例如该规定第 28 条、第 29 条均涉及实质审查。所以,笔者认为,执行异议与执行异议之诉之间的关系属于初步审查与终局审查的关系,而非形式审查与实质审查的关系。关于这一点,我们还将在后文详细予以讨论,此处不赘。

这里说明的是,由于不动产登记具有权利推定效力,无论是执行法院对被执行人的财产采取查控措施,还是针对案外人的异议作出裁定,均可根据不动产登记簿的记载进行确权，但一旦要对执行标的的权属作出终局性的认定，就不能再仅仅根据不动产登记簿的记载进行确权，而应根据《民法典物权编解释（一）》第 2 条关于“当事人有证据证明不动产登记簿的记载与真实权利状态不符、其为该不动产物权的真实权利人，请求确认其享有物权的，应予支持”的规定，在案外人有证据证明根据物权变动规则，其为真正权利人的情况下，就应将执行标的确认归案外人所有，并据此对当事人的执行异议作出判决。可见，《执行异议和复议规定》第 25 条关于“已登记的不动产，按照不动产登记簿判断”的规定，仅仅是《民法典》第 216 条在强制执行中的运用而已，虽然在不动产权属确认中具有证明责任分配的功能，但并非不动产物权归属判断的实体依据。遗憾的是，《执行异议和复议规定》仅仅就不动产登记的权利推定效力在执行法院对案外人的异议作出裁定时的运用作了规定，而未就执行法院在查控被执行人财产时的运用作出规定。也就是说，执行法院在对被执行人的财产进行查控时，也应依据不动产登记簿的记载进行权利推定，在不动产已办理登记的情况下，仅须对登记在被执行人名下的不动产采取查控措施。不过，如果申请执行人认为某一不动产虽属被执行人所有，但却未被登记在被执行人名下，进而导致执行法院对该财产采取查控措施，则申请执行人可代位提起确权之诉。在人民法院对权属作出确认后，如果不动产登记簿确有错误，则不动产登记机构应据此办理更正登记，执行法院亦应据此对该财产采取执行措施。

# 第十八讲

# 不动产登记的善意保护效力及其适用

我们在第三编讲到占有制度的功能时讨论了动产的善意取得，现在来分析不动产的善意取得。之所以将善意取得制度分别进行论述，是因为动产的善意取得和不动产的善意取得在理论基础上是不同的：动产善意取得的基础是占有的效力；不动产善意取得的基础是不动产登记簿的公信力。

## 一、不动产登记簿的公信力及其实现

与动产通过善意取得制度对善意受让人进行保护的思路不同，由于不动产采不动产登记簿作为物权公示的方式，因此在以德国为代表的国家和地区，均通过赋予不动产登记簿以公信力来解决对不动产交易中善意受让人的保护问题：在标的物为不动产的情况下，由于物权变动以登记为公示的手段和生效要件，并且国家建立统一的登记制度对此予以保障，其可靠性远高于以占有作为公示手段〔1〕，因此登记的公信力极强，法律甚至规定不动产登记具有绝对性。也就是说，权利表现取代权利本身，登记权利人就是不动产的权利人。〔2〕 因此，即使登记权利人与真正权利人不一致，对善意受让人来说，登记的权利人在法律上就是不动产的权利人，因此登记名义人就不动产所订立的合同为有权处分，而非无权处分，在办理过户登记的情况下，自可依有效合同取得物权，而无善意

〔1〕［德］鲍尔、施蒂尔纳：《德国物权法》，张双根译，法律出版社2004年版，第105页。

〔2〕［德］鲍尔、施蒂尔纳：《德国物权法》，张双根译，法律出版社2004年版，第489页。

取得制度适用的余地。[1] 根据不动产登记簿的公信力，即使登记的名义人与实际的权利人不一致，而登记名义人擅自处分该不动产，善意受让人基于对登记簿的信赖，也可以确定地获得所交易的物权。也就是说，相对于善意受让人，不动产登记簿登记的权利人就是真正的权利人，因而所进行的交易自然应受到法律的保护。

《物权法》通过并实施以前，受德国民法相关学说的影响，我国的理论界和实务界普遍认为善意取得制度仅适用于动产而不适用于不动产，因此不动产的受让人无法获得善意取得制度的保护。这显然是对德国民法理论的严重误读。德国民法之所以将不动产排除在善意取得制度的适用范围之外，是因为根据《德国民法典》的相关规定，不动产登记被赋予绝对的公信力，即相对于善意受让人，不动产登记簿上的名义人就是真正的权利人，其对不动产的处分属有权处分而非无权处分，故善意受让人仅需根据有效的物权行为即可获得物权，而无须适用以无权处分为适用前提的善意取得制度。与此不同，在标的物为动产时，由于占有并不具有绝对的公信力，在占有与所有发生分离的情形下，即使是相对于善意的受让人，占有人也并不就是真正的权利人，其对标的物的处分被认定为无权处分，因此善意受让人只能根据善意取得制度获得保护。也就是说，德国是为了给予不动产的善意受让人更加强大的保护，才将不动产排除在善意取得制度的适用范围之外，而非指不动产的受让人不能善意取得不动产物权。

问题是，同样坚持公示原则，何以法律不能赋予占有以公信力来实现对受让人的保护，却能够赋予不动产登记簿以公信力来实现对受让人的保护呢？笔者以为，这首先应当归因于不动产登记簿本身相对于占有

---

〔1〕 凡采形式主义物权变动模式的国家，均承认不动产登记的公信力，如《德国民法典》第 892 条，《瑞士民法典》第 973 条。值得注意的是，不动产登记的公信力仅对善意受让人发生作用亦为上述各国或者地区民法及其学说所承认，因此只有善意受让人才能依信赖登记所订立的合同取得不动产的所有权，这在各国亦称为“善意取得”，但此“善意取得”的依据并非善意取得制度，而是登记公信力。参见史尚宽：《物权法论》，中国政法大学出版社 2000 年版，第 44 页；[德]鲍尔、施蒂尔纳：《德国物权法》，张双根译，法律出版社 2004 年版，第 489 页；[德]M. 沃尔夫：《物权法》，吴越、李大雪译，法律出版社 2004 年版，第 220 页。

作为公示手段的优越性；其次，还要依靠法律设置一套制度体系来确保不动产登记簿的记载与实际权利归属相一致，否则，即使坚持公示原则，法律也不可能赋予作为权利公示手段的不动产登记簿如此强大的法律效力。

与占有作为公示手段不同，由于不动产登记簿作为公示手段不会影响到对标的物的利用，原则上讲，当事人之间进行的任何交易行为都可以通过在登记簿上进行记录予以反映，法律需要考虑的仅仅是登记成本以及由此带来的查阅成本，所以，不动产登记簿作为公示手段，不但可以用来公示简单的法律关系，也可以用来反映较为复杂的法律关系，不但标的物上的各种权利都能在不动产登记簿上得到反映，而且各个权利的性质也可以很直观地予以表现，这就为法律赋予不动产登记簿以公信力奠定了基础。正是因为相对于占有作为公示手段所存在的弊端，登记具有较大的优势，以致有学者发出“以登记作为不动产物权的公示方法，是人类法律生活的一项伟大制度”的感叹〔1〕。

当然，仅有公示原则和不动产登记簿的优越性，并不足以保证登记状态与实际权利归属高度一致，因为以登记作为物权变动的生效要件，仅仅发生在基于法律行为的物权变动中，而非基于法律行为的物权变动并不以登记为要件，这就会造成登记状态与实际权利归属不一致。此外，因登记机关的原因造成的登记错误，以及因当事人的原因发生的登记错误也都在所难免。在实际权利与登记状态不一致的情况下，赋予不动产登记簿以绝对的公信力，显然会损害到真正权利人的利益，因此法律必须提供更加有效的措施尽可能实现登记状态与实际权利的一致，或者对真正权利人的损失提供相应的救济手段。以德国民法为例，法律为确保不动产登记簿正确性，采取了一系列的制度和措施，例如不动产物权变动以登记为生效要件登记状态与权利归属的一致奠定了基础，不动产登记的程序规则为确保物权合意的达成提供了条件，异议登记和更正登记制度为登记错误的情形下权利人防止登记名义人处分不动产提供了手段，国家赔偿责任为登记机关的登记错误提供了救济措施。除了采

〔1〕 王泽鉴：《民法物权（一）》，中国政法大学出版社 2001 年版，第 92 页。

取上述主要措施,还有以下两项确保不动产登记簿正确性的制度和理论必须谈到。

其一,非基于法律行为发生不动产物权变动时的处分规则。前文谈到,在以德国为代表的国家和地区,非基于法律行为发生的不动产物权变动,不以登记为物权变动的要件,因此登记状态与实际权利归属可能会出现不一致。为不使这种情形下真正权利人的利益受到损害,这些国家和地区的物权法大多规定,非基于法律行为的不动产物权变动,非经登记,不得处分物权。也就是说,虽然不动产物权的变动不以登记为要件,但在处分该物权时,必须先办理登记,才能实施处分行为。通过这种"先登记,后处分"的规则,就可以尽量避免真正权利人的利益受到损害。我国民法虽然没有"未经登记,不得处分"的规定,但《民法典》第232条规定:"处分依照本节规定享有的不动产物权,依照法律规定需要办理登记的,未经登记,不发生物权效力。"这一规定的目的同样在于实现登记状态与实际权利相一致,只不过在表述上容易造成理解上的困难。

其二,物权行为无因性理论。在坚持公示原则的前提下,登记状态与实际权利不一致的危险最可能来自引起物权发生变动的原因行为出现无效、不成立或者可撤销之情形。因为一旦原因行为被认定无效、不成立或者被撤销,在已经办理变更登记手续时,受让人是否还可以获得物权就是一个问题。如果原因行为对物权变动有影响,原因行为被认定无效、不成立或者被撤销,物权变动也被认定无效,那么在办理变更登记时,登记的名义人就不是真实的权利人,不一致的情形就会相当显著。但如果切断原因行为对物权变动的影响,即使原因行为被认定无效、不成立或者被撤销,物权变动也不因此无效,则登记状态与权利归属相一致的情形就会得到维持。因此,在笔者看来,物权行为无因性理论的功能集中体现于最大限度地实现不动产登记簿的正确性,这也许是该理论在德国虽广受批判,但却能够一直得到坚持的原因所在。

## 二、《民法典》第311条的立法思路

在《物权法》的制定过程中,正是由于对德国民法存在误解,有学者

担心如果不承认不动产适用善意取得制度，就无法保护不动产交易中的善意受让人，因此建议《物权法》应将善意取得制度统一适用于动产和不动产。对于这一观点，笔者曾提出主张，认为即使不承认不动产适用善意取得制度，也并不意味着不动产交易中善意受让人的交易安全就无法实现；相反，在不动产场合下，基于不动产登记的公信力，法律对善意受让人的保护更加有力。因为在不动产登记公信力制度下，登记名义人所订立的合同为有权处分，在合同符合其他生效要件的情况下，善意相对人不仅受到有效合同的保护，而且在办理变更登记手续后，可依有效合同直接取得标的物的所有权。尤其应看到，原《合同法》第 51 条将无权处分所订合同规定为效力待定的合同，仅在权利人追认或者事后取得处分权时，合同才有效，而我国的民法理论又拒绝承认物权行为理论，导致实践中大量出卖人无权处分所订立的买卖合同被认定无效。笔者认为，在这一背景下，如果依据不动产登记公信力制度保护善意受让人的交易安全，则较之通过善意取得制度保护善意受让人的交易，就会更加优越。例如在一起真实发生的案件中，甲系乙的母亲，乙以甲的名义购买商品房一套，登记为甲所有，产权证上亦是甲的名字，但由乙保管该产权证，但事后甲通过挂失手续补办产权证，将房屋卖与不知情的丙，房屋和房款均已交付，正值双方办理过户手续时，被乙发现，遂请求房管部门停止办理过户手续，并向法院提起确权之诉。本案中，丙属于善意受让人，法律对其信赖登记而进行的交易应当进行保护，一种意见认为应适用善意取得制度，但本案中丙尚未办理过户手续，显然不能满足善意取得制度的构成要件，而且适用善意取得制度须以构成无权处分为前提，但如果认定甲系无权处分，由于事后没有取得处分权或者得到权利人的追认，就必须认定甲、丙之间订立的合同无效，丙只能依缔约上过失责任寻求救济，但这样处理显然对丙极其不利。但如果依不动产登记公信力制度，不动产登记具有绝对效力，对丙来说，登记名义人就是不动产的所有权人，丙所订立的合同为有权处分，因此在满足其他生效要件时，合同有效，即使尚未办理过户手续，丙也可依该生效的合同获得债权保护，如此处理,显然对丙更加有利。[1]

一种观点认为如果不承认不动产也适用善意取得制度,便不能说明不动产登记公信力制度下物权取得的样态,因为根据这一观点,物权取得的样态有原始取得和继受取得,前者包括生产、先占、添附、善意取得以及时效取得等形式,后者则包括买卖、赠与、继承等形式,如果不承认不动产适用善意取得制度,仅仅依据登记的公信力保护善意相对人,就无法寻得善意相对人取得不动产物权的法律依据,出现民法规定的取得方式之外的方式取得物权,有悖于大陆法系物权制度的基本架构。[2]在笔者看来,在不动产登记公信力制度下,由于登记权利人所订立的合同为有权处分,善意受让人仅需根据买卖等合同取得物权,而不是直接根据公信力原则取得物权,因此属于典型的继受取得的情形,较之善意取得更具优越性,并没有创造什么新的取得方式。

从理论上说,受让人通过不动产登记簿的公信力和通过善意取得制度获得法律的保护是相互排斥的,这是因为:法律设置动产善意取得制度的原因,在于动产数量繁多、种类不一,无法采用登记制度将权利人予以公示,加上动产流转频仍,受让人很难知道到财产背后的权利人,如此一来,在占有人无权处分他人财产的情形较多的情况下,为避免受让人的交易安全遭遇巨大的风险,同时也为保护真正权利人的利益不受到无辜损害,在认定占有人处分他人财产为无权处分的同时,通过善意取得制度对善意受让人进行保护,因此,善意取得制度以无权处分为前提,二者相辅相成,共同实现对财产上动的安全和静的安全进行保护;但在构建起不动产登记簿的情况下,既然不动产物权变动采登记生效主义,则受让人通过查阅不动产登记簿,即可较为轻松地找到权利人,受让人不得以不知道权利人是谁为由主张善意取得,因而不可能发生有人将登记在他人名下的不动产予以转让的情形。至于登记错误造成登记名义人与实际权利人不一致,登记名义人擅自处分不动产的情形,根据不动产

---

〔1〕 关于这一案件的详细分析以及不动产登记公信力制度在保护善意受让人方面的其他优越性,可参见拙作:《从一起房屋买卖合同看不动产登记的公信力——兼评不动产物权的善意取得》,载《法律适用》2005 年第 6 期。

〔2〕 肖厚国:《物权变动研究》,法律出版社 2002 年版,第 401 页。

登记簿的公信力,相对于善意的第三人,登记的名义人就是真正的权利人,登记名义人的处分行为是有权处分,而非无权处分,自然亦无适用善意取得制度之余地。

在《物权法》制定的过程中,一直存在两种不同的观点:一种观点认为,应当通过确立不动产登记簿的公信力来实现对不动产交易中的善意受让人进行保护;另一种观点则认为应通过将善意取得制度扩大适用于不动产,来解决对不动产受让人的保护问题。通过后的《物权法》第106条(现为《民法典》第311条)将善意取得制度统一适用于动产和不动产,显然是接受了第二种观点。关于《物权法》何以采纳部分学者的意见,采用通过善意取得制度的思路来解决不动产物权变动中的交易安全问题,有学者认为,主要是出于两个认识上的误区:一是通过论证不动产登记簿的公信力同样具有善意取得效果,进而主张不动产同样可适用于善意取得制度,即所谓"效果决定论";二是通过论证不动产善意取得是建立在不动产登记簿的公信力之上,动产善意取得制度是建立在占有之公信力之上,进而主张动产善意取得制度与不动产登记簿的公信力具有相同的构造基础——公信力,即所谓"基础决定论"。[1] 对此,笔者深表赞同,但同时认为,在上述两种认识上的误区之外,似乎还存在一种影响立法的重要思维。这一思维是:由于我国目前尚未建立全面的不动产登记制度,登记状态与真实权利不一致的情况还比较多,因此不宜赋予不动产登记簿以绝对的公信力,否则真正权利人就可能得不到救济。

笔者认为,如果认为赋予不动产登记簿以绝对公信力,便会导致真正权利人不能得到应有的救济,则显然是对不动产登记簿之公信力存在较为严重的误解,因为不动产登记簿之公信力的适用同样要求受让人主观上是善意,而非在任何情形下都给予受让人以公信力保护,更何况如前所述,法律提供给真正权利人诸多预防和救济的手段,因此难谓真正权利人就不能得到应有的救济。当然,如果是考虑到我国的特殊国情以及相关法制的完善性,则该选择是一项可以理解的立法政策,理由是:首先,我国确实尚未建立起完善的不动产登记制度,尤其是在广大农村地

---

〔1〕 朱广新:《不动产交易适用善意取得制度的限度》,载《法学研究》2009年第4期。

区尚未全面开展不动产登记的实践，因此很难一步到位，赋予不动产登记簿以绝对的公信力；其次，我国民法关于不动产物权变动的规定，还有不少地方采取登记对抗主义，如土地承包经营权、五年以上的土地经营权、地役权的设定和移转，在采登记对抗主义的情况下，赋予不动产登记簿以绝对的公信力，确实不利于保护真实的权利人；再次，就实践而言，由于人们的权利保护意识不强，办理不动产登记的主动性不够，加上历史的和人为的因素，即使在城镇，目前还大量存在不动产没有被正确登记的情形，例如夫妻共有的房屋登记在一方的名下，父母购买的房屋登记在子女名下等，一旦赋予不动产登记簿以绝对的公信力，确实会造成很多不公平的现象出现；最后，但也是最重要的一点是，我国民法通说不承认物权行为无因性理论，如前所述，物权行为无因性理论对于确保不动产登记簿之正确性居功至伟，如果不承认物权行为无因性，则登记名义人和真实权利人不一致的情形会较多，在这种情况下，过分依赖不动产登记簿的公信力来调整实际权利人与善意受让人之间的利益冲突，就会带来太多问题。

通过善意取得制度来保护不动产交易中的善意受让人，是我国民法的一个独创：一方面，它确立不动产善意受让人可以受到信赖保护的规则；另一方面，它将在登记错误的情形下，登记名义人处分不动产的行为界定为无权处分，而非有权处分，以实现对真正权利人的保护。但是，这一独创性的制度究竟是一种进步，还是一种权宜，抑或是一种退步，则取决于这一制度在实践中可能存在的问题，以及不动产登记簿之公信力和善意取得制度分别立法所可能带来的实益。

## 三、“善意取得”分别立法仍有实益？

应当说，虽然理论基础不同，但通过动产善意取得制度和通过不动产登记簿的公信力来实现对善意受让人进行保护，仍然具有很多相同性，例如二者均须受让人主观上为善意，最后的结果都是受让人能够获得所交易的物权，因此在学理上将二者都称为“善意取得”，也并不是一件不可行的事。事实上，德国的学者，不仅在动产场合使用“善意取得”的表达，而且同样使用“不动产善意取得”的表达。问题的关键在于，立法上是否有将二者分别规定的必要。

有学者认为,“善意取得”分别立法并非简单基于动产和不动产的区分,而是因为分别立法的必要性不仅在于动产善意取得有其独特的制度构造,而且在于不动产登记簿的公信力的内容更加广泛,不限于所有权或其他物权的取得,因此将不动产排除于善意取得制度之外,通过不动产登记簿的公信力来实现对善意受让人的保护,显得尤为必要。[1]笔者以为,这一观点值得商榷的地方在于,尽管不动产登记制度确实有学者所谈到的诸多功能,但这却不是论证立法不应将动产善意取得和不动产善意取得合并规定的理由,因为《民法典》第 311 条主要解决的是善意取得问题,至于不动产登记簿的其他功能,完全可以通过解释《民法典》第 216 条加以解决。也就是说,将善意取得制度统一适用于动产和不动产,并不等于我国民法没有确立不动产登记簿在其他方面的公信力,我们完全可以这么理解:《民法典》第 216 条不但确立了不动产登记簿的权利推定效力,而且赋予了不动产登记簿有限的公信力,只不过在不动产善意取得问题上,须适用《民法典》第 311 条的规定,而不再适用《民法典》第 216 条的规定。

从理论上讲,“善意取得”分别立法是动产善意取得和不动产善意取得的法理基础不同所致——前者的理论基础是占有的效力,后者的理论基础是不动产登记簿的公信力;因为法理基础不同,受让人信赖的基础就不同——前者是对善意占有之事实的信赖,后者是对不动产登记簿能够彰显本权的信赖;因为信赖的基础不同,受让人受法律保护的程度也不一样——表现在立法上,就是二者在构成要件上不一样,在举证责任上也不一样。[2] 关于这一点,其实早在《物权法》制定前,就已被有关学者注意到,但之所以立法仍然将善意取得制度统一适用于动产和不动产,而排除不动产登记簿之公信力在不动产善意取得上的运用,在笔者看来,无非还是想通过“无权处分”规则实现对真正权利人进行保护,因为在登记错误的情况下,根据不动产登记簿的公信力,登记权利人所

---

〔1〕 朱广新:《不动产交易适用善意取得制度的限度》,载《法学研究》2009 年第 4 期。

〔2〕 王利明:《物权法研究》,中国人民大学出版社 2002 年版,第 205 页。

进行的处分将被认定为有权处分,没有无权处分规则适用之余地,而根据善意取得制度,登记权利人所进行的处分则被认定为无权处分,因而有无权处分规则适用之余地。

将登记错误下登记权利人对标的物的处分理解为无权处分还是有权处分在法律效果上有何实质性的区别呢?在以德国为代表的一些国家或者地区,区分负担行为和处分行为,前者不以出卖人享有处分权为生效要件,但后者则以让与人享有处分权为生效要件,因此在将登记权利人对标的物的处分理解为无权处分的情况下,虽然负担行为不受影响,但处分行为则会因让与人无处分权而被认定无效,在这种情形下,善意受让人固然可依善意取得制度获得保护,但恶意受让人,或者虽然主观上是善意但客观上尚不能满足善意取得制度适用条件的买受人就不能通过适用善意取得制度获得保护,只能请求出卖人依负担行为承担违约责任,此时,标的物所有权依然归真正权利人所有。因此,在登记错误的情形下,将登记权利人对标的物的处分理解为无权处分,真正权利人还有受到法律保护的可能性,但在将登记权利人对标的物的处分理解为有权处分的情况下,由于登记名义人被认为是真正的权利人,因此不仅负担行为有效,而且处分行为也因登记权利人是有处分权而成为有效,买受人自可根据有效的处分行为获得对标的物的权利。这里需要指出的是,即使依据不动产登记簿的公信力,登记权利人被认定为真正权利人,因而其对标的物的处分属有权处分,而非无权处分,但不动产登记簿的公信力仅授予善意受让人,对于明知登记错误的恶意受让人,并无不动产登记簿公信力之适用。因此,区分有权处分和无权处分的实益,主要在于善意取得的客观要件是否满足,其中最为重要的一点,就是移转登记手续是否完成:依不动产登记簿的公信力,登记名义人的行为属有权处分,因此,即使移转登记手续尚未完成,但只要双方已经达成物权变动的合意(如已经向登记机关提交登记申请),则在可以继续履行的情况下,法院就应当作出由登记权利人继续履行合同的判决,从而使善意受让人确定地获得物权;但在依善意取得制度对受让人进行保护的情况下,登记权利人的行为被认定为无权处分,只要移转登记手续尚未完成,即可认定不满足善意取得制度的构成要件,从而否定受让人对物权的取得，以达到对真正权利人进行保护的目的，因为此时买受人只能根据负担行为向出卖人主张违约责任，而标的物所有权仍归属真正权利人。

与动产交付不同，以往办理不动产移转登记常常需要很长的时间，在此过程中，发生真实权利人主张权利的可能性较大，因此是通过不动产登记簿的公信力，还是通过善意取得制度，来对善意受让人进行保护，在实践中的差异还是很大的。从保护善意受让人的角度看，不动产登记簿的公信力较之善意取得制度更加优越，但考虑到我国的实际情况，也确实存在保护真正权利人的必要，因此在不动产交易中，《民法典》通过善意取得制度对善意受让人进行保护，并通过无权处分对真正权利人进行有限的保护，不失为一种较为稳妥的做法。值得注意的是，尽管动产的善意取得和不动产的善意取得都以“无权处分”为前提，但毕竟二者的法理基础不一样，因而在构成要件和举证责任上会存在诸多差异，尤其是对善意的认定，因相对人信赖内容的不同，其标准也将有较大的差异，对此，我们在适用不动产善意取得制度时，不可不察！

此外，需要说明的是，不动产适用善意取得制度的前提是无权处分，而原《合同法》第 51 条规定，无处分权的人处分他人财产，经权利人追认或者无处分权的人订立合同后取得处分权的，该合同有效。言下之意即是，出卖人无权处分所订立的合同是效力待定的合同，仅在经权利人追认或者事后取得处分权的情况下，合同才有效，否则合同将被认定无效。由于我国民法不承认物权行为理论，导致该规定被广泛适用于双方签订的买卖合同，进而导致大量因无权处分订立的买卖合同将被认定为效力待定，进而在未经权利人追认或者出卖人事后取得处分权时被认定为无效。此时，如果买受人没有能够满足善意取得制度的构成要件，例如在不动产的场合，如果当事人尚未来得及办理移转登记手续，或者虽然已经向登记机关申请办理移转登记手续，但尚未完成，那么受让人即使主观上为善意，因不能满足善意取得的构成要件，不但不能取得物权保护，更为严重的是，这时双方订立的买卖合同也将因适用无权处分规则而被认定无效。也就是说，买受人既不能依善意取得获得保护，也不能依买卖合同获得保护，充其量只能依缔约过失责任向出卖人主张信赖利益的赔偿。如此一来，就会产生对买受人极为不利的结果，甚至会产生鼓励无处分权之出卖人恶意主张买卖合同无效，而逃避合同责任的消极后果。例如甲和乙系夫妻关系，共有房屋一套，登记在甲的名义下，甲将房屋出卖给丙，双方订立买卖合同后，丙将房款支付给甲，双方正准备办理过户手续，此时房价猛涨，甲为逃避履行合同的责任，以没有经过乙同意为由主张双方的买卖合同无效。在本案中，根据《民法典》第 311 条的规定，即使丙为善意，但因房屋尚未办理过户手续，不符合善意取得的构成要件，因而物权尚未发生变动，丙不能取得房屋的所有权。与此同时，如果将无权处分规则适用于买卖合同，则买卖合同亦将被认定无效，丙不但没有请求甲承担继续履行的权利，而且不能向甲请求履行利益的赔偿，而只能依缔约过失责任主张信赖利益的赔偿。

为了解决这一问题，《买卖合同解释》第 3 条明确将出卖人是否对标的物享有处分权排除在影响买卖合同的效力范围之外，而《民法典》也吸收了这一成果，不仅删除了原《合同法》第 51 条，而且于《民法典》第 597 条第 1 款明确规定："因出卖人未取得处分权致使标的物所有权不能转移的，买受人可以解除合同并请求出卖人承担违约责任。"因为只有这样，才能在受让人不满足善意取得条件的情况下，还可以受到有效合同的保护，也只有这样，才能从根本上贯彻意思自治的原则，例如在上面提到的案例中，既然甲在明知房屋属夫妻共有的情况依然与丙订立合同，那么甲就应对其行为负责，事后努力取得乙的追认或取得全部处分权，将房屋过户给丙，否则即应承担违约责任，而不能将能否取得处分权的风险转嫁给丙承担，更不能以未经乙同意为由恶意毁约，危及丙的交易安全，否则整个市场的诚信机制永远不可能真正建立起来。

## 四、不动产善意取得中"善意"的认定

尽管通过不动产登记的公信力制度可能更有利于保护善意受让人的交易安全，但《物权法》最终还是采取通过善意取得制度来保护善意受让人的交易安全，并被《民法典》继受。应该说，《物权法》将善意取得制度统一适用于动产和不动产，相对于《物权法》通过并实施前的司法实践，显然是一大进步，但相对于通过不动产登记的公信力对善意受让人交易安全进行保护，则可能仍有一定的差距，因为根据不动产善意取

得制度，在登记与权属不一致的情形下，即使相对于善意的不动产受让人，登记权利人处分该不动产的行为仍被认为是“无权处分”，因此善意受让人要获得物权，就必须满足善意取得制度的其他条件——不仅要支付相应的对价，还须办理登记。也正因为如此，有人质疑《物权法》是否承认不动产登记的公信力。笔者认为，尽管《物权法》系通过善意取得制度对不动产善意受让人进行保护，但不动产善意取得的理论基础，仍然是不动产登记的公信力，只不过由于我国对于受让人通过善意取得制度取得标的物所有权在条件上更加严格，因此不动产登记在《物权法》上仅具有相对的公信力，而不是绝对的公信力。[1]

前文谈到，《民法典》编纂完成后，不仅原《合同法》第 51 条被删除，而且《民法典》第 597 条明确规定出卖人无权处分导致不能履行合同时应承担违约责任，这显然是以承认处分权的欠缺不影响买卖合同的效力为前提的。在此背景下，是否意味着区分动产和不动产的善意取得已经没有任何意义呢？笔者认为，尽管我国原《物权法》将善意取得制度统一适用于动产和不动产，但因不动产善意取得的基础是不动产登记的公信力，动产善意取得的基础却并非占有的公信力（占有没有公信力），而是立法者对原权利人利益和善意受让人的利益进行衡量的产物，[2]故笔者认为，人民法院在适用《民法典》第 311 条时，还是应区分动产和不动产的受让人是来认定是否满足“善意”要件。

关于善意取得制度中“善意”的界定及其证明责任，《物权法解释（一）》作了明确规定，并被《民法典物权编解释（一）》予以保留。从《民法典物权编解释（一）》第 14 条的规定看，“善意”是指买受人对出卖人无权处分不知情且对于该不知情没有重大过错。不过，该条没有将善意的证明责任分配给主张善意取得的买受人，而是分配给否认买受人善意取得的真正权利人，即“真正权利人主张受让人不构成善意的，应当承担举证证明责任”。对于这一规定，也许有人会持不同意见：动产占有既然

---

〔1〕 参见王洪亮：《登记公信力的相对化》，载《比较法研究》2009 年第 5 期。

〔2〕 参见拙作：《论善意取得制度的适用范围——兼评〈中华人民共和国物权法（草案）〉相关规定》，载《法律科学》2006 年第 4 期。

不具有公信力,似乎不应将证明责任完全分配给真正权利人,而只有在不动产登记具有公信力的情况下,才能将证明责任分配给真正权利人。

值得注意的是,尽管《民法典物权编解释(一)》在证明责任的分配上没有区分动产和不动产,但对于买受人是否构成"善意"的认定,该解释还是进行了区分:根据该司法解释第16条的规定,法官在判断动产的买受人对于出卖人无权处分不知情是否有重大过错时,须审查交易的对象、场所或者时机等是否符合交易习惯;对于不动产买受人是否构成"善意",司法解释第15条不仅规定了买受人应当知道不动产出卖人无权处分的情形,而且规定如果真正权利人有证据证明买受人应当知情,则买受人对于不知情有重大过错。据此,不难看出,尽管司法解释将对买受人不构成"善意"的证明责任统一分配给了真正权利人,但对于如何认定买受人不构成"善意",司法解释还是考虑到了不动产登记的公信力:在不动产登记簿已经存在异议登记、预告登记、查封登记等记载时,即应推定买受人对于出卖人无权处分是知情的。这是不是意味着真正权利人的举证责任因不动产登记之公信力的存在而降低了呢?答案显然是否定的,因为在实践中,当事人就买受人是否是"善意"发生争议,往往是在不存在上述情形的场合。也就是说,在不存在应当认定不动产买受人对于出卖人无权处分知情的情况下,真正权利人就只能通过举证证明买受人应当知情来认定买受人不构成"善意",而对于如何举证,司法解释却语焉不详。相反,在动产善意取得中,司法解释对于真正权利人如何举证证明买受人应当知情却有明确的规定。相较之下,笔者认为,似应认定不动产善意取得中真正权利人的举证责任较之动产善意取得中真正权利人的举证责任更重。

问题是,在不动产善意取得中,真正权利人要拿出何种证据才能证明买受人对于出卖人无权处分应当知情?这在实践中是个大问题。一种观点认为,既然不动产登记具有公信力,故只要买受人相信了登记簿的记载而与登记的权利人进行交易,其交易安全就应获得保护。准此以言,似乎只有在真正权利人有证据证明买受人应当知道登记簿存在错误时,才能认定买受人对于不知情存在重大过失,进而认定其不构成"善意"。笔者认为,在真正权利人有证据证明买受人应当知道不动产登记簿存在错误时，自应认定买受人存在重大过失，其交易安全自不应予以保护。例如夫妻双方在婚姻期间购买的房屋，登记在女方名下，后女方擅自将该房屋卖于双方的子女，则该子女自然应当知道不动产登记簿存在错误，故不构成善意取得。但是，如果真正权利人无证据证明买受人应当知道不动产登记簿存在错误，是否意味着即可认定买受人就是善意呢？笔者认为，答案也应该是否定的，理由很简单：我国民法并未赋予不动产登记绝对的公信力。也就是说，不动产受让人不能完全相信不动产登记簿的记载，在交易时除了要看登记，还要尽到其他谨慎义务，一旦发现登记的权利人可能不是真正的权利人，就不能与登记的权利人进行交易，否则，其交易安全就不能获得保护。

在实践中，常常发生不动产买受人与登记的权利人签订买卖合同并已办理过户登记但未实际占有房屋的情形，在登记的权利人系无权处分时，买受人能否主张善意取得？笔者认为，在标的物也由登记权利人实际占有的情况下，买受人自可依有效的买卖合同主张继续履行，从而获得对该房屋的实际占有。不仅如此，考虑到标的物不仅登记在出卖人名下，而且由出卖人实际占有，故买受人很难发现登记的权利人并非真正的权利人，真正权利人也很难举证证明买受人应当知道出卖人系无权处分，故可以认为买受人构成善意取得。

但是，在上述情形下，如果标的物一直由真正权利人占有使用，而仅仅登记在权利人名下，买受人能否主张善意取得标的物所有权呢？在登记与占有发生分离的情形下，无论是从生活经验看，还是从现行法的规定看，不动产买受人在与登记的权利人进行交易时都应尽到更加谨慎的义务。从日常经验的角度看，不动产交易属重大交易事项，买受人通常不仅要查看登记簿的记载，而且要现场查看房屋。如果房屋没有被登记的权利人占有，自应提高警惕。从现行法的规定看，我国民法规定了买卖不破租赁，因此，即使房屋被承租人占有使用，也会影响到买受人交易目的的实现，更何谈标的物被真正权利人占有的情况？因此，在登记权利人不占有标的物的情况下，买受人为确保交易安全，自应当面询问实际占有人占有不动产的权源与期限。如果真正权利人举证证明房屋一直由自己占有或者已出租他人使用，就应认定买受人有未尽谨慎义务而有重大过失之虞。此时,法官即应进行主观证明责任的转移,由买受人证明自己没有重大过失(关于主观证明责任的移转问题,笔者将在后续著作中详细讨论)。如果买受人没有证据证明自己已现场查看房屋且现场查看房屋未发现占有人与登记权利人不一致,则应认定买受人构成重大过失。

综上,不动产登记在我国不具有绝对公信力,仅具有相对公信力。因此,虽然不动产受让人可依善意取得制度获得保护,但在认定受让人是否构成"善意"时,不能仅从买受人是否知道或者应当知道不动产登记簿存在错误着手,而应一并考虑买受人是否尽到必要的谨慎义务,尤其是不动产的登记与不动产的占有可能不一致,因此应考虑买受人是否现场查看不动产的占有状态。就此而言,占有虽然并非不动产的公示方式,法律也未赋予不动产占有具有公示的效力,但在出卖人无权处分的情形下,却是判断受让人是否构成"善意"的重要考量因素。这也就意味着占有在不动产物权变动中并非没有任何地位和意义。

值得注意的是,在《最高人民法院公报》所载"连成贤诉臧树林排除妨害纠纷案"中,被告所有的房屋在他人以无权代理的方式卖给第三人后,由第三人转卖给原告,但两次买卖都仅办理了登记却未移转占有,而被告作为真正权利人却一直合法占有标的物,因此,终审判决驳回了原告的诉讼请求,理由是:在买受方虽已办理房屋过户登记但未实际占有房屋时,如果房屋的实际占有人对房屋的占有具有合法性,则买受方仅基于物权请求权主张占有人迁出的诉请不应获得支持;买受方应以合同相对方为被告提起债权给付之诉,要求对方履行交付房屋的义务或在房屋客观上无法交付的情况下承担相应的违约责任。尽管这一裁判结果值得赞同,但也有学者指出,该案真正应该检讨的是原告是否已经善意取得标的物的所有权,因为原告仅仅依据其对不动产登记簿的信赖即与作为登记权利人的第三人进行交易,而未实地查看房屋的占有状态,显然不构成"善意"。[1] 笔者亦赞同这一判断。

---

〔1〕 参见董学立:《论不动产的善意取得与无权占有——兼评"连成贤诉臧树林排除妨害纠纷案"》,载《法学论坛》2016年第6期。

此外，由于不动产买受人交易目的的实现涉及对标的物的占有，故在不动产所有权的善意取得中，应将占有作为判断买受人是否构成善意的重要考量因素。但是，由于抵押权的取得无须移转标的物的占有，因此，在抵押权的善意取得中，实地查看标的物的占有情况是否应作为判断债权人是否构成"善意"的重要因素，不无疑问。实践中，一种观点认为，商事交易讲究快捷，强调外观主义，加上抵押权的取得无须债权人取得对标的物的占有，故只要债权人基于对不动产登记簿的信赖而与登记权利人进行交易，其交易安全就应获得保护。笔者对此不敢苟同。即使在抵押权的善意取得中，由于我国民法未赋予不动产登记绝对公信力，因此，债权人也应尽到谨慎的义务，尤其是不动产的登记与不动产的占有可能不一致时，债权人为确保交易安全，应采取措施防止风险发生。事实上，也确实有不少银行等金融机构制订了一些内部操作规程，例如通过现场查看并拍照以留存证据，以证明自己尽到了谨慎义务。如果债权人未采取适当措施或者虽然建立了内部操作规程却未实施，就有可能被认为未尽谨慎义务而构成重大过失，从而失去善意取得制度的保护。

## 五、异议登记与不动产的善意取得

《民法典物权编解释(一)》第 15 条将"登记簿上存在有效的异议登记"作为应当认定不动产受让人知道转让人无处分权的情形之一。可见，在不动产登记簿上存在异议登记时，不动产登记簿的公信力将被击破，受让人即无法根据《民法典》第 311 条关于善意取得的规定取得相应的物权。这就是异议登记的功能之所在。

实践中，在当事人发生权属争议时，未被登记的当事人因担心登记权利人处分该不动产而申请登记机构办理异议登记，从而防止第三人因信赖登记簿的记载而善意取得相应的物权，实有必要。但是，如果确权之诉的结果是登记权利人就是真正的权利人，则异议登记也可能会因妨碍到登记权利人处分该不动产而遭受损失。例如，异议登记可能导致登记权利人(也就是真正权利人)错失最佳交易机会而受到损失。为防止异议登记成为损害真正权利人合法权益的手段，《民法典》第 220 条第 2 款规定："……登记机构予以异议登记，申请人自异议登记之日起十五日内不提起诉讼的,异议登记失效。异议登记不当,造成权利人损害的,权利人可以向申请人请求损害赔偿。”可见,当事人办理异议登记后,必须在 15 日内提供确权之诉;否则,异议登记失效。此外,如果确权之诉的结果是登记的权利人就是真正的权利人,登记簿的记载并未发生错误,则申请异议登记的当事人对由此给权利人造成的损失,应当承担赔偿责任。基于此,当事人在申请登记机构办理异议登记时,应谨慎而为;否则,就可能要承担不利的法律后果。

既然《民法典》已将异议登记不当的后果规定得非常清楚,登记机构就不应再担心因异议登记不当会给权利人造成损失,进而拒绝当事人办理异议登记的申请。相反,如果登记机构拒绝当事人办理异议登记的申请,就可能因未能办理异议登记而无法击破不动产登记的公信力,进而导致在登记权利人并非真正权利人时标的物被第三人善意取得。此时,真正权利人自然可以请求登记机构承担赔偿责任。

实践中,就存在登记机构因对异议登记制度的功能存在严重误解而动辄拒绝办理异议登记或者对办理异议登记的申请人提出严苛条件的情形,亟须引起登记机构的重视和注意。这里,笔者想讲一个真实的故事。

几年前,《物权法》也已经施行了相当一段时间,我的一位朋友与他人有房产权属争议,我便建议他:由于该房产目前登记在对方名下,为防止对方在争议得到解决前将房屋转让或者抵押,应该先去该房产所在地的不动产登记中心办理异议登记,再向法院起诉确权。他采纳了我的建议,去了一趟不动产登记中心。在窗口办理该业务的工作人员问他是否是房屋登记权利人的丈夫,他说不是。该工作人员便告诉他,异议登记的申请人与登记权利人之间必须是夫妻关系,否则无法办理。我的这位朋友便打电话来问我怎么办。我说,既然那位工作人员说得如此有鼻子有眼,你就让他拿出明确的规定来。当我朋友向工作人员索要法律依据时,该工作人员竟然不知所措,连忙询问负责办理此业务的部门主管。

过了一会儿,该主管来到窗口,开始是承认并无具体规定只有夫妻关系才能办理异议登记,但法律规定申请人必须是“利害关系人”,考虑到对于申请人是否为“利害关系人”,他们无法判断,所以目前只办理夫妻关系之间的异议登记；当然，如果申请人能够拿来法院立案的受理材料，他们也可以据此认定申请人是“利害关系人”，从而办理异议登记。我电话告诉我朋友：《物权法》第 19 条明确规定异议登记后 15 日内不向人民法院起诉，则异议登记失效，据此不难看出，应该是可以先办理异议登记，后向人民法院起诉，他们怎么能要求先起诉，再办理异议登记呢？而且，异议登记的目的就是要防止法院作出生效判决前对方处分该房产，如果起诉后才能办理异议登记，那么对方可能在起诉前就已经处分了该房产，提起诉讼的目的可能就无法实现了。经我朋友与该主管一番争辩，该主管可能是自知理亏，虽然仍然不同意办理，但还是同意带我朋友去找该不动产登记中心的主任，让该主任来做是否办理的决定。

来到该中心主任的办公室，该中心主任先是给我朋友解释了一通他们拒绝办理的原因：如果登记机构办错了，登记权利人就会起诉登记机构，而且是一告一个准。我朋友再次给我打电话救助，我让他把电话交给该中心主任。我在电话中跟该中心主任解释：异议登记是比较特殊的一种登记，即使登记错了，也不是由登记机构来承担责任，而是由申请异议登记的人承担责任，对此《物权法》第 19 条有明确规定；相反，如果登记机构不依申请人的申请办理异议登记，一旦登记的权利人处分了该房产而造成申请人有损失，则登记机构应承担责任。我苦口婆心地把个中道理讲了一个遍，但该中心主任仍然有所顾虑，加上他认为我与申请人是朋友关系，自然是向着我朋友，最后还是没有答应办理。不过，在我朋友的再三坚持下，他还是答应可以电话请教一下他们的法律顾问。

该中心的法律顾问是一位姓方的律师。在电话中，方律师建议该中心主任：一动不如一静。言下之意即是，在不能确定申请人与登记权利人有利害关系之前，最好还是不办理。至此，该中心主任便更加坚定了自己的决心：不办理此笔异议登记。我朋友也只能极其郁闷地回来向我诉苦，并声称要到法院去起诉该不动产登记中心行政不作为。

我告诉我朋友：你要提起行政诉讼也不是不可以，但行政庭的法官是否真的理解异议登记制度呢？再说《不动产登记暂行条例实施细则》第 82 条也已明确将“证实对登记的不动产权利有利害关系的材料”“证实不动产登记簿记载的事项错误的材料”以及“其他必要材料”作为利害关系人申请异议登记的条件,此为其一。其二,异议登记只是为了防止对方处分不动产,你们之间的权属争议仍然是要通过民事诉讼来解决,因此即使对登记机构提起行政诉讼,也要尽快提起民事诉讼进行确权。当然,无论是行政诉讼还是民事诉讼,都无法阻止登记权利人处分该不动产,为此,可以考虑先申请法院对标的物采取保全措施。

就这样,一个关于异议登记的故事算是落下了帷幕。但笔者的思考却并未就此止步:《物权法》已经通过并实施十年有余,但对于异议登记这么重要的一项制度,一些不动产登记中心居然不甚了解,且如果按照他们的理解,必将使得该制度形同虚设,其后果是真正权利人无法有效防止不动产被登记权利人处分的风险,因为《物权法》已经承认不动产登记的公信力且规定了不动产的善意取得,而异议登记的目的就是要击破不动产登记的公信力,以阻止善意取得的发生。《不动产登记暂行条例》将“利害关系”作为申请办理异议登记的条件是否合适?如果由不动产登记中心来审查申请人是否为“利害关系人”,在实践中似乎也很难操作:一是“利害关系人”本身很难界定;二是不动产登记中心的工作人员并非法官,对申请人是否为“利害关系人”也很难作出正确认定。不过,也许有人会担心:如果允许一个没有利害关系的人(如大街上的路人)对登记在他人名下的房子申请办理异议登记,就可能导致权利人因无法处分房子而受到损失,尽管《物权法》第 19 条规定异议登记不当给权利人造成损失,应当由申请人承担赔偿责任,但万一申请人无力赔偿怎么办?是不是应该将申请人提供担保作为登记机构办理异议登记的条件?

笔者认为,尽管《物权法》第 19 条将申请异议登记的主体界定为“利害关系人”,但申请人是否与被登记的权利人之间有利害关系以及有何种利害关系,并非当事人申请办理异议登记的前提条件,而是一种表述上的需要。也就是说,只要当事人申请就某特定不动产办理异议登记,自然就与登记权利人有利害关系,他就是“利害关系人”。就此而言,不动产登记机构根本不需要再审查申请人是否与登记权利人有利害关系,也无须对申请人与登记权利人有何种利害关系进行认定,申请人申请异议登记本身即已表明申请人与登记权利人有“利害关系”。至于有人担心如果不严格审查申请人是否为“利害关系人”,可能导致申请人恶意申请办理异议登记而给登记权利人带来损害的问题,笔者认为没有必要。

首先,当事人申请对某特定房屋办理异议登记,自然要说明该房屋的具体位置以及登记的权利人,否则无法办理,这就在一定程度上降低了与登记权利人毫无关系的人恶意申请办理异议登记的可能性。其次,《物权法》第 19 条规定异议登记不当,给权利人造成损失的,应承担赔偿责任,这也能有效防止与登记权利人毫无关系的当事人恶意申请办理异议登记。最后,即使发生与登记权利人毫无关系的申请人恶意申请办理异议登记的情况,由于《物权法》第 19 条规定申请人应在异议登记后 15 天内提起诉讼,否则异议登记失效,因此在申请人没有起诉的情况下,登记权利人的损失自然也可以获得有效控制;在申请人起诉的情况下,这也足以表明申请人与登记权利人之间有利害关系。

当然,即使《物权法》为防止当事人恶意申请异议登记甚至不当异议登记,已经做了上述努力,但还是会有人担心如果登记机构不对申请人进行审查,可能会导致登记权利人因申请人申请办理异议登记而遭受损失,且在申请人无清偿能力的情况下,登记权利人将无法获得应有的救济。对此,我的看法是,根据《物权法》第 19 条的规定,申请人申请异议登记不当给登记权利人造成损失的,应承担赔偿责任。此种赔偿责任,应理解为是一种侵权责任。异议登记不当如此,申请人恶意办理异议登记更是如此。从人类社会的角度看,不仅犯罪行为是一种社会风险,侵权行为同样也是一种社会风险。作为财产所有权人,必然要面对他人对其财产实施侵权行为的风险。法律唯一能做的,就是在发生侵权行为时,由有过错的行为人或者从事危险活动的行为人来承担赔偿责任。至于行为人是否具有清偿的能力,也是财产所有权人可能要面对的风险。就此而言,在法律已明确规定异议登记不当的申请人应承担赔偿责任且通过限制异议登记的效力期间从而降低对登记权利人造成损失的情况下,似无必要再要求登记机构对申请人是否为“利害关系人”进行审查,亦无必要要求申请人在申请办理异议登记时提供担保。否则,异议登记制度的功能将无法全面得到发挥。

## 六、私卖共有物与不动产的善意取得

善意取得的适用以行为人无权处分为前提。因此,在适用不动产善意取得制度前,必须先判断行为人是否构成无权处分。以买卖为例,在登记权利人对标的物不享有所有权的情形下,如果登记权利人将该他人的不动产出卖给第三人,自然构成无权处分。但是,在共有不动产的情形下,部分共有人未经其他共有人的同意,私自将该不动产出卖给第三人,是否构成无权处分,则不无疑问。实践中,一种意见认为,由于行为人也是所有权人,因此这种情形不构成无权处分,而是有权处分。但多数意见认为,行为人是否构成无权处分,应区分情况予以对待:除非当事人另有约定,否则,在按份共有的情形下,尽管各共有人有权处分自己的份额,[1]但对整个标的物的处分,根据《民法典》第 301 条的规定,需要占总份额 2/3 以上共有人的同意,因此,如果出卖人持有的份额未能达到总份额 2/3 以上,就构成无权处分;在共同共有的情况下,则需要全体共有人一致同意。显然,多数意见符合《民法典》的精神,是正确的。由此也可以看出,区分按份共有和共同共有,具有极为重要的意见。对此,《民法典》第 308 条规定:“共有人对共有的不动产或者动产没有约定为按份共有或者共同共有,或者约定不明确的,除共有人具有家庭关系等外,视为按份共有。”可见,除当事人另有约定外,共同共有以共同关系的存续为条件,在共同关系终止时,共同共有就可能会转化为按份共有。由于按份共有仅需占总份额 2/3 的共有人同意即可构成有权处分,因此在按份共有中,各共有人所持份额的认定也很重要。问题是,如何认定共有人的份额呢?对此,《民法典》第 309 条规定:“按份共有人对共有的不动产或者动产享有的份额,没有约定或者约定不明确的,按照出资额确定;不能确定出资额的,视为等额享有。”

《物权法》通过并实施以前,我国民法虽然没有关于善意取得制度

---

[1] 按份共有人虽然有权处分自己的份额,但《民法典》第 305 条规定了其他共有人的优先购买权。如果按份共有人在处分自己份额时侵害其他共有人的优先购买权,是否构成无权处分,是一个较有争议的问题。笔者将在《合同法精讲》中就无权处分的合同效力问题进行全面分析,此处不赘。

的全面规定，但《民通意见》第 89 条关于“共同共有人对共有财产享有共同的权利，承担共同的义务。在共同共有关系存续期间，部分共有人擅自处分共有财产的，一般认定无效。但第三人善意、有偿取得该财产的，应当维护第三人的合法权益；对其他共有人的损失，由擅自处分共有财产的人赔偿”的规定，被认为是我国民法承认善意取得的重要依据。由于该条并未区分动产与不动产，因此，也有学者主张，即使不承认不动产适用善意取得制度，也应承认私卖共同共有不动产的情况下，适用善意取得制度的可能性。〔1〕在《物权法》第 106 条将善意取得制度统一适用于动产与不动产之后，私卖共有不动产能否适用善意取得制度更是不言自明。例如甲、乙系夫妻，共有房屋一套，甲私自将房屋卖与不知情的丙，无论是根据《民通意见》第 89 条，还是根据《物权法》第 106 条，丙都可依善意取得制度取得该房屋的所有权。

不过，一概通过善意取得制度来保护私卖共有物时的善意受让人，也是片面的。以夫妻一方未经另一方同意出卖共有房屋为例，实践中存在以下有两种情形：一种情形是夫妻共有的房屋登记为夫或妻一人所有，登记为权利人的一方未经另一方同意将该房屋出卖给第三人；另一种情形是夫妻共有的房屋登记在双方名下，但一方未经另一方同意将该出卖给第三人。在前一种情况下，由于房屋登记在一方名下，登记的权利人即可以自己的名义出卖该房屋，而第三人也很可能因相信登记簿的记载而与登记的权利人进行交易。此时，如果第三人满足善意取得的构成要件，自应可以根据善意取得制度取得物权。但是，在后一种情形下，由于登记并没有错误，第三人自然应当知道房屋属夫妻共有财产，故即使一方未经另一方同意出卖该房屋，也必须以双方的名义，而不能以一方的名义。从实践的情况看，一方也常常是以已经取得另一方同意为由而以双方的名义将房屋出卖给第三人。例如，在广东发生的一起案件中，房屋登记在夫妻双方的名下，男方为将房屋卖给第三人，找到一个长相与其妻子较为相似的女士，并让该女士冒充他的妻子授权他出卖该房屋，且在公证机关对该委托授权办理了公证，再以双方的名义将房屋出

〔1〕 杨立新：《共同共有不动产交易中的善意取得》，载《法学研究》1997 年第 4 期。

卖给第三人。后其妻子起诉到法院,请求认定该房屋为夫妻共同财产,并要求第三人腾退房屋。笔者认为,在此类案件的审理中,人民法院不能依据善意取得制度对第三人进行保护,而只能依据表见代理制度对第三人的交易安全进行保护。理由很简单:在后一种情形下,第三人并非是基于对不动产登记簿的信赖而与登记的权利人进行交易,而是基于对与其订立合同的一方享有代理权的信赖而与该方订立买卖合同。例如,在上述案件中,男方之所以要找一个与其妻子相貌相似的女士冒充其妻子伪造委托授权书并办理公证,无非就是为了让第三人相信男方有代理妻子的代理权,因为根据《民法典》第1060条第1款关于"夫妻一方因家庭日常生活需要而实施的民事法律行为,对夫妻双方发生效力,但是夫妻一方与相对人另有约定的除外"之规定,夫妻之间仅可就家庭日常生活需要成立法定代理权,即"日常家事代理权",而房屋买卖显然已经超出日常家事的范围,自应由对方授权,才构成有权代理,否则就是无权代理。在一方无权代理的情形下,第三人交易安全的保护,自然只能依据表见代理制度来进行。从司法实践的情形看,对于后一种情形,人民法院通常也是根据表见代理规则来保护第三人的交易安全,即第三人必须举证证明自己有理由相信与其订立合同的对方当事人已经获得授权,否则,买卖合同即应被认定无效,基于前面谈到的要因原则,即使双方已办理登记,也应认定物权变动无效。[1]

由此可见,善意取得制度的目的在于保护交易安全,但交易安全的保护并非仅仅通过善意取得制度予以实现,而是包括物权法、合同法在内的整个民法的任务,为此,民法根据外观理论设计出表见代表制度、表见代理制度、善意取得制度等制度对当事人的合理信赖予以保护。善意取得制度是当事人基于对公示状态的信赖而与公示的权利人进行交易,而表见代理、表见代表则是基于对外观授权的信赖而与行为人进行交易。从当事人的举证责任来看,当事人主张适用善意取得制度的举证责

---

〔1〕 参见吴光荣:《论无权处分的适用范围》,载《中外法学》2005年第3期。无独有偶,日本也曾发生过代理人冒充本人处分其不动产的案件,法院亦认为构成表见代理而给予受让人以保护,参见梁慧星:《民法总论》,法律出版社1996年版,第234页。

任较轻,而主张适用表见代理、表见代表制度的证明责任较重。以夫妻一方擅自出卖共有房屋为例,第三人主张适用善意取得制度前提是登记存在错误,而第三人主张表见代理的前提的是登记没有错误。在登记有错误的情形下,未被登记的共有人自应承担由此带来的风险,因此第三人的举证责任较轻;在登记不存在错误的情形下,第三人与共有人之一进行交易,就应负有较高的注意义务,不能仅仅因为登记的名义人之间是夫妻关系而相信一方对另一方有代理权,因而应承担较重的举证责任。

值得注意的是,《民法典婚姻家庭编解释(一)》第 28 条规定:"一方未经另一方同意出售夫妻共同所有的房屋,第三人善意购买、支付合理对价并已办理不动产登记,另一方主张追回该房屋的,人民法院不予支持。夫妻一方擅自处分共同所有的房屋造成另一方损失,离婚时另一方请求赔偿损失的,人民法院应予支持。"从表述上看,该条第 1 款是适用《民法典》第 311 条关于善意取得制度之规定的结果。但是,由于夫妻一方未经另一方同意出卖夫妻共有房屋的情形较为复杂,还是要在区分无权处分和无权代理的基础上,分别通过善意取得制度和表见代理制度来保护第三人的交易安全,才能获得实质上的公平公正。

较有争议的是,在行为人冒名出卖他人房屋的情形下,究竟应通过何种法律制度来保护第三人的交易权?例如,甲租用乙的房屋,以欲购买乙的房屋为由提出要看看乙的产权证。利用验证之机,甲将权属证书进行了调包,换成了事前准备的假产权证,然后伪造了乙的身份证明,将房屋卖给了丙,并办理了过户手续。后甲携款潜逃,公安机关未能侦破案件。乙遂对丙提起诉讼,请求确认该房屋仍归乙所有,并要求判决丙腾退房屋。对于该案如何处理,存在不同的意见:一种意见认为,应通过善意取得制度对第三人的交易安全进行保护;另一种意见则认为,应通过表见代理制度来保护第三人的交易安全。显然,适用不同的制度保护第三人的交易安全关系到第三人的举证责任,并进而决定对第三人交易安全保护的程度。如前所述,不动产善意取得制度的基础是不动产登记的公信力。由于丙并非因为相信不动产登记簿的记载而与登记的权利人进行交易,而是因为相信甲就是乙而与甲进行交易,故不能适用善意取得制度对丙的交易安全进行保护。在笔者看来,冒名处分他人财产应类推适用无权代理的有关规定,因此,对第三人交易安全的保护,也应类推适用表见代理的规定。道理很简单:甲冒充乙的名义出卖乙的房屋与甲未经乙的授权而以乙的名义出卖乙的房屋具有类似性,根据类似事物类似处理的类推适用规则,应认为甲的行为类似于无权代理,丙欲主张所订立的买卖合同有效,就应满足表见代理的构成要件,即有理由相信甲就是乙。如果根据案件情况,认为丙有理由相信甲就是乙,则丙的交易安全应当获得保护;相反,如果根据案件情况,认为丙没有理由相信甲就是乙,则买卖合同应认定无效,物权不发生变动,仍应归属乙,因而乙的诉讼请求应予得到支持。

# PART V 第五编

# 物权变动规则的具体运用

在第一编中，我们结合物权公示原则，介绍了物权变动的基本结构；在第四编中，我们结合不动产登记制度，再次对《民法典》上的物权变动规则进行了全面分析。尽管如此，对于物权变动规则如何具体运用于实践，仍然存在一定的难度。为此，笔者挑选了实践中较为难以处理的几个问题进行分析，希望能够给读者提供必要的指引。

本编分为四讲：第十九讲“借名购房中的物权归属与合同效力”，指出应将借名购房区分为隐名购房和冒名购房，且在隐名购房中，应先解决权属争议再讨论合同效力，并认为应根据案件具体情况，参照适用《执行复议与异议规定》的相关规定，判断实际出资人是否享有排除强制执行的权利；第二十讲“一房多卖的合同效力与履行顺序”，指出一房多卖的履行顺序可参照《土地使用权解释》确立的规则，但应注意《八民纪要》的相关规定，对后买受人是否构成第三人侵害债权进行审查，并指出这些规则在适用范围上应受到严格限制；第二十一讲“房地关系与不动产物权的变动”，重点讨论房地关系在我国的特殊性及其可能带来的实践问题，指出在合作开发房地产纠纷案件中，应根据土地使用权的归属情况判断所建房屋的物权归属，不能仅仅基于当事人的约定判断房屋的物权归属；第二十二讲“依法律文书的不动产物权变动”，重点讨论能够引起物权变动的法律文书究竟包括哪些法律文书，指出只有形成判决和强制执行中作出的裁定书才能引起物权的变动，调解书仅仅是对调解协议的确认，不能产生物权变动的效力，仲裁裁决也不能直接引起物权发生变动。

# 第十九讲

## 借名购房的物权归属与合同效力

### 一、从一则再审判决谈起

在当事人就不动产权属发生争议的情形下，为了纠正以往司法实践中唯不动产登记簿的记载是从的错误观念，树立起以不动产物权变动规则作为不动产权属确认之实体规则的正确观念，《民法典物权编解释（一）》第2条规定："当事人有证据证明不动产登记簿的记载与真实权利状态不符、其为该不动产物权的真实权利人，请求确认其享有物权的，应予支持。"[1]可见，该条所称"真实权利状态"，自然应根据不动产物权变动规则进行确认，因此，"当事人有证据证明"的对象，也应指对不动产登记簿的记载提出异议并主张自己是真正权利人的当事人（在确权之诉中，通常为一审原告）有证据证明不动产物权变动规则所需的全部要件事实。在借名购房中，实际出资人常常以其与登记的权利人之间签订的借名购房协议（协议名称也可能是"代持协议""委托购房协议"等，下同）已明确约定房屋归其所有、自己实际支付购房款等为证据，根据上述司法解释的规定，请求人民法院确认其为真正的权利人，而登记的权利人则往往以当事人之间签订的借名购房协议因违反公序良俗应被认定无效为由主张自己就是真正的权利人。最近，由最高人民法院再审判决的"徐某欣诉辽宁中集哈深冷气体液化设备有限公司、第三人曾某外执行异议之诉案"（以下简称"徐某欣案"）[2]引起不少实务界人士的关

---

〔1〕《民法典物权编解释（一）》系最高人民法院在清理《最高人民法院关于适用〈中华人民共和国物权法〉若干问题的解释（一）》的基础上制定，包括本条在内的绝大多数条文并无重大变动。为了行文方便，也为了让读者能够更加清楚问题的延续性，本书在引用条文时，将后者简称《物权法解释（一）》，并适时予以援引。

〔2〕（2020）最高法民再328号民事判决书。

注。在该案中,登记权利人(出名人)的债权人申请对登记在出名人名下的房屋强制执行,实际出资人(借名人)则以执行标的归自己所有为由提出执行异议。最高人民法院在再审判决中首先根据借名购房协议是否违反国家房屋限购政策对借名购房协议的效力进行了评价,再据此就借名人是否能够以自己为房屋的所有权为由请求排除强制执行进行认定:"借名人与出名人为规避国家限购政策签订的《房产代持协议》因违背公序良俗应认定无效,借名人依据规避国家限购政策的借名买房合同关系,不能排除人民法院对该房屋的执行";"在借名买房并不违反公序良俗原则、不存在无效事由的情况下,借名人可以依据实质上的代持关系要求出名人将房屋过户至其名下,但此项权利系基于合同关系所产生的债权请求权,在经法定变更登记程序完成物权公示之前,借名人尚不能依据借名买房的合同关系未经公示程序即直接被确认为房屋的物权人,其所享有的债权请求权也不具有对世效力、排他效力和绝对效力"。不过,再审判决随后指出"借名人为规避国家房屋限购政策而借名买房,有违公序良俗原则,故借名买房合同应认定为无效,但其嗣后通过消除限购政策障碍补正了合同效力,并通过生效判决的执行完成了不动产登记,成为该房屋所有权人",并据此认为"此系在法院再审后出现的新事实,已从根本上改变了房屋的权属关系,申请执行人在对出名人的执行程序中主张继续执行已经属于借名人的房屋,缺乏理据,不应支持"。可见,最高人民法院在本案中不仅严格区分原因行为与物权变动,认为仅依据有效的借名购房协议不足以引起物权的变动,而且明确采取"要因原则",即物权的变动需要合法有效的原因行为,因此,当借名购房协议被认定无效时,即使借名人已将房屋所有权登记到自己名下,也不发生物权变动,除非借名购房协议嗣后通过消除限购政策障碍补正了合同效力。〔1〕

应该说,最高人民法院的再审判决改变了此前《最高人民法院公报》所载"大连羽田钢管有限公司与大连保税区弘丰钢铁工贸有限公

〔1〕 关于形式主义物权变动模式下的区分原则与要因原则,参见吴光荣:《不动产登记与不动产权属确认的实体与程序问题研究》,载《法律适用》2014年第10期。

司、株式会社羽田钢管制造所、大连高新技术产业园区龙王塘街道办事处物权确认纠纷案"(以下简称"大连羽田案")[1]体现的裁判思路,并对借名购房协议的效力认定问题作了更加明确的阐释,因而对于当前如何正确处理借名购房问题具有极为重要的意义。例如,在"徐某欣案"中,当事人争议的焦点之一就是借名人能否依据《物权法解释(一)》第2条的规定请求确认其为真正的权利人,即借名购房是否属于该司法解释第2条的适用对象。最高人民法院的再审判决显然作了否定性的回答,进而明确物权归属应根据物权变动规则进行认定。这对于澄清当前司法实践中存在的诸多误区具有重要价值,因为在此之前,对于《物权法解释(一)》第2条能否适用于解决借名购房问题,司法实践中的意见并不相同:有的法官认为,借名购房应适用该条规定,直接确认房屋归借名人所有[2];也有的法官则认为该条不能用来解决借名购房问题,借名人不能依据该条请求确权[3]。

不过,尽管"徐某欣案"的审理为我们处理借名购房问题提供了新的裁判思路,但该案的再审判决也存在一些值得进一步研讨之处。例如,本案再审判决先讨论借名购房协议的效力,再据此认定物权的归属,这虽然符合要因原则的思路,但也会遭到如下质疑:既然借名人不能依据《物权法解释(一)》第2条请求确认物权,物权归属应根据物权变动规则进行确认,而借名购房协议本身并不能直接引起物权发生变动,那么在房屋限购政策的障碍未消除的情况下,借名人因无法将房屋过户至自己名下而不能取得房屋所有权,自然也就与政府的房屋限购不会发生冲突,又何来借名购房协议因违反公序良俗原则而应被认定无效之说?此外,"借名购房"只是一个通俗的说法,当事人之间虽然签订的是借名购房协议或者房屋代持协议等,但仍应明确借名人与出名人究竟是何种

---

[1] 最高人民法院(2011)民提字第29号民事判决书,载《最高人民法院公报》2012年第6期。

[2] 最高人民法院民事审判第一庭编著:《最高人民法院物权法司法解释(一)理解与适用》,人民法院出版社2016年版,第77页。

[3] 参见司伟:《论不动产登记与权属确认——兼论对〈物权法司法解释一〉第2条的理解》,载《法律适用》2016年第5期。

合同关系,而最高人民法院的再审判决并未对合同关系的性质进行界定,这显然无法全面澄清实践中存在的争议。例如在"大连羽田案"中,生效判决就以借名人与出名人之间系委托合同关系为由认定二者构成隐名代理,并据此认定出名人的购房行为所产生法律效果应归属借名人,进而确认借名人是真正的权利人。另外,实践中还存在借名人与出名人之间未签订任何形式的合同甚至出名人对于借名人以自己的名义购房并不知情,此时借名人和出名人之间究竟是何种关系?此种情形是否应当区别对待?囿于个案的审理,对于上述问题,"徐某欣案"的再审判决显然无法全面顾及并予以回答,但从澄清借名购房问题的角度出发,则只有对上述问题予以全面探讨,才能对实践中存在的诸多争议提供一个更有说服力的解决方案。

笔者认为,在探讨借名购房协议的效力之前,必须先明确借名购房中物权归属的认定规则,只有先解决物权归属问题,才能对合同效力问题作出正确的判断。实践中当事人之所以就借名购房协议的效力发生争议,就是因为没有先解决借名购房的物权归属问题。例如,不少人先入为主地认为依据当事人之间签订的借名购房协议,借名人就是真正的权利人,出名人仅仅是为借名人"代持"房屋[1],这就必然与政府的房屋限购政策发生冲突,但如果认为依据不动产物权变动规则,借名人在将房屋过户到自己名下之前,并不能主张房屋归自己所有,则借名购房协议是否必然与政府的房屋限购政策发生冲突,就是一个值得研究的问题。其次,有必要将借名购房区分为冒名购房和隐名购房:前者是指出名人仅提供相关证件材料而不参与购房行为,合同的订立及不动产登记等事务皆由借名人办理;后者则是指出名人除了提供相关证件材料,还受借名人委托出面签订合同和办理不动产登记等事务,但资金由借名人提供,所购房屋则通常一直由借名人占有、使用,甚至连交易文书、产权证等也由借名人持有。[2] 在笔者看来,隐名购房与冒名购房虽然都属于广义的借名购房,但二者在法律关系上是不同的,应区别予以对待,而

---

〔1〕 参见孙宁:《借名买房,房屋到底是谁的?》,载《公民与法》2019 年第 6 期。

〔2〕 参见杨代雄:《借名购房及借名登记中的物权变动》,载《法学》2016 年第 8 期。

长期以来我们之所以就借名购房问题的解决思路无法达成足够的共识，在一定程度上就是因为在研究借名购房问题时，有的人是将冒名购房作为讨论对象，而有的人则是将隐名购房作为讨论对象。最后，尽管执行标的归案外人所有是案外人请求排除强制执行的重要理由，也是案外人提起执行异议或者执行异议之诉最为常见的理由，但必须将物权归属的认定规则与排除强制执行的标准区分开来。实践中之所以就借名购房的物权归属发生争议，一个很重要的原因是登记在出名人名下的房屋成为强制执行的标的，不少人担心借名人如果不能排除强制执行，就会对借名人极为不公平。[1] 但问题是，根据《民事诉讼法》及相关司法解释的规定，能够支持案外人请求排除强制执行的民事权利并不限于物权，也包括一些特殊的债权。据此，借名人即使无法主张自己是执行标的的所有权人，也并不意味着借名人对房屋的权利不能排除强制执行。当然，借名人因不能主张房屋所有权，自然也要面临一定的风险，而此种风险，应是借名人在进行交易时就可以预见到的。所以，正确认识借名购房中的法律风险，对于我们正确处理借名购房问题也极为重要。本书先讨论隐名购房与冒名购房的区分及其对物权归属认定的影响，再谈隐名购房中借名购房协议的性质与效力，最后谈借名购房的法律风险及其司法救济。

## 二、借名购房的基本类型及其物权归属

前文谈到，借名购房可以区分为冒名购房和隐名购房。[2] 区分的必要性在于二者的法律关系不同，物权归属也不同。在冒名购房中，由于出名人仅仅是出借身份证明而未参与购房行为（也有的甚至不知道被

---

〔1〕 参见司伟：《借名买房排除强制执行的法律规则——基于学说与案例的分析与展开》，载《法治研究》2021 年第 4 期。

〔2〕 也有学者将借名行为区分为“直接借名行为”和“间接借名行为”，并认为间接借名行为就是间接代理行为（参见冉克平：《论借名实施法律行为的效果》，载《法学》2014 年第 2 期）；还有学者将借名行为区分狭义的借名行为和广义的借名行为（参见杨代雄：《借名购房及借名登记中的物权变动》，载《法学》2016 年第 8 期）。笔者认为，“借名”是一个较为通俗的说法，但冒名和隐名都是法律概念，故将借名作为上位概念，再进一步从法律关系的角度将借名区分为冒名和隐名，可能更具意义。

他人冒名),实际的购房行为由借名人完成,因此行为实施者与名义载体并非同一人;在隐名购房中,实际的购房行为是由出名人完成,只不过购房资金由借名人提供,因此行为实施者与名义载体是同一人,只不过是想另一人获得行为结果。〔1〕在冒名购房中,由于借名人是在未经出名人授权的情况下冒充出名人与他人签订购房合同,实际的行为人是借名人而非出名人,自应类推适用《民法典》关于无权代理的规定处理由此带来的民事责任和物权归属。例如,根据原《民法通则》第 66 条第 1 款和原《合同法》第 48 条第 1 款的规定,在行为人无权代理的情形下,如果被代理人不予追认,则应由行为人承担民事责任。〔2〕据此,《最高人民法院关于适用〈中华人民共和国公司法〉若干问题的规定(三)》[以下简称《公司法解释(三)》]第 28 条规定:“冒用他人名义出资并将该他人作为股东在公司登记机关登记的,冒名登记行为人应当承担相应责任;公司、其他股东或者公司债权人以未履行出资义务为由,请求被冒名登记为股东的承担补足出资责任或者对公司债务不能清偿部分的赔偿责任的,人民法院不予支持。”尽管《公司法解释(三)》并未就冒名投资情形下的股权归属问题作出规定,但根据权利与责任相一致的原则,既然被冒名人(出名人)不承担出资义务,也不承担违反出资义务的民事责任,自然也就不能享有投资所带来的权利,无法主张自己是真正的股东。〔3〕参照这一规定,在冒名购房的情形下,被冒名人(出名人)既不应承担支付购房款的义务,也不应承担违反付款义务的民事责任,当然也不能享

---

〔1〕参见杨代雄:《借名购房及借名登记中的物权变动》,载《法学》2016 年第 8 期。

〔2〕《民法典》第 171 条在坚持这一立场的基础上进一步明确了行为人承担的民事责任的性质:在相对人为善意但不构成表见代理的情形下,行为人应承担类似合同上的违约责任;在相对人非善意的情形下,行为人须承担缔约过失责任。

〔3〕《公司法解释(三)》严格区分冒名投资(冒名登记)与隐名投资(借名登记),认为二者的根本区别在于出名人是否知道并同意:出名人知情且同意的,为隐名投资(借名登记);出名人不知情或者根本不存在的,为冒名投资(冒名登记)。在冒名投资中,由于被冒名人不知情或者根本不存在,自无法承担股东的出资义务和责任,也不应享有股东权利,此与隐名投资(借名登记)有所不同,因为在隐名投资(借名登记)的情况下,当事人之间存在合意,且出名人须承担出资义务和责任,自然也应享有股东权利。参见最高人民法院民事审判第二庭编著:《最高人民法院关于公司法解释(三)、清算纪要理解与适用》,人民法院出版社 2014 年版,第 421—422 页。

有因购房带来的权利,即使房屋登记在被冒名人(出名人)名下,也不能据此认定房屋归被冒名人(出名人)所有。相反,冒名人(借名人)作为实际行为人,在相对人善意但不构成表见代理的情形下,自应承担支付购房款的义务,并承担违反该义务的违约责任。相应地,也应认定冒名人(借名人)应当享有由此带来的权利,即使房屋登记在被冒名人(出名人)名下,也应认定冒名人(借名人)是实际的权利人。

需要指出的是,在以往的实践中,由于不动产登记制度不够完善,冒名购房的情形较为常见,尤其是在家庭成员之间常常出现父母买的房子登记在子女名下或者子女买的房子登记在父母名下但当事人之间又没有赠与意思表示的情形。例如,在“罗士奇与陈武平、陶慧君、罗利钢案外人执行异议之诉案”(以下简称“罗士奇案”)中,罗士奇(借名人)在不违反房屋限购政策的情形下以儿媳陶慧君(出名人)的名义购房并将房屋登记在儿媳的名下,江西省高级人民法院的二审判决认为“为解决住房问题,上诉人遂以其儿媳陶慧君名义签订购房合同,此亦符合日常生活习惯,若推论罗士奇购房后将之赠与陶慧君,反而不符合日常生活之常理,因为从家庭伦理和亲属关系而言,上诉人也本应将房产赠与直系亲属的儿子或女儿”,并据此认定案涉房屋归罗士奇所有〔1〕;最高人民法院的再审申请裁定书亦认为“为解决住房问题,罗士奇遂以其儿媳陶慧君名义签订购房合同,符合日常生活习惯。按一般的生活常理,借名购房中购房人一般会承担全部费用,与家庭成员之间赠与有所区别”,从而驳回了当事人的再审申请〔2〕。

随着不动产登记制度的不断完善,冒名购房的情形在实践中越来越少,因为根据《不动产登记暂行条例实施细则》第 9 条第 1 款的规定,申请不动产登记的,申请人应当填写登记申请书,并提交身份证明以及相关申请材料。这就意味着冒名人(借名人)虽然可以冒充他人签订房屋买卖合同,但无法冒充他人办理不动产登记。尤其是在房屋限购政策的背景下,不动产登记机构还将对购房人是否符合购房条件进行严格审

---

〔1〕 参见(2020)赣民终 898 号民事判决书。

〔2〕 参见(2021)最高法民申 3543 号民事裁定书。

查，因此，如果出名人不亲自参与购房行为并申请办理登记手续，则房屋将无法登记到出名人的名下。也就是说，在不动产登记制度日趋完善尤其是存在房屋限购政策的情形下，实践中大量发生的是隐名购房而非冒名购房，即借名人并非仅仅冒充他人的名义订立房屋买卖合同，而是要与出名人达成借名购房的协议，约定由出名人出面签订房屋买卖合同或者同意借名人以出名人的名义订立合同并将所购房屋申请登记在出名人名下，但购房款由借名人支付，所购房屋也归借名人所有。据此，前文提到的“徐某欣案”和“大连羽田案”都属于典型的隐名购房而非冒名购房，自然不能再按照处理冒名购房的思路来处理因隐名购房引起的权属争议。〔1〕

在“大连羽田案”中，日本企业羽田制造所因担心在中国以自己的名义直接取得建设用地使用权可能会存在法律或者政策上的障碍，遂与鸿丰公司先签订一份转让合同，约定：由鸿丰公司与龙王塘办事处再签订一份转让合同，并将取得的建设用地使用权及地上建筑物登记在鸿丰公司名下，但该建设用地使用权及地上建筑物的所有权均归属羽田制造所，在羽田制造所设立外商独资企业大连羽田后，鸿丰公司再将案涉标的物过户到大连羽田的名下。大连羽田设立后，鸿丰公司与大连羽田签订了一份租赁合同，将案涉标的物交付大连羽田占有使用，但未办理过户手续。大连羽田起诉请求确认羽田制造所将其在买卖合同中的权利转让给自己的行为有效，进而请求确认其为案涉不动产的权利人，并请求鸿丰公司协助办理过户手续。一审法院认为：“应当确认租赁合同是一个假合同，而相对应的转让合同应认定为是真实的。两个转让合同书只反映存在一个转让法律关系，而不反映存在两个转让法律关系，该两个转让合同书的结合方能形成一个资产转让法律关系，转让人是龙王塘办事处，受让人是羽田制造所。根据法不禁止即可为，为之即合法的评判行为是否合法的基本规则和标准，应当确认，除转让合同约定的地下

---

〔1〕 在“徐某欣案”中，尽管当事人对于案涉《北京市商品房现房买卖合同》《声明书》《授权委托书》中的“曾某外”三个字是否为徐某欣所签存在争议，且鉴定意见为该三处“曾某外”签名字迹均为徐某欣书写，但综合案件全部证据，即使三处“曾某外”均系徐某欣代签，该行为也已经“曾某外”同意，故本案不应认为是冒名购房而是借名购房。

物的所有权转让不合法之外，当事人就涉案的国有土地使用权和其他物之所有权进行的转让和受让行为合法有效。"据此，一审判决全面支持了大连羽田的诉讼请求。鸿丰公司不服，提起上诉。二审法院认为："案涉资产的真正受让人是弘丰公司而非羽田制造所，一审法院对此认定有误。根据物权法定原则，对物权的取得没有法律规定的就是法律所禁止的。羽田制造所是日本企业，其受让中国土地使用权没有法律依据。"据此，二审判决撤销一审判决，驳回大连羽田的诉讼请求。大连羽田不服，申请最高人民法院再审。最高人民法院提审后认为，一审判决认定案涉资产的真正受让人是羽田制造所是正确的，二审判决认定案涉资产的真正受让人是弘丰公司确有错误，应予纠正；羽田制造所将取得的权利转让给大连羽田的行为虽然有效，且大连羽田已经取得对标的物的占有使用，但不动产物权的变动除交付外，尚需办理登记手续，故大连羽田请求确认其享有案涉国有土地使用权和地上建筑物所有权，缺乏法律依据，不予支持，一审判决直接确认大连羽田公司享有案涉不动产物权有所不当，应予纠正。据此，再审判决撤销一、二审判决，并判决鸿丰公司 7 日内将案涉不动产过户至大连羽田名下。

"大连羽田案"是较早涉及借名购房(地)的典型案例。在该案中，尽管最高人民法院作出的再审判决并未确认大连羽田已取得案涉不动产的物权，但却认定羽田制造所以鸿丰公司名义受让的不动产应归属羽田制造所，只不过羽田制造所将其通过转让合同取得的权利转让给大连羽田的行为虽然有效，且大连羽田也已经取得对标的物的占有使用，但因大连羽田未办理过户手续，因而尚未取得物权。可见，尽管该案再审判决对于大连羽田是否取得物权，严格区分了原因行为与物权变动，认为大连羽田不能仅依据羽田制造所与鸿丰公司之间的约定即可取得物权，但对于羽田制造所以鸿丰公司名义取得物权的行为，却未贯彻区分原则，因为羽田制造所虽然与鸿丰公司约定羽田制造所对案涉不动产享有物权，案涉不动产在案件审理时却仍登记在鸿丰公司名下，并未过户到羽田制造所名下。既然案涉不动产仍登记在鸿丰公司名下，最高人民法院在该案中为何直接确认羽田制造所已经取得对案涉不动产的物权呢？对此，再审判决作了非常明确的回答：根据羽田制造所与鸿丰公司在转让合同中的预定,弘丰公司系受羽田制造所的委托购买涉案资产并与龙王塘办事处签订转让合同,且各方当事人均知道涉案资产的真正受让人是羽田制造所以及羽田制造所与弘丰公司之间系委托代理关系,根据《合同法》第402条的规定,鸿丰公司与龙王塘办事处签订的转让合同直接约束龙王塘办事处和羽田制造所,因此,龙王塘办事处是案涉资产的出让人,羽田制造所是案涉资产的真正受让人。

显然,从上述裁判思路来看,该案再审判决是认为羽田制造所与鸿丰公司之间构成代理关系,因此鸿丰公司取得的权利应归属羽田制造所。也就是说,在最高人民法院看来,羽田制造所与鸿丰公司之间签订的协议虽然名为"转让合同",但在性质上属于委托合同,且虽然鸿丰公司系以自己名义与龙王塘办事处进行交易,但因各方当事人对此均知情,故构成《合同法》第402条规定的隐名代理。问题是,《合同法》第402条规定的隐名代理与《合同法》第403条规定的间接代理是仅能用于解决当事人之间因合同履行发生的争议,还是也能用于解决借名购房中的不动产权属确认呢?从文义上看,《合同法》第402条仅规定"合同直接约束委托人和第三人",并未言及委托人可直接根据合同主张物权;《合同法》第403条更是针对违约救济作的规定,因为该条适用的前提是"受托人因第三人的原因对委托人不履行义务"或"受托人因委托人的原因对第三人不履行义务",但在借名购房的情形下,通常不存在上述情形,而是委托人已经支付了全部购房款,且第三人已经将房屋过户至受托人名下,仅仅是委托人与受托人之间就房屋权属发生争议。可见,尽管《合同法》承认隐名代理和间接代理,但二者在适用范围上有严格限制。[1] 也就是说,虽然隐名代理与间接代理可以用于解决当事人之间

---

〔1〕 王利明教授认为,《合同法》第402条、第403条都是关于间接代理制度的规定,尽管有其必要性,但因该制度设立的目的是要解决外贸代理中的纠纷,且可能冲击合同相对性,故须严格限制其适用条件,并将其适用范围严格限制在国际货物买卖,而不能适用于国内货物买卖(参见王利明:《合同法新问题研究》,中国社会科学出版社2011年版,第782—783页)。崔建远教授亦认为,《合同法》第402条、第403条系关于间接代理的规定,应仅适用于商事领域,不能适用于民事领域(参见崔建远:《民法总则:具体与抽象》,中国人民大学出版社2017年版,第307页)。

因合同履行发生的争议，但能否用于解决不动产权属争议，则不无疑问。

《物权法》通过并实施后，笔者曾撰文指出，在隐名购房的情况下，尽管多数情形下当事人在借名购房协议中会约定所购房屋的归属，但因物权属于对世权，具有对抗第三人的效力，故隐名购房中的物权归属并非当事人可以通过合同自由约定，而应根据物权变动规则进行认定。〔1〕笔者认为，在"大连羽田案"中，即使认定羽田制造所与鸿丰公司之间并非买卖合同关系而是委托合同关系且构成隐名代理或者间接代理，也仅仅意味着在龙王塘办事处未向鸿丰公司履行合同导致鸿丰公司无法向羽田制造所履行合同的情况下，羽田制造所可依据鸿丰公司与龙王塘办事处签订的合同直接向龙王塘办事处主张合同权利，并不意味着在龙王塘办事处已经向鸿丰公司全面履行合同义务并将不动产过户至鸿丰公司名下后，羽田制造所仅依据其与鸿丰公司之间的委托合同即可直接请求确认其对案涉不动产享有物权。也就是说，因羽田制造所系基于法律行为取得物权，根据形式主义物权变动模式，即使羽田制造所与鸿丰公司之间存在委托合同，也只有在鸿丰公司履行完委托合同将案涉不动产过户到羽田制造所后，羽田制造所才能取得对案涉不动产的物权。

"徐某欣案"的再审判决在一定程度上支持了笔者的上述观点。在该案中，徐某欣为规避政府房屋限购政策而以曾某外的名义购买案涉房屋，登记在曾某外名下，曾某外的债权人中集哈深公司申请法院强制执行该房屋，徐某欣作为案外人提起执行异议之诉。一审法院认为，"不动产物权登记产生的公示公信效力，系对社会公众产生的外部效力，但仅是一种推定效力，当事人有证据证明真正权利人时，可以推翻这种推定，维护事实上的真实"。据此，一审判决认定，"徐某欣不是登记簿上的房屋产权人，不影响其对案涉房屋的物权期待权，能够排除强制执行"。中集哈深公司不服，提起上诉。二审法院认为，"不动产登记行为只能产生权利推定效力，登记行为本身并不产生物权"，且"根据《最高人民法院关于适用〈中华人民共和国物权法〉若干问题的解释（一）》第二条之规定，当物权登记与实际权利状况不符时，要以实际权利状况为依据认定

〔1〕 参见吴光荣：《不动产权属确认的基本原则》，载《人民司法》2009年第19期。

事实”。据此,二审判决认为“徐某欣与曾某外就案涉房屋存在借名买房关系,徐某欣也已证明其是案涉房屋实际出资人和占有人,故其主张案涉房屋物权归属于自己,法院应予支持或对真实权利主体予以审理认定”,“双方通过借名买房的外在形式,将真实物权登记于借名人名下,是对物权的处分方式,当借名买房的物权归属发生争议时,真实权利人可直接向法院请求确认物权归属”,“一审判决认定徐某欣以案涉房屋享有物权期待权而非物权系适用法律不当,二审法院予以纠正,但认定徐某欣对案涉房屋享有足以排除强制执行的民事权益的裁判结果正确,应予以维持”。中集哈深公司不服,申请最高人民法院再审。最高人民法院作出的再审判决一方面认定案涉借名购房协议因规避房屋限购政策导致违反公序良俗原则而应被认定无效,但同时指出,即使借名购房协议合法有效,借名人也仅仅有权请求出名人协助办理过户手续,而不能直接请求确认物权,并据此认为“这不但符合我国法律关于物权变动的实然规定,也是借名人故意制造名义买房人与实际买房人不一致时应面临的权利风险”。正是基于这一认识,再审判决在认定案涉借名购房协议已因房屋限购政策消除而补正其效力的基础上,认为徐某欣在通过生效判决的执行而完成了不动产登记后,即成为案涉房屋所有权人,足以排除法院的强制执行。

不难看出,尽管上述三个判决的裁判结果是一致的,但理由各不相同。一审判决认为不能简单依据不动产登记簿的记载进行确权,而应依据真实权利状态确权,但未指出真实权利状态如何确认,且认为借名人取得的仅仅是物权期待权,而非物权;二审判决同样认为不动产登记簿的记载不是确权的依据,应根据真实权利状态确权,从而纠正了一审判决的错误,认为借名人取得的就是物权,而非物权期待权,但仍然未能指出借名人取得物权的依据;再审判决虽然也认为借名人最终已经取得物权,却指出仅仅依据借名购房协议不足以引起物权变动,即使借名购房协议有效,也仅仅产生债权请求权,物权的变动仍需当事人办理过户手续。显然,与“大连羽田案”的再审判决不同,“徐某欣案”的再审判决尽管也认定借名人与出名人之间存在合同关系,且在未办理过户登记的情形下,借名人对出名人债权请求权,可以请求出名人协助办理过户登记,但并未将当事人之间的合同关系界定为委托合同,更未适用《合同法》第 402 条或者第 403 条的规定,直接认定借名人对案涉房屋享有物权。

"徐某欣案"的再审判决可能会被误解为最高人民法院是依据《民法典》第 216 条第 1 款(原《物权法》第 16 条第 1 款)关于"不动产登记簿是物权归属和内容的根据"之规定作出的判决,甚至被误解为是适用外观主义的结果,因为根据上述裁判思路,在借名人完成过户手续之前,借名人并非法律上的物权人,真正的物权人就是出名人,这就与不动产登记簿的记载是一致的。[1] 需要说明的是,《民法典》第 216 条第 1 款关于"不动产登记簿是物权归属和内容的根据"之规定旨在确立不动产登记簿的权利推定效力,只有在当事人无法举证证明基于物权变动规则而形成的真实权利状态时,才能依据该条确认物权归属。也就是说,该条是关于客观证明责任分配的规范,并非人民法院确认不动产物权归属的实体依据,在当事人有证据推翻该权利推定效力时,自应根据真实权利状态进行确权。这也正是《物权法解释(一)》第 2 条的规范目的。[2] "徐某欣案"的一、二审判决虽然注意到了不动产登记仅具权利推定效力,并非不动产权属确认的实体规则,但并未意识到不动产权属确认的实体规则是不动产物权变动规则,更未能从不动产物权变动规则的角度论证作为借名人的徐某欣何以成为所购房屋的实际权利人,而仅仅以徐某欣实际支付购房款且其与曾某外之间存在借名购房协议为由,即认为徐某欣为实际权利人,显然过于草率。再审判决认定徐某欣在办理过户前并非所购房屋的真正权利人,而是直到通过执行行为办理过户手续后才成为该房屋的所有权人。这一认定显然是以承认曾某外在过户前为所购房屋的所有权为前提的,但这并不意味着再审判决是根据《物权法》第 16 条(现为《民法典》第 216 条)作出的判断。从判决书的表述看,再审判决之所以认为在徐某欣通过执行行为办理过户手续前并未取得所购房屋的所有权,乃是基于物权变动规则所作的判断。从物权变动

---

〔1〕 关于外观主义的滥用与误用,参见崔建远:《论外观主义的运用边界》,载《清华法学》2019 年第 5 期。

〔2〕 参见司伟:《论不动产登记与权属确认——兼论对〈物权法司法解释一〉第 2 条的理解》,载《法律适用》2016 年第 5 期。

的角度看，房屋买卖合同系以曾某外的名义签订，在存在房屋限购的情形下，曾某外对此不仅知情，且必然要得到曾某外的同意，当事人签订的房屋代持协议即是明证，这就意味着本案并非冒名购房，而是隐名购房。既然如此，曾某外就应理解为被代理人，而房屋也被登记在曾某外的名下，自然属于曾某外所有。至于房款由谁支付，曾某外在取得房屋所有权后如何处置，则是曾某外与徐某欣之间的合同关系问题。

此外，"徐某欣案"的再审判决也不能被解读为运用外观主义的结果。2019 年 11 月最高人民法院发布的《九民纪要》指出："从现行法律规则看，外观主义是为保护交易安全设置的例外规定，一般适用于因合理信赖权利外观或意思表示外观的交易行为。实际权利人与名义权利人的关系，应注重财产的实质归属，而不单纯地取决于公示外观。"在"徐某欣案"中，不存在因合理信赖权利外观而需要保护的第三人，自然就不存在运用外观主义之余地。但需要注意的是，尽管该案属于《九民纪要》所称"实际权利人与名义权利人的关系"，因此"应注重财产的实质归属，而不单纯地取决于公示外观"，但由于《九民纪要》未明确财产的实质归属究竟应如何认定，实践中难免会出现有些法官刻意就物权归属作出与公示外观不一致的认定，进而标榜自己并非依据公示外观对权属进行认定，而是注重财产实质归属的结果。从实践的情况看，也有人一旦发现法官作出的权属认定与公示外观一致，就误认为系法官滥用外观主义的结果。其实，虽然《九民纪要》要求在处理实际权利人与名义权利人的关系时注重财产的实质归属，但这并不意味着得出的结论就必然与外观状态不一致。〔1〕

不仅如此，正是由于不动产登记簿被赋予权利推定效力与公信力，而不动产登记的公信力即是外观主义的重要表现，人民法院在对不动产权属进行确认时，要尽可能维护不动产登记簿的正确性，否则，法律赋予不动产登记簿以权利推定效力与公信力就将失去正当性，因为法律赋予不动产登记簿如此强大的效力，是因为不动产登记簿的正确率足够高，

---

〔1〕 参见最高人民法院民事审判第二庭编著：《〈全国法院民商事审判工作会议纪要〉理解与适用》，人民法院出版社 2019 年版，第 230—231 页。

以至于登记的权利人在绝大多数情形下就是真正的权利人。〔1〕我国民事诉讼法对证明标准采取的是高度可能性标准，即只要待证事实达到高度可能性，法官即应认定待证事实为真实，如果不动产登记簿的正确率降低到一定程度，就会连民事证明标准所要求的高度可能性都无法达到，法律自然也就无法赋予不动产登记簿以权利推定效力，更没有正当性赋予不动产登记簿以公信力。试想，在当事人借名购房的情形下，如果适用《民法典》关于隐名代理或者间接代理的规定认定借名人是真正的权利人，必然造成登记与权属出现大面积不一致的情况，严重降低不动产登记簿的正确率。从这个意义上讲，笔者不赞同以隐名代理或者间接代理制度来解决借名购房引发的权属争议，主要也是考虑到，从体系解释的角度出发，在借名人将房屋过户到自己名下之前，如果认定借名人是真正的权利人，就会动摇物权法的基础。

类似的情形也可能会发生在借名投资的场合，即如果将隐名代理或者间接代理制度运用于股东权利的确认，认为借名人在将股权登记到自己名下之前就是真正的股东，很可能会动摇公司法的基础，因为这可能导致公司连自己的股东是谁都不清楚。也正因如此，《公司法解释（三）》不仅严格区分了冒名投资和隐名投资，而且就隐名投资的股权归属问题进行了明确规定。在排除冒名投资的情形后，《公司法解释（三）》第 22 条规定，股东权利应根据投资行为或者转让、继承等法律关系来进行确认。据此，在隐名投资中，虽然投资款系实际出资人（借名人）支付，但投资行为系名义股东（出名人）作出，且名义股东往往参与了公司的管理，故应认为名义股东就是真正的股东。在此基础上，《公司法解释（三）》第 24 条亦明确规定，在实际出资人（借名人）与名义股东（出名人）之间的协议有效时，“实际出资人与名义股东因投资权益的归属发生争议，实际出资人以其实际履行了出资义务为由向名义股东主张权利的，人民法院应予支持。名义股东以公司股东名册记载、公司登记机关登记为由否认实际出资人权利的，人民法院不予支持”，但“未经公

〔1〕参见最高人民法院民事审判第一庭编著：《最高人民法院物权法司法解释（一）理解与适用》，人民法院出版社 2016 年版，第 74 页。

司其他股东半数以上同意，请求公司变更股东、签发出资证明书、记载于股东名册、记载于公司章程并办理公司登记机关登记的，人民法院不予支持”。可见，虽然实际出资人可根据有效合同向名义权利人主张投资权益，却无权向公司主张股东权利。当然，如果实际出资人与名义股东之间的合同有效，实际出资人也可以根据合同的约定，请求名义股东将股权转让给实际出资人，但此时必须符合股权转让的条件。对此，《最高人民法院关于审理外商投资企业纠纷案件若干问题的规定（一）》[以下简称《外商投资企业解释（一）》]亦持相同观点。根据该解释第14条的规定，当事人之间约定一方实际投资、另一方作为外商投资企业名义股东，实际投资者请求确认其在外商投资企业中的股东身份或者请求变更外商投资企业股东的，人民法院不予支持，但在符合外商投资企业股权转让条件的情形下，实际投资者可以请求将其变更为外商投资企业的股东。可见，无论是《公司法解释（三）》还是《外商投资企业解释（一）》都严格区分借名人与出名人之间的合同关系和股权归属关系。也正是基于这一认识，在笔者承办的“博智资本基金公司与鸿元控股集团有限公司其他合同纠纷案”（以下简称“博智资本案”）[1]中，实际出资人博智公司与名义股东鸿元公司就案涉股权发生争议，对此终审判决指出：“根据双方当事人关于股权归属以及股权托管的约定，鸿元公司的前身亚创公司系代博智公司持有股权而非自己享有股权。虽然上述协议均系双方当事人真实意思表示，但由于股权归属关系应根据合法的投资行为依法律确定，不能由当事人自由约定，因此，尽管当事人约定双方之间的关系是股权代持关系，也不能据此认定双方之间的关系属股权代持关系，而应认定双方之间系委托投资合同关系。一审判决未能区分股权归属关系与委托投资关系，仅以双方签订的《委托投资及托管协议》及《协议书》系双方真实意思表示为由认定上述协议均有效，并据此认定博智公司作为案涉股权的实际出资人，享有所有者投资权益，而鸿元公司作为名义股东，系依约代博智公司行使股权，属法律适用错误，也与鸿元公司一直以股东身份行使股权及相关权益的事实不符，应予纠正。”显然，

---

〔1〕（2013）最高法民四终字第20号民事判决书。

“徐某欣案”再审判决的裁判思路与这一裁判思路是一致的。

## 三、借名购房协议的法律性质与效力认定

前文述及,隐名购房与冒名购房的区别在于前者有合同关系存在于借名人与出名人之间,而后者则没有合同关系存在于借名人与出名人之间。在隐名购房的情形下,借名人与出名人之间的合同在名称上可能会五花八门,有的称为借名购房协议,有的则称为房屋代持协议,还有的称为委托购房协议。因这些协议的主要内容大多涉及以他人名义购房,且所有过房屋归借名人所有,故笔者将这些名称各异的合同统称为借名购房协议。当然,将借名人与出名人之间的合同统称为借名购房协议,并不能揭示当事人之间法律关系的性质,因为借名购房本身就不是一个专业术语,而是实践中的一个通俗说法。从这一个意义上讲,房屋代持协议也无法揭示当事人之间的法律关系,因为房屋代持也只是一个通俗的说法。相对而言,委托购房协议较为正式,也能在一定程度上揭示当事人之间的法律关系是委托合同关系。问题是,是否所有借名购房协议都是委托合同呢?在“大连羽田案”中,尽管借名人与出名人所签订的合同名为“转让合同”,但再审判决基于合同约定的内容,认定借名人(羽田制造所)与出名人(鸿丰公司)之间构成委托合同关系。在“徐某欣案”中,借名人(徐某欣)与出名人(出名人)签订的合同名为“房屋代持协议”,再审判决虽然没有明确当事人之间法律关系的性质,但从判决书关于借名人依据房屋代持协议仅取得请求出名人履行合同的债权请求权,只有履行合同办理过户手续后,借名人才能取得房屋所有权的论述来看,也可以认定当事人之间系委托合同关系,而非房屋代持关系。也就是说,虽然当事人签订的是代持协议,约定房屋所有权归属于借名人,但因房屋所有权并非当事人可以通过合同约定的事项,故不能发生当事人约定的法律效果,当事人之间也就不存在所谓代持关系,而仅仅成立一个委托合同关系,即借名人委托出名人以出名人的名义购房。

将名称各异的借名购房协议统一界定为委托合同关系,有利于我们正确认定借名购房协议的效力。例如,在借名人与出名人签订的合同名为“房屋代持协议”且约定房屋所有权归属借名人的情形下,就会有不

少人立刻意识到该协议可能违反政府的房屋限购政策,进而质疑该协议的效力。但是,如果我们认为,当事人签订的协议虽然名为房屋代持协议,但该协议在性质上应属委托合同,就不会想当然地认为该协议必然违反政府的房屋限购政策,因为当事人关于房屋权属的约定并不发生法律上的效力。从实践的情况看,借名购房协议的效力之争大多源于参与讨论者对借名购房协议的性质认识不一。所以,要想达成共识,就要先界定借名购房协议的性质。

当然,即使我们将借名购房协议在法律性质上统一界定为委托合同,也难免会有人质疑该协议的效力,尤其是在政府对房屋买卖有限购政策的情况下,该协议是否因违反公序良俗原则而无效,就是一个争议较为激烈的问题。例如,在"徐某欣案"中,尽管再审判决认定当事人在房屋代持协议中就房屋权属的约定不发生法律效力,房屋权属应依据物权变动规则进行认定,但仍认为房屋代持协议因规避房屋限购政策而违反公序良俗原则,应认定无效。无独有偶,在借名投资中,如果当事人之间的借名投资协议旨在规避行政监管(如金融监管部门对外资持股金融机构设有限制)而签订,则也可能引发借名投资协议效力之争。例如,在"华懋金融服务有限公司与中国中小企业投资有限公司委托投资纠纷案"(以下简称"华懋公司案")[1]中,虽然借名人与出名人之间签订的是借款合同,但最高人民法院的二审判决认定当事人之间构成委托投资关系,同时考虑到中国人民银行1994年7月颁布的《关于向金融机构投资入股的暂行规定》第12条规定"外资、中外合资金融机构和企业均不得向中资金融机构投资"以及中国银行业监督管理委员会2003年12月颁布的《境外金融机构投资入股中资金融机构管理办法》第4条规定"境外金融机构投资入股中资金融机构,应当经中国银行业监督管理委员会批准",遂根据《合同法》第52条关于"以合法形式掩盖非法目的"的行为无效之规定,认定当事人之间的委托投资协议无效。

在"博智资本案"中,当事人签订委托投资及托管协议的背景则是2010年6月10日起施行的《保险公司股权管理办法》第2条规定"本办

---

[1] (2002)最高法民四终字第30号民事判决书。

法所称保险公司,是指经中国保险监督管理委员会(以下简称‘中国保监会’)批准设立,并依法登记注册的外资股东出资或者持股比例占公司注册资本不足25%的保险公司”,而作为投资对象(目标公司)的新华人寿的外资持股比例已经接近25%,所以博智资本只能委托鸿元公司投资入股新华人寿并代持所取得的股权。在该案的审理过程中,当事人也主张该委托投资协议系“以合法形式掩盖非法目的”的行为而应认定无效。对此,最高人民法院在终审判决中指出:“本案中,博智公司委托鸿元公司的前身亚创公司投资新华人寿,正是由于外资股东投资境内保险公司受到上述投资比例的限制。虽然鸿元公司是受博智公司的委托投资新华人寿,但鸿元公司并未以博智公司的名义投资,也未将案涉股权登记在博智公司的名下,而是以自己的名义投资并将案涉股权登记在鸿元公司的名下,且该投资行为不仅已经获得保监会的批准,鸿元公司还以其名义参与了新华人寿的管理,履行了股东的义务并行使了股东的权利,因此不能认为案涉股权归博智公司享有,而应认定案涉股权归鸿元公司享有。就此而言,博智公司委托鸿元公司以鸿元公司的名义投资新华人寿,与保监会的上述规章并无抵触,自然不能作为‘以合法形式掩盖非法目的’的情况而否定双方之间委托投资协议的效力。也就是说,股权归属关系与委托投资关系是两个层面的法律关系,前者因合法的投资行为而形成,后者则因当事人之间的合同行为形成,保监会的上述规章仅仅是对外资股东持股比例所作的限制,而非对当事人之间的委托合同关系进行规制,因此,实际出资人不能以存在合法的委托投资关系为由主张股东地位,受托人也不能以存在持股比例限制为由否定委托投资协议的效力。”可见,在本案中,终审判决在严格区分合同关系与股权归属关系的基础上认为,既然借名人在法律上并非真正股东,那么就不存在规避行政监管的问题,更不能以“以合法形式掩盖非法目的”为由否定委托投资的效力。

再回到借名购房问题。尽管“徐某欣案”的再审判决亦严格区分合同关系与物权归属关系,同样认为借名人与出名人之间仅存在合同关系,物权归属应依据物权变动规则进行认定,但对于借名购房协议的效力,却作出了不同的评价:“徐某欣在当时已有两套住房的情况下仍借曾某外之名另行买房，目的在于规避国务院和北京市的限购政策，通过投机性购房获取额外不当利益。司法对于此种行为如不加限制而任其泛滥，则无异于纵容不合理住房需求和投机性购房快速增长，鼓励不诚信的当事人通过规避国家政策红线获取不当利益，不但与司法维护社会诚信和公平正义的职责不符，而且势必导致国家房地产宏观调控政策落空，阻碍国家宏观经济政策落实，影响经济社会协调发展，损害社会公共利益和社会秩序。故徐某欣与曾某外为规避国家限购政策签订的《房产代持协议》因违背公序良俗而应认定无效，徐某欣依据规避国家限购政策的借名买房合同关系，不能排除对案涉房屋的执行。”值得注意的是，再审判决认定案涉房产代持协议无效的理由是该协议违背公序良俗，裁判依据则是《合同法》第 7 条关于“当事人订立、履行合同，应当遵守法律、行政法规，尊重社会公德，不得扰乱社会经济秩序，损害社会公共利益”的规定，既未适用《合同法》第 52 条第 3 项（以合法形式掩盖非法目的），也未适用该条第 4 项（损害社会公共利益）。应该说，再审判决没有适用《合同法》第 52 条第 4 项是可以理解的，因为该项与《合同法》第 7 条表达的意思相同，同时援引自然更好，但仅援引其一，也足以表达裁判的理由。问题是，既然再审判决适用的是《合同法》而非《民法总则》，在“以合法形式掩盖非法目的”尚未被删除的情况下，再审判决为何没有适用《合同法》第 52 条第 3 项呢？笔者猜测，尽管该案的法律事实发生在《民法总则》施行前，但在再审判决作出之时，《民法总则》已经通过并实施，而《民法总则》已经将“以合法形式掩盖非法目的”作为认定法律行为无效的情形予以废除，如果再将“以合法形式掩盖非法目的”作为认定案涉借名购房协议无效的理由，就不太合适了，也与《立法法》关于法律在更有利于保护当事人合法权益的情形具有溯及力的规定不符，因为承认法律行为有效更符合当事人的利益。此外，从再审判决采用“公序良俗原则”的表述看，亦可观察到《民法总则》对该案审理的影响。

无独有偶，在“福建伟杰投资有限公司、福州天策实业有限公司营业信托纠纷案”（以下简称“天策公司案”）[1]中，最高人民法院在二审裁

---

[1] （2017）最高法民终 529 号民事裁定书。

定书亦认为天策公司(借名人)与伟杰公司(出名人)之间签订的《信托持股协议》明显违反中国保险监督管理委员会制定的《保险公司股权管理办法》第 8 条关于“任何单位或者个人不得委托他人或者接受他人委托持有保险公司的股权”的规定,应当认定无效。在该案中,二审裁定书虽然认为《保险公司股权管理办法》是中国保险监督管理委员会依据《保险法》第 134 条关于“国务院保险监督管理机构依照法律、行政法规制定并发布有关保险业监督管理的规章”的明确授权,为保持保险公司经营稳定,保护投资人和被保险人的合法权益,加强保险公司股权监管而制定,且内容不与更高层级的相关法律、行政法规的规定相抵触,也未与具有同层级效力的其他规范相冲突,同时其制定和发布亦未违反法定程序,因而“违反中国保险监督管理委员会《保险公司股权管理办法》有关禁止代持保险公司股权规定的行为,在一定程度上具有与直接违反《中华人民共和国保险法》等法律、行政法规一样的法律后果”,但在认定案涉协议无效的裁判依据上,适用的却是《合同法》第 52 条第 4 项,而非《合同法》第 52 条第 2 项(违反法律、行政法规的强制性规定)。究其原因,法官认为:“从代持保险公司股权的危害后果来看,允许隐名持有保险公司股权,将使得真正的保险公司投资人游离于国家有关职能部门的监管之外,如此势必加大保险公司的经营风险,妨害保险行业的健康有序发展。加之由于保险行业涉及众多不特定被保险人的切身利益,保险公司这种潜在的经营风险在一定情况下还将危及金融秩序和社会稳定,进而直接损害社会公共利益。”

从“天策公司案”的二审裁定书认定案涉信托代持协议无效的裁判依据与裁判理由看,该裁定书显然没有严格区分合同关系与股权归属关系,误认为当事人约定的股权代持即可发生确定股权归属的效力,从而导致天策公司隐名持有保险公司的股权,进而导致真正投资人游离于监管之外。问题是,如果我们严格区分合同关系与股权归属关系,否定信托代持协议关于股权归属的约定在公司法上的效力,进而不承认天策公司的股东地位,也就不存在隐名股东的说法,伟杰公司就是真正的股东,自然也就不存在监管失效的问题。也就是说,如果我们先处理股权归属关系,否定借名投资协议在公司法上的效力,而仅承认其在合同法上的效力,则借名投资协议是否会导致监管失效,进而影响金融秩序和社会稳定,就值得我们作进一步的考量。由于借名投资协议仅仅约束当事人双方,如果认为该协议对金融秩序和社会稳定构成威胁,就应另外给出充分的理由,而不能想当然地认为金融秩序和社会稳定会因为一纸协议而受到威胁。尤其应该考虑,在严格区分合同关系与股权归属关系的前提下,如果认为一个国家或者地区的金融秩序和社会稳定仅因一纸能约束双方的协议就受到威胁,我们究竟是应该反思该国或地区的金融秩序和社会稳定的坚固性,还是应该反思协议的效力呢?所以,笔者认为,现行司法解释[《公司法解释(三)》《外商投资企业解释(一)》]均不承认隐名投资中实际出资人的股东地位,不仅与上述监管规则的目的是一致的,且在相当程度上配合了监管机构对保险公司持股情况的监管。既然如此,是否有必要进一步再否定当事人之间的股权代持协议的效力,就值得斟酌。在笔者看来,只有在监管机构不仅要对保险公司的持股情况进行监管,而且要对股东投资入股的资金来源也要进行监管的情况下,才有必要考虑股权代持协议是否因违反非以自有资金投资入股的监管规则而无效。[1] 考虑到《保险公司股权管理办法》仅仅是对股权进行监管,并非对资金来源进行监管,且即使涉及资金来源监管,是否必然导致股权代持协议无效,也需要有充分的理由与依据。笔者认为,在严格区分合同关系与股权归属关系的情形下,否定当事人之间股权代持协议应十分谨慎。对此,《九民纪要》第31条亦明确指出:“违反规章一般情况下不影响合同效力,但该规章的内容涉及金融安全、市场秩序、国家宏观政策等公序良俗的,应当认定合同无效。人民法院在认定规章是否涉及公序良俗时,要在考察规范对象基础上,兼顾监管强度、交易安全保护以及社会影响等方面进行慎重考量,并在裁判文书中进行充分说理。”

如果说“天策公司案”二审裁定之所以认定案涉信托代持协议无效是因为法官没有严格区分合同关系和股权归属关系,那么,在“徐某欣案”中,再审判决不仅意识到合同关系与物权归属关系的不同,而且指出物权归属的认定应当依据物权变动规则进行,不能由当事人自由约定,

---

[1] 刘贵祥、吴光荣:《关于合同效力的几个问题》,载《中国应用法学》2021年第6期。

但何以再审判决也认定徐某欣与曾某外订立的房产代持协议无效呢？笔者认为，“徐某欣案”的再审判决之所以认定房产代持协议无效，是因为没有区分部分无效和全部无效。道理很简单：既然物权归属应依据物权变动规则进行认定，不能由当事人自由约定，那么就意味着房产代持协议关于房屋所有权归属的约定是无效的，但这部分内容无效，并不必然导致整个房产代持协议都无效。如果我们将房产代持协议在法律性质上界定为委托合同，则意味着整个委托合同并不因当事人存在房屋权属的约定而无效。此外，即使认为当事人之间关于房屋权属的约定无效，也是因为该约定违反委托合同的本质，且法律关于不动产物权变动规则的规定属于强行法而非任意法，而不是因为该约定违反社会公共利益。所以，笔者更愿意将此种情形称为不发生效力，而不是无效，即当事人关于房屋权属的约定不发生物权法上的效力。

当然，笔者认为委托合同关于物权归属的约定不发生物权法上的效力而仅认可委托合同在合同法上的效力，并不意味着笔者完全否认借名购房协议仍可能因违反公序良俗而全部无效。如果当事人购房不是为了居住，而是以盈利为目的，以借名购房的方式规避“房住不炒”的政策，则即使认为当事人之间的借名购房协议不直接发生物权法上的效力，而仅具有合同法上的效力，也将与政府部门的宏观调控政策格格不入，此时人民法院自应依据《民法典》第 153 条第 2 款的规定认定借名购房协议无效。此外，在当事人所购房屋为政策性保障住房时，如果认为借名购房协议仍可发生合同法上的效力，就可能诱发当事人通过借名购房的方式来规避政府对保障性住房进行的管理，从而导致政府提供保障性住房的目的无法实现，此时人民法院也应依据《民法典》第 153 条第 2 款的规定认定借名购房协议无效。〔1〕

总之，在严格区分合同关系与物权归属的情形下，当事人签订的借名购房协议（如房屋代持协议）在性质上应被认定为委托合同，其中关于房屋权属的约定因违反强行法而应认定不发生物权法上的效力，但原

---

〔1〕 相同观点，参见马强：《借名购房案件所涉问题之研究——以法院裁判的案件为中心》，载《政治与法律》2014 年第 7 期。

则上不影响其他内容的效力;由于借名购房协议仅约束借名人和出名人,且借名人不能依据借名购房协议即认定其为不动产物权人,因此借名购房协议并不应违反政府限购政策,原则上亦无法对公序良俗造成威胁,自无以违反社会公共利益或者违反公序良俗为由否定其效力的必要,除非当事人以盈利为目的通过借名购房协议违反"房住不炒"的政策或者所购房屋为保障性住房。当然,即使借名购房协议不因违反房屋限购政策而认定无效,但借名人依据有效的借名购房协议请求出名人协助办理过户手续时,可能会因为存在房屋限购政策而无法得到实际履行,这也是借名购房必然面临的法律风险。

## 四、借名购房的法律风险及其司法救济

即使认定借名购房协议有效,在借名人完成房屋过户手续之前,也仅可主张合同上的权利,不能请求确认其对房屋享有所有权,因此,借名人将面临一系列法律上的风险:首先,借名人依据有效的借名购房协议提起诉讼,请求出名人协助办理过户手续或者根据《民法典》第933条的规定在解除委托合同的同时请求出名人将取得房屋返还给自己时,如果存在房屋限购政策且履行障碍未解除,则借名人的诉讼请求将无法获得支持;其次,在出名人将房屋卖给第三人时,因出名人就是法律上的所有权人,因此出名人对标的物的处分属于有权处分,即使第三人对于借名购房的事实知情或者应当知情,在已经办理过户手续的情形下,第三人也可直接自出名人处取得房屋所有权,而无须依赖善意取得制度;最后,在出名人的其他债权人申请人民法院对登记在出名人名下的房屋强制执行时,借名人不能以自己为房屋的真正所有权人为由请求排除强制执行。

有人可能会担心承认借名购房协议有效将与政府的房屋限购政策发生冲突,不利于政府对房地产市场进行宏观调控。例如,在"徐某欣案"中,再审判决已经意识到借名购房所可能存在的法律风险,认为严格区分合同关系与物权归属,"这不但符合我国法律关于物权变动的实然规定,也是借名人故意制造名义买房人与实际买房人不一致时应面临的权利风险。故仅依据借名买房协议,徐某欣并不能直接成为案涉房屋的

所有权人,不享有排除执行的合法权益”。但即使如此,再审判决仍然基于房屋限购政策认定当事人签订的借名购房协议因违反社会公共利益而无效。对此,笔者的意见如下。其一,承认借名购房协议有效,并不意味着借名人已经是房屋的所有权人,借名人是否能够成为房屋的所有权人,还是需要满足房屋的限购政策,在当事人因合同履行发生纠纷的情况下,如果借名人仍不符合房屋限购政策,将构成法律上的履行不能,出名人仅需对借名人承担违约损害赔偿责任,而无须将房屋所有权转让给借名人,因此房屋限购政策并没有被架空,只是没有将其作为影响合同效力的因素,而是将其作为影响合同履行的因素。其二,暂且不说借名购房,假如是没有购房资格的张三与房屋所有权人李四签订一份房屋买卖合同,约定李四将房屋卖给张三,但李四须先将房屋交付张三占有使用,等到张三满足购房政策后才办理过户手续,该买卖合同是否因违反房屋限购政策而无效?张三在办理完过户手续前对房屋的占有是有权占有还是无权占有?显然,认定房屋买卖合同无效既无必要,也没有依据,因为当事人应将移转标的物所有权的时间推迟到张三符合房屋限购政策后,而在此之前,张三已因不能办理过户手续承担了相应的风险,房屋限购政策的目的也已实现。[1] 类似问题应类似处理,在借名购房的

---

〔1〕 对此,有借鉴意义的是当事人违反《公司法》第 141 条关于禁售期的规定而签订的股权转让合同的效力认定。实践中,股份有限公司的发起人或者高管在禁售期内与他人签订股权转让协议,但约定禁售期经过后再履行合同。对于此种协议的效力,在《最高人民法院公报》2007 年第 5 期所载“张桂平诉王华股权转让合同纠纷案”中,终审判决的裁判摘要指出:“一、公司法原第一百四十七条第一款关于‘发起人持有的本公司股份,自公司成立之日起三年内不得转让’的规定,旨在防范发起人利用公司设立谋取不当利益,并通过转让股份逃避发起人可能承担的法律责任。二、股份有限公司的发起人在公司成立后三年内,与他人签订股权转让协议,约定待公司成立三年后为受让方办理股权过户手续,并在协议中约定将股权委托受让方行使的,该股权转让合同不违反公司法原第一百四十七条第一款的规定。协议双方在公司法所规定的发起人股份禁售期内,将股权委托给未来的股权受让方行使,也并不违反法律的强制性规定,且在双方正式办理股权登记过户前,上述行为并不能免除转让股份的发起人的法律责任,也不能免除其股东责任。因此,上述股权转让合同应认定为合法有效。”当事人在法律规定的禁售期内签订但约定禁售期届满才履行的合同尚且应当认定有效,当事人在行政规章或者地方性法规规定的限购期内签订但约定取得购房资格后再履行的合同难道真的要认定无效?

情况下,既然借名人不能主张房屋所有权,且只有在满足房屋限购政策的情况下才能请求出名人协助办理过户手续,又何必要再以违反房屋限购政策为由否定借名购房协议的效力呢?其三,在处理因借名购房引起的纠纷时,人民法院不仅要考虑如何落实房屋限购政策,还要考虑如何公平公正处理当事人之间的纠纷,避免出现利益严重失衡,进而诱发不诚信的行为。在借名人完成过户手续前,如果借名人既不能主张房屋所有权,借名购房协议也因违反房屋限购政策而被认定,则借名人的利益将无法获得有效的保障,其结果就是保护了极不诚信的出名人。

当然,也有人认为即使认定借名购房协议有效,但如果借名人不能仅依据该协议主张对房屋享有所有权,进而请求排除人民法院的强制执行,这对借名人来说仍然不够公平,因为房屋确实是借名人出资购买,且借名购房协议对权属进行了明确约定。也正是基于这一考虑,“徐某欣案”的二审判决直接依据当事人之间的约定即认定房屋归借名人所有,进而支持了其请求排除强制执行的诉讼请求。实践中,此种为借名人“打抱不平”的想法普遍存在,这也是不少判决认为应认定借名人才是真正权利人的原因所在。尤其在执行异议之诉案件中,当申请执行人仅仅是出名人的普通金钱债权人,而借名人又已实际占有使用案涉房屋的情形下,在很多人看来,如果不允许借名人排除强制执行,就无法获得实质上的公平公正。对此,笔者的看法是:实现公平公正的途径和方法很多,但如果为了让借名人能够排除强制执行就认为借名人在完成过户手续前即对所购房屋享有所有权,则不仅不符合物权变动的规则,而且也可能制造出新的不公正,因为借名人以借名的方式购房,自应认识到此种购房方式不属于正常的购房方式,必然带来诸多法律上的风险,此为其一;其二,正义不仅要求类似事物类似处理,也要求不同的事物不同地对待,如果认为借名购房中借名人就是真正的权利人,且与正常情形下的购房在法律后果上无异,就会出现不同的事物相同对待,这也是另一种不公正。在笔者看来,实践中之所以出现为借名人“打抱不平”的想法,是因为很多人误以为只有在认定借名人对房屋享有所有权的情况下,借名人才能请求排除强制执行,但从民事诉讼法及相关司法解释的规定看,能够排除强制执行的民事权益并不限于物权,也包括少数极为特殊的债权。

例如,《执行异议和复议规定》第28条规定:"金钱债权执行中,买受人对登记在被执行人名下的不动产提出异议,符合下列情形且其权利能够排除执行的,人民法院应予支持:(一)在人民法院查封之前已签订合法有效的书面买卖合同;(二)在人民法院查封之前已合法占有该不动产;(三)已支付全部价款,或者已按照合同约定支付部分价款且将剩余价款按照人民法院的要求交付执行;(四)非因买受人自身原因未办理过户登记。"这是对登记前不动产买受人特殊保护的规则。根据形式主义物权变动模式,房屋所有权的变动须以当事人完成过户登记为要件,在过户手续完成前,买受人不能取得房屋所有权,而只能得到债权的保护。但是,考虑到特殊情形下,在出卖人的其他债权人申请对房屋强制执行时,如果仅仅因为买受人没有完成登记手续就无法请求排除强制执行,就可能导致实质上的不公平。为此,《执行异议和复议规定》第28条特别规定在满足一定条件的情况下,即使买受人没有取得房屋所有权,也可以请求排除强制执行。对于此种不是物权但又能够排除强制执行的权利,笔者曾借鉴德国民法理论上的物权期待权进行描述,并认为这一权利是物权期待权本土化的重要表现。[1]

既然不动产买受人在取得物权期待权的情形下可以请求排除出卖人的其他债权人对标的物的强制执行,那么,在借名购房的情况下,借名人在完成过户手续前,是否也可基于物权期待权请求排除强制执行呢?答案应该是肯定的。因为借名人与出名人之间虽然不是买卖合同关系,而是委托合同关系,但与买卖合同相似,借名人也享有请求出名人协助办理过户手续从而最终取得房屋所有权的债权请求权,根据类似事物应当类似处理的法律解释规则,借名人在完成过户手续前,也应获得同样的法律保护。尤其应该看到,在隐名购房的情形下,通常借名人不仅与出名人签订了书面的借名购房协议,而且已经支付了全部购房款,也已实际占有使用房屋,仅未办理过户登记手续而已,因此在笔者看来,尽管我国现行法并无借名人可以请求排除强制执行的明确规定,但通过类推

---

〔1〕 参见吴光荣:《物权诉讼:原理与实务》,人民法院出版社2009年版,第419页以下。

适用《执行异议和复议规定》第28条的规定，借名人在满足一定条件下，其权利也应被赋予排除强制执行的效力。从前述"徐某欣案"一审判决的表述看，采取的也是物权期待权的思路来保护借名人的交易安全。但遗憾的是，虽然该案已经意识到在执行异议之诉中对借名人进行特殊保护的必要性，但未能在否认借名人已经物权的基础上参照《执行异议和复议规定》第28条的规定对借名人是否取得物权期待权进行审查，而是在否定依据不动产登记簿的记载进行确权后，莫名其妙地得出借名人已经取得物权期待权，并据此支持其排除强制执行的诉讼请求。

需要说明的是，德国法上的物权期待权在认定上极为严格，因为物权期待权并非仅指获得物权的一种期待，而是要达到一种需要法律特殊保护的权利状态。[1] 也就是说，只有在标的物虽然尚不属于权利人所有但将来必然属于权利人所有的情况下，才能认定权利人对标的物享有物权期待权。例如，在不动产买卖中，只有在当事人虽然未完成登记过户手续，但已经向登记机关提交登记过户申请，且登记机构已经接受该申请时，才能认定不动产买受人享有物权期待权，因为根据德国土地登记法的规定，在上述情形下，虽然买受人尚未完成登记过户手续，但已经没有其他因素能够阻止买受人获得物权。反观我国，尽管《执行异议和复议规定》第28条对不动产买受人请求排除强制执行的条件进行了规定，但总体来看条件不够严格，以至于实践中大量发生当事人通过伪造证据提起执行异议来阻碍正常强制执行的情况。为此，最高人民法院正在制定执行异议之诉的司法解释，就能够排除强制执行的民事权益作出更加明确的规定，既要充分保护不动产买受人和借名人的交易安全，也要充分维护正常的强制执行秩序，从而让不动产买受人和借名人承担其应当承担的风险。

总之，正确认识借名购房中的法律风险对于正确处理借名购房的物权归属和合同效力具有极为重要的意义。一方面，借名购房毕竟不是正常的交易，借名人必须承担相应的法律风险，因此严格区分合同关系与

[1] 关于期待权的性质与效力的一般理论，参见申卫星：《期待权基本理论研究》，中国人民大学出版社2006年版，第101页以下。

物权归属，认定借名人在完成不动产登记前不能取得房屋所有权，而只能获得有效债权的保护，就能使借名人承担其应当承担的风险；另一方面，司法不仅要配合行政监管，还要公平公正处理当事人之间的权利义务关系，避免诱发不诚信行为，因此严格区分合同效力与合同履行，认定政府的房屋限购政策仅影响合同的履行而不影响合同的效力，就能在落实监管政策的同时，合理合法地解决当事人之间的纠纷。

## 五、认真对待物权与债权的区分

《物权法解释（一）》第 2 条（《民法典物权编解释（一）》第 2 条）虽然破除了以往司法实践在对不动产权属进行确认时唯不动产登记簿是从的错误观念，但未能进一步明确“真实权利状态”究竟应当如何认定，以致司法实践中又出现仅依据当事人之间的约定或者以实际出资等事实来确认物权归属的现象，这显然又是另一种认识上的误区。由于《民法典》赋予物权具有对世的效力，因此在物权变动模式上，我国民法原则上采取的是形式主义物权变动模式，即物权的变动除当事人有约定外，还需要完成法定的公示方式，以保护第三人的交易安全。就此而言，在借名购房的情形下，即使当事人对房屋权属进行了约定，也不能直接依据当事人的约定或者实际出资的事实确认不动产权属，而应严格根据物权变动规则确认权属。这就要求我们不仅要区分冒名购房与隐名购房，对于隐名购房还要进一步区分合同关系和物权归属关系。在借名投资问题上，最高人民法院的相关司法解释很早就在区分隐名投资和冒名投资的基础上，明确规定隐名投资中实际出资人仅对名义股东享有权利，且除非符合股权转让的条件，否则不能向公司主张权利，这显然也是严格区分合同关系与股权归属关系的结果。“博智资本案”二审判决即是坚持这一思路的产物。但是，“天策公司案”的二审裁定由于没有认识到合同关系与股权归属的区别，进而认为当事人签订的股权信托代持协议因规避金融监管政策而违反社会公共利益，故应认定无效。就借名购房而言，最高人民法院在经历长时间的探索后，“徐某欣案”再审判决也明确将隐名购房中的法律关系区分为合同关系和物权归属关系，认为仅依据借名购房协议与出资的事实不足以确认借名人已经取得房屋所有权,而只能取得请求出名人协助办理过户手续的债权请求权。据此,再审判决指出《物权法解释(一)》第2条"系适用于利用虚假资料骗取登记、登记机关人员错误登记、非基于法律行为导致物权变动后未及时更正登记等情况下,已经过法定程序取得权利的真实权利人与登记簿记载不一致导致的登记错误等情形"的规定,不能适用于借名购房的场合。这一见解,既明确了不动产权属确认的实体依据并非不动产登记簿的记载而是不动产物权变动规则,也通过将上述司法解释第2条限制一定的范围从而达到尽可能维护不动产登记簿准确率的效果,从而为物权法赋予不动产登记以权利推定效力与公信力提供条件,符合体系解释的要求,值得肯定。较为可惜的是,"徐某欣案"的再审判决在认定借名人不能依据借名购房协议主张物权归属的同时,却以当事人规避房屋限购政策为由认定所订立的合同因违反社会公共利益而无效,显然是没有清楚地认识到当事人签订的房产代持协议在性质上仅仅是委托合同,其关于不动产权属的约定虽然不发生物权法上的效力,但不能据此认定借名购房协议全部无效,否则当事人的交易安全就无法获得应有的保障。尽管"徐某欣案"再审判决以徐某欣事后已消除房屋限购障碍且已通过另案执行程序办理过户手续为由认定合同效力得到补正,但将房屋限购政策理解为影响合同效力的因素,还是影响合同履行的因素,仍然值得检讨。在笔者看来,如果将房屋限购政策理解为影响合同效力的因素而非影响合同履行的因素,则借名购房协议仍将被认定无效,这就可能诱发出名人的不诚信行为,也不利于保护借名人的交易安全。因此,将房屋限购政策理解为影响合同履行的因素而非影响合同效力的因素,较为可取。当然,如果当事人以盈利为目的通过借名购房规避"房住不炒"的政策,或者所购房屋为保障性住房,则人民法院应以违反公序良俗为由认定借名购房协议无效。此外,即使借名购房协议被认定有效,也不意味着借名人可以依据借名购房协议的约定直接取得对房屋的所有权,更不意味着借名人最终一定可以取得房屋所有权,因为在借名人取得购房资格前,无法请求出名人继续履行合同从而取得房屋的所有权。这是借名购房必然面临的法律风险。

# 第二十讲

## 一房多卖的合同效力与履行顺序

### 一、一房多卖的裁判规则与现实困境

《民法典》编纂完成前，在一物多卖的情形下，各买卖合同是否可能因出卖人对标的物没有处分权而无效，是实践中争议较大的问题。对此，《最高人民法院关于适用〈中华人民共和国合同法〉若干问题的解释（二）》［以下简称《合同法解释（二）》］第15条规定："出卖人就同一标的物订立多重买卖合同，合同均不具有合同法第五十二条规定的无效情形，买受人因不能按照合同约定取得标的物所有权，请求追究出卖人违约责任的，人民法院应予支持。"可见，根据该解释，只要买卖合同不具有《合同法》第52条规定的情形，即应承认合同有效。这一裁判思路与后来制定的《买卖合同解释》第3条确立的裁判思路一致，二者共同建构起出卖人无权处分不影响买卖合同效力的裁判规则。当然，尽管买卖合同都有效，但并非都可以履行，尤其是在标的物只有一个的情况下，就只能有一个合同可以得到履行，而其他合同都将无法获得履行，其他买受人只能请求出卖人承担违约损害赔偿责任。问题是，在两个以上的买受人均请求出卖人继续履行合同的情况下，出卖人究竟应向哪一个买受人继续履行合同呢？一种观点认为，既然各买受人均未取得物权，则应将谁可最终取得物权的决定权交给出卖人，由出卖人选择一个买受人履行，其他买受人则只能请求出卖人承担违约损害赔偿责任。另一种观点认为，如果各买受人都没有取得物权，则都属于债权人，根据债权平等原则，应当采取"先到先得"的做法，由最先提起诉讼的买受人取得物权，其他买受人只能请求出卖人承担违约损害赔偿责任；当然，也有观点认为，此种"先到先得"的做法不够公平，因为各买受人虽然都没有取得物权，但各自履行买卖合同的程度不同，离取得物权的距离也不一样，如果

将各买受人置于平等地位,就可能导致距离取得物权较远(如仅订立买卖合同,未履行任何合同义务)的买受人最终取得物权,而距离取得物权较近(如不仅订立了买卖合同,而且已经支付全部购房款,并已经占有使用标的物)的买受人却只能请求出卖人承担违约损害赔偿责任。

在一物多卖的情况下,如果各买卖合同均有效但买受人均未取得标的物的所有权,是否能够通过合同履行取得标的物所有权,对当事人利益影响至巨:首先,不能通过合同履行取得标的物所有权的买受人虽然有权请求出卖人承担赔偿责任,但该债权有可能无法实现,例如在出卖人的赔偿能力不够时,买受人的违约损害赔偿请求权就可能无法实现;其次,在出卖人破产的情况下,有权请求出卖人继续履行合同的买受人即可通过请求出卖人的管理人继续履行合同来实现债权,但其他买受人则只能参与破产财产的分配;最后,即使出卖人有承担全部赔偿责任的能力,标的物的市场价值也可能暴涨至远高于出卖人所应承担的赔偿责任,通过合同履行取得标的物所有权的买受人因此可以获得较之其他买受人更多的利益。

关于一物多卖的履行顺序,现行司法解释作了大量的规定:《农村土地承包解释》就一地数包的履行顺序作了明确规定;《国有土地使用权解释》就一地数转的履行顺序作了明确规定;《买卖合同解释》就普通动产和特殊动产一物多卖的履行顺序作了明确规定。在制定《物权法解释(一)》的过程中,曾一度计划在该解释中规定一房多卖的履行顺序问题,但由于对这一问题的争议较大,当时草案中的相关条款并未保留到最后通过的司法解释中。因此,关于一物多卖的履行顺序,目前唯一欠缺的是关于一房多卖的履行顺序。通过考察已有的关于一物多卖的司法解释,不难看出,最高人民法院的基本态度既不是由出卖人选择买受人履行合同,也不是采取“先到先得”的做法由最先起诉的买受人取得物权,而是先根据物权优先于债权,由先取得物权的买受人请求继续履行合同,如果各买受人都未取得物权,则根据合同履行程度进行判断,由履行程度较高的买受人取得优先请求履行合同的顺序。显然,这一做法较为公平。

尽管司法解释关于一房多卖的履行顺序付之阙如,但考虑到土地使用权与房屋所有权的移转在物权变动规则上是一致的,根据类似事物类似处理,运用“类推适用”的方法,不难得出一房多卖的履行顺序自然也应参照《国有土地使用权解释》关于一地多转的规定处理。《国有土地使用权解释》(2020年修正)第9条规定:“土地使用权人作为转让方就同一出让土地使用权订立数个转让合同,在转让合同有效的情况下,受让方均要求履行合同的,按照以下情形分别处理:(一)已经办理土地使用权变更登记手续的受让方,请求转让方履行交付土地等合同义务的,应予支持;(二)均未办理土地使用权变更登记手续,已先行合法占有投资开发土地的受让方请求转让方履行土地使用权变更登记等合同义务的,应予支持;(三)均未办理土地使用权变更登记手续,又未合法占有投资开发土地,先行支付土地转让款的受让方请求转让方履行交付土地和办理土地使用权变更登记等合同义务的,应予支持;(四)合同均未履行,依法成立在先的合同受让方请求履行合同的,应予支持。未能取得土地使用权的受让方请求解除合同、赔偿损失的,依照民法典的有关规定处理。”实践中,在一房多卖的数个买卖合同都被认定有效的情况下,大多数法官也是按照谁先办理登记、谁先合法占有标的物、是否已支付房款以及哪个买卖合同成立在先来确定履行的顺序。不过,无论是人民法院依据《国有土地使用权解释》就一地多转作出判决,还是人民法院参照该解释就一房多卖作出判决,都会面临三个方面的问题。

其一,由于实践中当事人通过“倒签”合同获得优先履行顺序的情形很难避免,因此在数个买受人都没有办理登记且都没有占有标的物,也都没有付款的情况下,如何认定哪个买受人订立的合同在先?

其二,如果有的买受人虽然未办理过户登记,但办理了预告登记或者在住建部办理了网签备案,能否认定其享有一定程度的优先性?如果答案肯定,那么如何确定该买受人的履行顺序?

其三,在先买受人已经合法占有标的物但未办理登记,而后买受人虽然已办理登记但未取得占有的情况下,是否一概认定已登记的买受人应优先于已合法占有标的物的买受人获得保护?

虽然第一个问题是一个事实判断问题,但也涉及规则本身的合理性。对于这一问题,我们稍后会结合《八民纪要》进行讨论。第二个问题涉及预告登记和网签备案的法律性质。一般认为,网签备案仅仅是一种行政管理的手段,在民法上没有法律效力,因此,即使买受人在住建部门办理了网签备案,也无法据此获得优先请求履行买卖合同的效力。不过,在认定合同签订时间的先后时,由于住建部门的网签备案通常不能伪造,因此可以作为认定合同签订时间的重要依据。至于预告登记的法律性质和效力,我们将在后面详细讨论。这里需要指出的是,预告登记往往是当事人不能办理本登记时为确保将来取得物权而办理的登记,因此,一旦能够办理本登记,预告登记即可转化为本登记,从而确保买受人取得物权。为此,在一物多卖的情况下,有必要赋予预告登记类似本登记的效力,即如果有的买受人已经办理预告登记,则应参照《国有土地使用权解释》(2020 年修正)第 9 条第 1 款第 1 项的规定确定买受人的履行顺序。

第三个问题则是一个极具争议的问题,因为在实践中,往往是已经办理登记的后买受人起诉已经合法占有标的物的先买受人,请求法院判决被告腾退房屋,而不少法院在依据前述司法解释作出支持原告诉讼请求的判决后,社会效果却并不是很好--且不说判决在执行中可能会遇到已合法占有标的物的买受人的抵制,判决的合理性本身也备受社会大众的质疑。

为什么此种判决结果很难得到社会的普遍认可呢?这是因为,即使当事人没有证据证明已经办理登记的后买受人与出卖人存在“恶意串通,损害第三人利益”的情形,但考虑到对多数家庭而言,房屋买卖属重大交易,买受人为实现交易目的,不仅会前往登记机关查阅该房屋的登记状态,还往往会调查房屋的占有状态(大家可以试想,即使占有该房屋的是承租人,因买卖不破租赁,房屋在出卖之前被承租人占有,也会对买受人的交易安全产生重大影响,买受人必然要对房屋的占有情况进行调查),如果房屋已经被他人合法占有,一般即可认定该买受人知道或者应当知道出卖人已将标的物卖给已合法占有标的物的买受人,因此系恶意买受人;而对此恶意买受人,社会民众普遍认为法律似乎并无优先保护的正当性。

## 二、一房多卖与"物权优于债权"

对于社会效果不佳的裁判结果,法官自应检讨法律适用的过程。实际上,在已办理登记的后买受人起诉已合法占有标的物的先买受人的诉讼中,法官判决支持原告的理论依据和法律依据确实值得质疑。例如,一种观点认为,已办理登记的后买受人之所以有权请求已合法占有土地的先买受人向其交付土地,其理论依据是"物权优先于债权",因为已经办理登记的后买受人已经取得标的物的物权,而先买受人虽然已经合法占有标的物,但未取得相应的物权。据此,也有人认为,原告请求被告向其交付标的物是原告行使物权请求权中的原物返还请求权,自应得到支持。

笔者认为,上述理由不能成立。首先,所谓"物权优先于债权",有其特定的含义和适用范围,并不能放之四海而皆准,例如所有权人将标的物出租给他人,是否也可以依"物权优先于债权"随时主张返还标的物呢?当然不能。其次,所谓物权请求权中的原物返还请求权,依《民法典》第 235 条(原《物权法》第 34 条)之规定,也应仅适用于权利人向无权占有人主张返还的情形,而不能适用于向有权占有人主张返还的情形。在上述案件中,虽然被告没有办理登记,但只要其取得对标的物的占有是合法有效的,则其对标的物的占有就是有权占有,而非无权占有。最后,在一地多转的情况下,《国有土地使用权解释》仅仅规定"已经办理土地使用权变更登记手续的受让方,请求转让方履行交付土地等合同义务的,应予支持",并未规定已经办理登记的后买受人有权请求已合法占有土地的先买受人向其交付土地。

总之,在已登记的后买受人向已合法占有标的物的先买受人主张交付标的物的诉讼中,法院判决支持原告的诉讼请求并无理论和法律依据。相反,无论是从法理上看还是从法律依据上看,即使是已办理登记的后买受人,根据合同的相对性,也只能向出卖人主张合同上的权利,因为根据《民法典》关于买卖合同的规定,出卖人对买受人负有两项义务:一是交付标的物;二是移转标的物所有权。出卖人仅仅协助买受人办理了登记,却未将标的物交付给买受人,自应承担相应的违约责任。

关于这一点,《最高人民法院公报》2015 年第 10 期刊登的“连成贤诉臧树林排除妨害纠纷案”具有一定的参考意义。在该案中,臧树林于 2008 年购买系争房屋,并将产权登记在其名下。2011 年 8 月,李榛以臧树林代理人身份将系争房屋售与谢伟忠并将产权变更至谢伟忠名下。同年 10 月,连成贤与谢伟忠就系争房屋签订买卖合同并随后将产权变更至连成贤名下。2012 年 7 月,连成贤起诉谢伟忠要求交付系争房屋,法院以生效判决确认以臧树林名义与谢伟忠签订的买卖合同无效。2013 年 10 月,连成贤再诉至法院,要求臧树林迁出系争房屋。原审法院以连成贤为系争房屋的合法产权人为由,支持其诉讼请求。臧树林不服,提起上诉。二审法院经审理认为,生效判决已确认臧树林代理人与谢伟忠就系争房屋所签订的买卖合同无效,因此臧树林占有、使用该房屋具有合法依据。产权人连成贤在从未获得系争房屋实际控制权的情况下,不得径行要求实际占用人迁出。现谢伟忠因其未能合法取得系争房屋而客观上无法履行交付房屋的义务,连成贤可向谢伟忠主张违约责任以寻求救济。二审法院遂依法作出改判,驳回了连成贤的诉讼请求。

问题是,在一房多卖中,既然已办理登记的后买受人不能请求已合法占有标的物的先买受人腾退房屋,那么已合法占有标的物的先买受人是否有权请求已办理登记的后买受人协助办理过户手续,从而最终取得标的物的所有权呢?显然,如果答案是否定的,则可能导致房屋的登记状态和占有状态一直处于不一致的情形,从而可能影响到标的物的利用。但是,如果赋予已合法占有标的物的先买受人向已办理登记的后买受人主张权利,其理论依据和法律依据又何在呢?

在《物权法解释(一)》的制定过程中,草案曾一度规定在一房多卖的情形下,恶意办理登记的买受人不能优先于已经合法占有该房屋的买受人受到保护。虽然这一规定获得实务界的广泛认可,但是在讨论这一草案规定时,不少学者却表达了强烈的反对意见,理由很简单:没有理论依据和法律依据。也正因为如此,最终通过的司法解释并未就一房多卖问题作出明确规定。不过,尽管《物权法解释(一)》未就这一问题作出明确规定,但为了解决实践中的问题,最高人民法院在随后发布的《八民纪要》第 15 条规定:“审理一房数卖纠纷案件时,如果数份合同均有效且买受人均要求履行合同的,一般应按照已经办理房屋所有权变更登记、合法占有房屋以及合同履行情况、买卖合同成立先后等顺序确定权利保护顺位。但恶意办理登记的买受人,其权利不能优先于已经合法占有该房屋的买受人。对买卖合同的成立时间,应综合主管机关备案时间、合同载明的签订时间以及其他证据确定。”可见,《八民纪要》不仅明确了一房多卖的履行顺序应参照《国有土地使用权解释》的相关规定,而且就当前司法实践遇到的上述两个疑难问题提出了解决的方案,从而为实践提供了有效的指导。笔者认为,关于一房多卖情形下各个买卖合同成立时间的认定,《八民纪要》提出要综合考虑备案时间、合同载明的时间以及其他证据确定,自经验法则的角度看,应没有太大的问题。问题是,《八民纪要》规定“但恶意办理登记的买受人,其权利不能优先于已经合法占有该房屋的买受人”,其理论根据和法律依据究竟何在?在实践中又如何落实呢?

根据 2003 年《最高人民法院关于审理商品房买卖合同纠纷案件适用法律若干问题的解释》第 10 条(2020 年修正后为该解释第 7 条)的规定,在后买受人与出卖人恶意串通,损害先买受人利益的情形下,先买受人可以请求人民法院确认后买受人与出卖人订立的买卖合同无效。据此,即使后买受人已经办理登记手续,由于买卖合同被认定无效,基于要因原则,所有权也不发生移转。也就是说,出卖人仍然是标的物的所有权人,先买受人仍可请求出卖人继续履行合同,从而取得标的物的所有权。问题是,在不符合“恶意串通,损害第三人利益”的情形下,先买受人能否仅仅以后买受人系明知为由主张后买受人与出卖人所订合同相对于先买受人无效呢?

笔者认为,如果仅以后买受人明知存在先买受人为由即认定后买受人与出卖人之间所订合同无效,此既与债权的相容性特征不符,也与现行法的规定不相吻合。根据债权相容性的特征,当事人可以在同一标的物上发生多个债权债务关系,因此各国民法大多并不否定多重买卖情形下各买卖合同的有效性,除非当事人所订买卖合同符合法律规定的无效情形。我国民法也不例外,现行司法解释不仅明确规定多重买卖情形的买卖合同均可有效,而且规定只有在满足《民法典》第 153 条(原《合同法》第52条第5项)规定的情形时,才能认定合同无效,此为其一;其二,我国民法规定的合同无效系指绝对无效,并不包括相对无效。关于合同相对特定主体无效的情形,我国民法是通过赋予特定主体以撤销权来解决的。但我国民法规定的合同可撤销以及第三人享有合同撤销权的情形中,并不包括买受人明知标的物已经出卖给他人的情形。也就是说,先买受人要行使法律赋予的撤销权,不能仅仅以后买受人明知标的物已经出卖为理由,而是必须满足撤销权成立的要件。

根据《民法典》第538条、第539条及相关司法解释的规定,债权人行使撤销权包括两种情形:一是债务人以放弃其债权、放弃债权担保、无偿转让财产等方式无偿处分财产权益,或者恶意延长其到期债权的履行期限,影响债权人的债权实现的;二是债务人以明显不合理的低价转让财产、以明显不合理的高价受让他人财产或者为他人的债务提供担保,影响债权人的债权实现,债务人的相对人知道或者应当知道该情形。据此,不难看出,在多重买卖的情形下,先买受人行使撤销权的条件是:(1)出卖人与后买受人订立的买卖合同系明显不合理的低价;(2)该行为对债权人造成损害;(3)后买受人对明显不合理低价和损害债权人的事实知道或者应当知道。也就是说,在我国法上,如果认定合同相对于先买受人无效是通过赋予先买受人撤销权来实现的,则先买受人行使撤销权不仅须以后买受人主观上知道或者应当知道为要件,而且须以客观上属于明显不合理低价以及给债权人造成损害为条件,后买受人单纯的恶意并非先买受人主张撤销权或者主张后买受人与出卖人所订合同无效的充分条件。

综上,根据要因原则,如果已办理登记的后买受人与出卖人存在“恶意串通,损害第三人利益”的情形或者符合《民法典》关于撤销权的行使条件,双方订立的买卖合同将被认定无效或者可以被撤销,此时物权自不发生变动,已合法占有标的物的先买受人仍可请求出卖人在办理更正登记的基础上继续履行合同,从而最终取得对标的物的所有权。但在不存在上述情形的案件中,已合法占有标的物的先买受人能否最终取得标的物的所有权,则不无疑问。也就是说,债权人撤销权显然不能为前述《八民纪要》的规定提供理论依据与法律依据。要想论证《八民纪要》这一规定的正当性,必须另寻理论依据与法律依据。

## 三、一房多卖与第三人侵害债权

笔者认为,在出卖人已将房屋交付先买受人占有的情况下,再将房屋出卖于后买受人,考虑到房屋交易本身的重要性,基本上可以推定后买受人知道或者应当知道房屋已经出卖标的物的事实,即主观上系恶意。如果这一结论能够成立,则无论后买受人是否已经办理登记,都应构成侵权行为,自应承担侵权责任。而通过该侵权责任的承担,已合法占有标的物的先买受人可最终获得房屋的所有权。问题是,已合法占有标的物的先买受人是否能以后买受人知道或者应当知道出卖人已将标的物出卖他人的事实为由请求人民法院认定后买受人构成侵权行为并承担侵权责任呢？这涉及第三人侵害债权的问题。

关于债权是否属于侵权责任法的保护范围,我国理论界有不同的意见:一种意见认为,债权为相对权,依合同发生的债权,在债权不能实现时,应由债权人向债务人主张违约责任予以救济,不能通过侵权责任法予以救济;另一种意见认为,债权虽为相对权,但债权亦可为侵权行为的客体,不能将其排除在侵权责任法的保护范围之外。

笔者认为,从原《侵权责任法》第 2 条的规定来看,我国民法原则上不承认第三人侵害债权理论,但也没有完全将债权排除在侵权责任法的保护范围之外。之所以说我国民法原则上不承认第三人侵害债权,是因为债权是相对权,不具有公开性,如果将债权全部纳入侵权责任法的保护范围,就可能会影响到行为人的行动自由,得不偿失。不过,虽然原《侵权责任法》第 2 条第 2 款没有列举债权,但同时也采取了“本法所称民事权益,包括生命权……人身、财产权益”的表述,因此也不能完全将债权排除在侵权责任法的保护范围之外,因为侵权责任法原则上不保护债权,是担心影响行为人的行动自由,但如果行为人在行为时知道或者应当知道他人享有债权而侵害之,则即使使之承担侵权责任,也不至于影响行为人的行动自由。

此外,《侵权责任法》既然将民事权益作为该法的保护对象,而民事权益包括权利和合法利益,自然无法将债权排除在外。所谓权利者,乃指特定利益上的法律之力。也就是说,只有在需要法律保护利益非常具体、特定的情况下,法律才赋予该利益以一定的名称并以权利的形态去保护。例如,所有权是指权利人对标的物占有、使用、收益、处分的权利;债权是指当事人请求他人为一定行为或者不为一定行为的权利。试想,如果尚不具有权利形态的"合法利益"都应该受到《侵权责任法》的保护,那么作为具有权利形态的债权,自然无法排除在该法的保护范围之外。

综上,在笔者看来,虽然《侵权责任法》未明确规定债权是否受该法保护,但亦存在解释的空间。当然,债权受侵权责任法的保护,较之绝对权受侵权责任法的保护,在要件上要严格一些。例如有学者认为,对于第三人侵害债权的认定,应借鉴德国民法的学说,仅在行为人系故意违背善良风俗的方式侵害债权时,才构成侵权行为。[1] 笔者认为,德国民法是否以故意违背善良风俗作为侵害债权的构成要件,并非没有争议。考虑到这一问题过于复杂,此处不打算详细考察。在笔者看来,至少就我国法而言,从体系解释的角度看,"故意违背善良风俗"这一要求过于严格,似乎只能将其作为"合法权益"(纯粹经济利益)受侵权法保护的要件,而不宜将其作为债权受侵权法保护的要件。相对于绝对权,侵权法对债权的保护因债权不具有公开性而应采取更为严格的标准;但相对于合法利益,侵权法对债权的保护因债权所指向的利益更加具体、特定,似应采取更加宽松的标准。就此而言,笔者认为,如果将行为人主观上有过错作为绝对权受侵权法保护的要件,而将故意违背善良风俗作为合法利益(纯粹经济损失)受侵权法保护的要件,则将行为人主观上系恶意作为债权受侵权法保护的要件比较合适。关于这一点,笔者还将在后文中予以论证。这里需要指出的是,在一房多卖的情形下,如果先买受人主张后买受人构成侵权,则后买受人的恶意就是指后买受人知道或者应当知道出卖人已经将标的物出卖给先买受人的事实。

也有学者指出,"在现有的规则和学说范围内,双重买卖中后买人的单纯知情既不会引发撤销权的行使,也不会导致第三人侵害债权责任的

---

〔1〕 参见许德风:《不动产一物二卖问题研究》,载《法学研究》2012 年第 3 期。

发生。但通过考察相关国家的立法和判例可见，‘单纯知情’这一事实将产生类似于预告登记的效果，导致先买人的债权能够对抗在后的买受人，且不会对债权、物权二分体系带来混淆，亦不违反物权法定原则。在单纯知情的双重买卖中由在先的买受人取得所有权这一规则，在实践中既具有必要性，亦具有可行性”。〔1〕 笔者认为，在后买受人明知标的物已经出卖给先买受人的情况下，由于社会观念一般认为先买受人应获得优先保护，因此上述观点值得肯定。但是，从比较法的角度看，认定单纯知情具有预告登记的效力，在法理上难以证成，因为将预告登记制度作为债权物权化的依据，进而使经预告登记的债权具有对抗第三人的效力，是大陆法系不少国家或地区的实践，而将“单纯知情”作为债权物权化的依据，在大陆法系则鲜见立法例。相反，在笔者看来，将“知情”或者“应当知情”作为判断第三人构成侵害债权的构成要件，则既可将债权纳入侵权责任法的保护范围，从而使债权能够获得更加全面的保护，也可以在区分债权和物权的基础上，使债权受侵权法保护的强度低于物权等绝对权受侵权责任法保护的强度，进而避免影响到行为人的行动自由，可谓两全其美。

在讨论完先买受人的债权是否能够获得侵权法保护之后，还有一个需要讨论的现实问题：即使能够认定后买受人构成侵权行为，先买受人能否请求后买受人协助办理过户登记，从而最终取得标的物的所有权呢？应该说，在传统民法中，承担侵权责任的方式主要是损害赔偿，即由加害人承担受害人所遭受的损失。这是因为，只有将侵权责任的承担方式限于损害赔偿或者具有损害赔偿性质的恢复原状，才能要求侵权行为的构成原则上须以行为人有过错为要件，也才能将诉讼时效适用于作为债权的侵权责任（如果仅仅是权利人请求行为人恢复其对标的物支配圆满状态，似不应以行为人有过错为要件，也不能一概适用诉讼时效的规定）。准此以言，在一房多卖情形中，先买受人似乎只能请求后买受人承担债权不能实现而遭受的损失，而无权请求后买受人协助办理过户

---

〔1〕 参见吴一鸣：《论“单纯知情”对双重买卖效力之影响——物上权利之对抗力来源》，载《法律科学》2010 年第 2 期。

手续。

不过,值得注意的是,我国《侵权责任法》在侵权责任的承担方式上进行了大胆的创新,不仅将损害赔偿以及具有损害赔偿功能的恢复原状作为承担侵权责任的承担方式,还规定了返还原物、停止侵害、排除妨碍、消除危险等其他侵权责任的承担方式(原《侵权责任法》第 15 条)。此种立法体例究竟是否科学,尚待进一步考证,笔者也将在后文中详细探讨,但原《侵权责任法》的这一规定,对于我们解决一房多卖的困局,倒是很有帮助。这是因为,既然侵权责任的承担方式包括返还原物、停止侵害、排除妨碍、消除危险等,则在一房多卖的情况下,如果后买受人构成侵权,则不妨将协助办理过户手续作为停止侵害或者排除妨碍的一种具体方式,判决由后买受人协助先买受人办理过户手续,进而结束登记状态与占有状态不一致的局面,以实现物尽其用的原则。

总之,在后买受人知道或者应当知道出卖人已将房屋卖给先买受人的情形下,先买受人即可依第三人侵害债权理论以及《侵权责任法》的相关规定获得救济。就此而言,最高人民法院发布的《八民纪要》第 15 条规定的"恶意办理登记的买受人,其权利不能优先于已经合法占有该房屋的买受人"似应包含也仅限于以下两层含义:其一,无论已办理登记的后买受人是否恶意,其并无权请求已合法占有标的物的先买受人腾退房屋;其二,在后买受人恶意(知道或者应当知道出卖人已经房屋卖给已合法占有标的物的先买受人)办理登记时,该后买受人构成侵权,除应对已合法占有标的物的先买受人所受损失承担赔偿责任外,还应协助已合法占有标的物的先买受人办理过户手续,以确保已合法占有标的物的先买受人取得标的物所有权。《八民纪要》未能严格区分上述两种情形而分别明确规定相应的要件,似有进一步完善的必要。

## 四、时间优先的适用范围及其正当性

当然,无论是债权人的撤销权还是第三人侵害债权理论,都无法解释一物多卖情形下司法解释所确立的"时间优先"规则——在多个买受人均未办理登记、也未交付标的物且未履行合同的情况下,先订立买卖合同的买受人可优先于后订立买卖合同的买受人请求出卖人履行合同,而不论该后买受人对于出卖人已经签订买卖合同的事实是否知情或者是否应当知情。正因为如此,有学者质疑这一规则的正当性和合理性。

笔者认为,在第二买受人于订立买卖合同时知道或者应当知道已有第一买受人时,第二买受人构成侵害债权,自应保护第一买受人的交易安全,仍定第一买受人优先于第二买受人向出卖人请求继续履行合同。就此而言,《国有土地使用权解释》与《八民纪要》关于时间优先的规定也应作限缩解释,即仅指第二买受人于订立买卖合同时不知道也不应当知道已有第一买受人的情形,不包括第二买受人于订立买卖合同时知道或者应当知道已有第一买受人的情形。问题是,在第二买受人于订立买卖合同时不知道也不应当知道已有第一买受人时,司法解释与会议纪要何以要规定优先保护第一买受人,而不优先保护第二买受人呢?

实践中,一种观点认为,我国民法对于依法律行为发生的不动产物权变动,原则上采形式主义物权变动模式,故第一买受人在订立买卖合同后,应尽快办理登记,否则不发生物权变动的效力。对此,第一买受人应当明知。既然如此,如果第一买受人在订立买卖合同后未办理登记,就应承担由此带来的风险。就此而言,如果第二买受人订立买卖合同时不知道也不应当知道已有第一买受人,就应优先保护第二买受人的交易安全,而不是第一买受人的交易安全。笔者认为,这一见解虽然有一定的道理,但也有失偏颇,因为第二买受人也没有办理登记,也应承担未取得物权所带来的交易风险。

在笔者看来,在第二买受人于订立买卖合同时不知道也不应当知道第一买受人的情况下,司法解释与会议纪要之所以选择优先保护第一买受人,是由买卖合同在我国民法上的特殊性决定的。在我国民法上,由于不承认物权行为理论,买卖合同不仅在当事人之间引起债权债务关系,而且包含当事人处分标的物所有权的意思表示,只不过该处分行为的生效以当事人完成法定的公示方式为要件。既然买卖合同包含着出卖人处分标的物所有权的意思表示,那么出卖人在与第一买受人签订完买卖合同,就已经对标的物进行了法律上的处分,自然不能再次对标的物进行法律上的处分。这与承认物权行为理论的国家或者地区有别,而与采意思主义物权变动模式的国家或者地区较为相似。在承认物权行为理论的国家或者地区，买卖合同仅在当事人之间产生债权债务关系，不包含引发物权变动的效果意思，自然也就谈不上对标的物所有权的处分。但在采意思主义物权变动模式的国家或者地区，买卖合同可直接引起物权发生变动，必然也就包含着当事人对标的物所有权的处分。只不过在我国，买卖合同虽然包含着当事人处分标的物所有权的意思表示，但该意思表示的生效必须以当事人完成法定的公示方式为要件，这又与意思主义物权变动模式有所不同。不管如何，由于我国民法上的买卖合同含有当事人处分标的物所有权的意思表示，因此在出卖人与第一买受人签订的买卖合同生效后，因无法再次对标的物所有权进行处分而使出卖人与第二买受人签订的买卖合同处于不能继续履行状态。就此而言，司法解释与会议纪要将时间优先作为确定各买卖合同履行顺序的一个基本规则，也就具有正当性和相应的理论基础。

## 五、一物多卖优先履行规则的适用范围

最后，不得不再次强调的一点是，我国关于一物多卖的司法解释旨在解决当数个买卖合同均有效时，如何确定履行顺序的问题。但是，合同的履行本身极具复杂性，不仅涉及实体问题，还涉及程序问题。例如，在一物多卖的情况下，虽然司法解释规定了履行的顺序，但如果其他买受人对出卖人提起诉讼并已经一审终结，享有优先顺序的买受人是否仍然能够主张优先顺序？其能否以第三人的身份请求撤销法院已经作出的生效判决？为了避免程序上的困境，笔者的看法是，尽管我国司法解释对一物多卖的履行顺序作了规定，但也应严格限定其适用范围，即仅限于一审法庭辩论终结前发生的数个买受人同时主张继续履行的情形。在一审法庭辩论终结后发生数个买受人同时主张继续履行时，还是应该按照“先到先得”的原则处理，即先起诉到法院并已经获得继续履行判决的买受人应优先获得保护，而不论其处于何种顺位。否则，人民法院的审判工作将会因不断出现新的买受人而备受干扰。

此外，还需注意的是，司法解释与会议纪要关于一物多卖的规定，仅仅旨在解决合同的履行顺序问题，尽管合同的履行顺序可能会带来各买受人受保护程度的差别，但这并不意味着可以优先获得履行但未取得物

权的买受人已经享有具有优先效力的物权,更不意味着当事人可以依据司法解释或者会议纪要关于合同履行顺序的规定请求排除人民法院的强制执行。实践中,有些同志认为,执行异议之诉是实质性审查,要求人民法院对案外人享有的民事权利和申请执行人享有的民事权利进行比较,进而判断案外人的执行异议是否能否获得支持,而司法解释或者会议纪要关于一物多卖的规定,就是进行权利比较的依据,从而依据这些规定来判断案外人提出的执行异议是否能否获得支持。关于这一问题,既涉及执行异议之诉的功能定位,也涉及执行异议之诉的裁判标准,我们将在后面进行详细讨论,此处不赘。

# 第二十一讲

## 房地关系与不动产物权的变动

在我国民法上，有一类非依法律行为发生的物权变动，其发生原因是法律的直接规定，例如因房地关系引起的不动产物权变动。所谓房地关系，实指以房屋为代表的建筑物与土地之间的关系，考虑到房屋为典型的建筑物，具有代表性，因此简称为房地关系。房屋等建筑物与土地之间的关系极为复杂，尤其是在发生物权变动过程中，如何处理二者之间的关系，一直是困扰我国司法实践的疑难问题，因此特设本讲专门讨论。

### 一、关于房地关系的立法体例

关于土地和房屋的关系，罗马法采土地吸收房屋的添附规则，认为房屋作为土地上的附着物，与未与土地分离的竹木、出产物一样，为土地的成分，本身不构成独立的标的物，因而土地的所有人对于土地上的房屋享有所有权，自属当然。罗马法上的添附规则被后世欧陆国家民法继受，因此在土地和房屋的关系问题上，采所谓“房地一体主义”的立法体例，即认为房屋为土地的成分，与土地相结合成为一个独立的标的物，是一个所有权的客体。例如《法国民法典》第552条规定：“土地所有权包括该地下及地上的所有权。”依照这一规定，建筑物、种植物及地下资源均属于土地所有权人，以致出现如下将土地拟人化的法律格言：“土地获取其表面之物。”〔1〕又如《德国民法典》第94条第1款规定：“土地的重要组成部分为定着于土地的物，特别是建筑物，以及与土地尚未分离的出产物。”《瑞士民法典》第667条亦规定：“除法律保留的限制外，土地所有权及于全部建筑物、植物及泉水。”

---

〔1〕 尹田：《法国物权法》，法律出版社1998年版，第364页。

在采"房地一体主义"的立法体例下,由于房屋不构成独立的标的物,本身不能成为所有权的客体,因而土地的所有权人当然取得对房屋的权利;反之,当事人若要取得对房屋的所有权,则必须取得土地的所有权,此外,别无他途。这一立法体例面临的最大问题,就是严重阻碍非土地所有权人取得房屋所有权的可能性。由于土地的价值通常较高,且随着土地的日益集中,对财力有限的普通民众来说,取得土地所有权的代价太大,因而拥有自己房屋所有权的可能性就大大降低,无自己所有之房屋的人越来越多,成为一个亟待解决的社会问题。为解决这一社会问题,德国于1919年制定《地上权条例》,强化地上权的地位,使不能取得土地所有权,而仅取得地上权的权利人也可以对由其建造在土地上的房屋享有所有权,以阻止土地吸收房屋之添附规则发挥作用。由此可见,地上权的目的在于为获得房屋所有权提供地权,在一定程度上发挥着土地所有权的功能,因而德国学者普遍将地上权称为类似所有权的他物权。此外,随着城市的发展和土地资源的紧缺,公寓楼的建设成为趋势,倘若不承认各区分所有人对其住宅享有所有权,则既不符合业主的普遍期待,也不利于房屋交易市场的发展,因此,即使在采"房地一体主义"的欧陆国家,后来也普遍承认独立于土地所有权之外的住宅所有权,使住宅所有权得以与土地所有权相分离而存在。例如德国还在1951年制定的《住宅所有权及长期居住权法》,规定住宅所有权,即建筑物区分所有权,是一种对建筑在他人土地上的自己的房屋的独立、永久所有权。这种所有权的产生,是对《德国民法典》第94条第1款所确定的原则的进一步突破。〔1〕

日本民法在继受西方欧陆国家民法的过程中,对于房屋与土地之间的关系,没有采纳欧陆国家采取的"房地一体主义",而是根据本国的国情和登记制度〔2〕,采纳所谓"房地分离主义"的立法体例,即房屋等建

---

〔1〕 钱明星:《论用益物权的客体》,载《中外法学》1998年第1期。

〔2〕 日本《不动产登记法》第14条规定:"登记簿分为土地登记簿和建筑物登记簿两种。"第17条规定:"于登记所应备置地图及建筑物所在图。"第18条规定:"地图就一宗或数宗土地制作,明确标示各种土地的区划及土地号数。建筑物所在图就一个或数个建筑物制作,明确标示各建筑物的位置及房屋号数。"

筑物被认为是独立于土地之外的不动产，自身即构成所有权的客体，因而房屋所有权是与土地所有权相分离而存在的所有权。“日本民法将建筑物作为从土地中完全独立出来的物。因此如果 A 在甲地上建造了乙建筑物，则甲地和乙建筑物被作为不同的物权对象。”〔1〕当然，虽然房屋所有权可独立于土地所有权而存在，但并不意味着房屋所有权的取得不需要一定的地权。只有对土地享有法定的权利，才能对建造于土地之上的房屋享有所有权。

受日本民法的影响，我国制定于民国时期且至今仍在我国台湾地区生效的“民法”同样采取“房地分离主义”的立法体例，将房屋等建筑物作为独立的所有权的客体，是与土地相互独立的不动产，而不是土地的成分，因此房屋所有权和土地所有权彼此独立存在。“建筑物虽然附着于土地，但系土地外独立之物，故建筑物与地基不必属于同一人所有，换言之，两者可以独立成立所有权。”〔2〕与日本民法相同，在我国台湾地区，尽管房屋所有权和土地所有权各自独立存在，但房屋所有权的取得必须以对土地享有一定的权利为前提。

我国大陆地区由于实行的是社会主义公有制，土地归国家或者集体所有，个人和单位不享有土地的所有权，与此同时，我国正在建设社会主义市场经济，必然要求承认个人或者单位对建设于公有土地之上的房屋享有所有权，在此背景下，我国大陆地区的民法对于房屋和土地之间的关系，亦采“房地分离主义”立法体例，以满足现实国情的需要，例如《宪法》第 10 条第 1、2 款规定：“城市的土地属于国家所有。农村和城市郊区的土地，除法律规定属于国家所有的以外，属于集体所有；宅基地、自留山，也属于集体所有。”同时，1982 年《宪法》第 13 条规定：“国家保护公民的合法收入、储蓄、房屋和其他合法财产的所有权。”2004 年《宪法（修正案）》虽然将其修正为“公民的合法的私有财产不受侵犯”，但其中自然包括合法的房屋所有权。正是基于这一点，我国虽然禁止土地所有权的转让，但原则上不禁止房屋所有权的交易。

---

〔1〕［日］田山辉明：《物权法》，陆庆胜译，法律出版社 2001 年版，第 12 页。

〔2〕郑玉波：《民法物权》，三民书局 1982 年再版，第 76 页。

## 二、房地分离主义下的房地关系

在采"房地分离主义"立法体例的国家或者地区,如何处理房屋和土地之间的关系,是一个颇为头痛的问题。一方面,从法律上看,土地和房屋是两个不同的不动产,各自为不同所有权的客体;另一方面,从物理上看,土地和房屋相互结合,房屋只能建立在土地之上,因此当事人要想对所建造的房屋享有所有权,就必须以获得一定的地权为前提。问题是:(1)当事人对土地享有何种权利,才能对所建造的房屋享有所有权?(2)在当事人无相应的地权时,土地上建筑物的权属如何?(3)在地权发生变动的情形下,房屋所有权是否发生相应的变动;在房屋所有权发生变动时,相应的地权是否发生变动?如何变动?

首先,我们来看第一个问题,当事人为对所建造的房屋享有所有权,必须取得对土地的何种权利?在日本民法上,享有土地所有权自然是当事人可以对其所建造的房屋获得所有权的一种情形,但除此之外,是否还存在其他可以使当事人对所建房屋享有所有权的地权呢?答案显然是肯定的,此即日本民法上的"借地权"。顾名思义,所谓"借地权",即是指当事人虽然不享有土地的所有权,但可以在他人土地上建造房屋等建筑物并保有所有权的土地权利。对此,日本《借地借家法》第2条第1项规定,"借地权,是指以所有建筑物为目的的地上权和土地租赁权"。由此可见,日本民法上建筑物所有权人对土地的权利,既可以是地上权,也可以是土地租赁权,当然还可以是土地所有权。[1] 我国台湾地区"民法"借鉴《日本民法典》,亦规定土地租赁权和地上权两种利用他人土地保有建筑物所有权的制度,并且在"土地法"第102条规定:"租用基地建造房屋,应由出租人与承租人于契约成立后2个月内,申请该管市县地政机关为地上权之登记。"由此可见,经登记的土地租赁权可转化为地上权。

在我国大陆地区,虽然国家可以在其所有的国有土地或者集体在其所有的集体土地上建造房屋等建筑物并享有所有权,但这毕竟是少数情

---

〔1〕 陈甦:《论土地权利与建筑物权利的关系》,载《法制与社会发展》1998年第6期。

况。为化解土地公有制与市场经济之间的矛盾,我国创设建设用地使用权(城镇)和宅基地使用权(农村)两种用益物权来满足当事人为取得房屋所有权所需要的地权,如《民法典》第 352 条规定:“建设用地使用权人建造的建筑物、构筑物及其附属设施的所有权属于建设用地使用权人,但有相反证据证明的除外。”第 362 条规定:“宅基地使用权人依法对集体所有的土地享有占有和使用的权利,有权依法利用该土地建造住宅及其附属设施。”此外,正如前文提到,我国也承认土地租赁权可以作为在城镇建造非经营性用房而取得所有权的地权,这也正是《民法典》第 352 条所规定的“但有相反证据证明的除外”。

关于第二个问题,即在建筑物的建造者无相应的地权时,土地上建筑物的权属如何?这一问题,可以分为两个小问题:其一,如果建造者自始没有取得相应的地权,土地上的建筑物归属谁?其二,非所有权的地权(如地上权)到期后,基地上建筑物的权属如何?对于第一种情形,例如甲未取得任何地权而在乙所有的土地上建造房屋,日本类推适用添附制度的规定,认为建筑物应归土地所有权人所有;对于第二种情形,日本民法将地上权与建筑物所有权规定为两种不同的物权,因此当地上权消灭时,建筑物的所有权并不随之而消灭,地上权人有收回权:“地上权人于其权利消灭时,可以恢复土地原状,收去其工作物及竹木。”同时,日本《借地借房法》还赋予借地权人于借地权的存续期间届满且建筑物尚有存余价值时,可以请求延长借地权期限(第 5 条),借地人非因正当原因不得拒绝(第 6 条);借地权人于借地权期限届满而未更新契约时,可以请求借地人以时价买取建筑物(第 13 条);当然,为保护土地所有人的权利,《日本民法典》第 269 条第 1 款也规定有土地所有人的买取权:“土地所有人通知愿以时价买取时,地上权人无正当理由,不得拒绝。”

上述问题在我国的处理则极为复杂,在第一种情形下,根据《民法典》第 231 条的规定,由于建造行为并非“合法”,故建造者不能取得建筑物的所有权。同时,当建筑物属于城镇建筑时,根据《民法典》第 352 条的规定,如果存在建设用地使用权或土地租赁权,应认定该建筑物为建设用地使用权人或者土地租赁权人所有,而在不存在建设用地使用权,也不存在土地租赁的情形下,应类推适用添附的规则,认定建筑物归土地所有权人所有，即归国有；当建筑物在农村时，如果存在宅基地使用权，则根据《民法典》第362条的规定，认定建筑物归宅基地使用权人所有，但在不存在宅基地使用权时，则应类推适用添附规则，归土地所有权人所有，即集体所有。[1] 对此，我们已在前文亦有所交代。

在第二种情形下，《民法典》第359条第1款的规定："住宅建设用地使用权期限届满的，自动续期。续期费用的缴纳或者减免，依照法律、行政法规的规定办理。非住宅建设用地使用权期限届满后的续期，依照法律规定办理。该土地上的房屋以及其他不动产的归属，有约定的，按照约定；没有约定或者约定不明确的，依照法律、行政法规的规定办理。"至于农村宅基地上的房屋，因村民对宅基地享有使用权在事实上是无期限的，只要宅基地本身不发生毁损灭失，便不可能因宅基地使用权的到期而导致房屋所有权的变动，所以没有讨论的必要。真正存在问题的是国有土地租赁中形成的房地关系问题，一旦租赁期限届满，承租人建造的房屋等建筑物如何处置，不无疑问。笔者认为，应类推适用关于动产附合的规定，即类推适用原《民通意见》第86条的规定："非产权人在使用他人的财产上增添附属物，财产所有人同意增添，并就财产返还时附属物如何处理有约定的，按约定办理；没有约定又协商不成，能够拆除的，可以责令拆除；不能拆除的，也可以折价归财产所有人，造成财产所有人损失的，应当负赔偿责任。"

## 三、地随房走和房随地走的适用

最为困难的是第三个问题。在房屋和土地彼此独立为不同所有权的客体时，是否可以分离、转让便是一个问题。从理论上讲，所有权不同，权利人自可分别进行转让，但在实践中，如前所述，房屋所有权的享有须以一定的地权为前提，因此如果仅仅转让房屋所有权或者转让地权，就会带来相应的问题，例如可能导致对土地享有权利的当事人与对房屋享有权利的当事人不是同一人，从而发生权利冲突。为化解这一问题，日本民法和我国台湾地区"民法"主要采取如下两种措施。

---

[1] 陈甦：《论土地权利与建筑物权利的关系》，载《法制与社会发展》1998年第6期。

其一,法定租赁权。尽管房屋等建筑物与土地为不同的不动产,权利人可以分别转让,但如果建筑物与土地同属一人,则其转让房屋的同时,推定其亦有使受让人获得土地使用权的意思。例如我国台湾地区1959年台上1457号判例认为,当事人之间虽然没有设定地上权,但除有特别情况可以理解为当事人的真意仅限于出卖建筑物而无基地的使用外,应当推定土地承买人默许房屋承买人继续使用土地。对于这种推定的土地使用权,学者多认为其性质上属于租赁,即在土地承买人与建筑物承买人之间存在一种土地租赁关系。由于这种土地租赁关系直接根据法律发生,因此称为法定租赁权。

其二,法定地上权。在采取土地与建筑物各自独立而为不同所有权之客体的情况下,建筑物和土地均可单独成为抵押权的标的,当土地所有人仅以建筑物抵押时,抵押权的实现就会导致第三人取得建筑物而无地上权。为保护第三人的利益,《日本民法典》第388条规定:"土地及土地上的建筑物属于同一所有人,而仅以土地或者土地之上的建筑物进行抵押,于拍卖时,视为抵押人设定地上权。但其地租,因当事人请求,由法院予以确定。"此即所谓法定地上权制度。

我国大陆地区为解决房屋和土地分离所带来的问题,采取"房随地走"和"地随房走"的立法政策,即强制性的要求房屋和土地一并转让或者抵押。早在1990年国务院颁布施行的《城镇国有土地使用权出让和转让暂行条例》中,就明确规定:"土地使用权转让时,其地上建筑物、其他附着物所有权随之转让。"(第23条)"……土地使用者转让地上建筑物、其他附着物所有权时,其使用范围内的土地使用权随之转让,但地上建筑物、其他附着物作为动产转让的除外。"(第24条)此后,1995年1月1日起施行的《城市房地产管理法》第31条规定:"房地产转让、抵押时,房屋的所有权和该房屋占用范围内的土地使用权同时转让、抵押。"原《担保法》第36条第1款和第2款规定:"以依法取得的国有土地上的房屋抵押的,该房屋占用范围内的国有土地使用权同时抵押。以出让方式取得的国有土地使用权抵押的,应当将抵押时该国有土地上的房屋同时抵押。"关于土地使用权的出租,法律也有明确规定:土地使用权人将土地使用权出租给他人的,应当随同地上物、其他附着物租赁给承租人使用；在出租土地使用权时，应当根据《城镇国有土地使用权出让和转让暂行条例》第 28 条的规定，按照合同进行投资开发，地上要形成一些设施。

原《物权法》沿袭上述传统，于第 146 条和第 147 条分别规定：建设用地使用权转让、互换、出资或者赠与的，附着于该土地上的建筑物、构筑物及其附属设施一并处分；反之亦然。第 182 条第 1 款则规定："以建筑物抵押的，该建筑物占用范围内的建设用地使用权一并抵押。以建设用地使用权抵押的，该土地上的建筑物一并抵押。"《民法典》继受了上述规定。

由此可见，我国民法在对待房屋和土地的处分或者抵押，系采取房地一体化的立法政策，即"房随地走"和"地随房走"，只要一个权利发生变动，则另一个权利当然发生变动。从这一意义上将，凡被动发生变动的权利，都属于非依法律行为发生的物权变动，因为根据当事人意思进行处分或者抵押的只是房屋所有权或者土地使用权，而被动发生变动的土地使用权或者房屋所有权是根据上述法律直接发生的变动，并非当事人合意的结果。

## 四、房地一体化的局限及其补正

无论是要求建筑物所有权的取得须以一定地权的享有为条件，还是认定无地权人对建筑物不能享有所有权，抑或是交易过程中"房随地走"和"地随房走"的立法政策，都具有极为重要的意义，它确保取得建筑物所有权的当事人必定对土地享有使用权，同时，取得土地使用权的当事人必然对土地上的房屋享有所有权，从而避免大量纠纷的发生，尽可能确保交易安全的实现，此即房地分离主义下的房地一体化。[1] 但是，这一立法政策也会带来许多问题。例如，它在保障交易安全的同时，可能会妨害当事人之间意思自治的实现，还有可能会影响到标的物的价

---

〔1〕 我们可以看到，采房地一体主义的国家，有需要将土地所有权和房屋所有权分离开来的必要，因而强化地上权制度；而采房地分离主义的国家或者地区，则有将二者一体化的必要，以免纠纷不断，从而影响交易安全。

值,这是因为房地一体化的政策必然导致权利人不能分别处分土地使用权和房屋所有权,从而可能降低土地或者房屋的利用效率。按照目前我国法律的上述规定,权利人既不能单独转让建设用地使用权人,也不能单独转让房屋所有权,这就可能限制当事人的意思自治,例如权利人能否自己保留建设用地使用权,而将房屋所有权转让给他人,并与买受人订立一份土地租赁合同呢?根据上述房地一体化的规定,似乎是不能,这就妨害到当事人的意思自治,尤其是在建设用地远远大于房屋占地面积的情形下,还可能影响到土地的利用效率,因而受到不少学者的批评[1]。值得庆幸的是,为使房地一体化的规定对土地利用效率的影响尽可能小,我国《民法典》第 397 条第 1 款特别规定,以建筑物抵押时,该建筑物"占有范围"内的建设用地使用权一并抵押,而非规划范围内的建设用地使用权全部抵押[2],从而避免以建筑物进行抵押时,造成建设用地使用权"浪费"严重。但笔者以为,即使物权法作出了上述努力,仍然不够,还是应当借鉴日本民法,通过法定租赁权或者法定建设用地使用权等制度来解决房地分离主义下房地分别转让或者抵押问题,以尽可能满足实践的需求,并实现物尽其用的价值追求。

此外,值得注意的是,在未建立统一的不动产登记制度以前,被动发生的物权变动可能会影响到第三人的交易安全。以不动产抵押为例,由于当时的不动产登记由不同的登记机关办理,因此权利人存在分别抵押的可能,如甲将房屋所有权抵押给乙银行,在房屋管理部门办理了抵押登记,后又将土地使用权抵押给丙银行,在土地管理部门办理了抵押登记。此时如何认定抵押权的顺位呢?一种观点认为,乙银行为第一顺位的抵押权人,有权就拍卖土地和房屋所得的价款优先受偿,丙银行则为第二顺位的抵押权人,只能在乙之债权实现后,仍有余额时,丙才能优先受偿;另一种观点认为,乙仅在土地上享有第一顺位抵押权,就该建设用地使用权所卖得的价款优先受偿,而丙则仅仅在房屋上享有第一顺位抵押权,就该房屋所有权所卖得的价款优先受偿。笔者认为,根据物权法

---

〔1〕 陈甦:《论土地权利与建筑物权利的关系》,载《法制与社会发展》1998 年第 6 期。

〔2〕 王利明:《物权法研究(修订版)》(下卷),中国人民大学出版社 2007 年版,第 429 页。

的规定,建设用地使用权随着房屋抵押权的设定,便“法定”地抵押给乙银行,因此应以第一种观点为正确,但这样处理的结果,可能对丙的交易安全构成威胁,因为丙在办理建设用地使用权的抵押登记时,土地登记簿上可能并无抵押权设定的记载,如果最终丙必须劣后于乙优先受偿,则其交易安全就可能无法获得全面的保护。当然,如果认为法律的上述规定已经具有警示的功能,因此丙在办理建设用地使用权抵押时,也应查询房屋登记簿的记载,则丙的交易安全并非处于不可防范的境地。此外,《民法典》第417条规定:“建设用地使用权抵押后,该土地上新增的建筑物不属于抵押财产。该建设用地使用权实现抵押权时,应当将该土地上新增的建筑物与建设用地使用权一并处分。但是新增建筑物所得的价款,抵押权人无权优先受偿。”从这一规定也可以反推出:建设用地使用权抵押前的建筑物,应属于抵押财产,抵押权人可就建筑物所得价款优先受偿。

显然,在已经建立统一的不动产登记制度后,上述问题已经不再重要,因为无论是抵押人以建筑物抵押还是以土地使用权抵押,都应当在统一的不动产登记簿上进行登记。第三人再与抵押人进行交易时,也应查阅统一的不动产登记簿。因此,根据不动产登记的时间先后确定抵押权的顺序即可。也因如此,《民法典》修改了原《物权法》关于抵押权的顺位规则,将“抵押权已登记的,按照登记的先后顺序清偿;顺序相同的,按照债权比例清偿”(原《物权法》第199条第1项)修改为“抵押权已经登记的,按照登记的时间先后确定清偿顺序”(《民法典》第414条第1款第1项),之所以修改“顺序相同的,按照债权比例清偿”,就是因为“顺序相同”只有在房地分别登记的情况下才存在,而在建立统一的不动产登记制度后,就不再存在“顺序相同”这一情形。

## 五、合作开发房地产的物权归属

从实践的情况看,合作开发房地产的情况大体分为两种情形:一种情形是各合作方共同设立项目公司,土地使用权人将土地使用权作为投资移转到项目公司名下,所开发的房屋自然也属于项目公司,各合作方再通过分配项目公司的利润来获得报酬;另一种情形是各合作方不设立项目公司,而仅仅是签订合作开发协议,约定各自的投资和收益分配。在后一种情形下,所开发房屋的归属就可能成为当事人争议的焦点。例如,尽管合作协议约定了收益分配方案,且约定开发的房屋有一部分属于出资一方,但在将该部分房屋过户至出资方名下前,以土地使用权出资的一方成为另案的被执行人,此时出资一方就可能以自己对部分房屋享有所有权为由提出执行异议或者执行异议之诉。此外,在承包人主张工程款的纠纷案件中,合作开发房屋的归属也可能会影响到案件的处理。例如,尽管建设工程施工合同系合作一方与承包人签订,但承包人可能会将合作各方均起诉到法院,主张合作各方均应对所欠工程款承担连带责任,理由是合作开发的归各合作人共有,基于共有财产发生的债务属于各共有人的共同债务,应由共有人承担连带责任。

我们认为,在当事人仅签订合作开发协议而未设立项目公司的情形下,所开发房屋的归属须根据房地关系来进行确认,因为土地和房屋尽管是两个独立的不动产,但相对于土地,房屋处于次要地位。《民法典》第352条(《物权法》第142条)关于"建设用地使用权人建造的建筑物、构筑物及其附属设施的所有权属于建设用地使用权人,但是有相反证据证明的除外"的规定,就是对房地关系进行的特别规定。需要说明的是,这里的"有相反证据证明"并不包括当事人之间的约定,而仅指因特殊政策而导致房屋与土地使用权分别归属于不同主体的情形,例如划拨用地使用权的主体是国家机关、事业单位等,但划拨用地使用权上建造的房屋,则可能已经出卖该单位职工,从而造成土地使用权人与房屋所有权人不一致;又如政府在出让土地使用权时,明确要求开发商建造的公益设施的所有权归属于政府,但该公益设施所占土地的使用权则已经出让给开发商。

在合作开发房地产的过程中,如果当事人在签订合作开发协议后,未将合作一方享有的土地使用权登记过户到全体合伙人名下,而是仍登记在自己名下,则即使当事人对于所开发房屋的归属有明确约定,但仅有这些约定也不能发生物权变动的效力,因此,在当事人根据合作开发协议将房屋登记过户到自己名下之前,根据《民法典》第352条的规定,所开发的房屋就应认定为归属土地使用权一方所有。至于出资一方的收益,则需要土地使用权一方将开发的房屋过户到出资一方后才能实现。也就是说,在未办理过户手续之前,出资一方仅对土地使用权一方负有合同上的义务,但不能主张其对约定的房屋享有所有权。据此,在办理过户手续前,出资一方请求确认其对部分开发的房屋享有所有权,并据此请求排除强制执行的,人民法院不应予以支持。此外,在建设工程合同纠纷案件中,承包人原则上也只能向与其订立合同的合作方请求支付工程款,而无权请求与其没有合同关系的其他合作方承担连带责任,但承包人在订立建设工程施工合同时知道当事人之间存在合作开发协议除外,因为在承包人对合作开发各方均知情时,应根据《民法典》第925条(《合同法》第402条)关于隐名代理的规定来处理当事人之间的法律关系。

# 第二十二讲

## 依法律文书发生的不动产物权变动

### 一、问题的提出及其背景

物权变动是人民法院确认物权归属和内容的实体规则，在实践中具有极其重要的意义。依民法通说，物权的变动可以分为基于法律行为发生的物权变动与非基于法律行为发生的物权变动。对于前者，各国民法大多确立统一的物权变动规则予以调整：以德国、瑞士为代表的国家，由于明确区分物权和债权，故采取所谓形式主义物权变动模式，规定物权的变动，除当事人达成物权变动的合意外，还须完成法定的公示方式，以保护第三人的交易安全；以法国、日本为代表的国家，因不严格区分物权和债权，故采取所谓意思主义物权变动模式，规定物权的变动仅需当事人达成物权变动的合意，无须完成法定公示方式，但未经公示，不发生对抗（善意）第三人的效力。我国民法的规定较为特殊，对于基于法律行为发生的物权变动，原则上采取的是形式主义物权变动模式，例外情形则采意思主义物权变动模式。至于非基于法律行为发生的物权变动，由于引起物权发生变动的原因不同，物权变动的规则也不同，故各国民法均没有建立统一的物权变动规则，我国民法也不例外。但尽管如此，非基于法律行为发生的物权变动也还是有一定的共性。例如我国《民法典》第 232 条规定，在标的物为不动产的情形下，所有非基于法律行为发生的物权变动既不以登记为生效要件，也不以登记为对抗要件，登记仅仅是权利人处分该物权的生效要件。正因为如此，在当事人没有办理登记而又主张自己享有具有对抗效力的不动产物权时，非基于法律行为发生的物权变动无疑就成为一种可供选择的重要理由。

在非基于法律行为发生的物权变动中，依法律文书发生的物权变动是一种典型情形。根据我国《民法典》第 229 条的规定，依人民法院或者仲裁委员会的法律文书发生的物权变动，物权自法律文书生效时发生变动。在实践中，不少当事人主张自己依法律文书取得某不动产的物权，并以此为由认为自己应获得优先保护或者可以对抗其他债权人申请的强制执行。问题是，是否人民法院或者仲裁委员会的所有法律文书都能够引起物权变动？对此，笔者曾指出，并非所有人民法院或者仲裁委员会的法律文书都可以引起物权发生变动。能够引起物权发生变动的法律文书，应仅限于人民法院作出的形成判决以及强制执行裁定，其他类型的判决书、裁定书以及人民法院制作的调解书均不能直接引起物权发生变动；此外，仲裁委员会制作的裁决书和调解书也不能直接引起物权发生变动。[1]《民法典物权编解释(一)》第7条亦对《民法典》第229条作了限缩性的解释，将能否引起物权变动的法律文书限定为“人民法院、仲裁委员会在分割共有不动产或者动产等案件中作出并依法生效的改变原有物权关系的判决书、裁决书、调解书，以及人民法院在执行程序中作出的拍卖成交裁定书、以物抵债裁定书”，但该规定与笔者的上述观点仍然存在一定的差异。考虑到这一问题在司法实践中具有极为重要的意义，本讲先对笔者的上述观点作进一步的论证，再对《民法典物权编解释(一)》第7条的规定进行评价。

## 二、何种判决书能够引起物权发生变动？

在民事诉讼中，人民法院制作的判决书有三种：给付判决、确认判决以及形成判决。其中，给付判决是指人民法院在认定原告享有请求权的基础上要求被告履行义务的判决。可见，给付判决存在于给付之诉，即当事人起诉的目的，是要求人民法院判定被告履行一定的义务。在给付之诉中，尽管被告履行义务的结果，可能是物权发生变动(如继续履行讼争买卖合同)，但给付判决本身并不是物权发生变动的原因。引起物权发生变动的原因，是当事人之间本已存在的某种法律关系(如合同关系)。例如张三和李四订立买卖合同，由李四购买张三的房屋。因房价

[1] 参见吴光荣：《不动产登记与不动产权属确认的实体与程序问题研究》，载《法律适用》2014年第10期；吴光荣：《物权诉讼：原理与实务》，人民法院出版社2009年版，第505页。

上涨,张三在订立买卖合同后不愿履行合同,李四起诉至法院,请求判决张三继续履行合同。在本案中,尽管法院支持了原告的诉讼请求,判决张三继续履行合同,协助李四办理过户手续,但该判决并不能直接引起物权发生变动,而需要等到张三履行了该判决,协助李四办理了过户手续,才能发生物权变动的效果。在这里,引起物权发生变动的,不是人民法院制作的法律文书,而是当事人订立的买卖合同。也就是说,此种情形不属于非基于法律行为的物权变动,而属于基于法律行为发生的物权变动,自应满足形式物权变动模式的要求。

当然,原告提起给付之诉,也可能是基于物权请求权而非债权请求权。此时,原告往往会请求人民法院在确认其对标的物享有物权的基础上作出给付判决。例如张三与李四发生权属争议,张三认为李四居住的房屋应归其所有,故提起诉讼,请求人民法院在确认权属的基础上判决李四腾退房屋。可见,确认判决经常会与给付判决交织在一起。既然给付判决不能直接引起物权发生变动,那么确认判决是否可以直接引起物权发生变动呢?当然也不能。在上述情形下,即使人民法院确认张三对房屋享有所有权并判决李四腾退房屋,也不能据此认为张三对房屋享有所有权是基于人民法院的判决,更不能认为要等到李四履行了判决才导致物权发生变动,因为早在人民法院作出判决之前,房屋已归张三所有,人民法院只是确认已经发生的物权变动并判决李四腾退房屋。

既然给付判决和确认判决都不是能够引起物权发生变动的法律文书,那么形成判决呢?顾名思义,形成判决存在于形成之诉,即当事人起诉的目的是通过人民法院的判决来形成、变更或者消灭某种法律关系。例如张三和李四是夫妻,张三起诉离婚,人民法院作出的离婚判决,就会使得当事人之间的婚姻法律关系消灭。可见,只有形成判决才具有形成力,才能够在当事人之间形成某种新的法律关系或者导致某种法律关系变更甚至消灭。既然如此,形成判决也可以形成一种新的物权关系或者导致某种物权法律关系发生变更或者消灭。例如在上述离婚案件中,如果原告张三同时请求分割夫妻共有财产,人民法院将本属于夫妻共同财产的房屋判决归张三,而由张三对李四进行补偿,则该判决将导致共有关系的消灭并使得张三获得房屋的全部所有权。此种物权法律关系的变动既非当事人意思自治的结果,也非法律的明确规定,而是人民法院运用司法裁判权的结果。

总之,尽管我国《民法典》第 229 条规定人民法院的法律文书可以引起物权发生变动,但就人民法院制作的判决书而言,并非所有类型的判决书均能引起物权发生变动。能够引起物权发生变动的判决书,应仅限于形成判决。当然,即使是形成判决,也并非都与物权的变动有关。只有直接引起物权发生变动的形成判决,才是《民法典》第 229 条规定的人民法院的法律文书。例如宣告合同无效的判决,因我国民法不承认物权行为理论,更不承认物权行为无因性,故引起物权发生变动的合同一旦被宣告无效,将溯及性导致物权变动也自始无效(即应视为物权变动从未发生),而非使受让人已经取得的物权归于消灭,故不能将此种判决看作是引起物权变动的形成判决。此外,还要将形成判决与当事人通过人民法院行使形成权而获得的判决区别开来。形成判决的存在是因为当事人在程序法或者实体法上享有形成诉权,而非行使实体法上形成权的结果。根据我国民法的规定,有些实体法上的形成权可以由当事人以通知的方式行使(如《民法典》第 563 条规定的合同解除权),有些实体法上的形成权必须通过人民法院或者仲裁机构行使(如《民法典》第 147—151 条规定的合同撤销权),还有些实体法上的形成权则只能通过人民法院行使(如《民法典》第 538 条、第 539 条规定的债权人撤销权),但无论是上述何种情形,当事人之间的法律关系发生变动都是当事人行使权利的结果,而非法院判决所致。例如当事人对于通知解除合同有异议时提起诉讼,也只是请求法院确认合同解除的效果,而非法院的判决导致合同被解除;在通过人民法院或者仲裁机构行使合同撤销权的场合,也仅仅是因为该权利的行使对当事人的利益影响较大,对于该权利的行使必须经过法院的检查性判决或者对于符合法律设定的前提条件的确认性判决才能够实现变动法律关系的效果。正因为如此,德国法将广义的形成权分为狭义形成权与形成诉权:只有当事人向法院主张形成诉权才能引起形成诉讼,并可能获得形成判决,这种意义上的诉讼才被称为“真正的形成之诉”(echte Gestaltungsklage);相反,当事人在诉讼中主张狭义形成权被称为“非真正的形成之诉”（unechte Gestaltungsklage）。[1]

## 三、裁定书是否能够引起物权发生变动？

依据民事诉讼一般理论，判决书原则上处理实体问题，裁定书原则上处理程序问题。由于物权变动关系到当事人在实体法上的权利和义务甚巨，因此能够引起物权发生变动的法律文书，原则上应仅指判决书。[2] 但是，综观大陆法系其他国家或者地区的实践，有些国家或者地区也承认司法机关在强制执行程序中作出的裁定书可以直接引起物权发生变动。[3]《民法典》第229条虽然没有明确规定强制执行中的裁定书是否可以引起物权发生变动，但从司法实践的角度看，对此亦持肯定立场。例如最高人民法院、国土资源部、建设部联合发布的《关于依法规范人民法院执行和国土资源房地产管理部门协助执行若干问题的通知》第27条规定：“人民法院制作的土地使用权、房屋所有权转移裁定送达权利受让人时即发生法律效力，人民法院应当明确告知权利受让人及时到国土资源、房地产管理部门申请土地、房屋权属变更、转移登记。国土资源、房地产管理部门依据生效法律文书进行权属登记时，当事人的土地、房屋权利应当追溯到相关法律文书生效之时。”此外，2004年《最高人民法院关于人民法院民事执行中拍卖、变卖财产的规定》第29条第2款也规定：“不动产、有登记的特定动产或者其他财产权拍卖成交或者抵债后，该不动产、特定动产的所有权、其他财产权自拍卖成交或者抵债裁定送达买受人或者承受人时起转移。”《民事诉讼法解释》第491条规定：“拍卖成交或者依法定程序裁定以物抵债的，标的物所有权自拍卖成交裁定或者抵债裁定送达买受人或者接受抵债物的债权人时转移。”可见，承认强制执行中的裁定书可以直接引起物权发生变动，是我国司法实践的一贯立场。

问题是，在强制执行过程中，除了因执行标的无法拍卖或者变卖而

---

〔1〕 参见任重：《形成判决的效力——兼论我国物权法第28条》，载《政法论坛》2014年第1期。

〔2〕 参见程啸：《因法律文书导致的物权变动》，载《法学》2013年第1期。

〔3〕 参见《瑞士民法典》第656条、《韩国民法典》第187条的规定。

由法院决定以物抵债不以当事人达成物权变动的合意为前提，无论是法院对标的物进行变卖或者拍卖，还是法院经申请执行人与被执行人同意作出以物抵债的裁定，虽然都涉及人民法院强行对标的物进行处分，但仍需当事人达成物权变动的合意，因此从性质上看，此种物权变动似应属于基于法律行为发生的物权变动，何以法律却将其看作是依法律文书发生的物权变动呢？笔者认为，在上述情形下，之所以承认强制执行中的裁定书可以直接引起物权发生变动，是因为无论是法院主持的变卖还是司法拍卖，都有代表公权力的司法机关介入，因而与一般情形下的交易有所不同。〔1〕 为了确保通过司法拍卖或者在法院主持下的变卖获得标的物所有权的买受人的交易安全，进而保障强制执行程序得以顺利进行，法律赋予法院作出以物抵债裁定书、拍卖成交裁定书等法律文书能够直接引起物权发生变动是有必要的，也是可以理解的。说得更加简单一点，强制执行是强制措施，司法机关之所以就以物抵债出具裁定书或者就标的物的拍卖制作成交裁定书，无非就是要通过公权力的行使，借助司法权的公信力，给标的物的受让人吃颗定心丸，以解其后顾之忧，从而保障正常的强制执行秩序。

当然，承认强制执行中的裁定书可以直接引起物权变动，也会带来一些问题。例如在标的物为不动产的情况下，因依强制执行裁定书发生的物权变动无须办理登记，此种物权变动是否可能妨碍第三人的交易安全？依法律文书取得物权是原始取得还是继受取得，标的物的受让人依据裁定书取得物权，是否意味着标的物的物上负担均已消灭？若标的物并非被执行人所有，而真正权利人又未在法院出具相关裁定书前提出执行异议或提起执行异议之诉，如何对真正权利人进行救济？笔者认为，凡是非依法律行为发生的不动产物权变动，都存在不动产物权变动不以登记为要件而发生妨碍第三人交易安全的问题，此时应通过善意取得制度保护第三人的交易安全，依法律文书发生的物权变动也不例外，因此

---

〔1〕 参见赵晋山：《关于人民法院民事执行中拍卖、变卖财产的规定的理解与适用》，载《人民司法》2005 年第 2 期；谭筱清：《执行裁定导致物权变动的法律适用》，载《人民司法》2007 年第 21 期。

没有必要过分担心第三人交易安全的保护。此外,依强制执行裁定书发生的物权变动虽不以办理登记为要件,但在法院出具裁定书之前,都会对作为执行标的的不动产进行查封登记,故即使承认裁定书可直接引起物权变动,也不会妨碍第三人的交易安全。[1] 至于受让人依强制执行裁定书取得物权究竟是原始取得还是继受取得的问题,笔者认为,虽然法律规定强制执行中的以物抵债裁定书、拍卖成交裁定书等可以引起物权发生变动,但此规定只不过是为了满足强制执行的需要而作出的特别规定,并不意味着受让人通过上述裁定书取得的物权是原始取得。事实上,在对标的物进行变卖或者拍卖的情况下,除抵押权、质权等担保物权可以通过物上代位存在于变卖、拍卖所得价金之上而不再存在于执行标的物之上外,租赁权、用益物权等其他物上负担均应继续存在于执行标的物之上,以保护承租人、用益物权人的交易安全。因此,当存在租赁权、用益物权等用益性质的权利负担时,执行法院应告知受让人执行标的上的权利负担,以保护受让人的交易安全。此外,在执行标的物并不属于被执行人而真正权利人未能在强制执行裁定书作出前提出执行异议或提起执行异议之诉的情况下,若无证据证明受让人知道或者应当知道执行标的物不属于被执行人,则受让人亦应受善意取得制度的保护。真正权利人的损失可以通过向被执行人或者申请执行人主张不当得利予以救济,人民法院在对执行标的进行审查时有过错的,对于真正权利人不能追回的损失,也应承担相应的赔偿责任。实践中存在上级法院通过执行监督程序撤销下级法院以物抵债裁定书、拍卖成交裁定书的做法,这可能导致受让人失去取得标的物所有权的依据,进而使得受让人的法律地位极不稳定,这既与《民法典》规定的善意取得制度格格不入,也严重损害到司法的公信力,因而不可取。

值得注意的是,根据《民事诉讼法解释》的规定,强制执行中的以物抵债存在于两种情形:一种情形是申请执行人与被执行人同意,即双方达成以物抵债的协议,人民法院根据当事人的协议作出以物抵债的裁定;另一种情形是双方没有达成以物抵债的协议,但因被执行人的财产

〔1〕 参见程啸:《因法律文书导致的物权变动》,载《法学》2013 年第 1 期。

无法拍卖、变卖,经申请执行人同意,人民法院依职权作出以物抵债的裁定(《民事诉讼法解释》第 492 条、第 493 条)。尽管司法解释明确规定上述两种情形均须以不得损害其他债权人的利益和社会公共利益为前提,但在实践中,也可能出现执行法院出具了以物抵债裁定书,但该以物抵债裁定书损害到了其他债权人的利益或者社会公共利益。在此背景下,如何维护其他债权人的利益或者社会公共利益呢?笔者认为,对于上述第一种情形,当事人达成的以物抵债协议本质上是一种执行和解协议,如果损害了其他债权人的利益,应由其他债权人依据《民法典》第 538 条、第 539 条的规定提起债权人撤销权之诉,请求人民法院撤销当事人达成的以物抵债协议,并在此基础上请求人民法院撤销执行法院作出的以物抵债裁定书;如果当事人达成的以物抵债协议损害到社会公共利益,人民法院也可以在依据《民法典》第 153 条第 2 款的规定认定以物抵债协议无效的基础上撤销执行法院作出的以物抵债裁定书。对于第二种情形,由于以物抵债的决定是由执行法院作出的,并不存在当事人达成的以物抵债协议,即使发生损害其他债权人利益或者社会公共利益的情形,也无法通过撤销以物抵债协议或者认定以物抵债协议无效来撤销执行法院作出的以物抵债裁定书,而只能由其他债权人直接申请人民法院撤销以物抵债裁定书或者通过执行监督程序撤销以物抵债裁定书。此外,实践中也有一种观点认为,对于第一种情形,因本质上属于执行和解,故执行法院不宜出具以物抵债裁定书;对于第二种情形,由于不会发生损害其他债权人或者社会公共利益的问题,故执行法院可以出具以物抵债裁定书。[1] 笔者赞同这一观点,但必须指出,即使是执行法院依职权作出的以物抵债裁定书,也不能完全排除损害其他债权人利益或者社会公共利益的可能性,因此也必须设计相应的救济程序。

## 四、调解书是否能够引起物权的变动?

除在强制执行阶段当事人可能达成以物抵债的协议外,在诉讼过程中,当事人也可能达成以物抵债的协议。如果当事人在法院主持下达成

---

〔1〕 参见肖建国主编:《民事执行法》,中国人民大学出版社 2014 年版,第 245 页。

以物抵债的调解协议并由法院制作了调解书，该调解书是否属于《民法典》第229条规定的能够直接引起物权发生变动的法律文书呢？由于《民法典》第229条没有明确将调解书排除在外，故实践中不少人认为以物抵债调解书也可以发生物权变动的效力。但是，如此一来，由于物权具有对抗第三人的效力，因此实践中便大量出现当事人利用以物抵债调解书对抗债权人申请的强制执行或者主张优先保护的情形。甚至有些当事人为了阻止人民法院的强制执行或者获得优先保护，采取提起虚假诉讼并达成以物抵债调解协议然后再要求法院出具调解书的做法。考虑到以物抵债调解书可能会给其他债权人的利益带来极大的威胁，有人认为在当事人没有履行标的物的交付行为时，人民法院在诉讼阶段不应制作以物抵债调解书。[1] 笔者认为，此种观点虽然有些极端，但也暴露了问题的严重性。对此，一种观点认为，由于调解书的制作以当事人达成调解协议为前提，因此体现的主要是意思自治，公权力的色彩很弱，没有广泛的形成力，故调解书原则上都不属于能够直接引起物权变动的法律文书，以物抵债调解书也不例外。另一种观点则认为，生效的调解书具有与判决书同等的效力，因而也可以引起物权发生变动，但以物抵债调解书只是对当事人以物抵债协议的确认，只有在当事人自愿或者通过人民法院的执行行为履行完调解书确定的义务，才能导致物权发生变动。

笔者认为，并非只有以物抵债调解书是对当事人之间已经达成的调解协议的确认，所有情形下的调解书都是人民法院对当事人所达成调解协议的确认，因此既不能解决权属争议，也不能直接引起物权发生变动。为什么调解书不能解决权属争议呢？这是因为权属问题关系到第三人的利益，不能简单由当事人的约定来解决。例如张三和李四就某不动产发生权属争议，张三和李四在法院主持下达成调解协议，约定该不动产归张三所有，法院亦据此制作了调解书，但是第三人王五认为此不动产既不属于张三，也不属于李四，故对张三提起诉讼，请求法院确认其为权利人。如果认为生效的调解书与判决书具有同等的效力，进而认为调解

---

〔1〕 参见夏正芳、潘军锋：《以物抵债的性质及法律规制——兼论虚假诉讼的防范》，载《人民司法》2013年第21期。

书一经生效,即视为人民法院已依法确认标的物归张三所有,则在王五对张三提起的诉讼中,王五必将面临要先请求人民法院撤销调解书或者对调解书申请再审的问题。这对王五来说是极不公平的。在笔者看来,调解协议只能约束当事人,也只能解决当事人之间的争议,不能对第三人产生不利影响,因而调解书只能对双方当事人具有约束力,不能产生对世的效力。就此而言,调解书不能解决当事人之间的权属争议,因为物权是对世权,一旦对物权归属关系进行确认,就可能会影响到第三人的利益。也正因为如此,《民法典》在规定"物权受到侵害的,权利人可以通过和解、调解、仲裁、诉讼等途径解决"(《民法典》第 233 条)的同时,又规定"因物权的归属、内容发生争议的,利害关系人可以请求确认权利"(《民法典》第 234 条)。可见,并非因物权发生的所有纠纷都可以通过和解、调解、仲裁、诉讼等途径解决,只有在物权受到侵害时,权利人才可以通过和解、调解、仲裁、诉讼等途径解决。

在笔者看来,人民法院制作的调解书是对当事人所达成的调解协议的确认,这与人民法院对通过人民调解所达成的调解协议进行司法确认在性质上并无不同。为了防止经司法确认的人民调解协议对第三人产生不利的影响,《民事诉讼法解释》第 355 条规定:"当事人申请司法确认调解协议,有下列情形之一的,人民法院裁定不予受理:……(五)调解协议内容涉及物权、知识产权确权的。人民法院受理申请后,发现有上述不予受理情形的,应当裁定驳回当事人的申请。"可见,根据上述规定,只有在调解协议仅涉及当事人之间的利益安排时,才能请求人民法院予以确认,而权属关系因涉及第三人的利益,故不能通过人民法院予以确认。同理,调解书所确认的,也只能是当事人之间的利益安排,而不能对权属关系进行确认,否则就可能对第三人产生不利影响。

问题是,调解书既然不能确认权属关系,那能否引起物权发生变动呢?笔者认为,既然调解书只是法院对当事人所达成的调解协议的确认,自然无法直接引起物权发生变动。如前所述,对于基于法律行为发生的物权变动,我国民法原则上采形式主义物权变动模式,仅在例外情形下采意思主义物权变动模式。之所以原则上采形式主义物权变动模式,是因为根据《民法典》第 114 条的规定,物权在我国民法上具有对抗第三人的效力,法律为保护第三人的交易安全,自然要求物权的变动在当事人达成物权变动的合意之外,还需践行法定的公示方式。在此背景下,如果我们认为调解书也可以引起物权发生变动,就意味着我们认为仅凭当事人的意思表示,即可引起物权发生变动。这显然与我国民法所采取的物权变动模式不符,也不利于保护第三人的交易安全。此外,在《民法典》明确规定采取意思主义物权变动模式的情形下,虽然当事人达成调解协议并经人民法院制作成调解书,物权变动无须再践行法定公示方式,但需要注意的是,即使在此情形下,引起物权发生变动的也不是调解书,而是当事人达成的调解协议。

既然调解书不能直接引起物权发生变动,那么经人民法院审查且经当事人签收的调解书究竟具有何种效力呢?我国民事诉讼法学基本理论认为,生效的调解书具有与判决书同等的效力。从民事诉讼法的立法以及司法实践的情况看,已经生效的调解书不仅可以作为人民法院强制执行的依据,而且在当事人对调解书不服时,不能提起上诉,而只能申请再审。就此而言,调解书在效力上似乎还要高于判决书。在笔者看来,既然调解书是人民法院对调解协议的确认,那么法律赋予调解书在当事人之间具有类似判决书的法律效力是可以理解的。但是,如果认为调解书可以如同判决书那样分为确认调解书、给付调解书和形成调解书,进而认为调解书不仅可以确认物权归属关系,而且能够直接引起物权发生变动,就会混淆调解书和判决书的界限。〔1〕

这里需要注意的还有,有些学者根据调解书的效力,也将调解书区分为确认调解书、给付调解书、形成调解书。〔2〕 笔者对此持有异议。调解书既然是对调解协议的确认,在性质上就只应该存在确认调解书,至

---

〔1〕 关于判决书和调解书在性质和效力上的差异,可参见任重:《形成判决的效力——兼论我国物权法第 28 条》,载《政法论坛》2014 年第 1 期。此外,从《民事诉讼法解释》第 148 条第 1 款关于“当事人自行和解或者调解达成协议后,请求人民法院按照和解协议或者调解协议的内容制作判决书的,人民法院不予准许”的规定来看,判决书与调解书在性质和效力上也存在重大差异。

〔2〕 参见房绍坤:《法院判决外之法律文书的物权变动效力问题研究》,载《法商研究》2015 年第 3 期。

于调解书生效后发生的给付义务，并非调解书的效力所致，而是调解协议本身的效力所致。此外，即使当事人通过履行调解书所确定的义务而导致某种法律关系发生变动，此种法律关系的变动也不是因为调解书的效力，而是因为调解协议本身的效力。例如当事人在法院主持下达成解除合同的调解协议并制作成调解书，导致当事人合同关系消灭的原因也不是调解书而是当事人达成的调解协议；又如当事人达成分割共有财产的调解协议并制作成调解书，当事人之间共有关系归于消灭的原因也不是调解书而是当事人达成的调解协议。如果不这么理解，就可能导致调解书的效力被不当夸大，进而导致对第三人产生不利的影响。前述以物抵债调解书在实践中引起的问题就是著例。〔1〕

总之，调解书只是人民法院对调解协议的确认，不能直接引起物权发生变动。〔2〕 对此，最高人民法院有关部门亦发表过相同观点。例如，最高人民法院研究室曾明确表示："以物抵债调解书只是对当事人之间以物抵债协议的确认，其实质内容是债务人用以物抵债方式来履行债务，并非对物权权属的变动，故不宜认定以物抵债调解书能直接引起物权变动。"〔3〕依据形式主义物权变动模式的要求，在当事人已经达成调解协议并经人民法院制作成调解书情况下，物权的变动还需要当事人践行法定公示方式。不仅如此，根据原《合同法》第51条的规定，调解协议仅在当事人之间产生债权债务关系，物权发生变动，除调解协议本身合法有效且践行公示方式之外，还需要当事人对标的物享有处分权，否则物权也不发生变动。由于调解书仅仅是对调解协议的确认，至于当事人是否具有处分权，并非人民法院审查的对象，因此，在当事人达成调解协议并经人民法院制作调解书情况下，即使当事人已经履行了调解书所确定的义务（如办理

---

〔1〕 从本部门的分析可以得出，以物抵债调解书在实践中引起的问题，并非以物抵债调解书本身存在问题，而是因为实践中将调解书的效力过分夸大。在笔者看来，我国民事诉讼法的真正特色也许不在于调解制度本身，而在于人民法院根据当事人达成的调解协议制作调解书并将调解书置于与判决书相同甚至更高的法律地位。对此所谓特色，似应进行反思。

〔2〕 相同观点，参见谢在全：《民法物权论》，中国政法大学出版社1999年版，第95页。

〔3〕 最高人民法院研究室：《关于以物抵债调解书是否具有发生物权变动效力的研究意见》，载张军主编、最高人民法院研究室编：《司法研究与指导》2012年第2辑，人民法院出版社2012年版，第138—142页。

了过户手续)，但如果处分标的物的当事人并非真正权利人，则真正权利人仍有权请求人民法院确认权属，而无须受到调解书的约束。

## 五、仲裁机构的法律文书能否引起物权发生变动？

既然人民法院的调解书不能直接引起物权发生变动，那么仲裁机构出具的调解书自然也不能引起物权发生变动。问题是，仲裁机构出具的裁决书是否可以引起物权发生变动呢？对此，多数学者持肯定意见。例如有学者认为仲裁机构作出的裁决书与人民法院作出的判决书具有相同的效力，故能够引起物权发生变动，但同时强调，能在当事人之间直接引起物权变动的裁决书应仅限于仲裁机构在形成之诉中作成的裁决书。〔1〕 也有学者指出，形成之诉的存在是因为当事人享有形成诉权，而仲裁的民间性质与形成诉权的要求有较大差异，仲裁具有的保密性特征也与物权变动的公示要求相左，且仲裁机构对案件的管辖源于当事人的意思自治和处分权，而从形成判决的制度机理出发，对于权利行使方式的规定属于强制法律规定，当事人没有处分权，其不能依照意思自治将涉及形成诉权的民事案件转交给仲裁机构进行处理，因此，从形成诉权与仲裁制度的性质和特点出发，仲裁裁决原则上并不能作为物权变动的依据，域外的立法情况(如德国)的立法也印证了这一点，但是，由于我国法律已经明确规定仲裁委员会的法律文书可以引起物权发生变动，且《民法典》第147—151条也规定合同撤销权既可以通过法院行使，也可以通过仲裁委员会行使，故仲裁委员会的裁决书也具有形成力，可以直接引起物权发生变动。〔2〕

笔者认为，商事仲裁作为一种准司法性质的纠纷解决机制，以当事人之间存在仲裁协议为前提，由于当事人之间签订的仲裁协议只能约束

---

〔1〕 赵晋山:《非基于法律行为引起的物权变动》，载《人民司法》2007年第7期；汪志刚:《如何理解物权法第28条中的“法律文书”》，载《西部法学评论》2011年第3期；程啸:《因法律文书导致的物权变动》，载《法学》2013年第1期。

〔2〕 参见任重:《形成判决的效力——兼论我国物权法第28条》，载《政法论坛》2014年第1期；房绍坤:《法院判决外之法律文书的物权变动效力问题研究》，载《法商研究》2015年第3期。

当事人,不能约束第三人,因此仲裁机构也只能解决当事人之间的合同纠纷,不能对第三人产生不利影响。由于物权作为一种对世权,具有对抗第三人的效力,因此仲裁裁决既不能直接确认物权关系,也不能直接引起物权发生变动。

由于《民法典》第 233 条明确规定因侵害物权发生的争议,可以通过仲裁的途径予以解决,且《民法典》第 234 条也未明确规定因物权归属与内容发生争议,权利人可以向何种机构请求确认权利,因此不少人简单地认为人民法院或者仲裁机构都可以作为物权确认的机构。笔者认为,尽管我国《仲裁法》第 2 条明确规定"平等主体的公民、法人和其他组织之间发生的合同纠纷和其他财产权益纠纷,可以仲裁",但并非所有的"财产权益纠纷"都可以通过仲裁解决。理由是,与人民法院的调解书一样,仲裁机构的仲裁裁决仅仅能够约束达成仲裁协议的当事人,如果承认仲裁机构的裁决也可以确认物权关系,就可能给第三人带来极为不公平的结果。例如张三与李四订立房屋买卖合同后发生争议,张三依据双方的约定申请仲裁,请求确认系争房屋归其所有,仲裁委员会作出的仲裁裁决亦确定该房屋归其所有,但在仲裁裁决生效后,第三人王五向法院提起诉讼,认为该房屋既非张三所有,也非李四所有,而应归自己所有,被告张三则在诉讼过程中拿出仲裁裁决,认为法院判决不应与仲裁裁决不一致,请求法院驳回王五的诉讼请求。在本案中,如果承认仲裁机构的裁决也可以对权属进行确认,则人民法院在面对仲裁裁决时,只能中止民事诉讼,要求王五先申请人民法院撤销仲裁裁决,否则就只能驳回起诉。这对于王五来说是极为不公平的,因为王五并非仲裁的当事人,且不说其是否有权申请撤销仲裁裁决将面临严重的法律障碍(《仲裁法》第 58 条仅规定当事人有权申请撤销仲裁裁决),即使其有权申请撤销仲裁裁决,在承认仲裁机构有权确认权属的情况下,其申请撤销仲裁裁决的请求也很可能因不具备《仲裁法》第 58 条规定的情形而无法获得人民法院的支持。正是因为考虑到物权具有对抗第三人的效力,笔者一直呼吁应对《民法典》第 234 条作限缩性的解释,将仲裁机构排除在有权确认物权关系的机构之外,或者明确将物权关系的确认规定为不可仲裁事项。

同理，因物权具有对抗第三人的效力，故仲裁机构的裁决也不能直接引起物权发生变动，否则也可能给第三人带来不利影响。例如债权人甲依法申请人民法院对债务人乙的房屋进行查封，此时第三人丙根据其与乙达成的仲裁协议申请仲裁，再依据裁决提出执行异议，理由是仲裁裁决引起了物权发生变动。在此情形下，仲裁裁决能否阻却强制执行呢？显然，如果认为仲裁裁决可以直接引起物权发生变动，就可能导致仲裁机构的裁决与人民法院的查封裁定发生冲突。对此，一种意见认为，可将仲裁裁决引起的物权变动限于当事人之间，而不具有对抗第三人的效力，因此不能阻止强制执行。但是，此种观点遭到实务界的批评，认为这不符合形成裁决的对世性，因此必须另辟蹊径，将形成裁决的形成力限于当事人有权自由处分财产的场合，但当某一项财产已被查封之际，该财产的处分权已为法院所控制，未经法院许可，任何人进行的处分，均不得对抗申请执行人，仲裁机构也不例外。也就是说，对法院查封财产争议所作出的形成裁决，因受查封的制约，其形成力必然受到一定影响，物权变动无从发生，第三人不能据此提出案外人异议阻却执行。[1] 但是，对于这一观点，也有学者提出批评，认为上述做法并无法律依据，因为法院的查封裁定限制的是当事人的处分权，而仲裁裁决引起的是物权变动，二者不可同日而语，且对于法院查封的财产，也可由法院以形成判决的方式引起物权发生变动，如果上述观点成立，就可能会导致法院查封裁定的效力大于法院判决的形成效力，这在法理上也是没有依据的。[2] 笔者认为，理论界和实务界之所以认为仲裁裁决可以引起物权发生变动，根本原因是认为仲裁裁决具有与法院判决相同的效力，故可以像判决一样，区分为给付裁定、确认裁定和形成裁定。笔者并不否认仲裁机构可以作出给付裁决、确认裁决和形成裁决，但是，由于仲裁以当事人之间达成仲裁协议为前提，因此仲裁裁决只能处理当事人之间的纠纷，而不能涉及第三人的利益。就此而言，不仅仲裁机构所作的

---

〔1〕 参见刘贵祥：《涉执行标的仲裁裁决对执行的影响》，载《人民法院报》2014 年 5 月 21 日，第 5 版。

〔2〕 参见房绍坤：《法院判决外之法律文书的物权变动效力问题研究》，载《法商研究》2015 年第 3 期。

确认裁决只能确认当事人之间的权利和义务,不能对具有对世效力的物权关系进行确认,而且仲裁机构所作出的形成裁决也只能引起当事人之间的法律关系发生变动,不能引起具有对世效力的物权关系发生变动。也就是说,只要我们还认为物权是一种对世性的权利,那么,物权关系就不能由仲裁机构予以确认,也不能由仲裁裁决引起变动,否则,第三人的利益必将受到严重威胁。

## 六、《民法典物权编解释(一)》第 7 条的理解

自原《物权法》通过并实施以来,由于人们对能够引起物权发生变动的法律文书认识不一,以致实践中乱象丛生,甚至大量虚假诉讼亦导源于此。经过理论界和实务界的共同努力,目前达成的一个基本共识是:《民法典》第 229 条规定人民法院和仲裁委员会的法律文书引起的物权变动,自法律文书生效时发生效力,但这一条旨在规定物权发生变动的时间,并未规定何种法律文书可以引起物权发生变动,因此只能说明人民法院或者仲裁委员会的法律文书具有引起物权发生变动的“可能性”,并不意味着人民法院或者仲裁委员会的所有法律文书都能直接引起物权发生变动。在此背景下,《民法典物权编解释(一)》第 7 条将能够引起物权发生变动的法律文书规定为“人民法院、仲裁委员会在分割共有不动产或者动产等案件中作出并依法生效的改变原有物权关系的判决书、裁决书、调解书,以及人民法院在执行程序中作出的拍卖成交裁定书、变卖成交裁定书、以物抵债裁定书”。笔者认为,司法解释的这一规定至少解决了如下几个方面的问题。

其一,将能够引起物权发生变动的法院判决严格限定为形成判决,从而排除了给付判决、确认判决引起物权发生变动的可能性。

其二,将能够引起物权发生变动的裁定书限定为强制执行程序中作出的拍卖成交裁定书、以物抵债裁定书,排除了其他裁定书引起物权发生变动的可能性。当然,在强制执行阶段,人民法院也可能会作出变卖成交裁定书。此时,应认为与拍卖成交裁定书一样,变卖成交裁定书也具有引起物权发生变动的效力。

其三,将能够引起物权发生变动的调解书限定为人民法院、仲裁委

员会在分割共有不动产或者动产等案件中作出并依法生效的改变原有物权关系的调解书，排除了以物抵债调解书引起物权发生变动的可能性。由于以物抵债调解书仅仅为当事人设定了义务，并未直接改变原有物权关系，故不能看作是能够引起物权发生变动的法律文书。

其四，将能够引起物权发生变动的仲裁裁决限定为在分割共有不动产或者动产等案件中作出并依法生效的改变原有物权关系的裁决书，排除了其他情形下的仲裁裁决引起物权发生变动的可能性。

不过，《民法典物权编解释(一)》虽然对《民法典》第229条作了限缩性解释，但并未完全否认调解书和仲裁裁决引起物权发生变动的可能性。由于我国民法明确区分物权与债权，并赋予物权具有对抗第三人的效力，因此物权及其变动不仅会对当事人的利益产生重大影响，也会对第三人产生重大影响。由于调解和仲裁只能解决当事人之间的纠纷，不能影响到第三人的利益，因此，只要我们承认物权具有对抗第三人的效力，就既不能认为存在改变原有物权关系的仲裁裁决，也不能认为存在可以改变原有物权关系的调解书，否则，就可能给第三人带来不利益。那么，能否认为仲裁裁决和调解书导致的物权变动仅在当事人之间发生效力，不能拘束第三人呢？笔者认为，此种观点虽然具有一定的合理性，但通过程序法的规定来限制实体法上物权的效力，似乎并不可取。相反，要在程序法上限制仲裁裁决和调解书引起物权发生变动的效力范围，似应有实体法的依据。就此而言，在笔者看来，由于意思主义物权变动模式系以不严格区分物权和债权为理论基础，因此只有在法律明确规定采意思主义物权模式的情况下，我们才能在承认调解书和仲裁裁决能够引起物权发生变动的基础上，将物权变动的效力范围限制在当事人之间，从而避免对第三人产生不利影响。也就是说，即使要承认调解书和仲裁裁决能够引起物权发生变动，也要将其严格限制在法律明确采取意思主义物权变动的情况下。由于我国民法针对基于法律行为发生的物权变动，在例外情形下也采取了意思主义物权变动模式，故在此情形下，也可承认调解书和仲裁裁决既可以确认物权关系，也可以直接引起物权发生变动。但需要注意的是，尽管此时调解书和仲裁裁决可以确认物权关系或者引起物权发生变动，但它们不具有拘束第三人的效力。

PART VI 第六编

# 不动产权属确认的程序问题

前面谈到，确权之诉通常涉及两个方面的问题：一是程序性问题，二是实体性问题。本编主要讨论当前司法实践中确权之诉的几个程序性问题，它们长期困扰司法实践，并制约着权利人权利的实现和保护。

本编分为四讲：第二十三讲“不动产权属争议的解决机制”，指出不动产权属争议在我国的解决机构是人民政府和人民法院，但前者仅处理因土地总登记产生的权属争议，其他权属争议应由人民法院处理，且仲裁机构不属于权属争议的确权机构；第二十四讲“不动产权属确认中的民行交叉问题”，提出物权法上的不动产登记旨在解决第三人交易安全的保护问题，因此仅仅是为配合民法的实施而建立的非讼程序制度，即使由行政机构负责办理不动产登记，不动产登记行为也非具体行政行为，对登记错误的救济也不宜通过行政复议或者行政诉讼来解决，而应通过更正登记制度来实现；第二十五讲“更正登记制度的实体价值与程序意义”，指出不动产登记簿具有形式拘束力，只有在民事确权的基础上通过更正登记制度才能消除不动产登记簿的错误，因而更正登记请求权在性质上属于物权请求权在不动产领域中的表现，且更正登记制度对于解决目前行政与民事交叉的问题具有极为重要的意义；第二十六讲“不动产登记机构的审查义务与赔偿责任”，指出我国的不动产登记在审查范围上虽然较为广泛，但审查方式仍然是形式审查（有限的实质审查），而非全面实质审查，因而登记机构应根据其过错承担相应的赔偿责任。

# 第二十三讲

## 不动产权属争议的解决机制

### 一、确权请求权的性质与行使

《民法典》第234条规定:“因物权的归属、内容发生争议的,利害关系人可以请求确认权利。”有的学者将当事人此种请求确认权属的权利称为确权请求权或者物权确认请求权。问题是:此种确权请求权是否应适用诉讼时效的规定?例如张三和李四合伙做生意,合伙期间购买房屋一间,但未办理权属登记,后来生意做不下去,张三便南下谋生,而李四则一直占有并使用该房屋,并以自己的名义办理了产权登记。几年后,张三从南方回来,发现房屋登记在李四的名下,于是就房屋权属发生争议,张三主张目前登记为李四所有的房屋应归双方共有,理由是该房屋是双方合伙期间取得的财产,双方在散伙时未就合伙财产进行分割。一审法院和二审法院经审理后均认为该房屋的确是双方合伙期间取得的财产,且散伙时未进行分割,因此判决支持原告(张三)的诉讼请求。李四不服法院判决,通过各种途径申请再审,当地检察机关遂提起抗诉,抗诉的主要理由是:张三去南方工作已有5年有余,其间没有任何证据显示张三向李四主张过权利,因此张三的诉讼请求已过诉讼时效,不应受到法律保护,请求法院依法予以改判。

不难看出,审理本案的关键在于判断当事人的确权请求权是否适用诉讼时效的规定。在现实生活中,类似的纠纷还有很多,如财产继承中,被继承人死亡后,继承人未就遗产进行分割,而由其中部分继承人占有并使用遗产,并且以其名义办理了房产登记,若干年后,其他继承人主张权利,要求分割遗产,从而引起纠纷,此种情形也常常面临当事人的确权请求权是否适用诉讼时效的问题。

关于确权请求权是否适用诉讼时效的规定,理论上有不同的观点:

有的学者持肯定意见,认为确认之诉常常是给付之诉的前奏,当事人在请求确认权利后通常会进一步要求返还财产,如果确权请求权不适用诉讼时效,不仅会造成权属关系长期不确定,影响到财产的利用,而且会导致返还财产的请求权也无法适用诉讼时效,因此确权之诉应适用诉讼时效的规定。持否定意见的学者则认为,当事人的确权请求权不应适用诉讼时效的规定,其理由如下。

其一,确权请求权在性质上并非私法意义上的请求权,而是请求国家公权力介入确认产权归属的权利,因此不应适用诉讼时效的规定。确权请求权与物权请求权并不相同,既不是物权请求权的内容,也不是民法上的请求权,物权请求权以当事人享有物权为前提,但确权请求权则是为解决物权本身的归属而产生,在权利确认之前,并不知道到底哪个主体才是物权的主体。

其二,即使认为确权请求权应适用诉讼时效的规定,也难以确定诉讼时效的起算点。根据《民法通则》的规定,诉讼时效自权利人知道或者应当知道权利受到侵害之日起开始计算,但在确权之诉中,权利受到侵害往往呈现持续的状态,因此难以认定权利何时受到侵害,更难以认定当事人何时知道或者应当知道权利受到侵害。

其三,确权请求权适用诉讼时效有时没有必要,因为有些情况下可能并不存在相对人,例如某集体经济组织长期占有使用因河流冲击成的土地,于是请求国家公权力确认其对该笔土地享有所有权。诉讼时效的目的是通过惩罚"在权利上睡觉"的当事人而保护相对人的利益,如果不存在相对人,自无适用诉讼时效的必要。

其四,如果认为确权请求权适用诉讼时效的规定,就可能会导致物权请求权不能实现。如前所述,物权请求权不应适用诉讼时效,但如果确权请求权适用诉讼时效,则不可避免地会导致物权请求权在确权请求权经过诉讼时效后不能行使,因为物权请求权必须以物权归属已经确定为前提,在产权发生争议的情况下,如果权利的归属都无法确认,就更谈不上行使物权请求权。

笔者认为,持肯定意见者认识到确认之诉常常是给付之诉的前奏,因此不能孤立地看待确权请求权,从这个角度看,这一观点具有合理性;

但这一观点在一定程度上将确权之诉与行使物权请求权混为一谈，具体表现在以下两个方面。

其一，权属确定只是行使物权请求权的前提，不能理解为只要权属清楚，就一定可以行使物权请求权。如前所述，所谓标的物返还请求权是物权请求权的内容，并非确权之诉的内容，当事人行使物权请求权，必须以享有物权为前提，但这并不是说，当事人享有物权就一定可以行使物权请求权，因此即使确认当事人享有物权，也不意味着当事人就一定可以请求返还标的物，两者并非一回事。

其二，在物权得到确认之后，当事人的标的物返还请求权是否适用诉讼时效尚存在争议。虽然民法通说认为物权请求权均不适用诉讼时效，但也有少数说认为返还标的物的请求权应当适用诉讼时效，理由是此类请求权不同于排除妨害请求权和消除危险请求权，是以给付为内容的，类似于债权请求权，根据类似事物类似处理的原则，也应适用诉讼时效的规定，这样不仅能够维护权属关系的稳定，也有利于财产的利用，督促权利人尽快行使权利，除非该标的物是依法应当办理登记的不动产或者特殊动产。持肯定意见的学者之所以赞成确权之诉适用诉讼时效的规定，可能是受这一学说的影响，进而认为既然标的物返还请求权应适用诉讼时效，那么确认请求权也应适用诉讼时效。但笔者认为，即使作为物权请求权的标的物返还请求权适用诉讼时效的规定，也不当然得出确权请求权应适用诉讼时效，二者不是一个概念，已如前述；更为重要的是，标的物返还请求权作为物权请求权的一种，《民法典》第 196 条已明确其原则上不适用诉讼时效，而如果标的物返还请求权不适用诉讼时效的规定，确权请求权就更不应适用诉讼时效的规定，因为一旦确权之诉适用诉讼时效的规定，就会导致当事人的物权请求权因权属得不到确认而处于不能行使的状态，这样一来，物权请求权不适用诉讼时效就会变得没有意义。

当然，我们也注意到，如果确权之诉不适用诉讼时效的规定，标的物返还请求权也不适用诉讼时效的规定，就会导致法律关系长期处于不稳定的状态，对相对人产生极为不利的后果。但这一问题的解决，我们寄希望于取得时效制度。不无遗憾的是，《物权法》并未规定取得时效制度,据立法部门的有关同志讲,可能是想将取得时效与诉讼时效一并规定在未来民法典的总则部分,因此《物权法》暂不规定。既然如此,在取得时效制度出台之前,笔者的意见还是坚持诉讼时效既不适用于确权之诉,也不适用于标的物返还请求权,理由是:在目前诉讼时效期间太短的情况下,在权衡权利人的利益和相对人的利益后,认为权利人的利益更值得法律保护。

在笔者看来,持否定意见的学者虽然看到确权之诉对于物权保护的意义,但却使用了"确权请求权"这一似是而非的概念,人为地造成了法律概念在使用上的混乱局面。所谓请求权,是指得请求他人为一定行为或者不为一定行为的权利,其本质是民事权利的法律效力。当事人请求国家公权力介入确认物权归属,并非请求对方为一定行为或者不为一定行为,因此不是在行使私法上的请求权,因此大可不必冠之以"请求权"的称谓,否则就会导致法律适用上的分歧和混乱。笔者认为,当事人请求人民法院确认物权归属的权利,既然只是一种程序上的诉权,并非实体法上的请求权,那么在法院作出最终认定之前,实体上的权利归属并不清楚,只有在法院最终认定之后,才涉及实体权利的行使问题。诉讼时效针对的是当事人实体权利的行使(诉讼时效经过,相对人即享有一种对抗请求权的抗辩权),而不是请求确认权利归属之诉权的行使,因此确权之诉不应适用诉讼时效的规定。此外,实践中关于"诉讼请求已过诉讼时效"的提法也不科学,诉讼时效的适用对象是请求权,而非诉讼请求,因此只有请求权才有是否已过诉讼时效的问题,而诉讼请求本身则没有已过诉讼时效的问题。

还应看到,在现实生活中,很多权属确认并不存在相对人,在无相对人的情况下,自无适用诉讼时效的可能和必要,这主要表现在通过行政进行确权的过程中,例如某集体组织请求行政机关确认其对某块因河流冲积而成的土地的所有权。此外,即使是由人民法院处理的确权案件,也并不都存在相对人,这主要是一些通过非诉程序审理的案件,例如在"陈益锡申请确认财产案"中,坐落于上海市河间路 323 弄 12 号前半间约 7 平方米房屋,系申请人陈益锡之姑母陈小妹遗留的私房。陈小妹于 1989 年 9 月死亡,陈小妹与丈夫徐元龙(于 1979 年 6 月死亡)生前育有一子,名徐顺林(于1973年1月死亡)。陈小妹的丈夫徐元龙及儿子徐顺林死亡后,其生活主要由申请人陈益锡照料。陈益锡对陈小妹尽了较多的扶养义务。上海市杨浦区人民法院依照《民事诉讼法》第175条的规定,于1994年4月18日在该院公告栏及上述财产所在地发出认领该财产的公告,法定公告期为1年。公告期届满,上述财产无人认领。上海市杨浦区人民法院认为,位于该市河间路323弄12号前半间约7平方米房屋确属无主财产,依法应收归国家或者集体所有。鉴于申请人陈益锡对原房屋所有人陈小妹生前尽了主要扶养义务,依照《继承法》第14条关于"继承人以外的对被继承人扶养较多的人,可以分给他们适当的遗产"的规定,应当从该无主财产中分给陈益锡适当的财产。但是,该无主财产价值不大,收归国家或集体所有无多大实际意义。因而,申请人陈益锡要求将上述无主财产归其所有,符合法律规定,对此应予支持。据此,该院于1995年8月4日作出判决如下:上海市河间路323弄12号前半间房屋归陈益锡所有。

## 二、人民政府的确权及其司法监督

《民法典》第234条规定:"因物权的归属、内容发生争议的,利害关系人可以请求确认权利。"至于利害关系人应向"谁"请求确认权利,物权法虽然没有明确,但有一点是可以肯定的,即人民法院作为国家的审判机关,应当有权对当事人之间的权属争议作出裁决,但犹有疑问的是:是否所有的权属争议都应由人民法院进行裁决?除人民法院外,是否还存在确权的机构?它们与人民法院在权属确认问题上的关系如何?可见,当事人发生权属争议后,首先涉及的程序性问题,便是争议解决的机构及其相互之间的关系问题。

由于权属争议的实质是法律争议,通常不涉及政治因素,因此一般来说,权属争议问题原则上都应属于人民法院的主管范围。但是也应该看到,我国是社会主义国家,土地、草原、森林等自然资源实行社会主义公有制,归国家或者集体所有,单位或者个人需要利用这些资源时,必须通过法定途径取得土地等自然资源的使用权。考虑到单位或者个人取得土地等自然资源的权属通常需要经过行政审批,行政机关对当事人之间的权属相对比较了解,为使土地等自然资源的分配更加合理,并有利于国有资产的保值增值,《土地管理法》和《森林法》以及现行《草原法》均规定因土地、草原、林地等权属发生争议而又不能协商解决时,当事人应当先请求相应的人民政府进行确权,只有在对人民政府的确权决定不服时,才可以向人民法院提起诉讼。例如《草原法》第 16 规定:“草原所有权、使用权的争议,由当事人协商解决;协商不成的,由有关人民政府处理。单位之间的争议,由县级以上人民政府处理;个人之间、个人与单位之间的争议,由乡(镇)人民政府或者县级以上人民政府处理。当事人对有关人民政府的处理决定不服的,可以依法向人民法院起诉。在草原权属争议解决前,任何一方不得改变草原利用现状,不得破坏草原和草原上的设施。”

《土地管理法》第 16 条和《森林法》第 22 条也都有类似的规定。由此可见,对于土地等自然资源的权属确认,我国法律要求行政确权前置,只有在当事人对行政确权不服时,才能启动司法确权程序,由此带来一个问题:如果人民法院经审查认为人民政府确认产权的具体行政行为不合法,是应该直接对产权归属作出判决呢,还是只能作出撤销或者部分撤销行政机关具体行政行为的判决,同时要求行政机关重新作出具体行政行为呢?例如,甲村和乙村因界址不清就交界处的林地所有权归属发生争议,经当地人民政府多次调解不成,当事人能否直接向人民法院提起诉讼?倘若当地人民政府就双方的争议作出裁决后,其中一方就该裁决仍有不服,是否可以提起诉讼?是提起行政诉讼还是民事诉讼?倘若行政诉讼中,人民法院查证人民政府的确权裁决确有错误,是否可以直接作出变更判决,将土地所有权判归真正的权利人?

对于上述问题,一种观点认为,在土地等自然资源确权纠纷中,法律并没有赋予人民法院通过裁判变更行政行为的权力。也就是说,在行政诉讼中,即使人民法院发现人民政府的具体行政行为不合法,也只能撤销或者部分撤销人民政府作出的具体行政行为,同时要求行政机关重新作出具体行政行为,而不能直接变更人民政府所作出的确权决定,就当事人之间的产权归属作出认定。另一种观点则认为,如果不赋予人民法院司法变更权,必将导致纠纷久拖不决,不但浪费审判资源,而且会造成司法裁判和行政决定之间的冲突和不协调，既不符合司法最终救济的原则，也不利于当事人权利的保护，因此，在土地等自然资源确权案件中应扩大司法变更权的运用，在人民法院经审理认定人民政府的具体行政行为不合法时，直接变更具体行政行为，就当事人之间的产权归属直接做出裁决。

笔者认为，在现行法律框架下，不宜认为人民法院享有直接变更的权力，理由是：我国法律之所以在土地等自然资源的确权问题上要求先由人民政府进行处理，只有对处理不服时才可以向人民法院起诉，是有一定考虑的，我们不能忽视立法者的立法意图。如前所述，由于我国实行土地等自然资源的社会主义公有制，单位和个人要取得对土地等自然资源的使用权，必须经过法定的行政程序，因此就土地等自然资源的权属发生争议时，由相应的人民政府作出处理决定，有利于土地等自然资源的合理分配，也有利于人民政府相关政策的实施，还有利于国有资产的保值增值。基于这一考虑，土地等自然资源的确权应由人民政府作出，如果当事人认为人民政府的确权行为不合法，自然可以通过行政诉讼请求人民法院对此进行监督，但监督权不等于行政权本身，不能代替行政机关直接就产权归属作出认定，否则就是监督权的滥用。至于由此带来的诉累和诉讼资源的浪费问题，则是法治和程序的应有代价，不应当成为人民法院享有司法变更权的理由。

当然也应看到，在土地等自然资源的权属确认中，坚持行政确权前置和最终由行政机关进行认定的做法在实践中确实会带来诸多弊端，例如程序烦琐、徒增诉累，可能会造成问题长期得不到解决，还也与司法最终救济原则相违背。例如 2000 年某县两乡镇的 A 村与 B 村第 7、8、9 村民小组在两乡交界处发生山林权属争议，该县人民政府山林纠纷调处办公室多次调解不成后，以山林决字〔2000〕第 8 号处理决定，将争议山场林木、林地所有权确权给 B 村第 7、8、9 组所有；A 村不服，向市政府申请行政复议，市政府维持县政府的处理决定；A 村仍不服，上诉到县人民法院，法院维持决定；A 村上诉到市中级人民法院，市中级人民法院以事实不清，证据不足为由，撤销县政府的山林决字〔2000〕第 8 号决定，并判决县政府在 3 个月内重新作出处理决定。2002 年某县人民政府在进一步核实证据的基础上,以相同的事实和更确实的理由作出与第 8 号处理决定基本相同的处理决定。A 村不服,再次以同样的程序起诉到市中级人民法院,市中级人民法院以同样的理由再次撤销县政府的处理决定,并判决县政府限期内重新作出处理决定。直到现在,案件尚未终结,A 村花费诉讼费、路费等各种费用 9 万多元,村里没钱,村民集资,可是就算把案涉山场卖了也不够各种费用的支出。正是基于这些考虑,笔者认为,应尽量限制《土地管理法》《森林法》以及《草原法》等法律关于不动产权属争议解决机制的适用范围。也就是说,应将上述规定的适用控制在合理的范围,使之既符合立法目的,又能使大量平等主体之间的权属纠纷得到及时的解决。

## 三、不动产权属争议与法院主管

问题是,是否凡属涉及土地等自然资源权属确认的案件,都须经行政确权先置?答案显然是否定的,因为如果答案肯定,就会导致所有涉及土地等自然资源权属确认的纠纷都只能通过行政途径解决,一方面行政机关将会因解决权属争议而不堪重负,另一方面人民法院的民事审判将变得无足轻重,相反行政诉讼却源源不断,这既不符合正常的社会秩序,也不符合目前司法实践的实际情况——当前大部分涉及土地等自然资源权属纠纷的案件,的确是通过民事诉讼予以解决的。问题是:哪些权属争议必须以行政确权作为前置程序,只有在当事人对行政确权不服时,才能通过司法进行审查,且权属确认本身仍需由行政机关最终进行?而又有哪些权属争议可以通过民事诉讼直接起诉到人民法院,由人民法院进行确权?笔者认为,只有当事人之间权属争议的发生涉及行政确权时,即只有在当事人之间的权属争议是因人民政府的确权行为引起时,才必须以行政确权作为前置程序,以司法作为监督程序,并由行政机关最终予以解决;如果当事人之间的权属争议不涉及行政确权,而只是平等主体之间的民事争议,自然应直接向人民法院提起民事诉讼予以解决。问题是:哪些权属纠纷与行政确权相关呢?笔者认为,只有在当事人之间的权属争议是因人民政府对土地等自然资源进行初始登记(登记造册)而引起时,才能认为权属争议与行政确权有关;如果不是因人民政府对土地等自然资源的权属进行初次登记(登记造册)引发的争议,就不能要求行政确权前置,再通过司法进行监督,最后仍须行政机关确权。

例如,当事人在从人民政府获得土地等自然资源的使用权时,因登记造册时登记不清而引起权属争议,就必须以行政确权作为前置程序,并在司法进行监督的情况下由行政机关最终予以解决,但如果当事人取得的使用权本身没有问题,而是后来进行交易时,因为双方对交易规则的理解发生矛盾,导致在当事人之间发生权属争议,则此种权属争议与人民政府的确权行为并无直接关系,自然不能通过行政途径予以解决,而应由当事人直接向人民法院提起民事诉讼予以解决。又如,人民政府在进行登记造册时,误将甲村的土地登记为乙村所有,导致甲、乙两村发生权属争议,或者人民政府在发放土地承包经营权证书时,针对同一块土地重复发证,导致张三和李四对该土地的承包经营权发生争议,或者人民政府在出让建设用地使用权时,因四至界定不清造成受让人与其他民事主体发生权属争议,此类纠纷是因人民政府的确权行为(初始登记)引起的,因此应以行政确权前置,再通过司法进行监督,但权属的最终认定还须通过人民政府。

人民法院在审查当事人之间纠纷是否为人民法院主管范围时,第一步应该搞清楚该纠纷是否属于权属争议,因为有些案件表面上看是权属争议,但实际上并非权属争议问题,而是平等主体之间的其他纠纷。例如在某一案件中,张三将自己所承包的土地转包给李四进行耕种,而李四则在该土地上建造住宅,张三要求收回所承包的土地,李四不同意,因而发生纠纷。一审法院以此纠纷属于土地承包经营权权属纠纷为由,裁定不予受理,并告知当事人通过其他途径予以解决,原告提起上诉,二审法院经审查认为,原告提交的土地承包经营证书和土地承包经营合同所显示的土地承包经营权范围与被告提交的土地承包经营证书和土地承包经营合同所显示的土地承包经营权范围并没有重合,故本案不属于土地承包经营权属纠纷,而属于因转包而产生的转包合同纠纷或者侵权纠纷,自应属于人民法院的受理范围,故撤销一审法院的裁定。

在搞清当事人之间的纠纷属于权属纠纷之后,还应当考查该权属纠纷的发生是否与行政机关的确权行为有关,只有与行政机关的确权行为有关的权属争议才要求以行政确权作为前置程序。实践中行政机关的确权行为大多以登记或者发证的形式表现出来,但需要注意的是,并非行政机关的任何登记或者发证行为都是行政确权,对于行政机关的登记发证行为应该区别对待:人民政府实施的初始登记(登记造册或发证)行为往往既是行政确权行为,又是不动产登记行为,因此发生的权属争议属于与行政确权有关的权属争议;而在当事人取得权利后的交易过程中,登记机构所进行的登记发证行为则不属行政确权行为,即使当事人之间的权属争议与此相关,也不应以行政确权作为前置程序。当前我国对于登记制度的研究很少,很多人对不动产确权行为与不动产登记行为不加区分,以为凡是登记行为都是行政确权行为,是极端错误的一种认识。实际上,物权法规定的不动产登记是日常性登记,而人民政府对土地等自然资源的初始登记也被称为总登记,并不属于物权法所称不动产登记。关于这一点,我们还将详细讨论。

## 四、单位内部的房产纠纷及其解决

权属确认中涉及人民法院主管范围的另一个问题是单位内部的房产纠纷。由于历史原因,我国还存在相当多的单位建房、分房等问题,由此引发纠纷并诉至法院的也不在少数。对此,最高人民法院法发〔1992〕38 号《关于房地产案件受理问题的通知》(以下简称"38 号解释")第 3 条规定:"凡不符合民事诉讼法、行政诉讼法有关起诉条件的属于历史遗留的落实政策性质的房地产纠纷,因行政指令而调整划拨、机构撤并分合等引起的房地产纠纷,因单位内部建房、分房等而引起的占房、腾房等房地产纠纷,均不属于人民法院主管工作的范围,当事人为此提起的诉讼,人民法院应依法不予受理或驳回起诉,可告知其找有关部门申请解决。"

"38 号解释"出台后,一些法院对诉争到法院的因单位房产引起的纠纷,一律裁定不予受理或驳回起诉,而法律又未明确具体处理的部门,单位自己通常也无法解决,致使此类矛盾长期得不到解决。其实,单位内部房产纠纷起因多种多样,因历史遗留、行政指令、单位实行房改、职工调离单位、内部建房、分房等引起的都有。发生纠纷的主体也有所不同,有的发生在单位与职工之间,有的发生在职工与职工之间或职工与外单位其他人员之间。因此,判断单位内部房产纠纷是否属于法院受理范围,必须根据《民法通则》和《民事诉讼法》的立法精神和基本原则来理解和适用“38 号解释”,不能断章取义。

事实上,“38 号解释”第 3 条规定人民法院不受理单位内部房产纠纷的一个基本前提是:该纠纷既不符合《民事诉讼法》规定的起诉条件,也不符合行政诉讼的起诉条件。但一些法院在适用该司法解释时,片面扩大了该解释的适用范围,没有看到该解释的适用有严格的限制条件。至于何谓“既不符合民事诉讼的起诉条件,也不符合行政诉讼的起诉条件”?笔者认为,在单位内部的房产纠纷中,只有一类房产纠纷既不符合民事诉讼的起诉条件,也不符合行政诉讼的起诉条件,那就是涉及单位自主经营或者自我管理的房产纠纷问题。它属于单位内部的行政事项,既不符合民事诉讼的起诉条件(非平等主体之间),也不符合行政诉讼的起诉条件(内部行政问题),应由单位自行解决。如果当事人对单位的处理意见表示不服,可以通过工会等组织出面协调解决,人民法院不宜加以干涉,否则就会影响到单位的自主经营和自我管理,不利于社会经济生活的开展。例如某单位公布分房方案后,职工张三认为本应分配给自己的房子,却被分配给李四,因此与单位发生的分房纠纷,如果允许司法对单位的分房方案进行审查,无疑会大大限制单位的自主经营和自主管理权,不利于单位的经营和管理,因为单位可能正是通过分房来实施激励机制。[1]

但是如果是单位内部职工之间的房产纠纷,或者单位职工与外单位其他人员的纠纷,就不宜简单作出不予受理或者驳回起诉的裁定,因为此类纠纷,大部分不属于单位自我管理和自主经营的范畴,不是单位内部的行政问题,而是平等主体之间的民事争议,应由人民法院通过民事审判予以解决。例如在“夏必应诉马兵银案”中,被告侵占原告由单位

---

〔1〕 有人认为,单位内部的分房涉及职工的福利待遇,因而受到劳动法的保护,由此产生的争议,应纳入劳动争议的范围,以便通过劳动仲裁或者劳动诉讼来予以解决。参见王全兴:《劳动法》,法律出版社 2008 年版,第 424—425 页。

分配使用的储藏室，由此引发纠纷，安徽省庐江县人民法院经审理认为，本案原、被告系平等主体，双方争议的储藏室所有权虽然属于双方所在单位——盛桥农经中心，但盛桥农经中心已将其所有的储藏室分配给职工使用，其职工对分得的储藏室享有使用权，该使用权是从财产所有权派生出来的他物权，具有《民法通则》第五章第一节规定的“财产所有权和与财产所有权有关的财产权”法律属性，应受民法保护，被告强行占用该建筑物，属民事侵权行为。依据《民法通则》第5条、第134条第1项和第2项之规定，判决：马兵银于判决生效后10日内将上述储藏室腾让给夏必应使用[案号为(2004)庐民二初字第342号]。

法院不予受理的单位内部房产纠纷，往往是单位作为一方当事人的纠纷，但在实践中，并非只要是单位作为一方当事人的案件就属于法院不予受理的范围。在与职工的关系上，单位既可能是内部行政行为的实施者，与职工处于不平等的地位，也可能是民事行为的参与者，而与职工处于平等地位，从而形成平等主体之间的法律关系，例如劳动合同关系。对于前者引起的纠纷不属于人民法院的主管范围，自无疑问，但对于后者，则应属于人民法院的主管范围。因此不能以为只要是单位作为一方当事人的房产纠纷，便一概以属于单位内部房产纠纷为由拒绝作出裁判，这也是当前片面理解“38号解释”的一种重要表现，例如在“中国煤炭××公司诉赵A案”中，赵A系中国煤炭××公司(以下简称中煤公司)退休人员，其一家原承租中煤公司一居室住房一套及赵A之夫单位二居室住房一套。1995年，中煤公司决定将三居室产权房一套调给赵A居住。同年11月10日，双方签订协议。同年10月25日中煤公司给赵A开出分配住房证。赵A搬入三居室后，双方对协议内容中约定赵A应交出一套一居室还是应交出一居室和二居室各一套发生争议。后中煤公司以赵A违约，只交出一居室未按协议约定交出二居室，没有居住使用三居室住房的合法手续为由，要求腾房。一审和二审法院认为，中煤公司与赵A签订协议后应依约履行，中煤公司分给赵A三居室住房后，赵A未按协议约定交给中煤公司两套房已违约，且双方未就三居室住房签订租赁契约，赵A对该三居室已不再享有合法的使用权。故判决赵A等于判决生效后15日内将争议的三居室一套腾空交中煤公司，同时搬至赵 A 家原承租的二居室及一居室居住,驳回原、被告其他诉讼请求。法院经再审认为,民法调整的是平等主体之间的财产关系和人身关系,中煤公司与赵 A 之间具有行政隶属关系,双方不属平等主体。依据“38 号解释”第 3 条的规定,因单位内部分房、建房而引起的占房、腾房等房地产纠纷不属人民法院主管工作的范围。北京市高级人民法院 1994 年 4 月 18 日《关于房地产案件受理问题的意见(试行)》中规定的属法院管辖的几种情况,也不包括本案这种情况。本案系因中煤公司分房给赵 A 过程中发生的纠纷,属于单位内部分房而引起的腾房纠纷,系单位内部行政事务,不属于人民法院受理范围。原判对本案进行实体处理属于适用法律错误。故作出裁定,撤销一、二审判决,驳回中煤公司的起诉。

## 五、仲裁机构是否为确权机关?

前文我们已经讲到确权的机关不仅包括人民法院,还包括行政机关,但除此之外,是否尚有其他的确权机关,不无疑问。其中疑惑最大的是仲裁机构是否可以作为确权的机关?例如甲和乙之间就房屋产权归属所发生的争议订立仲裁协议,经仲裁裁决,房屋所有权归甲。第三人丙认为该房屋既非甲所有,亦非乙所有,而应属自己所有,于是向法院提起诉讼,请求确认该房屋归自己所有,人民法院在审理该案的过程中,应如何看待仲裁裁决的效力?

从《民法典》的规定来看,似乎是认为仲裁亦可解决权属争议,因为《民法典》第 233 条规定:“物权受到侵害的,权利人可以通过和解、调解、仲裁、诉讼等途径解决。”如前所述,物权受到侵害而对物权进行民法保护的前提,常常是对标的物的权属进行确认,如果仲裁机构不能进行确权,又如何能够通过仲裁的途径解决物权受到侵害而引起的纠纷呢?事实上,关于物权受到侵害时解决途径的规定,在原《物权法》的起草过程中就有一个变化的过程。例如在 2005 年向全社会公布的《物权法(草案)》中,并无关于通过仲裁解决物权纠纷的规定(当然,也没有否认当事人可以通过仲裁解决物权方面的纠纷),但在后来草案中,则特别将通过仲裁解决物权纠纷明确加以规定。不难看出,这一变化反映了立法者似乎是有意使仲裁机关也成为确权的机关。

事实上，实践中也已经出现通过仲裁确认权属的案例，例如《海南日报》曾以《海口："仲裁"为房产确权开辟捷径，确权仅用半月》为题报道下述案件：海口李先生曾在 2004 年 5 月向海南某农业开发公司购买了位于海甸岛的一套别墅。双方经协商在合同中约定：农业公司以 55 万元的总价卖房；李先生则应在签约后的第三天先支付 35 万元房款，而余下的 20 万元房款，李先生则要求对方将房屋产权证办到他的名下后于 7 日内一次性付清。就在如期支付 35 万元的首笔房款之后，李先生却发现这套别墅因为另一起纠纷被法院查封了，于是不得不向法院提出异议。根据他的异议，法院审查后查明：别墅是农业公司于 1993 年从海南某房地产公司购买的，房款已全部支付，但产权却一直没有过户到农业公司名下。房地产公司因拖欠他人债款，被告上法庭后，这套仍在房地产公司名下的别墅便被查封了。法院认为，这套别墅虽未过户给农业公司，但农业公司已是实际产权人，因此解除了查封。李先生认为，他与农业公司的购房合同应当继续履行但苦于尚未取得房产确权文书；农业公司也急于确权过户房产，早日收到 20 万元的余款。经咨询，得知仲裁确权方便快捷，双方便签订了一个《补充合同》，约定以仲裁方式解决这套别墅的确权问题。不久，李先生向海口仲裁委提出仲裁申请，请求确认别墅的房产权益属其所有，并请求将这套房产所有权证办理到他的名下。仲裁委依法组成独立仲裁庭，并依照双方当事人请求，不开庭、不公开审理了此案。仲裁委认为，根据以上事实，李先生与农业公司的房屋买卖合同合法有效，农业公司应按合同约定全面、适当地履行义务，协助李先生将房屋产权过户到他的名下。15 日后，李先生和农业公司便拿到了这份仲裁裁决。由于仲裁裁决为一裁定局，且与法院判决具有同等法律效力，李先生与农业公司很快就办结了房产过户手续，完成了这笔房产买卖。

我们认为，权属确认问题不同于一般的合同关系，往往涉及第三人的交易安全或者对真正权利人的保护，如果允许当事人通过选择仲裁进行权属确认，就会导致标的物上的权利冲突，甚至造成仲裁裁决与司法判决之间发生的冲突。例如张三和李四就房屋买卖发生争议，如果双方之间的争议不涉及第三人的交易安全，且不涉及真正权利人的保护，则根据私法自治的原则，自可由当事人选择解决争议的途径，因此双方协议通过仲裁来解决争议并无不可；然而房屋产权的确认可能不仅涉及当事人之间的利益，而且可能涉及第三人的交易安全或者对真正权利人的保护，例如第三人王五认为该房屋既不属于张三所有，也不属于李四所有，而属于自己所有，则是否可以通过仲裁裁决来解决张三和李四之间权属争议就不无疑问。

其一，如果允许通过仲裁解决权属争议，从而赋予仲裁裁决与司法判决同等的法律效力，则无异于赋予张三和李四之间的仲裁协议具有约束王五的效力，显然不利于对王五的保护。

其二，如果王五向法院提起诉讼，法院是否应当受到仲裁裁决的约束，亦不无疑问，如果法院因考虑权属关系已由仲裁进行确认，从而驳回王五的诉讼请求，显然对王五极为不利，而如果法院不考虑仲裁裁决而直接认定房屋归王五所有，则又可能造成仲裁裁决与司法判决的不一致，不利于问题的解决。

其三，从理论上讲，仲裁可以不适用法律，但在权属认定上，如果不按照法律进行，必将造成物上权利发生冲突，因为在不依法律进行确权后，根据法律享有权利的第三人也可能会通过法院主张权利，从而造成物上权利的冲突。

据此，笔者认为，应慎重对待通过仲裁解决权属争议，即使当事人约定通过仲裁解决包括权属争议在内的纠纷，也不宜允许通过仲裁来予以解决双方之间的权属争议，尤其是在可能存在第三人主张权利的情况下，只能先通过司法进行确权后，才能通过仲裁解决当事人之间的争议。

# 第二十四讲

## 不动产权属确认中的民行交叉问题

### 一、问题的提出及其背景

一般认为，相对于占有作为公示方式，不动产登记具有不可比拟的优势：占有作为简单的、原始的公示方式，常常与标的物的利用发生冲突，从而导致占有不能反映背后的权利关系，例如权利人通过出租、出借对标的物进行利用时，占有和权利就会发生分离，再加上随着观念交付、间接占有、占有辅助乃至继承占有等概念的提出，使得占有本身观念化，占有和权利之间发生分离的可能性也随之加大，占有作为公示手段的局限性越来越明显；相反，登记作为公示方式不但不会与标的物的利用发生冲突，而且登记采取文字记载的方式，可以用来反映任何复杂的交易关系，原则上讲，关于不动产的任何交易都可以通过不动产登记簿得以表现，法律需要考虑的仅仅是登记及查阅的成本。因此，不动产登记制度以其高度的清晰性和安全性被誉为法律科学和立法的一大贡献〔1〕；王泽鉴先生亦赞叹道："以登记作为不动产物权的公示方法，是人类法律生活的一项伟大制度。"〔2〕

值得注意的是，尽管不动产登记具有如此强大的优越性，但作为一种公共产品，不动产登记并非自始就存在于市场之中，其建立和运行均须花费很高的成本，个人或者单位没有能力解决这一问题，因此离不开国家的参与：国家不但要设立一套完整的不动产登记制度，而且要设立专门的登记机构，配置专门人员从事不动产登记。不过，国家参与不动产登记，不是因为国家要对不动产物权进行监督和管理，也不是要对不

---

〔1〕 Vgl. Weirich, Grundstückrecht, 2. Aufl., S. 116.

〔2〕 王泽鉴：《民法物权(一)》，中国政法大学出版社 2001 年版，第 92 页。

动产物权交易进行干预,而是因为物权是一种具有对抗第三人效力的权利,法律为保护第三人的交易安全而不得不采取物权公示的原则,且不动产交易的发展在客观上需要国家为不动产物权及其交易提供“登记”这种更加优越的公共产品作为公示方式。

问题是,既然不动产登记离不开国家的参与,那么,这是不是意味着登记机构的不动产登记行为是一种公法上的行为呢?尤其是,如果不动产登记由作为行政机关的登记机构办理,是不是意味着不动产登记行为在性质上属于具体行政行为呢?这个问题之所以重要,是因为一旦不动产登记行为被界定为具体行政行为,则在当事人就不动产权属发生争议的情况下,其中一方当事人就可能因不服登记机构的登记行为而提起行政诉讼,但不动产权属争议本质上又是民事争议,自应通过民事诉讼解决。在此背景下,就极有可能因不动产权属争议发生民事诉讼与行政诉讼交叉的问题。由于两种诉讼在审理对象与法律适用上均有所不同,因此行政诉讼的结果与民事诉讼的结果就可能不一致。例如,在行政诉讼中,终审判决可能认定登记机构的登记行为不合法,故撤销登记机构颁发的权属证书,但在民事诉讼中,终审判决又可能认定登记的权利人就是真正的权利人,依据则是《民法典》关于不动产登记的权利推定效力的规定。如此一来,有的当事人就可能拿着行政判决的结果(通过再审程序)去否定民事判决,也有的当事人拿着民事判决的结果(通过再审程序)去否定行政判决。此外,也有的法院为避免出现判决“打架”的现象,干脆中止相关案件的审理,但如此一来,又可能造成案件久拖不决——当行政审判在等待民事判决的同时,民事审判也可能在等待行政判决。

笔者的上述担心并非毫无根据,而是频繁发生在当前的司法实践中,其中最为典型者,当属“高永善诉河南省焦作市影视器材公司房产纠纷案”(以下简称“河南焦作房产纠纷案”)。该案的案情大致如下。

1983 年,甲单位购得房屋 3 间,并依法取得住宅产权所有证,后交给其下设的乙单位使用,不久,乙单位将购房款交给了甲单位。1984 年,甲单位又设立丙单位(即影视器材公司),并将房屋移交丙单位使用。乙单位与丙单位在甲单位主持下签订了移交协议。1988 年,甲单位与丙单位又签订了“房产转让协议书”，由丙单位支付甲单位3万元，取得房屋所有权，双方未办理所有权转移登记手续，但该房屋由丙单位使用至今。1992年，乙单位向房地产管理局申请颁发办理了前述3间房屋的所有权证，并于1993年将该房卖给了高永善。高永善当时便从房管局领取了房产证。由于该房屋一直由丙单位下属的丁单位使用，丁单位认为房屋所有权属于丙单位，故拒绝搬迁，由此引起纠纷。高永善乃以丁单位为被告向法院提起民事诉讼，请求丁单位搬出房屋。而在民事诉讼中，丙单位又以房管局为被告，向法院提起行政诉讼，要求撤销颁发房产证的行为。

河南省焦作市山阳区人民法院经两次行政审判（原审和重审）作出一审判决，认为房管局向乙单位的发证行为不合法，因此判决撤销被告房产管理局颁发给乙单位的房屋所有权证和高永善所持房屋产权证。在本案行政诉讼的二审期间，山阳区人民法院对民事争议作出判决：争议房屋所有权归属于第三人丙单位（影视器材公司），并责令该公司于判决生效后立即补办房屋过户手续；原告高永善与乙单位的房屋买卖关系无效，乙单位于判决生效后，立即退还高永善的购房款，并按银行同期贷款利率支付利息。二审法院河南省焦作市中级人民法院经行政审判，维持一审行政判决中撤销高永善所持房屋产权证，但撤销一审判决中撤销乙单位房屋产权证的部分，并通过民事终审判决认定：争议房屋归乙单位所有；甲单位与丙单位（影视器材公司）之间的房产转让协议以及乙单位与高永善之间的房屋买卖关系无效；乙单位返还高永善购房款，并按同期银行贷款利率的80%承担利息。丙公司就二审行政判决多方申诉，河南省高级人民法院裁定提审此案，在提审期间，中止原判决的执行。1997年，河南省高级人民法院行政庭经再审，作出再审行政判决，判决结果与一审判决相同，即判决撤销被告房产管理局颁发给乙单位的房屋所有权证和高永善所持房屋产权证，并责令房产管理局自接到该判决之日起2个月内对争议房屋进行重新确权。河南省高级人民法院再审判决作出后，纠纷并没有因此结束。由于河南省高级人民法院仅仅再审和纠正了中级人民法院的行政判决，而民事判决却继续在发生效力。而且，河南省高级人民法院的行政再审判决没有确认争议房屋所有权归属，而焦作市中级人民法院的民事终审判决却明确地将争议房屋所有权判给纺织集团公司。这样，房产管理局在形式上根据河南省高级人民法院的再审判决，撤销原发的房产证，重新确权；但在实体上却根据中级人民法院的民事判决，将争议的房屋所有权重新确认给乙单位。乙单位随即又将该房屋抵债给高永善。

整个案子又回到了原来的起点。丙单位（影视器材公司）自然对此不服，于1997年7月10日再次提起行政诉讼，以《行政诉讼法》第58条的规定和河南省高级人民法院再审判决为依据，要求撤销被告房产管理局的重新确权行为。焦作市中级人民法院予以受理，其在受理后于1998年3月23日首先裁定对自己原作出的民事终审判决进行再审，并于同年9月22日裁定撤销该判决，将案件发回山阳区人民法院重审。之后，中级人民法院开始对第二轮行政诉讼进行审理，于同年11月27日作出新的一审判决，撤销房产管理局发给乙单位的房屋所有权证。对此，乙单位不服，向河南省高级人民法院提起上诉。河南省高级人民法院行政庭受理后，于2000年3月作出裁定：中止行政诉讼，待山阳区人民法院就该房屋所有权纠纷作出民事判决后再恢复行政诉讼。此前，山阳区人民法院民事审判庭亦作出民事裁定，中止民事诉讼，待河南省高级人民法院作出终审行政判决后再恢复民事诉讼。就这样，河南省高级人民法院行政庭等着山阳区人民法院的民事判决，山阳区人民法院的民事庭等着河南省高级人民法院的行政判决……

尽管此案从20世纪的"一个案件，八份判决"发展到21世纪的"一个纠纷，两种诉讼，三级法院，十年审理，十八份裁判"，却始终没有得到妥当地处理，并由此引起学界的广泛关注，相关讨论文章更是数不胜数[1]，但直到目前为止，就笔者所掌握的情况来看，我国学者大多将上述问题的出现归结为我国法律欠缺有关处理民事与行政交叉案件的规则。在他们看来，确权诉讼中的民事行政交叉问题不过是民事与行政交叉案件中的一种具体表现，只有先解决民事与行政交叉案件的审理问

---

〔1〕 参见王贵松主编：《行政与民事交织的难题——焦作房产纠纷案的反思与展开》，法律出版社2005年。

题，才能解决了确权诉讼中的民行交叉问题。

笔者认为，“焦作房地产纠纷案”之所以出现民事行政交叉的问题，一个重要的原因是：在该案中，无论是当事人，还是登记机构、人民法院，都将不动产登记行为理解为一种具体行政行为甚至是行政确权行为。例如 1997 年河南省高级人民法院行政再审判决撤销被告房产管理局颁发给乙单位的房屋所有权证和高永善所持房屋产权证，并责令房产管理局自接到该判决之日起 2 个月内对争议房屋进行重新确权，即足以证明河南省高级人民法院认为不动产登记发证行为是行政确权行为。既然不动产登记发证行为是具体行政行为甚至行政确权行为，那么，该行为就不仅具有可诉性，而且在当事人就不动产发生权属争议时，如果一方对登记机构的登记发证行为不服，自然会提起行政诉讼，而另一方当事人如果就不动产权属争议提起了民事诉讼，民事诉讼与行政诉讼自然就交织到了一起。问题是，为什么不动产登记机构的登记发证行为被认为是一种具体行政行为甚至是行政确权行为呢？这与不动产登记制度在我国的发展有关。

## 二、《物权法》之前的不动产登记

从制度发展的角度看，虽然作为不动产物权公示方式的不动产登记制度直至《物权法》的制定才正式予以确立，但在《物权法》通过并实施以前，我国并非没有关于不动产登记的规定以及相关实践。不过，通过考察不动产登记制度在我国的历史沿革，不难发现，尽管我国关于不动产登记的规定和相关实践早已有之，但新中国成立后的相当一段时期内，不动产登记在保护交易安全方面的作用并未受到应有的重视，而主要是国家管理不动产的手段。以土地登记为例，我国古代即有与户籍制度相对应的地籍制度，但“主要目的均在征收税赋，次要目的方在供质证，以杜争端之用”〔1〕。新中国成立后，在土地改革的大背景下，土地登记成为确认农民土地产权、激发农民生产积极性、推动生产力发展的一

〔1〕 谢在全：《民法物权论》，中国政法大学出版社 1999 年版，第 57 页。

项重要措施,成为地政管理中不可或缺的重要内容。[1] 例如根据新中国成立之初起草的《中央人民政府内务部试行组织条例(草案)》,1949年11月成立的中央人民政府内务部设置地政司,其职能是:主管农村土地改革,土地的清丈、登记和颁发土地证,城市房地产政策,城市营建的计划考核,公共房地产的保护以及其他地政事项。

改革开放以后,土地登记同样是为了加强国家对土地的管理,因而与土地调查、地籍调查一起被作为地籍管理的重要环节。例如1986年3月21日中共中央、国务院发布的《关于加强土地管理、制止乱占耕地的通知》中要求:"在全面清查非法占地的基础上,各地要对所有非农业用地进行登记和发证,建立健全地籍管理制度。"随着土地市场的建立和发展,土地登记也被看作是土地管理部门对土地交易行为进行监管的重要手段。例如1993年国家土地管理局发布的《关于加强宏观调控管好地产市场的通知》第6条指出:"土地管理部门要通过土地登记,依法对土地交易行为进行审核监督。主要审核监督土地权属、土地转让价格、土地出让合同的履行、缴纳土地税费的情况,对发现的问题及时依法处理。"此外,土地登记还被看作是加强税收征管的重要手段,例如1988年国家土地管理局《关于扩大土地登记发证试点和开展城镇国有土地使用权申报工作的通知》指出:"为适应土地管理、土地使用制度改革和国家即将开征土地使用费(税)的需要,拟在扩大土地登记发证试点的同时,在全国城镇普遍开展国有土地使用权申报工作。"1988年国家土地管理局《城镇国有土地使用权申报工作的若干规定》第6条中规定:"土地使用单位或个人必须在规定的期限内和指定的地点向土地所在地的县级土地管理机关提出申报……对于无正当理由在限定的时间内没有提出申报而造成漏税的,可以按照漏税的有关规定进行处理。"

从上述关于不动产登记的规定可以看出,国家最初办理不动产登记的目的并非通过公示不动产物权的变动来保护第三人的交易安全,而是在对权属进行确认的基础上对不动产及其交易进行管理。在此背景下,

---

[1] 张迎涛:《不动产为什么要登记——以1949年之后中国土地登记为例的历史考察》,载《行政法学研究》2008年第1期。

尽管1986年制定的《土地管理法》第10条规定："依法改变土地的所有权或者使用权的，必须办理土地权属变更登记手续，更换证书"，但从该法第1条关于"为了加强土地管理，维护土地的社会主义公有制，保护、开发土地资源，合理利用土地，切实保护耕地，适应社会主义现代化建设的需要，特制定本法"的规定来看，办理权属变更登记手续无疑也是为了满足国家加强土地管理的需要。关于这一点，曾任国务院副总理的邹家华同志在全国土地管理厅局长会上亦强调指出，土地登记工作是依法规范房地产市场秩序至关重要的环节，是确认并保护土地产权的重要措施，要求每一亩土地都要有户头，每发生一次交易，就要办理一次登记，认为离开土地登记，土地管理部门对土地使用权出让和转让就很难实施有效管理。[1] 此外，1997年国家土地管理局《关于认真贯彻中发〔1997〕11号文件精神切实加强变更土地登记工作的通知》同样指出："土地权属管理是土地管理的核心内容，土地登记是土地权属管理的重要措施和手段，它不仅是依法确认土地权属、保护和管理土地的重要制度和关键环节，也是掌握土地动态变化的重要途径。因此，加强土地管理，切实保护耕地，必须切实加强土地登记工作，特别是土地权属的变更登记。中发〔1997〕11号文件规定'国有土地使用权转让，必须依法进行土地权属变更登记，未经登记的，属于非法转让，要依法查处。'再一次明确了我国土地登记制度的性质，为认真贯彻落实通知精神，依法加强变更土地登记，强化土地产权管理，制止非法用地行为，保护土地权利人的合法权益，维护土地的社会主义公有制，现通知如下……"

总之，在《物权法》通过并实施之前，由于我国民法未就不动产的性质与意义作出明确规定，因此，无论是当时的《土地管理法》关于土地权属变更登记的规定，还是当时的《城市房地产管理法》关于"房地产转让、抵押，当事人应当依照本法第五章的规定办理权属登记"的规定，都只是为了满足政府管理不动产的需要而作的规定，本质上属公法性的规

〔1〕 参见国家土地管理局1993年发布的《关于进一步加强土地登记工作的通知》。

范。[1] 值得注意的是，尽管当时的《土地管理法》和《城市房地产管理法》并未明确办理不动产登记在私法上的意义，但由于上述规定被认为是原《民法通则》第72条和原《合同法》第133条所称"法律另有规定"，因此办理变更登记不仅是当事人应当履行的公法义务，而且是私法上不动产权属发生变动的生效要件。也就是说，当事人未按规定及时办理不动产登记时，不仅应当承担公法上的责任[2]，而且会发生私法上的后果。不过，虽然不动产登记被赋予私法上的效力，是不动产物权变动的生效要件，但在笔者看来，由于欠缺对不动产登记作为公示方式的关注，这一私法的后果也为了更好地落实国家管理不动产的需要，因为如果仅仅依靠对违反公法义务的当事人处以公法责任来落实《土地管理法》和《城市房地产管理法》关于不动产登记的要求，在实践中可能存在较大的难度，而如果将不动产登记作为私法上不动产物权变动的生效要件，就可以通过私法上的效果来激励当事人在不动产权属发生变动时办理登记。

需要指出的是，在《物权法》通过并实施之前，虽然不动产登记的目的主要是满足国家管理不动产的需要，但是，随着市场经济对法律保护交易安全的需求不断提高，加上理论界对物权法相关知识的研究日益深入，不动产登记作为公示方式的意义也已逐渐受到关注。例如1989年的《土地登记规则》对第三者查阅土地登记文件资料进行了严格限制[3]，但随后于1990年出台的《城镇国有土地使用权出让和转让暂行条例》则首次允许国有土地使用权登记文件的公开查阅[4]。在此，有必要提及1995年实施的《担保法》。尽管当时欠缺民法关于不动产登记作为公示方式的一般规定，但该法还是将办理抵押登记作为保护交易安全的手段，突显了不动产登记作为公示方式的意义。正是在此背景下，

---

[1] 参见杨伟东：《不动产登记的公法思考》，载戴少刚、屠凯主编：《清华法律评论》(第一卷第一辑)，清华大学出版社2006年版，第56—57页。

[2] 例如2001年发布的《城市房屋权属登记管理办法》第29条规定："权利人(申请人)逾期申请房屋权属登记的，登记机构可以按照规定登记费的3倍以下收取登记费。"

[3] 参见1989年《土地登记规则》第39条。

[4] 参见1990年《城镇国有土地使用权出让和转让暂行条例》第7条。

1995年制定的《土地登记规则》对土地登记文件资料的查阅有所放开，允许受让人、抵押权人和承租人申请查阅土地登记文件资料〔1〕；1998发布的《土地管理法实施条例》也规定："土地登记资料可以公开查询"〔2〕；2000年，国土资源部开始了土地登记公开查询试点工作〔3〕，国土资源部于2002年12月4日发布的《土地登记资料公开查询办法》，正式确立了土地登记资料公开查询制度〔4〕。可见，在《物权法》通过并实施以前，尽管不动产登记仍被视为国家对不动产及其交易进行管理的手段，但不动产登记作为公示方式的意义也已开始受到关注。不过，由于传统观念的影响，不动产登记的主要目的仍然是在确认权属的基础上对不动产进行管理，而其对交易安全进行保护的作用则处于次要地位，甚至常常被忽视。例如2001年发布的《城市房屋权属登记管理办法》在第1条仍然明确制定该办法的目的是"加强城市房屋权属管理"；2003年国土资源部《关于进一步规范土地登记工作的通知》亦指出："土地登记作为一项重要的法律制度，对明确土地产权关系，保护土地权利人的利益，保障土地交易安全，维护土地市场秩序具有重要的作用……规范土地登记行为，是规范土地市场、加强土地管理的一项重要措施，是……真正保障土地权利人合法权益的具体体现……土地权属是土地管理的重要内容，是土地登记的核心环节，要把土地权属放在土地登记的首要位置……"2006年国土资源部《关于印发〈全国土地登记规范化检查方案〉的通知》指出："为进一步规范土地登记工作，充分发挥土地登记对于严格土地管理，保护土地权利人合法权益，促进土地市场健康发展的重要作用……"

既然当时的不动产登记是为了政府对不动产及其交易进行管理，自然应将登记机构的登记发证行为理解为具体行政行为。问题是，它是一种什么性质的具体行政行为呢？由于民法本身欠缺对不动产登记制度的全面规定，不动产登记发证行为在当时被想当然地被理解为一种行政

〔1〕参见1995年《土地登记规则》第62条。

〔2〕参见1998年《土地管理法实施条例》第3条第3款。

〔3〕参见2000年《关于开展土地登记公开查询试点工作的通知》。

〔4〕参见2002年《土地登记资料公开查询办法》。

确权行为。例如，原建设部发布的《城市房屋权属登记管理办法》就曾对此不仅规定："本办法所称房屋权属登记，是指房地产行政主管部门代表政府对房屋所有权以及由上述权利产生的抵押权、典权等房屋他项权利进行登记，并依法确认房屋产权归属关系的行为"(第 3 条第 1 款)，而且明确指出："房屋权属证书是权利人依法拥有房屋所有权并对房屋行使占有、使用、收益和处分权利的唯一合法凭证"(第 5 条第 1 款)。

为什么原建设部的上述规章将不动产登记行为理解房地产主管部门代表政府对房屋权属进行确认的行为呢？据笔者推测，很可能是因为《土地管理法》《森林法》《草原法》等法律中明确规定县级以上人民政府对本辖区的土地及相应的使用权有登记造册、核发证书、确认权利的职责。例如 2019 年修正前的《土地管理法》第 11 条规定："农民集体所有的土地，由县级人民政府登记造册，核发证书，确认所有权。农民集体所有的土地依法用于非农业建设的，由县级人民政府登记造册，核发证书，确认建设用地使用权。单位和个人依法使用的国有土地，由县级以上人民政府登记造册，核发证书，确认使用权；其中，中央国家机关使用的国有土地的具体登记发证机关，由国务院确定。确认林地、草原的所有权或者使用权，确认水面、滩涂的养殖使用权，分别依照《中华人民共和国森林法》、《中华人民共和国草原法》和《中华人民共和国渔业法》的有关规定办理。"不仅如此，前文已经谈到，这些法律还明确规定，在当事人就土地所有权、使用权等发生争议时，应先由人民政府进行处理，只有在不服人民政府的处理决定时，才能向人民法院提起诉讼[1]。

尽管当时的法律规定有权对土地等自然资源进行登记造册、核发证书、确认权属的主体是县级以上人民政府，但在法律的实际执行中，根据国务院颁布的有关行政法规，人民政府的上述职责有些是由县级以上人民政府的相关职能部门来具体落实的。以土地所有权和使用权的权属认定为例，2014 年《土地管理法实施条例》第 5 条规定："单位和个人依法使用的国有土地，由土地使用者向土地所在地的县级以上人民政府土地行政主管部门提出土地登记申请，由县级以上人民政府登记造册，核

〔1〕 参见《土地管理法》第 14 条、《森林法》第 22 条、《草原法》第 16 条。

发国有土地使用权证书,确认使用权。其中,中央国家机关使用的国有土地的登记发证,由国务院土地行政主管部门负责,具体登记发证办法由国务院土地行政主管部门会同国务院机关事务管理局等有关部门制定。未确定使用权的国有土地,由县级以上人民政府登记造册,负责保护管理。”

## 三、《物权法》上的不动产登记

《物权法》第6条规定:“不动产物权的设立、变更、转让和消灭,应当依照法律规定登记……”《物权法》为什么要求不动产物权的变动应当办理登记呢?对此,一种较为流行的观点认为,《物权法》之所以规定不动产物权变动应当登记,是因为立法赋予登记机构代表国家对不动产物权的变动进行适当干预〔1〕,是公法渗透到私法的表现〔2〕。

不可否认,《物权法》关于不动产物权变动须以登记为要件的规定在规范性质上属于强行性规定,它意味着立法对当事人的私法自治作出了限制,因为这一规定排除了当事人仅依其意思表示即发生不动产物权变动之可能。但是,上述立法对私法自治的限制是否意味着登记机构有权代表国家对不动产物权变动进行适当干预,进而构成公法渗透到私法的表现呢?显然,答案是否定的。从私法自治的角度看,物权为私权,在基于法律行为的物权变动中,不动产物权自应根据权利人的意思发生变动,即使法律规定不动产物权变动须以登记为要件,也不意味着登记机构有权代表国家对物权变动进行干预,更不能将不动产登记理解为公法渗透到私法的表现,否则就会导致公权力对私权利的肆意干涉。从立法目的看,《物权法》之所以将登记作为不动产物权变动的生效要件,乃是为了落实物权公示原则,进而保护物权变动中第三人的交易安全,因为在我国法上,物权被赋予排他的效力(《物权法》第2条),物权的变动也

---

〔1〕 参见王达:《对不动产登记的行政法思考》,载《行政法学研究》2007年第2期;梁慧星、陈华彬:《物权法》(第四版),法律出版社2007年版,第93页。

〔2〕 参见江必新、梁凤云:《物权法中的若干行政法问题》,载《中国法学》2007年第3期;应松年:《行政权与物权之关系研究——主要以〈物权法〉文本为分析对象》,载《中国法学》2007年第5期。

因此具有对抗第三人的效力。[1] 也就是说,《物权法》之所以规定不动产物权变动要登记,完全是私法本身为了保护第三人的交易安全而对当事人意思自治的限制,并非基于国家管理不动产的需要。就此而言,不动产登记在法律性质上只是不动产物权的公示方式,而绝不是一个行政管理的过程。[2]

前文谈到,为了实现对物权变动中第三人之交易安全进行保护,各国民法都不得不采取物权公示的原则,且从比较法的角度看,贯彻落实物权公示原则的立法体例有两种:一种是公示生效主义,另一种是公示对抗主义。前者是指物权的变动以公示方式的完成为要件,即未经登记,不发生物权变动;后者则是指物权的变动不以公示方式的完成为要件,但若未完成公示方式,则物权的变动不得对抗(善意)第三人。[3] 由此可见,《物权法》将不动产登记作为不动产物权变动的生效要件,只不过是私法上的一种制度选择,与国家对不动产的行政管理并无直接关系。尤其是在采公示对抗主义的国家或者地区,由于当事人是否办理登记并不影响不动产物权的变动,自然不能将不动产登记理解为登记机构代表国家对不动产物权变动进行的干预。如果认为《物权法》将不动产登记作为不动产物权变动的生效要件即意味着法律赋予登记机构代表国家对不动产物权变动进行干预,就无法解释不动产登记何以在不同的立法体例下性质迥异。

特别值得注意的是,《物权法》除了原则上将登记作为不动产物权变动的生效要件,也在例外的情形下将登记作为不动产物权变动的对抗要件,例如根据《物权法》第127条和第129条的规定,土地承包经营权的变动不以登记为生效要件,登记仅仅是物权变动的对抗要件;又如《物

---

〔1〕 参见吴光荣:《物权诉讼:原理与实务》,人民法院出版社2009年版,第178页以下。

〔2〕 参见王利明:《物权法研究(修订版)》(上卷),中国人民大学出版社2007年版,第173页。

〔3〕 参见谢在全:《民法物权论》,中国政法大学出版社1999年版,第58页。

权法》第158条同样将登记作为地役权设立的对抗要件，而非生效要件。[1] 另外，无论是公示生效主义还是公示对抗主义，均仅适用于基于法律行为发生的物权变动，而不适用于非依法律行为发生的物权变动，也不适用于因继承、遗赠发生的物权变动。在非依法律行为发生的物权变动或者因继承、遗赠发生的物权变动中，物权变动早于公示方式的完成即已发生，不动产登记仅具有宣示已发生物权变动的功能。[2] 正是因为如此，《物权法》第31条明确规定，在因事实行为、公法行为以及因继承、遗赠等发生的不动产物权变动中，不动产登记既不是物权变动的生效要件，也不是物权变动的对抗要件，而仅仅是权利人进一步处分该权利的要件。由此可见，不动产登记在不动产物权变动中的地位因引起物权变动的原因不同而有所不同，不能一概而论，如果将不动产登记理解为登记机构代表国家对不动产物权进行的干预，是公法渗透到私法的表现，就无法解释不动产登记在各种不动产物权变动中的不同地位和作用。

既然公示生效主义和公示对抗主义都旨在对物权变动中第三人的交易安全进行保护，那么为什么我国《物权法》原则上采公示生效主义而非公示对抗主义呢？笔者认为，公示生效主义和公示对抗主义各有利弊，前者更加安全但自由受到的限制较多，后者则更加自由但安全性较弱，立法者究竟应如何选择，除了应考虑经济因素、思想因素等影响的因素，还要受本国法律体系的约束，并同时考虑不动产登记所可能发挥的社会功能。[3]

就法律体系的要求而言，在严格区分物权与债权的国家或地区（如德国、瑞士等），大多采取公示生效主义，将不动产登记作为不动产物权

---

[1] 有学者将我国《物权法》采取的立法体例称为折中主义，参见梁慧星、陈华彬：《物权法》（第四版），法律出版社2007年版，第91页；也有学者将我国《物权法》采取的立法体例称为混合多元模式，参见崔建远：《物权法》（第二版），中国人民大学出版社2011年版，第45页。

[2] 关于非基于法律行为发生的不动产物权变动时的“宣示登记”，可参见王泽鉴：《民法物权（一）》，中国政法大学出版社2001年版，第114页。

[3] 关于经济因素、思想因素等对立法者的影响，可参见谢在全：《民法物权论》，中国政法大学出版社1999年版，第59页。

变动的生效要件，而在不严格区分物权和债权的国家（如日本、法国等），则大多采取公示对抗主义，将登记作为不动产物权变动的对抗要件，这是因为公示生效主义有利于贯彻物权与债权的区分，而公示对抗主义则以不严格区分物权与债权为理论基础：在以公示为物权变动之生效要件的立法体例下，凡是物权均可被赋予对抗第三人的效力，从而使物权与仅具相对性的债权区隔开来；在以公示为物权变动之对抗要件的立法体例下，由于未完成公示方式的物权不具有对抗（善意）第三人的效力，故物权与债权的区分是模糊的。〔1〕 由于我国《物权法》已明确赋予物权具有对抗第三人的效力，较为严格地区分了物权与债权，因此《物权法》原则上采公示生效主义，将登记作为不动产物权变动的生效要件，也就在情理之中。

当然，立法者决定究竟是采公示生效主义还是公示对抗主义，有时还取决于不同立法体例下不动产登记所发挥的社会功能。在以不动产登记为生效要件的立法体例下，登记与权属相一致的程度较高，因而通过不动产登记簿即可较为准确地获知不动产物权的归属，这显然不仅有利于对第三人交易安全进行保护，而且有利于国家了解并掌握不动产的权属状况，进而可以为国家加强税收征管、对房地产市场进行宏观调控甚至对各种违纪违法现象进行打击提供基本信息。〔2〕 可见，在公示生效主义下，不动产登记除了具有私法上保护第三人之交易安全的功能，在国家治理中也具有一定的社会功能。相反，在以不动产登记为对抗要件的立法体例下，由于登记与权属常常不一致，因此不动产登记仅能起到保护第三人之交易安全的作用，很难在国家治理中发挥较强的社会功能。需要特别指出的是，在采公示生效主义的立法体例下，尽管不动产登记具有较为广泛的社会功能，但在法律性质上，它仍然只是不动产物

〔1〕 吴光荣：《物权诉讼：原理与实务》，人民法院出版社 2009 年版，第 199 页以下。

〔2〕 由于公示生效主义仅适用于基于法律行为发生的物权变动，且存在采公示对抗主义的例外情形，因此，即使我国建立了统一的不动产登记制度，也不能保证登记与权属完全一致。就此而言，不动产登记簿只能为加强税收征管、完善宏观调控以及打击违法违规行为提供基本信息，不能误以为不动产登记簿的记载完全正确并仅依不动产登记簿的记载实施管理。

权的公示方式,不能因为立法者从有利于国家治理的角度选择公示生效主义,就将《物权法》规定的不动产登记理解为登记机构代表国家对不动产物权变动进行的管理或者干预。也就是说,将不动产登记作为不动产物权变动的生效要件虽然在客观上有利于国家的综合治理,但《物权法》规定不动产登记的目的并非是对不动产进行管理,这是两码事。

## 四、不动产登记行为是行政确权?

应该说,《物权法》的通过并实施,使得不动产登记在保护交易安全方面的功能获得前所未有的重视。但即使如此,通说仍然认为不动产登记在性质上是一种行政行为,体现了国家对不动产物权关系的干预。[1]其结果是多头登记的情形在很长一段时间内并未得到根本改变:土地管理部门为了土地管理的需要办理土地登记工作,房屋管理部门为了房屋管理的需要办理房屋登记工作,林业部门为了林地管理的需要办理林地登记工作,等等。这不仅造成登记机构林立,也给实践带来了极大的困难,既大大增加了当事人的交易成本,还严重影响到当事人的交易安全。更为重要的是,正是由于不动产登记被理解为登记机构代表国家对不动产物权的管理,在性质上属行政行为,因此实践中一直长期存在以下两种观念:一种是将登记机构的不动产登记行为理解为行政确权行为;另一种是将登记机构的不动产登记行为理解为行政审批行为。前一种观念造成不动产权属争议解决机制的极端复杂,而后一种观念则造成登记机构利用公权力过分干预作为私权利的不动产物权的变动。

例如原《合同法》第 44 条第 2 款将批准与登记并列予以规定,就是因为立法者未能看到行政审批与不动产登记之间的不同所致。事实上,虽然不动产登记和行政审批都由相应的行政机关办理,但二者的法律性质迥异:行政审批是立法者授权具体行政机关对当事人的交易活动进行审查,包含了审批机关的意志,因而体现了审批机关代表国家对须经批准的民商事交易活动进行干预,是公法渗透到私法的表现;不动产登记仅仅是法律为保护第三人的交易安全而对私法自治进行限制,非授权登

---

〔1〕 参见梁慧星、陈华彬:《物权法》(第四版),法律出版社 2007 年版,第 93 页。

记机构对交易活动进行审查,因而并不包含登记机构自身的意志,不能理解为登记机构代表国家对不动产交易的适当干预,更不是公法渗透到私法的表现。[1] 正因为如此,原《合同法解释(一)》第9条将不动产登记从行政审批中排除出来,明确规定只有在法律、行政法规明确规定合同自批准或者登记时生效时,才能将批准或者登记理解为合同的特别生效要件,但在法律、行政法规仅规定合同应当办理登记手续,而未规定登记后生效时,当事人未办理登记手续不影响合同的效力,只是标的物所有权及其他物权不能转移。可见,在最高人民法院看来,除非法律、行政法规是在"批准"的意义上使用"登记"并明确将登记作为合同生效要件(如原《担保法解释》规定的对外担保的登记),否则"登记"原则上就只是权利的公示方式而非行政审批,因此只能是物权变动的要件而非合同的生效要件。

虽然最高人民法院通过司法解释将不动产登记排除在行政审批之外,但将不动产登记与登记机构的发证行为结合起来并认为登记机构的登记发证行为系行政确权行为的观念却根深蒂固。例如1987年国家土地管理局在《关于加强地籍管理工作的通知》中就认为:"土地登记是依法对土地使用权和所有权提出申请,进行审批、注册登记,确认土地所有权和使用权,发放土地证书的法律程序。"又如制定于2001年的《城市房屋权属登记管理办法》不仅规定:"本办法所称房屋权属登记,是指房地产行政主管部门代表政府对房屋所有权以及由上述权利产生的抵押权、典权等房屋他项权利进行登记,并依法确认房屋产权归属关系的行为。"(第3条第1款)而且明确指出:"房屋权属证书是权利人依法拥有房屋所有权并对房屋行使占有、使用、收益和处分权利的唯一合法凭证。"(第5条第1款)

将不动产登记行为理解为行政确权行为的直接后果是造成司法实践在不动产权属确认问题上常常面临以下局面:一方面,权属确认纠纷本属民事争议,自应适用民事诉讼程序予以解决;另一方面,由于不动产

[1] 参见吴光荣:《论行政审批对合同效力的影响:理论与实践》,载《法学家》2013年第1期。

登记行为是行政确权行为,因而当事人对登记行为不服,亦可提起行政诉讼,于是两种诉讼便经常性的交织在一起。因不动产权属确认而引起的民事与行政交叉案件不仅给法院审判带来了困难,而且也给当事人带来了诉累,前述“河南焦作房产纠纷案”就是著例。在该案中,一方当事人持房屋权属证书提起民事诉讼,请求确认其对讼争房屋享有所有权,而另一方当事人则提起行政诉讼,请求撤销房管部门颁发的房产证,以致行政诉讼与民事诉讼交织在一起。该案历经四级法院近 20 年的审理,由此产生的法律文书也多达数十份,但当事人的争议却始终无法得到解决,究其原因,就在于法院将不动产登记行为理解为行政确权行为,以致两种诉讼交织在一起,并最终因两种诉讼在实体依据、程序设计等方面的差异而使得裁判结果无法始终保持一致,从而给实践带来极大的困扰。〔1〕

如前所述,在不动产领域,我国法律确实存在行政确权的现象,且此种现象也确实与登记制度联系在一起,例如 2019 年修改《土地管理法》之前,该第 11 条规定:“农民集体所有的土地,由县级人民政府登记造册,核发证书,确认所有权。农民集体所有的土地依法用于非农业建设的,由县级人民政府登记造册,核发证书,确认建设用地使用权。单位和个人依法使用的国有土地,由县级以上人民政府登记造册,核发证书,确认使用权;其中,中央国家机关使用的国有土地的具体登记发证机关,由国务院确定。确认林地、草原的所有权或者使用权,确认水面、滩涂的养殖使用权,分别依照《中华人民共和国森林法》《中华人民共和国草原法》和《中华人民共和国渔业法》的有关规定办理。”可见,对于集体所有的土地所有权、建设用地使用权以及单位或者个人享有国有土地使用权,我国法律均规定须由人民政府登记造册、核发证书,予以确认。也就是说,此处的登记发证行为应为行政确权行为,应无疑问。正因为如此,2019 年修改前的《土地管理法》第 16 条规定:“土地所有权和使用权争

---

〔1〕 关于“河南焦作房地产纠纷案”的审理情况,参见王光辉:《一个案件 八份判决——从一个案例看行政诉讼与民事诉讼的交叉与协调》,载《中外法学》1998 年第 2 期;王贵松主编:《行政与民事交织的难题——焦作房产纠纷案的反思与展开》,法律出版社 2005 年版。

议,由当事人协商解决;协商不成的,由人民政府处理。单位之间的争议,由县级以上人民政府处理;个人之间、个人与单位之间的争议,由乡级人民政府或者县级以上人民政府处理。当事人对有关人民政府的处理决定不服的,可以自接到处理决定通知之日起三十日内,向人民法院起诉……"此外,2021 年修改前的《草原法》曾于该法第 11 条规定:"依法确定给全民所有制单位、集体经济组织等使用的国家所有的草原,由县级以上人民政府登记,核发使用权证,确认草原使用权。未确定使用权的国家所有的草原,由县级以上人民政府登记造册,并负责保护管理。集体所有的草原,由县级人民政府登记,核发所有权证,确认草原所有权。依法改变草原权属的,应当办理草原权属变更登记手续。"2019 年修改前的《森林法》第 3 条规定:"森林资源属于国家所有,由法律规定属于集体所有的除外。国家所有的和集体所有的森林、林木和林地,个人所有的林木和使用的林地,由县级以上地方人民政府登记造册,发放证书,确认所有权或者使用权。国务院可以授权国务院林业主管部门,对国务院确定的国家所有的重点林区的森林、林木和林地登记造册,发放证书,并通知有关地方人民政府。森林、林木、林地的所有者和使用者的合法权益,受法律保护,任何单位和个人不得侵犯。"与此相对应,2021 年修改前的《草原法》第 16 条规定:"草原所有权、使用权的争议,由当事人协商解决;协商不成的,由有关人民政府处理。单位之间的争议,由县级以上人民政府处理;个人之间、个人与单位之间的争议,由乡(镇)人民政府或者县级以上人民政府处理。当事人对有关人民政府的处理决定不服的,可以依法向人民法院起诉。在草原权属争议解决前,任何一方不得改变草原利用现状,不得破坏草原和草原上的设施。"2019 年修改前的《森林法》第 17 条规定:"单位之间发生的林木、林地所有权和使用权争议,由县级以上人民政府依法处理。个人之间、个人与单位之间发生的林木所有权和林地使用权争议,由当地县级或者乡级人民政府依法处理。当事人对人民政府的处理决定不服的,可以在接到通知之日起一个月内,向人民法院起诉。在林木、林地权属争议解决以前,任何一方不得砍伐有争议的林木。"

前面谈到,正是由于人民政府的登记发证行为在性质上属行政确权行为，因而一旦当事人发生权属争议，自然应由作出确权的行政机关予以处理，只有在当事人对处理结果不服时，才能向法院提起诉讼。显然，此处的诉讼应理解为行政诉讼，而非民事诉讼。也就是说，在将登记发证行为理解为行政确权行为的情形下，法律已经就此种情形发生的权属争议应适用何种程序作出了明确的规定。问题是，上述规定能否运用来解决所有因不动产登记引起的权属争议案件呢？显然，如果将所有的不动产登记行为都理解为行政确权行为，自应按照《土地管理法》《森林法》《草原法》等法律规定的程序来解决所有不动产权属纠纷案件，从而既可避免出现行政与民事交织在一起的情形，也可发挥登记发证机关在权属确认方面的优势。不过，此种处理模式虽然能够解决程序上的冲突和混乱，但却可能给登记发证机关带来不堪忍受的重任。因为如果所有的不动产权属争议都由其处理，人民法院只能通过行政诉讼对此予以监督，则登记发证机关将不得不面对大量权属纠纷，且动辄可能会被当事人起诉到人民法院。可见，此种处理模式既不符合立法者的初衷，也与常识相悖：不动产权属争议本属民事争议，原则上应由人民法院处理，何以都须经人民政府处理呢？也就是说，《土地管理法》《森林法》《草原法》等法律规定的权属争议解决程序显然不能运用于解决所有涉及不动产登记的权属争议。究其原因，在笔者看来，是因为上述《土地管理法》等法律关于“登记造册、核发证书”的规定并非一般意义上的不动产登记，而是有所特指：首先，“登记造册、核发证书”的主体不是登记机构，也不是一般的行政主管部门，而是人民政府；其次，“登记造册、核发证书”的对象是已存在的土地所有权、使用权，不包括新设土地使用权，也不包括房屋所有权；最后，“登记造册、核发证书”的目的是确认权利。据此，笔者认为，《土地管理法》《草原法》《森林法》等法律关于“登记造册、核发证书”的规定，仅指人民政府为建立地籍簿而进行的土地登记发证行为，即“土地总登记”，并非指一般意义上的不动产登记发证行为。

所谓土地总登记，是指由人民政府组织对辖区内全部土地或者特定区域内土地进行的全面登记（参见原《土地登记办法》第 21 条）。土地总登记的目的就是要建立完整清晰的不动产产籍产权制度，以便政府对辖区内的土地进行管理，健全适合市场需求的公示公信制度，以维护交易安全。[1] 就此而言,土地总登记的目的有二:一是满足国家管理土地的需要,建立地籍簿;二是保护交易安全,在地籍簿的基础上建立不动产登记簿。因此,土地总登记亦属广义的土地初始登记(广义的初始登记除了通过土地总登记建立不动产登记簿,还包括狭义的土地初始登记,即在已经建立的不动产登记簿上进行新设土地权利的登记。土地总登记与狭义的土地初始登记虽然同属土地初始登记,但二者法律性质不同,功能各异,因此不可混为一谈)。

为了通过土地总登记实现上述两个目的,县级以上人民政府必须对辖区内的土地及其权属进行全面调查,以便形成土地登记的依据。可以说,没有详细的土地调查,土地总登记将无法开展。由于土地总登记是以对辖区内土地的事实状况和法律状况进行全面调查为基础,故笔者认为人民政府在土地总登记过程中的登记发证行为应属行政确权行为,若当事人因此发生权属争议,自应先由人民政府予以处理,当事人对处理结果不服,方可对登记发证行为提起行政诉讼。前述《土地管理法》《草原法》《森林法》等法律关于行政确权及相关权属纠纷解决程序的规定,显然是针对土地总登记而言的。此外,在前述国务院以及国务院所属部委发布的有关法律文件中,也只有在明确规定土地调查是办理土地登记之必经程序时,才能将相应的土地登记理解为土地总登记。正因为如此,土地总登记仅仅存在尚未建立完整的地籍簿或者因土地政策调整导致土地权属发生重大变化的特定时期,一旦建立起完整的地籍簿且土地政策没有重大调整,土地总登记就不会再进行。以我国台湾地区为例,在地籍整理完毕之后,实务上即已没有土地总登记的业务。[2]

当然,就土地登记而言,除了《土地管理法》规定的土地总登记,还有《物权法》规定的狭义上的土地初始登记、变更登记、注销登记以及其他登记等。所谓狭义的土地初始登记,是指除土地总登记以外对新设立之土地权利进行的登记,例如新设建设用地使用权的登记;所谓变更登记,是指因土地权利人发生改变,或者因土地权利人姓名或者名称、地址

---

〔1〕 参见崔建远:《物权法》(第二版),中国人民大学出版社 2011 年版,第 55 页。
〔2〕 参见陈铭福:《土地法导论》,五南图书出版公司 2000 年版,第 149 页。

和土地用途等内容发生变更而进行的登记;所谓注销登记,是指因土地权利的消灭等而进行的登记;其他登记则包括更正登记、异议登记、预告登记和查封登记等。

无论是狭义的土地初始登记,还是变更登记、注销登记、其他登记,都必须在通过土地总登记建立起的不动产登记簿上进行,且目的在于反映土地总登记后的土地权利变动。也就是说,一方面只有在通过《土地管理法》规定的土地总登记建立不动产登记簿后,其他土地登记才能得以进行;另一方面,也只有通过狭义的土地初始登记、变更登记、注销登记和其他登记,才能使不动产登记簿及时得到更新,并尽可能及时全面地反映土地的法律状况。就此而言,必须将由人民政府办理的土地总登记和由登记机构办理的其他的不动产登记区分开来,进而将不动产登记簿的建立与不动产登记簿的管理区分开来:《土地管理法》规定的土地总登记旨在建立土地登记簿,属于非日常登记;原《物权法》上狭义的土地初始登记、变更登记、注销登记和其他登记则属于对不动产登记簿的管理,是日常性登记。[1]

由于《土地管理法》对于土地总登记的法律性质以及由此引起的权属争议解决方式都已有明确的规定,因此实践中争议不大。但是,对于除土地总登记外的其他土地登记的法律性质,不仅《土地管理法》本身并未作出明确规定,《物权法》也未明确予以交代。因而值得追问的是,是否与土地总登记一样,狭义的土地初始登记、变更登记、注销登记和其他登记在法律性质上也都是一种行政确权行为呢?答案显然是否定的。且不说异议登记、预告登记与查封登记本身与权属确认毫不相干,即使是狭义的土地初始登记、变更登记以及注销登记,也都与行政确权相去甚远:权属确认的实体依据是民法关于物权变动的规则,而如前所述,不动产登记在不动产物权变动中的地位与作用各不相同,有时登记仅是物权变动的对抗要件,有时登记则仅具有宣示的功能,显然不能将上述情形下的登记理解为行政确权(参见第一讲);即使是在法律将登记作为

---

〔1〕在笔者看来,这也正是《物权法》仅规定不动产登记簿由登记机构“管理”而未言及不动产登记簿之“建立”的根本原因。

物权变动之生效要件的情况下，由于我国民法不采德国民法上的物权行为无因性，故在引起物权变动之原因行为被认定无效、不成立或者被撤销的情况下，登记与权属也有不一致的可能，因而也不能将作为物权变动之生效要件的登记认定为是对权属的确认（参见第二讲）。此外，《物权法》规定登记机构在当事人提交的申请材料符合法律规定时应“如实、及时登记有关事项”（第12条），且不得有“超出登记职责范围的其他行为”（第13条），均表明不动产登记机构在办理不动产登记时仅负有形式审查的职责，不负有实质审查的职责（关于这一点，容后详述）。既然是形式审查，自然不能将《物权法》规定的不动产登记理解为行政确权。实践中之所以将不动产登记理解为行政确权，就是因为没有区分《土地管理法》规定的“土地总登记”与《物权》规定的不动产登记，误将法律关于“土地总登记”之法律性质的规定不假思索地适用于所有不动产登记。

需要说明的是，《土地管理法》和《森林法》均于2019年进行了修改，修改后的这两部法律虽然保留了关于土地权属、林地权属因土地总登记发生的争议及其解决机制的规定，但却将土地总登记纳入不动产登记制度中，这就可能导致实践中仍然会混淆土地总登记与《物权法》规定的不动产登记。例如，修正后的《土地管理法》第12条第1款规定，“土地的所有权和使用权的登记，依照有关不动产登记的法律、行政法规执行”；修正后的《森林法》第15条第1款规定，“林地和林地上的森林、林木的所有权、使用权，由不动产登记机构统一登记造册，核发证书。国务院确定的国家重点林区（以下简称重点林区）的森林、林木和林地，由国务院自然资源主管部门负责登记”。笔者认为，尽管修正后的《土地管理法》《森林法》将土地总登记纳入不动产登记，也应认识到土地总登记在法律性质上属于行政确权行为，不同于不动产登记机构办理的其他不动产登记，因此也要将不动产登记区分为土地总登记与其他不动产登记，后者才是原《物权法》规定的不动产登记。值得注意的是，2021年修正的《草原法》第11条并未将土地总登记纳入不动产登记，而是仍然规定：“依法确定给全民所有制单位、集体经济组织等使用的国家所有的草原，由县级以上人民政府登记，核发使用权证，确认草原使用权。未确定使用权的国家所有的草原，由县级以上人民政府登记造册，并负责保护管理。集体所有的草原，由县级人民政府登记，核发所有权证，确认草原所有权。依法改变草原权属的，应当办理草原权属变更登记手续。”

## 五、国家参与不动产登记的性质

在统一不动产登记之前，由于土地行政主管部门负责办理土地登记工作，房地产行政管理部门负责房屋等建筑物的登记工作，因此，上述规定造成登记机构与确权机关合二为一。在此背景下，登记机构的登记行为也就顺理成章地被理解为行政确权行为。也就是说，原建设部的上述规章之所以将房屋登记理解为房地产行政主管部门代表政府对房屋权属进行确认的行为，看来并非毫无来由。可问题是，在法律明确规定由县级以上人民政府完成的事项，可否通过行政法规交由县级人民政府的职能部门完成？这在当时乃至今天，都是一个没有引起重视的问题。此外，法律规定县级以上人民政府对本辖区的土地所有权、使用权进行登记造成、核发证书、确认权属，也导致实践中不少人认为所有的不动产登记行为都是行政确权行为。也就是说，《物权法》的通过并实施从根本上改变了关于不动产登记的传统观念。例如原建设部 2008 年制定的《房屋登记办法》没有继续沿用前述《城市房屋权属登记管理办理》关于“房屋登记”的定义，明确规定房屋登记只是房屋登记机构依法将房屋权利和其他应当记载的事项在房屋登记簿上予以记载的行为(第 2 条)，而非确权行为；《土地登记办法》亦有相同规定(第 2 条)。不仅如此，无论是《房屋登记办法》，还是《土地登记办法》，均没有再规定权属证书是权利人享有权利的“唯一合法凭证”，也没有再规定“依法登记的房屋权利受国家法律保护”等内容。2014 年制定并于 2019 年修订的《不动产登记暂行条例》不仅结束了分头登记的局面，统一了不动产登记，而且明确规定：“本条例所称不动产登记，是指不动产登记机构依法将不动产权利归属和其他法定事项记载于不动产登记簿的行为。”(第 2 条第 1 款)问题是，对于不动产登记机构所进行的“记载行为”，在法律上如何进行定性呢？即使是在《物权法》通过并实施以后，由于不动产登记仍由作为行政机关的房地产管理部门或者土地管理部门办理，因此，无论是理论界还是实务界,在思维惯性的支配下,绝大多数人仍然认为不动产登记虽然不是行政确权行为,但当属一种具体行政行为无疑。至于此种具体行政行为究竟是何种性质,则存在不同的观点。一种观点认为,不动产登记虽然不是行政确权行为,但由于登记机构在办理不动产登记的过程中要对当事人提交的材料进行审查,因此应被界定为一种行政确认行为。不过,此种观点一经提出就受到挑战,因为此种观点无法回答如下简单的质疑:既然不动产登记行为是行政确认行为,那么登记机构究竟在确认什么?既然不是确认权利,那么是否为确认一种事实?如果是确认事实,那么确认的是什么事实?

由于主张行政确认行为的观点无法回答上述问题,另一种观点便应运而生,即认为不动产登记与公司登记、婚姻登记一样,属于行政登记的一种情形。也就是说,不动产登记属于一种特殊的具体行政行为,即行政登记行为。此种观点可谓另辟蹊径,且一经提出,立即获得不少学者和法官的认可,相关的著作也如雨后春笋般出现在市面。不过,尽管这一观点认识到了行政登记行为的特殊性,并认为在对行政登记行为进行司法审查时,应注意与民事法律制度进行衔接,从而合理界定司法审查的边界,但该观点坚持行政登记是一种具体行政行为,因而具有可诉性。甚至有人认为,由于不动产登记是一种具体行政行为,因此具有公定力,非经法定程序不得撤销或者变更。言下之意即是,即使当事人认为登记机构的登记发证行为错误,也只能通过行政复议或者行政诉讼的途径予以撤销或者变更。〔1〕 可见,只要认为不动产登记行为是具体行政行为,即使将其排除在行政确权之外,也不可避免地要发生行政诉讼与民事诉讼相互交叉的问题。也正因为如此,即使在《物权法》通过并实施以后,因不动产权属争议而发生的民事诉讼与行政诉讼相互交织的现象也是有增无减。

将不动产登记行为理解为具体行政行为唯一的依据是该行为系由作为行政机关的登记机构作出。可问题是,只要是行政机关作出的行

---

〔1〕 参见王达编著:《房屋所有权、抵押权登记行政诉讼理论与实务》,知识产权出版社2006年版,第2页以下。

为,就都是行政行为吗?显然不可一概而论,尤其是在强调从管理型政府向服务型政府转变的宏观背景下,由于政府不仅承担着行政管理的职能,而且承担着向社会提供公共服务的职能,因此行政机关作出的行为并不都是行政行为。如前所述,国家除了通过土地总登记“设置”不动产登记簿对土地进行管理,还要建立专门的不动产登记机构来“管理”不动产登记簿,以便为不动产交易提供一个信息平台。尽管这个信息平台也可以为国家加强土地管理、房屋管理甚至反腐败提供有关信息,但从法律性质上看,它仅仅是不动产物权的公示方式,目的是为不动产物权变动中的交易安全提供制度保障,是国家为不动产交易的顺利开展而提供的一种公共服务或者公共产品。[1]

问题是,国家提供此种公共产品或者公共服务在法律性质上究竟如何界定呢?从形式上看,由于不动产登记必须有国家的参与,因此有人认为不动产登记行为是公法行为;不过,从不动产登记的性质与目的来看,不动产登记的目的是公示不动产物权而非实现国家对不动产交易的管理,且通常以当事人形成登记的合意并提交申请为前提,故也有人认为不动产登记行为是私法行为;还有学者认为不动产登记兼具公法行为与私法行为双重属性。[2] 笔者认为,将不动产登记行为理解为公法行为,误解了国家参与不动产登记的目的,进而可能导致实践中将公法的一般理论和规则运用于不动产登记,这不仅会给实践带来混乱,还可能造成公权力对私权利的不当干预,因而不可取。当然,将不动产登记行为理解为私法行为,也仅看到了不动产登记须当事人达成合意并提出申请的一面,未能看到国家参与不动产登记的另一面,因而也是不正确的。笔者认为,考虑到不动产登记本身所具有的公法因素和私法因素,从比较法的角度看,将《物权法》规定的不动产登记理解为一种非讼事件,进而将不动产登记程序理解为一种非讼程序,较为科学。

在笔者看来,尽管不动产登记离不开国家的参与,但国家参与不动

---

〔1〕 参见吴光荣:《从不动产登记的法律性质看政府职能转变》,载《中国社会科学报》2014 年 4 月 2 日(第 579 期)。

〔2〕 参见吴光荣:《不动产权属确认的程序选择——以不动产登记之法律性质为中心》,载姜明安主编:《行政法论丛》(第 14 卷),法律出版社 2012 年版。

产登记并不意味着不动产登记行为就是公法行为。这首先涉及公法与私法的区分及其意义。日本学者美农部达吉认为,公法与私法的区分是针对实体法而言,而非针对程序法,这是因为区分公法与私法的意义在于确定案件的管辖:因公法发生的纠纷应由享有司法审查权的机构通过行政诉讼解决;因私法发生的纠纷应由普通法院受理并通过民事诉讼来解决。就此而言,只有实体法才有区分公法与私法的必要,而程序法虽然也离不开国家的参与,但不能据此认定为公法。再来看不动产登记行为的法律性质。如前所述,《物权法》要求不动产应当办理登记的规定,并非为了实现政府对不动产及其交易进行管理,而是为了保护第三人的交易安全,因为物权具有对抗第三人的效力。也就是说,《物权法》上的不动产登记仅仅是私法为保护第三人交易安全而进行的制度设计,不能简单理解为一种公法行为。问题是,如果不动产登记行为不是公法上的行为,如何解释国家的参与呢?尤其是,不少人认为,不动产登记机构要审查当事人提交的材料是否符合法律的规定,并决定是否办理登记,此种行为难道不是公法上的行为?笔者认为,在办理不动产登记的过程中,虽然离不开国家的参与,且登记机构负有审查义务并决定是否办理登记,但该行为并非实体法上的行为,而是程序法上的行为。也就是说,《物权法》虽然规定了不动产登记在实体法上的地位和效力,但不动产登记的办理本身是一个程序性的事项,还需要专门的不动产登记法规定不动产登记的程序规则,但国家通过设立登记机构参与不动产登记,仅仅是为了配合民事法律的实施而开展的活动,是一种非讼程序事件,而非公法上的行为。

非讼程序是大陆法系 19 世纪初法典化运动中产生的概念。在法典化运动中,《德国民法典》的起草者基于民法典体系性的考虑,发现处理以权利或者事实形成或确证为主体的非讼事件的程序很难规定于民法典,其中与物权法实施相伴的不动产登记程序就是其中典型一例,于是决定将处理这些非讼事件的程序集合规定于一部法典之中,由此形成了《德国 1898 年非讼事件程序法》。[1] 其立法模式是先抽象出处理各个

---

〔1〕 参见郝振江:《论非讼程序的功能》,载《中外法学》2011 年第 4 期。

非讼事件的共通规则作为总则，再将处理各个非讼事件的特有规则或者作为分则规定于非讼程序法典，或者以单行法的形式另行规定。日本采用了相同的立法模式。〔1〕我国大陆地区民事程序立法没有采用非讼程序的概念，若干发挥类似功能的程序也被规定于《民事诉讼法》（如《民事诉讼法》规定的特别程序即被大多学者认为本质上属于非讼程序），这不仅造成我国欠缺对非讼程序的一般性规定，而且使得非讼程序依附于诉讼程序，功能过分单一，并造成如下结果：一方面，我国民商事立法主要是在德、日等大陆法系国家立法的基础上逐步形成的，在实体法律关系及权利义务设定上与他们相似；另一方面，这些国家或者地区作为非讼事件处理的事件类型在我国却被作为诉讼事件处理〔2〕。以德国的不动产登记为例，虽然不动产登记由法院负责办理，但德国的《土地登记簿法》明确规定土地登记簿具有形式拘束力，即不仅登记机构应受到登记决定的拘束，原则上不能依职权更正不动产登记簿的错误，而且受登记决定影响的当事人也仅有权对登记机构作出的不予登记决定向上一级法院提起抗告，而不得对登记机构作出的登记决定向上一级法院提出抗告，这是因为对不动产登记错误的救济，必须通过《德国民法典》第894条规定的更正登记制度予以实现。〔3〕可见，德国法对不动产登记错误的救济完全不同于对裁判错误的救济，而是适用特别的非讼程序规则。在我国实践中，当事人之所以常常就登记机构的不动产登记行为提起诉讼，就是因为没有建立完善的非讼程序规则赋予不动产登记簿以形式拘束力，以致不动产登记行为被理解为具体行政行为，并进而成为行政诉讼的对象。这显然是不正常的，且这种不正常也必然带来诸多理论上和实务上的难题。

## 六、走出民事与行政交叉的迷雾

在我国，似乎没有一个问题像行政诉讼与民事诉讼交叉案件的审理

---

〔1〕参见廖中洪：《制定单行〈民事非讼程序法〉的建议与思考》，载《现代法学》2007年第3期。

〔2〕参见郝振江：《论非讼程序在我国的重构》，载《法学家》2011年第4期。

〔3〕参见吴光荣：《论不动产登记簿的形式拘束力》，载《清华法学》2009年第5期。

那样，长期困扰司法实践，挥之不去。问题究竟出现在什么地方呢？如前所述，我国的学者和实务家们似乎从来没有反思过这个问题的“正常性”。在他们看来，由于不动产登记行为是一种具体行政行为，故因不动产权属争议发生行政诉讼与民事诉讼的交叉，就是一种正常现象。也正是基于这一前见，无论是立法机构，还是最高人民法院，均致力于摸索能够解决这一问题的程序制度。例如，为了解决因不动产权属确认带来的民事诉讼与行政诉讼交叉问题，自“河南焦作房产纠纷案”发生以来，理论界与实务界也一直在探索处理此种交叉问题的审理模式，各种观点更是层出不穷。概括起来，大致有三种观点：一是先行政后民事；二是先民事后行政；三是合并审理或者附带审理。

不难看出，前两种观点所持立场正好相反：主张先行政后民事的观点认为行政行为具有公定力，非经法定程序不得撤销或者变更，故一旦发生民事与行政交叉案件，行政争议的解决就构成民事诉讼的前提性问题，只有先就不动产登记行为的合法性进行审查，才能在此基础上解决当事人之间的权属争议；主张先民事后行政的观点则认为不动产登记在性质上是不动产物权的公示方式，只有先解决民事上的权属争议，才能判断登记机构的登记发证行为究竟是否合法。

这两种观点看似都有一定的道理，实质上却无法解决判决之间的冲突和矛盾问题，因为无论是采取先行政后民事，还是采取先民事后行政，尽管后审理民事案件的法院可以强行使民事判决的结果服从行政审判的结果或者后审理行政案件的法院可以强行使行政诉讼的结果服从民事诉讼的结果，但由于我国存在民事再审程序和行政再审程序，因此仍然存在当事人通过再审程序改变裁判结果的可能性，尤其是当民事判决或者行政判决系人民法院为避免判决发生冲突而强行作出的情况下，此种可能性更大。例如在前述“河南焦作房产纠纷案”中，法院不仅采取了先行政后民事的审理模式，还采取了先民事后行政的审理模式，但效果都很不理想。

也正因为如此，理论界和实务界提出此种民事与行政交叉案件不宜采用分别审理的模式，而只能采取合并审理或者附带审理的模式，否则就会发生判决之间的矛盾和冲突。所谓合并审理或者附带审理，是指在行政诉讼的过程中一并解决民事争议,而非指在民事诉讼中一并审查不动产登记行为的合法性,这是因为多数人认为,具体行政行为具有公定力,非经法定程序,不得撤销或者变更,故民事诉讼无法审查行政行为的合法性,但是行政诉讼附带解决民事争议,则不存在理论上的障碍。

合并审理或者附带审理的观点一经提出,即受到广泛的关注。最高人民法院亦曾采纳这一观点。例如《最高人民法院关于当前形势下做好行政审判工作的若干意见》(法发〔2009〕38号)第9条曾提出"丰富和创新行政诉讼裁判方式,快速有效化解纠纷:充分发挥行政诉讼附带解决民事争议的功能,在受理行政机关对平等主体之间的民事争议所作的行政裁决、行政确权、行政处理、颁发权属证书等案件时,可以基于当事人申请一并解决相关民事争议。要正确处理行政诉讼与民事诉讼交叉问题,防止出现相互矛盾或相互推诿"。可见,根据这一规定,因不动产权属争议而发生的民事与行政交叉案件,也可以通过行政诉讼附带解决民事争议的审理模式来解决。

最高人民法院的上述文件虽然不是司法解释,但却对当时的司法实践提供了具体的指导意见,不少法院也正是根据这一司法政策处理相关案件。例如,在"徐天浩诉宁波市鄞州区人民政府房屋登记行政确认纠纷案"中,浙江省宁波市鄞州区人民法院在裁判文书中就指出:"原告徐天浩认为原鄞县人民政府的房屋登记发证行为侵犯了其房屋所有权,依法有权向人民法院提起行政诉讼。但原鄞县人民政府房屋登记发证行为是根据第三人盛如宝的申请、提供的材料所作的行政确认行为而非房屋确权行为,原告徐天浩提起行政诉讼要求撤销原鄞县人民政府房屋登记发证行为,第三人盛如宝要求维持原鄞县人民政府房屋登记发证行为,纠纷的实质是原告徐天浩与第三人盛如宝之间的房屋所有权争议。第三人盛如宝在原告徐天浩提起行政诉讼时对原告徐天浩提起民事诉讼要求确认讼争房屋的所有权,为减少当事人的诉累,力求争议的实质性解决,促进案结事了,故根据最高人民法院法发〔2009〕38号《关于当前形势下做好行政审判工作的若干意见》第九条的规定,对第三人盛如宝提起的民事诉讼以行政附带民事诉讼方式予以合并审理,在审理行政诉讼程序中一并解决双方当事人之间的房屋所有权争议。"

值得注意的是，尽管最高人民法院曾一度主张通过行政诉讼附带解决民事争议的方式处理民事诉讼与行政诉讼交叉带来的问题，但由于两种诉讼在程序和实体方面均存在诸多不同，故上述司法政策规定只有在当事人在行政诉讼中申请一并解决民事争议时，人民法院才“可以”（而非“必须”）一并审理民事纠纷。言下之意即是，如果当事人在行政诉讼中没有申请解决民事争议或者在当事人提起行政诉讼之前已经存在一个民事诉讼，则上述程序无法启动；另外，即使当事人在行政诉讼中申请一并解决民事争议，人民法院也可以拒绝一并审理，而要求当事人另行提起民事诉讼。可见，最高人民法院的上述司法政策并不能全面解决因不动产权属争议引起的民事诉讼与行政诉讼相互交叉的问题。也正因为如此，在上述司法政策实施后，尽管一些法院在部分案件中采取了行政附带民事诉讼的审理模式，但因不动产权属争议引起的民事诉讼与行政诉讼相互交叉的问题仍然困扰着人民法院的审判工作。

此外，在不动产权属争议案件中采取行政诉讼附带解决民事争议的做法本身也引起诸多质疑：其一，权属争议案件的审理极为复杂，不仅关乎当事人的利益，而且还涉及对第三人交易安全的保护，而行政诉讼的当事人是行政机关与行政相对人，通过行政诉讼“附带”解决民事争议，是否合适？其二，行政审判的功能是监督政府依法行政，而权属争议本质上是民事纠纷，通过行政附带民事诉讼来解决权属争议，是否本末倒置，进而影响到行政审判功能的实现？其三，尽管行政附带民事诉讼的审理模式可以避免判决之间的矛盾和冲突，也可以避免相互推诿现象，但在行政诉讼中既要审查具体行政行为的合法性，又要考虑民事纠纷的解决，是否会导致裁判文书在说理时牵强附会，进而影响到司法的公信力并带来当事人的缠诉？〔1〕 果然，可能是通过行政附带民事诉讼处理权属争议案件存在理论上和实践上的诸多问题，在最高人民法院的上述司法政策实施后不久，最高人民法院又通过正式发布司法解释的形式改弦更张，放弃了此种方案。例如《最高人民法院关于审理房屋登记案件

---

〔1〕 较为详细的分析，可参见拙作：《论行政争议与民事争议相互交织的解决路径——评〈行政诉讼法修正案（草案）〉第63条第1款》，载《政治与法律》2014年第5期。

若干问题的规定》(法释〔2010〕16 号)第 8 条规定:“当事人以作为房屋登记行为基础的买卖、共有、赠与、抵押、婚姻、继承等民事法律关系无效或者应当撤销为由,对房屋登记行为提起行政诉讼的,人民法院应当告知当事人先行解决民事争议,民事争议处理期间不计算在行政诉讼起诉期限内;已经受理的,裁定中止诉讼。”可见,根据这一司法解释,在因房屋登记行为发生的行政诉讼与作为登记基础的买卖等民事争议相互交织时,人民法院应采取先民事后行政的审理模式。

不过,前已述及,实践已经证明,无论是先行政后民事,还是先民事后行政,分别审理的模式都可能导致裁判结果的不一致。因此,在上述司法解释实施后,因不动产权属争议而发生行政诉讼与民事诉讼相互交织的问题,仍然没有获得有效的解决。也正是因为如此,2014 年修订的《行政诉讼法》专门增设一条,用于解决行政诉讼与民事诉讼交叉案件的审理问题。根据该法第 61 条的规定,在涉及行政许可、登记、征收、征用和行政机关对民事争议所作的裁决的行政诉讼中,当事人申请一并解决相关民事争议的,人民法院可以一并审理。显然,《行政诉讼法》提出的解决思路又重新回到了最高人民法院曾经放弃的老路上,即通过行政诉讼一并解决民事争议,但其前提条件仍然是当事人在行政诉讼中提出申请,并须经法院同意。

为了落实《行政诉讼法》的这一规定,最高人民法院在行政诉讼法司法解释中进一步就人民法院如何在行政诉讼中“一并审理”民事争议作了更加细致的规定。根据这一司法解释的规定,由于行政案件与民事案件在当事人、诉讼程序、法律适用方面均有所不同,因此,人民法院在审理此类案件时,应分别立案。也就是说,虽然名为“一并审理”,但仅仅是审判组织相同而已,并非在一个案件中同时解决行政争议与民事争议。如此一来,尽管同一审判组织可能会强行使民事判决与行政判决的结果一致起来,但也可能是以牺牲裁判文书的说服力为代价获取形式上的一致。

更为重要的是,《行政诉讼法》的思路同样只能解决部分行政诉讼与民事诉讼交叉案件的审理,在当事人没有提出申请或者在行政诉讼之外已经存在民事诉讼的场合,自然无法启动“一并审理”的程序。例如,原《物权法解释(一)》第1条规定:“因不动产物权的归属,以及作为不动产物权登记基础的买卖、赠与、抵押等产生争议,当事人提起民事诉讼的,应当依法受理。当事人已经在行政诉讼中申请一并解决上述民事争议,且人民法院一并审理的除外。”可见,根据这一司法解释,如果当事人没有在行政诉讼中申请一并解决民事争议,或者虽然申请了,但人民法院没有同意一并解决,则当事人仍有权就权属争议或者作为登记基础的买卖、抵押等民事争议提起民事诉讼。这一规定看似是要解决因权属争议带来的程序问题,却仅仅是提出了问题,而没有解决问题,因为实践中案件的受理并不是问题,有问题的是:如果一当事人就民事争议提起民事诉讼受理,而另一方当事人就登记机构的登记行为又提起行政诉讼,如何解决? 也就是说,在经过反反复复地摸索后,我们似乎又回到了问题的原点。

在笔者看来,由于不动产登记行为在性质上不是具体行政行为,而是非讼程序行为,因此,即使登记机构在办理登记时存在发生程序瑕疵,当事人也不能就登记机构的登记行为提起行政复议或者行政诉讼,而应在通过民事诉讼对权属进行确认的基础上,根据《物权法》关于更正登记的规定来消除不动产登记簿的错误。就此而言,实践中之所以发生当事人因不动产权属争议而带来民事诉讼与行政诉讼交叉的现象,根源于我们对于不动产登记行为的性质存在误解,因而是一个假问题或者伪问题,而理论界和实务界为解决这一问题提出的种种方案,在笔者看来,显然是“头痛医脚”,必然不能奏效。

## 七、现阶段可行的解决方案

尽管在《民法典》的编纂过程中,笔者曾通过最高人民法院提出建议,认为《民法典》物权编应就不动产权属争议的解决作出更加明确的规定,尤其是限制当事人就登记机构的登记行为提起行政诉讼,而应通过更正登记制度来纠正不正确的不动产登记,但遗憾的是,《民法典》在继受《物权法》上述相关规定的同时,并未就此问题作出更加明确的规定。

按照笔者的思路,既然当事人不能就登记机构的登记行为提起行政复议或者行政诉讼,那么不动产权属争议自然也就不存在民事诉讼与行政诉讼相互交叉的问题。不过,也许有人认为,笔者的上述思路是立法论而非解释论,而当务之急是,在《民法典》对此并未作出明确规定的情况下,如果当事人已就不动产登记行为提起行政诉讼,且人民法院也已经立案受理,那么应如何化解由此带来的民行交叉问题?

笔者认为,关于因不动产权属争议而发生的民行交叉问题,自然应通过完善不动产登记制度才能彻底解决。但这并不意味着笔者的思路是立法论而非解释论,因为作为私法之重要组成部分的《民法典》既然已明确规定了不动产登记在实体法上的地位和作用,与之配套的不动产登记规则就应理解为民事非讼程序(即民事登记),而非行政登记,如果其他国家机关无视或者误解《民法典》的规定,将不动产登记理解为行政登记,并据此制定了相应的部门规章乃至行政法规,人民法院也应严格按照《立法法》的规定,适用上位阶的法律,而不能适用下位阶的行政法规,更不能适用行政规章。因此,即使从解释论的角度看,在法律已经明确规定了更正登记制度的情况下,行政法规与部门规章中凡是与更正登记相冲突的规则,自然不应得到适用。也就是说,早在《物权法》通过并实施后,人民法院对于当事人因权属争议而就登记机构的登记发证行为提起的行政诉讼,就应不予受理。即使已经受理,也应驳回起诉。这样一来,也就不存在上述亟须解决的问题。

当然,上述方案虽然能彻底解决问题,但毕竟是过于理想化的方案,因为它的实施以法律职业共同体已就不动产登记的法律性质形成一个基本的共识为前提。然而时至今日,理论界与实务界并未反思民行交叉问题的根源,更未意识到不动产登记在性质上是民事非讼程序,而非具体行政行为,自然无法要求人民法院将当事人就不动产登记行为提起的行政诉讼一概排除在法院之外,尤其是考虑到行政诉讼法也已明确可就行政登记提起行政诉讼且规定在行政诉讼中可一并解决民事争议的背景下,要求人民法院对当事人就不动产登记行为提起的行政诉讼不予受理或者在受理后驳回起诉,至少在短时间内,是不现实的。因此,当务之急,确实是要解决当事人已经就登记行为提起行政诉讼且人民法院已经受理的情况下,如何处理才能避免民事判决与行政判决相互矛盾或者冲突的问题。

笔者认为,在当事人已经就不动产登记行为提起行政诉讼的情况下,考虑到不动产登记在实体法上具有重要的法律效力,故人民法院在审理此类行政案件时,应特别注意避免行政诉讼的裁判结果对可能存在的民事诉讼产生影响。也就是说,人民法院在对行政案件进行审理时,即使认定登记机构作出的登记发证行为存在程序上的瑕疵,也只能确认登记发证行为违法,不能撤销不动产登记发证行为。为什么只能确认登记发证行为违法,而不能撤销登记发证行为呢?这是因为,即使不动产登记出现错误,不仅登记机构原则上不能依职权撤销已经办理的不动产登记,在《物权法》已经明确规定更正登记制度的情况下,对涉及权利的不动产登记错误进行救济,也只能通过更正登记制度,而不能通过其他程序。这既是不动产登记簿之形式拘束力的必然要求,也是维护当事人交易安全的必然要求。

如前所述,实践中之所以发生因不动产权属争议引起的民行交叉案件在处理结果上的矛盾和冲突,就是因为登记机构的不动产登记发证行为因程序违法被人民法院通过行政诉讼予以撤销,而民事判决的结果则可能刚好相反,登记的权利人被认定为就是真正权利人。如此一来,当事人就会拿着民事判决去否定行政判决,或者拿着行政判决去否定民事判决。笔者认为,只有严格禁止人民法院通过行政判决撤销不动产登记发证行为,才能防止这一问题的发生。

事实上,在以往的司法实践中,也有人注意到不动产登记簿的形式拘束力之于当事人交易安全的重要性,从而不仅意识到限制登记机构依职权撤销登记发证行为的必要性,而且意识到限制人民法院通过行政诉讼撤销不动产登记发证行为的必要性。例如《房屋登记办法》第 81 条规定:“司法机关、行政机关、仲裁委员会发生法律效力的文件证明当事人以隐瞒真实情况、提交虚假材料等非法手段获取房屋登记的,房屋登记机构可以撤销原房屋登记、收回房屋权属证书、登记证明或者公告作废,但房屋权利为他人善意取得的除外。”此外,《最高人民法院关于审理房屋登记案件若干问题的规定》第 11 条规定:“被诉房屋登记行为涉及多个权利主体或者房屋可分,其中部分主体或者房屋的登记违法应予撤销的,可以判决部分撤销。被诉房屋登记行为违法,但该行为已被登记机构改变的,判决确认被诉行为违法。被诉房屋登记行为违法,但判决撤销将给公共利益造成重大损失或者房屋已为第三人善意取得的,判决确认被诉行为违法,不撤销登记行为。”

可见,上述文件都注意到在第三人已经善意取得的情况下,即使登记存在错误,不仅登记机构不能依职权撤销权属证书,而且人民法院在行政诉讼中也只能确认具体行政行为违法,不能撤销权属证书。这种处理方式虽然可以保护第三人的交易安全,但问题是,第三人是否善意取得,本身需要通过民事审判才能确定,登记机构如何知道?人民法院在行政诉讼中又如何审查第三人是否善意取得?更为重要的是,不动产登记在实体法上不仅具有善意保护的效力,而且具有权利推定的效力和权利移转的效力,如果人民法院在权属争议案件中已经基于当事人已经办理不动产登记或者被作为权利人登记在不动产登记簿上的事实作出了民事判决,而该不动产登记行为又被登记机构依职权予以撤销或者人民法院通过行政诉讼将其撤销,也会出现民事判决与行政判决相互冲突的问题。因此,笔者认为,将登记机构不能依职权撤证和人民法院在行政诉讼中不能撤证严格限制在第三人已经善意取得的情况,既无理论依据,也没有完全解决实践中的问题。这也进一步暴露了上述文件的制定者并没有真正认识到更正登记制度的程序意义。

在笔者看来,无论何种情形下,不仅登记机构不能依职权对涉及权利的登记事项进行更正(撤证),而且人民法院不能在行政诉讼中撤销已经办理的不动产登记行为。也就是说,凡是涉及权利的登记事项存在错误,只要当事人之间存在权属争议,都应通过民事诉讼在确权的基础上通过更正登记制度予以救济。当然,针对笔者的上述观点,也许有人会提出如下两个问题:其一,既然人民法院不能通过行政诉讼撤证,那么人民法院对不动产登记行为进行审查的意义何在?其二,在存在权属争议的情况下,一方当事人在确权的基础上请求登记机构办理更正登记,如果登记机构不予办理,又如何进行救济?

对于第一个问题,笔者的观点是,就权属争议的解决而言,即使登记发生错误,当事人确实没有必要就登记机构的登记行为提起行政诉讼,而应通过民事诉讼在确权的基础上办理更正登记。也就是说,当事人提起行政诉讼,对于解决权属争议的意义确实不大。但是,如果登记错误是由登记机构的原因造成的,且因登记错误的存在,给权利人带来了损失,则当事人提起行政诉讼,就可以通过行政诉讼确认具体行政行为违法,并据此请求登记机构承担赔偿责任。可见,人民法院在审查不动产登记行为是否违法,对于当事人向登记机构主张赔偿责任,还是有一定的意义。不过,也不能高估这个意义,因为在实践中,登记错误的发生可能是多方面的原因,既有当事人自己的原因,也有登记机构审查不严格的原因,登记机构在登记过程中存在过错,登记机构是否应承担责任,人民法院应根据民事法律(包括《侵权责任法》)进行判断,而不能根据其他法律进行判断。就此而言,笔者认为,登记机构的赔偿责任是一种民事侵权责任,而非国家赔偿责任,当事人就登记错误造成的损失请求登记机构承担赔偿责任,也应通过民事诉讼来实现,不宜通过行政诉讼来实现。当然,考虑到目前对这个问题的争议仍然很大,暂时通过行政诉讼来实现,也未尝不可。

对于第二个问题,笔者的观点是,如果我们将不动产登记理解为民事非讼程序,那么更正登记也应如此理解。也就是说,更正登记也要符合不动产登记的程序规则。在此背景下,如果在符合法定条件的情形下,登记机构拒绝办理更正登记,登记机构将可能对因未及时办理更正登记而给当事人产生的损失承担赔偿责任,此为其一;其二,当事人为防止权利被他人处分,自然可以申请办理异议登记,并起诉到人民法院,请求人民法院判决登记机构协助办理更正登记(当事人能否通过执行程序根据人民法院的确权文书申请人民法院向登记机构发出协助执行通知书,以完成更正登记,目前还存在一些争议)。当然,无论是当事人追究登记机构的赔偿责任还是想通过诉讼督促登记机构尽快办理更正登记,都应属于民事诉讼,而非行政诉讼。不过,在当前形势下,考虑到我们对不动产登记的法律性质多存误解,在可以预见的一段时间内,要达成当事人只能就登记机构提起民事诉讼而不能提起行政诉讼的共识,可能还存在一些现实障碍。在此背景下,如果当事人提起行政诉讼,作为权宜之计,似也没有必要反对。这里需要指出的是,不动产登记簿的形式拘束力仅仅是禁止当事人就登记机构的登记行为提起行政复议或者行政诉讼，并不禁止当事人对登记机构拒绝办理登记的行为提起诉讼，至于这种诉讼究竟应为行政诉讼还是民事诉讼，则是值得进一步思考的课题。

这里需要说明的是，并非只有不动产登记属于非讼程序事件，应适用专门的非讼程序法，公司登记、婚姻登记等也属于非讼程序事件，也应适用专门的非讼程序法。在以往的司法实践中，由于公司登记行为、婚姻登记行为也被理解为具体行政行为，因此，在公司纠纷案件、婚姻家庭案件中，也存在大量行政诉讼与民事诉讼相互交叉的现象，这给司法实践带来了诸多困惑。现在看来，对于公司登记行为、婚姻登记行为，也有进一步检讨的必要。在笔者看来，无论是不动产登记，还是婚姻登记、公司登记，都是国家为了配合民事法律的实施而构建的程序规则，并非为了国家管理的需要，因此不能称之为行政登记，而属于民事登记。

值得注意的是，关于民事登记尤其是不动产登记与行政登记的区别，其实我国司法实践早就已经意识到，只是没有进一步展开而已。例如，原《合同法》第 44 条规定："依法成立的合同，自成立时生效。法律、行政法规规定应当办理批准、登记等手续生效的，依照其规定。"这里的"登记"，显然是指行政登记，即与行政审批具有同一法律意义的登记，如外汇管理部门对涉外担保的登记。为了将此种登记与作为权利公示方式的不动产登记区别开来，原《合同法解释（一）》第 9 条第 1 款规定："依照合同法第四十四条第二款的规定，法律、行政法规规定合同应当办理批准手续，或者办理批准、登记等手续才生效，在一审法庭辩论终结前当事人仍未办理批准手续的，或者仍未办理批准、登记等手续的，人民法院应当认定该合同未生效；法律、行政法规规定合同应当办理登记手续，但未规定登记后生效的，当事人未办理登记手续不影响合同的效力，合同标的所有权及其他物权不能转移。"尽管这一司法解释意识到了原《合同法》第 44 条第 2 款规定的登记不包括不动产登记，进而将不动产登记排除在影响合同效力的因素之外，并据此确立起所谓"区分原则"，但可惜的是，相关理论研究并未跟进，将不动产登记彻底从行政登记中剥离出来，从而将其定位为民事登记，并明确其非讼程序事件的性质。

其实，只要稍加思索，就不难得出如下结论：既然不动产登记仅仅是不动产物权的公示方式，又何来登记行为是行政登记之说？此外，如果将不动产登记、婚姻登记、公司登记都排除在行政登记之外，“行政登记”这一概念是否还有存在的意义和价值，也值得讨论。值得注意的是，《民法典》第502条在继受原《合同法》第44条的同时，没有再将批准和登记并列进行规定，而是删除了登记。在笔者看来，这是因为原《合同法》第44条规定的登记才是行政登记，而在将不动产登记、婚姻登记、公司登记等排除在行政登记之外后，所谓“行政登记”在实践中必然也就会销声匿迹。

# 第二十五讲

## 更正登记制度的实体价值与程序意义

### 一、不动产登记簿的形式拘束力及其表现

所谓不动产登记簿之形式拘束力(die formale Bindungswirkung der Eintragung),是指登记机构作出将某一事项登记于不动产登记簿的决定后,不动产登记簿即具有法律上的约束力,即使登记机构随后发现不动产登记簿存在错误,也不得依职权办理更正登记,因登记错误而受到妨害的权利人亦不得就登记机构作出的登记决定提起控告,而只有通过不动产登记簿之更正程序,才能使不动产登记簿恢复到正确的状态。不动产登记簿之形式拘束力是不动产登记法上一项十分重要的制度,但由于我国的不动产登记理论研究相对较为滞后,不仅理论界对于这一重要制度尚无清楚认识,关于不动产登记簿之形式拘束力的规定更是付之阙如,从而造成司法实践在确权之诉的程序选择问题上长期陷于困境而不能自拔。笔者不揣冒昧,试图结合德国不动产登记法的理论和制度,就此问题作一探索性的分析,以期抛砖引玉,从而引起更多人的重视。

#### (一)登记机构依职权更正登记簿的限制

不动产登记簿的形式拘束力首先表现为登记机构应受不动产登记簿的约束:不动产登记完成后,即使登记机构随后发现不动产登记簿存在登记错误,也不得依职权办理更正登记。[1] 按照常理,不动产登记簿发生错误,不仅权利人有因不动产登记簿的公信力而丧失权利的重大风险,而且登记机构也可能因此而承担赔偿责任,因此将不动产登记簿恢复到正确的状态实属当务之急,但何以法律却要限制登记机构对确有错误的不动产登记簿进行更正呢?从形式上看,这是因为,不动产登记簿

---

〔1〕[德]鲍尔、施蒂尔纳:《德国物权法》,张双根译,法律出版社2004年版,第326页。

的更正属于不动产登记的一种具体情形，因此也须按照法律关于不动产登记的基本规则进行办理。以德国的土地登记簿法为例，登记机构办理不动产登记必须坚持以下三项原则：其一，申请原则（Antragungsprinzip），即除非法律另有特殊规定，非经申请，登记机构不得办理不动产登记；其二，同意原则（Bewilligungsprinzip），即登记机构办理不动产登记，须取得权利被涉及者的书面登记同意；其三，在先已登记原则（Voreintragungsprinzip），即作出登记同意的权利被涉及者必须已经登记在不动产登记簿。〔1〕既然不动产登记簿的更正属于不动产登记的一种具体情形，自然也只能由当事人向登记机构提起申请，并有已经登记在登记簿的权利被涉及者的登记同意，登记机构才能办理更正登记，而不能在未经当事人申请或者没有获得权利被涉及者之登记同意的情况下，依职权办理更正登记。〔2〕

问题是，何以法律对于不动产登记要确立上述三项原则，从而限制登记机构依职权办理不动产登记呢？这就涉及对不动产登记之法律性质的理解。由于我国的不动产登记由作为行政机关的登记机构负责办理，因此在我国的理论界和实务界，一种较为流行的观点认为，不动产登记在性质上应属公法上的行政行为，并据此认为登记机构作出的登记行为具有行政行为之公定力、确定力和约束力，非经法定程序，不得予以变更或者撤销。〔3〕笔者认为，尽管不动产登记过程因有登记机构的介入而使其具有天然的公法性，但不动产登记之形式拘束力却并非源自行政行为的公定力、确定力和约束力，而是民法关于不动产登记之特别规定的结果，原因在于，行政行为之公定力、确定力和约束力仅要求行政行为的撤销须经法定程序，而并不否定行政机关可以撤销自己作出的具体行政行为，但不动产登记簿之形式拘束力则要求登记机构不得依职权更正确有错误的不动产登记，远非行政行为之公定力、确定力和约束力所能涵盖。因此，在笔者看来，民法之所以要特别规定不动产登记簿之形式

〔1〕［德］M. 沃尔夫：《物权法》，吴越、李大雪译，法律出版社2004年版，第197页以下。
〔2〕［德］鲍尔、施蒂尔纳：《德国物权法》，张双根译，法律出版社2004年版，第372页。
〔3〕王达：《对不动产登记的行政法思考》，载《行政法学研究》2007年第2期。

拘束力,不允许登记机构依职权更正确有错误的不动产登记簿,不是因为不动产登记是由登记机构作出的具体行政行为,具有行政行为的一般效力,而是因为不动产登记在本质上属于私法上的行为〔1〕,因而登记机构的活动空间受到极大的限制:从不动产登记的功能看,根据物权法的规定,不动产登记是不动产物权的公示方式,其目的在于将不动产物权及其变动公之于众,以维护交易的安全;从不动产登记的效力看,不动产登记所具有的权利移转效力、权利推定效力和善意取得效力,均为物权法的直接规定,并非产生于公权力的运用;从引起物权发生变动的原因看,不动产物权变动虽以登记为生效要件,但物权变动的发生系当事人意思自治的结果,并非登记机构之具体行政行为所产生的效力。〔2〕 正是因为不动产登记在本质上是私法上的行为,因此登记机构办理不动产登记,必须依当事人处分原则(Dispositionsmaxime)和当事人进行原则(Verhandlungsmaxime)进行〔3〕,原则上不能依职权办理不动产登记,否则就可能导致公权力通过不动产登记对私权利进行干预。也就是说,即使在发生登记错误的情况下,登记机构原则上也不得依职权更正登记,而必须让当事人通过民法所规定的不动产登记簿之更正制度使登记簿恢复到正确的状态。〔4〕

---

〔1〕 关于不动产登记的法律性质,存在较为激烈的争议,有人认为不动产登记是公法行为,参见王达编著:《房屋所有权、抵押权登记行政诉讼理论与实务》,知识产权出版社2006年,第2页以下;杨伟东:《不动产登记的公法思考》,载戴少刚、屠凯主编:《清华法律评论》(第一卷第一辑),清华大学出版社2006年,第56—57页。也有人认为不动产登记是私法行为,参见王洪亮:《不动产物权登记立法研究》,载《法律科学》2002年第2期。还有人认为不动产登记兼属公法行为和私法行为,参见王利明:《物权法研究(修订版)》(上卷),中国人民大学出版社2007年版,第305页;朱岩、高圣平、陈鑫:《中国物权法评注》,北京大学出版社2007年版,第119页。

〔2〕 有人错误的认为,不动产登记的目的是实现国家对不动产交易的干预;不动产登记所具有的效力,是作为公法行为的行政行为所具有的公信力、确定力、执行力的表现;《物权法》第9条关于不动产登记的强制性规定,体现了国家公权力的运用。参见王达:《对不动产登记的行政法思考》,载《行政法学研究》2007年第2期;王克稳:《我国不动产登记中的行政法问题》,载《法学》2008年第1期。限于文章篇幅,笔者在此不拟对其一一进行批判。

〔3〕 [德]鲍尔、施蒂尔纳:《德国物权法》,张双根译,法律出版社2004年版,第324页。

〔4〕 [德]鲍尔、施蒂尔纳:《德国物权法》,张双根译,法律出版社2004年版,第326页。

当然也应看到,正是因为不动产登记之公信力不但可能给权利人带来巨大的风险,而且也可能导致登记机构承担赔偿责任,因此法律应提供相应的机制防止这一问题的发生,以德国民法为例,根据《德国土地登记簿法》第 53 条的规定,存在以下两种例外情形时,登记机构可突破不动产登记之形式拘束力,依职权直接办理不动产登记[1]。

其一,对于法律不允许登记的内容,登记机构可以依职权予以注销(Amtslöchung)。由于内容为法律所不允许的登记,不得享有公信力的保护,因此登记机构在发现不允许登记的内容时,可依职权予以注销,例如租赁权之登记、未注明权利人之抵押权登记、所登记之地上权未置于第一顺位等。

其二,在因登记机构违反法律的规定办理登记,导致登记簿出现不正确时,登记机构可以依职权办理异议登记(Amtswiderspruch),以防止第三人善意取得。其条件是:(1)原登记时土地登记局"在违反法律情形下办理的";(2)因该登记而使登记簿变得不正确,且不正确状态目前仍存在。

此外,还应看到,不动产登记簿之形式拘束力亦有其边界,例如在德国法上,当登记事项不涉及登记簿之公信力时,该登记对土地登记局无约束力,例如,在权利人之姓名、身份、土地的经营种类被误写时,土地登记局可自行更正。[2]

### (二)"有限控告"制度及其理论基础

不动产登记簿的形式拘束力与行政行为之公定力、确定力和约束力的不同还表现为:对于登记机构作出的登记决定,即使当事人对之不服,亦不得请求其他机关予以撤销。以德国的不动产登记为例,即使对登记机构的登记行为不服,也不得向上一级法院提出抗告,此即所谓"有限控告"(beschränkte Beschwerde)制度[3]。根据《德国土地登记簿法》的规

---

〔1〕［德］鲍尔、施蒂尔纳:《德国物权法》,张双根译,法律出版社 2004 年版,第 326 页以下。

〔2〕［德］鲍尔、施蒂尔纳:《德国物权法》,张双根译,法律出版社 2004 年版,第 328 页。

〔3〕Vgl. Weirich, Grundstückrecht, 2. Aufl. ,S. 175.

定，不动产登记由设立在区法院（Amtsgericht）的土地登记局负责办理，登记机构在对当事人提交的登记材料进行审查后，可能作出以下三种决定：办理登记；拒绝登记；暂缓登记。其中，暂缓登记，是指登记申请存在微小瑕疵，如果立即拒绝其登记申请，会导致不公平的结果，因而法律允许登记机构作出暂缓登记的决定，要求申请人在规定期限内排除该瑕疵，否则即可作出拒绝登记的决定〔1〕。根据《德国土地登记簿法》第71条的规定，对于登记机构作出拒绝登记的决定（既包括登记机构一开始即作出拒绝登记决定，也包括虽然一开始作出的是暂缓登记的决定，但最终还是拒绝办理登记之情形），登记申请人可以向上一级法院（Landgericht）提起抗告（Beschwerde），并在上一级法院作出驳回的判决时，还可以继续向更上一级法院（Oberlandesgericht）提起抗告（weitere Beschwerde）；但是，《德国土地登记簿法》不允许对登记机构作出的登记决定提起抗告。也就是说，如果登记机构经审查作出的是办理登记的决定，则对此决定，无论是权利人，还是利害关系人，均不得向上一级法院提起抗告〔2〕。

何以法律要限制当事人提起控告的权利，不允许当事人就登记机构作出的登记决定提起控告呢？对此，德国学者们普遍认为，其基本思想在于：对于一项登记，如果允许上级法院进行审查，则不动产登记就会因上一级法院的不同判决而处于极度的不稳定状态，进而严重损害到不动产登记的公信力。〔3〕 就我国而言，这一制度的价值在于：如果法律已经赋予不动产登记以公信力，则对于登记机构作出的登记决定，即使当事人不服，也不应允许当事人提起行政复议或者行政诉讼。

关于我国民法是否承认不动产登记之公信力，尚无定论，这涉及对

---

〔1〕 参见［德］鲍尔、施蒂尔纳：《德国物权法》，张双根译，法律出版社2004年版，第332页。

〔2〕《德国土地登记簿法》第71条规定：（1）针对土地登记局的决定，可以以抗告作为法律救济手段；（2）不允许针对登记提出抗告。但在抗告过程中，可以请求命令土地登记局根据该法第53条的规定办理异议登记或者注销登记。

〔3〕 参见［德］鲍尔、施蒂尔纳：《德国物权法》，张双根译，法律出版社2004年版，第280页。

《民法典》第 216 条的理解。从该条的表述看,似乎该条规定的只是不动产登记的推定力,但笔者认为,既然《民法典》第 311 条已经确立不动产适用善意取得制度,因此应将《民法典》第 216 条理解为关于不动产登记之公信力的一般规定,而将《民法典》第 311 条理解为关于不动产登记之公信力的具体规定。既然我国民法已经赋予不动产登记以公信力,而从法律上赋予不动产登记之形式拘束力,又是不动产登记之公信力的必然要求和应有之义,因此笔者认为,我国物权法也应确立不动产登记之形式拘束力,不动产登记一旦完成,不但登记机构不得依职权擅自更改,而且当事人不得对登记机构的登记决定提起行政复议或者行政诉讼,否则,与登记权利人进行交易的第三人将无所适从,其权益也不能最终得到实现,例如甲将登记在其名义之下的房屋抵押给丙银行以向其申请贷款,丙银行根据不动产登记簿的记载,与甲订立了抵押合同,并办理了抵押登记,但事后乙提出异议,认为登记机构给甲办理所有权登记不合法,或者登记机构办理抵押登记不合法,如果允许法院对登记机构的登记行为进行审查,或者允许登记机构在发现登记错误后自行更改登记,则乙银行是否能够取得抵押权就将变得极为不确定,从而严重影响到其交易安全的实现。

由此可见,只要法律赋予不动产登记以公信力,就不能不赋予不动产登记以形式拘束力。就此而言,虽然我国物权法没有明确规定不动产登记之形式拘束力,但从物权法已经赋予不动产登记以公信力的角度来看,自应承认不动产登记之形式拘束力,否则不动产登记之公信力必将无法得以实现,此为其一;其二,不动产登记之公信力并非来自登记机构之登记行为的公定力、确定力和约束力,因而不动产登记簿之形式拘束力也并非根据登记机构之行政行为的公定力、确定力和约束力而自动产生,因为行政行为之公定力、确定力和约束力并不禁止当事人就该行政行为提起行政复议或者提起诉讼,但根据不动产登记之形式拘束力,不仅登记机构不得依职权办理更正登记,而且当事人不得对登记机构已经作出的登记决定提起行政复议或者行政诉讼,远远超过行政行为之公定力所能涵盖的范围。[1]

## 二、不动产登记簿的形式拘束力与更正登记

法律赋予不动产登记以公信力，旨在保护善意受让人的交易安全，虽然在法伦理上具有正当性，但是也给真正权利人带来巨大的风险，因为一旦登记名义人将标的物处分给善意受让人，则真正权利人就有丧失权利的危险。为使真正权利人的风险降低到最小，法律必须一方面从制度上确保不动产登记尽可能做到正确，努力将不动产登记簿发生错误的概率控制在可以接受的范围，另一方面也必须提供纠错机制和预防机制，一旦发生登记错误，真正权利人可以使不正确的登记能够得到更正，且在登记簿得到更正之前，防止他人善意取得标的物。然而，如果法律赋予不动产登记簿以形式拘束力，不但登记机构不得依职权办理更正登记，当事人也不能通过行政复议或者行政诉讼撤销登记机构的登记决定，那么真正权利人如何才能使错误的登记得以消除呢？

在德国法上，由于登记机构作出的登记决定具有形式拘束力，当事人不得以登记机构的登记行为不合法为由要求登记机构撤销登记决定，也不能通过控告请求上一级法院撤销登记机构作出的登记决定，因此法律特设不动产登记簿之更正登记制度，以保护真正权利人的合法权益。如前所述，登记机构办理不动产登记必须以在登记簿中登记的权利被涉及者的登记同意为条件，这同样适用于登记机构办理登记更正。为此，《德国民法典》第 894 条赋予真正权利人一项实体法上的登记更正请求权（Berichtigungsanspruch），以请求登记名义人作出为办理登记更正所需的登记同意。[2]

所谓更正登记请求权，是指在不动产登记簿发生错误时，真正权利

---

〔1〕 有人错误地认为，不动产登记之所以具有公信力，是因为登记机构作出的行政行为具有公定力。参见王达：《对不动产登记的行政法思考》，载《行政法学研究》2007 年第 2 期；王克稳：《我国不动产登记中的行政法问题》，载《法学》2008 年第 1 期。限于文章篇幅，笔者在此不拟对这一观点进行更加详细的批判。

〔2〕 参见［德］鲍尔、施蒂尔纳：《德国物权法》，张双根译，法律出版社 2004 年版，第 373 页。

人请求登记名义人作出更正登记的书面同意，以使登记机构消除错误，从而恢复不动产登记簿之正确状态的权利。《德国民法典》之所以要从实体上赋予真正权利人一项更正登记请求权，是因为在立法者看来，登记错误构成对物权的一种特殊“妨害”，根据民法关于物权请求权的规定，权利人自应有权排除之。也就是说，登记错误构成《德国民法典》第1004条所规定的排除妨害请求权的行使条件[1]。因此，从权利性质上看，更正登记请求权应理解为不动产物权的一种特殊权能，即物权性的请求权，只要出现不动产登记簿的记载出现错误，权利人即可通过行使该项请求权，使不动产登记簿恢复到如实反映物权之真实归属和内容的状态；从权利主体上看，更正登记请求权的权利人是该不动产的真正权利人，而义务人则是被错误登记在不动产登记簿上的登记名义人或其他权利被涉及者；从权利的行使看，由于更正登记请求权是不动产物权的一项特殊权能，因此既不适用诉讼时效的规定，也不能与物权相分离而单独转让；从构成要件上看，更正登记请求权的成立必须以不动产登记簿确实有错误为条件，且当事人须证明自己就是真正的权利人。[2]

我国《民法典》亦规定了不动产登记簿的更正，但从《民法典》第220条第1款的表述来看，似乎没有明确赋予真正权利人以更正请求权，因为这一条款的第1句不仅将申请人的范围扩大至“利益关系人”，而且申请的对象似乎指向的是“登记机构”，而非登记权利人。这是否意味着我国民法没有承认真正权利人的更正登记请求权呢？笔者以为，不能作如此简单的理解，理由如下。其一，《民法典》规定基于法律行为的物权变动以登记为要件（第209条），且已赋予不动产登记簿以公信力（第216条和第311条），因而承认真正权利人的更正登记请求权就是整个物权法的必然要求，否则权利人就会面临失去权利的巨大风险。其二，尽管《民法典》并无更正登记请求权的明文规定，但《民法典》第236条规定“妨害物权或者可能妨害物权的，权利人可以请求排除妨害或者消除危险”，此即关于排除妨害请求权和消除危险请求权的规定，既然登记

---

[1] Vgl. Wieling, Sachenrecht, 4. Aufl., S286.

[2] Vgl. Wieling, a. a. O., S286ff.; Weirich, a. a. O., S. 183.

错误构成对不动产权利人的一种现实“妨害”，自然应认为权利人享有排除妨害的权利。也就是说，《民法典》第 236 条规定的排除妨害请求权亦应适用于登记错误的场合。其三，先从我国《民法典》第 220 条第 1 款的规定看，其与上述《德国民法典》第 894 条的规定在功能上具有相似性，故亦应作相同解释；再从《民法典》第 220 条第 1 句和第 2 句的关系来看，第 1 句仅仅是为第 2 句交代背景，其本身并不构成请求权的基础，因此这一条款的重心不是第 1 句，而是第 2 句，旨在规定何种情形下登记机构应当办理更正登记，而非否定真正权利人的更正登记请求权。

综上所述，尽管我国物权法并无关于更正登记请求权的具体规定，但并无意味我国物权法不承认更正登记请求权，事实上，通过对现有物权法规范进行解释，我国物权法不仅已经确立权利人的不动产登记簿之更正登记请求权，而且指出了更正登记请求权的行使方式，即真正权利人有权请求登记名义人作出书面更正同意。问题是，如果“不动产登记簿记载的权利人”不同意作出“书面同意更正”，权利人如何才能办理不动产登记簿之更正呢？一般来说，“不动产登记簿记载的权利人”不同意作出“书面同意更正”，有两种具体情形：第一种情形是，当事人之间并无权属争议，即双方均认可申请人为真正权利人，因而登记簿确实存在错误，但当真正权利人向“不动产登记簿记载的权利人”行使更正登记请求权时，“不动产登记簿记载的权利人”不予配合；第二种情形是，当事人之间存在权属争议，因而申请人认为不动产登记簿存在错误，但“不动产登记簿记载的权利人”则认为登记簿的记载没有错误，故不同意作出“书面同意更正”。在德国，对于第一种情形，权利人可以根据德国民事诉讼法的规定，申请法院通过判决强制已登记在登记簿的权利被涉及者作出更正同意，以使登记机构办理更正登记，且更正费用由权利被涉及者承担〔1〕；对于第二种情形，如果申请人取得具有确权效力的法律文书，则即可直接申请登记机构办理更正登记，而不再需要权利被涉及者作出更正同意，因为一旦土地登记簿的不正确已由公文书形式的材

〔1〕 Vgl. Wieling, a. a. O., S. 287.

料所证实,则要求权利被涉及者再作出更正同意,就纯属多余[1]。

我国《民法典》第220条第1款亦将"有证据证明登记确有错误"作为登记机构应当办理更正登记的情形,显然与德国的民法理论一脉相承。也就是说,在真正权利人向登记名义人行使更正登记请求权而无效果时,如果真正权利人能够证明不动产登记簿确有错误,则无须登记名义人作出"书面同意更正",登记机构即可根据真正权利人的申请,直接办理更正登记。但我国物权法的这一规定却极易引起误解,因为物权法不但没有规定如何判断"有证据证明登记确有错误",而且没有规定由谁判断是否构成"有证据证明登记确有错误"。笔者认为,所谓"有证据证明登记确有错误",就是有证据证明登记簿记载的权利人并非真正权利人,因而涉及当事人之间的权属确认;而由谁来决定"有证据证明登记确有错误",则涉及权属确认的程序选择问题,是目前我国司法实践中最为头痛的问题之一。

## 三、更正登记与不动产登记错误的界定

《民法典》第220条第1款规定:"权利人、利害关系人认为不动产登记簿记载的事项错误的,可以申请更正登记。不动产登记簿记载的权利人书面同意更正或者有证据证明登记确有错误的,登记机构应当予以更正。"可见,更正登记的办理以不动产登记存在错误为前提。问题是,何谓不动产登记错误?对此,理论界有不同的观点:第一种观点认为,所谓不动产登记错误是指不动产登记簿与登记的原始文件不一致;第二种观点认为,不动产登记错误既包括不动产登记簿的记载与登记的原始文件不一致,也包括与真实的物权状态不一致;第三种观点认为,不动产登记错误是指经过法院或者仲裁机构的判决与裁定认定登记确有错误。[2]笔者认为,不动产登记在性质上属不动产物权的公示方式,因此所谓不动产登记错误,自应指公示状态与实际权属不一致的情形,即不动产登

[1] 参见[德]鲍尔、施蒂尔纳:《德国物权法》,张双根译,法律出版社2004年版,第373页。

[2] 王利明:《物权法研究(修订版)》(上卷),中国人民大学出版社2007年版,第344页。

记簿的记载未能准确反映实际的权属关系，例如一项真实的权利没有登记或者没有完整地登记，或者被不法地注销；又如一项登记的权利事实上不存在或者不复存在。[1] 不动产登记簿的记载与登记的原始文件不一致并不当然引起不动产登记簿的记载与实际权属不一致，故不能作为认定不动产登记错误的标准。法院或者仲裁机构判决或者裁定登记确有错误，系登记错误的认定程序，而非登记错误的认定标准。[2] 考虑到不动产登记错误的概念关涉更正登记制度的适用范围，而实践中对于不动产登记错误的概念又多存误解，笔者认为，要全面把握不动产登记错误，还必须从以下几个方面对这一概念进行界定。

其一，不动产登记错误仅指与不动产权属有关的法律状况记载错误，不包括关于不动产事实状况的记载错误。不动产登记簿既是记载有关不动产之标示（即自然状况）的文件，也是记载有关不动产之物权状况（即法律状况）的文件。[3] 根据不动产登记簿记载事项的不同，不动产登记错误有广义和狭义之分：广义的不动产登记错误既包括不动产登记簿关于事实状况记载的错误（如误将地理位置在甲市的房屋写成在乙市），也包括不动产登记簿关于法律状况记载的错误（如误将本属张三的房屋写成属李四所有）；狭义的不动产登记错误，则仅指不动产登记簿关于法律状况的记载错误。[4] 从比较法的角度看，区分广义和狭义上不动产登记错误的意义在于：由于不动产登记簿关于不动产之事实状况的记载与不动产权属无关，因此在发生错误的情况下，既可以由登记机构依职权办理更正登记，也可以由权利人申请登记机构在核实后办理更正登记；对于狭义的不动产登记错误，即不动产登记簿关于不动产之法

---

〔1〕 参见［德］M. 沃尔夫：《物权法》，吴越、李大雪译，法律出版社 2004 年版，第 230 页。

〔2〕 由于不动产登记错误的认定以对不动产权属进行确认为前提，而仲裁机构是否能够对不动产权属进行确认，似应作否定回答，因此仲裁裁决是否能够认定不动产登记错误，殊值怀疑。关于仲裁裁决与司法确权的关系，可参见吴光荣：《物权诉讼：原理与实务》，人民法院出版社 2009 年版，第 119 页以下。

〔3〕 程啸：《不动产登记簿之研究》，载《清华法学》2007 年第 4 期。

〔4〕 也有人将不动产登记簿关于事实状态的记载错误称为事实错误，而将不动产登记簿关于法律状态的记载错误称为权利错误，参见常鹏翱：《物权法典型判例研究》，人民法院出版社 2007 年版，第 399 页。

律状况的记载出现错误,由于涉及不动产权属关系,因此法律必须严格限制登记机构依职权办理更正登记,原则上仅允许登记机构依据权利人的申请办理更正登记,否则就可能导致登记机构不当侵害权利人的合法权益。

其二,不动产登记错误仅指登记与权属不一致,非指不动产权属关系存在错误。虽然狭义上的不动产登记错误涉及不动产登记簿关于不动产权属和内容的记载,但它并不是指不动产权属关系本身存在错误,而仅仅意味着不动产权属关系没有被正确地公示出来,因为不动产登记在法律性质上仅仅是不动产物权的公示方式,而非不动产物权本身。〔1〕由于不动产权属关系应依据法律关于不动产物权变动的规定进行认定,而在现行法的框架下,不动产登记作为不动产物权变动的公示方式,其在不动产物权变动中的地位和作用因不动产变动的原因不同而有所不同,因此,并非所有的不动产物权变动都必须通过不动产登记簿体现出来,且体现在不动产登记簿上的物权变动也并非都是有效的物权变动。在此背景下,即使登记机构在办理不动产登记的过程中不存在任何程序瑕疵,不动产登记与不动产权属之间发生不一致的情形也不能完全避免。就此而言,不动产登记并非是对不动产权属的确认,我们既不能将不动产登记误认为不动产物权本身,也不能将不动产登记错误理解为登记机构对不动产权属关系认定错误。

其三,不动产登记错误仅指从结果上看登记状态与实际权属不一致的情形,非指登记机构及其工作人员在办理不动产登记过程中存在程序瑕疵。根据《民法典》第212条的规定,登记机构对于当事人提交的登记申请材料有审查的义务,并在审查核实的基础上办理不动产登记。在此过程中,登记机构及其工作人员因工作疏忽即可能导致登记出现错误。例如登记机构在办理房屋的初始登记时,因一时疏忽,误将本属张三的101号房屋登记在李四名下,而将本属李四所有的102号房屋登记在张三的名下。值得注意的是,《民法典》上的不动产登记错误虽然可因登记机构及其工作人员的疏忽而发生,但不动产登记是否存在错误是从结

〔1〕 参见姚辉:《不动产登记机构的赔偿责任》,载《法学》2009年第5期。

果上看登记状态是否反映实际权属关系,而不是从程序上判断登记机构是否违反程序或者是否尽到审查义务。也就是说,不动产登记错误并不是对登记机构或者登记行为的否定性评价,而是一个描述性概念,即凡是不动产登记簿的记载不能正确反映实际的物权关系,即构成不动产登记错误。从引起不动产登记发生错误的原因来看,登记机构的工作失误也只是可能引起不动产登记错误的原因之一,除此之外,还存在其他原因,例如法律制度本身就可能造成不动产登记出现错误,因为大量不动产物权变动可能没有体现在不动产登记簿之中,且体现于不动产登记簿的物权变动也并非都是有效的物权变动。[1] 因此,在实践中,有时登记机构虽然违反了程序或者未尽到审查义务,但登记状态仍然能够正确反映实际权属关系,此时就不能认为登记存在错误;有时登记机构在程序上并无瑕疵,也尽到了审查的义务,但登记状态仍然不能正确反映实际权属关系,此时也应认定登记存在错误。

## 四、更正登记请求权及其在实体法上的价值

前文谈到,尽管不动产登记在性质上只是不动产物权的公示方式,并非不动产物权本身,但《民法典》却赋予不动产登记以强大的法律效力,即权利移转效力、权利推定效力和善意保护效力。由于不动产登记具有上述法律效力,因此一旦发生登记错误,权利人行使权利将就可能受到妨碍,甚至有发生权利灭失的危险。例如张三的房屋被登记在李四的名下,则不仅张三处分该房屋的权利将面临法律上的障碍(如无法办理过户手续),而且在发生权属争议时,其民事证据上的优势也丧失殆尽;更为重要的是,一旦李四将房屋转让给善意的第三人,则张三的所有权将面临丧失的危险。可见,对不正确的不动产登记进行更正以及正确登记土地的法律状况,对权利人来说具有重要的意义。[2]

《民法典》第 236 条规定:“妨害物权或者可能妨害物权的,权利人

---

〔1〕 参见[德]鲍尔、施蒂尔纳:《德国物权法》,张双根译,法律出版社 2004 年版,第 361 页以下。

〔2〕 参见[德]M. 沃尔夫:《物权法》,吴越、李大雪译,法律出版社 2004 年版,第 230 页。

可以请求排除妨害或者消除危险。”学理上将此种权利人请求排除妨碍或者消除危险的权利与《民法典》第235条规定的权利人请求返还原物的权利统称为物权请求权。《民法典》之所以规定上述物权性的请求权,是因为物权虽为支配权,但权利人对标的物的支配圆满状态可能因标的物被他人无权占有而遭到破坏,也可能因他人的行为受到妨害或者有妨害的危险。可见,物权请求权旨在恢复权利人对标的物的支配圆满状态,这与物权的效力通常表现为对标的物的支配不同,因此在性质上属物权的消极权能。[1] 由于不动产登记错误可能给权利人行使权利带来妨害并可能导致权利灭失,亦构成对权利人对标的物之支配圆满状态的破坏,因此权利人自可行使物权请求权,从而消除登记错误,使登记恢复到与实际权属相一致的正常状态。理论上将此种权利人可以请求消除登记错误并使不动产登记簿恢复到正确状态的请求权称为更正登记请求权。[2] 由此可见,更正登记请求权在性质上是物权请求权制度在不动产领域中的具体运用。也就是说,《民法典》第220条关于权利人和利害关系人可以请求更正登记的规定是《民法典》第235条的特别规范,虽然在因不动产登记错误而妨害不动产物权行使的情形下,应优先适用《民法典》第220条的规定,但与此同时,物权请求权所具有的法律特征,亦应为更正登记请求权所具有,例如该请求权原则上不应适用诉讼时效的规定。[3]

此外,由于《民法典》第220条第1款规定的更正登记请求权在性质上属物权性的请求权,因此享有更正登记请求权的权利主体,只能是不动产的真正权利人。[4] 就此而言,与物权请求权的行使相同,当事人只有证明其是该不动产的权利人,才有权行使更正登记请求权,申请登记机构办理更正登记。显然,如果真正权利人和登记名义人对于不动产物权关系以及不动产登记簿存在错误都没有争议,则登记机构自可直接根据真正权利人的申请办理更正登记。问题是,如何才能判断真正权利人

---

〔1〕 参见崔建远:《物权法》(第二版),中国人民大学出版社2009年版,第109页。

〔2〕 [德]鲍尔、施蒂尔纳:《德国物权法》,张双根译,法律出版社2004年版,第373页。

〔3〕 参见[德]M. 沃尔夫:《物权法》,吴越、李大雪译,法律出版社2004年版,第233页。

〔4〕 参见[德]M. 沃尔夫:《物权法》,吴越、李大雪译,法律出版社2004年版,第231页。

与登记名义人之间是否就权属关系存在争议呢？对此，《民法典》第 220 条第 1 款规定“不动产登记簿记载的权利人书面同意更正”时，登记机构应当办理更正登记。可见，在立法者看来，既然登记名义人愿意作出“书面同意更正”，就推定登记名义人亦承认登记存在错误，自己不是真正的权利人，否则登记名义人就不会出具“书面同意更正”的文件。也就是说，在发生不动产登记错误的情况下，如果真正权利人与登记名义人没有权属争议，则真正权利人在实体法上享有一种请求登记名义人作出程序上“书面同意更正”之意思表示的权利，而登记名义人也负有作出上述程序上意思表示的义务。正因为如此，有学者感叹道：“这是一种有趣的法律现象，即自权利受妨害中，产生出一项旨在要求作出程序上意思表示，也就是更正同意表示的请求权；而该‘妨害’，又恰恰仅能以这种方式，才能被‘排除’。”〔1〕

由于更正登记请求权须以当事人之间没有权属争议为前提，因此在当事人之间存在权属争议时，即无法辨别当事人是否享有更正登记请求权。在此情形下，《德国民法典》规定“在登记簿之不正确”以特定方式“被证明时”，则不需要有更正登记之同意表示，登记机构亦应办理更正登记。〔2〕这被称为“根据官方文件进行的更正”，因为它要求登记错误的事实已通过官方文件得到证明。〔3〕可见，如果当事人之间存在权属争议，就应先解决权属争议，以确定登记名义人是否为真正权利人，即不动产登记簿究竟是否存在错误，否则，就可能导致本来是正确的不动产登记簿被改错，反而给真正权利人行使权利带来妨碍或者产生造成权利灭失的风险。也正因为如此，我国《民法典》第 220 条第 1 款亦规定，在登记名义人不出具“书面同意更正”时，就只能在“有证据证明登记确有错误”时，登记机构才应根据权利人的申请办理更正登记。由于不动产登记的状态是确定的，所谓“有证据证明登记确有错误”，自然是指权属确认的结果表明不动产登记没有反映真实的物权关系。就此而言，在当

---

〔1〕［德］鲍尔、施蒂尔纳：《德国物权法》，张双根译，法律出版社 2004 年版，第 373 页。

〔2〕参见［德］鲍尔、施蒂尔纳：《德国物权法》，张双根译，法律出版社 2004 年版，第 373 页。

〔3〕参见［德］M. 沃尔夫：《物权法》，吴越、李大雪译，法律出版社 2004 年版，第 233 页。

事人之间存在权属争议的情形下，申请更正登记的权利人须先进行确权。只有取得确权文书，才能证明不动产登记簿的记载存在错误，权利人也才能申请登记机构办理更正登记。

总之，更正登记请求权是法律赋予真正权利人实体法上请求登记名义人作出程序上“书面更正同意”之意思表示的权利，是物权请求权在不动产领域的特殊表现。值得注意的是，《民法典》第220条第1款虽然规定“权利人”和“利害关系人”可以申请办理更正登记，但并不能据此认为任何情形下的“权利人”或者“利害关系人”均享有更正登记请求权，更不意味着“权利人”和“利害关系人”只能通过行使更正登记请求权才能更正不动产登记簿。根据前述分析，在登记发生错误的情形下，如果当事人之间就权属关系没有争议，自然只有真正的“权利人”才享有更正登记请求权，且登记的“权利人”有义务作出程序上“书面更正同意”的意思表示；如果当事人之间就权属关系存在争议，则“利害关系人”在证明不动产登记簿确有错误的情形下，亦可请求登记机构办理更正登记，而无须再获得“登记权利人”的“书面更正同意”。

## 五、更正登记与不动产权属确认的程序选择

从《民法典》第220条关于登记权利人作出书面更正登记同意，登记机构即应办理更正登记的规定来看，我国的不动产登记采取的显然是形式审查，而非实质审查，因为登记机构并不审查不动产的实际归属，而是仅凭登记权利人的书面更正登记同意，即推定登记簿存在错误。既然登记机构在办理登记时并不对当事人之间的实体法律关系进行实质审查，因此，登记机构办理不动产登记的行为自然不能理解为行政确权，登记机构也不能理解为确权机关；既然登记机构不是确权机关，那么认定不动产登记簿是否确有错误就并非登记机构的职责范围。也就是说，在权利人申请登记机构办理更正登记时，如果登记名义人不愿出具同意更正登记的书面文件，则利害关系人只能先通过司法程序进行确权，再凭借确权文书申请登记机构办理更正登记，而不能直接请求登记机构在确认不动产登记簿确有错误的基础上办理更正登记。明确这一点，对于我们分析并解决不动产权属确认的程序选择问题，亦显得尤为重要。

前文谈到，在我国的司法实践中，长期以来存在一类与不动产权属确认有关的民事与行政交叉案件：一方当事人持登记机构颁发的产权证提起民事诉讼，请求确认其为不动产的权利人，但在诉讼期间，另一方当事人则主张登记机构的登记发证行为不合法，请求登记机构撤销其作出的登记发证行为，若登记机构不予撤销，则以登记机构为被告提起行政诉讼，请求法院撤销该登记机构已经作出的登记发证行为。虽然当事人提起民事诉讼或者提起行政诉讼的目的均是确认不动产的权属，但由于两种诉讼在审理对象、诉讼程序以及法律依据等方面均存在不同，便可能出现民事判决与行政判决相互冲突或者矛盾的问题，进而导致当事人拿着生效的行政判决去否定已生效的民事判决，或者拿着生效的民事判决去否定已生效的行政判决。如此循环诉讼，既浪费了司法资源，也不利于对当事人合法权益进行保护。[1] 关于此类民事与行政交叉案件的处理，理论界提出了各种解决方案，最高人民法院也在不断探索解决之道，但问题至今未能从根本上得到解决。[2] 笔者认为，之所以在不动产权属确认案件中发生民事争议与行政争议相互交织的情形，就是因为理论界和实务界一直将不动产登记理解为一种具体行政行为，进而将对不动产登记错误的救济纳入行政复议和行政诉讼的范围。这显然没有深刻理解更正登记制度的程序意义，因为《民法典》确立更正登记制度的目的，就是要将对不动产登记错误的救济排除在行政复议和行政诉讼之外，从而防止行政与民事交叉案件的发生。也就是说，在发生登记错误的情形下，当事人自应通过更正登记使不动产登记簿的记载恢复到正确的状态，而不能就登记机构的不动产登记行为提起行政复议或者行政诉讼。之所以如此，是因为登记机构的不动产登记行为不是一种行政确权

---

〔1〕 以著名的“河南焦作房地产纠纷案”为例，虽然该案历经四级法院近20年的审理，由此产生的法律文书也多达数十份，但当事人的争议却始终无法得到解决。关于该案的审理情况，参见王光辉：《一个案件 八份判决——从一个案例看行政诉讼与民事诉讼的交叉与协调》，载《中外法学》1998年第2期；王贵松主编：《行政与民事交织的难题——焦作房产纠纷案的反思与展开》，法律出版社2005年版。

〔2〕 参见吴光荣：《论行政争议与民事争议相互交织的解决路径——评〈行政诉讼法修正案（草案）〉第63条第1款》，载《政治与法律》2014年第5期。

行为,甚至不是一种具体行政行为,而是一种非讼程序行为。

非讼程序是与诉讼程序相对应民事程序,是用来处理非民事争议事件(即非讼事件)所适用的程序。非讼程序是大陆法系19世纪初法典化运动中产生的概念。在法典化运动中,《德国民法典》的起草者基于民法典体系性的考虑,发现处理以权利或者事实形成或确证为主体的非讼事件的程序很难规定于民法典,其中与物权法实施相伴的不动产登记程序就是典型一例,于是决定将处理这些非讼事件的程序集合规定于一部法典之中,由此形成了《德国1898年非讼事件程序法》。其立法模式是先抽象出处理各个非讼事件的共通规则作为总则,再将处理各个非讼事件的特有规则或者作为分则规定于非讼程序法典,或者以单行法的形式另行规定。日本也采用了相同的立法模式。〔1〕 我国大陆地区的民事程序立法没有采用非讼程序的概念,若干发挥类似功能的程序也被规定于《民事诉讼法》(如《民事诉讼法》规定的特别程序即被大多学者认为本质上是非讼程序),不仅造成我国大陆地区的欠缺对非讼程序的一般性规定,而且使得非讼程序依附于诉讼程序,功能过分单一。其结果是:一方面,我国民商事立法主要是在借鉴德、日等大陆法系国家立法的基础上逐步形成的,在实体法律关系及权利义务设定上与他们相似;另一方面,这些国家或者地区作为非讼事件处理的事件类型在我国却作为诉讼事件处理。〔2〕

既然不动产登记行为一种非讼程序行为,那么,对不动产登记错误的救济也应适用非讼程序法的一般规则和专门的不动产登记规则,而不能适用专门审查具体行政行为的法律,包括行政复议法和行政诉讼法。以德国的不动产登记为例,虽然不动产登记由法院负责办理,但《德国土地登记簿法》明确规定登记机构的登记决定具有形式拘束力。此种形式拘束力具有两层含义:其一,登记机构应受到登记决定的拘束,即使发现不动产登记簿存在错误,凡是涉及权属的登记事项,原则上不能依职权进行更正(也就是说,登记机构原则上仅能依职权更正不涉及权属的事

〔1〕 参见郝振江:《论非讼程序的功能》,载《中外法学》2011年第4期。

〔2〕 参见郝振江:《论非讼程序在我国的重构》,载《法学家》2011年第4期。

实错误)；其二，受登记决定影响的当事人仅有权对登记机构作出的不予登记决定向上一级法院提起抗告，而不得对登记机构作出的登记决定向上一级法院提出抗告，而只能通过《德国民法典》规定的更正登记制度来消除不动产登记簿的错误。[1] 可见，德国法对不动产登记错误的救济完全不同于对司法裁判错误的救济。我国的不动产登记虽然是由作为行政机关的登记机构负责办理，但对登记错误的救济，《民法典》既已明确规定了更正登记制度，自不能再适用对具体行政行为进行审查和救济的制度。

如前所述，根据《民法典》关于更正登记制度的规定，登记机构办理更正登记的前提要么是登记名义人书面同意更正登记，要么是有证据证明登记确有错误。前者适用于当事人没有权属争议的场合，后者适用于当事人存在权属争议的场合。基于前述对登记错误的界定，在当事人就权属发生争议时，只有先进行确权，才能判断登记是否存在错误。就此而言，《民法典》关于更正登记的规定已经表明，如果登记名义人不愿出具更正登记的书面文件，利害关系人就只能先通过民事诉讼请求人民法院确认权属，再申请登记机构办理更正登记，而不能就登记行为提起行政复议或者行政诉讼。同时，《民法典》规定登记机构只能在"有证据证明登记确有错误"时办理更正登记，也就意味着当事人不得以登记机构在办理登记的过程中存在程序违法为由请求登记机构办理更正登记，因为如前所述，登记机构存在程序违法并不必然导致登记出现错误，二者是两码事。当然，即使登记机构在办理登记的过程中存在程序瑕疵，且该程序瑕疵也导致了不动产登记未能正确反映权属关系，根据《民法典》关于更正登记的规定，当事人也只能在确权的基础上通过更正登记对登记错误进行救济，而不能就登记行为提起行政复议或者行政诉讼；至于权利人因登记机构程序违法导致登记错误而遭受的损失，则可根据《民法典》的规定请求登记机构予以赔偿。

总之，《民法典》关于更正登记的规定对于正确认识不动产登记的法律性质以及有效避免因不动产权属确认引起的行政诉讼与民事诉讼

---

〔1〕 参见吴光荣：《论不动产登记簿的形式拘束力》，载《清华法学》2009年第5期。

相互交织等问题极其重要的意义。对此,理论界与实务界均不可不察。需要指出的是,我国的民事立法长期以来不重视配套制度建设,以致不动产登记法至今付之阙如。本书的写作虽然着眼于未来不动产登记立法科学化,但笔者的结论对于当前的司法实践,亦并非没有意义。例如,对于当前已经存在的当事人就不动产登记行为提起行政诉讼的问题,笔者的建议是:即使人民法院经审理发现登记机构的登记程序存在瑕疵,也只能判决认定登记机构作出的登记发证行为违法,而不能在行政判决中直接撤销登记机构已经作出的登记发证行为,因为对不动产登记错误的救济,必须通过《民法典》规定的更正登记制度来实现,否则,不仅会背离《民法典》规定更正登记制度的目的,而且必将使得一些不动产权属争议的解决在程序上陷入无穷无尽的困境。就此而言,当事人就不动产登记行为提起行政诉讼的唯一意义在于,如果不动产登记的错误确是登记机构的原因造成,则权利人因登记错误而造成的损失,可以请求登记机构予以赔偿。

## 六、从异议登记看更正登记制度的程序价值

在第十八讲中我们谈到,异议登记是当事人为击破不动产登记的公信力而采取的法律手段。就此而言,至少法律关于异议登记的规定与国家对不动产的管理之间是没有关系,更不能认为是一种具体行政行为。如果此论成立,不仅国务院以行政法规的方式规定异议登记的程序规则值得商榷,原国土资源部以行政规章的方式规定当事人申请异议登记的条件更是值得检讨。

更为重要的是,正是因为登记机构办理更正登记须以当事人之间没有权属争议(登记权利人书面同意更正)或者有权属争议但已通过民事诉讼解决(有证据证明登记确有错误)为前提,为了防止登记权利人在登记机构作出更正登记前处分标的物,《民法典》第220条第2款中规定“不动产登记簿记载的权利人不同意更正的,利害关系人可以申请异议登记”。从《民法典》关于异议登记的这一规定,我们也可以看出更正登记制度的程序价值,即立法者实际上已经明确排除当事人就不动产登记机构的登记行为提起行政复议或者行政诉讼的可能性:在不动产登记簿

记载的权利人不同意更正(有权属争议)时,当事人只能申请办理异议登记,而不能就登记机构的登记发证行为提起行政复议或者行政诉讼。就此而言,法律规定之所以在规定更正登记制度后马上规定异议登记制度,无非是考虑到不动产登记错误的纠正需要通过更正登记制度,而在有权属争议的情况下,登记机构办理更正登记又需要以确权为前提,这就必须解决如何防止登记权利人在确权期间处分该不动产的问题。此外,值得注意的是,《民法典》规定当事人在异议登记后15日内必须提起诉讼,否则异议登记失效,这里的"提起诉讼",自应理解为提起民事诉讼,而非行政诉讼,否则就会与《行政诉讼法》的相关规定发生冲突。[1]

当然,从实践中确实存在登记机构拒绝办理异议登记的情况来看,赋予申请人就登记机构拒绝办理异议登记的行为提起诉讼的权利有必要的。这也印证了笔者在前文中的观点:不动产登记簿的形式拘束力仅仅禁止登记机构依职权办理更正登记或者当事人就登记机构的登记行为提起行政复议或者行政诉讼,但并不排除当事人就登记机构拒绝办理登记的行为提起诉讼。至于此种诉讼是民事诉讼还是行政诉讼,确实值得反思。笔者认为,从法理上讲,考虑到不动产登记行为是一种非讼民事程序行为,登记机构是否应当办理登记,自应根据不动产登记法等非讼民事程序法律进行审查,故应界定为民事诉讼为宜。不过,在当前形势下,既然理论界和实务界均将不动产登记行为理解为行政行为,那么,在禁止当事人通过行政诉讼撤证的前提下,允许人民法院通过行政诉讼对登记机构拒绝办理更正登记或者异议登记的行为进行司法监督,也未尝不是权宜之计。唯一值得担忧的是,各级人民法院的法官是否已做好充分准备?

为什么要发出如此的担忧呢?还记得笔者在前面第十八讲谈到异议登记与不动产善意取得制度时,曾讲过一个真实的故事。笔者讲这个故事,并不全是为了诠释异议登记制度的功能和价值。笔者想表达的还

[1] 《民法典物权编解释(一)》第3条规定:"异议登记因民法典第二百二十条第二款规定的事由失效后,当事人提起民事诉讼,请求确认物权归属的,应当依法受理。异议登记失效不影响人民法院对案件的实体审理。"

有,对于一项法律制度,当事人有当事人的理解、不动产登记机构有不动产登记机构的理解、律师有律师的看法、学者有学者的观点,如果案子到了法院,则法官也可能有自己的意见。到底哪种意见是正确的呢?当然,要回答这个问题很难。我们暂且不说哪种意见是正确的,但有一点是确定无疑的,那就是对社会影响最大的,可能还是法官的意见,因为无论是当事人,还是不动产登记机构、律师、学者,都不能决定个案裁判的结果。就此而言,法官负有正确诠释法律并确保法律得到正确实施的重大责任。笔者之所以从一个故事开始讲起,也无非是想表达:在法律的实施过程中,当事人对法律的理解可以错、登记机构可以错、律师可以错、学者也可以错,但只要法官的理解正确,就可以保障法律得到正确实施,而如果是法官对法律的理解错了,则法律就无法获得有效实施。从这一意义上讲,法官应当"懂法"。这也是法官之所以为"法"官,法官之所以应获优待的原因。

在很多人看来,法律是规则,就应该是一是一、二是二,很清楚。但实际上,法律所确立的规则是通过语言文字来进行表述的,因而必然存在理解问题。如果大家对法律的理解有分歧,怎么办?当然是要以法官的意见为准。试想,在前面描述的故事中,为什么登记机构在办理异议登记时有顾虑?就是因为它担心被登记权利人起诉到法院而法院判决登记机构承担责任。因此,如果法官不问青红皂白地判决登记机构承担赔偿责任,必然导致登记机构无所适从。相反,如果登记机构对异议登记制度作出了错误的理解,进而在当事人可以申请办理异议登记时拒绝办理,而法官却对此麻木不仁,也必将导致法律规定的异议登记制度被架空。可见,登记机构对法律的理解首先取决于法官对法律的理解。只有法官对法律理解正确,登记机构才能正确依法办事;如果法官对法律理解不正确,登记机构也就不会依法办事。"只有法官才能诠释法律是什么。"这句话首先表明对法律的理解可能存在分歧,其次表明对法律的理解发生分歧时,应以法官的理解为准。放到当前的语境中,不难看出,虽然《民法典》第220条规定了异议登记制度,但不同的人对该制度的理解可能不同,从而得出的结论也可能不同。尤其应该看到,国土资源部制定的《不动产登记暂行条例实施细则》不仅明确规定了申请人申请异议登记所需提交的材料，而且规定“异议登记失效后，申请人就同一事项以同一理由再次申请异议登记的，不动产登记机构不予受理”（第 83 条第 3 款）。显然，该规定并无上位法依据，且根据《立法法》的规定，此种严重影响当事人实体权利的规定自应由全国人大及其常委会以法律的形式作出。依笔者个人之见，从实体上看，这一规定也严重违反异议登记制度的立法目的：如果登记机构据此拒绝办理异议登记，将可能严重损害到当事人的实体权利。例如当事人在申请办理异议登记的 15 日后才提起诉讼，异议登记已经失效，但诉讼中，为防止登记权利人处分不动产，他又想申请异议登记，而根据上述规定，登记机构就不予受理了。问题是，万一在诉讼中登记权利人将不动产处分了，造成申请人的损失，由谁来承担赔偿责任？登记机构能否以“依法”“行政”为由主张不承担赔偿责任？我国虽然没有“违宪”审查制度，法官自然无权宣告某一法律文件因违反《宪法》或者上位法而无效，但当下位法没有上位法的依据，且与上位法的立法目的相违背时，法官自应根据《立法法》的规定，不适用下位法。就此而言，法官依据手里掌握的法律解释权，也可以发挥保障法律正确实施的作用。正是因为对法律的理解可能出现分歧，而法官对法律的理解则关涉法律的正确实施，因此，古往今来，法官地位之崇高，待遇之优厚，自无须多言。

法官地位崇高并应获优待，除了因法官有法律解释权而决定着法律是否能正确实施，还因为对法律作出正确理解实属不易。一个在民法中并不怎么起眼的异议登记制度尚且可以带来如此多的问题和争论，更遑论其他重要的制度，如无权处分、善意取得等。在实践中，对于大量案件的处理，法官不仅要熟悉实体法，还要掌握好程序法。对于每一个法律条文，都应该放到整个法律体系中去理解。所谓“法网恢恢，疏而不漏”，从理论上讲，在特定法秩序下，每个法律问题都对应着“法网”上的唯一坐标。也就是说，所有法律问题都应该有且只有一个唯一正确的答案。法官如果找不到这个唯一正确的答案，就要反思自己对法律的解释是否正确。

笔者曾经在接受某报社的访谈时提出,每个法官都应该是一个法学家。[1] 对此,很多人表示质疑,认为对法官的要求太高。但细细想想,如果不高要求,法官如何对法律作出正确的解释?如果不高要求,如何获得崇高地位?如果不高要求,如何获得优厚待遇?难道仅仅因为你是法官,你有解释法律的权力?显然不是。法治需要法官对法律进行解释,更需要法官对法律作出正确的解释。还是前文讲的那句话,对法律的理解,当事人可以错、行政机关可以错、律师可以错、学者可以错,但法官不能错。因为一旦法官错误了,就会影响法律的正确实施。法官获得优待,是以其能够对法律作出正确的解释为条件的。如果没有这个能力,自然无法成为一名合格的法官,也就不能可能获得崇高的地位和优厚的待遇。长期以来,很多人认为只要法官行得正、站得稳、有良心,就可以把案子办好。殊不知,对正义的追求从来就是一个极为复杂的过程。个中辛酸,只有细细品味,才能知晓,旁观者自是难以体会。

[1] 吴光荣:《每个法官都应该是法学家》,载《民主与法制时报》2014 年 10 月 19 日。

# 第二十六讲

# 不动产登记机构的审查义务与赔偿责任

## 一、程序和实体的不动产登记法

尽管登记机构的登记发证行为并非行政确权,当事人之间的权属争议也不能通过行政诉讼来解决,但是,这并不意味登记机构在不动产登记过程中无须承担任何义务和责任。如前所述,登记机构代表国家介入不动产登记,必须依照法律的规定履行职责,否则就要承担相应的法律责任。关于登记机构的职责,主要是通过不动产登记程序法予以规范的。

在德国法上,《德国不动产登记簿法》又被称为"程序的不动产登记法"(formelles Grundbuchrecht),而《德国民法典》中关于不动产登记的规定则被称为"实体的不动产登记法"(materielles Grundbuchrecht)〔1〕,这是因为《德国民法典》规定的是关于实体的不动产登记规则,而《德国不动产登记簿法》规定的是关于程序的不动产登记规则。〔2〕尽管实体的不动产登记法和程序的不动产登记法分别规定在不同的法律中,但二者之间不仅相互关联,而且相互交织。根据《德国民法典》第873条的规

---

〔1〕 Vgl. Baur/Stürner, Sachenrecht, 17. Aufl., S. 144; Wieling, Sachenrecht, 5. Aufl., S. 267ff.;也有学者将《德国民法典》规定的实体性规则称为"实体的不动产物权法"(materielle Grundstücksrecht),而将《德国不动产登记簿法》中关于程序性的规则称为"程序的不动产物权法"(formelle Grundstücksrecht),参见Schwab/Prütting, Sachenrecht, 32. Aufl., S53ff. 1; Wolf, Sachenrecht, 23. Aufl., S. 193。

〔2〕 当然,情况也不尽然如此,在《德国民法典》中,我们也能看到关于不动产登记的程序规则,例如《德国民法典》第1115条关于抵押权登记应记载事项的规定,就是程序性的规则,而在《德国不动产登记簿法》中,同样也能看到少许关于不动产登记的实体规则,例如《德国土地登记簿法》第3条第1款第2句关于土地登记簿页被视为民法典意义上的土地登记簿的规定,就是关于不动产登记的实体性规则。

定,基于法律行为发生的不动产物权变动,须以当事人达成物权合意(Einigung)、让与人有处分权(Verfügungsbefugten)以及办理登记(Eintragung)为要件。[1] 在这里,办理登记既是一项程序性的要求,又是实体法上物权变动的生效要件,因而将程序的不动产登记法和实体的不动产登记法联系起来,反映了立法者的超强的智慧:不是将不动产登记作为物权行为单纯宣示性的后果构成要件,而是将登记纳入物权行为本身之中,因此法律在此无须实施任何强制性手段、刑罚或者其他手段,即可以达到不动产登记簿可以通过极高的概率来反映真实的权利关系的目的。[2]

虽然实体的不动产登记法和程序的不动产登记法以各种方式交织在一起,但不应忽视程序的不动产登记法所具有的明显的独立性。也就是说,《德国不动产登记簿法》所规定的登记程序具有自己独立的要件,而并不必然以实体法上不动产物权变动的要件为前提,因而相较于实体法上的不动产登记规则,它在有些地方可能更加严格,而在有些地方则显得更加宽松,例如德国法对于实体的不动产物权变动坚持以形式自由为原则,但对于程序的不动产登记法,考虑到登记材料的真实性对于实现不动产登记簿的正确性具有极其重要的意义,因而采取严格的形式主义,要求就登记材料采取认证或者公证的形式。[3] 以办理抵押权登记为例,一方面,虽然实体法规定抵押权的设定以当事人达成抵押合意为条件,但并未提出形式的要求,当事人采取书面或者口头的形式均无不可,但在办理抵押权登记时,根据《德国不动产登记簿法》第 19 条和第 29 条的规定,申请人只有具备经过认证的所有权人的登记同意才能办理抵押权登记;另一方面,我们又可以看到,从事登记的司法官在对登记材料进行审查时,也仅限于对申请人提交的登记同意进行审查,而不管当事人之间是否确实在实体上达成抵押合意。

---

〔1〕 Vgl. Wolf, Sachenrecht, 23. Aufl., S. 193.

〔2〕 Baur/Stürner, a. a. O., S. 145.

〔3〕 认证(öffentliche Beglaubigung)仅证明签名的真实性,而公证(öffentliche Beurkundung)还涉及登记材料之内容的真实性。对于登记材料,德国法原则上要求采取公证的形式,仅在法律有明确规定时,才能采取认证的形式。参见《德国土地登记簿法》第 29 条的规定。

不难看出,程序的不动产登记法所具有的独立性可能导致登记簿的记载与真实的权利归属不相一致,因为申请人可能具备程序上的登记条件,但在实体层面却可能尚不满足不动产物权变动的构成要件。如此一来,如何设计不动产登记的程序规则,以最大限度防止登记与权属不一致情形的出现,就显得格外重要;此外,如何规范登记机构在办理登记过程中的审查义务,也显得相当重要。从德国的经验看,严格的不动产登记程序,是保证登记状态与实际权属相一致的重要条件,也是法律赋予不动产登记具有权利推定效力和公信力的前提。但在我国目前,"重实体、轻程序"的观念在物权法中显得格外严重。尽管我国《民法典》明确规定"国家对不动产实行统一登记制度。统一登记的范围、登记机构和登记办法,由法律、行政法规规定",但是直到今天,国家尚未制定不动产登记法,科学的不动产登记规则也并未全面建立起来,这与《民法典》的要求相差还很远,从而也给实践带来诸多困难。因此,明确实体和程序的不动产登记法之间的关系,建立符合我国国情的不动产登记程序规则,既是正确实施《民法典》的保证,也是维护当事人合法权益的必然要求,应将成为我国立法机关的一项重要使命。

## 二、不动产登记程序的基本规则

根据前述实体和程序的不动产登记法之间的关系,为尽可能实现登记状态与真实权利相一致,必须构建一套精细的关于不动产登记的程序规则。德国不动产登记程序的规则可以用三个基本原则进行描述:申请原则、登记同意原则以及在先登记原则。[1]

所谓申请原则(Antragsgrundsatz),是指不动产登记以当事人申请为原则,只有在例外情况下,登记机构才能根据国家机关的嘱托或者法律的规定依职权办理不动产登记。也就是说,登记机构的登记活动通常只能根据当事人的申请而启动,而不能径行依职权发动。之所以坚持申请原则,是为了确保当事人在不动产登记程序中的处分原则(Dispositionsmaxime)得以实现,因为登记虽然不是物权本身,但却具有极为强大

〔1〕 Vgl. Wolf, a. a. O., S. 199ff.

的法律效力，对当事人的利益影响至巨，因而原则上应由其自己掌控，仅在特殊情形下，才允许非经当事人申请办理登记。[1] 这种特殊情况，在德国法上主要包括：(1)依国家机关的嘱托办理登记，此时官方的嘱托取代当事人的申请；(2)法律规定的特殊情形，具体包括：第一，在一项申请尚未处理完毕前，就同一权利又有另一项申请时，为有利于先提出申请者，登记机构可以依职权办理预告登记或者异议登记，并在先提出申请者遭到拒绝登记后，依职权办理涂销登记(《德国不动产登记簿法》第 18 条)；第二，在申请被拒绝而提起的上诉程序中，为预防申请者的利益不受损害，在作出裁判之前，上诉法院可以发布一个暂时命令，要求登记机构办理一个预告登记或者异议登记，并在当事人撤回上诉或者上诉法院作出驳回上诉的裁决后，由登记机构依职权涂销该项预告登记或者异议登记(《德国不动产登记簿法》第 76 条)；第三，登记机构违反法律规定办理登记，导致登记簿出现错误时，登记机构应依职权办理异议登记，或者在证明登记的内容不法时，登记机构依职权办理涂销登记，对此，当事人也可以在对登记进行上诉的期间要求上诉法院发布上述命令(《德国不动产登记簿法》第 53 条和第 71 条)；第四，在因继承等原因导致登记簿出现错误时，可以强制要求权利人申请办理更正登记，并在不能执行强制更正登记时，登记机构可以依职权办理更正登记(《德国不动产登记簿法》第 82 条以下)。

所谓登记同意原则(Bewilligungsgrundsatz)，是指登记机构办理登记须以权利被涉及者的同意为条件，此即所谓程序上的合意原则(formelle Konsensprinzip)。如前所述，根据《德国民法典》第 873 条的规定，实体法上的不动产物权变动须以物权合意的达成为条件，但登记机构在办理不动产登记时，原则上不审查当事人是否达成实体法上的物权合意，而仅审查作为程序合意原则的登记同意是否存在，这是因为立法者认为，通常情形下，只有双方已经达成实体法上的物权合意，才可能作出登记同

---

〔1〕 德国学者普遍认为，申请原则具有限制登记机构活动范围的功能，即登记机构不得从事申请之外的其他登记行为。参见 Böhringer, Rpfleger, 1988, S. 389ff。

意的意思表示。[1] 因此区分登记同意与实体法上的物权合意意义在于区分不动产登记的程序规则和实体规则，前者由《德国不动产登记簿法》规定，后者则由《德国民法典》规定。当然，现实生活中，实体法上的物权合意也可以同时包含不动产登记簿法上的登记同意，不过此时需要符合《德国不动产登记簿法》关于登记同意的形式要件（以公证或者认证的形式），并包含针对登记机构的意思。[2] 此外，德国的不动产登记以程序上的登记同意为原则，但在不动产所有权的让与以及地上权设定的场合，仅有登记同意还不充分。根据《德国不动产登记簿法》第 20 条的规定，在土地所有权让与的场合，还需申请人提交让与合意（Auflassung）；在设定地上权的场合，也需申请人提交设立地上权的合意。此外，在法律规定的特殊情形下，登记机构无须登记同意即可办理登记，例如《德国不动产登记簿法》第 22 条规定，通过公证文书证明不动产登记簿为错误时，不经登记同意即可办理更正登记。[3]

所谓在先登记原则（Voreintragungsgrundsatz），是指作出上述登记同意的权利被涉及者已经作为权利人被登记在不动产登记簿。其意义在于：不仅要使最终的登记结果能够反映真实的权利关系，而且要将土地登记簿变化的所有阶段描述出来。[4] 与登记同意原则相同，尽管实体法上的不动产物权变动以让与人享有处分权为要件，但登记机构原则上不审查让与人是否享有处分权，而是从程序法上审查表示登记同意的人是否已经登记在不动产登记簿上，以此代替对让与人处分权的审查，这是因为在立法者看来，登记簿的权利推定效力，登记机构也可以援用。此外，在以下三种情形下，登记机构办理登记无须恪守在先登记原则。(1)继承事实发生后，办理更正登记前，继承人处分不动产的情形。此时，尽管被继承人仍被登记为权利人，但继承人办理更正登记再转让不

---

〔1〕 Vgl. Weirich, Grundstückrecht, 2. Aufl., S117ff.

〔2〕 登记同意根据其内容可能以权利变动为目的（Änderungsbewilligung），也可能以不动产登记簿之更正为目的（Berichtigsbewilligung），还可能是以注销登记为目的（Löschungsbewilligung）。

〔3〕 Vgl. Westermann/Gursky/Eickmann, Westermann Sachenrecht, 7. Aufl., 564.

〔4〕 Vgl. BGHZ, 16, 101; RGZ, 133, 279, 283.

动产仅具形式意义，因此法律规定可以无须履行中间登记的过程。(2)在证书担保物权让与的场合，由于证书的交付加上债权让与的意思表示以认证的方式达成时，即可使受让人取得抵押权，并可产生对抗登记机构的效力，因此在原抵押权的受让人申请登记机构办理抵押权登记时，登记机构不得以欠缺在先已登记为由拒绝。(3)在连锁式土地所有权转让过程中，无须恪守在先登记原则，因为在此过程中的所有中间登记仅仅具有形式意义，例如 A 将土地所有权让与 B，双方已经达成土地所有权让与合意，但尚未完成登记过程，此时 B 又将土地所有权让与 C，双方亦已达成土地所与权让与合意，如果 C 申请办理登记，登记机构不得以欠缺在先登记为由拒绝之。[1]

## 三、不动产登记机构的审查方式

从上述德国法关于不动产登记程序基本规则的规定，不难看出德国法在关于不动产登记机构的审查方式上，坚持的是以形式审查(formelle Prüfung)为原则的审查方式，而实现这一审查方式的手段，就是上述两个“替代事项”(Surrogaten)：通过登记同意原则，以对当事人程序上合意的审查替代对实体上物权合意的审查；通过在先登记原则，以对在先登记的审查替代对让与人是否享有处分权的审查。德国法之所以采取这种做法，是因为要求登记机构对作为物权变动条件的物权合意和处分权都进行实质审查，不仅是对登记机构的苛求，而且是一项耗时费力的事情，而通过对替代事项的审查来开展不动产登记工作，亦存在充分的合理性：如前所述，前者的基础是，只有在实体上对权利让与也已表示同意的人，才会同意他人作为权利人登记在登记簿上；后者的基础则是，登记机构亦可根据《德国民法典》第 891 条所规定的权利推定效力，推定在先登记人就是真正的权利人，从而享有处分权。

在我国，不少人士对不动产登记之法律性质多存误解，也与学界对我国民法所采取的审查方式存在分歧直接相关。例如有人认为，由于我国民法关于不动产登记没有采取形式审查主义，而是采取实质审查主

---

〔1〕 Vgl. Baur/Stürner, a. a. O. , S. 169ff.

义,因此不动产登记行为在性质上应认定为行政确权行为。[1] 情况果真如此吗? 事实上,在《物权法》的制定过程中,关于登记机构的审查方式,是应当采取实质审查主义,还是应采取形式审查主义,学界曾发生较为激励的争议,通过后的《物权法》并没有正面回答这一问题,而仅于该法第 12 条规定:“登记机构应当履行以下职责:(一)查验申请人提供的权属证明和其他必要材料;(二)就有关登记事项询问申请人;(三)如实、及时登记有关事项;(四)法律、行政法规规定的其他职责。申请登记的不动产的有关情况需要进一步证明的,登记机构可以要求申请人补充材料,必要时可以实地查看。”对此规定,理论界和实务界又有不同的意见:一种意见是,《物权法》确立的审查方式是形式审查主义;另一种意见是,《物权法》确立的审查方式是实质审查主义;还有一种意见是,《物权法》确立的是以形式审查为主,以实质审查为辅的审查方式。[2]

笔者以为,在讨论物权法所采取的审查方式之前,首先要搞清究竟何谓实质审查、何谓形式审查,否则就会导致讨论失去意义。关于如何界定实质审查和形式审查,目前学界似乎尚未达成一致见解,例如有人以登记机构是否审查申请人所提交的材料的真实性作为标准,来判断是实质审查还是形式审查,认为如果登记机构必须审查登记材料的真实性,就是实质审查,而如果登记机构无须审查材料的真实性,就是形式审查[3];还有人以登记机构审查的范围是否及于原因行为作为标准来判断是实质审查还是形式审查,如果认为登记机构审查的范围包括原因行为(如买卖合同),则登记机构的审查是实质审查,否则就是形式审查。[4] 对此,笔者以为,只有将审查方式与实体确权联系在一起讨论,才能进行有意义的讨论,即如果登记机构从实体上对权利归属进行认定,就是实质审查;而如果登记机构不从实体上对权利归属进行认定,就

---

〔1〕 参见王达:《对不动产登记的行政法思考》,载《行政法学研究》2007 年第 2 期。

〔2〕 参见王利明:《物权法研究(修订版)》(上卷),中国人民大学出版社 2007 年版,第 333 页以下。

〔3〕 朱岩:《形式审查抑或实质审查——论不动产登记机关的审查义务》,载《法学杂志》2006 年第 6 期。

〔4〕 参见江必新、梁凤云:《物权法中的若干行政法问题》,载《中国法学》2007 年第 3 期。

应理解为形式审查。问题是,什么才是从实体上对权属关系进行认定呢?显然,仅仅审查登记材料的真实性,并不足以实现从实体上对权属关系进行认定,因此所谓实质审查,是指不但要求登记机构对登记材料的真实性进行审查,而且要对登记材料的合法性进行审查,在因交易关系发生物权变动时,不仅要对当事人交易关系的客观性进行审查,而且要对交易关系的有效性进行审查。因此,在我国民法不采物权行为无因性的大前提下,如果采取实质审查主义,那么登记机构的审查范围就不仅包括对登记材料本身的真实性和合法性进行审查,而且包括对物权行为以及引起物权发生变动的原因行为的有效性进行审查。如果从这种意义上理解实质审查的话,那么无论是从应然的角度看,还是从实然的角度看,我国物权法都没有采取全面的实质审查主义。

从应然的角度看,全面的实质审查主义不具有可行性,理由如下:其一,全面的实质审查会导致不动产登记的周期过长,从而使得不动产登记效率低下,不利于不动产交易的发展;其二,全面的实质审查会给登记机构带来过分繁重的审查义务,不仅对登记人员的素质要求过高(可能会要求登记人员通过司法考试才能办理登记业务),也为登记机构带来巨大的赔偿风险,不利于不动产登记业务的开展;其三,全面的实质审查赋予登记机构对当事人交易行为进行审查的职权过于强大,严重影响到当事人交易行为的开展,不利于当事人之间私法自治的实现。〔1〕

从实然的角度看,物权法也没有采取全面的实质审查原则,理由是:原《物权法》第12条第1款仅规定登记机构负有查验登记材料的义务,并没有规定对原因行为和物权行为之有效性进行审查。也就是说,虽然我国物权法要求登记机构查验登记材料,但既没有要求登记机构对登记材料的合法性进行审查,也没有要求登记机构对于原因行为(如买卖合同)和物权行为的效力进行认定。在参与《物权法》起草工作的学者看来,对于合法性的审查,是人民法院的职责,而非登记机构的职责。〔2〕

---

〔1〕 关于实质审查的不可行性,还可参见朱岩:《形式审查抑或实质审查——论不动产登记机关的审查义务》,载《法学杂志》2006年第6期。

〔2〕 参见王利明:《物权法研究(修订版)》(上卷),中国人民大学出版社2007年版,第335页。

既然登记机构对于登记材料乃至原因行为的合法性不负有审查的义务，自然不能从实体上保证物权变动的有效性，因此不能认为《物权法》采取的是实质审查主义，只能认为是形式审查主义。

然而，由于原《物权法》第12条第2款规定"申请登记的不动产的有关情况需要进一步证明的，登记机构可以要求申请人补充材料，必要时可以实地查看"，因此不少学者据此认为我国《物权法》是以形式审查为主，以实质审查为辅。[1] 笔者认为，这一观点虽然不无道理，但没有把问题说透，因为何谓"主"？何谓"辅"？是不是在多数场合采取的是形式审查，在少数场合采取的是实质审查？不甚明了。笔者以为，根据《物权法》第12条第2款的规定，我国对于登记机构的审查方式，是在形式主义的基础上，增加了些许实质审查的因素，其目的在于尽可能保证登记的正确，但并未改变形式审查主义这一审查方式。理由是：其一，《物权法》仅规定登记机构可以要求申请人补充材料，必要时可以实地查看，但并未要求登记机构必须审查申请材料的合法性以及交易行为的有效性；其二，对于何时要求申请人补充材料、何时实地查看，《物权法》没有规定，主动权掌握在登记机构手里，以房屋权属登记为例，尽管当时的《房屋登记办法》第19条规定"办理下列房屋登记，房屋登记机构应当实地查看：（一）房屋所有权初始登记；（二）在建工程抵押权登记；（三）因房屋灭失导致的房屋所有权注销登记；（四）法律、法规规定的应当实地查看的其他房屋登记。房屋登记机构实地查看时，申请人应当予以配合"，但除此之外的其他房屋登记，则没有强制要求登记机构进行实地查看，自然无法彻底保证登记的正确性；其三，即使在申请人补充材料或者登记机构进行实地查看后，能否从实体上彻底保证登记的正确，仍然值得怀疑，例如实地查看只能说明标的物在客观上存在与否，至于实体上的权利归属，则并非通过实地查看能够发现，因此实地查看充其量只能避免一些低级的登记错误，但仍然不能保证登记状态与实际权属必然一致。

值得注意的是，国务院制定的《不动产登记暂行条例》第19条规定：

---

〔1〕 参见王利明：《物权法研究（修订版）》（上卷），中国人民大学出版社2007年版，第334页。

"属于下列情形之一的,不动产登记机构可以对申请登记的不动产进行实地查看:(一)房屋等建筑物、构筑物所有权首次登记;(二)在建建筑物抵押权登记;(三)因不动产灭失导致的注销登记;(四)不动产登记机构认为需要实地查看的其他情形。对可能存在权属争议,或者可能涉及他人利害关系的登记申请,不动产登记机构可以向申请人、利害关系人或者有关单位进行调查。不动产登记机构进行实地查看或者调查时,申请人、被调查人应当予以配合。"可见,较之《房屋登记办法》,《不动产登记暂行条例》增加了"对可能存在权属争议,或者可能涉及他人利害关系的登记申请,不动产登记机构可以向申请人、利害关系人或者有关单位进行调查"的规定。这一规定是否意味着登记机构的审查是实质审查呢?笔者认为,由于登记机构不是确权机构,即使存在权属争议,也无职权予以解决,因此,所谓"调查",充其量也是为了避免不动产登记簿发生低级错误而已。此外,自然资源部制定的《不动产登记暂行条例实施细则》第16条进一步明确了实地查看的内容:"不动产登记机构进行实地查看,重点查看下列情况:(一)房屋等建筑物、构筑物所有权首次登记,查看房屋坐落及其建造完成等情况;(二)在建建筑物抵押权登记,查看抵押的在建建筑物坐落及其建造等情况;(三)因不动产灭失导致的注销登记,查看不动产灭失等情况。"这也进一步印证了笔者的上述判断,即实地查验的目的并非确定权属,而是避免不动产登记簿出现低级错误,例如误将客观上根本不存在的房屋登记为已经客观存在。

由于《民法典》第212条系继受原《物权法》第12条的结果,因此对于登记机构的审查方式,也应作相同的理解。

## 四、不动产登记机构的审查范围

与登记机构的审查方式相联系但又相区别的是登记机构的审查范围,前者主要解决是否对实体法上的法律关系进行审查,而后者主要解决登记机构的审查是否及于作为原因行为的债权行为。德国法将登记机构的审查范围控制在对物权合意以及处分权的审查上,而不涉及对作为原因行为的债权行为,这与德国民法通说坚持物权行为无因性理论有关。一般认为,德国民法采纳物权行为无因性的一个重要原因是1872

年以前的普鲁士法关于不动产登记采取全面的实质审查主义，造成登记官吏为避免承担赔偿责任而无限度地扩大审查的范围，登记机构不仅审查双方的登记申请，而且要审查双方的交易关系，甚至对与交易不相干的一些私人事项也要进行审查，从而严重侵害到市民社会中的私人生活关系，为改变全面的实质审查主义所带来的弊端，民法理论遂将物权行为与债权行为之间的联系切断，使登记机构的审查范围严格限制在物权行为。〔1〕但是，物权行为无因性只是限制了登记机构的审查范围，使之无须对原因行为进行审查，却并不意味着不坚持物权行为无因性，登记机构的审查方式就是实质审查。〔2〕以瑞士民法为例，一方面，基于法律行为的所有权移转必须以一个实体上有效且采取正确形式达成的原因行为作为基础，如果原因行为无效，则将造成不动产登记原则上在当事人之间不发生效力；另一方面，虽然登记机构的审查义务扩张至原因行为，但由于瑞士民法要求原因行为采取公证的形式，因此登记机构的审查义务也仅仅局限于对原因行为进行形式上的审查。〔3〕

由此可见，德国法一方面通过物权行为无因性将登记机构的审查范围控制在对物权行为进行审查，另一方面又通过前述“替代机制”将登记机构的审查方式确定为形式审查。这样一来，虽然切断了原因行为对物权变动的影响，从而使登记状态与实际权属的一致性不会因原因行为的效力而受到影响，但是由于形式审查不审查实体法上的物权合意和让与人的处分权，就会带来登记状态与实际权属不一致的危险，因为当事人可能虽然已经满足程序法上登记的要件（登记同意和在先登记），但并不满足实体法上不动产物权变动的要件（物权合意和处分权）。为尽

---

〔1〕 Vgl. Stadler, Gestaltungsfreiheit und verkehrsschutz durch Abstraktion, S. 531ff.

〔2〕 我国学者似乎没有区分登记机构的审查方式和审查范围，以为德国法之所以采纳物权行为无因性理论，仅仅是因为实质审查主义的弊端过于严重。参见梁慧星、陈华彬：《物权法》，法律出版社1997年版，第74页以下。笔者以为，1872年以前普鲁士在不动产登记问题上采全面的实质审查主义，即在审查范围上包括对原因行为的审查，在审查方式上又采取实质审查方式，物权行为无因性的意义仅在于在审查范围上使登记机构仅限于物权行为，而不包括原因行为，再通过形式审查方式将登记机构的审查局限于登记材料。

〔3〕 Honsell/Vogt/Geiser [Hrsg.] /Hermann Laim, Schweizerrisches Zivilgesetzbuch Ⅱ, § 656, S. 1032.

可能降低形式审查所可能带来的风险,德国法在坚持以形式审查作为原则的同时,也采取有限的实质审查(eingeschränkte materielle Prüfungspflicht)作为补充,主要表现在以下三个方面:

其一,如前所述,在让与土地所有权以及设定地上权的场合,仅有登记同意和在先登记,还不能满足登记的条件,除此之外,尚需要申请人提交当事人已经达成物权合意的证明,因此登记机构的审查义务还应扩张到对该物权合意进行审查。但值得注意的是,登记机构的审查义务仅仅及于物权合意的存在,并不及于物权合意的效力,即申请人仅需提交证明物权合意存在的证据,而无须提交证明物权合意有效的证据。〔1〕

其二,在登记机构明知物权行为无效时,登记机构应拒绝办理登记。其理由是:对于马上就要出现的登记簿错误,登记机构不应推波助澜。但值得注意的是,登记机构不必且不得自行审查无效之原因,其审查义务仅限于对法律行为的不正确有充分证据的情形,尤其是在拒绝登记申请时,对该不正确的依据,必须达到确信的程度。〔2〕

其三,在当事人将原因行为作为物权行为的前提时,如果原因行为明显违反法律,登记机构应拒绝办理登记。与上述登记机构对物权行为无效的审查相同,登记机构的审查义务仅限于原因行为明显违反法律时。对此,具有借鉴意义的是瑞士民法。尽管瑞士民法对原因行为的审查亦以形式审查为原则,但登记机构的审查义务应扩大到原因行为的明显瑕疵,如原因行为证书明显无效的情形;此外,还须审查潜在取得人的权利能力、所有权人以及标的物是否具有流通性和可处分性,在代理的情况下,应审查为所有权人进行处分的委托代理权或者法定代理权是否存在。〔3〕

但值得注意的是,在德国法上,虽然采取的是形式审查方式,但对于土地所有权的移转和地上权的设定,除应得到权利人的同意外,登记申

---

〔1〕 相对于程序合意原则,有人将申请人须提交物权合意称之为"实体合意原则"(materielles Konsensprinzip),对此,德国学者 Weirich 指出,这种称呼其实是一个误导,因为登记机构不会也不能对物权合意的有效性进行审查,而只是从形式上审查当事人是否达成物权合意。参见 Weirich,a. a. O. ,S. 145。

〔2〕 Baur/Stürner,a. a. O. ,S. 174.

〔3〕 Honsell/Vogt/Geiser[Hrsg. ]/Hermann Laim,a. a. O. ,S. 1033.

请者还需要向登记机构提供实体法上的物权合意(Auflassung)。这主要是因为上述两项物权变动对当事人的利益影响至巨,为尽可能实现登记状态正确反映权属关系,而特别提出的要求。问题是,在上述两种情形下,登记申请者须向登记机构提交实体法上的物权合意,是否意味着登记机构必须进行实质审查呢?笔者认为,不能做这样的理解。德国民法之所以要求登记申请者提交物权合意,并非要求登记机构对物权合意的合法性和有效性进行审查,而是为确保实体法上物权合意已经达成。也就是说,登记机构原则上仅仅审查物权合意在客观上是否已经达成,而不必审查物权合意是否合法、有效。〔1〕 当然,对于明显导致物权合意无效的情形,德国判例亦认为登记机构也有审查的义务,如果登记机构因过错违反此种义务而造成权利受到损害,也应承担相应的赔偿责任。从这一意义上说,《德国土地登记簿法》在上述情形下采取了极为有限的实质审查主义。〔2〕 但考虑到德国法上物权合意的达成必须作成公证文书,公证人事实上已经对物权合意的达成及其效力进行了一定程度的审查,因此即使在上述情形下,登记机构的审查义务其实也已经受到极大的限缩,因没有履行审查义务而导致承担责任的可能性极小。

我国民法不采物权行为无因性理论,因此与德国民法不同,登记机构的审查范围不仅包括物权行为,也包括引起物权发生变动的原因行为,如买卖合同、抵押合同等。但这是否意味着我国物权法采取的是实质审查主义呢?笔者以为,物权行为无因性只是限制了登记机构的审查范围,使之无须对原因行为进行审查,却并不意味着不坚持物权行为无因性,登记机构的审查方式就是实质审查〔3〕,以瑞士民法为例,根据权威学者的意见,一方面,基于法律行为的所有权移转必须以一个实体上

---

〔1〕 Vgl. Weirich, Grundstückrecht, 2. Aufl., S. 145.

〔2〕 Baur/Stürner, a. a. O., S. 174.

〔3〕 我国学者似乎没有区分登记机构的审查方式和审查范围,以为德国法之所以采纳物权行为无因性理论,仅仅是因为实质审查主义的弊端过于严重。参见梁慧星、陈华彬:《物权法》,法律出版社 1997 年版,第 74 页以下。笔者以为,1872 年以前普鲁士在不动产登记问题上采全面的实质审查主义,即在审查范围上包括对原因行为的审查,在审查方式上又采取实质审查方式,物权行为无因性的意义仅在于在审查范围上使登记机构仅限于物权行为,而不包括原因行为,再通过形式审查方式将登记机构的审查局限于登记材料。

有效且采取正确形式达成的原因行为作为基础，如果原因行为无效，则将造成不动产登记原则上在当事人之间不发生效力，显然没有采用物权行为无因性，因此登记机构的审查义务必然扩张至原因行为；另一方面，由于瑞士民法要求原因行为采取公证的形式，因此登记机构的审查义务也仅仅局限于对原因行为进行形式上的审查。[1] 由此可见，审查范围与审查方式是两个不同的范畴，二者相互联系，又相互区别：一方面，只要在审查方式上坚持实质审查主义，必然将审查的范围扩张到对原因行为的审查，如 1872 年以前的普鲁士法；另一方面，虽然审查范围扩张到对原因行为的审查，却并不意味着在审查方式上必然采取实质审查主义，瑞士民法就是代表。

《物权法》通过后，从国务院下属部委制定的《土地登记办法》和《房屋登记办法》的规定来看，虽然登记机构负有审查原因行为的义务，但并不意味着登记机构负有实质审查的职责。相反，无论是前述《物权法》的规定，还是原国土资源部和建设部颁布的相关规章，都仅要求登记机构审查申请人提交的相关材料，而没有要求登记机构就登记材料的合法性和有效性进行审查，例如原《房屋登记办法》第 33 条规定："申请房屋所有权转移登记，应当提交下列材料：（一）登记申请书；（二）申请人身份证明；（三）房屋所有权证书或者房地产权证书；（四）证明房屋所有权发生转移的材料；（五）其他必要材料。前款第（四）项材料，可以是买卖合同、互换合同、赠与合同、受遗赠证明、继承证明、分割协议、合并协议、人民法院或者仲裁委员会生效的法律文书，或者其他证明房屋所有权发生转移的材料。"此后国务院制定的《不动产登记暂行条例》第 18 条规定："不动产登记机构受理不动产登记申请的，应当按照下列要求进行查验：（一）不动产界址、空间界限、面积等材料与申请登记的不动产状况是否一致；（二）有关证明材料、文件与申请登记的内容是否一致；（三）登记申请是否违反法律、行政法规规定。"自然资源部据此制定的《不动产登记暂行条例实施细则》第 15 条规定："不动产登记机构受理不动产

---

〔1〕 Honsell/Vogt/Geiser[Hrsg.]/Hermann Laim, Schweizerrisches Zivilgesetzbuch Ⅱ, § 656, S. 1032.

登记申请后,还应当对下列内容进行查验:(一)申请人、委托代理人身份证明材料以及授权委托书与申请主体是否一致;(二)权属来源材料或者登记原因文件与申请登记的内容是否一致;(三)不动产界址、空间界限、面积等权籍调查成果是否完备,权属是否清楚、界址是否清晰、面积是否准确;(四)法律、行政法规规定的完税或者缴费凭证是否齐全。”需要注意的是,尽管上述规定要求登记机构查验权属来源材料或者登记原因文件,甚至要求登记机构查验权属是否清楚,但并不意味着登记机构应当审查权属的真实性,也不意味着登记机构必须审查登记原因文件的合法性和有效性,因为登记机构并非确权机构,也没有职权对买卖合同、抵押合同等登记原因文件的效力作出认定。

正是由于形式审查主义不要求登记机构对登记材料的合法性和交易行为的有效性进行审查,因此形式审查主义的最大弊病就是不能完全保证登记状态与实际权属相一致。在这一背景下,无论是德国,还是瑞士,为克服形式审查可能带来的问题,尽可能保证登记材料的真实、合法以及交易行为的有效,无不要求当事人在申请登记前,必须就登记材料办理公证。但在我国,并没有将公证作为登记的前置程序,如此一来,不但登记材料的合法性与交易行为的有效性没有办法保障,而且登记材料的真实性也没有办法保障。根据上述我国《物权法》的规定,登记机构对于登记材料的合法性和有效性,原则上不负审查的义务〔1〕,但问题是:登记机构是否负有审查登记材料真实与否的义务呢？对此,国土资源部发布的《土地登记办法》第 9 条第 3 款规定:“申请人申请土地登记,应当如实向国土资源行政主管部门提交有关材料和反映真实情况,并对申请材料实质内容的真实性负责。”原建设部发布的《房屋登记办

〔1〕 但是,如果登记机构明知交易行为无效,或者交易行为(包括原因行为和物权变动)存在明显瑕疵,登记机构也应对交易行为的合法性和有效性承担审查义务。对此,具有借鉴意义的是瑞士民法。尽管瑞士民法对原因行为的审查亦以形式审查为原则,但登记机构的审查义务应扩大到原因行为的明显瑕疵,如原因行为证书明显无效的情形;此外,还须审查潜在取得人的权利能力、所有权人以及标的物是否具有流通性和可处分性,在代理的情况下,应审查为所有权人进行处分的委托代理权或者法定代理权是否存在。Vgl. Honsell/Vogt/Geiser[Hrsg.]/Hermann Laim,a. a. O. ,S. 1033.

法》第 11 条第 3 款则更加"全面地"规定:"申请人应当对申请登记材料的真实性、合法性、有效性负责,不得隐瞒真实情况或者提供虚假材料申请房屋登记。"从这些部门规章的规定看,似乎认为登记机构对于登记材料的真实性,完全不承担审查义务,其理论根据往往就是登记机构仅负形式审查义务,因此不应对登记材料的真实性负责。笔者不赞成这一看法,因为即便是形式审查,登记机构也应有相应的审查义务,并非只要是形式审查,登记机构就连一点审查义务都没有,尤其是在没有公证前置的背景下,对登记材料真实性的审查,必然要由登记机构来完成。个中理由,容后详述。

## 五、不动产登记机构的赔偿责任

为了防止因发生登记错误而给权利人造成损害,并解决因登记错误造成损失后对权利人的救济,原《物权法》第 21 条第 1 款规定:"当事人提供虚假材料申请登记,给他人造成损害的,应当承担赔偿责任。"第 21 条第 2 款规定:"因登记错误,给他人造成损害的,登记机构应当承担赔偿责任。登记机构赔偿后,可以向造成登记错误的人追偿。"《民法典》第 222 条对此予以继受。关于本条的法律适用,面临以下几个方面的难题:(1)登记机构承担责任的基础是什么?即登记机构承担的是过错责任,还是无过错责任?(2)登记机构承担责任的性质是什么?是民事赔偿责任,还是国家赔偿责任?(3)登记机构承担责任后,如何向造成错误登记的人进行追偿?

首先来看第一个问题。从《民法典》第 222 条的表述来看,登记机构承担的是过错责任,而非严格责任,因为原《物权法》明确规定登记机构仅对因"登记错误"造成的损失承担赔偿责任,而非对任何权属与登记不一致情形下造成的损失承担赔偿责任。此外,根据我国不动产登记所采取的审查原则,也能看出登记机构承担的是过错责任,而非无过错责任。如前所述,我国的不动产登记采形式审查主义,只是为尽量避免登记错误而适当吸收了一些实质审查的因素,因此登记机构的登记行为不是行政确权行为,既然不是行政确权,登记机构并无实质审查的义务,就不能要求凡是因权属与登记不一致而发生的损失,都让登记机构承担赔偿责任,此为其一。

其二,现实生活中,的确存在一些人伪造材料申请办理不动产登记,而登记机构即使尽到审查的义务,也无从发现的情形,此时如果都让登记机构承担赔偿责任,不仅会导致登记机构的赔偿责任过重,而且会引发更多恶意办理不动产登记,从而骗取登记机构赔偿的问题。

值得注意的是,虽然我国物权法关于不动产登记的审查,系采形式审查主义,但并不意味着登记机构没有审查的义务,对此,我们在前面论述登记机构的审查范围时就已经谈到。问题是,登记机构是否负有审查登记材料之真实性的义务呢?对此,理论界和实务界的意见不一。笔者认为,由于我国物权法关于不动产登记,采形式审查主义,因此对于登记材料的合法性和有效性,登记机构原则上不负审查义务,但又由于我国物权法在一定程度上适当吸收了实质审查的因素,因此对于登记材料明显不合法或者无效的情形,登记机构也应负实质审查的义务。对于登记材料的真实性,由于我国没有采取公证前置的做法,因此登记机构原则上对于登记材料的真实性,应负审查的义务,否则权利人的利益将处于岌岌可危的状态,同时也不利于不动产登记之公信力和权威性的建立。但是,如果他人提供虚假登记材料办理不动产登记,在登记机构即使尽到审查的义务,也不可能发现其真伪的情形下,就不能苛刻要求登记机构对所有登记错误承担赔偿责任。

据此,笔者认为,登记机构承担赔偿责任,主要基于以下两个方面的情形:其一,当事人提供的登记材料真实合法,但登记机构及其工作人员因工作疏忽造成登记错误;其二,他人提供虚假材料办理不动产登记,登记机构在进行审查时只要尽到审查义务即可发现,但因登记机构没有尽到审查义务,从而导致登记错误。登记机构不承担赔偿责任的情形是:他人提供虚假材料办理不动产登记,即使登记机构完全尽到审查义务,也无从发现材料的真伪,从而导致权属与登记不一致。

再来看第二个问题。关于登记机构的赔偿责任是民事赔偿责任,还是国家赔偿责任,也必须联系不动产登记的法律性质进行分析。在我国,在实行统一登记之前,不动产登记是由行政机关来完成的,被理解为是行政机关履行法定职责的结果,由此带来的赔偿责任也当然被理解为国家赔偿责任。但是,由于我国的国家赔偿制度尚不完善,赔偿的标准也较低,常常不能完全填补当事人所受到的实际损失,因此一些人主张登记机构的赔偿责任是民事赔偿责任,理由是登记机构的登记行为是私法行为,因登记行为引起的赔偿责任自然是民事赔偿责任。笔者认为,由于不动产登记机构从事的是非讼程序行为,类似于人民法院从事的诉讼行为,因此,不动产登记机构的赔偿责任在性质上类似于司法赔偿。

对于第三个问题,《民法典》虽有规定,但规定得不够全面,似应作扩大解释。《民法典》第 222 条第 2 款规定:"因登记错误,造成他人损害的,登记机构应当承担赔偿责任。登记机构赔偿后,可以向造成登记错误的人追偿。"据此,在因登记机构与他人行为共同导致登记发生错误时,须由登记机构先行承担赔偿责任,在承担赔偿责任之后,可以向造成登记错误的人进行追偿。问题是,谁是造成登记错误的人呢?一种情形是登记机构的工作人员,另一种情形是伪造材料办理登记的当事人。还有没有其他情形呢?笔者认为还有一种情形,那就是因登记机构的疏忽造成登记错误,如将张三的房屋登记在李四的名下,李四将房屋转让给善意的第三人,此时李四虽然没有伪造材料,不属于造成登记错误的人,但却是不当得利的获得者,登记机构在向张三承担赔偿责任后,理应向其进行追偿,才能符合公平公正的观念。当然,张三也可以直接向李四主张不当得利返还请求权,此时在登记机构与李四之间就会发生不真正连带责任,但李四无疑应作为最终的责任承担者。

PART Ⅶ 第七编

# 物债两分的缺陷及其补救

前面谈到，形式主义物权变动模式是贯彻物权和债权严格区分的产物，但是，也正如前文已经谈到，形式主义和意思主义都各有其弊端和优势，形式主义物权变动模式看似完美，但在实践中会导致一些意想不到的问题，如果不采取措施对此予以补救，将会出现不公平的结果。

问题一：甲公司将自有房屋出售给乙公司，双方订立了买卖合同，但未办理过户登记，甲公司已将房屋交付乙公司使用近3年，乙公司也已付清全部价款，后甲公司的债权人丙公司因甲公司拖欠货款起诉至法院，并获胜诉判决。在执行判决的过程中，发现乙公司正在使用的房屋尚登记在甲公司名下，因此要求强制执行该不动产。再假设本案中甲公司是房地产开发公司，出售的房屋是自己开发的商品房，出售的对象不是作为经营者的乙公司，而是作为消费者的自然人乙，丙公司还能否凭生效判决执行该不动产?

问题二：甲公司将自有房屋出卖给乙公司，双方订立买卖合同后，未办理过户手续，但甲公司将房屋产权证交付给乙公司，乙公司亦已支付全部价款。正值乙公司请求甲公司协助办理过户手续期间，甲公司因破产陷入清算，遂对于该房屋是否仍属于甲公司所有，发生争议：乙公司认为对房屋已取得所有权，不应属于破产财产，自己可以行使破产法上的取回权；其他债权人认为，只要没有办理过户，就应认定为破产财产，乙公司只能作为债权人参与破产财产的清算。本案应如何处理?

问题三：房地产开发商甲公司将商品房出卖给张三后，双方办理了预告登记。此后，甲公司又将同一商品房出卖给李四，双方订立了买卖合同，但未办理过户手续。张三发现甲公司将该房屋再次出卖后，遂提起诉讼，请求人民法院宣告甲公司与李四之间的买卖合同无效，该诉讼请求是否可以获得支持？假如甲公司与李四订立买卖合同后，办理了过户手续，张三又将如何维护自己的权利？再假如因房价上涨很快，甲公司提起诉讼，主张其与李四订立的买卖合同因违反张三的预告登记而无效，从而请求确认该房屋仍归自己所有，该诉讼请求是否可以获得支持?

本编分为三讲：第二十七讲“登记前不动产买受人的法律地位”，讨论物债两分的局限性及其相应的解决方案；第二十八讲“预告登记制度的理解与适用”，讨论预约登记的性质与效力；第二十九讲“物权期待权的性质及其认定”，讨论物权期待权理论的本土化问题。

# 第二十七讲

## 登记前不动产买受人的法律地位

根据形式主义物权变动模式,物权的变动不仅要求有合法有效原因行为(如买卖合同、抵押合同等),而且要践行法定的公示方式,即动产为交付,不动产为登记。但在实践中,当事人在完成原因行为后,未就标的物进行交付或者登记的情形时有发生,尤其是在不动产交易过程中,基于种种原因,当事人在订立买卖合同后可能会在一段较长的时间内没有办理过户手续,而在此期间发生纠纷的可能性又比较大,因此值得我们作一个深入地探讨。

### 一、问题的提出及其背景

在形式主义物权变动模式下,当事人在仅订立买卖合同但未完成登记时,只是发生债权债务关系:买受人享有请求出卖人移转所有权的债权,同时负担支付价款的义务;出卖人享有请求支付价款的债权,同时负担移转所有权的债务。也就是说,买受人此时只能受到债权的保护,不能获得物权的保护;只有在办理登记之后,才能发生物权变动关系:买受人对标的物享有所有权,而出卖人则丧失对标的物的所有权。依民法通说,债权在性质上属于相对权和请求权,具有相容性和平等性,而物权在性质上属于绝对权和支配权,具有排他效力、追及效力、优先效力以及物上请求权效力,因此相对于登记后的买受人,登记前买受人的法律地位显得较为脆弱,不仅不能对标的物进行直接支配,而且其权利不能对抗第三人。

正常情形下,将权利区分为债权和物权,并将交易过程区分为债权债务关系和物权变动关系是合情合理的,因为如果当事人仅仅订立买卖合同,尚未办理过户登记,只能表明双方有负担债务的意思表示,且第三人无法知道双方存在交易关系,自然只能产生债权债务关系;但在双方办理过户登记时,不仅有发生物权变动的意思表示,而且经过登记公示,第三人也能方便地知晓权利发生变动的情况,自然可以赋予权利变动具有对抗第三人的效力。

但问题是,如果严格贯彻上述债权和物权严格区分的逻辑,在现实生活中会出现如下一些难以处理的问题。

其一,在发生一物多卖的情况下,数个买受人均未办理过户登记,但都起诉要求出卖人继续履行合同,如何处理?是都不予支持呢,还是选择其中一个买受人支持其诉讼请求呢?如果采取前者,显然“便宜”了出卖人,因为各买受人虽然可以根据买卖合同向出卖人主张损害赔偿的违约责任,但其交易目的无法实现,尤其是在标的物价格上涨较多的情况下,可能会导致不合理的结果,这等于是在鼓励出卖人违约;如果采取后者,法院又应依据何种标准在各买受人中选择适当的履行对象呢?我们在前文已经提到,根据物权优先于债权的规则,在一物多卖的情况下,法律优先对已经取得标的物所有权的当事人进行保护,其他买受人只能依买卖合同向出卖人主张违约责任。但问题是:如何判断哪个买受人已经取得标的物的所有权呢?根据形式主义物权变动模式的要求,只有已经完成交付或者登记的当事人才能取得标的物的所有权。也就是说,在一物多卖的情况下,如果有一个买受人已经就标的物进行交付或者登记,其就应优先于其他买受人受到法律的保护。就此而言,形式主义物权变动模式对于处理一物多卖问题,应该说是一个非常容易操作的工具,这也是形式主义物权变动模式的优势所在。但在现实生活中,问题可能并没有这么简单,我们在第五编也提到,一旦其他买受人举证证明已经办理登记的买受人和出卖人之间系恶意串通,损害第三人利益订立的合同,即可认定双方所订立的买卖合同无效,如果买卖合同被认定无效,即使已经办理过户手续,根据要因原则,物权也不发生变动,出卖人依然是标的物的所有人,在可以继续履行的情况下,应当继续履行和其他买受人之间订立的买卖合同。这里提出的问题是:如果各买受人均未办理过户登记,又都要求出卖人履行买卖合同,法院应优先保护哪个买受人呢?根据债权平等的原理,没有办理登记前,各买受人法律地位平等,似乎不能得出谁应优先于谁受到法律的保护。这正是此类案件的症结所在。

此外,还应看到,如果坚持登记之前的买受人只能获得债权保护,由于债权不具有对抗第三人的效力,就不能有效防止出卖人对标的物进行"一物多卖",这样一来,买受人交易目的不能实现的风险就会很大,因此买受人如何防范此类风险的发生,就是一个问题。尤其是应看到,出卖人一物多卖的行为本身属于违反诚实信用原则的行为,如何通过法律抑制此类事情的发生,就显得极为重要,但如果坚持物权和债权的严格区分,似乎又很难找到适当的制度安排。

其二,不动产登记前,买受人与出卖人就不动产权属发生争议,应如何处理?是否应一概认定登记前标的物所有权应归属于出卖人?根据形式主义物权变动模式,不动产登记是不动产物权变动的法定形式要件,如果没有完成这一要件,就不发生物权变动的结果,关于这一点,我们在前文已经讨论很多。但问题是,如果毫无例外地贯彻形式主义物权变动模式对形式要件的要求,在某些案件的处理上就可能会导致某些实质上的不公正。例如,张三在 5 年前就将自己的房屋卖给李四,双方订立了买卖合同,李四也已经支付全部价款,且已经居住使用 5 年之久,张三也在买卖合同订立后将产权证书交付李四,但双方一直没有办理过户手续。现在,该房屋被列入城市规划,政府对房屋进行征收。对于征收款的归属,双方发生争议。张三认为自己是房屋的所有权人,因此这笔征收款应归其所有;而李四认为,自己才是房子的主人,理应得到这笔征收款。如果严格适用形式主义物权变动模式,必然得出张三还是房屋的所有权人,因此有权获得征收款,然后再返还李四在 5 年前支付的购房款。但如此处理,似乎对李四极为不公。原因很简单,在我国,由于各种情形,当事人没有办理登记的意识,反倒对产权证书看得很重,以为只要产权证书已经交付,即意味着达房屋所有权发生变动,张三在交付产权证书后,通常不再认为自己还是房屋的所有权人,而李四在取得产权证书后,一般也以为房屋归自己所有,现在之所以发生纠纷,完全是因为张三受利益的驱动而主张自己是所有权人。我们可以试想一下,如果出现的不是利益,而是损失,张三还会不会主张对房屋的所有权呢?因此笔者认为,此种不诚信的行为不能获得法律的保护,但如果严格贯彻形式主义物权变动模式,又很难做到这一点。

其三,出卖人与买受人就特定不动产订立买卖合同后,没有办理过户登记,但标的物已经交付使用,且买受人已经支付大部分或者全部房款,此时出卖人的其他债权人起诉出卖人,并凭生效判决要求法院执行尚登记在出卖人名下的不动产,是否应当予以支持?例如,甲公司将自有房屋出售给乙公司,双方订立了买卖合同,但未办理过户登记,甲公司已将房屋交付乙公司使用近3年,乙公司也已付清全部价款,后甲公司的债权人丙公司因甲公司拖欠货款起诉至法院,并获胜诉判决。在执行判决的过程中,发现乙公司正在使用的房屋尚登记在甲公司名下,因此要求强制执行该不动产。再假设本案中甲公司是房地产开发公司,出售的房屋是自己开发的商品房,出售的对象不是作为经营者的乙公司,而是作为消费者的自然人乙,丙公司还能否凭生效判决执行该不动产?

上述三种情况足以说明,意思主义物权变动模式和形式主义物权变动模式各有其优点,但也各有其缺陷,关于意思主义物权变动模式的缺陷和形式主义物权变动模式的优点,我们前面已作交代,但关于形式主义物权变动模式的缺陷和意思主义物权变动模式的优点,我们并没有加以全面探讨,这里再次提出,以供大家参考。值得注意的是,形式主义物权变动模式的缺陷正是意思主义物权变动模式的优点,以上述第二种情形为例,根据意思主义物权变动模式,房屋所有权自当事人意思表示一致时即可发生移转,不以登记为要件,因此张三自无主张全部所有权并要求征收款之理。通过对比意思注意物权变动模式,我们可以很容易地看出形式主义物权变动模式的弊端:过分重视形式要件在物权变动中的价值,而在一定程度上忽视了当事人之间的真实意思;过分重视形式正义,而在一定程度上忽视了实质正义的实现;过分重视对第三人交易安全的保护,而在一定程度上忽视了当事人之间的利益平衡。

## 二、债权与物权的区分及其局限

有弊端,我们就要想办法进行补救,但在此之前,还有一个问题需要回答,那就是:形式主义物权变动模式为什么会出现这些弊端?只有弄清导致形式主义存在上述弊端的原因,我们才能对症下药,对其进行补救。笔者认为,形式主义物权变动模式存在上述弊端的根本原因,就在于形式主义物权变动模式是以债权和物权的两分法为理论背景,从而导致交易过程中当事人的权利状态出现“非此即彼,或有或无”的局面,不能适应社会经济生活复杂性的要求。

前文谈到,形式主义物权变动模式是以债权和物权的严格区分为背景的:债权在法律性质上属于相对权和请求权,其主要效力为请求力,因而具有平等性和相容性的特征;而物权在法律性质上属于绝对权和支配权,相对于债权,物权具有排他效力、优先效力、追及效力以及物权请求权的效力。由此可见,债权和物权作为两种不同性质的财产权利,其效力截然不同,因而受法律保护的程度也有明显的差异。由于登记前的买受人只能受到债权的保护,不能受到物权的保护,因此:(1)在发生多个债权人的情况下,债权人之间的地位平等,而一旦发生利益冲突,便难以化解纠纷;(2)虽然不存在第三人,但如果出卖人和买受人之间发生利益冲突,有时也难以平衡二者之间的关系;(3)在存在第三人的情况下,当买受人与该第三人发生利益冲突时,是否不分情况一概不保护买受人,也不无疑问。

在笔者看来,债权和物权两分是概念法学的产物,当时的法学家在通过对买卖合同产生的权利、借贷关系产生的权利等民事权利进行高度抽象后,发展出债权的概念,在对所有权、用益物权等法律关系进行高度抽象后,提出物权的概念。在概念法学看来,债权和物权,一个是相对权,一个是绝对权,便可以把所有民事财产权利全部涵盖。也就是说,一种民事财产权利,不是物权,便是债权。这一观念渗透到交易过程中,便认为交易过程中,债权和物权作为交易过程的两种权利状态,买受人要么受到债权的保护,要么受到物权的保护:不是受到物权的保护,就是受到债权的保护;反之,不是受到债权的保护,就是受到物权的保护。此即所谓“非此即彼,或有或无”。如此一来,买受人是受物权保护还是受债权保护,其差异也就相当大:如果当事人受到物权保护,则物权强大的效力能够确保其利益得以实现;而如果当事人仅受债权保护,则债权相对弱小的效力会导致当事人时刻处于风险的边缘。

我们应该看到,债权和物权都是抽象思维的产物,债权和物权的两分法有利于人们对各种民事财产权利的性质加以认识,有利于为各种民事财产权利的变动确立规则,并以此作为解决各种民事财产权利之间冲突的依据。但是,在人们对各种具体权利进行抽象思维时,往往看到的是各种具体权利的共同点,而忽视各个具体权利的特殊性,因此债权和物权作为两种抽象的财产权利,虽然是对各种具体权利的概括,但代表的只是权利体系中的两个典型或者是两个极端:如果某种民事权利是物权,其效力便十分强大,不仅决定标的物的归属和支配,而且还具有对抗任何第三人的效力;但如果一种民事权利是债权,便仅具有请求他人为一定行为或者不为一定行为的效力,不决定标的物的归属,因此既不能对标的物进行直接支配,也不具有对抗第三人的效力。

由于债权和物权在性质和效力上相差如此之大,加之形式主义物权变动模式以债权和物权的两分法为基础,导致交易过程中当事人的权利状态处于"非此即彼,或有或无"的局面,因此登记在不动产物权变动中处于极为重要的地位:登记前,买受人仅受债权保护;登记后,买受人才能获得物权保护。基于此,我们必须反思的一个问题是:法律赋予登记如此强大的效力,是否在所有情形下都具有合理性?正因为如此,值得我们思考的还有:在债权和物权这种两种典型权利之间,是否存在若干非典型的中间型权利?这些权利既不同于典型的债权,也不同于典型的物权。例如,有些权利并不决定标的物的归属,但是可以具有对抗第三人的效力;而有些权利可以决定标的物的归属,但不具有对抗第三人的效力。也就是说,有些权利较之典型的债权,法律地位更高,但较之典型的物权,法律地位又偏低。这样一来,既可以维持债权和物权这两种典型权利形态,同时又能够区分情况,使部分看似债权又不是物权的民事财产权利能够获得高于债权的保护,但又低于完整物权的保护,以回应社会经济生活复杂性的需求。〔1〕

为什么要提出这样的设想呢?这是因为,意思主义之所以不存在形

〔1〕 关于物权和债权两分法的形成与缺陷,以及中间型权利的相关问题,有兴趣的读者可进一步阅读冉昊:《"中间型权利"与财产法二元架构——兼论分类的方法论意义》,载《中国法学》2005年第6期。

式主义物权变动模式的缺陷,就在于其不严格区分物权和债权,因此能够保持权利类型呈现连续状态,而不会导致交易过程中当事人的权利状态出现“非此即彼,或有或无”的局面。例如意思主义物权变动模式之下,所有权经当事人意思表示一致即可发生移转,这就解决了标的物在当事人之间的归属问题,但如果没有进行公示,买受人取得的所有权不具有对抗第三人的效力。也就是说,此时的所有权仅仅在当事人之间决定标的物的归属,但不具有对抗第三人的效力;只有在经过公示后,所取得的所有权才归属于形式主义物权变动模式下的典型“物权”:它既决定标的物归属,又具有对抗第三人的效力。

## 三、“中间型权利”及其表现

在分析清楚形式主义物权变动模式存在上述缺陷的原因之后,我们知道,要克服形式主义物权变动模式的缺陷,就是要克服债权和物权之两分法所带来的弊病,从而使交易过程中当事人之间的权利状态由“非此即彼,或有或无”走向“渐进渐出”,以回应社会经济复杂性对法律规范的需求。为此,我们必须突破物权与债权的两分法,创造若干非典型的“中间型权利”。根据其他国家或者地区的学说和判例,“中间型权利”的创设主要基于以下两个方面的理论与实践。

其一,债权物权化的理论和实践。所谓债权物权化,是指一些民事权利虽然根据作为负担行为的债权行为发生,从性质上看,属于债权,但法律却赋予该权利在一定情况下具有对抗第三人的效力。例如租赁权虽然根据租赁合同产生,本质上属债权,但法律基于保护承租人的考虑,赋予租赁权以部分物权的效力;又如经预告登记的债权,本质上虽然属于债权,但法律却赋予此种债权具有对抗第三人的效力。考虑到预告登记制度是物权法确立的一项重要制度,笔者将在第二十八讲重点讨论预告登记制度的理解与适用问题,这里仅以租赁权的物权化为例来讨论所谓债权物权化的一些问题。

在我国以及多数大陆法系国家,租赁权是基于租赁合同所产生的权利,本质上属债权。[1] 如果严格按照债权法的原理,则承租人所享有的租赁权仅在当事人之间发生法律效力:即使出租人违反租赁合同的约定,擅自将标的物出卖给其他当事人,承租人也不得以租赁权对抗新的买受人,而只能向出租人主张违约责任。这样一来,承租人的地位极不稳定,既不利于个人安排生产和生活,也不利于整个社会的发展和稳定,因此自近现代以来,尤其是第二次世界大战以后,各国民法为保障承租人的合理信赖,不致因出租人在租赁期间转让标的物而处于流离失所的状态,大多赋予租赁权在一定程度下具有对抗第三人的效力。根据这一立法政策,即使在租赁期间出租人转让标的物,受让人所取得所有权也不得对抗原来的承租人,此即所谓"买卖不破租赁"。《民法典》第 725 条"租赁物在承租人按照租赁合同占有期限内发生所有权变动的,不影响租赁合同的效力"的规定,表达的即是同样的立法政策。事实上,租赁权的对抗效力并不限于出租人转让标的物,在出租人抵押标的物时,也可适用,因此《民法典》第 405 条规定:"抵押权设立前,抵押财产已经出租并转移占有的,原租赁关系不受该抵押权的影响。"

赋予租赁权在一定条件下具有对抗第三人的效力,实际上就是使本属于债权的租赁权获得了部分物权的效力,因此学理上将这种现象称为"债权物权化"。但是应该看到,债权物权化的前提,是该权利本质上属于债权,只不过具有部分物权的效力而已,因此与典型的物权仍然存在着差异,例如它不决定标的物的归属,其可转让性也远远逊色于典型的物权;同时,由于该债权具有对抗第三人的效力,因此应当通过一定的方式予以公示,否则必将危及第三人的交易安全。也就是说,债权要具有物权的效力,必须要满足一定的条件,只有在一定条件下,债权才能物权化。问题是,根据《民法典》第 725 条的规定,是否在任何情形下,租赁权都具有对抗第三人的效力呢?

这一问题并非空穴来风,因为法律之所以赋予租赁权具有对抗第三

---

〔1〕 在《物权法》的制定过程中,有不少学者主张将租赁权作为用益物权的一种加以规定,但这种意见没有为多数学者所接受,亦未为立法者所采纳。根据物权法定原则,租赁权仍然属于债权的范畴。

人的效力，是为保护承租人的利益，但我们在保护承租人合法利益的同时，也应关注第三人交易安全的保护。我们在第四编讨论物权公示原则之时，就已经谈到，法律赋予某项权利具有对抗第三人的效力，就必须以可识别的方式将权利状态予以公示，使第三人能够自外部得以知悉该权利的存在，以保护第三人的交易安全（因此世界各国广采物权公示原则，只不过立法体例不同而已）。现在法律赋予租赁权具有对抗第三人的效力，显然须以一定公示方式的完成为条件，否则第三人的交易安全无从获得保护，正是基于这一点，在有些国家，如日本和奥地利等，租赁权具有对抗效力必须以办理登记为条件，而在有些国家，如德国，虽然不要求办理登记，但也以标的物已经交付使用为条件。

值得注意的是，原《合同法》第229条对于租赁权的效力似乎没有规定任何条件，因此只要是在“租赁期间”发生的所有权变动，都不影响租赁合同的效力。对此，笔者曾指出，对此应作限缩性解释，将“租赁期间”理解为承租人开始占有使用租赁物之后的“租赁期间”，以使租赁权具有最基本的公示手段，从而对第三人的交易安全进行保护。也就是说，如果当事人只是订立租赁合同，尚未交付租赁物，此时虽然承租人享有请求出租人交付标的物的权利，但此时的租赁权并不具有对抗第三人的效力，一旦出租人在租赁合同订立后又将标的物出卖给第三人，承租人就不再享有请求交付租赁物的权利，而只能请求出租人承担违约责任，因为此时的租赁权并无任何权利外观，如果赋予其物权效力，就会危及第三人的交易安全。只有在标的物已经交付承租人占有的情况下，租赁权才获得最基本的权利外观，法律也才能赋予租赁权具有对抗第三人的效力。[1]《民法典》第725条采取了这一思路，规定“租赁物在承租人按照租赁合同占有期限内发生所有权变动的，不影响租赁合同的效力”。

为什么不解释为只有在租赁权办理登记后才具有对抗效力呢？笔者认为原因有以下几个方面。一是我国并无要求租赁权办理登记的相关规定。虽然《城市房地产管理法》要求房地产的租赁应当办理登记备

---

〔1〕 参见吴光荣：《物权诉讼：原理与实务》，人民法院出版社2009年版，第403页。

案，但一般认为，登记备案只是行政部门对房地产租赁市场进行管理的规范，并非租赁合同的生效要件（《民法典》第 706 条规定："当事人未依照法律、行政法规规定办理租赁合同登记备案手续的，不影响合同的效力。"），也不是租赁权具有对抗效力的要件，实践中大量租赁合同也并没有办理登记备案，因此不宜强行规定租赁权必须登记备案才具有对抗效力。二是登记对抗不符合效率原则。如果租赁权具有对抗效力的前提是办理登记，就会极大影响到市场交易的效率；相反，将标的物交付作为租赁权具有对抗效力比较符合目前的现状和效率的要求。三是从比较法的角度看，大陆法系多数国家或者地区的民法就不动产而言向来重视登记的效力，不太关注交付和占有的效力，即使在这种背景下，尚且承认租赁权在标的物交付时即可具有对抗效力，我国民法并未赋予不动产登记如此强大的效力，就更不应该要求登记后租赁权才具有对抗效力，而应承认交付即可满足对抗要件。

其二，物权期待权的理论与实践。所谓物权期待权，顾名思义，就是取得物权的"期待权"，是指当事人在通过法律行为取得物权的过程中，因不具备法定的物权变动要件，尚未取得完整的物权，但当事人已经完成物权变动所需的部分要件，具备取得物权的"期待"。但需注意的是，买受人的这种"期待"，已经不同于单纯的"希望"，而是已经接近于取得完整的物权，因而具有权利的性质，被称为"期待权"，例如当事人不仅已经订立买卖合同，而且已经达成物权变动的合意（如已共同申请办理过户手续），只是尚未完成过户手续，此时买受人虽然没有取得完整的物权，但已经获得取得物权的"期待权"。由于期待权是与完整权利"类似的权利"、是"一个所有权的预备阶段"，因此"物权期待权与所有权相比并非异质，而是同质之缩型"。〔1〕 考虑到物权期待权在理论上和实践中的重要性，我们将在后文专门讨论物权期待权的性质与认定问题。

需要说明的是，"期待权"是与"既得权"相对应的法律概念。所谓"既得权"，是指取得权利的要件全部具备并由当事人现实享有的权利，因此是完整的权利，如所有权；相反，"期待权"是指已实现了取得权利

---

〔1〕 申卫星：《所有权保留买卖买受人期待权之本质》，载《法学研究》2003 年第 2 期。

的部分必要条件，但尚未实现全部条件的一种暂时的权利状态，须待其他要件具备时才能构成完整的权利，旨在保护当事人将来获得完整权利的可能性，如登记完成前当事人对取得所有权的期待。一般认为，一项期待权的构成应具备以下条件。〔1〕

一是对未来取得某种完整权利的期待。期待权是在取得完整权利的"先期阶段"或者"预备阶段"所产生的权利，因此是对未来取得完整权利的期待，与完整权利尚存在一定的差距。但是，此种期待必须是对特定完整权利的期待，已经现实化，而并非日常生活中对某些事物的期待，如希望获得他人的捐赠。

二是已经具备取得完整权利的部分要件。虽然期待权是当事人在取得完整权利的"先期阶段"取得的权利，但已经具备取得完整权利的部分要件，只是欠缺部分要件，而且随着时间的推移，当事人对于全部要件的满足有合理的期待。

三是期待权是一种受法律保护的地位。只有当对完整权利的取得产生合理的期待后，当事人在取得完整权利的先期阶段才享有期待权。也就是说，在取得完整权利的过程中可能存在很多阶段，并非任何阶段都能产生期待权，而一旦对完整权利的取得产生期待后，对当事人而言就是一种应受法律保护的利益，因此期待权是一种受法律保护的地位。

## 四、债权平等原则之突破

在物权和债权之间承认诸多中间型权利的结果，必然是使一些特殊债权获得了高于普通债权的效力，并受到高于普通债权的保护，这也就必然导致债权平等原则的突破。我国的民事立法虽然在一些场合承认某些债权（如租赁权和经预告登记的债权）在一定条件下具有高于普通债权的效力，但尚未根据债权物权化和物权期待权理论构建起体系相对完整的中间权利类型，以致无法完全回应社会经济生活对法律制度提出

---

〔1〕 关于期待权的基本理论，可参见王泽鉴：《民法学说与判例研究》（第一册），中国政法大学出版社 1998 年版，第 146 页；申卫星：《期待权理论研究》，中国政法大学 2001 年博士学位论文。

的要求。为此,有关司法解释基于各种政策考量,突破债权平等原则,使各种债权的地位有所差异,进而实现实质上的公平正义。例如针对本讲开始所提出的问题,就已有司法解释作出相应的回应,兹整理如下。

首先,在形式主义物权变动模式下,关于出卖人"一物多卖"的处理已经突破债权平等原则。例如,2020 年修正后的《国有土地使用权解释》第 9 条规定:"土地使用权人作为转让方就同一出让土地使用权订立数个转让合同,在转让合同有效的情况下,受让方均要求履行合同的,按照以下情形分别处理:(一)已经办理土地使用权变更登记手续的受让方,请求转让方履行交付土地等合同义务的,应予支持;(二)均未办理土地使用权变更登记手续,已先行合法占有投资开发土地的受让方请求转让方履行土地使用权变更登记等合同义务的,应予支持;(三)均未办理土地使用权变更登记手续,又未合法占有投资开发土地,先行支付土地转让款的受让方请求转让方履行交付土地和办理土地使用权变更登记等合同义务的,应予支持;(四)合同均未履行,依法成立在先的合同受让方请求履行合同的,应予支持。未能取得土地使用权的受让方请求解除合同、赔偿损失的,依照民法典的有关规定处理。"据当时参与司法解释起草的同志讲,在司法解释的制定过程中,对司法实践中因"一地数转"引发的纠纷问题,是否应在司法解释中加以规定,经历了一个多次反复的过程,考虑到"一地数转"引发的纠纷具有一定的特殊性,明确处理原则对解决此类纠纷有指导意义,经讨论,倾向性意见认为应规定对"一地数转"纠纷的处理原则;在如何处理"一地数转"引发的纠纷问题上,多数意见认为,应当纠正法发〔1996〕2 号《最高人民法院关于审理房地产管理法施行前房地产开发经营案件若干问题的解答》第 14 条(土地使用者就同一土地使用权分别与几方签订土地使用权转让合同,均未办理土地使用权变更登记手续的,一般应当认定各合同无效)对"一地数转"合同效力的无效认定,在认可数个土地使用权转让合同均为有效的前提下,总结审判实践经验,分情况制订不同的处理原则:第一,根据我国立法确立的物权变动原则规定,确认土地使用权由已经办理权属变更登记手续的受让人取得;第二,对均未办理土地使用权变更登记手续的,按照土地利用效益原则,判决先行投资开发的受让人与出让人订立的合同先行履行;第三,对均未办理土地使用权变更登记手续,或者均未投资开发的,根据诚实信用的原则,判决依法成立在先的土地使用权转让合同先行履行;第四,无法取得土地使用权的受让人请求解除合同、返还已付转让款及利息、赔偿损失的,应予支持。〔1〕 由此可见,上述司法解释在明确物权优先于债权这一规则的同时,实际上赋予债权处于不平等的地位:先行合法占有投资开发土地的受让方优先于其他受让方受法律保护;均未合法占有投资开发土地时,先行支付土地转让款的受让方优先于其他受让方受法律保护;合同均未履行时,依法成立在先的合同受让方优先于成立在后的合同受让方受法律保护。此外,最高人民法院在《买卖合同解释》《农村土地承包合同解释》等司法解释中就动产"一物多卖""一地多包"等情形所作的规定,也都体现了债权之间的不平等性。关于这一问题,已经在前文讨论"一房多卖"时予以详细分析,此处不赘。

其次,针对执行过程中当事人没有办理过户手续,出卖人的债权人申请对出卖人的财产进行查封、扣押、冻结的情况,《最高人民法院关于人民法院民事执行中查封、扣押、冻结财产的规定》(以下简称《查、扣、冻规定》)(法释〔2004〕15 号)第 17 条即已规定:"被执行人将其所有的需要办理过户登记的财产出卖给第三人,第三人已经支付部分或者全部价款并实际占有该财产,但尚未办理产权过户登记手续的,人民法院可以查封、扣押、冻结;第三人已经支付全部价款并实际占有,但未办理过户登记手续的,如果第三人对此没有过错,人民法院不得查封、扣押、冻结。"由此可见,即使没有办理过户手续,但如果作为第三人的受让人已经支付部分或者全部价款并实际占有该财产,则在受让人没有过错的情况下,其债权优先于执行申请人之债权,人民法院不得对该财产实施查封、扣押、冻结。问题是,如何理解"没有过错"? 笔者认为,所谓受让人的"过错",是指在能够办理过户登记的情况下,因受让人的原因没有办理过户登记手续,导致执行申请人因相信该不动产仍然属于出卖人,故

〔1〕 韩延斌:《〈国有土地使用权出让、转让合同及相关纠纷案件适用法律若干问题的解释〉修改意见综述》,载《人民法院报》2004 年 6 月 29 日。

而与出卖人进行交易的情况。在受让人有过错的情况下,应对其“过错”承担相应的风险和不利益,因此即使已经支付部分或者全部价款并实际占有该财产,人民法院仍然可以查封、扣押、冻结该财产;但在受让人没有过错的情况下,虽然没有办理登记,但受让人已经支付部分或者全部价款并实际占有该财产,且受让人与出卖人之间的买卖合同针对该不动产,而执行申请人的债权可能并非基于该不动产而发生,亦非由该不动产作为担保物,人民法院自不应对该财产实施查封、扣押、冻结。对于这一司法解释的规定,一些人认为,在《物权法》实施后,便不能再继续适用,理由是《物权法》严格贯彻登记生效主义,当事人没有办理过户登记手续,所有权不发生变动,因此无论第三人有没有过错,人民法院都可以查封、扣押、冻结仍属于出卖人所有的财产。笔者认为,这种理解有欠妥当,因为上述司法解释制定的目的,就是为克服形式主义物权变动模式所带来的僵化,从而实现实质上的正义,既然《物权法》在不动产所有权移转问题上仍然坚持形式主义物权变动模式,也就必然存在缺陷,也就必然要采取措施予以补救,此为其一;其二,上述司法解释制定时,虽然《物权法》尚未通过和实施,但是当时的法律在不动产物权变动问题上,也是坚持形式主义物权变动模式的,这与《物权法》的规定是一脉相承的,既然上述司法解释可以适用于当时的司法实践,那么同样可以适用于《物权法》通过和实施后的司法实践。也正因为如此,2015 年制定的《执行异议和复议规定》第 28 条不仅坚持了上述思路,而且进一步缓和了条件,明确规定:“金钱债权执行中,买受人对登记在被执行人名下的不动产提出异议,符合下列情形且其权利能够排除执行的,人民法院应予支持:(一)在人民法院查封之前已签订合法有效的书面买卖合同;(二)在人民法院查封之前已合法占有该不动产;(三)已支付全部价款,或者已按照合同约定支付部分价款且将剩余价款按照人民法院的要求交付执行;(四)非因买受人自身原因未办理过户登记。”可见《执行异议和复议规定》不再要求买受人对于没有办理过户手续没有过错,而只要求“非因买受人自身原因未办理过户登记”即可。《民法典》通过后,尽管最高人民法院对该司法解释进行了清理,但这一条文得到了保留。关于不动产买受人在满足上述条文规定的条件下何以能够排除强制执行,我们将在下一编中详细进行分析,此处不再赘述。

最后,在最高人民法院发布的有关司法解释中,甚至确认一些债权具有优先于物权的效力,如最高人民法院在给上海市高级人民法院《关于合同法第 286 条理解与适用问题的请示》的批复中明确规定:“一、人民法院在审理房地产纠纷案件和办理执行案件中,应当依照《中华人民共和国合同法》第二百八十六条的规定,认定建筑工程的承包人的优先受偿权优于抵押权和其他债权。二、消费者交付购买商品房的全部或者大部分款项后,承包人就该商品房享有的工程价款优先受偿权不得对抗买受人……”可见,消费者交付购买商品房的全部或者大部分款项后所取得的债权不仅优先于银行等债权人取得一般抵押权,而且优先于承包商的法定抵押权。在《民法典》通过后,该批复虽然在清理《民法典》相关司法解释时被废止,但并非因为上述规定与《民法典》存在冲突,而是因为该批复的部分内容已纳入建设工程合同司法解释,且最高人民法院正在制定执行异议之诉的司法解释,上述内容将纳入该解释中。关于这一点,笔者在《担保法精讲》一书已有较为详细的交代,此处不再赘述。这里需要指出的是,实践中,上述情形主要发生在消费者在购买房屋以后,尚未来得及办理过户手续的场合。表面上看,消费者只是获得债权,但如果仅仅将消费者的权利作为普通债权对待,则在开发商拖欠承包商工程价款或者以在建工程、房屋作为抵押物向银行借款的情况下,消费者无疑会成为开发商无力偿还贷款的牺牲品。考虑到消费者购房往往花费平生所有积蓄,如果不对其权利进行保护,则将造成不少消费者流离失所,因此基于生存权保护的需要,司法解释确认消费者取得权利在性质上不同于一般的债权,且在一定条件下具有对抗法定抵押权和一般抵押权的效力。从立法政策上看,这一规定似乎无可厚非,但是如此一来,法定抵押权如何实现就成为问题,尤其是一般抵押权在优先顺序上劣后于消费者的债权和承包商的法定抵押权,可能会给承包商、银行等债权人带来一定的风险。当然,无论是承包人还是银行,都有一定的方式去防范风险的发生。

# 第二十八讲

## 预告登记制度的理解与适用

预告登记是不动产登记制度的重要组成部分，早在原《物权法》中就已确立这一重要民事制度。但是，相对于其他国家（如德国）的民法，原《物权法》关于预告登记的规定非常简单。在此后司法实践中，关于预告登记制度的理解和适用，也就成为理论上和实务中的一个难点。虽然《民法典》对预告登记制度进行了修改和完善，但仍然存在理解上的困难。本讲以通过买卖合同转让不动产所有权为例来分析预告登记制度的相关问题。例如张三将房屋卖给李四，双方签订买卖合同后办理了预告登记，后张三将房屋卖给王五，在这里，我们称张三为“出卖人”，李四为“买受人”或“预告登记权利人”，王五为“新的买受人”。至于抵押预告登记制度，笔者已经在《担保法精讲》一书中进行详细分析，这里就不再展开分析。需要说明的是，在《物权法》制定前，我国民法上没有关于预告登记制度的规定，但我国《城市房地产管理法》和原建设部的《城市商品房预售管理办法》规定了商品房的预售登记备案制度，有人据此认为我国现行的商品房预售登记属于预告登记，但大多数学者均认为我国现行的商品房预售登记并非真正意义上的预告登记，而只是一种行政管理的手段，并不具备预告登记的功能和效力。不过，值得注意的是，尽管当时的法律、行政法规没有关于预告登记的规定，但一些地方性法规或者政府规章对预告登记制度作出了尝试性的规定，如 2002 年《上海市房地产登记条例》第 49 条第 3 款规定：“经预告登记后，当事人取得土地使用权、房屋所有权或者房地产他项权利的优先请求权。”这些地方性法规或者政府规章大多仅适用于商品房预售，且地方性法规或者政府规章是否能够规定预告登记制度这一重要的民事制度，也不无疑问。

### 一、问题的提出及其背景

根据物权和债权的两分法，物权在性质上属于绝对权和支配权，不但决定标的物的归属，而且具有对抗第三人的效力，因此法律对物权的保护极为完善；相反，债权在性质上属于相对权和请求权，既不能决定财产的归属，也不具有对抗第三人的效力，因此债权的实现不但受制于债务人的清偿能力，而且在一定程度上受制于债务人的清偿意愿。尽管近代以来，债权在社会经生活中扮演着越来越重要的作用，财产价值的实现也多依赖于债权这一手段，甚至有学者据此得出“债权在近代法上的优越地位”〔1〕，但不容忽视的是，债权因其效力有限，使得债权人地位欠缺足够的制度保障，因此“为债权的实现而奋斗”成为近现代民法的一项重要任务〔2〕。

我们在第二十七讲谈到，根据形式主义物权变动模式，不动产登记前的买受人仅受债权保护，由于债权本质上属于相对性和请求权，不能限制出卖人再次转让不动产，因此在出卖人一物多卖的情况下，买受人的债权便有不能实现之虞，例如张三与李四订立买卖合同，将自己的房屋卖给李四，在办理登记前，双方只是一种债权债务关系，张三还是房屋的所有人，如果再次就该房屋与王五订立买卖合同，甚至将房屋过户给王五，李四的债权就有不能实现的风险。由此可见，登记前不动产买受人的交易风险部分来自出卖人一物多卖的行为。为防止因出卖人一物多卖损害到买受人的交易安全，《民法典》第221条第1款规定：“当事人签订买卖房屋的协议或者签订其他不动产物权的协议，为保障将来实现物权，按照约定可以向登记机构申请预告登记。预告登记后，未经预告登记的权利人同意，处分该不动产的，不发生物权效力。”

有人可能会认为出卖人一物多卖是市场竞争的结果，是资源优化配置的表现——财产由出价最高者取得，能够实现财产的最高价值。笔者认为，仅从出卖人的角度看，一物多卖确实实现了财产的价值最大化，但从整个社会的角度看，出卖人利益的最大化却是以牺牲买受人的合理期待为代价，并且对社会诚信构成直接的冲击，不利于正常市场秩序的构建，显然是得不偿失；此外，还应看到，排除出卖人一物多卖并不意味着

〔1〕 参见［日］我妻荣：《债权在近代法上的优越地位》，中国大百科全书出版社1996年版。
〔2〕 参见崔建远、韩世远：《债权保障法律制度研究》，清华大学出版社2004年版。

财产不能实现其最高价值，因为买受人取得财产后，同样可以再次转卖给最高出价者，正如苏永钦先生所说："同样是两次交易，直接的成本没有差异，因此不存在最适违约，不同的只是谁取得价差的利益而已。"[1]就此而言，通过预告登记制度来防止一物多卖，进而保障债权的实现，具有其正当性。

所谓预告登记，又称为"预备登记"，是相对于"本登记"或"终局登记"而言的登记制度。如前所述，不动产登记是不动产物权的公示方式，因此所谓"本登记"，就是指对不动产物权的登记。在基于法律行为发生的物权变动中，只有经过"本登记"，才能完成物权的变动，在此之前，当事人之间存在的只是债权债务关系，此时本无登记的要求。法律特设预告登记制度的目的，是允许当事人在进行"本登记"之前，先进行预告登记，以确保买受人的债权得以实现。问题是：经预告登记后，买受人处于何种法律地位？预告登记为何能够确保债权得以实现？经预告登记后，出卖人若再次转让标的物，其法律后果如何？在回答这些问题之前，有必要交代一下预告登记制度产生的背景。首先，预告登记制度产生的原因之一是不动产的"本登记"程序较为烦琐，通常需耗费一定的时间，而在此期间，存在出卖人违反合同约定再次将标的物出卖给他人的可能性，预告登记在程序上较之不动产物权的登记更为简单，因此可以作为当事人办理不动产登记前预防出卖人再次出卖标的物的措施。其次，预告登记制度广泛适用于标的物为未来物的情形，此时作为标的物的不动产尚未建造出来，因此买受人在订立买卖合同后，在客观上不能及时办理"本登记"以取得所有权，但又担心债权有不能实现的危险，于是可以通过预告登记保障债权的实现。最后，即使在标的物已经适合办理过户登记的情况下，由于不动产登记直接引起不动产物权的变动，因此出卖人很难通过保留所有权的形式担保价金债权的实现，在这种情形下，出卖人可能基于风险控制的需要暂时不办理过户登记（例如买受人未能支付全部价款），而买受人也会基于风险控制的需要办理预告登记，以确保

[1] 苏永钦：《缔约过失责任的经济分析——从现代交易的阶段化谈起》，载氏著：《民事立法与公私法的接轨》，北京大学出版社 2005 年版，第 190 页。

取得不动产物权之债权得以实现,因此预告登记具有满足当事人控制交易风险的功能。

## 二、预告登记的法律性质

经预告登记后,买受人到底处于何种法律地位,不无探讨的价值。一种观点认为,经预告登记后,买受人实际上已经获得了物权的保护,因此经预告登记的权利在法律性质上属于物权。[1] 对此,笔者持不同意见,理由以上。首先,前已述及,预告登记是相对于"本登记"而言的不动产登记制度,是当事人订立合同取得债权后,而又没有通过"本登记"而取得物权时,为确保债权实现而创设的制度,因此将经预告登记的权利直接认定为物权,显然是对预告登记的误解,因为如果经预告登记即可产生物权,那么此种物权又是何种物权呢?如果是所有权,那么当事人在预告登记之后还有进行"本登记"的必要吗?其次,经预告登记的权利并不决定标的物的归属,当事人经过预告登记后,标的物所有权仍然为出卖人所享有,买受人如要取得标的物所有权,仍需请求出卖人办理"本登记"。也就是说,预告登记所保障的权利是请求权,并不具有对标的物进行支配的效力。最后,预告登记具有从属性,必须依附于有效债权而存在,在债权消灭或者已经实现的情况下,预告登记也应归于消灭,而若认定预告登记的权利是物权,则物权一旦实现,虽然产生该物权的债权即归于消灭,但不应使预告登记因债权的消灭而消灭。

笔者认为,经预告登记的权利是债权物权化的重要表现,旨在消除物权和债权两分法带来的弊端,以回应社会经济复杂性的需要。也就是

---

[1] 关于预告登记的法律性质,理论界争议较大,具体来说,主要有三种观点:(1)债权请求权保全说,即认为预告登记是为保全债权请求权而存在的制度;(2)物权说,即认为经预告登记的权利属于物权;(3)债权物权化说,即认为经预告登记的权利是债权物权化的重要表现。参见金可可:《预告登记之性质——从德国法的有关规定说起》,载《法学》2007年第7期。笔者认为,以转让不动产为目的而办理的预告登记为例,预告登记的作用之一在于预防出卖人一物多卖,以确保债权的实现,因此从预告登记制度设立的目的出发将其认定为保全债权请求权的方式,似并无不妥。但问题是,关于预告登记法律性质的讨论,其着眼点并不是要解决这一制度设立的目的,而是要解决经预告登记的权利在整个民事权利体系中的地位,因此有意义的观点只有物权说和债权物权化说。

说,经预告登记的权利在本质上仍然属于债权,只不过同时具有物权的一些特征和效力,因为法律设置预告登记制度的目的,在于通过预告登记这一公示手段使债权具有对抗第三人的效力,以此防止出卖人在订立合同后再次处分标的物或者标的物被其他债权人强制执行,从而保障债权的实现。

值得注意的是,预告登记制度和《物权法》规定的异议登记制度具有相似性。不过,虽然预告登记和异议登记的目的都是防止标的物被处分而导致权利无法实现,但二者的法律性质明显不同。异议登记是将利害关系人的异议予以公示,以警示可能购买该不动产的相对人,因此其法律性质是对不动产登记之公信力进行限制或者击破,以阻止相对人依善意取得制度取得标的物所有权,保护的是可能存在的物权;而预告登记是将双方的债权予以公示,使债权具有对抗第三人的效力,保护的是已经取得的债权,因此从性质上看,属于债权的物权化。需要说明的是,尽管预告登记也有公示效力,但出卖人办理预告登记后,就不能再处分相应的财产,且再次处分的受让人也不能善意取得该财产呢?从《民法典物权编解释(一)》第15条规定预告登记也可击破不动产登记簿公信力来看,似乎出卖人在办理完预告登记后,即丧失了对标的物的处分权,且第二受让人无法善意取得。这就涉及预告登记的法律效力问题。

## 三、预告登记的法律效力

如上所述,预告登记旨在通过将债权予以公示,达到赋予该债权以对抗第三人效力的目的,从而实现对债权的保障。问题是,这种对抗第三人的效力是如何实现的呢?对此,《民法典》第221条第1款规定:"……预告登记后,未经预告登记的权利人同意,处分该不动产的,不发生物权效力。"需要注意的是,《民法典》在这里用了"处分"这一概念。通常认为,民法中的"处分"有三种意义。一是最广义的处分,包括事实上的处分和法律上的处分,前者是对原物体加以物质变形、改造或者毁损的行为,如拆屋重建等;后者包括负担行为(如买卖、保证)和处分行为(如所有权移转、债权让与)。二是广义的处分,即法律上的处分。三是狭义上的处分,仅指处分行为。[1]《民法典》第 221 条所谓的"处分"到底是指哪一种意义上的处分呢？不难看出,这里的"处分"仅指狭义上的处分,即作为法律行为的处分行为,因为预告登记的目的是使债权具有对抗第三人的效力,并不能限制出卖人对标的物进行事实上的处分,也无限制出卖人通过买卖合同等负担行为为自己设定义务的必要。例如张三将房屋卖给李四,双方订立买卖合同后即办理预告登记,此后张三又将房屋卖给王五,张三和王五之间订立的买卖合同是否因张三和李四之间的预告登记而无效呢？显然不会。因为张三和王五之间的买卖合同仅在张三和王五之间发生债权债务关系,并没有引起物权的变动,故此时并无对李四进行保护的必要。只有在双方的行为直接引起物权发生变动时,李四的债权才有不能实现的危险,此时才有对李四进行保护的必要。也就是说,如果张三和王五不仅订立了买卖合同,而且办理了过户登记手续,根据《民法典》第 221 条的规定,虽然买卖合同不因预告登记的存在而无效,但物权的变动将因预告登记的存在而无效,除非得到李四的同意。此时李四即可请求张三和王五涂销登记,并要求张三按照约定办理过户登记,以实现自己的债权。

仍有疑问的是,经预告登记后,张三再次将房屋转让给王五时,登记机关是否应为其办理过户手续呢？从文义上看,《民法典》似乎没有禁止性的规定,且既然要"处分",自然须以登记过户为要件,如果没有登记过户,何来"不发生物权效力"的否定性评价。因此,经预告登记后,即使张三再次向王五转让房屋,登记机关也不应以存在预告登记为由不予办理过户登记。只不过即使办理了过户登记,根据《民法典》第 221 条的规定,也只有在预告登记权利人追认的情况下才能发生物权变动的效力。对此,《民法典物权编解释(一)》第 4 条规定:"未经预告登记的权利人同意,转让不动产所有权等物权,或者设立建设用地使用权、居住权、地役权、抵押权等其他物权的,应当依照民法典第二百二十一条第一款的规定,认定其不发生物权效力。"根据这一规定也能够看出,只有在

---

[1] 参见王泽鉴:《民法学说与判例研究》(第四册),中国政法大学出版社 1998 年版,第 136—137 页。

无须经预告登记的权利人同意即可办理其他不动产登记的情况下，才存在转让不动产所有权等物权，或者设立建设用地使用权、居住权、地役权、抵押权等其他物权，并进而认定其不发生物权效力的问题。不过，值得注意的是，《不动产登记暂行条例实施细则》第 85 条第 2 款规定："预告登记生效期间，未经预告登记的权利人书面同意，处分该不动产权利申请登记的，不动产登记机构应当不予办理。"笔者认为，这一规定虽然旨在保障预告登记权利人的利益，但却可能过分限制标的物所有权人的处分自由。尤其是，如果是抵押权的预告登记，自无限制抵押人出卖标的物自由的理由，因为即使当事人办理的是抵押登记，根据《民法典》第 406 条的规定，抵押人也无须征得抵押权人的书面同意，即有权转让抵押财产，并办理过户手续。可见，在《民法典》施行后，这一规定亟须修改。

总之，《民法典》在这里明确区分"合同效力"和"物权效力"。显然，所谓"合同效力"，是指预告登记后，出卖人与新的买受人所订立买卖合同的效力；所谓"物权效力"，是指预告登记后，出卖人将标的物所有权转让给新的买受人的效力。根据《民法典》第 221 条的规定，出卖人与新的买受人所订买卖合同的效力不受预告登记的影响，但物权变动的效力须受预告登记的影响。也就是说，对预告登记权利人而言，不能根据预告登记主张出卖人与新的买受人所订立的买卖合同无效，但可以主张未经其同意时，标的物所有权不能发生变动，即使出卖人与新的买受人已经办理过户登记，预告登记权利人也可以请求注销登记，并要求出卖人按照合同约定移转标的物所有权；对新的买受人而言，其与出卖人之间的买卖合同并不因违反预告登记而无效，因此享有对出卖人的债权，但物权的变动则只有在预告登记权利人予以同意时才能发生效力，在因预告登记权利人行使权利导致出卖人不能履行买卖合同时，可以向出卖人主张违约责任。

至于出卖人的其他债权人能否以买受人仅办理的是预告登记为由主张标的物仍为出卖人所有，从而申请人民法院对仍登记在出卖人名下的标的物强制执行；在出卖人破产的情况下，预告登记权利人能否主张标的物不属于破产财产？关于这个问题，我们将在下一编中予以详细讨论，此处不赘。

## 四、物权变动无效的相对性

如上所述，预告登记后，出卖人处分标的物的行为以预告登记权利人的同意为生效要件，因此物权变动的效力处于不确定状态，但问题是：如果出卖人与新的买受人已经办理过户手续，且预告登记权利人并未提出异议，出卖人或者新的买受人是否能够以未经预告登记权利人同意为由主张物权未发生变动？我们仍以张三在与李四办理预告登记后将标的物卖给王五为例进行讨论，对于张三和王五之间处分行为的效力，可能存在两种理解。

一种理解是，如果出卖人的处分行为没有经过预告登记权利人的同意，则处分行为绝对无效。也就是说，如果出卖人的处分行为没有经过预告登记权利人的同意，物权绝对不发生变动，以此保护预告登记权利人的权利。此种理解，是将《民法典》第221条“不发生物权效力”理解为不发生物权变动，并且是对任何人都不发生物权变动的效力。如此一来，即使王五与张三就标的物办理了过户手续，也不能发生物权变动的效力，王五只能受到普通债权的保护。

另一种理解是，如果张三和王五已经就房屋办理过户手续，就应认定物权已经发生变动，只是该物权变动相对于李四不发生法律效力。也就是说，相对于除李四之外的其他任何民事主体，物权均已发生变动，张三不再是标的物的所有权人，而王五则成为所有权人，但相对于李四，物权不发生变动，张三仍然是所有权人，应继续履行与李四之间的合同，将所有权移转给李四，李四对王五享有注销登记请求权，以使张三能够顺利将房屋过户给李四。不难看出，这种理解是将未经预告登记权利人同意的物权变动认定为相对无效，因此《民法典》第221条所谓“不发生物权效力”只是针对预告登记权利人不发生物权效力，但针对其他民事主体，物权则已经发生变动。

从文义上看，《民法典》第221条的规定似乎应作第一种理解，因此所谓“不发生物权效力”，是指对任何人都不发生物权效力。但笔者认为，第二种理解更加合理，理由如下。

首先,应该看到,预告登记与“让与禁止”不同,在法律规定禁止让与的场合,法律所保护的通常是社会的公共利益,因此当事人违反禁止转让的规定而处分该不动产时,其行为应认定为绝对无效,对任何人都不发生物权效力;但预告登记不同,预告登记保护的是特定当事人的利益,预告登记的目的并非禁止当事人转让不动产,而仅仅是保护特定当事人的利益,仅使物权变动针对该特定主体不发生效力即可达到目的,没有将物权变动完全否定的必要。

其次,应该看到,尽管预告登记必须以债权的存在为前提,但通说认为该债权可以是附条件的债权,而所附条件是否一定成就,尚不确定,以此并不确定的事物来限制标的物的移转可能性,并非明智之举;此外,有些债权性的权利,如债权性优先购买权,预告登记权利人是否一定行使,亦不无疑问,在这些情形下,如果一概认定“不发生物权效力”就是对任何人都不发生物权变动的效力,就有可能导致对标的物的利用受到限制。

最后,有利于防止出卖人或者新的买受人以违反预告登记为由出尔反尔,违反诚实信用原则恶意提起确权之诉。例如在实践中,基于各种利益诱惑,可能会出现不是李四,而是张三或者王五起诉到法院,请求法院确认物权没有发生变动的情形。对此,笔者认为,如果采绝对无效的主张,则会导致实质上的不公平,因为在当事人之间既已达成物权变动的合意,又已完成过户登记的情况下,如果不对其物权变动进行确认,既不符合私法自治的精神,也不符合诚实信用的原则,因此,除非为了保护预告登记权利人的利益,否则不应否定物权发生变动。

## 五、预告登记的适用范围

原《物权法》第 20 条第 1 款规定:“当事人签订买卖房屋或者其他不动产物权的协议,为保障将来实现物权,按照约定可以向登记机构申请预告登记……”这一规定容易引起误解,似乎只有买卖不动产物权达成的协议才能适用预告登记。从实践的情况看,预告登记虽然有利于防止一房多卖,但由于网签备案制度同样能够实现这一目的,因此,在房屋买卖的情况下当事人办理预告登记的积极性并不一定非常高。不过,在商品房预售的情况下,银行为担保其债权实现,在购房人尚未取得房屋所有权的情况下办理抵押预告的情况却比较普遍。正因如此,《不动产登记暂行条例实施细则》第 85 条第 1 款规定:“有下列情形之一的,当事人可以按照约定申请不动产预告登记:(一)商品房等不动产预售的;(二)不动产买卖、抵押的;(三)以预购商品房设定抵押权的;(四)法律、行政法规规定的其他情形。”为进一步明确预告登记制度的适用范围,《民法典》第 221 条第 1 款规定:“当事人签订买卖房屋的协议或者签订其他不动产物权的协议,为保障将来实现物权,按照约定可以向登记机构申请预告登记……”

需要说明的是,无论是原《物权法》还是《民法典》,都规定当事人“按照约定”可以向登记机构申请预告登记。据此,好像当事人如果没有约定,就不能申请办理预告登记,《不动产登记暂行条例实施细则》第 85 条第 1 款似乎也有这个意思。问题是,当事人如果没有约定办理预告登记,事后又不能达成一致,买受人是不是就不能请求办理预告登记?同样值得反思的是,如果房屋买卖合同没有约定出卖人协助办理过户手续,买受人是不是就不能请求出卖人协助办理过户手续?显然,出卖人协助办理过户手续是出卖人的义务,无须当事人明确约定。既然过户手续都无须当事人约定,何以办理预告登记还需要当事人约定呢?笔者百思不得其解。在笔者看来,即使当事人没有约定,只要买受人认为有需要并提出请求,出卖人就应有义务协助买受人办理预告登记。

此外,从比较法的角度看,一些国家及地区的民法关于预告登记的适用范围,通常比较广泛,例如《德国民法典》第 883 条规定:为保全目的在于转让或者废止一项土地上的物权请求权,或者土地上负担的物权请求权,或者变更这些物权的内容或其顺位的请求权,可以在土地登记簿中将其纳入预告登记。被保全的请求权附条件或者附期限时,预告登记也为许可。《瑞士民法典》第 959 条第 1 款规定:需法定预登记的,如先买权及买回权、买受权、租赁权等个人权利,得在不动产登记簿上预登记。第 960 条第 1 项规定:因下列之一种原因,得预登记对土地的处分限制:(1)官方为保全有争执的或有待执行的请求权所发布的命令;(2)出质、破产或遗产延期分割;(3)属法定预登记的,如家宅的设定及后位继承人的继承权等权利。根据我国台湾地区“土地法”第 79 条规定，预告登记适用于保全下列请求权：(1)关于土地权利移转或使其消灭之请求权；(2)土地权利内容或次序变更之请求权；(3)附条件或期限之请求权。

笔者认为，关于预告登记的适用范围，不宜作过多的限制，而应允许当事人就不动产物权达成的各种债权请求权，均可以通过预告登记而具有对抗第三人的效力，以达到保障债权实现的目的。实践中，除房屋买卖预告登记、抵押预告登记外，常见的还有优先购买权的预告登记以及共有物分管协议的预告登记，分别讨论如下。

### (一)债权物权化的优先购买权

如前所述，民法上的优先购买权可以分为债权性的优先购买权和物权性的优先购买权。前者是当事人在合同中约定的优先购买权，仅在当事人之间发生法律效力，如房改过程中一些单位与职工在房改协议中约定：职工转让房屋，单位有优先购买的权利，如果违反此种关于优先购买权的约定，当事人应承担违约责任，但不影响物权变动的效果，例如职工没有经过单位行使优先购买权就转让房屋，则职工应对单位承担违约责任；后者则是具有对抗第三人效力的优先购买权。也就是说，如果当事人违反该优先购买权转让标的物，并非当事人承担违约责任，而是对权利人不发生物权变动的效果，以保护权利人权利得以实现，例如张三对李四的房屋享有物权性的优先购买权，如果李四未经张三行使优先购买权就将房屋转让给王五，则该物权变动对张三不发生法律效力，张三仍可要求按照同等条件购买该房屋，李四负有移转所有权之义务，王五亦负有涂销登记和向李四返还标的物的义务。

物权性的优先购买权可以通过两种途径取得：一是法定的优先购买权，例如承租人的优先购买权，这是租赁权物权化的表现之一，又如共有人的优先购买权，这是所有权的效力之一；二是通过预告登记将债权性的优先购买权予以物权化，从而获得物权性的优先购买权，例如张三和李四约定张三对李四的房屋有优先购买的权利，此项权利本属债权性的优先购买权，但如果当事人就该项债权办理预告登记，则该项债权性的优先购买权就变成物权性的优先购买权，具有对抗第三人的效力。

我们在前文谈到,当事人违反预告登记的后果是处分行为相对无效;同理,当事人违反物权性优先购买权的后果也是处分行为相对无效,即该行为仅相对于优先购买权人无效,而在当事人之间乃至相对于任何其他第三人,都应认定为已经发生物权变动的效力。

(二)共有物分管协议的法律效力

《民法典》第300条规定,"共有人按照约定管理共有的不动产或者动产;没有约定或者约定不明确的,各共有人都有管理的权利和义务"。在学理上,称共有人之间关于共有物管理的约定为共有物的分管协议。首先应明确的是,此分管协议属于债权性质的约定,在当事人之间具有法律效力,一般不具有对抗第三人的效力,例如张三和李四共有一套房子,约定张三上半年居住,李四下半年居住,此后,张三经李四同意将其份额转让给王五,王五就不应受张三和李四之间分管协议的约束,仍得就共有物的管理重新与李四订立分管协议。因为王五不知道也不可能知道张三和李四之间有关于共有物管理的约定,如果使其受到该分管协议的约束,其交易安全就得不到保障。但是,如果张三和李四将该分管协议记载在登记簿上,则王五是否应受该分管协议的约束呢?关于这一点,德国民法通过判例承认此种分管协议具有物权的效力,即具有对抗第三人的效力。也就是说,在分管协议已经预告登记的情况下,王五如果购买张三的份额,就应受到该协议的约束。

## 六、关于预告登记的失效

《民法典》第221条第2款规定:"预告登记后,债权消灭或者自能够进行不动产登记之日起九十日内未申请登记的,预告登记失效。"关于债权消灭导致预告登记失效,《民法典物权编解释(一)》第5条规定:"预告登记的买卖不动产物权的协议被认定无效、被撤销,或者预告登记的权利人放弃债权的,应当认定为民法典第二百二十一条第二款所称的'债权消灭'。"问题是,除了债权消灭导致预告登记失效,还有一种导致预告登记失效的情形,即"自能够进行不动产登记之日起九十日内未申请登记"。实践中,对于这一情形很难进行把握。究其原因,主要是起点难以认定,即"能够进行不动产登记之日"很难进行准确界定。笔者认为,预告登记旨在保障债权的实现,只要债权没有实现或者消灭,预告登记就不应失效,法律规定预告登记的存续期间似乎与预告登记制度的规范目的并不符合。但既然立法已经作了规定,就要合理解释这一规则。在笔者看来,对于"能够进行不动产登记之日",不能根据客观标准进行界定,而应根据主观标准进行界定。也就是说,不能仅仅以客观上能够办理本登记之日作为 90 日的起算点,而且应以买受人知道或者应当知道能够办理本登记之日作为起算点。即使客观上能够办理,但如果买受人主观上不知道也不应当知道,就不能起算 90 日。否则,就可能导致预告登记在实践中被架空,无法发挥应有的保障债权实现的功能。

问题是,在何种情形下客观上可以办理本登记呢？笔者认为,只要建筑物所有权已经办理了首次登记,就应理解为可以办理本登记。关于这一点,《民法典担保制度解释》第 52 条关于抵押预告登记的规定可供参考。需要说明的是,所谓建筑物所有权首次登记,一般是指开发商将建筑物所有权登记在自己名下(此后再根据其与购房人之间的约定将房屋过户至购房人),但在实践中,也可能存在开发商直接将房屋登记在购房人名下。我们认为,无论上述哪种情况,都可以认为已经完成了建筑物所有权的首次登记。

# 第二十九讲

## 物权期待权的性质及其认定

### 一、问题的提出及其背景

前文谈到，基于种种原因，在我国，虽然法律明确规定不动产物权的变动以办理过户登记为要件，但当事人在订立买卖合同后未办理登记的情况时有发生，因此引起的纠纷不在少数，故关于形式主义物权变动模式所存在的缺陷，早已引起有关学者的关注，但在如何克服形式主义物权变动模式的缺陷上，则存在不同的意见，兹举一例，以作说明。

甲公司将自有房屋出卖给乙公司，双方订立买卖合同后，未办理过户手续，但甲公司将房屋产权证交付给乙公司，乙公司亦已支付全部价款。正值乙公司请求甲公司协助办理过户手续期间，甲公司因破产陷入清算，遂对于该房屋是否仍属于甲公司所有，发生争议：乙公司认为其对房屋已取得所有权，不应属于破产财产，自己可以行使破产法上的取回权；其他债权人认为，只要没有办理过户，就应认定为破产财产，乙公司只能作为债权人参与破产财产的清算。

针对上述案情，司法实践的普遍做法是严格贯彻形式主义物权变动模式的要求：只要没有办理过户手续，就认定所有权不发生变动，买受人仅取得债权，可以作为债权人参与破产清算，但不能作为所有权人行使破产法上的取回权。当然，这样的判决结果受到一些学者的诟病，认为对买受人不够公平，因为这一判决结果赋予登记过高的法律效力，过分关注形式正义，却忽视了实质正义；过分关注形式要件，却忽视了当事人的意思。关于这一点，我们在前文已有很多的论述，在此不再赘述。

针对司法实践的做法，孙宪忠教授认为，实践中之所以出现一些法官支持出卖人而牺牲买受人利益的不合理情况，是因为这些法官乃至许多学者对形式主义物权变动模式存在严重误解，以为只要不动产没有办理过户手续,所有权就不发生移转。在孙宪忠教授看来,在依法律行为发生的物权变动中,引起物权发生变动的内在动力是当事人之间的意思表示,也就是所谓的“物权合意”,而形式主义物权变动模式中的“形式要件”,只是认定“物权合意”的根据。也就是说,当事人之间的物权合意是否存在,通常要根据是否办理登记来进行判断,但这并非绝对,当事人没有办理登记,并不意味着就不存在物权合意,事实上,能够作为物权合意表征的还有其他形式,如当事人交付权利凭证、办理公证等。即使当事人在订立买卖合同之后没有办理登记手续,但如果能够客观地认定当事人之间已经达成物权变动的合意,法官也应认定物权已经发生变动,而不应仅仅根据登记与否来判断所有权的归属。[1]

应该说,孙宪忠教授的上述观点从结果上看,具有合理性,保护了应受保护的买受人的合理信赖。但从法律推理的角度看,上述观点并不符合形式主义物权变动模式的要求,也与孙宪忠教授在物权变动模式上的一贯主张格格不入。[2] 形式主义物权变动模式区别于意思主义物权变动模式的关键点,就在于形式主义物权变动模式不仅要求当事人达成物权变动的合意,而且要完成法定的形式要件,即动产为交付、不动产为登记。登记作为不动产物权变动的要件,并非可有可无,这是法律的强行性规定,当事人不得排除适用,也不得以其他公示方式进行替代,因为登记并非仅仅是认定当事人是否达成物权合意的客观证据,也是当事人控制交易风险的机制和保护第三人交易安全的手段。如果认为只要能够从客观上认定当事人之间达成物权变动的合意,就可认定物权已经发生变动,显然已经背离形式主义物权变动模式,从而走向意思主义物权变动模式。

果然不错,在孙宪忠教授的论著发表不久后,董学立先生即受其启

---

〔1〕 孙宪忠:《交易中的物权归属确定》,载《法学研究》2005 年第 2 期。

〔2〕 据笔者了解,孙宪忠教授一直是国内关于形式主义物权变动模式的坚定拥护者,甚至一直认为意思主义物权变动模式是错误的,因而不可取,但在《交易中的物权归属确定》一文发表后,已有不少学者开始猜测孙先生是否已放弃形式主义物权变动模式的主张。关于孙宪忠先生在物权变动模式上的相关观点,参见孙宪忠:《物权行为理论探源及其意义》,载《法学研究》1996 年第 3 期;《再谈物权行为理论》,载《中国社会科学》2001 年第 5 期;《中国物权法总论》,法律出版社 2003 年版,第 266 页。

发，发表一种更加极端的观点。他认为，形式主义物权变动模式的确存在严重的缺陷，过分重视登记在不动产物权变动中的重要性，而忽视当事人之间已经达成的意思表示，事实上，在不动产物权变动中，法律之所以要求登记，主要是为保护第三人的交易安全不致遭到损害，但仅仅因为这一点，法律却赋予登记过于强大的效力，不仅决定是否具有对抗第三人的效力，而且决定标的物在当事人之间的归属，从而导致在不存在第三人的情形下，交易双方的权利义务严重失衡。因此董学立先生认为，意思主义物权变动模式既能满足保护第三人交易安全的需要，又能很好地处理当事人之间的权利和义务关系，是更好的制度设计。因为在意思主义物权变动模式下，不动产登记只是不动产物权发生对抗效力的要件，而不是物权变动的生效要件，因此如果能够认定当事人之间已经达成物权变动的合意，即可认定物权在当事人之间发生变动，但如果没有办理登记，该物权变动就不具有对抗第三人的效力。[1]

如何评价董学立先生的观点呢？笔者认为，如果站在立法论的角度看，这种观点无可厚非，因为形式主义物权变动模式和意思主义物权变动模式各有其利弊，相对于形式主义物权变动模式，意思主义物权变动模式的确有其优点，对此我们在前文的讨论中也一再进行交代。在意思主义物权变动模式下，很多形式主义物权变动模式下存在的问题就不可能发生。因此，仅从立法论的立场出发，建议我国民事立法未来采取意思主义物权变动可以是一家之言。

问题在于，董学立先生发表上述看法似乎并非从立法论的角度谈论法律改革问题，而是针对孙宪忠先生提出的实际案例讨论解决问题的方案，因此应是站在解释论的立场讨论法律适用问题。如果是站在解释论的立场谈论法律适用问题，笔者以为，就应当遵循法律解释的基本规则，而不能天马行空，无视特定法秩序的存在。无论是根据当时新通过的《物权法》，还是根据《民法通则》及已有的法律和行政法规，在依法律行为发生的不动产所有权移转问题上，我国民法都是采用形式主义物权变动模式，这是我们在解释适用法律时的一个既定前提，即使在特殊情况

---

〔1〕 董学立：《也论交易中的物权归属确定》，载《法学研究》2005 年第 5 期。

下要有所突破，也需有足够充分的理由，否则就不是在适用法律，而是在创制法律。

问题是，如何在坚持形式主义物权变动模式的前提下，尽可能公正地解决当事人之间的权属争议呢？从比较法的角度看，在同样采形式主义物权变动模式的国家，如德国，乃是通过多种途径来化解形式主义物权变动模式之缺陷，其中之一便是“物权期待权”理论。这一理论的贡献在于：不仅能使法律问题的解决满足形式主义物权变动模式的要求，而且能使判决结果尽可能地符合当事人之间的实质正义。因此，物权期待权已经发展成德国民法上一个非常重要的概念。那么，什么是物权期待权呢？

## 二、期待权与物权期待权

如前所述，物权期待权是期待权的一种，除物权性的期待权外，民法上的期待权还可以针对债权而发生，例如当事人订立的合同已经成立，但约定的条件尚未成就，就应受到债权期待权的保护，即当事人虽然不能现实地享有债权，却取得一种获得债权的期待权。所谓“期待权”，是与“既得权”相对应的概念。既得权是指已经现实存在的权利。也就是说，使权利存在的条件已经全部具备，当事人实际上已经享有的权利；而与此相对应的期待权则不同，期待权是指使权利存在的条件尚不完全具备，还欠缺部分要件时的状态，也可称为取得权利的“预备阶段”。但是，我们应该看到，当事人虽然还欠缺取得权利的部分要件，尚停留在取得权利的“预备阶段”，但由于当事人正处于取得权利的过程中，已经具备取得权利的实质性条件，因此具有“期待”的利益，因此法律对这种独特的状态应该给予特殊保护。我国学者申卫星先生将期待权的特征概括为以下几个方面。〔1〕

其一，期待权与完整权利相对，是一项不完整权利。有人形象化地将期待权比喻成“完整权利的胚胎”或“完整权利的蛹”，旨在说明与完整权利相比，期待权所要取得的权利的构成要件尚未全部取得，期待权正处于向完整权利发展的道路上。

---

〔1〕 申卫星：《期待权理论研究》，中国政法大学2001年博士学位论文。

其二,期待权与既得权相对,是一项仍处于发展中的权利。既得权表达的是构成要件已经具备且由当事人现实享有的完整权利,而期待权表达的则是“期待”未来获得完整权利的法律地位。

其三,期待权是一项动态性与静态性相结合的权利。期待权的目的在于实现完整权利,其使命在于通过消灭自己而实现价值,因此期待权不仅是一个受法律保护的静态性权利,而且是一个动态性的权利。

应当说,物权期待权作为期待权的一种,是概念法学将财产权利两分为债权和物权的必然产物。如前所述,在概念法学看来,通过将民事权利区分为债权和物权,即可将所有财产权利全部涵盖,因此某种财产权利不是物权便是债权,在此之间似乎不存在其他权利状态。但其实不然,社会生活极其复杂,如果把所有的权利状态均归入债权和物权而进行保护,必然会导致“非此即彼,或有或无”的局面。也就是说,如果当事人的法律地位既不符合债权的构成要件,也不符合物权的构成要件,则权利人就既不能得到债权保护,也不能得到物权保护,即使当事人已经获得债权或者物权的实质性要件,只是欠缺一些非实质性的因素;而如果只满足债权的构成要件,但不满足物权的构成要件,就只能获得债权保护,而不能获得物权保护,即使交易过程中当事人在获得债权的基础上,已经完成获得物权的实质性的要件,只是欠缺一些非实质性的要件。此种“非此即彼,或有或无”的权利保护模式,可能会导致对一些问题的处理不太合理,比如张三与李四订立买卖房屋的合同后,向李四支付全部价款,且已经占有使用房屋,李四也已将产权证书交给张三,只是当事人没有办理过户登记的意识或者其他客观原因导致没有办理过户登记,此时张三的权利状态是否应与张三仅与李四订立买卖合同,而没有完成任何履行行为时的权利状态一样呢?如果严格按照形式主义物权变动模式,两种情形下张三都只能获得债权保护,不能获得物权保护,因为都没有办理过户登记。但将此两种情形不加区分地进行处理,对张三都只是给予债权保护,很难说具有合理性。

事实上,与前述合同成立后条件尚未成就前的情况类似,在买卖房屋的交易过程中,虽然双方没有办理过户手续,但如果双方在买卖合同的基础上,通过一些履行行为已经逐渐接近于取得所有权时,即买受人已经处于取得所有权的“预备阶段”时，就应受到高于普通债权的特殊保护，这种保护就是物权期待权的保护。

笔者认为，交易过程中期待权的出现，是交易阶段化的产物。在较为复杂的交易过程中，当事人通常是分阶段来完成整个交易过程，以复杂的买卖合同为例，有时要经过如下阶段：磋商——签订意向书——签订预约合同——订立买卖合同——分期履行合同——所有权移转。〔1〕在如此复杂的交易过程中，如果将仅以债权和物权两种权利形态对当事人的法律地位进行描述，显然会出现规范的真空。也就是说，当交易发展到一定程度时，法律规范却没有给予充分的考虑，还停留在之前的某一个状态，导致当事人之间的权利义务出现失衡。期待权的提出，有利于补足规范的空白，使法律规范的密度较之仅有债权和物权两种权利形态时更高，以满足社会经济生活的需求。为便于观察，作图 2 如下。

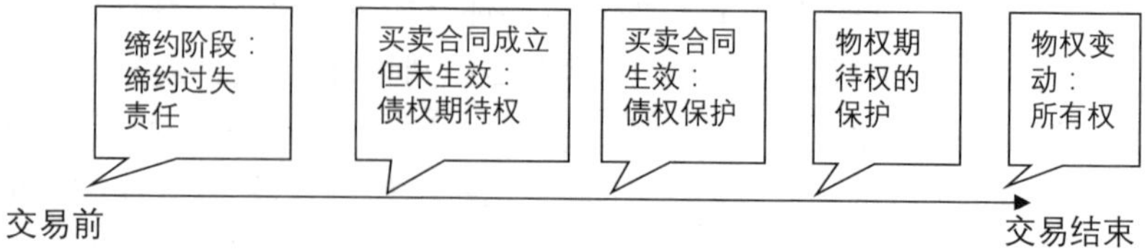


**图 2　交易过程中的期待权**

## 三、物权性期待权的性质

关于期待权的性质，理论界有不同的意见。从绝对权和相对权的角度看，有的认为期待权是相对权，也有的认为期待权是绝对权；从物权和债权的角度看，有的认为期待权是物权，也有的认为期待权是债权；从权利的作用的角度看，有的认为期待权是支配权，也有的认为期待权是形成权；还有的则认为期待权是一项特殊的权利，如此等等，不一而足。〔2〕

笔者以为，“期待权”只是描述当事人在取得完整权利过程中的一

〔1〕 关于现代交易的阶段化及其带来的课题，参见苏永钦：《缔约过失责任的经济分析——从现代交易的阶段化谈起》，载氏著：《民事立法与公私法的接轨》，北京大学出版社 2005 年版，第 173 页。

〔2〕 参见申卫星：《期待权理论研究》，中国政法大学 2001 年博士学位论文。

种法律地位,本身就是对某一类型权利的概括,而非指某一具体权利,因此必须根据所期待的完整权利来分析某一期待权的性质,因此债权期待权与物权期待权在性质上显然有所差异。以所有权保留买卖中买受人之期待权为例,王泽鉴先生认为,自其目的或功能而言,旨在取得标的物之所有权,系取得所有权之前阶段,因条件成就而变为所有权。故在体系上,期待权是横跨债权与物权两个领域,兼具债权与物权两种因素之特殊权利,系一种"物权",但其具有债权上之附从性;系一种"债权",但具有物权之若干特性。〔1〕 申卫星先生则认为,期待权作为完整权利取得的先期阶段,与完整权利应具有同一性质,并引用德国判例说明"其与所有权相比,并非异质,而系本质相同之缩型",因此所有权保留买卖中买受人的期待权应为物权(所有权)。〔2〕

笔者以为,物权期待权提出的目的就是要克服债权和物权两分法所带来的局限,如果再将期待权往债权或者物权上靠,自然不能得出一个可靠的结论。在笔者看来,物权期待权兼具物权和债权的一些特征和效力,应当属于一类中间型的权利。也就是说,它介于债权和物权之间,既非典型的债权,也非典型的物权,而是一类中间型的权利。此类中间型的权利在效力上要高于债权,但又要弱于所要实现的完整权利(物权)。至于在哪些地方高于普通债权的效力,在哪些地方弱于所要实现的完整权利的效力,即物权期待权的法律效力到底如何,则要视特定物权期待权进行具体讨论,无法建立普遍有效的规则,例如所有权保留买卖中买受人的期待权与登记前不动产买受人之期待权在效力上就有差别,不能等而视之。但有一点是明确的,那就是:在法律上对已获承认的物权期待权的处理,如物权期待权的转让、扣押以及保护等问题,是将期待权纳入适用所要取得之完整权利的规则中,例如所有权保留买卖中买受人期待权的转让,应适用民法关于所有权转让的规则。〔3〕

值得注意的是,在德国民法上,物权期待权(或称物权性的期待权)

---

〔1〕 王泽鉴:《民法学说与判例研究》(第一册),中国政法大学出版社 1998 年版,第 166 页。

〔2〕 参见申卫星:《期待权理论研究》,中国政法大学 2001 年博士学位论文。

〔3〕 [德]鲍尔、施蒂尔纳:《德国物权法》,张双根译,法律出版社 2004 年版,第 50 页。

主要用来描述以下几种情形中当事人的法律地位。[1]

其一，让与合意达成后，登记前不动产买受人的法律地位。根据形式主义物权变动模式，所有权的移转须以物权合意的达成与交付/登记等形式要件的完成为要件，但在物权合意达成与标的物的交付/登记之间，可能存在一段时间，此时买受人的法律地位如何，不无疑问。在标的物为动产的情况下，因标的物的交付所需时间较为短暂，在有物权合意但未交付时，买受人可以受到债权的保护，在先交付后达成物权合意时，受让人可以受到占有制度的保护，因此通常买受人的保护不会存在太大的问题，买受人的法律地位也无转让的必要；但在标的物为不动产的情况下，登记常常需要较长的时间，这段时间对于受让人具有独立的意义，其法律地位亦有转让和扣押的问题，因此买受人在此期间的法律地位则被描述为物权期待权。

其二，所有权保留买卖中买受人的法律地位。通说认为，所有权保留买卖中，在条件成就之前，随着买受人支付的价金越多，其法律地位就越接近于所有权，因此在所有权保留买卖中，买受人的法律地位常常被描述为物权期待权。

其三，被担保债权成立前，抵押权已经设定时抵押权人的法律地位。通常情形下，抵押权的取得须以有效债权的存在为前提，当所担保的债权在抵押权合意与登记之后才成立时，在登记簿上已登记之抵押权人，只有在债权成立时，所取得的抵押权才会生效，因此其法律地位亦被描述为物权期待权。

由此可见，物权期待权并非某一特定权利的称谓，而是几种权利的概称，我们使用物权期待权这一概念的目的，只是说明此类权利具有一些共同性问题，即此类权利的保护问题、转让问题以及扣押问题。即使如此，就此类权利的保护、转让和扣押而言，并不能建立普遍有效的规则，而应将其纳入所要实现的完整权利进行分析。

---

〔1〕［德］鲍尔、施蒂尔纳：《德国物权法》，张双根译，法律出版社2004年版，第51页。

## 四、物权性期待权的认定

前已述及，期待权既不同于纯粹主观上的希望，也不同于单纯的期待，而是应受法律保护的特殊法律地位，因为此时权利人已经完成获得完整权利的实质性构成要件，仅欠缺部分构成要件，从而形成对完整权利的合理期待，其地位亦有转让之可能性。但问题是，当事人在具备何种要件时，才能从单纯的期待转变到期待权之法律地位呢？

王泽鉴先生认为，单纯之期待与期待权之区别，即应具备何种取得权利之要件，才能称得上是期待权呢？这确实是一个很难解答的问题，学者不一其说：有纯依形式之观点，认为取得权利仅欠缺最后要件时，其地位即具备权利之性质；有的则认为应视权利之"质"而定，已具备重要要件者，为期待权，反之，则为单纯的期待；有的主张应分别成立要件与生效要件而定，若具备成立要件，则为期待权。他认为对此应依实质观点予以判断，而不应依形式观点区别期待与期待权。因为，什么是最后要件、什么是成立生效要件，在事实上很难确定，而且这不足以说明何以此种取得权利地位，应赋予权利性质之实质理由。王泽鉴先生认为，对于具备何种取得权利要件之地位，始足构成期待权，应予考虑的因素有两点：(1)此种地位是否已受法律保护；(2)此种地位是否有否赋予权利性质之必要。前者如合同成立后生效前之地位，法律明确规定当事人不得擅自解除或者变更，因此受到法律保护；后者则以社会经济观念进行价值判断，看是否有视之成为交易客体的必要。为使事实上之希望、单纯之期待与期待权的关系更加清楚，王泽鉴先生作图 3 如下，以示说明：

希望→单纯主观之心理状态

↓

期待→因具备取得权利部分要件而生之地位

↓

期待权→具备权利取得之部分要件，受法律保护，且依社会经济观点，使成为交易之客体，特赋予权利性质之法律地位。

↓

权利

**图 3　王泽鉴先生对希望期待与期待权的关系认定**

笔者对于期待权的认定,亦持相似的看法,认为应着重从实质上而非形式上判断当事人的地位是否已从单纯的期待转化为受法律保护的期待权,因此有必要使用“实质性要件”和“非实质性要件”的术语来描述获得期待权的条件。也就是说,只有在当事人已经具有取得完整权利的实质要件,仅仅欠缺非实质要件时,才能认定其享有期待权的地位。至于何为实质性要件、何为非实质性要件,笔者认为,由于期待权并非指某一特定的权利,而是对某一类型权利的概称,因此在判断当事人是否取得期待权时,应具体问题具体分析,根据所要实现的完整权利来分析哪些是构成完整权利的实质性要件,哪些要件是非实质性要件,而不能一概而论。因此,即使是物权期待权的取得,也应在首先明确是哪种情形下的期待权之后再进行分析。就登记前买受人的法律地位而言,作为买受人取得物权期待权的实质要件、应是当事人业已达成的物权合意,而登记作为形式要件,则处于非实质要件的地位。

在判断哪些是取得完整权利的实质要件,哪些是非实质要件时,必须与当事人的目的联系起来判断,以通过买卖合同移转不动产所有权为例,当事人的直接目的是改变标的物的归属,因此当事人之间的利益关系居于最为重要的地位,物权的变动应更多地取决于当事人之间的意思表示。也就是说,在物权变动中,登记作为形式要件,对当事人双方而言是一个非实质性的要件,因为权利变动应取决于当事人之间的意思表示,即所谓的物权合意,因此物权合意才是当事人之间达成权利变动的实质性要件,如果在登记之前,双方事实上已经达成物权变动的合意,即应认定买受人已经取得“物权期待权”。

## 五、物权合意的不可撤销性

在德国民法上,既然物权合意的存在是登记前买受人享有物权期待权的要件,因此判断物权合意是否存在就成为实务中非常重要的环节。如何判断当事人之间已经达成物权变动的合意呢?如前所述,买卖合同的订立仅仅表明当事人发生债权债务关系的合意,并不当然反映当事人就标的物已经达成物权合意,因此当事人不能仅仅以买卖合同的存在证明双方之间已经达成物权变动的合意。在不动产物权变动中,通常情况下,当事人之间的物权合意是通过申请登记表示的,但这并不排除在申请登记前,双方就已经达成物权变动的合意,例如当事人在买卖合同之外,另行订立移转所有权的合同。问题在于,是否只要当事人达成物权变动的合意,即可认定买受人享有物权期待权呢?对此,还须考察物权合意的可撤销性,即当事人达成物权合意后,当事人是否须受物权合意的拘束?也就是说,物权合意达成后,一方是否可以随意撤销(撤回)?因为如果一旦物权合意能够根据当事人单方意思表示即可撤销或者撤回,买受人的地位就会处于不稳定状态,自然不能赋予买受人物权期待权的法律地位;相反,只有在物权合意对双方都具有拘束力的情况下,才能赋予买受人物权期待权的效力。

对此,德国民法学说认为物权合意并不具有债法上的因素,从而不具有拘束力,当事人一方原则上得自由撤回之,但在《德国民法典》第873条第2项规定的情形,物权合意具有拘束力:成立合意之当事人,在未为登记前,仅以双方之表示,已由法院或者公证人作成证书,或其表示系在土地登记官署前为之,或曾向之申请登记,或权利人已经土地登记法所规定之登记同意书交与他方当事人者为限,始受合意之拘束。[1]由此可见,通常情况下物权合意并不具有拘束力,因此即使当事人达成物权变动的合意,也不能因此认定买受人就享有物权期待权,只有在物权合意具有约束力的情况下,不动产买受人才具有物权期待权的地位。

关于物权合意是否具有拘束力,王泽鉴先生认为,因台湾地区“民法”没有明确规定,因此基于法律行为因生效而有拘束力的一般原则,应采肯定说,故一方当事人不得片面撤回之,此为其一;其二,德国民法关于物权合意是否可撤销的规定并无实益,因为即使物权合意可以被撤销或者撤回,只要债权行为有效,当事人仍有达成物权合意的义务,一方当事人亦得据此诉请他方作出让与的意思表示。笔者认为,德国民法关于物权合意通常不具有拘束力的见解以及特殊情形下物权合意具有拘束力的规定并非没有意义。如前所述,将登记作为法律行为体现出对当事人意思自治的尊重,因此登记时必须具有物权合意是登记引起物权发生

〔1〕 参见[德]鲍尔、施蒂尔纳:《德国物权法》,张双根译,法律出版社2004年版,第88页。

变动的前提,如果赋予登记前达成的物权合意具有拘束力,则显然会限制当事人的私法自治,至于买受人根据债权行为诉请出卖人作出让与的意思表示,则属另一问题,不应作为认定物权合意具有拘束力的理由,否则便与将交付/登记认定为事实行为无异,此为其一;其二,《德国民法典》第 873 条第 2 款关于特殊情形下物权合意具有拘束力的规定也并非没有意义,因为这些特殊情形的一个共同点,就是当事人达成的物权合意都须以一定的形式予以公示,登记机关即可据此办理登记,如果不赋予物权合意具有拘束力,必将导致登记无法进行或者发生错误;其三,区分物权合意是否可以撤销有利于认定买受人何时享有物权期待权,只有在物权合意不可撤销的情况下,才能认定买受人享有物权期待权。

## 六、物权期待权的本土化

我国民法不承认物权行为理论,物权合意已被买卖合同、抵押合同等原因行为所吸收,所以不存在物权合意单独被撤销的问题。就此而言,当事人订立的买卖合同、抵押合同等原因行为已经带有"处分"的性质。但即使如此,物权的变动仍需根据法律的规定践行相应的公示方式。因此,实践中也会面临物债两分带来的问题。为解决这些问题,最高人民法院的有关司法解释采取了大量措施,用以缓和形式主义物权变动模式的僵化,从而形成了中国特色的物权期待权制度。

其一,关于登记前的不动产买受人能否排除强制执行的问题。《查、扣、冻规定》(法释〔2020〕21 号)第 15 条规定:"被执行人将其所有的需要办理过户登记的财产出卖给第三人,第三人已经支付部分或者全部价款并实际占有该财产,但尚未办理产权过户登记手续的,人民法院可以查封、扣押、冻结;第三人已经支付全部价款并实际占有,但未办理过户登记手续的,如果第三人对此没有过错,人民法院不得查封、扣押、冻结。"此外,《执行异议和复议规定》进一步缓和了第三人提出执行异议的条件,并将第三人区分为一般买受人和消费者分别规定如下:"金钱债权执行中,买受人对登记在被执行人名下的不动产提出异议,符合下列情形且其权利能够排除执行的,人民法院应予支持:(一)在人民法院查封之前已签订合法有效的书面买卖合同;(二)在人民法院查封之前已合法占有该不动产;(三)已支付全部价款,或者已按照合同约定支付部分价款且将剩余价款按照人民法院的要求交付执行;(四)非因买受人自身原因未办理过户登记。"(第28条)"金钱债权执行中,买受人对登记在被执行的房地产开发企业名下的商品房提出异议,符合下列情形且其权利能够排除执行的,人民法院应予支持:(一)在人民法院查封之前已签订合法有效的书面买卖合同;(二)所购商品房系用于居住且买受人名下无其他用于居住的房屋;(三)已支付的价款超过合同约定总价款的百分之五十。"(第29条)关于登记前不动产买受人取得的能够排除强制执行的权利,理论界将其理解为物权期待权。但是,与德国民法对此种情形下物权期待权的认定不同,我国民法不要求当事人已经向登记机构申请过户登记,但要求买受人已经实际占有房屋(一般买受人)或者买受人已支付的价款超过合同约定总价款的50%(消费者)。

其二,关于破产财产的认定问题。《最高人民法院关于审理企业破产案件若干问题的规定》(以下简称《破产案件规定》)第71条规定,"下列财产不属于破产财产:……(五)特定物买卖中,尚未转移占有但相对人已完全支付对价的特定物;(六)尚未办理产权证或者产权过户手续但已向买方交付的财产……"可见,在对破产财产进行认定时,该规定并未完全贯彻形式主义物权变动模式。值得注意的是,尽管这一司法解释没有被废止,但上述规定是否仍然能够继续适用,实践中存在较大的争议,因为《最高人民法院关于适用〈中华人民共和国企业破产法〉若干问题的规定(二)》[以下简称《破产法解释(二)》](法释〔2020〕18号)第2条规定,"下列财产不应认定为债务人财产:(一)债务人基于仓储、保管、承揽、代销、借用、寄存、租赁等合同或者其他法律关系占有、使用的他人财产;(二)债务人在所有权保留买卖中尚未取得所有权的财产;(三)所有权专属于国家且不得转让的财产;(四)其他依照法律、行政法规不属于债务人的财产",未继续规定《破产案件规定》第71条第5、6项规定的相关内容。笔者认为,《破产法解释(二)》第2条虽然严格贯彻了形式主义物权变动模式,并将债务人对财产享有所有权作为判断该财产是否为破产财产的依据,但却未能照顾到现实生活的复杂性,也未考虑到债物两分法所存在的缺陷,更未采取相应的措施予以克服。就此而言，在《破产案件规定》第71条更加科学、合理，也更符合物权期待权理论。需要说明的是，《破产案件规定》第71条第5、6项虽然体现了物权期待权的理论，但与德国民法不同，在标的物为不动产的情况下，我国民法不要求当事人已经向登记机构申请办理过户手续，而是要求已经交付标的物，即移转占有；在标的物为动产的情况下，则要求标的物特定，且已完全支付对价。

此外，为解决形式主义物权变动模式带来的僵化，最高人民法院于2000年发布的第五次民事审判工作会议纪要，并指出，在当事人的物权变动意思"可以证明"的情况下，即使当事人没有登记，也承认物权变动的有效。〔1〕可见，该司法政策性文件不但明确物权变动的须当事人达成物权变动的意思（物权合意），而且区分物权合意是否"可以证明"而异其效果。根据这一规定，在有证据证明当事人已经达成物权合意时，登记前的买受人似应获得物权期待权的保护。言下之意即是，在物权变动意思"不可以证明"的情况下，则不能认定买受人取得物权期待权。问题是，如何认定当事人的物权变动意思"可以证明"呢？实践中一种观点认为，有下列情形之一，可认定当事人的物权变动意思是"可以证明"的。

一是申请登记。当事人申请办理登记是当事人达成物权变动合意的直接证据，因此只要当事人已经向登记机关申请登记，即应认定买受人获得物权期待权之保护。

二是权属证书的交付。在我国，不动产登记通常伴随房产证的发放，实践中，当事人对产权证书的交付也十分看重，因此，虽然没有向登记机关申请登记，但如果将登记机关发放的权属证书交付对方，亦可认定当事人已经达成物权变动的合意。

三是办理公证文书。当事人在订立买卖合同之后，就不动产交易办理公证文书时，可以认定双方达成物权变动的合意。因为在我国，公证并非不动产登记的前提，因此当事人将交易进行公证时，既不是简单的

---

〔1〕 参见唐德华主编、最高人民法院民事审判庭编：《民事审判指导与参考》（第4卷），法律出版社2000年版，第5页以下。

债权合意,也并非为满足登记需要而进行的准备,而是反映双方物权变动合意的行为。

此外,实践中还有人认为,在标的物为不动产的情况下,当事人交付标的物的行为也可以看作是当事人已经达成物权变动合意的证据。

笔者认为,由于我国民法不承认物权行为理论,因此,所谓当事人达成的物权变动合意已经被买卖合同、抵押合同等原因行为吸收。也就是说,当事人签订的买卖合同、抵押合同等原因行为已经包含当事人达成的物权变动合意。此外,当事人仅仅订立买卖合同、抵押合同等原因行为,并不能取得物权期待权。因此,将"可以证明"当事人已达成物权变动的合意作为认定物权期待权的标准,与我国民法不承认物权行为理论是矛盾的,也是不可取的。在笔者看来,物权期待权理论极为复杂,不同情形下物权期待权的认定也可能不完全相同,应具体问题具体分析,不宜划定一个统一的标准。关于这一问题,我们还将在下一编继续讨论。

PART Ⅷ 第八编

# 物权法与相关法律的衔接与适用

物权法是《民法典》的重要组成部分，而《民法典》是一部基础性法律，因此必然会对其他相关法律产生重大影响。从实践情况看，在强制执行和破产程序中，都会面临大量物权法问题。究其原因，是因为在强制执行和破产程序中，物权的排他效力与优先效力表现得更加充分，因而判断标的物是否属于执行标的或者破产财产，就会成为一个极为重要的问题。此外，物权法关于不动产登记的规定也被认为是外观主义的典型表现，而在民商事审判中，外观主义又常常被误用甚至滥用。为此，本书特设最后一编，就这些问题进行系统的讨论。

本编分为三讲：第三十讲“外观主义在民商事审判中的运用”，提出外观主义仅仅是对善意取得、表见代理、表见代表等制度理论概括，不能直接作为裁判的依据，且外观主义只能运用于保护交易中的第三人，在非交易关系发生权属争议时，应运用不动产登记的权利推定效力等制度，并允许当事人通过举证推翻对权利的推定；第三十一讲“执行异议之诉与确权之诉的关系”，重点讨论执行异议之诉的程序功能，指出执行异议之诉具有确权的功能，因而当事人不得在执行异议之诉外另行提起确权之诉，但人民法院在执行异议之诉案件中不应限于审查权属，还应就案外人是否享有排除强制执行的其他权利作出认定；第三十二讲“《民法典》背景下的破产财产及其认定”，指出破产财产的认定既涉及物权变动规则的运用，也涉及破产法上大量规则的适用（如未履行合同规则、取回权和别除权），并对登记对抗与破产财产的认定、消费者权利保护与破产财产的认定等问题进行详细分析。

# 第三十讲

## 外观主义在民商事审判中的运用

在当前的司法实践中,外观主义被广泛运用于民商事审判,甚至不少裁判者将外观主义作为裁判的重要理由或者直接依据外观主义作出裁判。值得注意的是,近年来已有不少专家学者开始反思外观主义在司法实践中的适用,例如有专家在调研中发现,在具体案件的审理中,外观主义原则存在被滥用之虞,其适用范围亟待厘清〔1〕;也有学者指出外观主义在民商事审判中常常被滥用和误用于非交易行为的领域,进而指出外观主义并非法律明文设置的原则及规则,而是专家、学者、判决概括、升华的法律理念、思潮、指导思想、原理,现行法虽然有大量原则、规则体现了外观主义,但并无统一的法律功效,其所处地位、所起作用也不整齐划一〔2〕。最高人民法院于 2019 年 11 月 14 日发布的《九民纪要》亦明确指出要"特别注意外观主义系民商法上的学理概括,并非现行法律规定的原则,现行法律只是规定了体现外观主义的具体规则",并要求"审判实务中要准确把握外观主义的适用边界,避免泛化和滥用"。可见,外观主义在审判实践中的被泛化和滥用已经成为理论界与实务界的共识。但问题是,外观主义究竟为何物?现行法到底是如何体现外观主义的?在当前的司法实践中,外观主义为什么会被泛化和滥用?又是如何被泛化,如何被滥用的?笔者认为,只有全面回答了上述问题,才能正确把握外观主义在民商事审判中的运用。

---

〔1〕 参见张勇健:《商事审判中适用外观主义原则的范围探讨——与最高人民法院〈关于适用《中华人民共和国公司法》若干问题的规定(三)〉相关条文对照》,载《法律适用》2011 年第 8 期。

〔2〕 参见崔建远:《论外观主义的运用边界》,载《清华法学》2019 年第 5 期。

## 一、外观主义的正当性及其制度化

在我国民法的语境下,“主义”和“原则”往往是通用的,例如物权法定主义也被称为物权法定原则,外观主义也常常被称为外观主义原则。不过,“原则”一词在语义上具有多重性。例如我国的民法理论既有作为基本原则的诚实信用原则、公序良俗原则等,也有体现某一领域基本法律思想的原则,如适用于合同法的合同自由原则,适用于侵权法的过错责任原则以及适用于物权法的所有权绝对原则〔1〕。此外,还有作为立法技术的结构性原则,例如物权法定原则即旨在将物权与债权从立法技术上区分开来〔2〕。从法律适用的角度看,原则的含义不同,其地位和作用也不一样,例如诚实信用原则、公序良俗原则等民法基本原则既发挥着指导裁判者正确理解具体规则的作用,也发挥着民法一般条款的作用,在法律没有明确规定时,裁判者可依基本原则作出裁判〔3〕。又如合同自由原则、过错责任原则或者所有权绝对原则,则是立法者通过“原则”和“例外”来表达价值判断,从而要求裁判者在对具体问题进行判断时,如果认为应当适用“例外”而非“原则”,就须承担说理义务:合同自由原则意味着裁判者非有足够正当且充分的理由,不得认定当事人自愿达成的协议无效;过错责任原则意味着裁判者非有足够正当且充分的理由,不能判决一个没有过错的行为人对行为给他人造成的损失承担赔偿责任;所有权绝对原则意味着裁判者非有足够正当且充分的理由,不得判决限制所有权人对标的物的支配〔4〕。至于作为结构性原则的物权法定原则,则是我国民法较为严格区分物权与债权的产物,因为物权既然被界定为“权利人对特定的标的物进行直接支配并排他的权利”,那么

---

〔1〕 参见徐国栋:《民法基本原则解释——成文法局限性之克服》,中国政法大学出版社1992年版,第48页。

〔2〕 参见崔建远:《我国物权法应选取的结构原则》,载《法制与社会发展》1995年第3期。

〔3〕 参见彭诚信:《从法律原则到个案规范——阿列克西原则理论的民法应用》,载《法学研究》2014年第4期。

〔4〕 关于“原则”在论证中的意义,参见王轶:《民法价值判断问题的实体性论证规则——以中国民法学的学术实践为背景》,载《中国社会科学》2004年第6期。

必然具有对抗第三人的效力,只有其种类与内容由法律规定而非由当事人自由约定,才能不至于使第三人的交易安全受到不利影响〔1〕。物权法定原则旨在要求裁判者区分当事人的约定究竟是在物权法上发生效力还是仅在合同法上发生效力,从而准确适用法律,因此既与前述作为一般条款的民法基本原则有别,也与体现立法者基本思想并旨在强调裁判者仅在适用“例外”时才有说理义务的“原则”不同。不过,上述三种意义的“原则”或者“主义”虽然意义不同,但都发挥着指导裁判者如何适用法律的功能,有些甚至发挥着作为裁判依据的作用。

既然“原则”或者“主义”的用语在我国现行法上的含义如此复杂,那么外观主义或者说外观主义原则究竟是在什么意义上使用“原则”或者“主义”呢?这就涉及外观主义或者外观主义原则的内涵与外延。事实上,无论是在理论上还是实务上,尽管外观主义均被常常提及,却很少有人给外观主义进行明确的界定,以至于在谈到外观主义时,在讨论范围上可能并不完全相同,例如有人认为外观主义是商法的基本原则,旨在促进商事交易的快捷与安全,并突出商法思维的特殊性〔2〕,但也有人认为“私法中没有哪个领域能排除它的适用”〔3〕。为什么会出现这种情况呢?这是因为,与前述三种“原则”均有所不同,外观主义或者外观主义原则在性质上属于一种法理,因而也常常被称为外观法理或外观理论。它是民法学说对一类法律现象所作的总结和提炼:某些法律制度为保护相对人的交易安全,不得不忽视真实的法律状态而仅依据外观形式即赋予特定的法律效果〔4〕。相对于民法而言,由于商法更加重视交易的快捷与安全,体现此种法律理论的情形更为常见,因此外观主义被商法学者概括为商法的基本原则,以示商法与民法的区别,但值得注意的

〔1〕　参见王文宇:《物权法定与物权债权区分》,载《民商法理论与经济分析》,元照出版公司 2004 年版。

〔2〕　参见王保树:《商法总论》,清华大学出版社 2007 年版,第 73 页;赵旭东主编:《商法学》,高等教育出版社 2007 年版,第 21 页;郭富青:《商法外观主义与商事裁判思维》,载王保树主编:《中国商法年刊》,法律出版社 2013 年版,第 274 页。

〔3〕　[法]雅克·盖斯旦、吉勒·古博:《法国民法总论》,陈鹏等译,法律出版社 2004 年版,第 790 页。

〔4〕　相同观点,参见崔建远:《论外观主义的运用边界》,载《清华法学》2019 年第 5 期。

是,这里的"原则"仅仅是意味着商法体现外观主义的情形较多而已,对于裁判者适用法律并不发挥具体的指导功能,更不能直接作为裁判的依据。从实际情况看,在民商事法律的各个领域,也都存在真实法律状态与外观形式不一致的情形,因而也都有外观主义的体现,只是程度有所差别而已,例如有学者就分别讨论过我国现行法上民事主体法、代理法、物权法、债权法、家庭法以及民法总则所体现的外观主义〔1〕。也正因为外观主义在民商法的各个领域都有体现,我们在何种意义上使用外观主义的概念,就显得特别重要,否则就可能导致各说各话。例如,有学者就指出法国民法学界对外观理论就存在"最广义外观理论""广义外观理论""狭义外观理论"三种不同的理解〔2〕。同样,笔者认为,在我国民法理论上,外观主义也存在三种不同的界定:最广义的外观主义,泛指一切法律赋予外观形式以一定法律效果或者法律效力的现象;广义的外观主义,是指法律赋予权利外观或者意思表示外观以一定法律效果或者法律效力;狭义的外观主义,仅指法律赋予权利外观或者外观授权以一定法律效果或者法律效力。在笔者看来,最广义的外观主义范围过于宽泛,且具体情形各异,讨论的意义不大。广义的外观主义与狭义的外观主义之间的区别在于前者不仅指法律赋予外观权利或者外观授权以一定的法律效果或者法律效力,也指法律赋予意思表示外观以一定的法律效果,而后者则仅指外观权利或者外观授权被赋予一定的法律效果或者法律效力。考虑到在意思表示过程中,如果当事人的真实意思与其表示出来的意思不一致,涉及的是法律行为的解释问题,且现有民法理论也是在表示主义和意思主义的区分下讨论这一主题,如果再将之纳入外观主义进行讨论,既无必要,也可能造成问题的复杂,因此本讲仅讨论狭义上的外观主义。从比较法的角度看,在德国法上,民法通说亦严格区分意思表示外观与权利外观,例如拉伦茨教授就曾明确指出表意人应受可归责于自身的意思表示的约束,即使表意人认为他的意思另有所指或者根

---

〔1〕 参见王焜:《积极的信赖保护:权利外观责任研究》,法律出版社 2010 年版,第47—57 页。

〔2〕 参见罗瑶:《法国民法外观理论研究》,法律出版社 2011 年版,第 20—27 页。

本无意作出什么法律行为，也应根据《德国民法典》第 122 条对相对人的损失进行赔偿，但这种责任不同于权利表见责任，后者对相对人进行保护的根据在于权利状态的表象，这种责任已经超出了行为人因自己的意思表示而应负责的范围，因而是一种“扩大了的责任，是对于法律行为交往中的作为或不作为所承担的责任；这不是法律行为理论范围内的信赖责任，而是把法律行为责任扩大了的范围内的信赖责任”〔1〕。

如果将外观主义限定为法律通过赋予权利外观或者外观授权以一定的法律效果或者法律效力来保护相对人的交易安全，则外观主义在我国现行法上的表现主要涉及两个方面：一是当公示的权利状态与真实的权利状态不一致时，法律为保护相对人的交易安全而赋予公示以一定的法律效力，善意取得、登记对抗均属于这一类型；二是在行为人在未获授权的情形下以他人名义进行交易，但法律为保护相对人的交易安全，在一定条件下承认行为人所为之意思表示对该他人也发生效力，表见代理、表见代表即属于此种类型。可见，狭义上的外观主义旨在解决行为人“无权”时善意相对人的保护问题，因而与现行民法上的赋权性规定密切相关。以无权处分为例，原《合同法》第 51 条规定行为人无权处分所签订的合同为效力待定的合同，除非行为人事后取得处分权或者得到权利人的追认，该行为将被认定无效。尽管原《买卖合同解释》第 3 条将仅发生债权债务关系而不直接引起物权变动的买卖合同排除在原《合同法》第 51 条的适用范围之外，但依民法通说，物权的变动仍然须以行为人有处分权为要件，在行为人事后没有取得处分权或者获得权利人追认时，与之进行交易的相对人仍然不能基于当事人之间的法律行为取得标的物的所有权，而只能通过善意取得取得标的物所有权〔2〕。值得注意的是，尽管《民法典》删除了原《合同法》第 51 条，但这是为了避免裁判者将无权处分规则适用于仅发生债权债务关系的合同上（如买卖合同、抵押合同等），并不意味着处分权对于物权变动没有意义，否则善意取得

〔1〕［德］卡尔·拉伦茨：《德国民法通论》，王晓晔等译，法律出版社 2003 年版，第 886—887 页。

〔2〕参见吴光荣：《再谈无权处分行为的效力——兼论法释［2012］8 号第 3 条的理论基础》，载《法学家》2015 年第 5 期。

制度就成为无本之木、无源之水，因为善意取得制度适用的前提是无权处分，如果无权处分所订立的合同有效，且相对人可依据有效合同即可取得物权，则善意取得制度自然就没有存在的必要了[1]。可见，善意取得制度解决的是行为人无权处分时善意相对人的保护问题。同理，表见代理是为了解决行为人无权代理时善意相对人的保护问题，表见代表则是为了解决行为人无权代表时善意相对人的保护问题。至于《民法典》第 65 条“法人的实际情况与登记的事项不一致的，不得对抗善意相对人”（原《民法总则》第 65 条）的规定，则既有可能是为了解决行为人无权处分时善意相对人的保护问题（如股权的登记），也有可能是为了解决行为人无权代理或者无权代表时善意相对人的保护问题（如法定代表人的登记）。

既然外观主义是指当权利外观或外观授权与真实的权利状态不符时，法律为保护相对人的交易安全而赋予权利外观或者外观授权以一定的法律效果或法律效力，就必然会牺牲真正权利人的利益，那么问题随之而来：法律以牺牲真正权利人的利益为代价保护善意相对人之交易安全的正当性何在？例如，在不动产登记簿记载的权利人与实际的权利人不一致时，相对人因信赖不动产登记簿的记载而与登记名义人进行交易，《民法典》为保护善意相对人的交易安全，不仅承认不动产登记簿的记载具有公信力（《民法典》第 216 条第 1 款），而且规定了善意取得制度予以落实（《民法典》第 311 条）。显然，在行为人无权处分时，如果相对人根据善意取得制度从无权利人处取得物权，也就意味着真正权利人必将丧失物权。立法者作出上述价值判断，自然会面临正当性的拷问。对此，理论界有不同的观点：“信赖理论”认为，法律之所以承认外观主义，是因为要保护相对人的合理信赖；“与因理论”则认为，法律赋予权利外观或者外观授权以一定的法律效果或者法律效力必然会导致真正权利人受到损失，但这是因为真正权利人对权利外观或者外观授权的形

[1] 在《民法典》编纂过程中，有学者对《民法典（草案）》删除无权处分规则提出了批评，认为这可能导致善意取得制度被架空。参见梁慧星：《民法典合同编二审稿若干问题》，载清华大学法学院网，2019 年 7 月 11 日访问。

成具有一定的原因;"危险理论"认为,承认外观主义的根本原因,在于交易本身的危险性要求法律对因此带来的风险负担进行分配。[1] 笔者认为,上述理论虽然都能说明法律保护善意相对人的必要性,但却未能说明法律在面对真正权利人和善意相对人都需要保护且只能二者选其一时,何以要牺牲真正权利人的利益而选择对善意相对人的交易安全进行保护。对此,有学者从法经济学的角度进行分析,认为法律之所以承认外观主义,是因为将交易风险更多地分配给能够控制风险的真正权利人,这样既可以解决相对人信息匮乏的问题,也更有利于降低交易成本,从而较为有效地实现资源配置[2]。笔者认为,经济分析方法虽然可以论证在正常交易下,当行为人无权处分时,法律为何舍弃真正权利人的利益而保护相对人的交易安全,但无法说明何以善意取得制度在标的物为遗失物或者盗赃物时被限制适用,因为遗失物或者盗赃物的交易也可能面临相对人信息匮乏的问题。所以,法律要承认外观主义,可能还需要更加坚实的理论基础。

对此,有学者敏锐地指出,法律之所以规定善意取得制度,是因为立法者在面临公正与秩序的价值冲突时,不得不牺牲一个而保护另一个:对真正权利人的保护涉及个案公正的价值追求,而对相对人的保护则涉及交易秩序的价值追求,当行为人无权处分时,公正的价值和秩序的价值就会发生冲突,此时立法者基于"不公正胜于无秩序"的价值判断,便不得不选择牺牲真正权利人的利益而保护相对人的交易安全[3]。当然也正因为是以牺牲真正权利人的利益来保护相对人的交易安全,法律对善意取得制度的适用范围有严格限制条件。例如在我国民法上,善意取得制度的适用不仅须以相对人善意为要件,而且要求相对人支付合理对价、已经交付标的物或者办理登记手续等;此外,在适用范围上,法律还

---

〔1〕 参见全先银:《商法上的外观主义》,人民法院出版社 2007 年版,第 44—46 页;侯巍:《民事权利外观的信赖保护——以财产权继受取得为视角》,人民出版社 2012 年版,第 17—20 页。

〔2〕 参见冯玥:《商法中的外观主义研究》,武汉大学出版社 2019 年版,第 55—65 页。

〔3〕 参见尹田:《论"不公正胜于无秩序"》,载梁慧星主编:《民商法论丛》(第 19 卷),金桥文化出版(香港)有限公司 2001 年版。

严格限制了遗失物和盗赃物的善意取得。也就是说,在立法者看来,只有正常的交易秩序才能正当化法律以牺牲真正权利人的利益为代价来保护相对人的交易安全,而非正常的交易秩序不足以正当化善意取得制度[1]。笔者赞同以"不公正胜于无秩序"这一价值判断作为善意取得的理论基础。不仅如此,在笔者看来,各国法律之所以承认外观主义,大抵也都可以从这一价值判断寻求到正当化的根据。

总之,法律承认外观主义并非当然具有正当性,而是立法者在面对公正与秩序的价值冲突时所作的艰难选择。事实上,法律在通过外观主义保护相对人的交易安全时,不能也不应完全无视公正的价值而将可能受到影响之其他当事人的利益置于不顾,因而必须为相对人根据权利外观或者外观授权获得保护规定一定的条件。就此而言,立法者必须通过确立一套完整的制度并构建具体规则来落实外观主义,进而平衡对真正权利人的保护和对善意相对人交易安全的保护。也就是说,尽管现行法上的大量制度体现了外观主义的法理,但在善意相对人基于对权利外观或者外观授权的信赖而与行为人进行交易时,裁判者既不能脱离具体制度而直接依据外观主义进行裁判,也不能在法律没有具体制度规定的情况下直接依据外观主义进行裁判,而必须严格依据法律所确立的制度并适用具体规则进行裁判,因为立法者所作出的价值判断是通过法律所确立的制度予以实现的,司法者只能在此制度框架下落实立法者已经作出的价值判断,而无权在立法者未作出价值判断的范围之外自行作出价值判断。

## 二、外观主义在不同制度中的构造

从比较法的角度看,尽管外观主义对交易安全的保护必须通过制度化的具体规则来实现,但从制度构造的层面看,即使对同一信赖权利外观之交易安全的保护,各国民法也存在重大差异。以通过不动产登记簿对不动产交易中的善意相对人进行保护为例,大陆法系国家或地区存在

[1] 参见吴光荣:《论善意取得制度的适用范围——兼评〈中华人民共和国物权法(草案)〉相关规定》,载《法律科学》2006 年第 4 期。

登记生效和登记对抗两种立法模式。在不同的立法模式下,不动产登记簿的记载被赋予的法律效力有所不同:在以登记为生效要件的国家或地区,由于法律规定基于法律行为发生的不动产物权变动须以办理登记为前提条件,不动产登记簿的准确率较高,因此法律通常会赋予不动产登记以公信力,即凡是因信赖不动产登记簿的记载而与登记名义人进行交易的善意相对人,均可据此获得保护;在以登记为对抗要件的国家或者地区,由于不动产物权的变动不以登记为生效要件,不动产登记簿的准确率较低,因此法律大多没有赋予不动产登记以公信力,而是通过赋予不动产登记以对抗效力来保护善意相对人的交易安全。[1] 从形式上看,无论是通过不动产登记的公信力还是通过不动产登记的对抗力来保护相对人的交易安全,都以相对人是善意为要件,因此相对人据此获得物权也都可以称为"善意取得"。但是,如果仔细分析,就会发现上述两种"善意取得"存在显著差别:在法律赋予不动产登记以公信力的情况下,相对人的善意是推定的,即只要真正权利人没有证据证明该相对人知道或者应当知道登记名义人并非真正权利人,相对人的交易安全就应获得法律的保护;但在法律仅赋予不动产登记簿以对抗效力的情况下,相对人就只能证明自己是善意,其交易安全才能获得法律的保护,而不能简单地以不知道也不应当知道不动产登记簿有错误为由主张自己应受法律的保护。[2] 究其原因,在于不动产登记被赋予公信力时,相对人自可因信赖不动产登记簿的记载而受到保护,而不动产登记在没有公信力而仅具对抗效力的情况下,相对人却不能仅因相信不动产登记簿的记载而受到保护。

在我国法的语境下,上述不同制度构造所产生的差异,可以通过比较不动产的善意取得与有限责任公司股权的善意取得来进行观察。《民法典》第 311 条规定了不动产的善意取得,但对于"善意"的认定并未明确作出规定,更未规定"善意"的证明责任。为此,《民法典物权编解释(一)》就不动产善意取得中"善意"的认定作了明确规定。第 14 条规定

---

〔1〕 参见王洪亮:《论登记公信力的相对化》,载《比较法研究》2009 年第 5 期。

〔2〕 参见王洪亮:《论登记公信力的相对化》,载《比较法研究》2009 年第 5 期。

了相对人对其善意不承担证明责任，而真正权利人则应对相对人不构成善意承担证明责任；第15条则进一步规定了何种情形下才能认定相对人不构成善意(知道或者应当知道)。之所以如此规定，在笔者看来，就是因为不动产登记在我国民法上被赋予了公信力(《民法典》第216条第1款)，而之所以不动产登记被赋予公信力，则是因为《民法典》对于依法律行为发生的不动产物权变动原则上采取的是登记生效主义。与此不同，《公司法》第32条第3款虽然规定有限责任公司的股权应当办理登记，但同时规定"未经登记或者变更登记，不得对抗第三人"。可见，股权登记仅仅是股权变动的对抗要件，而非生效要件。在此背景下，股权登记显然无法被赋予公信力，而只能被赋予对抗效力。不过，值得注意的是，《公司法解释(三)》第27条第1款规定："股权转让后尚未向公司登记机关办理变更登记，原股东将仍登记于其名下的股权转让、质押或者以其他方式处分，受让股东以其对于股权享有实际权利为由，请求认定处分股权行为无效的，人民法院可以参照民法典第三百一十一条的规定处理。"笔者认为，在《公司法》未对登记不能对抗的"第三人"进行明确限制的情况下，上述解释将《民法典》关于善意取得制度的规定(实际上是不动产的善意取得)类推适用于股权无权处分时相对人的保护，从而将登记不能对抗的"第三人"限制在"善意"的"相对人"，确实具有合理性，也与前述《民法典》第65条的规定相一致。但是，在股权登记不具有公信力而仅具有对抗力的情形下，能否全面"参照"不动产物权的善意取得来保护股权变动中的善意相对人，则值得反思。[1] 例如甲将其持有的A有限责任公司的股权转让给乙，仅办理了股东名册的变更但未办理工商登记的变更，甲又将同一股权转让给丙，丙能否"善意取得"该股权？根据上述司法解释，如果完全参照不动产物权的善意取得，则丙无须举证证明自己为善意，而应由甲举证证明丙不构成善意。但是，在股权登记不具有公信力的背景下，上述证明责任的分配显然难言

---

〔1〕 关于学界对这一问题的批判，参见张笑滔：《股权善意取得之修正——以〈公司法〉司法解释(三)为例》，载《政法论坛》2013年6期；余佳楠：《我国有限公司股权善意取得制度的缺陷与建构——基于权利外观原理的视角》，载《清华法学》2015年第4期；张双根：《股权善意取得之质疑——基于解释论的分析》，载《法学家》2016年第1期。

有正当性,因为丙不能简单地以相信登记簿的记载为由主张自己是善意,而应在受让股权时作更细致的尽职调查,如到A公司查阅股东名册或者在没有股东名册时向A公司的管理层询问公司的持股情况及其变化。所以,在笔者看来,《公司法解释(三)》第27条第1款规定参照适用《民法典》第311条关于善意取得的规定,其目的在于限制《公司法》第32条第3款所规定的"第三人"的范围,旨在明确只有"善意"相对人才能取得股权,而非要求裁判者将不动产善意取得制度全面类推适用于股权的善意取得。

由此可见,虽然法律为了保护善意相对人的交易安全而必须赋予权利外观以一定的法律效果或者法律效力,但在不同的制度背景下,权利外观被赋予的法律效力是不同的,这就造成了善意取得与登记对抗之间在法律构造上的重大差异。不仅如此,即使在善意取得制度内部,也可能存在动产善意取得与不动产善意取得之间的区别。例如在德国民法上,不动产登记被赋予绝对的公信力,即使发生公示与权属不一致的情形,相对于善意的相对人,登记名义人对标的物的处分也被理解为有权处分而非无权处分,从而无须再依据善意取得制度对善意的相对人进行保护。与此不同,由于动产的占有与实际权利发生分离的情形较为常见,因此占有不能被法律赋予绝对的公信力,即使相对善意受让人,占有人对标的物的处分也只能被认定为无权处分而非有权处分,此时善意相对人就只有满足善意取得制度的要件,才能善意取得物权。[1] 也就是说,相对人因相信动产占有而善意取得动产是有条件的,而相对人因相信不动产登记簿的记载而善意取得不动产,则是无条件的。也正因为如此,在原《物权法》通过并实施以前,一些学者在介绍德国民法时,特别

---

〔1〕 参见朱广新:《不动产适用善意取得制度的限度》,载《法学研究》2009年第4期。

指出善意取得制度仅适用于动产而不适用于不动产〔1〕,其背景应是不动产的善意取得是通过不动产登记的公信力予以实现,自然无须再适用善意取得制度〔2〕。但可惜的是,当时有不少人误将这一观点理解为不动产不能善意取得,不仅造成大量不动产的善意相对人无法获得法律的应有保护,而且带来人们对法律体系之协调性的质疑:在立法采登记生效主义的情况下,不动产登记的准确率较之占有更高,何以动产的善意相对人可以基于对占有的信赖善意取得物权,而不动产的善意相对人却不能基于对不动产登记簿的信赖善意取得物权?〔3〕 为了解决对不动产善意相对人的保护问题并回答上述质疑,原《物权法》将善意取得制度统一适用于动产与不动产,不可不谓是明智之举。但是也应看到,既然原《物权法》将善意取得制度统一适用于动产和不动产,就意味着当登记与权属不一致的情形下,登记名义人对不动产的处分是无权处分而非有权处分,善意相对人虽然可依善意取得制度获得保护,但这是有条件的而非无条件的,即在"善意"之外,还需满足善意取得制度的其他构成要件。从这个意义上说,不动产登记在我国民法上并未被赋予绝对的公信力,而仅仅是被赋予了相对的公信力〔4〕。

当然,我国大陆地区民法未按照德国民法赋予不动产登记以绝对公信力,而仅赋予不动产登记以相对的公信力,并以此作为不动产适用善意取得制度的基础,也是有理论背景的。在德国民法上,通说认为引起物权发生变动的是以交付或者登记为表现形式的物权行为,而非作为原

---

〔1〕 参见佟柔主编:《中国民法》,法律出版社 1990 年版,第 243—246 页;钱明星:《物权法原理》,北京大学出版社 1994 年版,第 208 页;魏振瀛主编:《民法学》,北京大学出版社、高等教育出版社 2017 年版,第 240—241 页;杨立新:《共同共有不动产交易中的善意取得》,载《法学研究》1997 年第 4 期;孙宪忠:《再谈物权行为理论》,载氏著:《论物权法》,法律出版社 2001 年版,第 201 页;中国政法大学物权立法课题组:《关于〈民法草案·物权法编〉制定若干问题的意见》,载《政法论坛》2003 年第 1 期。

〔2〕 参见梁慧星、陈华彬:《物权法》,法律出版社 1997 年版,第 75 页。

〔3〕 参见吴光荣:《论善意取得制度的适用范围——兼评〈中华人民共和国物权法(草案)〉相关规定》,载《法律科学》2006 年第 4 期;常鹏翱:《善意取得仅仅适用于动产物权吗?——一种功能主义的视角》,载《中外法学》2006 年第 6 期。

〔4〕 相同观点,参见王洪亮:《论登记公信力的相对化》,载《比较法研究》2009 年第 5 期。

因行为的买卖合同、抵押合同等债权行为（这被称为物权行为独立性或者区分原则），且该物权行为的效力不受债权行为的影响，即使债权行为无效或者被撤销，也不影响物权变动的效力（这被称为物权行为无因性或者抽象原则）。[1] 对于德国民法为何要承认物权行为无因性，理论界有不同的看法，但主流观点认为与交易安全的保护有关：物权行为无因性旨在切断原因行为对物权变动的影响，从而使后手相对人的交易安全不因前手买卖合同、抵押合同等债权行为被认定无效或者被撤销而受到影响[2]。问题是，在法律赋予不动产登记以公信力的情况下，后手相对人自可基于对不动产登记的信赖而受到法律的保护，是否还有再承认物权行为无因性的必要？我国大陆地区民法虽然继受德国民法，严格区分原因行为与物权的变动，但至今主流观点仍不肯承认物权行为理论尤其是物权行为无因性，就是因为大部分学者认为，在立法已经规定善意取得制度后，承认物权行为无因性已无必要，且该理论过于抽象，不易为人们所理解。[3] 笔者认为，物权行为无因性虽然在我国民法上没有承认的必要，但在德国民法上，却有承认的必要，因为德国民法之所以赋予不动产登记以绝对的公信力，就是因为不动产登记的准确率极高，而物权行为无因性恰恰是确保不动产登记具有极高准确率的重要途径。试想，如果原因行为无效或者被撤销将影响物权行为的效力进而影响物权变动的效力，不动产登记的准确率将大打折扣，那么立法者又如何能视而不见地赋予不动产登记如此绝对的公信力呢？显然，只有承认物权行为无因性，切断原因行为对物权变动的影响，不动产登记的准确率才能

---

[1] 参见[德]K. 茨威格特、H. 克茨：《“抽象物权契约”理论——德意志法系的特征》，孙宪忠译，载《外国法译评》1995 年第 2 期。

[2] 关于物权行为理论的功能问题，参见田士永：《物权行为理论研究》，中国政法大学出版社 2002 年版，第 355 页。

[3] 参见梁慧星：《我国民法是否承认物权行为》，载《法学研究》1989 年第 6 期；王利明：《物权行为若干问题探讨》，载《中国法学》1997 年第 3 期；米健：《物权抽象原则的法理探源与现实斟酌》，载《比较法研究》2001 年第 2 期；王轶：《物权变动论》，中国人民大学出版社 2001 年版，第 48 页以下；崔建远：《从立法论看物权行为与中国民法》，载《政治与法律》2004 年第 2 期；崔建远：《从解释论看物权行为与中国民法》，载《比较法研究》2004 年第 2 期；尹田：《物权法》，北京大学出版社 2013 年版，第 84 页。

有所保障，法律也才能赋予不动产登记具有绝对的公信力。[1] 在我国，也正因为不承认物权行为无因性，不动产登记的准确率虽然高于占有的准确率，但与德国相比，仍存在一定程度的差距。在此背景下，无论是原《物权法》还是《民法典》，仅赋予不动产登记以相对的公信力并通过善意取得制度对不动产善意相对人进行保护，也就不难理解了。[2]

值得注意的是，尽管原《物权法》和《民法典》将善意取得制度统一适用于动产与不动产，但二者的法理基础仍然有所差异：前者基于占有的公信力；后者则基于不动产登记的公信力。因此，在适用善意取得制度时，还是应区分动产和不动产，尤其是在"善意"的认定上，因占有的准确率较之不动产登记更低，在证明责任分配和认定标准上也还是有必要区别开来。[3]《民法典物权编解释(一)》虽然在证明责任分配上没有区分动产的善意取得和不动产的善意取得(第 14 条)，但在相对人是否为"非善意"的认定标准上，还是进一步区分了不动产的善意取得(第 15 条)和动产的善意取得(第 16 条)。对此，不可不察。

总之，尽管外观主义旨在解决善意相对人的保护问题，但它是以牺牲他人的合法权益为代价的，因而立法者在构建具体制度时，必须通过规则的设计来平衡对相对人交易安全的保护和他人合法权益的保护，从而使外观主义在不同制度中体现不同的法律构造。裁判者不但不能脱离具体制度泛化地运用外观主义而只能运用体现外观主义的具体制度来保护善意相对人的交易安全，而且要看到体现外观主义的各个制度在法律构造存在的差异，以便正确适用法律。另外，需要说明的是，由于体现外观主义的具体制度在法律构造上存在差异，各个制度在适用范围上也有所区别，裁判者在适用法律时，就应根据具体案情选择不同的制度

---

〔1〕 也有学者指出，德国法赋予不动产登记以绝对公信力是因为有严格的登记程序制度保障不动产登记簿的准确率(参见常鹏翱：《善意取得仅仅适用于动产物权吗？——一种功能主义的视角》，载《中外法学》2006 年第 6 期)。笔者认为，严格的登记程序虽然是不动产登记簿具有高度准确率的必要条件，但并非充分条件。如果要赋予不动产登记绝对的公信力，除了程序制度保障，还需要从实体上保障不动产登记簿的准确性。

〔2〕 参见叶金强：《物权法第 106 条解释论之基础》，载《法学研究》2010 年第 6 期。

〔3〕 参见朱广新：《不动产适用善意取得制度的限度》，载《法学研究》2009 年第 4 期

来保护相对人的交易安全，千万不能张冠李戴。例如，同样是擅自出卖夫妻共有房屋，如果房屋仅登记在夫妻一方名下，而被登记的一方擅自以自己的名义出卖该房屋，则构成无权处分，相对人可通过善意取得制度获得救济；但是，如果房屋登记在夫妻双方的名下，其中一方擅自以双方的名义出卖该房屋，则构成无权代理，相对人就只能通过表见代理制度获得救济。由于善意取得制度与表见代理制度在构成要件上存在重大区别，因此在不同的制度下，相对人所受到的保护程度是不同的：在善意取得制度下，相对人的"善意"是推定的，仅在真正权利人有证据证明相对人知道或者应当知道行为人无权处分时相对人才不构成善意；但要满足表见代理，则相对人不仅必须举证责任自己是"善意"，即不知道也不知道应当知道行为人无代理权，还必须证明自己有理由相信行为人有代理权，即存在外观授权的假象。显然，这种保护程度的区别根源于善意相对人信赖程度的不同：善意取得制度系对不动产登记的信赖，而表见代理则是对行为人有代理权的信赖。[1] 也就是说，信赖的对象不同，举证责任就不同，保护的程度也就不同。这也符合生活的基本常识：在夫妻共有房屋登记在一方名下时，房屋被一方处分的风险自应更多地由共有人自己承担，而不能转嫁给善意的相对人；而在夫妻共有房屋登记在双方名下，房屋被一方处分的风险就应更多地由相对人承担，只有在相对人有理由相信行为人有代理权时才能"善意"取得房屋所有权。

因此，在审理冒名处分他人房屋案件时，也要根据相对人信赖的对象选择不同的制度来平衡对相对人交易安全的保护与对真正权利人合法权益的保护。例如乙冒充甲，将甲的房屋卖给丙，且已经办理过户手续，此时究竟通过何种制度的适用来平衡对甲的保护和丙的保护，就存在几种截然不同的观点：第一种观点认为，乙的行为构成无权处分，对丙的保护应适用善意取得制度；第二种观点认为，乙的行为构成无权代理，对丙的保护应适用表见代理制度；第三种观点认为，对丙的保护可选择

---

〔1〕 参见刘贵祥：《论无权处分和善意取得的冲突和协调——以私卖夫妻共有房屋时买受人的保护为中心》，载《法学家》2011 年第 5 期。

适用善意取得制度或者表见代理。[1] 此外,也有学者认为,因冒名处分行为属于不法交易或不正当交易,既不能适用善意取得制度也不能适用或类推适用表见代理制度来保护丙的交易安全。[2] 笔者认为,在冒名处分他人房屋的情形下,不动产登记簿本身并不存在登记错误,行为人是通过制造自己是他人的假象,进而以他人的名义处分房屋,因此使相对人产生信赖的是“人”而非“不动产登记簿”,故应类推适用表见代理制度保护丙的交易安全,而不能类推适用善意取得制度。[3] 也就是说,在上述案例中,只有丙有证据证明自己有理由相信乙就是甲本人,其交易安全才能获得保护,而不能简单地以不动产登记的公信力来保护丙的交易安全,否则就可能导致甲作为真正权利人的利益无法获得法律应有的保障。

## 三、外观主义与权利推定的区别

外观主义是法律为保护善意相对人的交易安全而赋予权利外观或外观授权以一定的法律效果或法律效力,这在立法技术上究竟是法律拟制,还是权利推定呢? 对此,有不同的看法:第一种观点认为,外观主义具有法律拟制的特点,即法律立足于权利外观或者外观授权而并不关注真实权利状态,在相对人符合信赖保护的条件时,即根据通常情况下真实权利与权利外观相一致的经验,拟制法律事实的存在[4];第二种观点认为,外观主义是法律推定规范,即法律根据外观形式推定真实权利的

---

〔1〕 对这一问题的讨论,可参见王利明:《善意取得制度若干问题研究》;杨立新:《论不动产善意取得及适用条件》;刘保玉:《盗赃与诈骗所及财物的善意取得和赔偿责任问题探讨》;熊丙万:《论善意取得制度正当性的运用》。上述论文均载王利明主编:《判解研究》(第2辑),人民法院出版社2009年版。

〔2〕 参见傅鼎生:《不动产善意取得应排除冒名处分之适用》,载《法学》2011年第12期。

〔3〕 相同观点,参见杨代雄:《使用他人名义实施法律行为的效果》,载《中国法学》2010年第4期;不同观点,参见戴永盛:《论不动产冒名处分的法律适用》,载《法学》2014年第7期。

〔4〕 参见丁南:《论民商法上的外观主义》,载《法商研究》1997年第5期。

存在〔1〕;第三种观点认为,外观主义既有法律上的推定,也有法律上的拟制,例如德国法上的表见商人属于拟制,而行为和权利的外观则宜归入法律推定〔2〕。笔者认为,外观主义在性质上是否为法律拟制,是一个解释选择问题,但在我国法的语境下,可能存在解释上的障碍,而将外观主义理解为法律推定尤其是权利推定的表现,则是实践中外观主义被滥用的理论根源,应当引起足够的重视。

在我国,确实有学者从法律拟制的角度来理解体现外观主义的具体制度。例如我国民法通说认为无权代理可以分为广义的无权代理与狭义的无权代理,而表见代理则属于广义的无权代理;但也有学者认为,表见代理是外观授权的产物,即虽然行为人没有被授予代理权,但外观授权的假象使得行为人获得代理权,从而构成有权代理,而非无权代理。值得注意的是,究竟是将表见代理理解为有权代理还是广义上的无权代理,在法律后果上并无区别,但在解释路径上却存在差异,即认为表见代理是有权代理的学者,显然是认为立法者采取了法律拟制的立法技术,将外观授权拟制为代理权取得的途径之一。无独有偶,如前所述,在德国法上,不动产登记簿记载的权利人对标的物的处分也被理解为有权处分而非无权处分,德国民法通说亦认为采取的是法律拟制的立法技术。〔3〕但在我国民法上,由于对不动产善意相对人的保护是通过善意取得制度来进行的,而善意取得制度适用的前提是行为人无权处分(《民法典》第311条),如果再以法律拟制来解释不动产的善意取得,可能就说不通了。在此背景下,笔者认为,外观主义仅仅是法律为保护善意相对人而赋予权利外观或者外观授权以一定的法律效果或法律效力而已(例如在采登记对抗主义的国家或者地区,不动产登记没有被赋予公信力,但却有对抗效力;在德国,不动产登记被赋予绝对公信力;我国则仅赋予不动产登记相对公信力),与是否采用法律拟制的技术并不存在必然联系。

---

〔1〕参见叶林:《外观主义的商法意义——从内在体系的视角出发》,载王保树主编:《中国商法年刊》,北京大学出版社2008年版。

〔2〕参见冯珏:《商法中的外观主义研究》,武汉大学出版社2019年版,第17页。

〔3〕参见王洪亮:《论登记公信力的相对化》,载《比较法研究》2009年第5期。

那么,外观主义是否为法律推定的表现呢？一般而言,法律推定可以分为事实推定和权利推定。前者是对某一事实是否存在的推定,例如前述善意取得制度中对“善意”的推定;后者则是对某一权利是否存在的推定,例如不动产登记簿的权利推定效力。由于外观主义是法律通过赋予外观权利或外观授权以一定的法律效果或法律效力来保护善意相对人的交易安全,因此不少人认为这是法律基于外观权利或者外观授权而推定真实权利状态的结果,是权利推定的表现。笔者认为,这一观点既错误地理解了权利推定,也错误地理解了外观主义。下文就以不动产登记簿的公信力与权利推定效力为例,来阐释外观主义与权利推定之间的区别。

如前所述,《民法典》赋予不动产登记簿以公信力(《民法典》第 216 条第 1 款),并承认不动产的善意取得(《民法典》第 311 条),这被认为是外观主义在物权法上的重要体现。根据上述规定,在不动产登记簿的记载与真实的权利状态不一致(即登记错误)时,第三人因信赖不动产登记簿的记载而与登记的权利人进行交易时,人民法院应依据上述规定确认第三人可自无权利人处取得相应的权利。但是,在大量不动产权属争议案件或者执行异议之诉案件中,并不涉及登记出现错误时第三人自登记的权利人处取得权利的问题,而是未被登记的当事人向登记的权利人主张自己才是真正的权利人。此时,人民法院是否可以适用《民法典》第 216 条第 1 款进行确权？

在以往的司法实践中,一些裁判者没有正确理解不动产登记的性质与效力,仅仅以《民法典》第 216 条第 1 款规定的“不动产登记簿是物权归属和内容的根据”为法律依据,直接将不动产物权确认给不动产登记簿记载的当事人,有的裁判者甚至要求未被登记为权利人的当事人必须先行提起行政复议或者行政诉讼撤销登记机构的登记发证行为,否则就要承担败诉的后果。显然,如果人民法院仅仅以不动产登记簿的记载为依据进行确权,必将导致人民法院的民商事审判功能丧失殆尽——当事人之所以提起民事诉讼,往往就是因为自己没有被作为权利人登记在不动产登记簿,进而希望通过人民法院进行确权后再办理更正登记,但如果人民法院仅仅以原告未被登记为由驳回其诉讼请求,则人民法院通过民事诉讼进行定分止争的功能又如何实现？当事人提起民事诉讼的意义又何在？此外，从实体法的角度看，不动产登记仅仅是不动产物权的公示方式，并非物权本身[1]，且《民法典》第209条虽然规定不动产物权的变动须以登记为生效要件，但同时规定“法律另有规定的除外”。所谓“法律另有规定”，显然是指基于法律行为发生的不动产物权变动采意思主义物权变动模式的情形以及非依法律行为发生的不动产物权变动。可见，《民法典》本身也允许有些不动产物权的变动不以登记为生效要件，从而无法在物权发生变动时就体现于不动产登记簿。此时如果人民法院仅仅依据不动产登记簿的记载进行确权，必然导致大量物权无法获得确认。

正是考虑到实践中不少裁判者对不动产登记的性质与效力存在误解，《民法典物权编解释(一)》第2条规定：“当事人有证据证明不动产登记簿的记载与真实权利状态不符、其为该不动产物权的真实权利人，请求确认其享有物权的，应予支持。”可见，不动产登记簿的记载并非人民法院确权的实体依据，只要“真实权利状态”与不动产登记簿的记载不符，人民法院就应该按照真实的权利状态进行确权，而不应按不动产登记簿的记载进行确权。但问题随之而来：其一，“真实权利状态”如何确认？即当事人须拿什么证据来证明何种情形的存在，人民法院才能确认不动产登记簿的记载与真实权利状态不符？其二，既然不动产登记簿的记载并非确权的实体依据，为何《民法典》第216条第1款要规定“不动产登记簿是物权归属和内容的根据”？在笔者看来，只有正确回答了这两个问题，才能对不动产登记的性质与效力有全面而深刻的认识。

显然，无论是从法理上看还是从立法上看，不动产权属确认的实体规则都并非作为公示方式的不动产登记，而是法律关于不动产物权变动的具体规定。也就是说，只有发生了物权的变动，才能据此确认权属。因此，所谓“真实权利状态”，也就只能依据物权变动规则进行确认；所谓当事人“有证据证明”，自然也是指用有关物权变动的证据来证明物权的变动与不动产登记簿的记载不一致。至于《民法典》第216条第1

---

〔1〕 参见姚辉：《不动产登记机构的赔偿责任》，载《法学》2009年第5期。

款之所以规定“不动产登记簿是物权归属和内容的根据”,在笔者看来,是因为不动产登记除了具有公信力,还有权利推定的效力。所谓不动产登记的权利推定效力,也称为不动产登记簿的推定力,是指在没有证据推翻的情况下,不动产登记簿的记载视为正确,不动产登记簿记载的权利人将被推定为真正权利人〔1〕。

《民法典》为什么要赋予不动产登记以权利推定的效力呢?这主要是为了解决权属争议案件中的举证责任分配问题。〔2〕尽管不动产权属确认的实体规则是物权变动,但问题是,在发生权属争议的情况下,究竟应由谁负担证明责任来证明物权的变动呢?尤其是,如果双方都无法举证证明物权的变动情况,人民法院又将如何确权呢?可见,虽然不动产物权变动规则是人民法院确权的实体规则,但从法律适用的角度看,立法者还需要解决由谁承担举证责任的问题。依据不动产登记的权利推定效力,自然应由未被登记的当事人承担举证责任:只有未被登记的当事人有证据证明不动产登记簿的记载与真实的权利状态不符,人民法院才能依据真实的权利状态确权,否则,就应将不动产确认给不动产登记簿记载的权利人。问题是,这样处理的正当性何在?在笔者看来,这与我国所采取的物权变动模式有关。

由于我国民法对于基于法律行为发生的物权变动原则上采取的是形式主义物权变动模式,不动产物权的变动原则上须以登记作为生效要件,加上法律在例外对基于法律行为发生的不动产物权变动采意思主义物权变动模式的情况下,当事人为使物权的变动获得对抗效力,大多也会积极办理登记,而非依法律行为发生的不动产物权变动虽然不以登记为生效要件,但在当事人取得物权后,为保障物权不被侵害,也往往会尽快办理登记,因此,尽管不动产登记簿的记载与真实的权利状态存在不一致的可能性仍然存在,但在绝大多数情况下,不动产登记簿的记载与真实权利状态是一致的。正因为如此,依据日常生活经验,我们不难得

---

〔1〕 参见程啸:《不动产登记簿之推定力》,载《法学研究》2010年第3期。

〔2〕 相同观点,参见王洪亮:《权利推定:实体与程序之间的构造》,载《法学研究》2011年第1期。

出不动产登记簿的记载具有很高的准确性。考虑到我国的民事诉讼就裁判者对事实的认定在证明度上采取的是“高度可能性”标准，即只要负有举证责任的当事人能够证明待证事实的存在或者不存在具有高度可能性，裁判者就应确认待证事实存在或者不存在（《民事诉讼法解释》第108条），而不动产登记簿的准确率显然超过这一标准，《民法典》据此规定不动产登记具有权利推定的效力，将证明不动产登记簿的记载与真实权利状态不符的证明责任分配给对不动产登记簿提出异议的当事人，也就不难理解了。

不动产登记的权利推定效力意味着当真实权利状态无法获得证明时，不动产登记簿记载的权利人将推定为真正的权利人。就此而言，不动产权属证书虽然仅仅是当事人享有权利的证据，却具有很强的证明力，因为根据《民法典》第217条的规定，不动产权属证书在性质上是登记机构根据不动产登记簿的记载给权利人颁发的副本。值得注意的是，由于法律赋予不动产登记以公信力和权利推定效力都以不动产登记簿的高度准确率为前提，因此有的学者没有将二者区分开来，而是统称为不动产登记的权利正确性推定〔1〕，有的学者则认为不动产登记的公信力是不动产登记具有权利推定效力的前提，不动产登记的权利推定效力是不动产登记之公信力的表现〔2〕，以至于实践中不少裁判者将不动产登记的权利推定效力也理解为外观主义的表现，并进而将所谓外观主义适用于解决当事人之间发生的权属争议案件。笔者认为，虽然不动产登记具有权利推定效力，但应与不动产登记簿的公信力区分开来：前者适用于权属发生争议的当事人之间，且一旦未被登记的当事人拿出证据证明不动产登记簿的记载与实际的权属状态不符，人民法院就不能再依据不动产登记簿的记载确认权属，而只能根据被证明的实际权属状态确认权属；后者适用于因信赖登记而与登记名义人进行交易的场合，且只要真正权利人无证据证明相对人不构成善意，法律就应优先保护善意相对

---

〔1〕　参见孙宪忠：《物权法基本范畴及主要制度的反思（下）》，载《中国法学》1999年第6期。

〔2〕　参见朱广新：《论物权法上的权利推定》，载《法律科学》2009年第3期。

人。可见,二者无论在适用范围上还是在法律效果上均迥然有别。此外,还应看到,虽然不动产登记的公信力与不动产登记的权利推定效力都以登记簿的高度准确率为前提,但二者对不动产登记准确率的要求仍然有所差异,例如在没有赋予不动产登记以公信力的国家(如日本),也会因解决当事人之间权属争议的需要而不得不赋予不动产登记以权利推定效力。就此而言,法律赋予不动产登记以公信力对不动产登记准确率的要求还是要高于法律赋予不动产登记以权利推定效力,因此,凡是赋予不动产登记公信力的国家或者地区,都毫无例外地会承认不动产登记的权利推定效力,但相反,却不能得出承认不动产登记的权利推定效力,就一定会赋予不动产登记以公信力,尽管在不承认不动产登记具有公信力的国家或者地区,也会面临善意相对人交易安全的保护问题。

总之,外观主义旨在解决善意相对人交易安全的保护问题,权利推定旨在解决权属发生争议时证明责任的分配问题,二者本来风马牛不相及,但令人遗憾的是,《民法典》并未严格将不动产登记的善意保护效力(公信力)和权利推定效力(推定力)区分开来予以规定,而是统一规定于《民法典》第216条第1款中[1],且在表述不动产登记的权利推定效力时,未能参考域外立法例和学者的意见将"除有相反证据推翻外"规定为"不动产登记簿是物权归属和内容的根据"的前提[2],因而既未能突出权利推定效力在证明责任分配方面的功能,也是实践中不少裁判者混淆不动产登记之推定力与不动产登记之公信力的重要原因。

## 四、外观主义在执行异议(之诉)中的适用

值得注意的是,最高人民法院于2004年发布的《查、扣、冻规定》第

---

〔1〕关于《民法典》第216条第1款的规范意义,详见崔建远:《物权:规范与学说——以中国物权法的解释论为中心(上册)》,清华大学出版社2011年版,第174—176页。

〔2〕例如《德国民法典》分别于第891条和第892条、第893条分别规定了不动产登记的权利推定效力和公信力。梁慧星教授主持编纂的《中国物权法草案建议稿:条文、说明、理由与参考立法例》亦由两个条文分别规定不动产登记的权利推定效力和公信力。参见梁慧星主编:《中国物权法草案建议稿:条文、说明、理由与参考立法例》,社会科学文献出版社2000年版,第9、154—156页。

2 条规定:“人民法院可以查封、扣押、冻结被执行人占有的动产、登记在被执行人名下的不动产、特定动产及其他财产权。”此外,最高人民法院于 2015 年发布的《执行异议和复议规定》第 25 条亦规定:“对案外人的异议,人民法院应当按照下列标准判断其是否系权利人:(一)已登记的不动产,按照不动产登记簿判断;未登记的建筑物、构筑物及其附属设施,按照土地使用权登记簿、建设工程规划许可、施工许可等相关证据判断;……”实践中,不少裁判者将上述规定适用于权属争议案件或者执行异议之诉案件,并以外观主义作为裁判的重要理由。〔1〕显然,《查、扣、冻规定》第 2 条仅仅是针对执行机关采取强制执行措施所作的规定,并不意味着执行标的必然属于被执行人。在不动产登记被赋予权利推定效力的情形下,执行机关自可根据不动产登记簿的记载对登记在被执行人名下的不动产采取执行措施,如果案外人对此有异议,可通过执行异议和执行异议之诉程序进行救济。〔2〕但如果在确权之诉或者执行异议之诉中也以此作为确权的依据,必然导致案外人的权利无法获得应有的救济。至于上述《执行异议和复议规定》第 25 条的规定能否适用于确权之诉或执行异议之诉,则不仅涉及外观主义与权利推定的区别,也涉及执行异议与执行异议之诉以及执行异议之诉与确权之诉的区别。

一般认为,执行机关在对案外人提起的执行异议进行审查时,因受审查时间的限制和执行效率的要求,原则上只能进行形式审查而不能进行全面实质性审查〔3〕。也正因为如此,2007 年修订的《民事诉讼法》规定了执行异议之诉程序作为案外人或者申请执行人的救济手段,即案外人或者申请执行人对执行机关的执行异议裁定不服时,可提起执行异议之诉。与执行机关对执行异议的审查不同,执行异议之诉要求裁判者对案外人是否享有足以排除强制执行的民事权益进行全面实质性的审查。

---

〔1〕 参见邓国鹏:《关于权利外观主义在执行异议之诉中的适用问题》,载胡云腾主编:《法院改革与民商事审判问题研究——全国法院第 29 届学术讨论会获奖论文集(上)》,人民法院出版社 2018 年版,第 671 页以下。

〔2〕 参见张卫平:《执行救济制度的体系化》,载《中外法学》2019 年第 4 期。

〔3〕 参见刘贵祥:《案外人异议之诉的功能定位与裁判范围》,载《人民法院报》2014 年 6 月 4 日,第 8 版。

所谓“足以排除强制执行的民事权益”，既有可能是物权(原则上不包括担保物权)，也有可能是具有物权性的其他民事权益，这就要求裁判者在执行异议之诉中不仅要对物权的归属进行审查，还要对案外人是否享有其他排除强制执行的民事权益进行审查。[1]

既然执行机关对执行异议的审查原则上是形式审查，上述司法解释规定人民法院可依据不动产登记簿的记载进行确权，运用的显然是不动产登记的权利推定效力，而非体现外观主义的不动产登记公信力，因为此时并不存在需要保护的善意相对人的交易安全。既然上述司法解释是根据不动产登记的权利推定效力来确认权属，自然也就只能适用于执行机关对执行异议进行审查，而不能适用于执行异议之诉或者确权之诉案件，因为在执行异议之诉或者确权之诉案件中，不动产登记虽然也具有权利推定的效力，但在当事人有证据推翻的情况下，人民法院还是要根据物权变动的规则进行确权，而不能再简单地根据不动产登记簿的记载确认权属。也就是说，在执行异议之诉或者确权之诉中，人民法院还是应全面根据《民法典》及其司法解释的规定，正确理解并适用“不动产登记簿是物权归属和内容的根据”这一规定。[2]

在此需要特别指出的是，在执行异议之诉或者确权之诉案件中，人民法院不仅要运用不动产登记的权利推定效力，将证明责任分配给对不动产登记簿的记载存在异议的当事人，有时还要尽可能维护不动产登记簿的正确性。这是因为，如前所述，《民法典》之所以能够赋予不动产登记以公信力和权利推定效力，在很大程度上是因为不动产登记簿的准确率很高，如果实践中大量出现不动产登记与实际权属不一致的情况，就会导致不动产登记簿的准确率降低，从而使法律赋予作为公示方式的不动产登记具有如此强大的法律效力失去正当性。所以笔者认为，在对标的物的实际权属进行审查时，虽然不动产登记并非人民法院确认权属的实体依据，而仅具权利推定的效力，但在适用物权变动规则进行权属确

---

〔1〕 参见刘贵祥：《案外人异议之诉的功能定位与裁判范围》，载《人民法院报》2014年6月4日，第8版。

〔2〕 参见肖建国：《执行标的实体权属的判断标准》，载《政法论坛》2010年第3期。

认时,仍要顾及裁判的结果是否会显著导致不动产登记簿准确率的降低,否则就会动摇整个民法的根基。

以借名购房引起的权属争议为例,虽然现行法对此没有作出任何明确规定,但可类推适用《公司法解释(三)》以及《外商投资企业解释(一)》关于借名投资的有关规定。根据《公司法解释(三)》的规定,借名投资可以分为隐名投资和冒名投资:对于冒名投资,作出出资行为或认缴出资行为的是实际出资人而非被冒名者,被冒名人也未参与公司管理行为,且公司和其他股东均知道或者应当知道实际出资人系冒名投资,故被冒名者不应承担股东的出资义务(《公司法解释(三)》第28条),自然也不应享有股东的权利;对于隐名投资,系名义股东而非实际出资人实施出资行为或认缴出资行为,并参与公司管理,且由于实际出资人与名义股东之间存在委托投资关系,在委托合同有效时,实际出资人自可向名义股东主张合同上的权利,但在实际出资人"显名"之前,不应享有公司法上的股权,即不得直接向公司或者其他股东主张权利(《公司法解释(三)》第24条第1、2款)。所谓"显名",从《公司法解释(三)》第24条第3款和《外商投资企业解释(一)》第11条的规定看,是指在符合股权转让条件(主要是其他股东过半数同意)的情况下,实际出资人可依据委托合同请求名义股东将股权转让给自己,从而使自己成为股东。[1]《九民纪要》虽然放宽了实际出资人"显名"的条件,认为"其他股东过半数同意"不仅包括明示同意,也包括默示同意,但思路仍然是一致的,即实际出资人原则上不能直接向公司主张股东身份,除非符合股权变动的条件。[2] 由此可见,与冒名投资不同,隐名投资中的名义股东就是真正的股东,司法解释将其称为"名义股东",主要是为了与实际出资人进行区别,而非指实际出资人才是真正的股东。问题是,如此确认股权归属是不是适用外观主义的结果呢?显然不是。《公司法解释(三)》第22条将股权的取得分为原始取得与继受取得,前者是通过

---

〔1〕 参见张双根:《论隐名出资——对〈公司法解释(三)〉相关规定的批判与发展》,载《法学家》2014年第2期。

〔2〕 参见最高人民法院民事审判第二庭编著:《〈全国法院民商事审判工作会议纪要〉理解与适用》,人民法院出版社2019年版,第230—231页。

出资或者认缴出资取得股东身份，后者则是通过转让或者继承等取得股东身份。在笔者看来，无论是出资还是认缴出资，都是基于法律行为取得股权，而在隐名投资的情况下，虽然资金是由实际出资人提供，但出资行为或者认缴出资的行为是由名义股东完成。就此而言，根据《公司法解释(三)》第22条关于“当事人之间对股权归属发生争议，一方请求人民法院确认其享有股权的，应当证明以下事实之一：(一)已经依法向公司出资或者认缴出资，且不违反法律法规强制性规定；(二)已经受让或者以其他形式继受公司股权，且不违反法律法规强制性规定”的规定所确立的股权取得规则，就应认定名义股东是真正的股东，但这并非适用外观主义的结果，而是适用股权变动规则的结果。〔1〕

同理，借名购房也应区分为冒名购房和隐名购房。在实际出资人不能证明是冒名购房的情形下，就只能依据其与登记权利人之间的委托合同向登记权利人主张合同上的权利，而不能直接请求人民法院确认物权。当然，在委托合同有效且合同能够实际履行的情况下，实际出资人可要求登记权利人向自己转让物权，从而使自己成为房屋的所有权人，但在物权发生变动前，实际出资人对标的物不享有物权，而仅享有债权。〔2〕 如此处理，在笔者看来，只是严格适用物权变动规则的结果，与外观主义并无关系，因为登记权利人是以自己的名义购买房屋并将其登记在自己名下，从基于法律行为发生的物权变动看，登记权利人自然就是真正的权利人，至于购房所用资金的来源，涉及的是他与实际出资人之间的债权债务关系。此外，还应看到，上述处理方案也有利于尽可能维护不动产登记簿之准确率。试想，如果确认隐名购房的情形下实际出资人对房屋享有所有权，则必然会大面积出现登记与权属不一致的情况，进而会影响到法律赋予不动产登记以公信力和权利推定效力的正当性。所以，当有人认为可以将《民法典》关于隐名代理或者间接代理的

---

〔1〕 如果是外观主义主义的运用，就无法解释《公司法司法解释(三)》何以要区分冒名投资与隐名投资并采取不同的司法对策。

〔2〕 参见吴光荣：《不动产权属确认的基本原则》，载《人民司法》2009年第19期；司伟：《论不动产登记与权属确认——兼论对〈物权法司法解释一〉第2条的理解》，载《法律适用》2016年第5期。

规定适用于隐名购房或者隐名投资，进而主张可依据《民法典物权编解释(一)》第2条之规定直接确认实际出资人为真正权利人时，笔者认为应旗帜鲜明地提出反对意见：且不说《民法典》规定的隐名代理或者间接代理均有其严格的适用条件和适用范围〔1〕，即使仅从最大限度维护不动产登记簿之准确性的角度出发，也不能将隐名代理或者间接代理适用于权属争议案件。但需要再次强调指出的是，在依据物权变动规则确认权属时，虽然裁判者应尽可能维护不动产登记簿的准确性，但这是为了给法律规定的外观主义提供正当性基础，并非对外观主义的运用。另外，还要看到，实际出资人虽然不能直接请求确权，但并不意味着不能请求排除强制执行，因为如前所述，能够排除强制执行的民事权益，除了物权，还有其他物权性的权利。就本讲所涉主题而言，笔者想要指出的是，在隐名购房或隐名投资的情形下，在实际权利人通过"显名"取得股权或者物权前，至少不能以自己为实际权利人为由主张排除强制执行，且这一结论的得出也并非外观主义的运用；相反，这一结论恰恰是为了给外观主义的正当性提供基础而不得不采取的司法政策。实践中之所以存在将《执行异议和复议规定》第25条误用于权属争议案件或者执行性异议之诉案件，往往就是不少裁判者倒果为因地认为现行司法解释和司法政策在处理上述问题时运用的是外观主义。

## 五、认真对待外观主义

近代以来，在信赖保护的理念下，法律对交易安全的保护日益受到重视，大量体现外观主义的制度如表见代理、善意取得等制度获得了充分的发展。〔2〕 但是，外观主义仅仅是理论界对这些制度进行学理概括的产物，并非可以作为裁判依据的法律原则。在具体制度之外，并不存在一般意义上的外观主义或外观主义原则，因此裁判者不能泛化地将外观主义作为裁判的依据，而只能通过具体制度的运用，来落实法律保护

---

〔1〕 关于隐名代理与间接代理的适用条件和适用范围，参见王利明：《合同法新问题研究》，中国社会科学出版社2011年版，第782页以下。

〔2〕 参见朱广新：《信赖保护原则及其在民法中的构造》，中国人民大学出版社2013年，第86页以下。

交易安全的目的。在当前的司法实践中,外观主义被大量适用于确权之诉或者执行异议之诉等非交易关系引起的纠纷案件,不仅反映了我们对外观主义的含义与地位存在误解,而且也暴露了我们对具体制度在理解上的不足。老子在《道德经》中说"大道至简,衍化至繁"。我们既要通过理论的抽象来认识体现在具体制度中的外观主义,也要看到体现外观主义的各个具体制度在法律构造上的重大差异,更为重要的是,要注意到外观主义与权利推定之间的区别,不能简单地将外观主义作为解决当事人之间权属争议的裁判依据,否则,民商事审判在定分止争方面的功能将丧失殆尽。也正因为如此,《九民纪要》一方面指出"现行法律只是规定了体现外观主义的具体规则,如《物权法》第 106 条规定的善意取得,《合同法》第 49 条、《民法总则》第 172 条规定的表见代理,《合同法》第 50 条规定的越权代表,审判实务中应当依据有关具体法律规则进行判断,类推适用亦应当以法律规则设定的情形、条件为基础",另一方面也强调"从现行法律规则看,外观主义是为保护交易安全设置的例外规定,一般适用于因合理信赖权利外观或意思表示外观的交易行为。实际权利人与名义权利人的关系,应注重财产的实质归属,而不单纯地取决于公示外观"。本讲写作的目的,既是对上述规定的进一步解读,也是就外观主义在民商事审判中的运用作进一步展开。在笔者看来,实践中之所以发生外观主义常常被误用甚至滥用的情况,主要还是因为不少裁判者对于体现外观主义的各个制度欠缺全面且深入的理解,常常停留在"知其然,而不知其所以然"的境地,从而导致我们在适用具体制度和具体规则时,难免发生断章取义的现象。从这个意义上讲,认真对待外观主义,实际上就是要认真对待具体制度和具体规则。当然,本书提出的观点,也仅仅是笔者个人对这一问题的初步看法。从实践的情况看,在涉及因借名投资或者借名购房引起的纠纷案件中,也还存在其他解决问题的思路。例如有人提出,出名的权利人仅仅是法律上的权利人,而实际出资人应被认定为事实上的权利人,因此,出名人对标的物的处分应被认定为无权处分,第三人也只有在满足善意取得的情况下,才能从出名人处取得权利;在所购房屋或者投资产生的股权成为执行标的时,实际出资人也应有权请求排除强制执行。对于这一思路,前文已作评论,此处不赘。这里需要指出的是,“外观主义”不应成为牺牲实际出资人合法利益的工具,更不能成为简单追求形式逻辑而忽视实质正义的借口。

# 第三十一讲

# 执行异议之诉与确权之诉的关系

## 一、执行异议之诉与确权之诉在实体上的关联

### (一)执行异议与执行异议之诉

执行异议,是指在执行过程中,案外人主张自己对执行标的享有实体权利而请求执行机构中止执行,以维护自己的合法权益不因强制执行而受到不利影响。在执行过程中,案外人对执行标的提出异议的,执行机构应当按法定程序进行审查。理由不成立的,予以驳回;理由成立的,应停止执行。在执行机构驳回案外人的执行异议时,如案外人对此不服,可提起执行异议之诉;在执行机构认定执行异议成立而中止执行时,如申请执行人对此不服,也可提起执行异议之诉。可见,执行异议是执行异议之诉的前置程序,只有经过执行异议,对人民法院的驳回裁决或者停止执行裁决不服时,才能提起执行异议之诉。

对于上述程序设计,有学者从立法论的角度提出质疑,认为此种制度设计不尽合理,应予取消,理由是:第一,案外人异议事关实体问题,执行机构对其进行审查,有悖于审执分立的初衷,尤其是在实践中相当数量的执行员不具有审判主体资格的情况下,这种情况更为突出;第二,将执行机构的审查作为案外人、当事人提起诉讼的前置程序,意味着在诉讼之前增加了一个环节,未必有助于执行效率的提高;第三,前置程序的设置损害了债权人的权益,增加了债权人实现权利的成本,因为它要求债权人在执行名义之外提供资料或者提起诉讼,证明其确实享有实体权利。

笔者认为,执行异议的成立与否涉及对案外人是否对执行标的享有实体权利进行审查,因而最终必须通过执行异议之诉来解决,但这并不意味着将执行异议作为前置程序没有意义,因为执行异议之诉作为一个

完整的诉讼程序,必然费时费力,而如果将执行异议作为前置程序,就可以将大量执行异议案件排除在审判程序之外,以实现执行程序对效率追求。

当然,执行异议作为前置程序能够发挥上述功能的前提,是执行机构在对执行异议进行裁决时,应尽可能与审判机构在执行异议之诉中采取的标准相同,从而使案外人或者申请执行人基于对诉讼结果的预测而认为在执行机构对执行异议作出裁决后没有再提起执行异议之诉的必要。也就是说,当事人提起执行异议之诉是因为对执行机构关于执行异议的裁决不服,而如果执行机构与审判机构在判断执行异议能否成立时尽可能采取相同的标准,就能够通过执行异议消化大量执行异议案件。就此而言,无论是执行异议还是执行异议之诉,均应对案外人是否享有实体权利进行确认,并基于此确认判断执行异议能否成立,二者的区别仅仅是效力上何者是最终具有决定意义的判断。此外,考虑到执行异议前置的功能是要尽可能将执行异议"消化"在执行阶段,防止大量执行异议进入到诉讼阶段,因此,只有执行机构对执行异议进行实质审查且在标准上与执行异议之诉保持一致时,这一功能才能得到实现。可见,那种认为执行机构在对执行异议作出裁决时仅进行形式审查,执行异议之诉才进行实体审查的观点显然是错误的。

### (二)执行异议之诉的裁判标准

问题是,判断案外人提出的执行异议能否成立的标准究竟是什么呢?对此,2008 年发布的《最高人民法院关于适用〈中华人民共和国民事诉讼法〉执行程序若干问题的解释》第 15 条规定:"案外人对执行标的主张所有权或者有其他足以阻止执行标的转让、交付的实体权利的,可以依照民事诉讼法第二百零四条的规定,向执行法院提出异议。"据此,"所有权或者有其他足以阻止执行标的转让、交付的实体权利"即是判断案外人异议能否成立的标准。2015 年发布的《民事诉讼法解释》第 465 条规定:"案外人对执行标的提出的异议,经审查,按照下列情形分别处理:(一)案外人对执行标的不享有足以排除强制执行的权益的,裁定驳回其异议;(二)案外人对执行标的享有足以排除强制执行的权益的,裁定中止执行。驳回案外人执行异议裁定送达案外人之日起十五日内，人民法院不得对执行标的进行处分。”据此，判断案外人提出的执行异议能否成立的标准，是案外人对于执行标的是否享有“足以排除强制执行的权益”。可见，两个司法解释虽然都规定了案外人只有对执行标的享有一定的实体权利方可阻止强制执行，但都没有明确规定何种权利可以阻止强制执行。

在我国的司法实践中，有一种观点认为，根据物权优先于债权以及债权之间平等的原则，只有当案外人能够证明其对执行标的享有的是所有权或者其他物权时，才能阻止强制执行。在实践中，此种观点不仅使得执行异议之诉常常成为一种确权诉讼，还可能导致当事人为提出执行异议，不得不另行提起一个确权诉讼。[1] 不仅如此，由于确权的实体依据是物权变动规则，因此，只有符合物权变动规则，人民法院才能确认权属，这就可能导致大部分提起确权之诉的当事人因不满足物权变动的要件而无法获得物权，进而导致其提出的执行异议被驳回。这就可能产生一些不公平的结果，尤其是在采形式主义物权变动模式的情况下。

如果严格贯彻形式主义物权变动模式的要求，则只有取得登记的不动产买受人才能取得标的物的所有权，而未取得登记的不动产买受人仅仅是债权人。在此情形下，如果认为只有所有权才能阻止强制执行，则当出卖人的债权人申请人民法院执行仍然登记在出卖人名下的不动产，尚未办理过户手续的买受人即无法提出执行异议，而只能眼睁睁地看着标的物被强制执行。虽然此种处理方式在一般情形下并无不妥，但在特殊情形下，也可能会带来难以容忍的结果。例如出卖人已经标的物交付买受人占有使用，且买受人已支付全部价款，只是未办理登记手续，此时若不区分情况一概允许出卖人的其他债权人申请人民法院执行仍登记在出卖人名下的财产，可能就会对受让人产生极为不利的后果。而从法感情上看，如果买受人对于没有办理登记不存在过错或者并非因买受人的原因没有办理登记，而其他债权人也并非基于对出卖人享有房屋所有权才对出卖人享有债权，此时如果允许其他债权人申请对登记在出卖人名下的房屋强制执行，显然难谓公正。

---

〔1〕 参见张卫平：《案外人异议之诉》，载《法学研究》2009年第1期。

为了解决实践中出现的不公平现象,《查、扣、冻规定》(法释〔2004〕15号)第17条规定:“被执行人将其所有的需要办理过户登记的财产出卖给第三人,第三人已经支付部分或者全部价款并实际占有该财产,但尚未办理产权过户登记手续的,人民法院可以查封、扣押、冻结;第三人已经支付全部价款并实际占有,但未办理过户登记手续的,如果第三人对此没有过错,人民法院不得查封、扣押、冻结。”

应该说,上述司法解释考虑到了社会生活的复杂性,从而为人民法院处理类似问题提供了依据。问题是,上述司法解释的法理依据何在呢?一种观点认为,根据上述司法解释,即使没有办理过户手续,但如果作为第三人的受让人已经支付部分或者全部价款并实际占有该财产,且如果受让人对于没有办理登记手续没有过错,就应认定受让人已经取得标的物的所有权,人民法院不得对该财产实施查封、扣押、冻结。也就是说,上述司法解释对于标的物所有权的移转,在采登记要件主义的同时,还辅之以过错原则,即如果受让人没有办理登记是登记部门的原因或者其他非受让人所能控制的原因造成的,则不影响所有权的移转。言下之意即是,上述司法解释旨在修正完全以登记为生效要件的不动产物权变动模式。事实上,在《物权法》的制定过程中,也确实有不少学者认为完全以登记为要件的形式主义物权变动模式存在缺陷,并提出应对形式主义物权变动模式进行修正(至于具体的修正方案,参见第七编)。

正是因为不少人认为上述司法解释旨在对将登记作为不动产物权变动之生效要件进行修正,因此在实践中,有人认为,《物权法》实施后,该司法解释的这一条不能再继续适用,理由是《物权法》严格贯彻登记生效主义,当事人没有办理登记手续,所有权不发生变动(参见《物权法》第9条),因此,无论第三人有没有过错,人民法院都可以查封、扣押、冻结仍属于出卖人的财产。笔者认为,这种理解有欠妥当,因为上述司法解释制定的目的,是克服实践中因严格贯彻形式主义物权变动模式而可能带来的问题,而我国民法采形式主义物权变动模式在《物权法》通过前后并无不同。

为了避免实践中产生上述误解,最高人民法院发布的《执行异议和复议规定》第28条规定:“金钱债权执行中,买受人对登记在被执行人名下的不动产提出异议,符合下列情形且其权利能够排除执行的,人民法院应予支持:(一)在人民法院查封之前已签订合法有效的书面买卖合同;(二)在人民法院查封之前已合法占有该不动产;(三)已支付全部价款,或者已按照合同约定支付部分价款且将剩余价款按照人民法院的要求交付执行;(四)非因买受人自身原因未办理过户登记。"可见,最高人民法院不仅坚持了 2004 年司法解释所确立的基本精神,而且在买受人提起执行异议的适用条件上更加宽松,例如将买受人已经支付全部价款改为"已支付全部价款,或者已按照合同约定支付部分价款且将剩余价款按照人民法院的要求交付执行",并将买受人对于未办理登记没有过错改为"非因买受人自身原因未办理过户登记"。

《民法典》施行后,尽管最高人民法院对《查冻扣规定》和《执行异议和复议规定》进行了全面清理,但上述条文均得到了保留。可见,在最高人民法院看来,上述规定与《民法典》并无冲突。

### (三)如何界定足以排除执行的权益?

笔者认为,上述认为司法解释旨在通过过错原则来修正形式主义物权变动模式的观点值得商榷,因为坚持这一观点的结果将导致如下结果:只要受让人没有过错,则不动产物权变动不再以登记为要件。这显然与现行法相冲突,也不利于保护与出卖人进行交易的其他当事人的交易安全。因此,笔者认为,与其说上述规则反映的是形式主义物权变动原则的被修正,不如说这一规则反映的是债权平等原则在特殊情形下被突破。也就是说,根据形式主义物权变动模式,未经登记的受让人应处于债权人地位,但在特殊情形下,法律赋予此种债权具有一定的物权效力,因而与出卖人的其他债权人相比,不仅处于优先地位,而且能够排除强制执行或者击破破产。如前所述,登记前不动产买受人的此种具有物权效力的法律地位,在德国法上,被称为物权期待权。

当然,在德国法上能够获得物权期待权的主体并不限于登记前的不动产买受人,还包括保留所有权买卖中的买受人等。不过,就登记前不动产买受人的物权期待权而言,依《德国民法典》的规定,须以当事人已经向登记机关提出过户申请为要件。也就是说,虽然当事人未完成登记,但已经向登记机关提交了登记申请。由于德国的不动产登记采在先申请原则,一旦当事人已经提交登记申请,则意味着其他买受人无法办理登记,故申请在先的买受人可确定的获得物权。在此背景下,德国民法理论认为,虽然当事人没有办理登记,但已经获得了取得相应物权的期待地位,且此种期待地位不同于一般的期待,而是一种应受法律特别保护的权利,即物权期待权。值得注意的是,在德国法上,由于物权期待权虽然不是物权,但可以排除强制执行或者击破破产,因此也被称为物权性的权利。可见,德国民法理论区分了物权和物权性的权利,认为能够阻止强制执行的实体权利不仅包括物权,也包括物权性的权利。而所谓物权性的权利,除了物权期待权,也包括经预告登记的权利(有争议)。

笔者曾经较早提出借鉴德国法的理论,以物权期待权理论来解释法释〔2004〕15 号第 17 条。[1] 不过今天看来,无论是法释〔2004〕15 号第 17 条,还是法释〔2015〕10 号第 28 条,其内涵和外延均与德国法上不动产买受人之期待权有显著不同,似无法以物权期待权理论进行解释。所以,笔者认为,对于上述司法解释的规定,还是要另行寻找理论基础。最近,有人提出,可以通过"双层理论"来构建执行异议和执行异议之诉的裁判标准,即除了物权可以排除强制执行,一些较之普通债权具有优先效力的特殊债权也可以排除强制执行:前者须满足物权变动的要件,而后者则是债权竞合的产物。[2] 笔者赞同上述思路,但是也要指出,尽管债权平等原则在我国法上存在大量被突破的现象,但是对特殊债权的保护,并非都是通过排除强制执行来实现的。法律对特殊债权的保护,除了赋予某些特殊债权排除强制执行的效力,还可以通过非金钱债权强制执行与金钱债权强制执行的竞合规则以及金钱债权执行与金钱债权执行的竞合规则来解决,因此,对于究竟何种特殊债权能够排除强制执行,也须认真思考,否则就是一笔糊涂账。笔者认为,只有具有物权效力的特殊债权(当然,我们也可以称之为物权性的权利),才能赋予其排除执

---

〔1〕 参见拙作:《物权诉讼:原理与实务》,人民法院出版社 2009 年版。

〔2〕 参见赵晋山、王赫:《"排除执行"之不动产权益——物权变动到债权竞合》,载《法律适用》2017 年第 21 期。

行的效力(关于这一问题,容后详述)。

### (四)执行异议之诉与确权之诉的实体关系

总之,能够排除强制执行的实体权利,显然并非仅指物权(事实上,即是物权,也并非一定要通过赋予其具有排除强制执行的效力来对其进行保护,例如对于担保物权,法律就是通过使其在参与分配中优先受偿来进行保护的),还包括一些物权性的权利。就此而言,执行异议之诉与确权之诉的裁判标准不同,显然是两个不同的法律制度,不能混为一谈。当然,这也是 2007 年修订的《民事诉讼法》增设执行异议之诉的重要原因。

当然,也应看到,在实践中,当事人提出执行异议的理由往往是其是标的物的所有权人或者其他物权人。在此情形下,要判断当事人执行异议能否成立,就应先对标的物的权属进行确认。也正因为如此,《民事诉讼法解释》明确规定,当事人也可以在执行异议之诉中一并请求确认权属。不过,由于执行异议(之诉)与确权之诉的裁判标准不同,执行异议(之诉)的实体权利范围要宽于物权,因此,当事人请求确认权属的诉讼请求可能被驳回,但其请求停止执行的诉讼请求则可能获得支持。

值得注意的是,在实践中,案外人提起执行异议之诉的理由往往是自己对执行标的物享有物权,因此,案外人请求人民法院对标的物的权属进行确认的基础上再支持其排除强制执行的请求。问题是,如果人民法院经审查,认定案外人对标的物不享有物权,是否就直接驳回案外人的诉讼请求呢?笔者认为,由于案外人提起的是执行异议之诉,而非确权之诉,因此,人民法院即使认为案外人对执行标的不享有物权,也应审查案外人对执行标的是否享有其他足以排除强制执行的其他权利。只有排除了其他足以排除强制执行的其他权利,人民法院才能据此驳回案外人的诉讼请求,而不能仅仅以案外人对执行标的不享有物权为由直接驳回案外人的诉讼请求。

## 二、执行异议之诉与确权之诉在程序上的关联

### （一）问题的提出及其背景

前文谈到执行异议（之诉）与确权之诉在实体法上的关系，指出《民事诉讼法》增设执行异议之诉，就是因为仅依物权优于债权来保护案外人可能会带来不公平的结果。为此，有必要在物权之外，承认所谓物权性权利，将其作为判断案外人执行异议能否成立的依据。这就要求法律在确权之诉外，另行提供判断案外人执行异议能否成立的程序。关于物权性权利的认定，笔者将在后续内容中进行详细讨论。本讲想讨论的，是执行异议（之诉）与确权之诉在程序上的关系。之所以要讨论这个问题，是因为案外人提出执行异议，虽然并不以通过确权之诉认定其为物权人为前提，但在实践中往往还是基于对执行标的享有物权，因此，执行异议（之诉）与确权之诉仍然可能交织到一起。

关于执行异议之诉与确权之诉在程序上的关系，《民事诉讼法解释》第 312 条第 2 款规定："案外人同时提出确认其权利的诉讼请求的，人民法院可以在判决中一并作出裁判。"尽管这一规定未明确人民法院在案外人提出确权请求时是否可以不对这一请求一并作出裁判，但执行异议之诉具有解决权属争议的功能，是毫无疑问的。这是因为，尽管执行异议（之诉）与确权之诉的裁判标准不同，但人民法院在判断执行异议能否成立时，必然要审查标的物的归属并作出判断。也就是说，虽然执行异议的成立并不以案外人对标的物享有物权为前提，但执行异议不成立则意味着案外人对标的物不享有物权（担保物权除外），此为其一；其二，即使是人民法院不是以案外人对执行标的享有物权为由支持了案外人的执行异议，也要先考察案外人是否对标的物享有物权，再考察案外人是否对执行标的享有其他物权性权利。就此而言，笔者认为，无论案外人是否将权属确认作为一项独立的诉讼请求提出，人民法院在执行异议之诉中就标的物的权属作出的认定，都具有既判力，因此案外人不得在提起执行异议之诉后，再另行提起确权之诉。有疑问的是，在《民事诉讼法》已设执行异议之诉来对案外人进行救济的情况下，案外人能否在执行异议之诉之外（即不经执行异议之诉）另案提起确权之诉，再依

确权判决请求排除强制执行呢？

## (二)执行异议之诉与确权之诉的程序关系

一般认为，在人民法院对执行标的采取强制执行措施前，如果案外人已经就执行标的物的归属提起确权之诉，再依据确权判决请求排除强制执行，自无不可。对此，2015 年《执行异议和复议规定》第 26 条第 1 款明确规定："金钱债权执行中，案外人依据执行标的被查封、扣押、冻结前作出的另案生效法律文书提出排除执行异议，人民法院应当按照下列情形，分别处理：(一)该法律文书系就案外人与被执行人之间的权属纠纷以及租赁、借用、保管等不以转移财产权属为目的的合同纠纷，判决、裁决执行标的归属于案外人或者向其返还执行标的且其权利能够排除执行的，应予支持；(二)该法律文书系就案外人与被执行人之间除前项所列合同之外的债权纠纷，判决、裁决执行标的归属于案外人或者向其交付、返还执行标的的，不予支持；(三)该法律文书系案外人受让执行标的的拍卖、变卖成交裁定或者以物抵债裁定且其权利能够排除执行的，应予支持。"可见，上述规定不仅没有禁止当事人依强制执行措施前的法律文书提出执行异议，而且明确了如果案外人所持另案的法律文书为确权判决，对于案外人的执行异议，应予支持。

但是，在人民法院在对执行标的采取强制执行措施后，是否允许案外人不依据《民事诉讼法》的规定提出执行异议，并在执行法院对执行异议作出裁定后依《民事诉讼法》的规定提起执行异议之诉，而是另案提起确权之诉，则有不同的意见。

考虑到执行法院与当事人另案提起确权之诉的管辖法院可能不同，且在确权之诉中，申请执行人并非案件的当事人，为了避免案外人与被执行人恶意串通利用确权之诉阻止强制执行，《最高人民法院关于执行权合理配置和科学运行的若干意见》(法发〔2011〕15 号)指出："审判机构在审理确权诉讼时，应当查询所要确权的财产权属状况，发现已经被执行局查封、扣押、冻结的，应当中止审理；当事人诉请确权的财产被执行局处置的，应当撤销确权案件；在执行局查封、扣押、冻结后确权的，应当撤销确权判决或者调解书。"此外，2015 年《执行异议和复议规定》第 26 条第 2 款也规定"金钱债权执行中，案外人依据执行标的被查封、扣押、冻结后作出的另案生效法律文书提出排除执行异议的，人民法院不予支持”，并在第4款明确规定：“申请执行人或者案外人不服人民法院依照本条第一、二款规定作出的裁定，可以依照民事诉讼法第二百二十七条规定提起执行异议之诉。”

根据上述司法政策和司法解释，实践中一种观点认为，在执行法院就执行标的采取强制执行措施后，案外人只能先提出执行异议，并在其异议没有得到支持的情况下提起执行异议之诉，以解决权属争议，而不应允许案外人另案确权。〔1〕

不过，也有一种观点认为，执行异议之诉虽然是法律为案外人提供的一个救济渠道，但不能认为案外人另案起诉的诉权就受到了限制。例如，江苏省高级人民法院民一庭制定的《执行异议之诉案件审理指南》第8条曾一度规定：“执行过程中，案外人以其对执行标的享有实体权利为由提出执行异议，人民法院裁定驳回其异议后，案外人仍然不服的，既可以提起执行异议之诉，并可在执行异议之诉案件中同时提出确认其实体权利的诉讼请求；也可以单独提起确认之诉。案外人向有管辖权的人民法院单独提起确认之诉的，不能产生阻却执行的法律效果。如果案外人既要单独提起确认之诉，又要对执行产生影响，就应当向执行法院提起确认之诉。人民法院在审理确认之诉案件的过程中，应当注意对诉讼标的物是否被人民法院采取强制执行措施进行审查，以防止案外人通过确认之诉恶意串通规避执行、侵害债权人利益。在诉讼标的已被人民法院查封、扣押的情况下，当事人在确认之诉案件审理中自愿达成调解协议，要求人民法院出具调解书的，原则上不予准许，人民法院应当在审理后依法作出判决。”可见，该意见允许在标的物被查封后另行提出确权之诉，但应区别情况予以对待：如果向有管辖权的法院提起确权之诉，则无法产生阻却强制执行的效果；只有向执行法院提出确权之诉，才能产生

〔1〕 参见最高人民法院民一庭庭长程新文在2015年12月全国民商事审判工作会议上所作《关于当前民事审判工作中的若干具体问题》的报告；《民事审判指导与参考》第67辑“民事审判信箱”针对“案外人在发生纠纷时不依据民事诉讼法第二百二十七条的规定主张权利，而是以被执行人为被告，就执行标的另行提出确权之诉、给付之诉，如何处理”的问题所作回答。

阻却强制执行的效果。

### (三)执行异议之诉的确权功能

笔者认为,尽管执行异议之诉与确权之诉的裁判标准各异,但二者之间的关系也极为密切。由于案外人的执行异议能否成立的判断标准是案外人对标的物是否享有物权(担保物权除外)或者其他物权性的权利,因此,执行异议之诉不仅可以用来解决当事人之间就执行异议是否成立而发生的争议,也可以用来解决当事人之间的权属争议。也就是说,在执行法院对执行标的已经采取强制措施后,既然法律已经通过设置执行异议与执行异议之诉来解决权属争议,似乎并无必要在此之外允许当事人另行提起确权之诉。相反,如果允许当事人提起确权之诉,就可能带来一系列难以处理的问题,如案外人与被执行人恶意串通,通过另案确权来对抗强制执行。也正因为如此,江苏省高级人民法院民一庭于 2016 年 12 月下发了新的通知,明确规定对于案外人不服执行异议裁定,不宜允许当事人另案确权,上述《执行异议之诉案件审理指南》第 8 条不再适用(值得注意的是,诉讼如此,仲裁就更是如此,因为仲裁机构并非确权机构,本来就并不存在通过仲裁确权的问题,参见第十讲)。

### (四)另案请求确权的可能性

当然,执行异议之诉虽然可以用于解决权属争议,但其最初的毕竟是用于判断案外人提出的执行异议能否得到支持。因此,如果案外人不是为了排除强制执行而另案提起诉讼或者仲裁,则法律没有禁止的理由。也就是说,尽管案外人在执行法院采取执行措施后不能另案请求确权,但必须将不能请求确认的权利限制在能够排除强制执行的实体权利,而不包括不能排除强制执行的实体权利,如担保物权和其他具有优先效力的债权,也不包括请求被执行人继续履行合同等非金钱债权。这是因为,担保物权和其他具有优先效力的债权是通过参与分配制度来实现的,而即使标的物被采取强制执行措施,案外人为参与分配或者在分配中优先受偿,也仍有另案提起诉讼或者仲裁的必要;在非金钱债权与金钱债权发生执行竞合时,也存在优先保护非金钱债权的可能性,故案外人也有提起另案提起诉讼或者仲裁的必要。从这一意义上讲,即使在执行法院对执行标的采取强制措施后，执行异议之诉也并不当然一律排除案外人就执行标的提起诉讼或者仲裁。

对此，在 2015 年 8 月 27 日全国法院执行工作座谈会上，时任最高法院审委会专职委员、第一巡回法庭庭长、执行局局长刘贵祥在谈到“关于被人民法院查封后的财产，案外人主张权利的，能否另案提起确权或其他诉讼的问题”时，即明确指出：“《异议复议司法解释》规定，案外人依据执行标的被查封、扣押、冻结后作出的另案生效法律文书提出排除执行的异议的，人民法院不予支持。这一规定表明，对执行法院已经查封、扣押、冻结的财产，案外人如果要排除执行，最有效的途径是直接依据《民事诉讼法》第二百二十七条的规定提出异议和诉讼。如果去另案诉讼或仲裁，即使取得了生效法律文书，并不能因此当然地排除执行。但这一规定是否意味着对于执行法院查封、扣押、冻结的财产，案外人根本就不能再另行起诉或申请仲裁？或者正在进行的诉讼、仲裁必须因此而中止、终结或者撤销？这一问题在最高人民法院过去的规范性文件中有过规定，但理论和实践存在很大争议。经反复研究，我们认为，司法实践中各种法律关系极其复杂，司法政策制订中既要考虑对执行债权人利益的保护，也要兼顾其他当事人及相关利害关系人的合法权益。查封后取得的生效法律文书对执行产生何种影响，对这一问题我们可以作出规定，但另一方面，不应武断地规定对执行标的一律不能另行诉讼或仲裁，否则就不当地限制了民事主体提起诉讼和申请仲裁的权利，也难以有效调整纷繁复杂的社会关系。”笔者认为，这一论述，可供参考。

## 三、强制执行中的权利冲突及其解决

### （一）问题的提出及其背景

在实践中，权利冲突的现象是不能完全避免的。所谓权利冲突，本书特指若干民事权利共存于同一标的物上。实践证明，权利冲突的现象在执行程序中表现得更加突出，除了前面已经谈到的案外人对执行标的享有足以排除强制执行的情形，还存在所谓执行竞合的情形。这是因为，即使债权人所取得的权利并非针对债务人的特定标的物而设定，也可能因债权人申请强制执行而针对债务人的特定标的物，从而造成同一标的物成为数个强制执行的对象。例如王五既是张三的债务人，也是李四的债务人。张三和李四均获得对王五的胜诉判决并申请人民法院强制执行。在强制执行过程中，人民法院发现王五除了对某不动产享有所有权，没有其他可供执行的财产。此时，就会发生强制执行的竞合，因为该不动产同时成为数个强制执行的对象。

在强制执行竞合的情形下，各个权利人的目的是想通过强制执行实现自己的权利，因此各国法律必须通过一定的制度设计来解决各个权利人之间的冲突问题。例如，根据物权的优先效力，在同一标的物上既有物权又有债权时，物权应优先于债权；在同一标的物上存在数个物权时，先成立的物权优先后成立的物权。据此，各国法律大多坚持物权优先于债权、先成立的物权优先于后成立的物权的原则来处理执行程序中的权利冲突问题。我国法律也不例外，无论是《最高人民法院关于人民法院执行工作若干问题的规定（试行）》（参见第 40 条、第 88 条第 2 款），还是《民事诉讼法》及其司法解释，都规定了有担保物权担保的债权应优先于其他没有担保物权的债权受偿。

问题是，在数个强制执行所要实现的实体权利中不存在有担保物权担保的金钱债权而只有普通金钱债权时，如何解决执行竞合的问题呢？

### （二）优先主义与平等主义

关于普通金钱债权之间的执行竞合，各国及地区的法律表现出不同的态度。一是优先主义，即赋予先申请强制执行的债权人优先于后申请强制执行的债权人受偿、已申请强制执行的债权人优先于没有申请强制执行的债权人受偿的权利。采取优先主义的国家有大陆法系的德国、奥地利，英美法系的英国、美国。二是平等主义，即申请执行的债权人不因扣押、查封而取得对执行标的物的优先受偿权，其他债权人就同一执行标的物申请执行的或者执行程序结束前申请参与分配的，执行法院应就被扣押、查封的执行标的物进行拍卖、变卖，其所得依各债权人的债权额，按比例平均清偿。如法国、意大利则采取此种制度。三是团体优先主义，又称为折中主义，是指确定债权人参与分配的时间，在该时间内申请参与分配的债权人平均受偿，而对该期限之后申请强制执行的债权人产生优先受偿权。日本、瑞士皆采用此制度。

不难看出,平等主义系基于债权平等的原则及债权人共担损失的法律思想。相反,优先主义则突破了债权平等的原则,系基于债权人努力行使其权利而应获奖励的法律思想。问题是,优先主义突破债权的平等原则的理论基础何在呢?对此,存在德国为代表的优先主义和英国为代表的优先主义在理论基础上的不同:德国的优先主义,是债权人因扣押、查封行为(包括财产保全的扣押、查封)就执行标的物取得担保物权,其取得担保物权的顺序依扣押的先后确定;英国的优先主义制度,仅在强制执行程序上承认债权人按查封执行的时间先后而享有优先受偿权,并不能对查封标的物取得担保物权。可见,二者的相同之处是既承认强制执行措施具有程序法上的效力,也赋予强制执行措施以实体法上的效力;不同之处在于德国的优先主义贯彻的是物权优先债权的原则,而英国的优先主义则没有采用物权优先债权的理论,而仅从程序法的角度论证该制度的合理性。

应该说,平等主义与优先主义各有优势,也各有其弊端。平等主义的优势在于贯彻了债权平等的原则,但不能激励债权人及时行使自己的权利,因此形成另一种类型的程序拖拉,并相应地出现另一种形式的不平等,即先申请保全或者执行者虽然为此比其他债权人付出了更多的费用和精力,却没有得到比其他债权人更多的实际利益;优先主义虽然照顾到了先申请执行的债权人的利益,却以牺牲债权平等原则为代价。团体优先主义即折中主义旨在采平等主义和优先主义之长而避平等主义和优先主义之短。团体优先主义通过设定一定的期间将已申请强制执行的债权人与没有申请强制执行的债权人区分开来,对于该期限内的债权人实行平等主义,同时赋予该部分债权人优先于未申请强制执行的债权人受偿的权利,从而既能实现鼓励债权人积极行使权利的目的,又能避免过分突破债权平等原则。不过,也有学者认为,团体优先主义纯系中庸之道,实际运行甚为不便;还有学者认为,参与分配的期限长短很难确定,如期限太长,因大部分债权人可能均已参加分配,其结果与平等主义无异,反之,则无异于优先主义。

笔者认为,团体优先主义虽然在具体操作上存在较多问题,但较为可取。从强制执行与破产程序各自的功能来看,虽然破产清算制度是在债务人的财产不足以清偿全部债务的情况下实现债权人的平等受偿,而个别强制执行制度则不以债务人的财产不足以清偿全部债权为条件,且针对的是债务人的特定财产,但若采取“先来先得”的优先主义,赋予强制执行措施过分强大的效力,则不仅可能带来债权人竞相申请强制执行的局面,还可能在程序上出现债权人重复申请、多次分配的拖累现象。职是之故,笔者认为,债权平等原则不仅应体现于审判程序中,也应体现于执行程序中。不过,与破产清算程序比较,强制执行制度不应以保障全体债权人平等受偿为终极价值,也不可能为了追求公平分配而无限拖延执行过程,虽然负有落实债权平等原则的任务,但不能将此绝对化,否则就会模糊强制执行制度与破产清算制度之间的界限。也就是说,参与分配制度不应担负破产清算制度的功能。就此而言,平等主义也不可取。在团体优先主义之下,参与分配制度一方面将执行程序与破产程序在功能上区隔开来,另一方面也在一定程度上落实了债权平等原则,可算得上是一个“小破产法”。

(三)执行措施在实体法上的效力

值得注意的是,在团体优先主义之下,参与分配制度虽然在一定程度上贯彻了债权平等原则,但与破产制度相比较,它也在一定程度上突破了债权平等原则,从而使得扣押、查封等强制执行措施具有一定的实体法上的效力。理由如下。

其一,在我国,参与分配制度有其适用范围的限制。根据我国现行法律及司法解释的规定,我国对于执行竞合依据被执行人是法人还是非法人采取了不同的态度:如果被执行人是具有破产能力的企业法人,在未进入破产清算程序的情形下,采取的是优先主义;只有对于被执行人为不具有破产能力的自然人和其他非法人组织,才能适用参与分配制度。之所以如此,是因为有破产能力的企业法人在发生资不抵债的情况时,债权人要想平等受偿,就应通过破产程序来实现,而不应通过参与分配制度,否则就可能导致破产程序的功能被参与分配制度所取代。为此,《民事诉讼法解释》不仅排除了企业法人作为债务人时适用参与分配制度的可能性,而且就执行转破产的程序作出了明确的规定(关于执行转破产的问题,后续内容还将继续讨论)。

其二,申请参与分配有严格的适用条件。债权人申请参与分配必须在“执行完毕”或者“被执行人的财产被清偿前”提出,且申请参与分配的债权必须是已经取得执行依据的债权,未取得执行依据的债权无法参与分配(参与分配是否须以取得执行依据为前提,在理论上存在较为激烈的争议。1992年《最高人民法院关于适用〈中华人民共和国民事诉讼法〉若干问题的意见》第297条将已经取得执行依据或者已经提起诉讼作为参与分配的条件,但1998年《最高人民法院关于人民法院执行工作若干问题的规定(试行)》第90条则将参与分配的债权限于已经取得执行依据的债权,2015年《最高人民法院关于适用〈中华人民共和国民事诉讼法〉的解释》延续了这一做法。此外,由于参与分配的程序由债权人发动,而在法院案件信息不公开的情形下,债权人很容易就错过了申请的时机。就此而言,强制执行事实上赋予了部分债权具有优先于其他债权的效力。

其三,参与分配制度仅适用于金钱债权之间的执行竞合,而不适用于非金钱债权之间的执行竞合以及金钱债权与非金钱债权之间的执行竞合。对于金钱债权与非金钱债权发生的执行竞合和非金钱债权与非金钱债权发生的执行竞合,通说认为应采取“先申请执行者优先”的规则,除非后申请者是基于物权申请的强制执行(关于这一问题,笔者还将在后文详细讨论)。

### (四)担保物权在执行程序中的实现

前文述及,有些物权虽然不能排除强制执行,却可以在发生执行竞合时优先受偿,例如担保物权。之所以如此,是因为担保物权虽然是物权,但它是一种从权利,从属于被担保的主债权,其使命是担保主债权的实现,故法律仅赋予其优先受偿的效力即可,而无须赋予其排他性的支配效力。

当然,在发生执行竞合时,除了有担保物权担保的债权能够优先受偿,还有一些权利也能优先受偿,甚至还要优先于担保物权所担保的债权,例如《最高人民法院关于建设工程价款优先受偿权问题的批复》(以下简称《工程价款优先受偿权批复》)不仅规定建筑工程的承包人的优先受偿权优于抵押权和其他债权,而且规定承包人就该商品房享有的工程价款优先受偿权不得对抗已经全部或者大部分支付购房款的消费者。

此外，即使在不存在有担保的债权或者实体法没有赋予某一债权具有优先效力的情况下，无论是非金钱债权与金钱债权之间的执行竞合以及非金钱债权与非金钱债权之间的执行竞合所采取的"先申请执行者优先"，还是金钱债权与金钱债权之间的执行竞合所采取的团体优先主义，都反映了程序制度对实体权利的影响，也都反映了债权之间的不平等性。也就是说，在我国法上，除了实体法会赋予某些债权具有优先效力，还存在某个特定的债权（包括金钱债权）可能因法院采取强制执行措施而获得优先于另一些债权的效力。

可见，在强制执行过程中，法律对在执行标的上享有实体权利的案外人提供的救济，并非都是通过执行异议（之诉）来实现的，也可以通过实体法或者程序法赋予某些债权具有优先效力，因而在发生执行竞合时，使其优先于其他债权人优先受偿。

# 第三十二讲

## 《民法典》背景下的破产财产及其认定

破产财产,是指债务人破产时可用于清偿债务的全部财产,因此也被称为债务人财产。在破产审判中,破产财产的界定不仅关系到全体债权人利益的保护,也关系到个别权利人的救济,因为一项财产如果属于破产财产,就意味着债权人可就该财产进行分配;相反,如果该财产不属于破产财产,则该财产的权利人自可行使破产取回权,请求破产管理人返还该财产。尽管现行《企业破产法》及其司法解释从正反两个方面对破产财产的范围进行了界定,但对于某一财产究竟是否属于破产财产,仍是破产审判中经常面临的一个疑难问题。在笔者看来,对这一问题的回答并不仅涉及《企业破产法》及其司法解释的适用,也涉及《民法典》及相关司法解释的适用,此外还要考虑与其他法律及司法解释(如关于强制执行方面的法律及司法解释)之间的协调与衔接。职是之故,笔者不揣冒昧,试图结合《民法典》关于物权变动的规定以及对担保物权的发展、《民事诉讼法》及其司法解释关于执行异议的规定,就破产财产的认定进行探讨,以求教于方家。

### 一、物权变动与破产财产的认定

《企业破产法》第 30 条规定:“破产申请受理时属于债务人的全部财产,以及破产申请受理后至破产程序终结前债务人取得的财产,为债务人财产。”尽管这一规定将“破产申请受理后至破产程序终结前债务人取得的财产”亦规定为破产财产,从而与《企业破产法(试行)》第 28 条第 1 款一样,采取的是所谓膨胀主义而非固定主义的立法体例,认为债务人在破产程序终结前取得的财产都属于破产财产，[1] 但与《企业破产法（试行）》不同的是，《企业破产法》将认定债务人取得财产的时间提前到破产申请时，而非破产宣告时。当然，这一修正在实践中的意义并不大，因为无论是破产申请时取得的财产还是破产宣告时取得的财产，都应在破产程序终结时属于债务人。也就是说，只要是在破产程序终结时属于债务人的财产，就是破产财产，至于债务人何时取得财产，在所不问。此外，《企业破产法（试行）》第28条第1款还规定破产财产包括“应当由破产企业行使的其他财产权利”，但《企业破产法》第30条则未对此作明确规定。这是因为，《企业破产法（试行）》第28条严格区分了财产和其他财产权利，因此该条所称的财产是狭义上的财产，即仅指财产所有权，而《企业破产法》第30条规定的财产，则是广义上的财产，不仅指财产所有权，也包括其他财产权利。也正因如此，《最高人民法院关于适用〈中华人民共和国《企业破产法》〉若干问题的规定（二）》[以下简称《企业破产法解释（二）》]第1条规定：“除债务人所有的货币、实物外，债务人依法享有的可以用货币估价并可以依法转让的债权、股权、知识产权、用益物权等财产和财产权益，人民法院均应认定为债务人财产。”依笔者之所见，该条所称“实物”，应指有体物，包括动产或者不动产，即物权的客体。本讲讨论的对象，也限于有体物以及与有体物有关的财产权利（如用益物权），不涉及其他财产权利。需要指出的是，在特定法律关系中，虽然债务人在破产程序终结前未取得对特定有体物的权利，因而该有体物并不属于破产财产，但基于该法律关系产生的其他财产权利却可能成为破产财产。例如，无论是《最高人民法院关于审理企业破产案件若干问题的规定》（以下简称《破产规定》），还是《企业破产法解释（二）》，均将“债务人基于仓储、保管、加工承揽、委托交易、代销、借用、寄存、租赁等法律关系占有、使用的他人财产”明确排除在破产财产之外，根据《企业破产法》第38条的规定，对该财产享有的权利的当事人自然有权取回该财产，但因取回该财产而应履行的义务，则可能构成

---

[1] 关于固定主义与膨胀主义的区别，参见邹海林：《论破产财产的范围》，载《法律科学》1990年第4期。

债务人的财产权利并成为破产财产。例如在承租人破产时,出租人将租赁财产取回时,有义务将承租人多付的租金或者押金返还给承租人,承租人因此享有的债权即应属于破产财产。

问题是,如何判断某一特定财产尤其是有体物是否属于破产财产呢?显然,判断某一特定有体物是否属于破产财产的依据,应是《民法典》关于物权变动的有关规定,即物权变动规则。根据《民法典》物权编的规定,物权的变动可以分为基于法律行为的物权变动与非依法律行为的物权变动。前者有较为统一的规则,被称为物权变动模式;后者没有统一的规则,引起物权变动的原因不同,规则也有所不同,但也有共性,例如非依法律行为发生的不动产物权变动,都不以登记为生效要件,登记仅仅具有宣示的功能。[1]《民法典》对于基于法律行为发生的物权变动,原则上采形式物权变动模式,例外情形下采意思主义物权变动模式:前者将交付(动产)或登记(不动产)作为物权变动的生效要件;后者则将交付或登记作为物权变动的对抗要件,而非生效要件。此外,对于特殊动产(如船舶、航空器和机动车)的所有权变动,《民法典》还采取了交付生效、登记对抗的双重要件主义。可见,我国的物权变动规则较为复杂,在认定债务人是否已经取得物权时,应根据债务人取得物权的原因选择适用不同的物权变动规则,不能简单地以债务人是否已经实际占有标的物或者是否办理不动产登记作为认定权属的依据。

实践中较为难以解决的问题是,即使严格按照物权变动规则认定某一财产是否为破产财产,也可能会带来不公平的结果。例如,根据形式主义物权变动模式,在通过买卖合同移转标的物所有权的情况下,交付标的物(动产)或者办理登记(不动产)是买受人取得所有权的生效要件,如果未移转标的物的占有或者未办理登记手续,则买受人就无法取得物权,而仅仅取得请求出卖人履行买卖合同的债权。此时,如果出卖人破产,严格按照物权变动的规则,则该财产将被认定为破产财产,买受人即使已经支付了全部价款,也只能作为普通债权人参与破产财产的分

---

〔1〕 参见吴光荣:《不动产登记与不动产权属确认的实体与程序问题研究》,载《法律适用》2014年第10期。

配,而不能依据《企业破产法》第 38 条向管理人请求取回标的物。这样一来,就将买受人置于与其他债权人一样的地位,未考虑到动产买受人虽然没有移转标的物的占有,但针对的是出卖人所有的特定物,并且买受人可能已经支付了全部价款,而其他债权人所享有的债权可能并非针对出卖人所有的特定物,也或者债权人尚未支付全部价款。又如,在不动产买卖的情形下,如果只要未办理登记,即认为出卖人仍然对标的物享有所有权,买受人只能作为普通债权人参与破产财产的分配,也可能对买受人不公平,因为买受人此时可能已经占有标的物,且已付清全部价款,甚至不是因为买受人的原因没有办理过户。[1] 尤其值得注意的是,法律将动产交付或者不动产登记作为物权变动的生效要件,目的是要通过公示保护第三人的交易安全,而出卖人破产时的其他债权人,因其债权的发生并非针对特定的标的物,故常常并不需要通过公示加以特别保护的第三人。[2]

正是由于严格按照形式主义物权变动模式可能会带来实质上的不公平,因此《破产规定》第 71 条将“特定物买卖中,尚未转移占有但相对人已完全支付对价的特定物”和“尚未办理产权证或者产权过户手续但已向买方交付的财产”作为认定该财产不属于破产财产的两种情形予以明确规定,以实现实质的公平和正义。不过,《企业破产法》实施后,最高人民法院于 2013 年发布《企业破产法解释(二)》第 2 条并未明确列举《破产规定》第 71 条规定的上述两种情形,但同时增加了“其他依照法律、行政法规不属于债务人的财产”作为兜底条款。这就带来一个问题:《企业破产法》实施后,在认定破产财产时,还能否依据《破产规定》第 71 条将上述两种情形作为认定该财产不属于破产财产的两种情形?

---

〔1〕 关于形式主义物权变动模式在实践中带来的问题,早在原《物权法》制定前即已引起不少专家尤其是实务界人士的高度关注,参见王成:《论不动产物权变动的交付》,载《政治与法律》2005 年第 6 期;武钦殿:《论交付和登记在我国房屋所有权转移中的地位——兼论我国不动产物权变动模式》,载《法律适用》2004 年第 2 期;尹鲁先:《不动产所有权移转理论的实务分析》,载最高人民法院民事审判第一庭编:《民事审判指导与参考》2006 年总第 24 期。

〔2〕 参见孙宪忠:《交易中的物权归属确定》,载《法学研究》2005 年第 2 期。

对此，实践中有两种意见：一种意见认为，虽然《破产规定》是依据《企业破产法(试行)》制定的司法解释，但最高人民法院并未明确废止该解释，且《企业破产法解释(二)》第2条亦明确规定“其他依照法律、行政法规不属于债务人的财产”，因此，在界定破产财产时，上述两种情形仍然可以继续适用；另一种意见则认为，《破产规定》第71条不能理解为“其他依照法律、行政法规不属于债务人的财产”，且虽然《破产规定》没有被明确废止，但依据《企业破产法解释(二)》第48条关于“本规定施行前本院发布的有关企业破产的司法解释，与本规定相抵触的，自本规定施行之日起不再适用”的规定，应认为《破产规定》第71条关于上述两种情形的规定不再适用。

笔者认为，从《企业破产法解释(二)》与《破产规定》的关系来看，应认为《企业破产法解释(二)》未完全继受《破产规定》第71条关于破产财产的认定规则，因而根据《企业破产法解释(二)》第48条的规定，《破产规定》第71条在《企业破产法》实施后即不能再适用。但是，《破产规定》第71条的上述规定旨在填补制定法的漏洞，即化解形式主义物权变动模式所带来的问题，即使《破产规定》第71条的上述规定在《企业破产法》实施后不能再适用，制定法的漏洞仍需要以一定的方式予以填补，否则就可能出现前述实质上的不公正性。问题是，采取何种方式来填补制定法的漏洞呢？笔者认为，在《破产规定》第71条不能继续适用的情况下，可以通过类推适用执行异议的裁判标准来解决形式主义物权变动模式所带来的问题。

在债权人对债务人的财产申请人民法院强制执行的过程中，如果案外人认为自己在该财产上享有足以排除强制执行的民事权益，即可通过执行异议(之诉)程序予以救济。何谓“足以排除强制执行的民事权益”？显然，如果执行标的属于案外人所有或者案外人对执行标的享有用益物权，自然可以排除强制执行。问题是，能否据此反推，如果案外人对执行标的不享有所有权或者用益物权，就意味着案外人不享有排除强制执行的民事权益呢？答案显然是否定的。根据《执行异议和复议规定》第28条的规定，在金钱债权的执行中，即使案外人尚未从债务人处取得标的物的所有权或者用益物权，但在符合一定条件的情形下，案外人对标的物所享有的权利也可以排除强制执行。也就是说,虽然案外人对执行标的物不享有物权,但也可能享有足以排除强制执行的其他民事权益。理论上将此种民事权益称为物权期待权。[1]

司法解释之所以要承认物权期待权,是因为物权与债权的区分虽有其意义,但也存在一定的弊端:此种二分法将财产权利置于非此即彼的状态,即不是物权就是债权,从而忽视了社会生活的复杂性。因此,为了回应社会生活的需要,有必要在物权和债权之间,规定一些中间型的权利,于是物权期待权、债权的物权化等便成为一种制度建构被提出。[2]以执行异议的裁判标准为例,如果将案外人对执行标的享有物权作为排除强制执行的唯一标准,就可能会导致前述实质上的不公正:严格按照形式主义物权变动模式,案外人确实没有取得物权,但已完成取得物权的绝大部分条件(例如订立了书面买卖合同、已实际占有不动产、按照协议支付了价款且同意将剩余款项交执行法院),离取得物权只有一步之遥(未办理登记且非因自身原因),如仍将其与一般债权置于平等地位,使其与其他债权人一起平等受偿,自然不利于保护其合法利益;相反,如果认为其已获得期待权的地位(非仅仅获得对物权的期待),并将此种物权期待权置于类似物权的保护,则可实现实质的公平和正义。[3] 在笔者看来,形式主义物权变动模式是为了严格区分物权和债权而确立的物权变动模式(物权具有对世性,其变动须以一定的方式予以公示,而债权则不需要),但由于物权与债权的绝对区分存在上述弊端,法律就应采取一定的方式予以补救,物权期待权于是便应运而生。

值得注意的是,案外人排除强制执行意味着标的物即使暂时不属于案外人所有,但将来必定属于案外人所有,因此,只有在其他当事人无法阻止案外人取得标的物所有权的情形下,才能认为案外人享有物权期待

---

〔1〕 参见刘贵祥、范向阳:《〈关于人民法院办理执行异议和复议案件若干问题的规定〉的理解与适用》,载《人民司法》2015 年第 11 期。关于期待权的性质与效力的一般理论,参见申卫星:《期待权基本理论研究》,中国人民大学出版社 2006 年版,第 101 页以下。

〔2〕 参见冉昊:《论“中间型权利”与财产法二元架构——兼论分类的方法论意义》,载《中国法学》2005 年第 6 期。

〔3〕 参见吴光荣:《物权诉讼:原理与实务》,人民法院出版社 2009 年版,第 419 页以下。

权。在此背景下,法律不仅应赋予物权期待权具有排除强制执行的效力,也应赋予其抵御破产的效力,即在出卖人破产时,如果买受人已经取得物权期待权,则应赋予买受人请求管理人继续履行合同,从而取得标的物所有权的效力,而不能将标的物作为破产财产,再由买受人与其他债权人一起参与破产财产的分配。〔1〕也正因如此,排除强制执行与抵御破产被认为是民事权益具有物权性的标志。〔2〕也就是说,物权期待权虽然不是物权,但却具有物权性,因而具有排除强制执行或者抵御破产的效力。从这个意义上讲,尽管《破产规定》关于"特定物买卖中,尚未转移占有但相对人已完全支付对价的特定物"和"尚未办理产权证或者产权过户手续但已向买方交付的财产"不属于破产财产的规定因未被《企业破产法解释(二)》继受而不能再适用,但应参照《执行异议和复议规定》第28条的规定保护已经获得物权期待权的买受人的合法权益,将符合该条所列条件的标的物排除在破产财产之外。

## 二、未履行合同与破产财产的关系

当然,也许会有人指出,在不动产买卖中,如果出卖人尚未办理登记手续,而买受人也未完全支付对价,则意味着该买卖合同属于双方均未履行完毕的合同,自应适用《企业破产法》第18条的规定,由管理人决定是继续履行合同还是解除合同,管理人自破产申请受理之日起2个月内未通知对方当事人,或者自收到对方当事人催告之日起30内未答复的,视为解除合同。在合同被解除的情况下,根据《企业破产法》第53条的规定,买受人就只能以合同解除所产生的损害赔偿请求权申报债权,参与破产财产的分配,而无法请求管理人继续履行合同,从而最终取得标的物的所有权。

---

〔1〕也有学者将破产程序理解为概括的强制执行程序,并将管理人对债务人财产的占有理解为类似法院对标的物采取的查封措施,财产权利人行使破产取回权类似于案外人提出的执行异议。对此,参见邹海林:《论出卖人在破产程序中的取回权——以所有权保留制度为中心》,载《上海政法学院学报》2021年第4期。

〔2〕参见[德]赫尔曼·魏特瑙尔:《物权化的债之关系》,张双根译,载王洪亮校,《中德私法研究(1)》,北京大学出版社2006年版。

笔者认为,这一观点虽然不无道理,但需要说明的是,《企业破产法》第 18 条规定管理人就双方尚未履行的合同有权决定是继续履行还是解除合同,主要是从有利于破产债权人的角度作的规定,目的在于最大限度地实现破产财产的保值增值。不过,这一规定赋予破产管理人的权力过大,如果不加限制,就可能严重影响到相对人的交易安全,并可能产生偏颇清偿的问题。[1] 以不动产的一物多卖为例,如果各买受人均未完全支付价款且出卖人尚未为任何一位买受人办理登记手续,在出卖人破产的情况下,如果管理人有权选择继续履行合同或者解除合同,就有可能导致仅仅签订了买卖合同的买受人获得继续履行的机会,而有的买受人虽然已经履行合同约定的大部分内容,甚至已经占有标的物,但因合同被解除,也就无法获得继续履行合同的机会,而只能将合同解除后的损害赔偿请求权作为债权进行申报,参与破产财产的分配。这种结果既不符合现行司法解释和司法政策关于一物多卖之履行顺序的规定,也可能产生偏颇清偿的结果,因为有些买受人可能会因管理人选择与其继续履行合同而"提前"实现了债权,无须作为普通债权人参与破产财产的分配。

又如,在动产买卖中,《企业破产法解释(二)》第 2 条在将"债务人在所有权保留买卖中尚未取得所有权的财产"明确规定为不属于破产财产的同时,还在该解释第 34 条明确规定"买卖合同双方当事人在合同中约定标的物所有权保留,在标的物所有权未依法转移给买受人前,一方当事人破产的,该买卖合同属于双方均未履行完毕的合同,管理人有权依据企业破产法第十八条的规定决定解除或者继续履行合同"。问题是,如果是出卖人破产而其管理人选择继续履行合同,买受人即可通过履行行为"提前"实现债权,无须参与破产财产的分配;但如果管理人选择解除合同,则买受人只能依据《企业破产法》第 53 条将合同解除后的损害赔偿请求权作为债权予以申报,参与破产财产的分配。可见,出卖人的管理人究竟是选择继续履行合同还是解除合同,对买受人的影响极大。为了尽可能消除此种差异,《企业破产法解释(二)》第 36 条规定:

---

[1] 参见许德风:《论破产中尚未履行完毕的合同》,载《法学家》2009 年第 6 期。

“出卖人破产,其管理人决定解除所有权保留买卖合同,并依据企业破产法第十七条的规定要求买受人向其交付买卖标的物的,人民法院应予支持……买受人依法履行合同义务并依据本条第一款将买卖标的物交付出卖人管理人后,买受人已支付价款损失形成的债权作为共益债务清偿。但是,买受人违反合同约定,出卖人管理人主张上述债权作为普通破产债权清偿的,人民法院应予支持。”依据这一解释,在管理人选择解除合同的情形下,只要买受人已经依法履行了合同义务且已将标的物交付管理人,则买受人已支付价款损失形成的债权即可作为共益债务,从破产财产中随时予以清偿。

值得注意的是,《企业破产法》第 42 条中将“因管理人或者债务人请求对方当事人履行双方均未履行完毕的合同所产生的债务”作为共益债务,但《企业破产法解释(二)》第 36 条却规定在所有权保留买卖中,都可将买受人因合同被管理人解除而产生的债务作为共益债务。之所以如此,就是因为管理人选择继续履行合同或者解除合同对买受人交易安全的影响过大。但即使这样,也不能完全消除因选择解除合同而可能给买受人带来的风险,因为在破产财产不足以支付破产费用和共益债务的情形下,即使将买受人因合同被解除产生的债务作为共益债务,该债权也有不能实现的风险,因而与管理人选择履行合同所获得的结果仍不可同日而语。

考虑到管理人的选择权可能给买受人的交易安全带来重大影响,并可能导致偏颇履行,笔者认为,法律不仅要对管理人选择解除合同所产生的债务进行特别处理(将其作为共益债务),对于管理人的选择权,也应适当予以限制,而其理论基础,就是物权期待权。也就是说,在买受人已经获得物权期待权的情形下,管理人不能选择解除合同,只能选择继续履行合同,从而使买受人有机会将已经获得物权期待权发展为物权本身。就此而言,将买受人已经取得物权期待权的财产排除在破产财产之外,是适用《企业破产法》第 18 条的前提和基础,而不能以《企业破产法》第 18 条为由否定买受人的物权期待权。具体到不动产一物多卖的情形,在出卖人破产时,虽然各买受人均未支付全部价款并办理过户手续,也要进一步审查是否存在有的买受人已经获得物权期待权。如果答案肯定,则该财产不再属于破产财产,出卖人的管理人亦无权选择解除合同,而只能在选择继续履行合同的基础上,将出卖人对买受人享有的债权作为破产财产进行处理。

再来看所有权保留买卖。《查、扣、冻规定》第 14 条规定:“被执行人将其财产出卖给第三人,第三人已经支付部分价款并实际占有该财产,但根据合同约定被执行人保留所有权的,人民法院可以查封、扣押、冻结;第三人要求继续履行合同的,向人民法院交付全部余款后,裁定解除查封、扣押、冻结。”据此,对于被执行人保留所有权的标的物,是否可以成为执行标的,取决于买受人是否选择继续履行合同,而非被执行人是否选择继续履行合同。也就是说,只要买受人选择继续履行合同,执行标的就不再是买卖合同的标的,而是买受人应当交付的余款。在笔者看来,之所以如此规定,是因为在所有权保留买卖中,买受人在符合一定条件下已经取得物权期待权,出卖人不能再阻止买受人将其发展为物权,因此只要买受人愿意支付剩余价款,则执行法院不能对标的物采取强制执行措施,而只能将剩余价款作为执行标的。[1] 问题是,买受人在何时取得物权期待权呢?对此,《查、扣、冻规定》并未作出规定,但不能据此认为所有权保留中的买受人都已经取得物权期待权,因为《查、扣、冻规定》仅仅是关于执行程序的规定,要解决的是何时可以对标的物采取强制执行措施,至于执行法院裁定对标的物采取强制执行措施后的救济,则需通过执行异议和执行异议之诉程序来解决。也只有在执行异议或者执行异议之诉程序中,才需要从实体上考虑买受人是否已经取得物权期待权。关于买受人何时取得物权期待权,《买卖合同解释》第 26 条第 1 款规定:“买受人已经支付标的物总价款的百分之七十五以上,出卖人主张取回标的物的,人民法院不予支持。”据此,在买受人已经支付标的物总价款 75%以上时,出卖人即不能再解除合同取回标的物,这就意味着买受人已取得物权期待权。也正因为如此,《企业破产法解释(二)》第 35 条规定,在出卖人破产的情形下,即使破产管理人选择继续

---

〔1〕 关于所有权保留买卖中买主的期待权及其保护,参见申卫星:《期待权基本理论研究》,中国人民大学出版社 2006 年版,第 163 页以下。

履行合同而买受人没有按照合同履行自己的义务，在买受人已经支付标的物总价款75%以上的情形下，管理人也不能再请求解除合同取回标的物。需要说明的是，这一规定是在出卖人破产时，其管理人选择继续履行合同的情形下，限制其因买受人违约而请求解除合同的权利，因而具有一定的局限性。在笔者看来，在买受人已经支付标的物总价款75%以上的情形下，之所以管理人不能再解除合同，是由于买受人已经取得物权期待权，因此即使买受人未再按照合同履行自己的义务，管理人也不能选择解除合同，而只能将买受人欠付的价款以及其应当承担的违约责任作为破产财产进行管理。

总之，尽管《企业破产法》第18条规定对于双方均未履行完毕的合同，破产管理人享有选择继续履行合同或者解除合同的权利，但该权利并非没有任何限制，尤其是在相对人已经取得物权期待权的情形下，由于破产债务人不能阻止相对人取得物权，因此破产管理人无权选择解除合同取回标的物，而只能将破产债务人对相对人享有的债权作为破产财产。基于这一判断，在不动产一物多卖中，如果出卖人破产而各买受人均未支付全部价款且未办理过户手续，则法官首先应查明各买受人是否已经取得物权期待权。对于已经取得物权期待权的买受人，管理人没有选择解除合同并取回标的物的权利，只能在选择继续履行合同的基础上，将出卖人对该买受人享有的债权作为破产财产，由出卖人的债权人（包括其他买受人）进行分配。至于买受人何时取得物权期待权，在执行异议之诉司法解释正式发布并实施之前，应参照适用《执行异议和复议规定》进行认定。[1] 同理，在保留所有权买卖中，如果买受人已经取得物权期待权，因出卖人也不能阻止买受人取得物权，出卖人的管理人也不应有权选择解除合同。《企业破产法解释（二）》虽然对管理人在选择继续履行合同后的合同解除权进行了限制，却未能从根本上排除管理

---

[1] 本书写作时，最高人民法院审判委员会已原则通过执行异议之诉的司法解释，但尚未正式发布。执行异议之诉司法解释正式发布并实施后，关于执行异议的裁判标准，自应适用执行异议之诉的相关规定。从目前《执行异议和复议规定》的相关规定看，认定物权期待权的标准可能过低，从而导致实践中出现大量问题，例如一些当事人即通过伪造证据来获得物权期待权保护。

人的选择权,因而值得检讨。此外,在出卖人破产时,既然出卖人因买受人取得物权期待权而不能解除合同,因而不能将买卖合同的标的物作为破产财产(属于破产财产的只能是出卖人对买受人享有的债权),那么在买受人破产时,该标的物自应属于破产财产。此时,破产管理人原则上不能放弃物权请求权,否则就可能因违反法定义务而须承担赔偿责任。也就是说,管理人选择解除合同而由出卖人取回标的物的权利也应受到相应的限制,只不过限制的途径是管理人应负的法定义务,即只有在解除合同而由出卖人取回标的物对买受人的其他全体债权人有利的情形下,管理人才能解除合同而由出卖人取回标的物。《企业破产法解释(二)》未能注意到物权期待权本身作为破产财产的意义,因而未能在区分情况的基础上限制管理人的选择权,仅于该解释第 37 条规定管理人在选择继续履行合同时,如果"买受人已支付标的物总价款百分之七十五以上或者第三人善意取得标的物所有权或者其他物权",则即使买受人管理人无正当理由未及时支付价款或者履行完毕其他义务,或者将标的物出卖、出质或者作出其他不当处分,给出卖人造成损害,出卖人也无权依据《民法典》第 641 条等规定主张取回标的物。在笔者看来,在买受人已支付标的物总价款 75%以上的情形下,根据《买卖合同解释》第 26 条第 1 款的规定,买受人已经取得物权期待权,因此出卖人的合同解除权被排除,因此即使买受人破产,出卖人也只能作为普通债权人参与破产财产的分配。只有在买受人未取得物权期待权的情形下,才能将当事人之间的买卖合同理解为双方均未履行完毕的合同,买受人管理人也才享有选择继续履行合同或者解除合同的权利,并将因此产生的对出卖人的债务作为共益债务处理。

## 三、破产取回权与别除权的区分

正确界定破产财产也有利于正确区分破产取回权和别除权。如前所述,在标的物不属于破产财产的情况下,财产的权利人可以依据《企业破产法》第 38 条取回标的物。但在债权人仅对标的物享有担保物权时,人民法院应当认定标的物属于破产财产,债权人只能依据《企业破产法》第 109 条就该标的物优先受偿,此为破产别除权。关于这一点,《企业破产法解释(二)》第3条明确规定:"债务人已依法设定担保物权的特定财产,人民法院应当认定为债务人财产。对债务人的特定财产在担保物权消灭或者实现担保物权后的剩余部分,在破产程序中可用以清偿破产费用、共益债务和其他破产债权。"

值得注意的是,《企业破产法(试行)》没有严格区分破产取回权和别除权,而是将担保财产也排除在破产财产之外:"已作为担保物的财产不属于破产财产;担保物的价款超过其所担保的债务数额的,超过部分属于破产财产。"(第28条第2款)与此相适应,《企业破产法(试行)》将破产债权界定为"破产宣告前成立的无财产担保的债权和放弃优先受偿权利的有财产担保的债权"(第30条第1款)。基于上述规定,《破产规定》第71条分别将"抵押物、留置物、出质物,但权利人放弃优先受偿权的或者优先偿付被担保债权剩余的部分除外"(第2项)、"担保物灭失后产生的保险金、补偿金、赔偿金等代位物"(第3项)、"依照法律规定存在优先权的财产,但权利人放弃优先受偿权或者优先偿付特定债权剩余的部分除外"(第4项)规定为不属于破产财产的情形。由于《企业破产法》与《企业破产法(试行)》在对待担保财产上存在不同态度,因此,《企业破产法解释(二)》第2条在列举不属于破产财产的情形时,也没有再保留《破产规定》第71条第2—4项。

问题是,《企业破产法》将担保财产纳入破产财产中有何实益呢?这就涉及破产取回权和别除权的区分。一般认为,由于担保财产有可能是企业破产重整时需要利用的财产,故《企业破产法》第75条规定破产重整期间,担保物权暂停行使,除非担保物有损坏或者价值明显减少的可能,足以危害担保权人的权利,担保权人才可以向人民法院请求恢复行使担保权。[1] 显然,如果将担保财产排除在破产财产之外,则担保物权人即可通过破产取回权直接将该财产取回,自然无法落实《企业破产法》第75条的规范目的。

---

〔1〕 参见王欣新:《论破产程序中担保债权的行使与保障》,载《中国政法大学学报》2017年第3期;徐阳光:《破产法视野中的担保物权问题》,载《中国人民大学学报》2017年第2期。

此外，在笔者看来，区分破产取回权和破产别除权不仅可能影响到担保物权的行使，还可能影响到担保物权的实现。显而易见，在标的物不属于破产财产时，财产权利人可以直接取回标的物并对标的物进行处置，以实现自己的权利，但在标的物属于破产财产，即使权利人对标的物享有优先受偿权，也只能通过破产清算程序实现自己的权利。也就是说，权利的实现途径不一样，权利实现的保障也不一样。例如在所有权保留买卖或者融资租赁中，因出卖人或者出租人或许可能更熟悉标的物的市场行情，因而在出卖人或者出租人自己处置标的物时，更能最大限度实现标的物的价值，但如果通过破产清算程序实现标的物的价值，则即使出卖人和出租人有权就标的物优先受偿，也因标的物价值无法获得最大化的实现，从而影响到其权利的实现。

较之《民法典》以前的担保制度，《民法典》关于担保的规定有一个重大变化，即《民法典》第 388 条将“其他具有担保功能的合同”作为担保合同予以规定。由于立法机构在对《民法典》草案进行说明时明确将所有权保留买卖、融资租赁以及保理列举为“其他具有担保功能的合同”，〔1〕因此《民法典》施行后，实务界对于所有权保留买卖中的出卖人和融资租赁中的出租人对标的物所享有的权利性质存在争议。尤其是在买受人或者承租人破产的情形下，出卖人或者出租人究竟享有的是破产取回权还是破产别除权，实践中存在不同的意见：一种意见认为，既然所有权保留买卖、融资租赁被界定为担保合同，则出卖人和出租人对标的物享有的就是担保物权，而非真正意义上的所有权，因而在买受人或者承租人破产时，所有权保留和融资租赁的标的物也就属于破产财产，出卖人或者出租人只能通过破产别除权的行使，就标的物优先受偿，而不能请求直接取回标的物；另一种意见则认为，尽管《民法典》将所有权保留买卖、融资租赁界定为担保合同，但这仅仅是从担保功能的角度对所有权保留买卖、融资租赁进行的界定，并不意味着出卖人或者出租人对标的物不享有所有权，尤其是在买受人或者承租人破产时，出卖人或

〔1〕 王晨：《关于〈中华人民共和国民法典(草案)〉的说明——2020 年 5 月 22 日在第十三届全国人民代表大会第三次会议上》，载《全国人大常委会公报》2020 年《民法典》特刊。

者出租人仍应可行使破产取回权。[1]

值得注意的是,尽管《民法典》将所有权保留买卖作为"其他具有担保功能的合同"予以规定,并明确出卖人所享有的所有权"未经登记,不得对抗善意第三人"(《民法典》第641条第2款),但《民法典》第642条第1款规定了出卖人取回标的物的条件,并在《民法典》第643条规定了出卖人取回标的物后买受人的回赎权。就此而言,《民法典》并未否定出卖人的取回权。容易引起争议的是《民法典》第642条第2款关于"出卖人可以与买受人协商取回标的物;协商不成的,可以参照适用担保物权的实现程序"的规定。对此,一种理解是,即使出卖人满足取回标的物的条件,但如果出卖人与买受人无法通过协商取回标的物,则只能参照担保物权的实现程序,即请求法院拍卖、变卖标的物或者以标的物折价来实现全部价金请求权。根据这一理解,《民法典》第643条关于回赎的规定也仅适用于出卖人通过协商取回标的物的情形。笔者认为,上述理解将导致出卖人的取回权名存实亡,既不利于保护出卖人的交易安全,也不符合《民法典》的立法本意,因为在当事人就出卖人取回标的物协商不成的情况下,《民法典》仅仅是规定"可以"参照担保物权的实现程序,而非"必须"参照担保物权的实现程序。[2] 也就是说,《民法典》实际上赋予出卖人一个选择权:既可参照担保物权的实现程序,也可以通过取回标的物来实现自己的权利。问题是,在出卖人依法可以取回标的物的情形下,何以《民法典》第642条第2款要规定当事人可以协商取回标的物呢?在笔者看来,这是因为在出卖人依法取回标的物时,买受人的合法权益也应获得法律的有效保护,尤其是在当事人对于标的物的价值以及买受人欠付的价款存在争议时,如果人民法院仅仅判决出卖人取回标的物,而对当事人之间的相关其他争议不作处理,就可能导致买受人的合法权益也无法获得应有的保护。正因如此,《民法典担保制度解

---

〔1〕 参见邹海林:《论出卖人在破产程序中的取回权——以所有权保留制度为中心》,载《上海政法学院学报》2021年第4期;李志刚:《承租人破产,融资租赁出租人享有的是取回权还是别除权》,载微信公众号"法与思",2021年8月19日访问。

〔2〕 相同观点,参见崔建远:《对非典型担保司法解释的解读》,载《法治研究》2021年第4期。

释》第64条第2款一方面规定“出卖人请求取回标的物,符合民法典第六百四十二条规定的,人民法院应予支持”,另一方面也规定“买受人以抗辩或者反诉的方式主张拍卖、变卖标的物,并在扣除买受人未支付的价款以及必要费用后返还剩余款项的,人民法院应当一并处理”。这里的“一并处理”,并非对出卖人取回权的否定,而是要求人民法院对于买受人提出的抗辩或者反诉,本着诉讼经济以及平衡保护出卖人和买受人的原则,一并作出裁判。此外,即使出卖人符合《民法典》第642条第1款规定的条件要求取回标的物,但如果买受人已经支付了价款总额的75%,则买受人已经取得物权期待权,出卖人就不能解除合同并取回标的物。据此,在符合上述条件的情况下,如果买受人以这一理由提出抗辩或者反诉时,人民法院对于出卖人请求取回标的物的诉讼请求,就不能予以支持。

在买受人破产的情形下,出卖人的取回权是否也要受到限制呢?一种观点认为,根据《企业破产法》第18条的规定,买受人的管理人有权选择是继续履行合同还是解除合同,因此,即使出卖人符合取回标的物的条件,但如果买受人的管理人选择继续履行合同,则出卖人的取回权也不应予以支持。对此,笔者的看法是,《企业破产法》第18条仅适用于出卖人不满足《民法典》第642条第1款规定条件的情形,在出卖人有解除合同并取回标的物的权利时,自无《企业破产法》第18条适用之余地。也就是说,如果买受人破产,则出卖人既可选择以担保物权人的身份参与破产财产的分配,也可以在满足《民法典》第642条第1款规定条件的情形下,主张取回标的物。只不过人民法院在对出卖人取回标的物的诉讼请求进行审理时,应一并处理买受人提出的抗辩和反诉,例如在出卖人破产时,买受人因出卖人管理人选择解除合同而发生的债权,应作为共益债务进行处理。

在融资租赁合同中,如果承租人破产,出租人是否也可以选择破产取回权或者别除权呢?对此,原《合同法》第242条规定:“出租人享有租赁物的所有权。承租人破产的,租赁物不属于破产财产。”显然,根据这一规定,只要融资租赁的承租人破产,出租人即可行使破产取回权。但是,《民法典》删除了这一规定,从而导致实践中对融资租赁出租人在承租人破产时是否享有取回权发生争议。笔者认为,《民法典》没有保留上述规定,是因为该规定过于绝对,既与破产管理人可选择继续履行合同与解除合同的规定不符,也与《民法典》将融资租赁作为具有担保功能的合同的予以对待的立法政策不符,但这并不意味着在承租人破产时,出租人不享有破产取回权。根据《民法典担保制度解释》第 65 条的规定,在融资租赁中,如果承租人未按照约定支付租金,经催告后在合理期限内仍不支付,则出租人既可选择承租人支付全部租金,也可以请求解除合同并取回租赁物。只不过人民法院在对出租人取回标的物的诉讼请求进行审理时,应一并处理承租人提出的抗辩和反诉。这是因为《民法典》第 758 条第 1 款明确规定:“当事人约定租赁期限届满租赁物归承租人所有,承租人已经支付大部分租金,但是无力支付剩余租金,出租人因此解除合同收回租赁物,收回的租赁物的价值超过承租人欠付的租金以及其他费用的,承租人可以请求相应返还。”据此,在承租人破产的情形下,如果破产管理人选择继续履行合同,并按照约定支付租金,则出租人自然不能解除合同取回标的物;但是,如果破产管理人虽然选择继续履行合同,但未按照约定支付租金,经出租人催告后在合理期限内仍不支付,则出租人既可选择要求承租人支付全部租金,也可选择解决合同取回租赁物。在出租人选择要求承租人支付全部租金的场合,出租人可以就租赁物优先受偿,此为融资租赁合同具有担保功能的表现;在出租人选择要求解除合同并取回租赁物的场合,出租人行使的是破产取回权,但在租赁物价值超过承租人欠付租金与相关费用时,应将出租人应当返还的金额作为破产财产。

总之,尽管《民法典》将所有权保留买卖、融资租赁理解为具有担保功能的合同,且《民法典担保制度解释》第 1 条也将担保的有关规则适用于此类合同因担保功能发生的纠纷,但这并不意味着在买受人或者承租人破产的情况下,出卖人或者出租人不享有破产取回权。〔1〕 在符合法定条件的情形下,出卖人或者出租人不仅可以选择行使破产别除权,也

〔1〕 相同观点,参见邹海林:《论出卖人在破产程序中的取回权——以所有权保留制度为中心》,载《上海政法学院学报》2021 年第 4 期。

可选择行使破产取回权。

## 四、登记对抗与破产财产的认定

为了严格区分物权和债权,我国《民法典》对于依法律行为发生的物权变动,原则上采形式主义物权变动模式。但在少数例外情形下,《民法典》也采取了意思主义物权变动模式,例如,《民法典》第335条规定:"土地承包经营权互换、转让的,当事人可以向登记机构申请登记;未经登记,不得对抗善意第三人。"又如,《民法典》第341条规定:"流转期限为五年以上的土地经营权,自流转合同生效时设立。当事人可以向登记机构申请土地经营权登记;未经登记,不得对抗善意第三人。"可见,在意思主义物权变动模式下,登记并非物权变动的生效要件,而是对抗要件,即"未经登记,不得对抗善意第三人"。问题是,在采意思主义物权变动模式的情形下,在当事人仅订立了合同但未办理登记时,如果出让人破产,受让人能否主张标的物不属于破产财产而取回标的物?如果受让人破产,该标的物又是否属于破产财产而应由其债权人平等受偿?

从形式上看,在意思主义物权变动模式下,尽管未办理登记并不影响受让人取得物权,但由于受让人取得的物权"不得对抗善意第三人",因此,在出让人破产时受让人能否取回标的物,应取决于如何认定登记对抗的范围,即"善意第三人"的范围。值得注意的是,《民法典》第403条对于动产抵押采取的也是意思主义物权变动模式,因而登记仅具对抗效力。考虑到实践中对于动产抵押"未经登记,不能对抗善意第三人"在理解上存在较大争议,[1]《民法典担保制度解释》第54条就不能对抗的善意第三人范围进行了界定,其中就包括"抵押人破产,抵押权人主张对抵押财产优先受偿的,人民法院不予支持"(第4项)。之所以如此规定,是因为在动产抵押未办理登记的情形下,尽管债权人已经取得抵押权,但如果赋予其优先受偿的效力,则可能诱发当事人通过倒签合同获得优先受偿,从而损害其他债权人的利益,此为其一;其二,在抵押人破产时,抵押权人之外的其他债权人有的可能是恶意第三人、有的可能

---

〔1〕 参见龙俊:《动产抵押对抗规则研究》,载《法学家》2016年第3期。

是善意第三人，区分起来成本太高，且即使区分开来，如果赋予抵押权具有优先受偿的效力，对善意第三人也是不公平的；其三，通过弱化未经登记抵押权的对抗效力，可以起到引导当事人及时办理登记的作用，从而实现尽可能消灭隐形担保的目的。[1] 考虑到《民法典》第641条第2款对于所有权保留买卖中出卖人保留的所有权、《民法典》第745条对于融资租赁中出租人享有的所有权，也均规定"未经登记，不得对抗善意第三人"，基于上述相同的理由，《民法典担保制度解释》第67条将上述规则类推适用于所有权保留、融资租赁，明确规定："在所有权保留买卖、融资租赁等合同中，出卖人、出租人的所有权未经登记不得对抗的'善意第三人'的范围及其效力，参照本解释第五十四条的规定处理。"

同理，在采意思主义物权变动模式的情况下，如果当事人仅签订合同但未办理登记，则受让人虽然已经取得所有权或者用益物权，但在出让人破产时，受让人能否取回标的物，也值得检讨。笔者认为，在当事人仅签订合同而未办理登记的情形下，如果出让人破产，也应认为该标的物仍属破产财产，受让人只能作为债权人参与破产财产的分配，不能直接取回标的物，否则，就可能导致与《民法典担保制度解释》的相关规定发生冲突。

在当事人仅签订合同而未办理登记的情形下，如果受让人破产，标的物是否属于破产财产呢？对此，笔者的意见是，在受让人与出卖人之间，由于物权已经发生变动，因此，即使合同尚未履行完毕，出卖人也只能作为债权人参与破产财产的分配，但在有第三人对该财产属于破产财产提出异议的情形下，如果该第三人属于所谓"善意第三人"，则自应保护其交易安全，认定该财产不属于破产财产；当然，如果该第三人并非法律所应保护的"善意第三人"，则仍应认定该财产属于破产财产。

此外，需要注意的是，机动车、航空器与船舶等特殊动产，其所有权移转因采取的是交付生效、登记对抗的物权变动模式，故在当事人虽已办理登记但未交付标的物的场合，物权并不发生变动；在当事人已经交

---

[1] 参见最高人民法院民事审判第二庭著：《最高人民法院民法典担保制度司法解释理解与适用》，人民法院出版社2021年版，第471页以下。

付标的物但未办理登记的场合，物权虽已发生变动，但不得对抗善意第三人；只有在既已交付标的物又已办理登记的场合，受让人才能取得完全效力的物权。[1] 在实践中，一种观点认为，就案外人提出的执行异议之诉而言，对于特殊动产，只要标的物已经交付，即使尚未办理登记，受让人作为案外人提起的执行异议之诉就应得到支持。笔者认为，与以特殊动产设定抵押权不同，特殊动产所有权的移转还需以交付标的物为生效要件。因此，在当事人已经交付标的物但未办理登记时，即可类推适用以特殊动产设定抵押权时仅签订合同但未办理登记的情形，即物权虽已变动但不具有对抗效力。对于动产抵押未办理登记时的效力，《民法典担保制度解释》第 54 条第 3 项规定："抵押人的其他债权人向人民法院申请保全或者执行抵押财产，人民法院已经作出财产保全裁定或者采取执行措施，抵押权人主张对抵押财产优先受偿的，人民法院不予支持。"可见，未经登记的抵押权无法对抗已经申请对标的物采取强制执行措施或者保全措施的其他债权人。同理，未办理登记的特殊动产所有权，自然也无法对抗已经申请对标的物采取强制执行措施或者保全措施的其他债权人。由于排除强制执行与抵御破产都是民事权利具有物权性的典型特征，应一视同仁，因此，在出让人破产时，如果特殊动产的受让人在仅占有标的物但未办理登记的情况下主张标的物不属于破产财产，也不应获得支持。

## 五、消费者保护与破产财产的范围

为保护消费者的合法权益与交易安全，最高人民法院发布的司法解释中包含大量旨在保护消费者权益的具体规则，例如针对实践中因开发商拖欠承包方工程款导致承包方依据《合同法》第 286 条主张就所开发的房屋优先受偿的问题，2002 年发布的《工程价款优先受偿权批复》第 2 条规定："消费者交付购买商品房的全部或者大部分款项后，承包人就该商品房享有的工程价款优先受偿权不得对抗买受人。"由于该批复第 1

---

〔1〕 参见崔建远：《机动车物权的变动辨析》，载《环球法律评论》2014 年第 2 期；冉克平：《论机动车等特殊动产物权的变动》，载《法学评论》2015 年第 4 期。

条已规定"人民法院在审理房地产纠纷案件和办理执行案件中,应当依照《中华人民共和国合同法》第二百八十六条的规定,认定建筑工程的承包人的优先受偿权优于抵押权和其他债权",因此,作为消费者的买受人所享有的权利自然也要优先于抵押权和其他债权。不仅如此,《执行异议和复议规定》第29条还将符合一定条件的消费者权利作为能够排除强制执行的民事权益进行对待:"金钱债权执行中,买受人对登记在被执行的房地产开发企业名下的商品房提出异议,符合下列情形且其权利能够排除执行的,人民法院应予支持:(一)在人民法院查封之前已签订合法有效的书面买卖合同;(二)所购商品房系用于居住且买受人名下无其他用于居住的房屋;(三)已支付的价款超过合同约定总价款的百分之五十。"

需要说明的是,《工程价款优先受偿权批复》在《民法典》施行后虽然被废止,但其内容部分被保留至新制定的《最高人民法院关于审理建设工程施工合同纠纷案件适用法律问题的解释(一)》,还有部分内容则将被即将发布的执行异议之诉司法解释所吸收。[1] 就此而言,对消费者权利进行特殊保护,是最高人民法院的一贯司法政策。据此,在出卖人破产时,作为消费者的买受人能否在尚未办理登记的情形下主张买卖合同的标的物不属于破产财产呢?如前所述,排除强制执行与抵御破产是民事权益具有物权性的典型特征,既然现行司法解释赋予符合一定条件的消费者的权利具有排除强制执行的效力,自然也应赋予其抵御破产的效力,即通过类推适用《执行异议和复议规定》的相关规定,认定消费者在满足一定条件时,即使买卖合同的标的物尚未办理登记,买受人也可以主张该标的物不属于破产财产。

问题是,在买受人虽然是消费者但不具备《执行异议和复议规定》

---

〔1〕 在《民法典担保制度解释》的制定过程中,曾试图吸收《工程价款优先受偿权批复》的规定,对消费者权利进行特别保护,明确规定商品房预售或者销售中的购房人即使不符合排除强制执行的条件,也应优先于抵押权和承包人的优先受偿权就已经支付的价款和利息受偿,但由于当时正在起草执行异议之诉的司法解释,有人主张应将《工程价款优先受偿权批复》的相关规定纳入执行异议之诉司法解释中,因此最高人民法院审判委员会决定由执行异议之诉的司法解释来解决消费者权利的保护问题。

所规定的其他条件时,如果出卖人破产,买受人是否就只能作为普通债权人参与破产财产的分配呢？对此,笔者的意见是,即使买受人作为消费者不符合司法解释规定的其他条件,也应保护消费者的交易安全,只不过保护的程度不同而已。如前所述,在尚未发生物权变动,买受人未取得所有权或者用益物权的情形下,法律赋予民事权益排除强制执行或者抵御破产,是因为买受人已经取得了物权期待权,因而无法阻止买受人最终取得物权。也就是说,即使此时出卖人破产,其管理人也不能选择解除合同,而只能选择继续履行合同。在买受人不满足物权期待权的构成要件时,出卖人的管理人自然可以选择解除合同或者继续履行合同。在出卖人的管理人选择继续履行合同的情形下,买受人即可通过履行行为取得物权,从而将合同标的物取回;但在出卖人的管理人选择解除合同的情形下,买受人的交易安全就会受到一定的威胁。笔者认为,在买受人为消费者的情形下,即使出卖人的管理人仍享有选择解除合同的权利,也应将解除合同后发生的债务界定为共益债务,从而使消费者的债权优先于其他债权人的债权获得清偿。也就是说,此时买受人虽然不能主张买卖合同的标的物不属于破产财产,但也应从破产财产中优先受偿。二者的区别仅在于,在标的物不属于破产财产时,因标的物增值所带来的收益应归属于买受人;但在标的物属于破产财产但买受人能够优先受偿时,买受人仅能在已经支付的价款及利息的范围主张权利。用更加通俗一点的话说,就是消费者在不能最终取得房屋所有权而获得增值收益的情况下,至少也要保护其将投入的成本和利息予以收回的权利。

在作为消费者的买受人不满足物权期待权的条件且出卖人的管理人选择解除合同时,因此发生的债务能否被认定为共益债务呢？对此,可以参照适用《企业破产法解释(二)》第36条的规定。如前所述,在保留所有权买卖中,如果买受人已经取得物权期待权,则出卖人破产时的管理人不能再选择解除合同而只能选择继续履行合同。因此,《企业破产法解释(二)》第36条应仅适用于买受人尚未取得物权期待权的情形。根据这一规定,出卖人破产时,如果其管理人选择解除合同并要求买受人返还标的物且受让人也履行了交付标的物的义务,则买受人已支付价款损失形成的债权作为共益债务清偿,但在买受人违反合同约定时,出卖人管理人可以主张上述债权作为普通破产债权清偿。笔者认为,在出卖人管理人选择解除合同的情形下,出卖人对保留所有权买卖的买受人产生的债务都应当作为共益债务清偿,作为消费者的买受人,在出卖人管理人选择解除合同时主张因此产生的债务属于共益债务,其正当性自更不待言。有疑问的是,作为消费者的购房人能否优先于担保物权人得到清偿?显然,依据《工程价款优先受偿权批复》的规定,答案是肯定的。由于该批复被废止并非因该批复与《民法典》存在冲突,因此,笔者的意见是,为保护消费者的权利,仍应认定消费者的权利优先于担保物权。

## 六、认真对待破产财产的认定

《企业破产法》虽以专章对破产财产进行了规定,但内容主要涉及破产财产的保护,至于破产财产的认定,则涉及《民法典》关于物权变动的规则以及其他财产权利变动规则的适用。就特定有体物是否属于破产财产而言,《企业破产法解释(二)》虽然贯彻了形式主义物权变动规则,但未能意识到形式主义物权变动模式所存在的缺陷,更未能提供全面的规则解决特殊情形下破产财产的认定。由于抵御破产与排除强制执行均属于物权性权利的效力,因此,在最高人民法院就破产财产的认定作出补充解释前,应将《执行复议与异议规定》的相关规定类推适用于破产财产的认定,以克服形式主义物权变动模式存在的弊端。此外,尽管《民法典》对担保物权制度进行了的重大发展,将所有权保留买卖、融资租赁以及保理界定为“其他具有担保功能的合同”,但不能据此认为所有权保留买卖的出卖人或者融资租赁的出租人不享有破产法上的取回权。《民法典担保制度解释》未否定保留所有权买卖的出卖人和融资租赁的出租人在特定情形下取回标的物的权利,仅仅是要求一并处理买受人或者承租人的抗辩或者反诉。此外,《民法典担保制度解释》第54条就动产抵押中的“善意第三人”的认定所作的规定,对于登记对抗情形下破产财产的认定,亦具有指导意义。

尽管《民法典担保制度解释》未就消费者权利保护作出明确规定,

但对消费者权利进行特别保护,是最高人民法院的一贯司法政策。基于此,为保护消费者权利,应合理限制破产财产的范围。需要说明的是,在商品房预售或者销售中,即使作为消费者的购房人所享有的权利无法排除强制执行或者抵御破产,在开发商破产的情况下,也应认定消费者的权利优先于担保物权得到清偿,但仅限于消费者所支出的成本和利息。

# 后　记

## 一

对民法的兴趣，始于大学本科时期。那是大一的下学期和大二的上学期，刚从中国政法大学毕业回河南大学任教的杨丽老师给我们开设民法课，带来了她对民法理论的学习心得。记得刚接触法律行为这一概念时，真是茫然不知其为何物，就不用说更具抽象性的物权行为理论了。幸亏杨老师让我们一字一句把她讲过的知识点全部记录下来，供课后反复研读，这才慢慢领会其含义。此后，又硬着头皮啃完董安生老师的博士论文《民事法律行为》，才隐隐约约明白被王泽鉴教授誉为“任督二脉”的债权行为和物权行为，并深深被这一理论的魅力所吸引，觉得民法理论的思辨性很对自己的胃口。

在清华大学攻读硕士研究生期间，为我们开设民法总论专题研究的马俊驹老师要求每位同学上讲台就自己感兴趣的专题作一次报告。在马老师的鼓励下，我选择了物权行为理论作为报告的主题。这次报告之所以能够给老师和同学留下一些印象，主要是因为当时大多数同学对这一理论都还一知半解，而我却能够讲上一个多小时。有了这一经历，在硕士毕业论文开题时，我便将“物权变动中的交易安全”作为选题，试图深入研究物权行为理论对于物权变动及其交易安全的意义。值得庆幸的是，当时《物权法》的制定已经提上议事日程，相关的研究成果也如雨后春笋，不断涌现。

在阅读大量文献后，我发现在德国和我国台湾地区被奉为圭臬的物权行为理论在我国民法学界却遭到主流学者普遍性的抵制，这就使我不得不重新思考这一理论的真正价值。考虑到《合同法》第 51 条规定的无权处分规则在实务界与理论界均产生了较大的争议，且离开物权行为独立性，似乎均无法做到自圆其说，我得出的初步结论是物权行为独立性对于解决无权处分问题具有重要意义，但在全面确立善意取得制度后，物权行为无因性已无承认的必要。此后发表的一些论文以及当时出版的《物权诉讼：原理与实务》即是以这一认识为基础的。

在攻读博士学位的过程中，我开始是想以"登记前不动产买受人的法律地位"为题撰写博士论文，目标是在分析形式主义物权变动模式之缺陷的基础上研究债权与物权区分的相对性。在论文写作过程中，导师崔建远教授再三叮嘱我注意买卖合同在我国法上的特殊性，即买卖合同不仅包含当事人发生债权债务关系的效果意思，而且也包含移转标的物所有权的效果意思。经崔老师的耐心指点，我这才彻底领悟何以我国民法通说不承认物权行为理论。基于这一反思，我将博士论文的题目改为"论债权与物权区分的相对性：历史、现状与意义"，因为在我看来，德国民法和我国台湾地区的民法之所以承认物权行为理论，乃是严格区分物权和债权所致，我国民法虽然也区分物权和债权，但这一区分却并不严格，而是在很大程度上表现出一种相对性。这种相对性不仅表现在少数情形下对意思主义物权变动模式的承认，也表现在采形式主义物权变动模式的场合，无须当事人在买卖合同等原因行为之外另行达成物权变动的合意，而是将物权变动的合意包含于买卖合同等原因行为之中。以这一认识为基础，笔者重新检讨了物权行为独立性对于解决无权处分问题的意义，提出在不承认物权行为独立性的背景下，就必须通过合同效力的层次性来解决无权处分规则带来的诸多问题，而买卖合同在我国法上的复杂构造也为确立合同效力的层次性提供了实证法的基础。此外，在我看来，正是因为不承认物权行为理论，作为克服形式主义物权变动模式之缺陷的预告登记制度和物权期待权理论，在我国也必须实现本土化。本书的写作反映了笔者认识上的变化，但通过合同效力的层次性来解释无权处分规则，笔者将在《合同法精讲》进行全面分析，本书仅在个别地方有所涉及。

## 二

对物权变动的研究旨在解决不动产权属确认的实体规则问题。《物权法》通过后,因工作需要,笔者开始重点关注不动产权属确认中的诸多程序问题,尤其是因不动产登记引发的民事与行政相互交织的问题。这一问题长期困扰司法实践,至今无法获得全面解决。究其原因,在于绝大多数人都先入为主地认为不动产权属确认中的民行交叉是一种正常的现象,且可以通过程序制度(审理模式)的设计来解决。但是,当我们采取各种各样的审理模式都无法从根本上解决问题时,我们就应当反思这一问题产生的根源。经过很长时间的思考,我意识到这一问题产生的根源在于我们对《物权法》上的不动产登记存在严重误解——将为配合民商事法律的实施而构建的本属民事非讼程序的不动产登记误解为行政机关实施的具体行政行为。也就是说,不能因为不动产登记在《物权法》施行后的相当一段时期仍由行政机关办理,就错误地认为登记机构的不动产登记行为就是具体行政行为。基于这一认识,我完成了《不动产登记与政府职能转变》一文作为参评中国法学会举办的第九届中国法学家论坛的征文。出人意料的是,该文从近千篇征文中获得评委的垂青,获得一等奖,算是对我多年持续关注这一问题的最大鼓励。当然,从个人的研究成果转化为大多数人的共识,是需要时间的,我有这个耐心,也有这个信心。

近年来,执行异议之诉在各级法院都呈井喷之势。当然,这一问题有其复杂的原因和背景,但有一点是肯定的,就是执行异议之诉的裁判标准不统一、不清楚,导致不少案外人都想“浑水摸鱼”。此外,实践中还有一种较为流行的观点认为,由于执行异议之诉是实质性审查,因此要求人民法院对案外人享有的权利与申请执行人享有的权利进行效力上的比较,才能确定案外人的执行异议是否能够获得支持。笔者认为,执行异议之诉对于案外人的救济无疑是重要的,但如果裁判标准不统一、不清楚,就会给当事人带来无穷的诉累,也会给司法机关带来沉重的负担。就目前的形势而言,执行异议之诉的裁判标准不仅要清楚,而且人民法院在判断案外人的执行异议能否获得支持时,裁判标准还要比较高,且不能认为应由法官在个案中通过比较权利的效力或强弱进行判断。在笔者看来,只有在执行标的属于案外人或虽然暂时不属于案外人但将来必定属于案外人时,案外人提出执行异议才能获得支持。德国民法区分物权和物权性权利,认为后者不仅包括物权,也包括能够抵御破产和排除强制执行的其他权利,其意义也在于确立一个较高的标准来判断某一权利是否具有物权性。当然,上述观点的成立不仅要求配套构建合理的执行分配制度和破产清算制度,而且对于借名购房以及外观主义等实践问题也要保持足够清醒的认识,因此,本书对这些与物权法联系极为密切的前沿问题,也都给予适当的关切。

## 三

本书的一些内容曾以论文形式在《法学研究》《清华法学》《法学家》《法律科学》《政治与法律》《行政法论丛》《法律适用》《法治研究》《人民司法》等期刊发表,在此对这些刊物表示由衷感谢!在编写本书过程中,为兼顾体系性和实务性,笔者对这些论文进行了适当修改。其中,有些论文看似理论性较强,但实践意义却很大,因而也予以保留在本书,例如征收制度的异化与回归,从理论上看,讨论的是物权的社会化问题,但对于当前解决城市发展的用地问题具有极为重要的意义和价值。前段时间,笔者与一位从事房地产开发的朋友聊天,他谈到其所在的公司目前主要致力于城市更新项目,但遇到的困难很多,因为涉及房屋的拆迁,而拆迁如果以征收为基础,就存在很多政策和法律障碍,如果不以征收为基础,又很难推进;在此背景下,从事城市更新项目的很多房地产公司更愿意选择与"城中村"等集体经济组织合作,因为公司只需与集体经济组织签订合同,而获得村民同意的事情就可以交给集体经济组织去完成,从而避免项目推进过程中的不确定性。当我谈到论文的观点,认为无论是《物权法》还是《民法典》,实际上已经为城市更新问题提供了现成的机制和方案,他才如梦方醒。这就说明很多理论研究的实践价值并未完全被认识,是很可惜的一件事情。

在书的末尾谈这么多,主要是想表明笔者研究物权法的心路历程,从而方便读者把握全书的基本脉络。今年是笔者从教二十年,尽管在这二十年中有求学和留学,也有从事审判工作和从事司法解释起草工作,但从未一天放弃对专业和学术的追求。尽管物权法是笔者投入精力较大的领域,但同时也深感物权法博大精深,终己一生,也许只能获知皮毛。因此,本书的观点仅仅是当下笔者的一孔之见,错漏之处在所难免,恳请读者朋友以及学界师友不吝赐教。

本书的出版,要感谢“麦读”曾健先生付出的努力。另外,中国民主法制出版社的编辑和排版师,也都付出了心血,在此一并致谢!

吴光荣

2023 年 5 月 6 日于北京东交民巷

**图书在版编目(CIP)数据**

物权法精讲:体系解说与实务解答/吴光荣著.—北京:中国民主法制出版社,2023.4

ISBN 978-7-5162-3160-9

Ⅰ.①物… Ⅱ.①吴… Ⅲ.①物权法-研究-中国 Ⅳ.①D923.24

中国版本图书馆 CIP 数据核字(2023)第 060008 号

**图书出品人:**刘海涛
**图 书 策 划:**麦 读
**责 任 编 辑:**陈 曦 庞贺鑫 孙振宇

---

**书名/物权法精讲:体系解说与实务解答**
**作者/**吴光荣 著

---

**出版·发行/**中国民主法制出版社
**地址/**北京市丰台区右安门外玉林里 7 号(100069)
**电话/**(010)63055259(总编室) 63058068 63057714(营销中心)
**传真/**(010)63055259
**http:**//www.npcpub.com
**E-mail:**mzfz@npcpub.com
**经销/**新华书店
**开本/**32 开 880 毫米×1230 毫米
**印张/**20 **字数/**540 千字
**版本/**2023 年 6 月第 1 版 2023 年 6 月第 1 次印刷
**印刷/**北京天宇万达印刷有限公司

---

**书号/**ISBN 978-7-5162-3160-9
**定价/**99.00 元